霧峰林家文書集

墾務・腦務・林務

黃富三等◎解讀
何鳳嬌　林正慧　吳俊瑩◎編輯

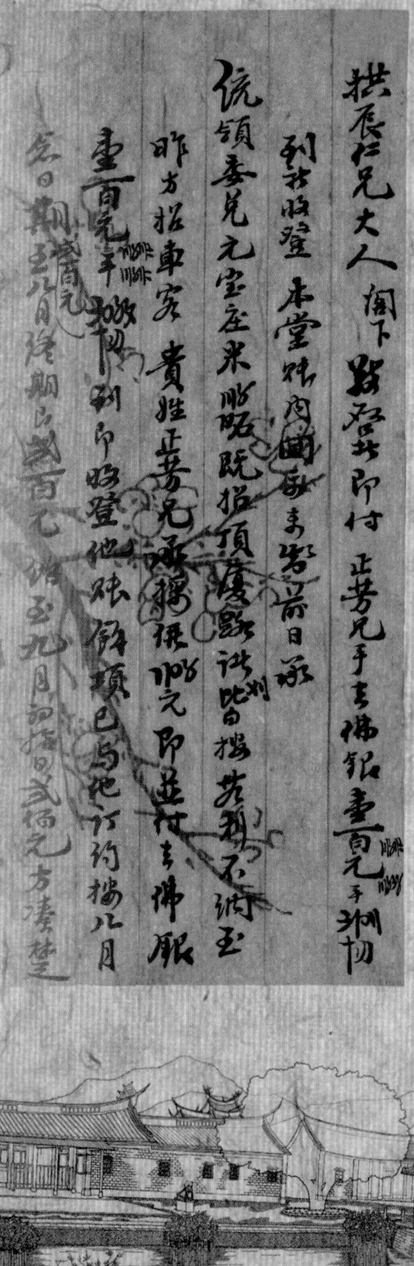

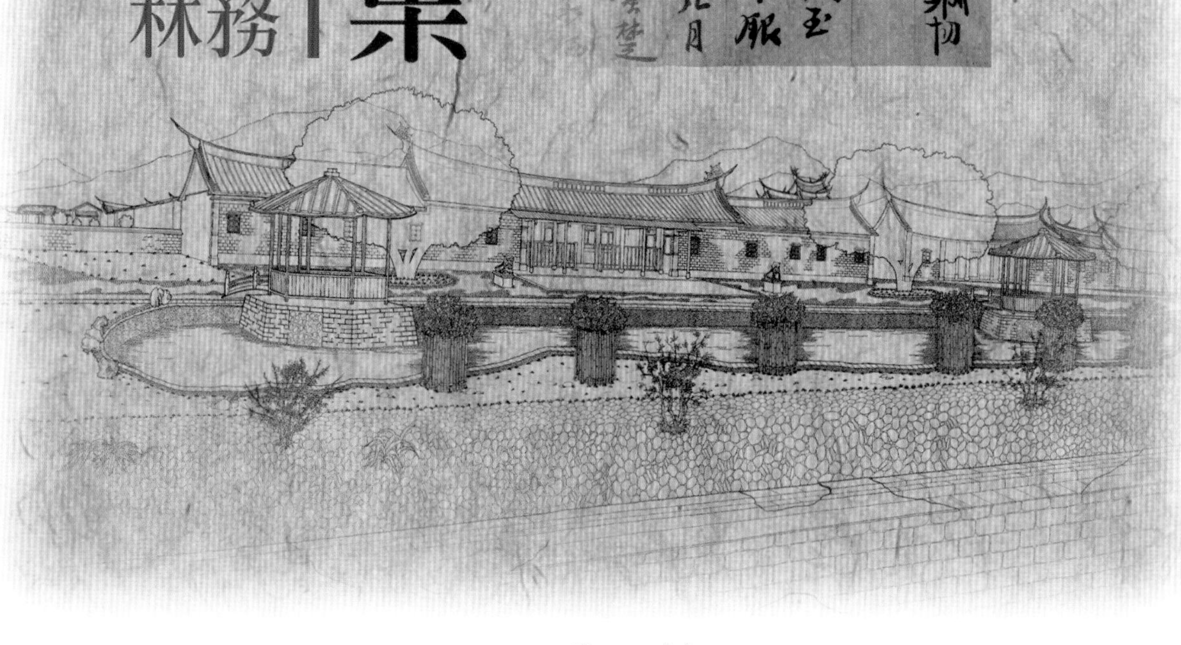

國史館

目錄

館長序

霧峰林家為臺灣五大家族之一，臺灣家族的發展與際遇，可說是十八至二十世紀臺灣歷史變遷的一個縮影。霧峰林家自拓墾中部阿罩霧起家，林甲寅建立基業後，分長子林定邦（下厝）與次子林奠國（頂厝）兩房發展。林家後以捐納與軍功，跨入士紳與官僚階層。清咸豐、同治之交，林文察親率臺勇內渡，助清廷進剿福建匪亂與太平天國之亂，後回師臺灣協助官府平定戴潮春事件，捐餉募勇，衝鋒陷陣，官位迅速竄升。林文察官拜福建陸路兼水師提督，弟林文明以戰功升至副將，一門雙傑，躍居臺灣中部第一大家族。嗣因鋒芒太露，與地方鄰族交惡，埋下官紳衝突的種子，隨林文察戰死，林文明壽至公堂，族運一度中挫。

隨著臺灣在十九世紀末連續遭逢外患，牽動「番地」封禁與邊區治理政策的調整，給了林家轉型再起的契機。在林朝棟主導之下，順應官府統治方針，重建官紳紐帶，林朝棟親自督戰清法北臺之役，抵抗法兵，並投身劉銘傳的「開山撫番」工作，多次帶兵征剿中北部山區原住民，響應中路撫墾與隘防工作，而見重於劉氏。於此同時，林朝棟擴增山區拓墾事業，沿山闢地，利用官紳身分，插足中路樟腦事業，與國際市場連結，迅速累積財富；此時，家族性格也漸由豪強轉而重視文治。

一八九五年臺灣割日的變局，林家族人選擇各異，下厝族人多回大陸，林朝棟之子林季商，隨父內渡，後脫離日本籍，捐貲獻身國民革命，並經營實業；轉向文事的頂厝則留於臺灣，其中又以林文欽之子林獻堂最為知名，在日治時期被譽為非武裝反殖民運動的政治與文化啓蒙領袖。

霧峰林家的起落，與臺灣歷史發展脈絡息息相關，深受學者關注。今國史館蒙霧峰林家下厝後裔林光輝先生，提供一批家族文書原件，委由本館掃描刊行。為使這批文書內容，方便各界參考使用，本館乃與長期研究霧峰林家歷史且投注於此批文書解讀工作的黃富三教授合作，將這批

「出土」已超過二十餘年，卻尚未公開的文書解讀出版，為臺灣史料整理工作，略盡綿薄之力。

綜觀文書內容多樣，主要為家族領袖林朝棟的部屬間往來函件、報告與帳單，涉及臺灣中北部開墾、山林與樟腦事業經營、棟軍與隘防等「開山撫番」相關史實，以及林家族內事務。透過這批前所未見之珍貴文書，除可深入理解林家如何由中挫而復興的歷程外，對建立十九世紀末臺灣沿山邊區社會經濟發展圖像，堪稱是一塊重要拼圖，大可彌補臺灣建省後相關史料文獻之不足。

本文書集能夠順利出版，除感謝林光輝先生熱心無私的提供文書外，對黃富三教授慨允將其與研究團隊花費相當心力，逐一辨認、考證與解讀之成果，交本館出版，尤應稱謝；此外，臺南大學臺灣文化研究所賴志彰教授提供當年測繪林家宅邸的透視圖，作為本書封面設計素材，共同玉成此事，在此亦表謝意。本書編輯出版，多賴國史館同仁費心盡力，審編處承擔數位化工作，修纂處同仁負責文書校核，思考編排方式，進行史料補充，撰寫內容簡介等，乃有今日成果，應一併致謝，是為序。

呂芳上　謹誌

中華民國一〇一年十二月七日

編輯凡例

一、本書所編文書共一五〇件，分爲墾務、腦務、林務三大單元，以下再以書函發信人分類編排，參考文書時間與內容關連性編排順序，惟一件文書可能牽涉多事，宜互參看。爲使讀者便於閱讀，除在本書前附有「解讀導言」概述全書內容外，各組發信人之前附有說明文字，就相關背景與文書內容稍作介紹。

二、文書標題由編者所加。書信類文件，以往返對象爲題，附帶文書已有之時間。惟遇收信人不明，保留發信人，如「梁成枏信函」；發信人不明，保留收信人，如「元月十八日致林拱辰信函」；收、發信人均不明，僅標示「信函」。

三、每件文書皆有圖版與文字參照兩部分。文字參照部分依圖版樣式加以排版爲原則，惟有若干文書每行字數過多時，囿於版面，略作調整。

四、文書中之專用詞彙，特別是人名、地名或易生疑義之處，儘可能加以註釋說明。

五、文書中之人名、地名、商號等均添加私名號，以利閱讀和理解。

六、文書中原有刪改之處，今僅保留刪改後之內容，原刪文字從略。

七、文書中之錯字、缺漏等，以忠於原文爲原則，儘可能不加修改。並以〔〕表錯別字訂正；□表缺字，缺漏字數不明則以……表示；[某]表解讀出的字；[某?]表存疑；疊字，如「切〃」，改爲「切切」。

八、本書中蘇州碼字均直接改爲現行通用數字，蘇州碼對照如下：〡（一或1）、〢（二或2）、〣（三或3）、〤（四或4）、〥（五或5）、〦（六或6）、〧（七或7）、〨（八或8）、文（九或9）。

九、文書中出現之印記，以註腳說明印文內容。

十、爲方便讀者查閱、檢索，書末附有內容索引表，對本書收錄文書之編號、題名、類別、時間、相關地點、相關人物、商號、原編號、掃描號等，皆予標示。

解讀導言*

黃富三

一九八四年，素貞與慈會林正方先生忽來電邀宴，他感慨一般人對霧峰林家只知頂厝的林獻堂，卻不知下厝的林文察、林朝棟，而在清代，下厝才是林家的骨幹。

他又說，林家在臺灣史上如此重要，但卻長期受忽視，反而有一美國學者已出版一本霧峰林家歷史，[1]因此決定推動一項計畫，撰寫一本由國人所撰寫的霧峰林家史，並調查測繪林宅。此計畫包括委託臺大土木研究所王鴻楷教授負責林家建築之調查、測繪工作，及筆者負責之歷史研究，而二者相互呼應。

霧峰林家是一長期影響臺灣歷史發展的大家族，撰寫工作相當艱鉅，而林家亦未能提供具體資料。未料在蒐集資料與研究過程中，意外發現數量龐大而珍貴之原始資料，包括地契、相片、文書、文物，以及部分林獻堂日記（以往欠缺之年份者）等。筆者乃依據這些新史料結合相關研究，撰成出版《霧峰林家的興起》、《霧峰林家的中挫》、《林獻堂傳》三書。其中《林獻堂傳》是論述日治後之歷史，在此暫且不論。《霧峰林家的興起》係介紹林家如何由一介貧民致富，進而在太平天國興起後，清朝須藉助地方士紳的力量，在此時代環境下乃獲得立功機會，躋身官僚與士紳階級。《霧峰林家的中挫》則論述林家在巔峰時期卻突遭重挫成為官府壓制的對象，家道中衰。清代是一皇權、官權、紳權上下有序之社會，因此林家欲生存、發展，必須重建其與皇權、官權的關係。十九世紀後半葉，臺灣內憂外患頻傳，外患有羅發號、牡丹社事件、中法北臺之役等，內憂有番變、施九緞事件等。林家在此時代環境中，再度獲得為清廷效勞良機，進而在一八八五年臺灣建省後，協助劉銘傳推動新政，終於東山再起，而成為清代可與北部板橋林家相比擬的二大家族。

霧峰林家如何復興呢？主因是一八八四至一八八五年中法北臺之役時林朝棟之立功與一八八五年臺灣建省後之協助劉銘傳積極推動新政，其中開山撫番是最重要的一項，林朝棟扮演

* 感謝當時之助理翁佳音、黃福得以及林高岳等人之協助，蒐集到下厝林家之重要文書。又，感謝行政院國家科學委員會之資助，耗時多年之林家文書解讀工作方能進行，成為本書最重要之史料。

1 Johanna Menzel Meskill, *A Chinese Pioneer Family, The Lins of Wu-feng, Taiwan. 1729-1895*（Princeton: Princeton University Press,1979）.

獻策與執行政策的要角。然而有關此段歷史，以往的研究並不多，且僅能引用零散的官方資料，如清宮宮中奏摺、軍機處月摺包檔案、《劉壯肅公奏議》、《淡新檔案》等，難以窺見全貌、真相。幸運的是，筆者團隊在研究初期即在林家古厝發現林朝棟在開山撫番時期之珍貴文書，真可說是天上掉下來的重禮。

然而，此批文書破損嚴重，狀況不佳，而且解讀困難，幸而筆者獲得解讀團隊之協助，經數年之煎熬，終於完成解讀工作。為使此批資料廣為流傳，為各界利用，乃設法出版。經霧峰林家成員林光輝、林正方之同意，並蒙國史館呂芳上館長之協助，決定予以出版，本書即其此批文書中之一部分。付梓前夕，爰將文書發現、解讀經過及其內容簡述如下。

一、發現與整理

一九八四年，林高岳先生通知在下厝發現二箱文書，不知何物？我回稱請助理翁佳音、黃福得趕緊押回臺北。二隻古老皮箱在客廳打開時，首先冒出各種臺北未見過之蟲子，相當可怕。再看裡面，全是文書，積滿厚厚的灰塵。又試圖打開文書，大多黏在一起，依過去經驗，強拆必會損壞。而且蛀蝕嚴重，有的從上至下蛀空成為碎片。怎麼辦？筆者在此之前已經處理過林家地契，瞭解必須經專業處理，因此告知林先生。他要我估價，故宮修復專家估計，包括受損的地契，大約要二十萬元以上。我回覆林先生，他說：「好的撿起來，壞的就丟掉。」我當然無法這麼做，乃回說：「那麼給我好了。」他說：「好啊！」

既然如此，除助理們外，我還動員內人，以客廳做為工作坊，進行修復與整理工作：

（一）修復：泡水鬆紙、陰乾、購紙黏補等，相當費時、費力，工作人員有翁佳音、黃福得、李季樺、劉曉芬以及內人嚴芳等。

（二）影印：影印一份彩色版供解讀用，由臺大歷史系助理吳玉芳負責。

（三）編流水號：由於文書雜亂無章，又係手寫體，難以判讀，因此由吳玉芳小姐編流水號，以便查核。

二、解讀工作

筆者接著展開解讀工作，未料竟是段艱辛、漫長的過程。首先，解讀遇到不少難題：

（一）破損者嚴重，缺漏字甚多；

（二）文字難以辨認，尤其是草書；
（三）錯字、白字亦不少；
（四）用詞極為難解，有些過於古典，有些最後才發現是臺灣方言；
（五）人名複雜，因林家族人與相關人士多，名號亦多；
（六）地名亦複雜，舊地名或小地名必須考證；
（七）函件缺完整日期，有的缺月日，至於年代，有的只列干支年甚至欠缺，難以排出時序。

面對以上難題，著實苦惱，尤其是無法解決文書之時間順序與文字解讀問題，則對研究是無助的。筆者數度想放棄，因勢必要耗費極多時間與心力，我的年紀與時間許可嗎？而以同樣的功夫做其它研究，成果更大。然而，每回翻閱資料，深感其內容之希罕珍貴，放棄不做將是終生憾事，最後決定嘗試一種做法，即向國科會申請專題計畫，撰寫霧峰林家之重振（復興）一書，而以解讀文書做為重點工作。感謝國科會的贊助，終於可進行此一艱鉅工程的起步工作。

然而，筆者當進行計畫時，卻面對執行上之實際難題。由於林家文書多而難讀，不易找到有能力與意願的助理，最後想到一個雙贏策略。筆者因仍在臺大歷史研究所執教，乃嘗試召集研究生，開文書解讀課，以上課方式解讀文書，一方面發揮集體合作的力量，一方面培養學生解讀古文書能力。

早期參加的主要有臺大歷史研究所陳中禹、陳志豪、陳冠妃、王雲洲等人。起初進展相當緩慢，常常二小時下來，無法辨認讀完一封函件。由於解讀不做，無法寫出具有突破性的新書，因此耐著性子，持續進行數年，並擴大規模，由臺大擴展至政大臺灣史研究所、中研院臺灣史研究所。果然，人多好辦事，而且集眾智成大智，許多難題逐步化解。

歷年參與解讀的人員，除了臺大歷史所研究生外，二〇〇八年後又有政大臺灣史研究所研究生，另外中央研究院臺灣史研究所助理亦加入，主要是檔案館同仁，甚至有研究人員協助、指導，如林玉茹、鍾淑敏、曾品滄等。此期主要參與者有陳中禹、陳志豪、楊森豪、許雅玲、詹憬佳等，以及不同時間加入之臺大與政大研究生，以及臺史所的助理們。

如何克服解讀難題呢？我們決定一個原則：先解決簡單容易的文書，以此為基礎，再推敲難解的文書與文字；完成一輪之後，重來一次，進行修正、補充，並予以註解。流程大致如下。

（一）訂出格式：依照流水號，並訂出欄位。
（二）辨識文字：草書、印章等，予以鍵入，並註出主要內容。

（三）解讀名詞：有不少難解之用詞，包括今人罕用字、錯字、白字、土話、不通文句等。

（四）人名：追出人物之出身，並將同一人使用多種名號者，予以註明還原。

（五）地名：追出舊地名之今址，並核對地圖，確認其位置。

（六）文書時間：無時間或不全者很多，造成極大困擾。解決辦法是以年月日整齊者為基礎，再依據內容之相關性，以已知者推出未知者之可能時間。至於完全無救者，列為其它類。

（七）內容摘要：供提示之用。

如此，經過多年的努力，解讀工作終於露出曙光，其中最重要的結論是：這批文書是林朝棟開山撫番時期的文書，因此其涵蓋時間應該在一八八六年至一八九五年間，而且可能終於一八九三年。據此，團隊可用各種方法嘗試確定文書產生之時間。如以干支紀年者即有解，標「壬」者，應該是「壬辰」年，即一八九二年。又如文書中出現官員名號，可根據其任官時間及所發生之歷史事件，判讀年代。如此，經抽絲剝繭，居然解決了不少文書的時間問題，團隊甚至有種猜對謎語的樂趣與成就感。筆者笑稱，我們好比做「埃及Rosetta Stone」的工作。按，法國學者商博良（Jean-François Champollion，一七九〇—一八三二）依據拿破崙從埃及帶回的石碑，解讀出埃及象形文字，為重建古埃及歷史奠定基礎。

三、文書之主要內容

經筆者團隊之綜合判斷，此批文書應為林朝棟開山撫番時期之相關文書，其特色是：一者文書內容彼此相關，二者數量甚多，共計九百多號，一千多頁，因此具有極高的研究價值，即它是主角史料，而非充當輔助史料，可大幅重寫開山撫番歷史。簡略說明如下。

（一）時間：以光緒十二年至十八年為主，尤其是十六至十八年。

（二）性質：多為來往函件、報告、帳單等。

（三）內容：多為開山撫番之相關文書，亦有林家族人之事項。

此為前所未見之珍貴文書，對歷史研究之創新具有極大意義，至少對以下之研究有極大助益。

第一，重建清末霧峰林家歷史：筆者新著《霧峰林家的復興》之原始資料即以此為主。

第二，清季之官紳關係：由於林家乃具有官方身分之臺灣士紳，可藉以瞭解此期之變遷。

第三，山區之開發：劉銘傳開山撫番政策實施後，官府與漢人勢力向臺灣內山地區擴張，進行土地拓墾與山區產業之開發，特別是樟腦業，而林家正是其中要角。

第四，山區原住民之漢、番關係：包括漢番之交往貿易、山區之防務、戰爭等。

第五，社會經濟史：出現不少洋行、商號資料，裨益商業史與出口貿易之研究。也出現不少新商品名稱，包括中國貨，如各地之絲綢、布料、食品等；舶來品，如番仔火（火柴）、木蘭池（白蘭地）等。另外，亦有婚喪喜慶送禮、演戲等習俗之資料。這些可反映清末之臺灣社會經濟變遷。

第六，其它：如林家宅第、林文察專祠、臺灣省城之興建等。

四、感想

坦白說，筆者當年在林家力邀之下，放下原定進行之洋行研究，改為霧峰林家研究，心中並非甚為樂意，未料今日竟以霧峰林家之專家博得虛名，人生際遇真是難料。其次，當年霧峰林家少有人知道，如今已經聲名遠播，林家古宅更成為觀光景點，深感欣慰。再者，現在此批可能消失的文書竟能復活、出版，個人除有解脫之感外，更有難產兒竟能誕生之興奮。

林家是臺灣重要家族，但當時所知者不多。原因是臺灣史不是學術研究主流，資料少是另一大問題。社會流通的相關作品不少是輾轉抄襲與傳聞的，可靠性不足。拙著《霧峰林家的興起》、《霧峰林家的中挫》即以甚多原始資料重建其早期歷史，然而林朝棟的官方資料相當有限，此一大批資料的發現，大大補充此一欠缺，修正或確認以往所知之歷史，對《霧峰林家的復興》一書之完成裨益極大。同時，深信未來後起之秀，當可利用它做更多的研究。

當年開始研究時，臺灣少有人重視或蒐集古文書，我在林宅看到散落一地的各類文書、資料，乃費心費力蒐集整理，終於出版林家歷史之著作。然而，其後由於臺灣史研究日盛，文書價格大漲，開始出現霸占文書的傳聞。如當時曾簽下文字承諾之類的文字，當可避免不少麻煩。另外，林家族人意見不一，對拙著讚賞者固然較多，但苛評、誤傳者亦有，頗感遺憾，但願族人本著大家族之寬宏胸襟，尊重學術研究，開創良好範例。

誌謝

本書之能出版，首先應感謝林光輝、林正方先生之提供林家文書。其次，國史館呂芳上館長之積極推動並贊助出版，功不可沒。第三，國史館何鳳嬌、林正慧、吳俊瑩三人組成之小組，進行史料之選取、整理、編排，甚至補充史料，在最後定稿上貢獻極大。第四，初期翁佳音、黃福得、李季樺及內人嚴芳擔任修補、整理工作，奠定解讀之重要基礎。第五，臺大歷史研究所博士生陳中禹、陳志豪在起步時全力協助處理各種解讀難題，勞苦功高。其後，陳志豪長期協助解讀之主要工作，臺大地理研究所博士生楊森豪則協助解決地名判讀與地圖蒐集繪製等問題，貢獻特大。另外，許雅玲、詹憬佳二人亦出力甚多。

再者，國科會提供三年之研究經費以組成團隊，方能進行長期解讀工作，中研院臺史所則提供設備與空間，在此謹申謝忱。

事實上，眾志成城，本書之完成是許多人長期共同努力之結果，在此無法一一細談，僅能列出一覽表，略抒心中之深切謝意。

歷年參與解讀者之名單

一、臺大歷史系：翁佳音、黃福得、李季樺、劉曉芬、吳玉芳，及內人嚴芳（早期修補整理工作）；

二、臺大歷史研究所：陳中禹、陳冠妃、陳志豪、王雲洲、邱柏翔、王偉筑；

三、臺大地理研究所：楊森豪；

四、政大臺灣史研究所：鄭螢憶、蔡思薇、李冠廷、蕭世偉、李虹薇、許雅玲、莊景雅、黃仁姿、洪偉傑、陳慶立、許雅婷、曾獻緯、葉銘勳；

五、東吳大學歷史研究所：黃頌文；

六、中研院臺史所助理：詹憬佳、歐怡涵、林廷叡；

七、其他師長等：林玉茹、鍾淑敏、曾品滄、吳玲青、周兆良（銘傳大學廣電系）、楊承淑、黃紹恆、郭文夫（臺大哲學系教授、書法家）。

另外，可能仍有遺珠，謹在此均致上深深謝意。

頃茇匠来云本月腊呂即新算清信付男要再信

呂二百兩又龍腊林地方新整腊灶十五份彦呂三百

元現批先支乙百元見客即彦特其數可紀密匠

名不將來託腊林姓份应歸其一優也竹軒

要閣現存四百兩試再人請取中符用若

欸不能信其當項也

刘安棟寄　六下午

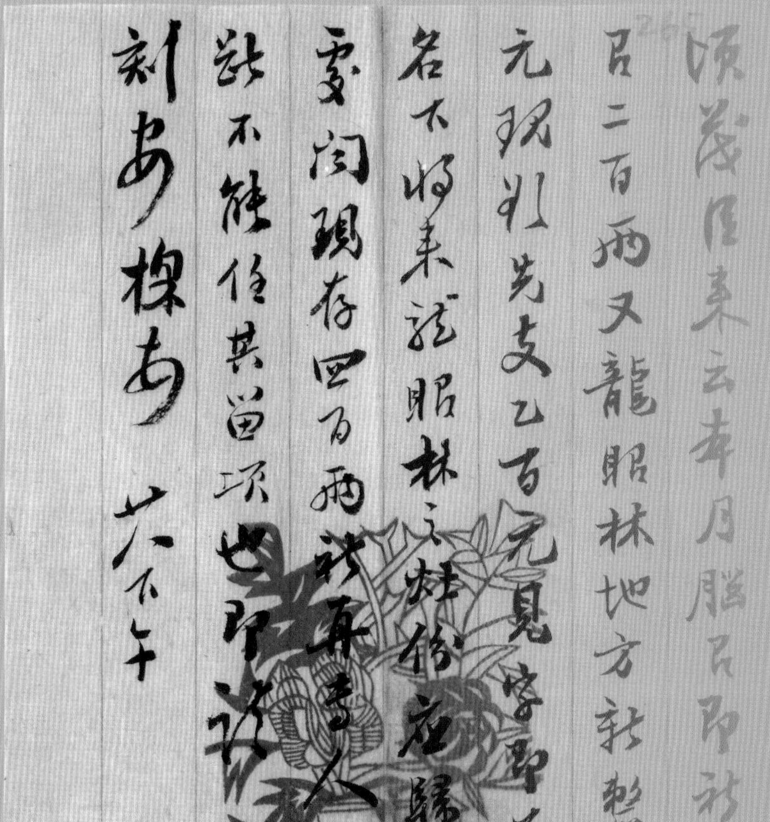

0486

壹、墾務

（一）梁成枏發信〈信函內容簡介〉

梁成枏，字子嘉，廣東南海人。晚清來臺擔任林朝棟幕僚，甚為劉銘傳賞識，並負責東勢角撫墾分局，實際參與開山撫番事業。梁成枏書信往來對象，除了林朝棟幕僚林拱辰、劉以專等，也包括林朝棟本人，顯見梁氏在開山撫番事業的體系之中，應占有相當重要地位。從文書內容來看，梁成枏負責處理水底寮、抽籐坑等處墾務、修圳事宜，並調停林鳳、傳德生間的墾務爭議。同時，梁成枏也介入內險坑、小中坑、龍眼林等處腦灶開辦事宜，以及利用豬、酒等物資招撫白毛社、裡冷社原住民之事。

由於梁成枏曾於信中強調上年局費亦未領到，各物賒借不到手，又為栳藔賠貼，不答應則無以撫番，既答應則錢財束手，欲辦差則為水圳所累等情，可見晚清撫墾局欲透過物資招撫原住民的手段，來進行樟腦事業的開發。另，梁成枏在信中多次直接向林拱辰提到葛竹軒等人款項的撥給與安排，此亦可見梁成枏在開山撫番事業上的影響力，非一般幕僚可比。

（一）梁成柟發信

1・正月二十九日梁成柟致林拱辰信函(1)

拱翁尊兄大人閣下二十六日內山田奉
惠示為水底藔旱埔事見詢先奉
憲飭因多事未能速辦查該處僅有彭姓未有定議十七年分糧務未
清該族中有愿捨者有不愿捨者弟以與訂約限二月初六七日弟由大湖
返局即須定議再行函布惟弟有切商一事希與
茂公　汝秋各位轉達
帥聰旱埔不患不成頭櫃等處砲櫃不患不速惟抽藤坑一墾年復一年
仍無起色傳德生欲墾而林鳳不愿弟欲抽出矮山一處開圳成田而力不

0245

拱翁尊兄大人閣下：二十六日內山回，奉
惠示，爲水底寮[1]旱埔事見詢，先奉
憲飭，因多事未能速辦。查該處僅有彭姓未有定議，十七年分糧務未
清，該族中有愿捨者，有不愿捨者。弟以與訂約，限二月初六、七日。弟由大湖
返局[2]，即須定議，再行函布。惟弟有切商一事，希與
茂公[3]、汝秋[4]各位轉達
帥[5]聰，旱埔不患不成，頭櫃[6]等處砲櫃不患不速，惟抽藤坑[7]一墾，年復一年，
仍無起色，傅德生[8]欲墾而林鳳[9]不愿，弟欲抽出矮山[10]一處開圳成田，而力不

---

1 水底寮：今臺中市新社區福興里水底寮一帶。

2 局：此處可能指罩蘭或東勢角撫墾局。光緒十二年（一八八六）劉銘傳成立撫墾局，並將中路撫墾事務交由林朝棟主持，令其負責大湖和東勢角兩個撫墾局，東勢角撫墾局委員由梁成枏充之。參見鄭喜夫，《臺灣先賢先烈專輯·第四輯·林朝棟傳》（臺中：臺灣省文獻委員會，一九七八年），頁五〇—五一。

3 茂公：林懋臣，字超拔。

4 汝秋：鄭以金。

5 帥：指林朝棟，字蔭堂，號又密。霧峰林家下厝林文察長子，生於清咸豐元年（一八五一），卒於清光緒三十年（一九〇四），得年五十四歲。一八八四年清法戰爭，在福建巡撫岑毓英的推薦下，率領鄉勇協助劉銘傳禦敵，戰於基隆附近一帶。林氏因此次功績，被保選為道員，而得到劉銘傳的器重。當一八八五年臺灣建省，劉銘傳任臺灣巡撫後，更將林氏倚為左右手，除委託其經辦處理中路營務，更給予經營樟腦的特權。開設撫墾局時，再被拔擢為局長，負責開拓荒地、招撫原住民。清政府為表彰其在原住民事務上的成果，特賜勁勇巴圖魯，又命其統領「棟軍」兼全臺營務處，後來討伐變亂所用之兵力，包括一八八八年施九緞之變，多是倚靠棟軍，因此清政府破格嘉許，成為道員賞穿「黃馬褂」的第一人。一八九五年林氏在彰化抵抗日軍，但拒絕應援北臺，失利後內渡中國，成為兩江總督劉坤一的麾下，率棟軍戍守海州。晚年在廈門經營樟腦生意，後歿於上海。黃富三、陳俐甫編，王世慶、陳漢光、王詩琅撰，《霧峯林家之調查與研究》（臺北：林本源中華文化教育基金會，一九九一年），頁一四九。

6 頭櫃：今臺中市新社區福興里一帶，舊屬水底寮庄頭櫃。

7 抽藤坑：今臺中市新社區福興里一帶，舊屬水底寮庄抽藤坑。

8 傅德生：字光華，湖南新化人，管帶棟字隘勇副營把總，負責彰化北港溪上游山區防衛。乙未時曾參加武裝抗日。參見胡傳，《臺灣日記與稟啟》（臺北：臺灣銀行經濟研究室，一九六〇年），頁三五—三七；鄭喜夫，《林朝棟傳》，頁一〇四—一〇六。

9 林鳳：林良鳳。

（一）梁成柟發信

1・正月二十九日梁成柟致林拱辰信函(2)

596-2

從心林鳳不量其愚先推番事不靖繼推砲櫃不力今本山安堵砲櫃
移築渠無可推諉則以無官本可借為詞今弟擬以旱埔既歸砲臺既徙
即欲撤去林鳳之墾另招墾首惟就近實為無人不若由弟下一諭帖將此墾
改歸林合林鳳即如林秀巧如松之例為林合佃首開圳由林合領錢弟代
為招佃於公私皆有裨益將來旱埔管業較易守隘亦得伸縮自如惟抽
收永遠一九五或二八之處弟不敢擅為作主希
各位轉請
上示迅速示復俾得遵辦不勝遙企此復即請

0246

從心。林鳳不量其愚，先推番事不靖，繼推砲櫃不力。今本山安堵，砲櫃移築，渠無可推託，則以無官本可借爲詞。今弟擬以旱埔既歸，砲臺既徙，即欲撤去林鳳之墾，另招墾首。惟就近實爲無人，不若由弟下一諭帖，將此墾改歸林合[11]。林鳳即如欉林、秀巧、如松[12]之例，爲林合佃首開圳，由林合領錢，弟代爲招佃，於公私皆有裨益。將來旱埔管業較易，守隘亦得伸縮自如，惟抽收永遠一九五[13]或二八[14]之處，弟不敢擅爲作主，希

各位轉請

上示，迅速示復，俾得遵辦，不勝遙企，此復。即請

---

10 矮山：疑為當時所稱呼之小地名，今位於何處待考。

11 林合：林朝棟、林文欽組織之墾號，經營腦業為主，範圍約自抽藤坑至集集，沿線設有隘勇兩營，由林榮泰、劉以專率領。參見連橫，《臺灣通史》（文叢第一二八種），頁三七一；王世慶、陳漢光、王詩琅撰，《霧峯林家之調查研究》，頁一九。

12 如松：林如松，係棟軍副將，一八九二年底過世。

13 一九五：即清代租佃制度中的一九五抽，由業主向佃戶抽收田地總收成的百分之十五，即早冬抽一成，晚冬再抽〇．五成。

14 二八：即清代租佃制度中的二八抽，由業主向佃戶抽收田地總收成的百分之二十。

（一）梁成枏發信

1・正月二十九日梁成枏致林拱辰信函(3)

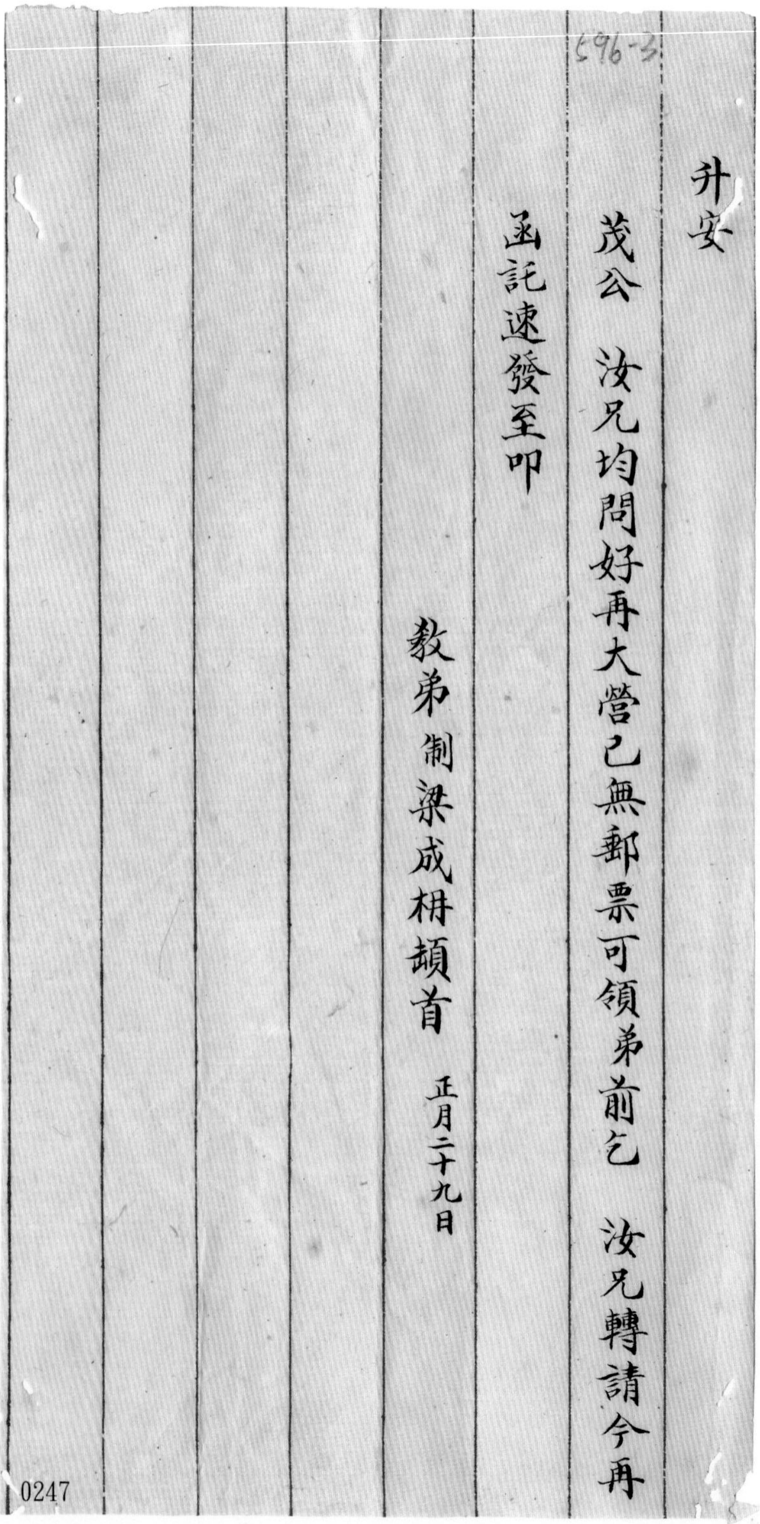
596-3

升安

茂公 汝兄均問好再大營已無郵票可領弟前乞 汝兄轉請今再

函託速發至叩

教弟制梁成枏頓首 正月二十九日

0247

升安

茂公[15]、汝兄[16]均問好。再大營[17]已無郵票[18]可領，弟前乞 汝兄轉請，今再函，託速發。至叩

教弟制梁成枏頓首 正月二十九日

15 茂公：林懋臣，字超拔。
16 汝兄：鄭以金。
17 大營：指軍隊將領駐紮辦公之處，何處待考。
18 郵票：劉銘傳開辦郵政後，所謂的郵票係指專用於官方公文傳遞用途，若民間商務用途則稱商票。

（一）梁成枏發信

2・梁成枏致林朝棟信函[19]

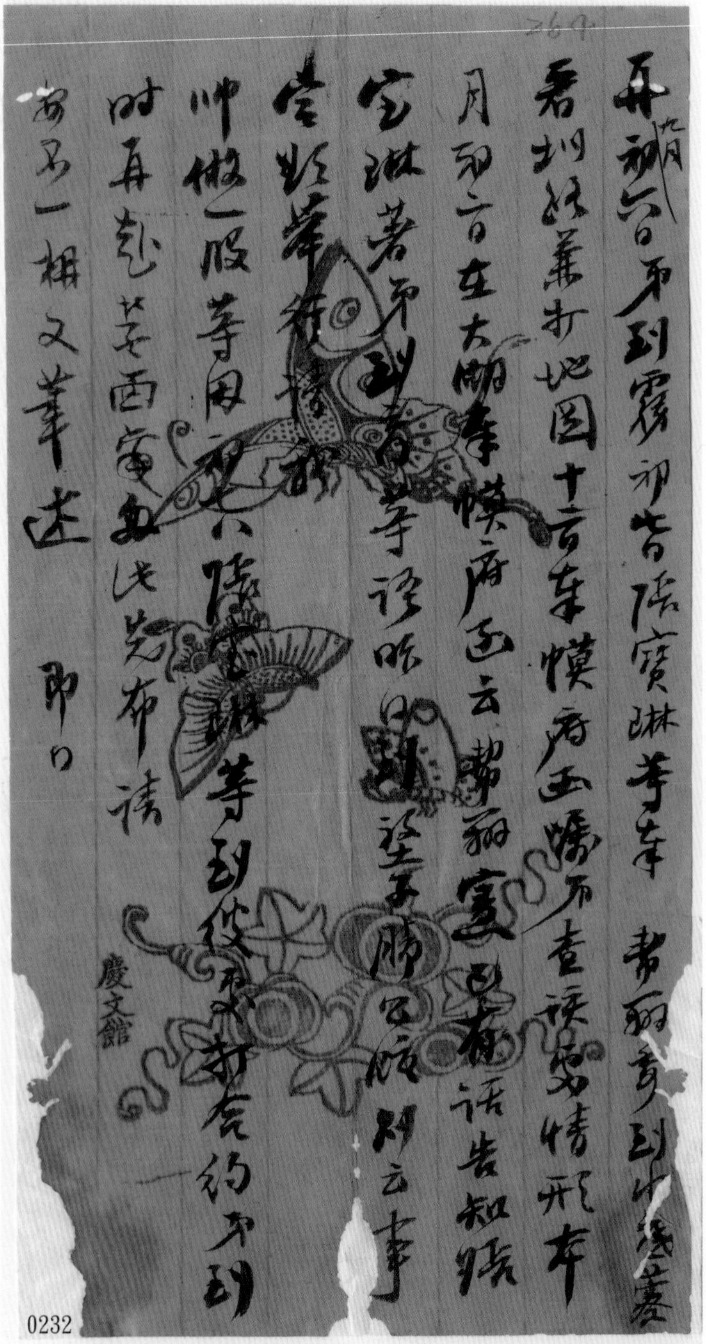

再稟者：九月初六日弟到霧，初告張寶琳等，本帥爺到中溪臺

看圳路兼打地圖，十六日本撫府面據，弟查該處情形，本

月初六在大湖等撫府面云：帥爺實是有話告知張

寶琳，著弟到[illegible]等語。昨日到埕子腳，寶琳對云：事

[illegible]

皆做一股等因，[illegible]張寶琳等到後，[illegible]打合約弟到

附再[illegible]至西寧[illegible]此先布請

安。弟一相文華述 即日

慶文館

0232

再，九月初六日，弟到霧[20]，初七日張寶琳等奉　幇辦[21]委到水底寮[22]看圳路兼打地图。十二日奉幙府[23]函囑弟查該處情形。本月初二日在大湖奉幙府函云，幇辦憲已有話告知張寶琳，著弟到商苐語。昨日到墪子脚[24]公館，則云事定欲舉行，請我
帥做一股等因。初七、八張寶琳等到彼處打合約，弟到时再赴营面稟。匆此。先布請
安，不一。柟又筆述　即日

---

19 原件似有缺落。

20 霧：阿罩霧，今霧峰。

21 幫辦：應指時任幫辦臺北撫番開墾事務的林維源。林維源（一八四〇—一九〇五），字時甫，號冏卿，臺北板橋人，主掌林本源記，因協助官府辦理清賦、撫墾、海防、築臺北城等有功而獲賞功名。劉銘傳主政期間，出任幫辦墾務大臣，及臺灣鐵路協辦大臣，陸續協助開山撫番、清賦等事業。

22 水底藔：今南投縣竹山鎮一帶。

23 幙府：幕府，古代軍中將帥治事的地方。

24 墪仔腳：墩仔腳，今臺中市后里區一帶。

（一）梁成枏發信

3・初六日梁成枏致劉以專、林拱辰信函(1)

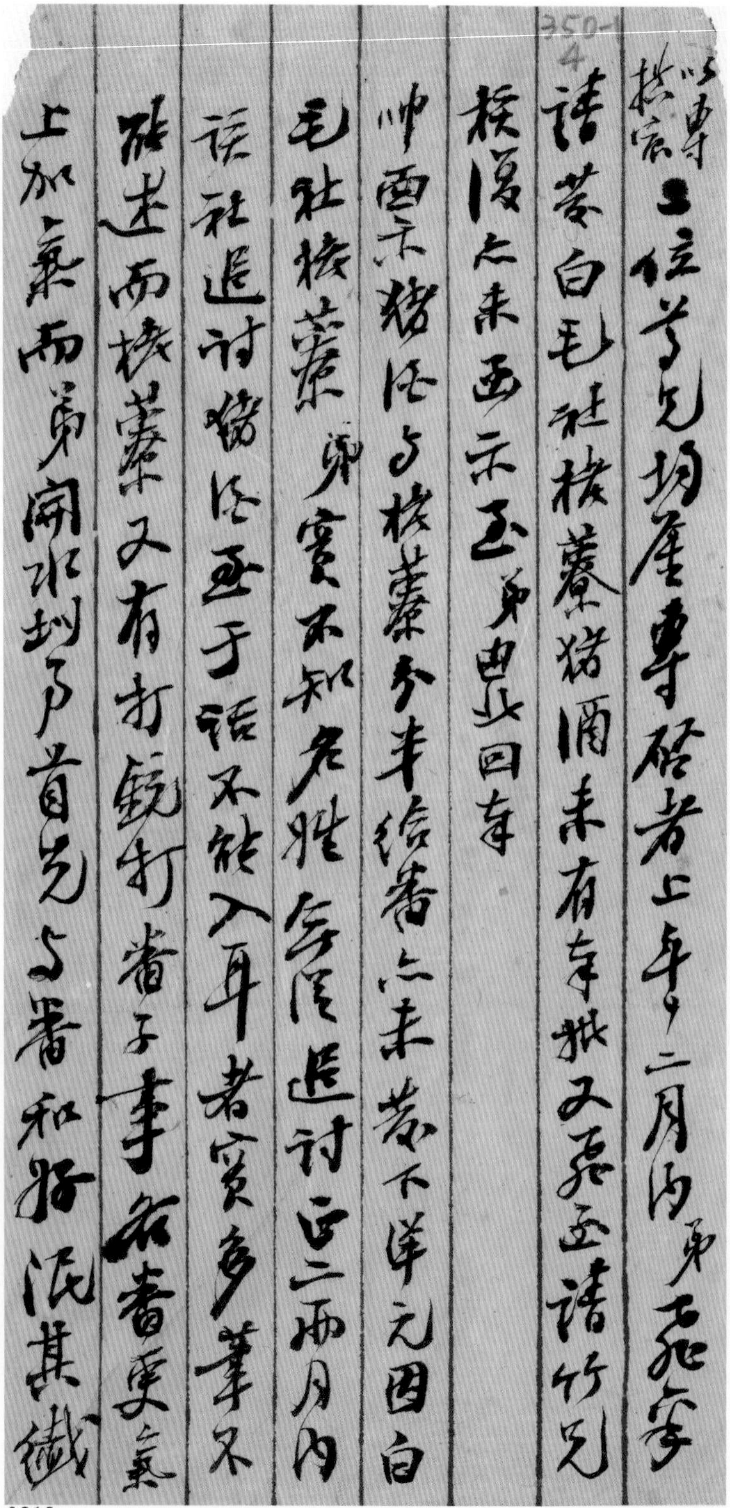

以專
拱宸 二位仁兄均覽：專啓者，上年十二月內弟飛字
請蒂白毛社核藔猪酒未有牢挑，又飛函請竹兄
核覆之來函示悉，弟要與回年
仲西示猪價與核藔分半給番，六來荼下洋元，因白
毛社核藔弟實不知名雅，今限追討正二兩月內
該社追討猪價，悉于話不能入耳者實多，筆不
殊述。而核藔又有打鏡打番子事，名番要氣
上加氣，而弟聞水到乃首先與番和好，浪其識

0218

以專
拱宸二位尊兄均鑒：專啓者，上年十二月內弟飛稟
請發白毛社[25]棇蓁猪酒，未有奉批；又飛函請竹兄[26]
核復，亦未函示。至弟由北回，奉
帥面示，猪酒与棇蓁分半給凿，亦未發下洋元。因白
毛社棇蓁弟實不知名姓，無從追討，正、二兩月內
該社追討猪酒，至于話不能入耳者實多，筆不
能述。而棇蓁又有打銃打凿子事，各凿更氣
上加氣，而弟開水圳事，首先与凿和好，泯其纖

25 白毛社：番社名，今泰雅族部落，原居於臺中東勢入山往大甲溪上游一帶。
26 竹兄：葛竹軒。

（一）梁成柟發信

3・初六日梁成柟致劉以專、林拱辰信函(2)

迭々謙方政務事十二月正二[illegible]月有晉乃核蕃了
到台不止十次，弟等以遮窩新出勝力一猪撲蕃人
新蕃所出之牛兩名交舊設撫墾內陸坑中
坑大中坑直出頭班多近向所要牛一共大猪
三隻赤牛五隻除今早已交定十二隻尚
欠牛四隻猪五隻候番限至十日猪牛到
南市辰子林大水則要見運到島都部當
此事不得不著退以依新設牲係另行誌

0219

悉之嫌，方能辦事。十二月、正、二、三月，各畨為栳寮事到局不止十次，弟無以应，命辦出脚力一猪，栳寮人打畨辦出一牛。而各處舊設栳灶如內險坑[27]、小中坑[28]、大中坑[29]，直出頭班[30]為止，開辦娄年一共大猪五隻、赤牛五隻，除今早已交定牛一隻，尚欠牛四隻、猪五隻，該畨限至初十日猪牛到南市[31]全交，如大水則要弟送到馬安舘[32]前哨。此事不得不荅應，以後新設灶份，另行議

27 內險坑：今臺中市太平區頭汴里內險。
28 小中坑：今臺中市太平區頭汴里小中坑。
29 大中坑：今臺中市太平區頭汴里中坑。
30 頭班：應指頭櫃，今臺中市新社區福興里一帶，舊屬水底寮庄頭櫃。
31 南市：指市集，何處待考。
32 馬安舘：即馬鞍寮，今臺中市新社區龍安。

（一）梁成柟發信

3．初六日梁成柟致劉以專、林拱辰信函(3)

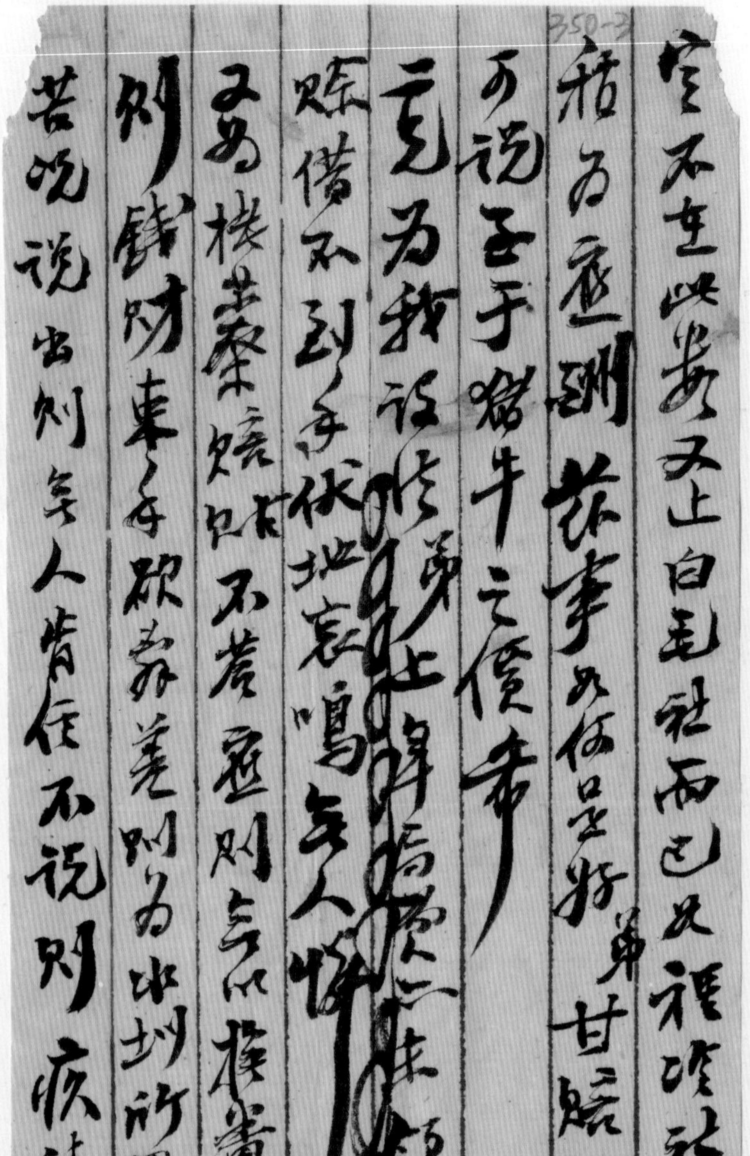

0220

定，不在此数。又，止白毛社而已，如裡冷社[33]亦不得不稍爲应酬。茲事如何是好？弟甘賠酒飯，無話可說。至于猪牛之價，希

二兄爲我設法，弟上年局費亦未領到，各物賒借不到手，伏地哀鳴，無人憐我。今又爲栳寮賠貼，不荅应則無以撫番，既荅应則錢財束手，欲辦差則爲水圳所累。以此艱難苦況，說出則無人肯信，不說則疚積在心。萬望

33 裡冷社：今泰雅族裡冷部落，位於臺中市和平區博愛村。

（一）梁成枏發信

3・初六日梁成枏致劉以專、林拱辰信函(4)

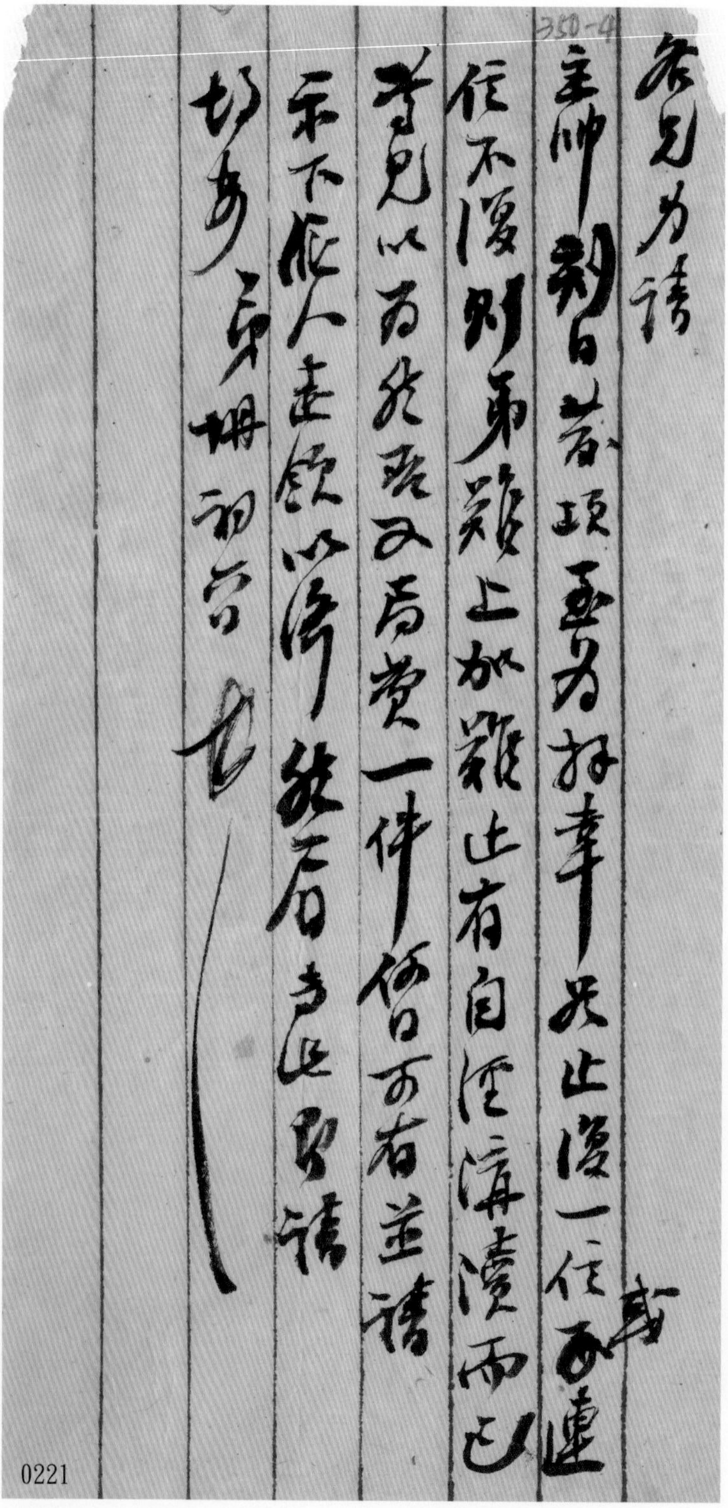

念兄為請
主帥到日前接函為好幸只此後一任不感遠
任不復別弟難上加難此有自經海讀而已
弟見以為幾番又為費一件借可有並請
示下派人走領以備然否煩知照請
均安 弟枏初六日 啟

0221

各兄爲請

主帥刻日發項，至爲拜幸。如止復一信，或連信不復，則弟難上加難，止有自經溝瀆而已，尊兄以爲然否？又局費一件，何日可有？並請示下派人走領，以濟然〔燃〕眉，專此。即請均安。弟|柟初六日頓

（一）梁成枏發信

4．廿八年梁成枏致林拱辰信函

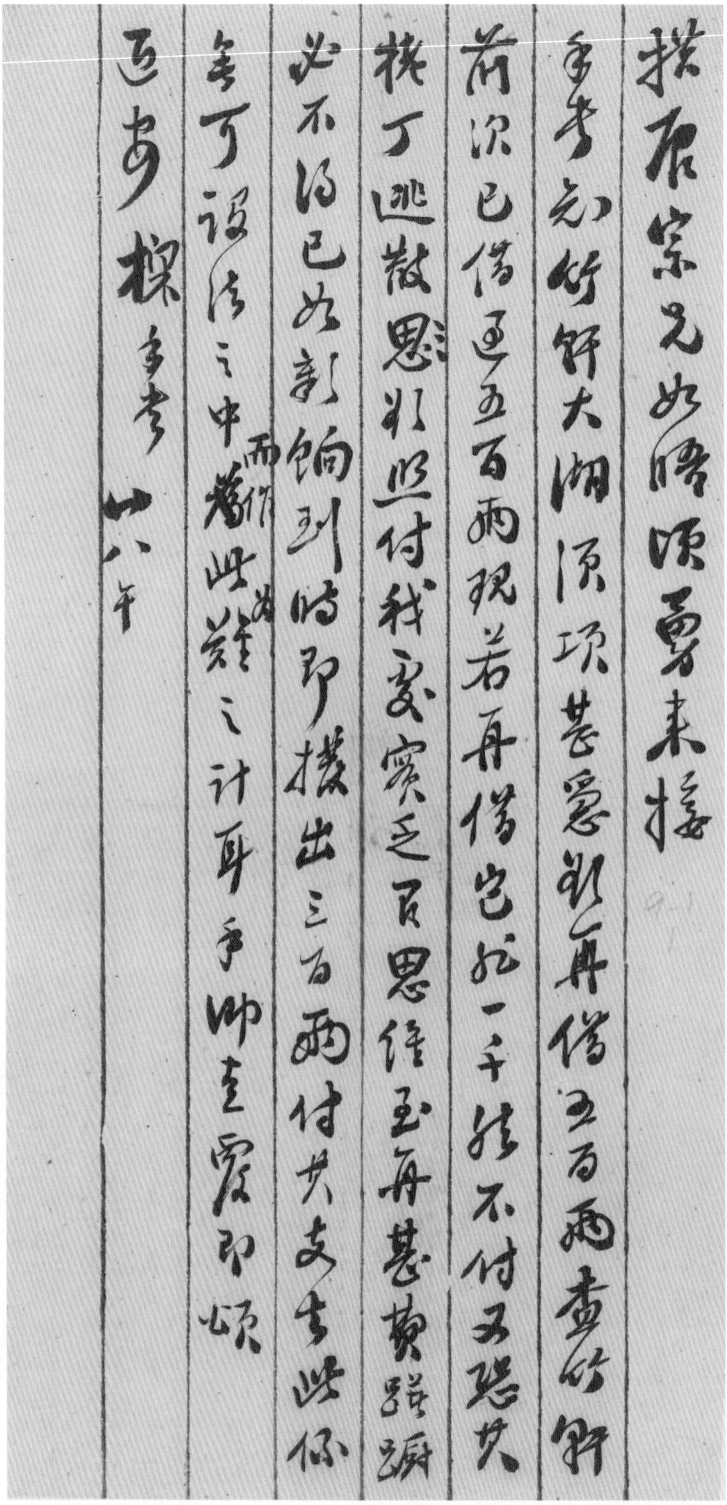

拱辰宗兄如晤：頃曹來接
手書，知竹圍大湖須項甚急，欲再借五百兩。查竹圍
前次已借過五百兩，現若再借，恐於一年雖不付公租，共
佃丁逃散，恩將照付，我處實乏，自思經至再，甚費躊躇。
必不得已，如新餉到時，即撥出三百兩付共支手，此係
無可設法之中，而作為此權宜之計耳。手此即請台安，即頌
近安。弟樑手書
廿八年

拱辰宗兄如晤：頃勇來，接

手書，知竹軒[34]大湖須項甚急，欲再借五百兩。查竹軒

前次已借過五百兩，現若再借，豈非一千。[35]然不付，又恐其

栳丁[36]逃散，欲照付，我處实乏艮。思經至再，甚費躊躕，

必不得已，如新餉到时，即撥出三百兩付其支去。此係

無可設法之中，而作此爲難之計耳。手泐走覆。即頌

近安。　樑手書　廿八午

---

34 竹軒：葛竹軒，經營「盈豐號」腦棧。

35 梁成柟為罩蘭東勢角撫墾局之撫墾委員，故此處借款對象應指撫墾局。

36 栳丁：負責採樟腦的腦丁。

（一）梁成柟發信

5．廿六梁成柟致林拱辰信函

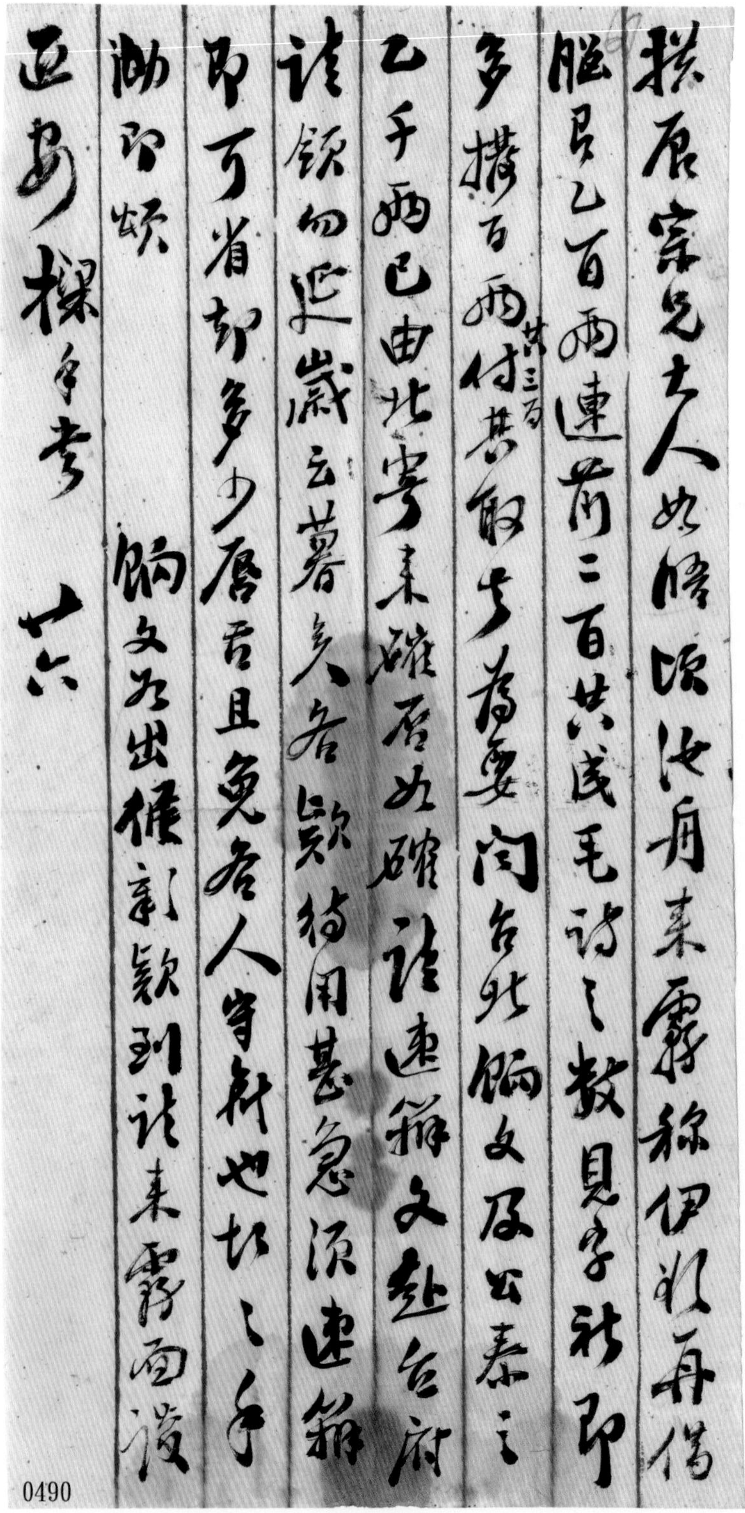

拱辰宗兄大人如晤：頃汝舟來霧稱伊欲再借
腦貝乙百兩，連前二百共錢毛討之數，見字到即
多撥百兩付其（廿三日）領去爲要。問台北餉文及公泰之
乙千兩已由北寄來，雖屢如雖，諒速辦文赴台府
請領，勿延，歲云暮矣。各款待用甚急，須速辦，
即可省卻多少唇舌，且免各人骨斛也。切切之手
泐，即頌　餉文不出，催領款到，請來霧面談
近安　楳手書　廿六

0490

拱辰宗兄大人如晤：頃汝舟[37]來霧，称伊欲再借腦艮乙百兩，連前二百，共成毛詩之数[38]，見字祈即多撥百兩，共三百，付其取去爲要。聞台北餉文及公泰[39]之乙千兩，已由北寄來，確否？如確，請速辦文赴台府請領勿延。歲云暮矣，各欵待用甚急，須速辦，即可省却多少唇舌，且免各人守候也。切切，手泐。即頌

近安。　樑手書　廿六

餉文如出，候彰欵到，請來霧面談。

37 汝舟：陳汝舟，即陳澄波。

38 毛詩之數：因《詩經》篇目為數三百首，故在此借指金錢數共三百。

39 公泰：公泰洋行。

（一）梁成柟發信

6・廿八下午梁成柟信函

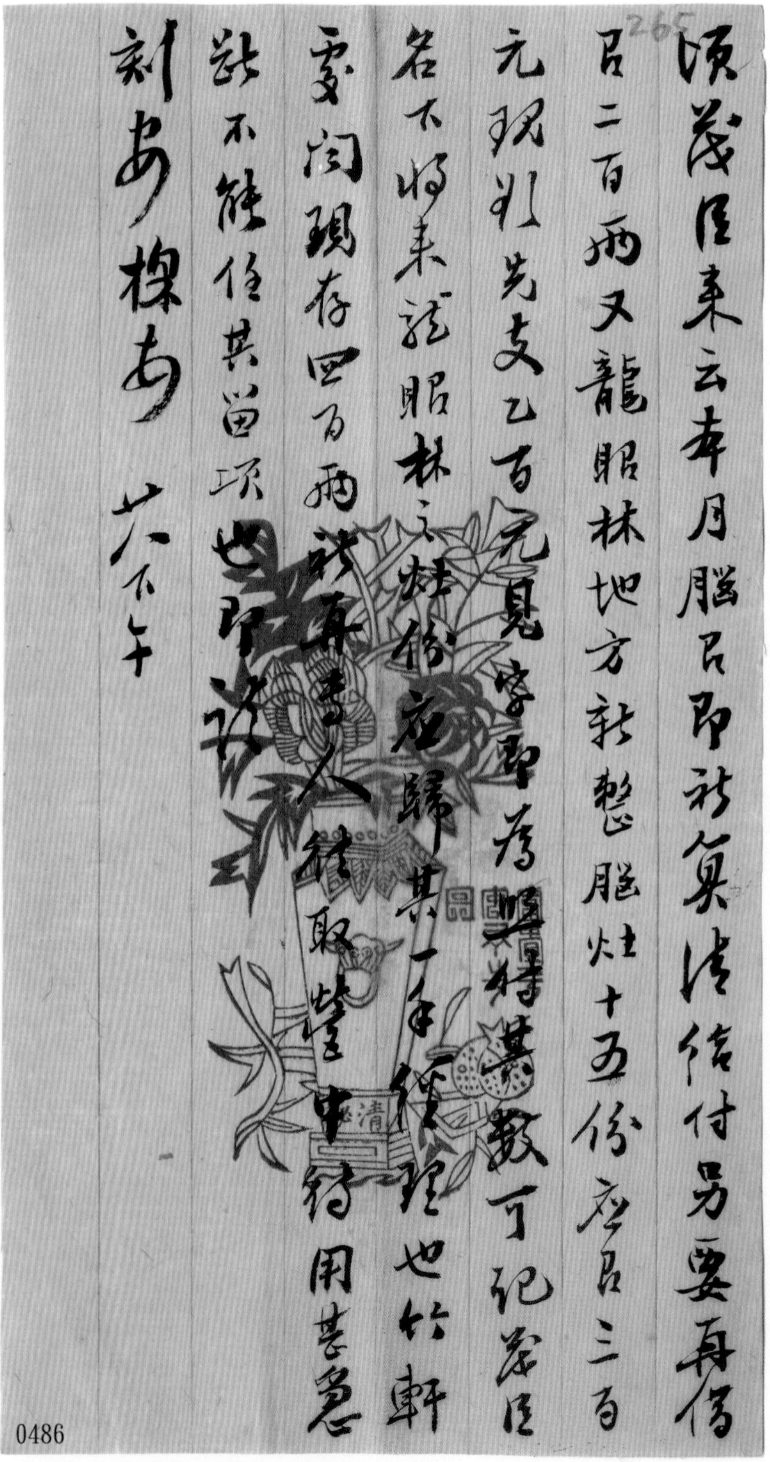

頃蔭臣來云本月腦只即新算清結付另要再借
只二百兩又龍眼林地方新墾腦灶十五份庄只三百
元現外先支乙百元見字即爲照特算數可記家臣
名下將來該眼林之灶份應歸其一手經理也竹軒
要問現存四百兩我再遣人往取豐中待用甚急
諒不能任其留頂也此諸
刻安 棣安
廿八下午

0486

頃茂臣[40]來云，本月腦㞋即祈筫給付，另要再借㞋二百兩。又龍眼林[41]地方新整腦灶十五份，应㞋三百元，現欲先支乙百元，見字即爲照付，其数可紀〔記〕茂臣名下，將來龍眼林之灶份应歸其一手經理也。竹軒處聞現存四百兩，祈再專人往取，營中待用甚急，斷不能任其畄項也。即請刻安。　樑頓　廿八下午

40 茂臣：林懋臣，字起拔。
41 龍眼林：今南投縣中寮鄉龍安村龍眼林。

（一）梁成枏發信

7．廿七早梁成枏致劉以專信函

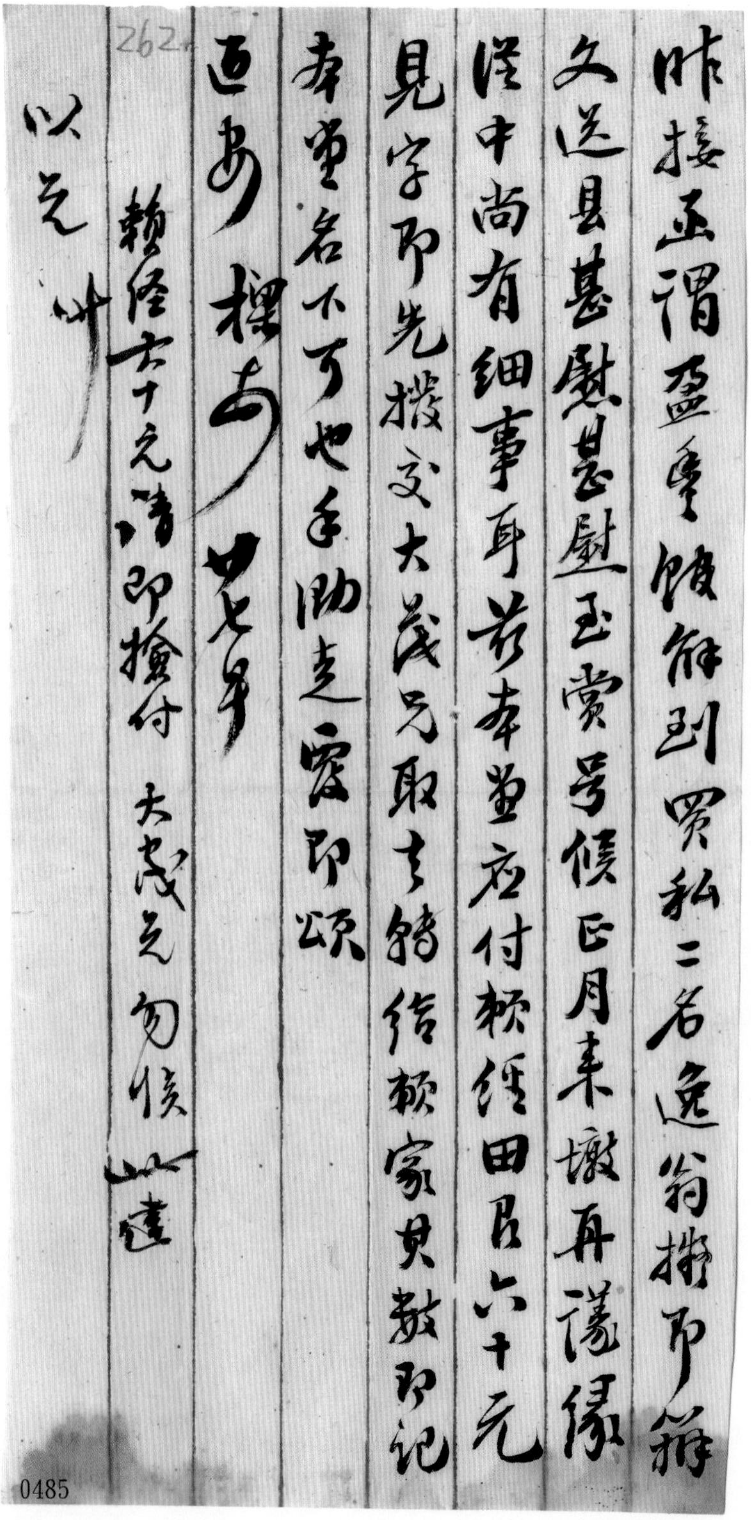
昨接丞渭盈兄復條所到買私二名逸翁擲印錄
文送县甚慰甚慰玉賞号候正月來墩再議緣
從中尚有细事耳於本堂應付栳經田及六十元
見字即先撥交大成兄取去轉給栳家其數即記
本堂名下不可也手此函達即頌
近安 樹丞兄 廿七早
賴經六十元請即撥付 大成兄勿悞
以專 仲 兄 達

0485

昨接函，謂盈豐館鮮到買私二名，逸翁[42]擬即辦
文送县，甚慰甚慰。至賞号[43]候正月來墩再議，緣
從中尚有細事耳。茲本堂[44]应付賴經田艮六十元，
見字即先撥交大茂兄取去轉給賴家，其数即記
本堂名下可也。手泐，走覆。即頌
近安。　　　樑頓　廿七早

頼経六十元請即撿付　大茂兄，勿悞，此達
以兄[45]升。

42 逸翁：萬鎰。
43 賞号：賞金，指賞給每人一份的錢或物。《漢典》：http://www.zdic.net/cd/ci/12/zdice8zdicb5zdic8f48875.htm（2012/10/6點閱）。
44 本堂：林家下厝之家號，係大房林定邦派下所居住，位於今霧峰鄉本堂村民生路一九號。
45 以兄：劉以專。

（一）梁成枏發信

8・梁成枏致文弟信函

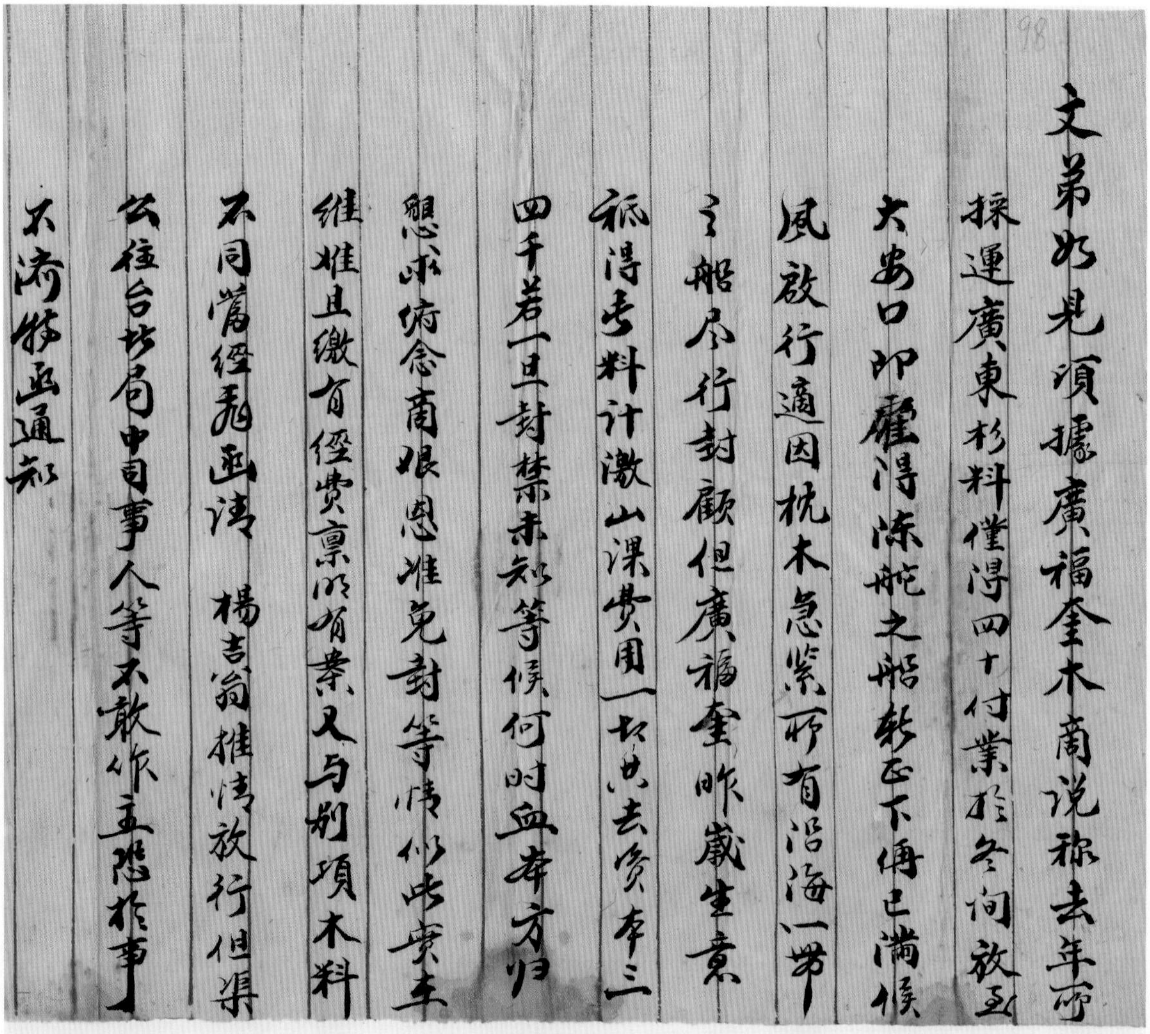
文弟如見 頃據廣福奎木商說稱去年所
採運廣東杉料僅得四十付業於冬間放至
大安口即雇得添舵之船移至下停已滿候
風啟行適因枕木急需所有沿海一帶
之船不行封雇但廣福奎昨歲生意
祇得杉料計繳山渠費用一切共去資本三
四千若一旦封禁未知等候何時血本方歸
懇求俯念商艱恩准免封等情似此實本
維難且繳有經費稟明有案又與別項木料
不同當經飛函請 楊吉翁推情放行但渠
公往台北局中司事人等不敢作主恐於事
不濟特函通知

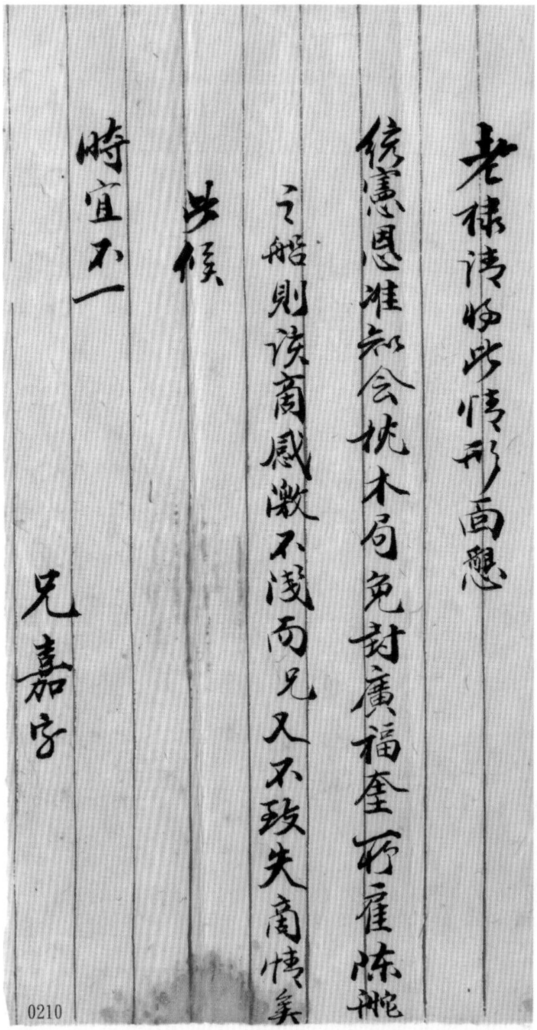
老棣請將此情形面懇
統憲恩准知会枕木局免封廣福奎所雇陳舵
之船則該商感激不淺而兄又不致失商情矣
此候
時宜不一
兄嘉字
0210

文弟如見：頃據廣福奎木商說称，去年所
採運廣東杉料，僅得四十付，業扵冬間放至
大安口，即雇得陳舵之船，新正下俥已滿，候
風啓行。適因枕木急緊，所有沿海一帶
之船尽行封顧，但廣福奎昨歲生意
祗得此料，計繳山課費用一切，共去資本三、
四千。若一旦封禁，未知等候何时血本方归，
懇求俯念商艰，恩准免封等情。似此實在
維難，且繳有經費稟明有案。又与別項木料
不同，當經飛函請 楊吉翁[46]推情放行。但渠
公往台北，局中司事人等不敢作主，恐扵事
不濟，特函通知
老棣，請將此情形面懇
統憲，恩准知会枕木局，免封廣福奎所雇陳舵
之船，則該商感激不淺，而兄又不致失商情矣。
此候
時宜。不一。
兄嘉字

46 楊吉翁：楊吉臣。

（二）林超拔發信〈信函內容簡介〉

林超拔即林懋臣（？—一九〇一），字超拔，號烏九，臺中霧峰萬斗六人，小名烏狗，棟字營將領，曾於光緒十四年（一八八八）施九緞事件中建功。光緒十八年（一八九二）大嵙崁之役結束後，邵友濂奏請為棟字營副帶著免補千總，以守備留於福建儘先補用並賞加都司銜。乙未之役時，原為棟軍分統官，與林朝棟駐紮獅球嶺，後奉臺灣民主國總統唐景崧之命回臺中防守，林朝棟東渡後，即退回霧峰奉命遣散軍隊。[47]

從文書內容來看，由林超拔率領的棟軍，在今日南投縣國姓鄉一帶投入了土地開發、水圳工程及道路修繕等，顯示棟軍除從事山區防衛工作以外，同時也參與山區開發事業。如林超拔信中即曾提到，隘勇正營調撥六棚專作修路造橋，直透南港打氈（國姓鄉）。

47 私立長榮大學編纂，《新修霧峰鄉志》（臺中：霧峰鄉公所，二〇〇九年），頁一五七二。

（一一）林超拔發信

9・四月初三日林超拔致林拱辰信函

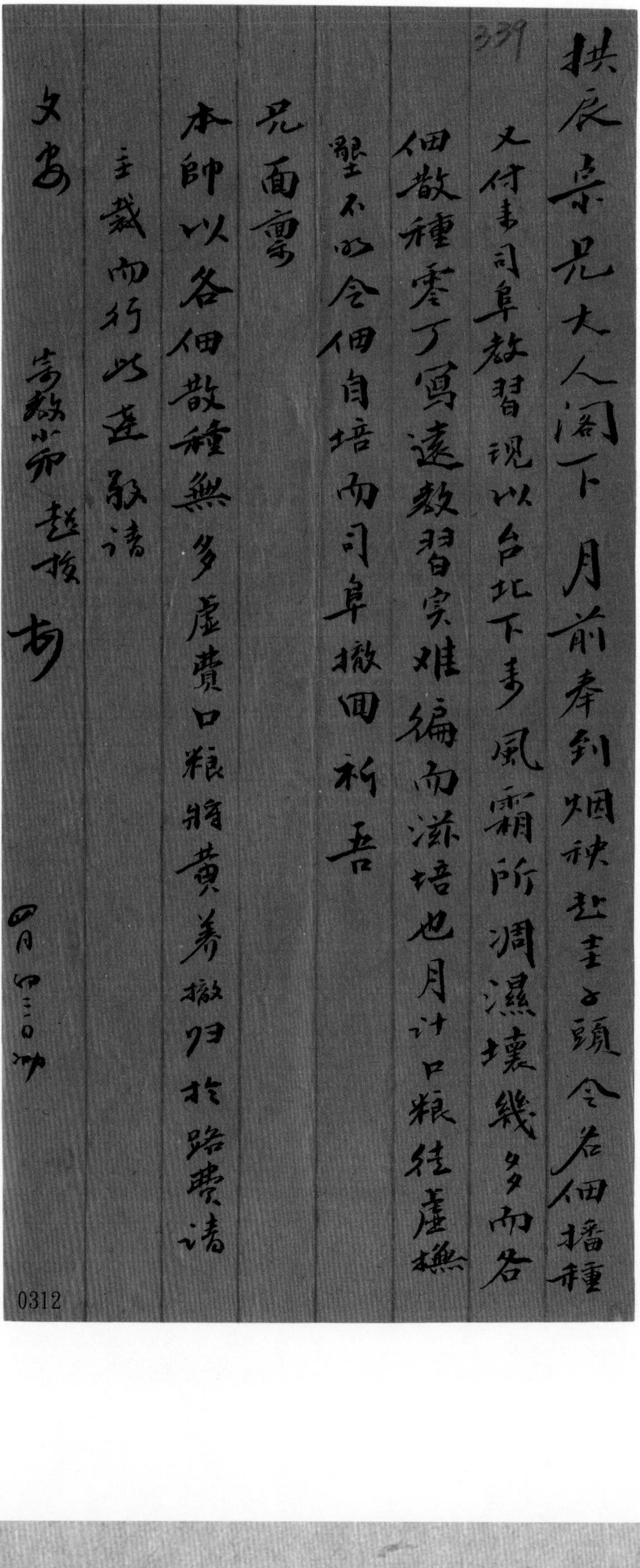
339

拱辰宗兄大人閣下 月前奉到烟秧赴圭子頭令各佃播種又付圭司阜教習現以台北下圭風霜所凋濕壞幾多而各佃散種零丁窵遠教習實難徧而滋培也月計口粮徒虛糜墾不如令佃自培而司阜撤回祈吾兄面稟本帥以各佃散種無多虛費口粮將黃義撤歸於路費請主裁而行此達敬請文安

宗教小弟超拔 頓

四月初三日冲

0312

拱辰宗兄大人閣下：月前奉到烟秧[48]赴圭子頭[49]，令各佃播種，又付來司阜[50]教習。現以台北[51]下來風霜所凋，濕壞幾多，而各佃散種，零丁窵遠，教習実难偏而滋培也。月計口粮徒虛，撫墾不明，令佃自培而司阜撤回。祈吾

兄面稟

本帥，以各佃散種無多，虛費口粮，將黃養撤归於路費，請

主裁而行。此達。敬請

文安。　宗教小弟超拔頓　四月初三日泐

48 烟秧：還沒移植到地裡的小煙苗。

49 圭子頭：即龜仔頭，今南投縣國姓鄉福龜村。光緒年間番界位於水長流、北港溪一帶，林朝棟之棟軍即駐紮水長流、龜仔頭等地，從事土地開墾與樟腦熬製事業。

50 司阜，即師傅。

51 台北：疑非指今日臺北，而是泛指臺灣北部。

（二）林超拔發信

10・八月十五日申林超拔致林朝棟信函(1)

敬禀者標下於本月十四日奉到
鈞函俱已承命矣所有各處圳務惟祈認真料理以冀無負委任而報
恩憲撫綏墾務之至意至於圭子頭圳工包開非輕黃兄不敢保認銀項惟薦
人可用而已需項隨工作處而措給似此却有一種道理夫以官圳所關倘
開工不專伊胡了局然標下視其前營圳務十分清楚似乎可特幹事而欲
他擇恐無敵手故且權詞答應隨工二十餘人入山搭寮專遣差弁叩
轅請示可否專候
鈞裁施行理合肅具丹稟虔誠特達恭賀

0306

敬稟者：標下於本月十四日奉到

鈞函，俱已承命矣。所有各處圳務，惟祈認眞料理，以冀無負委任，而報

恩憲撫綏墾務之至意。至於圭子頭[52]圳工包開非輕，黃兄不敢保認銀項，惟薦人可用而已。需項隨工作處而措給，似此却有一種道理。夫以官圳所關，倘開工不専，伊胡了局。然標下視其前營圳務十分清楚，似乎可恃幹事，而欲他擇，恐無敵手，故且權詞答應，隨工二十餘人入山搭寮。專遣差弁叩

轅請示可否，專候

鈞裁施行，理合肅具丹稟，虔誠特達，恭賀

52 圭子頭：即「龜仔頭」，為今南投縣國姓鄉福龜村。此處指龜仔頭圳。

（二）林超拔發信

10・八月十五日申林超拔致林朝棟信函(2)

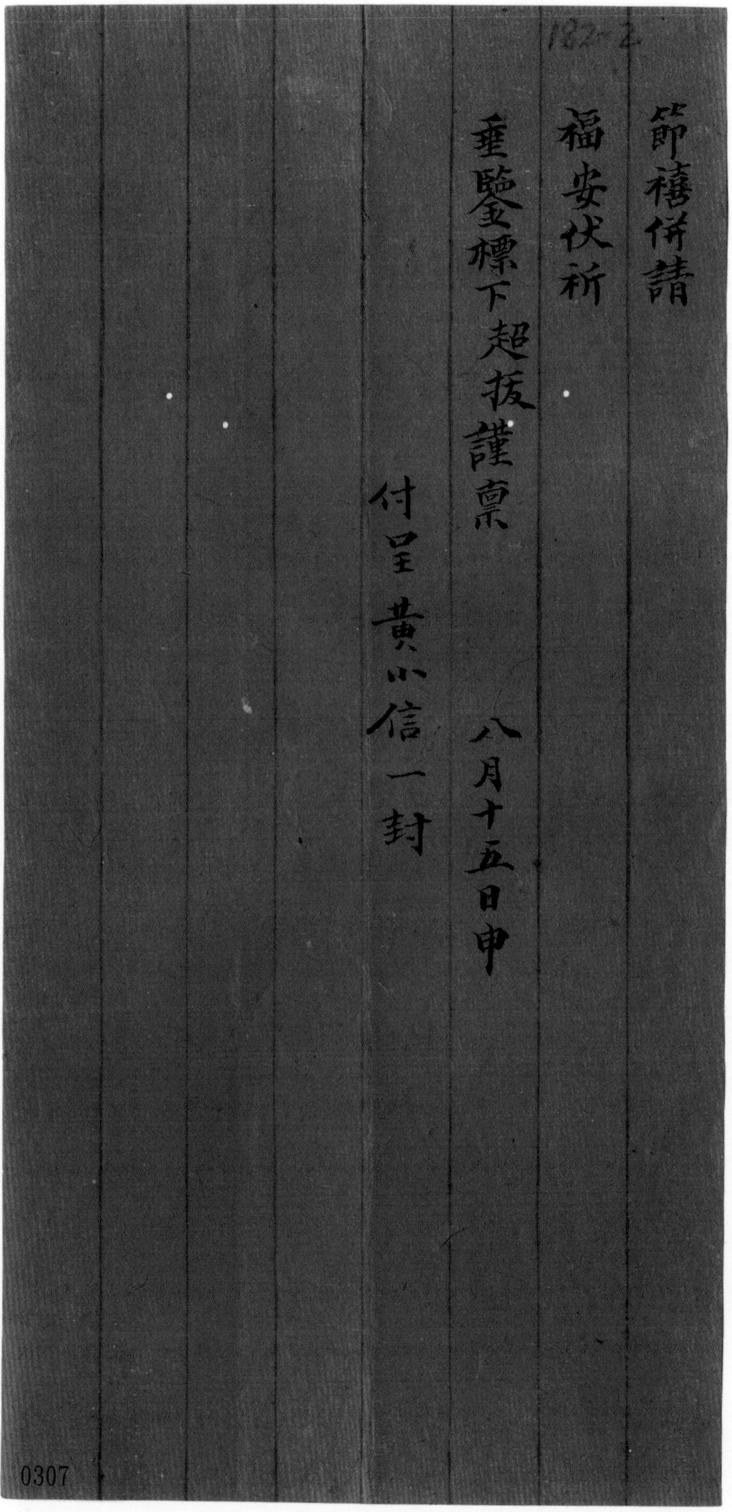

182-2

節禧併請

福安伏祈

垂鑒標下超拔謹稟

八月十五日申

付呈黃小信一封

0307

節禧，併請
福安。伏祈
垂鑒。　標下超拔謹稟　八月十五日申[53]
付呈黃小信一封

[53] 申：申時，下午三至五時。

（二）林超拔發信

10・八月十五日申林超拔致林朝棟信函(3)

182-2

再禀者隘勇正營調撥六棚專作修路造橋直透南港打鑼近有兩月之工未
得幫助光華防守所有碉堡損壞隘勇漸漸修築想可無虞又林冠章
前擬销差為腦務調理起見現久注北路似乎無心田中所有腦本欠賬
殊多請將剩額餉項留存以待賠本之用又禀再如圳工定局即
撥伍十元付王金興為呼工之用

0308

再稟者：隘勇正營[54]調撥六柵（棚）專作修路造橋，直透南港[55]打氈[56]。近有兩月之工，未得幫助光華[57]防守，所有碉堡損壞，隘勇漸漸修築，想可無虞。又林冠章前擬消（銷）差，為腦務調理起見，現久注（駐）北路，似乎無心回中，所有腦本欠賬殊多，請將剩額餉項留存，以待賠本之用。又稟，再如圳工定局，即撥伍十元付王金興為呼工之用。

---

54 隘勇正營：以把總鄭以金為管帶官，光緒十六年（一八九〇）二月後專防大湖。

55 南港：南港山或南港庄，即今南投縣國姓鄉南港村。

56 打氈：地名，又稱打剪或打煎，位於今日南投縣國姓鄉柑林村南港溪沿岸。

57 光華：即傅德生。

（一一）林超拔發信

11．葭月十四日林超拔致林拱辰信函

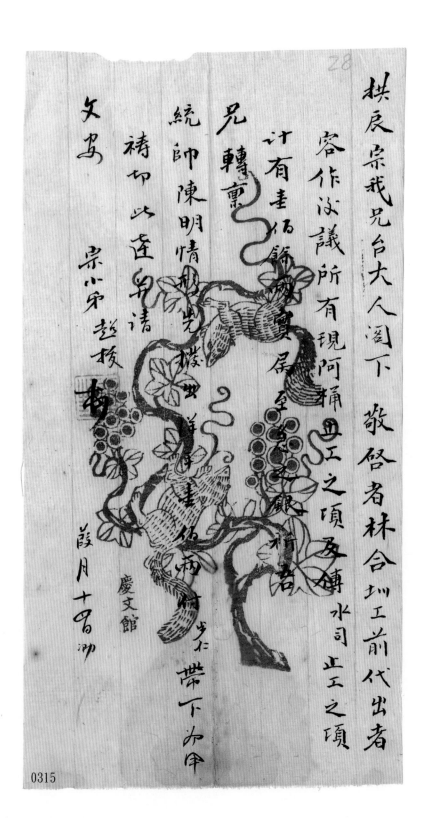

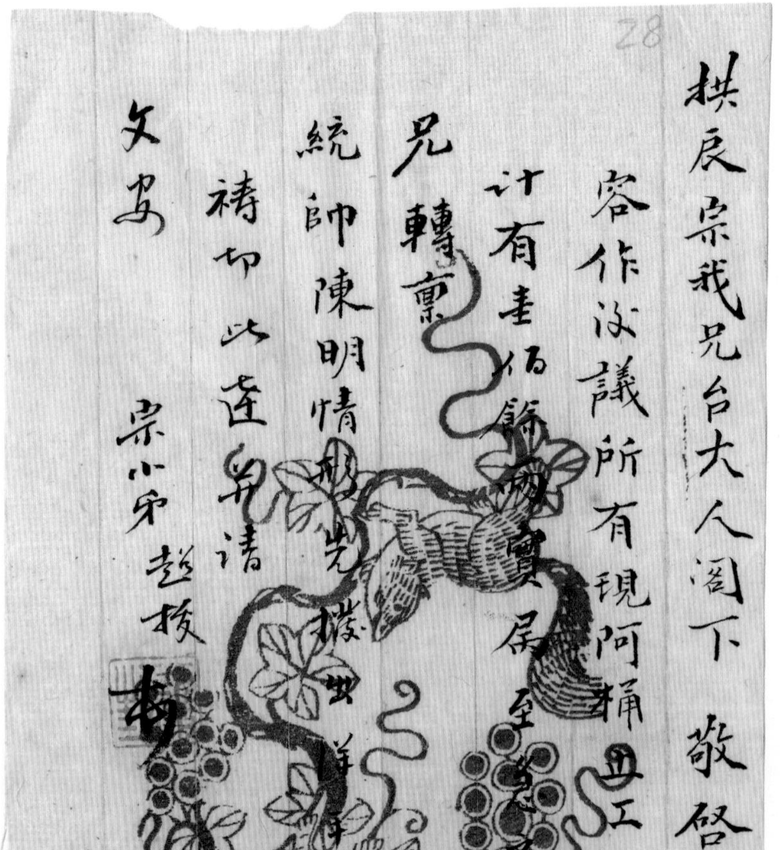

28

拱辰宗我兄台大人閣下　敬啓者林合圳工前代出者
容作汝議所有現阿捅四工之項及傳水司止工之項
计有圭佰餘兩實屬至急之銀祈吾
兄轉稟
統帥陳明情形先撥出洋銀圭佰兩付步仁帶下為幸
禱切此達並請
文安
宗小弟超拔
葭月十四日泐

慶文館

0315

拱辰宗我兄台大人閣下：敬啓者，林合圳工前代出者，

容作後議，所有現阿桶止工之項，及傅水司[58]止工之項，

計有壹佰餘兩，實㞒至急之銀。祈吾

兄轉稟

統帥，陳明情形，先撥出洋平壹佰兩，付步仁帶下爲用。

禱切，此達。并請

文安。　宗小弟超拔頓【印】　葭月[59]十四日泐

58 水司：應指開鑿水圳的工匠。

59 葭月：農曆十一月。

（一一）林超拔發信

12・葭月十六日申林超拔致林拱辰信函

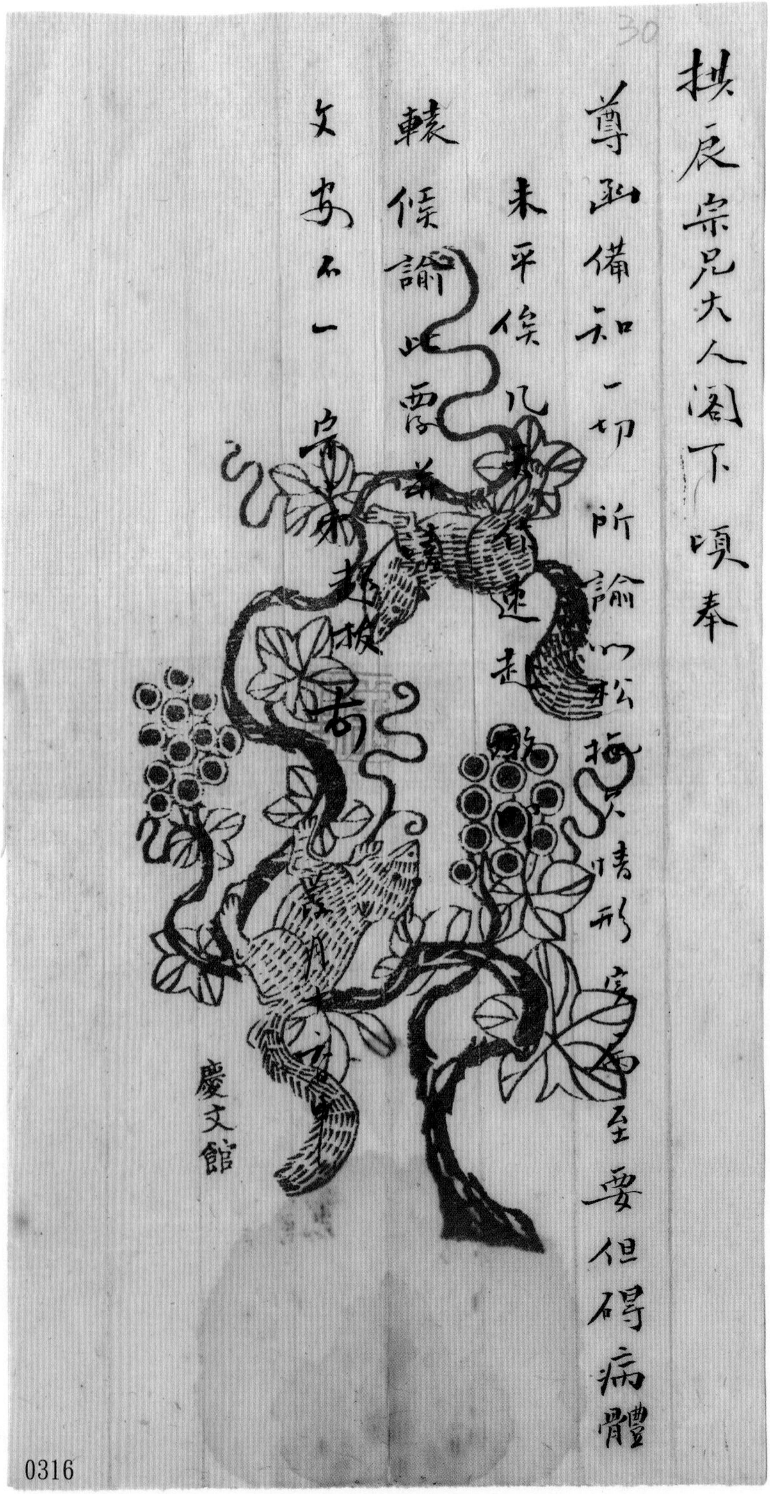
30

拱辰宗兄大人閣下　頃奉
尊函備知一切　所諭以松梅只情形亮為至要　但碍病體
未平　俟几稍速走敘
轅候諭　此覆并請
文安不一　宗弟超拔寄
葭月十六日申

慶文館

0316

拱辰宗兄大人閣下：頃奉
尊函，備知一切。所諭如松拖欠情形，実属至要，但碍病體
未平，俟几天作速赴墩，叩
轅候諭。此覆。并請
文安，不一。 宗小弟超拔頓【印】 葭月[60]十六日申[61]

60 葭月：農曆十一月。
61 申時：下午三至五時。

（二）林超拔發信

13・八月初九日林超拔致林拱辰、葛竹軒信函(1)

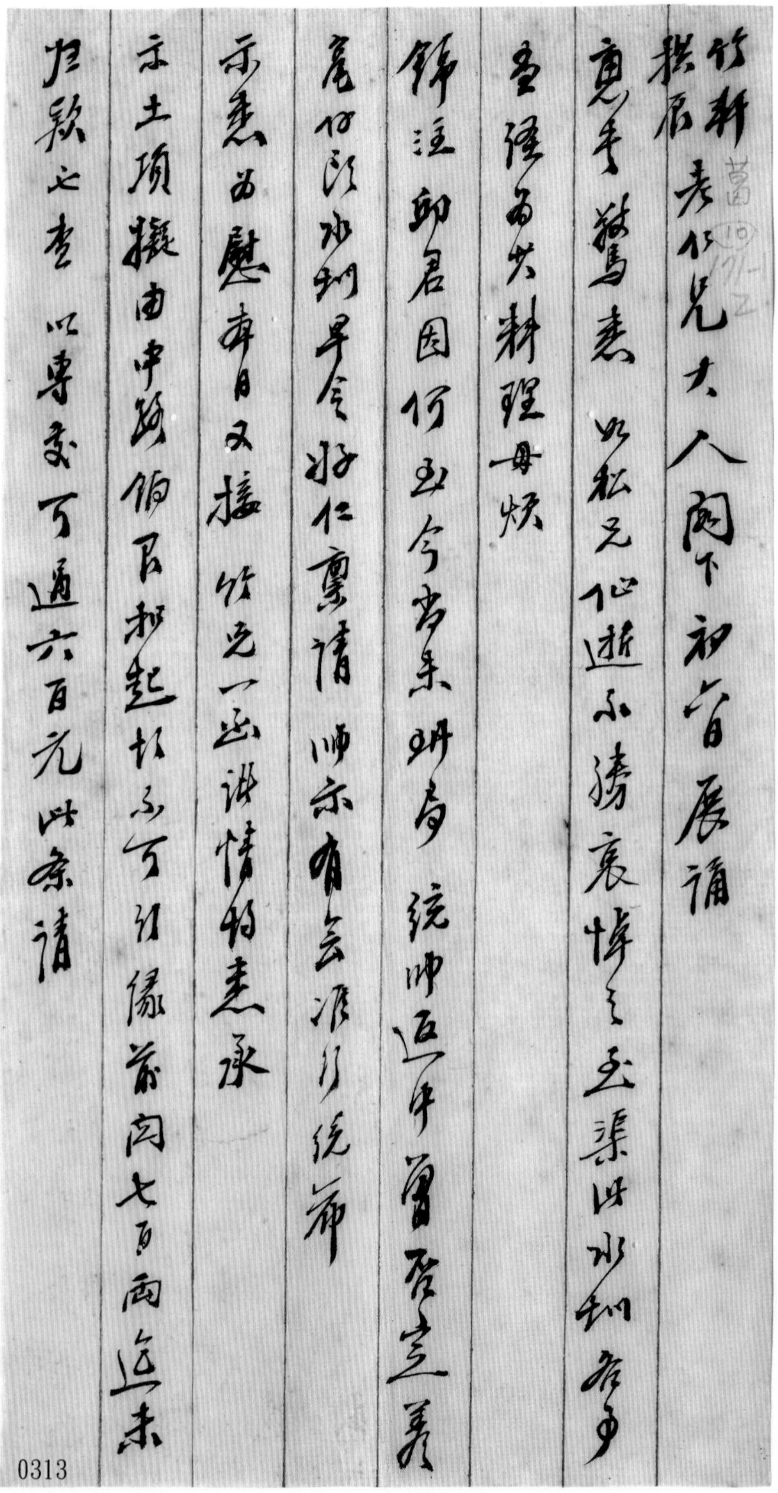

竹軒

拱辰老仁兄大人閣下：初六日展誦

惠書，驚悉　如松兄仙逝，不勝哀悼之至。渠此水圳各事

当経爲其料理，毋煩

錦注。邱君因何至今尚未到局，　統帥返中[62]曾否定著。

龜仔頭[63]水圳，早令好仁稟請　帥示，有無准行，統希

示悉爲慰。本日又接　竹兄一函，諸情均悉。承

示土項[64]，擬由中路餉艮扣起，切不可行，緣前関[65]七百両迄未

归欵，也查　以專處可過六百元。此条請

---

62 中：晚清開山撫番大抵以今新竹縣頭前溪與鳳山溪的分水嶺為界，以北稱為北路，由板橋林維源家族負責；以南稱為中路，由霧峰林朝棟家族負責。參見李文良，〈晚清臺灣的地方政府與社會—廣泰成墾號事件的觀察〉，收入曹永和先生八十壽慶論文集編輯委員會編，《曹永和先生八十壽慶論文集》（臺北：樂學書局，二〇〇一年），頁一〇五。

63 龜仔頭：今南投縣國姓鄉福龜村。引自洪敏麟編著，《臺灣舊地名之沿革第二冊（下）》（臺中：臺灣省文獻委員會，一九八四年），頁五〇〇。

64 土項：清代鴉片別稱為小土，故此處應指鴉片。

65 關：指領取之意。

（二）林超拔發信

13・八月初九日林超拔致林拱辰、葛竹軒信函(2)

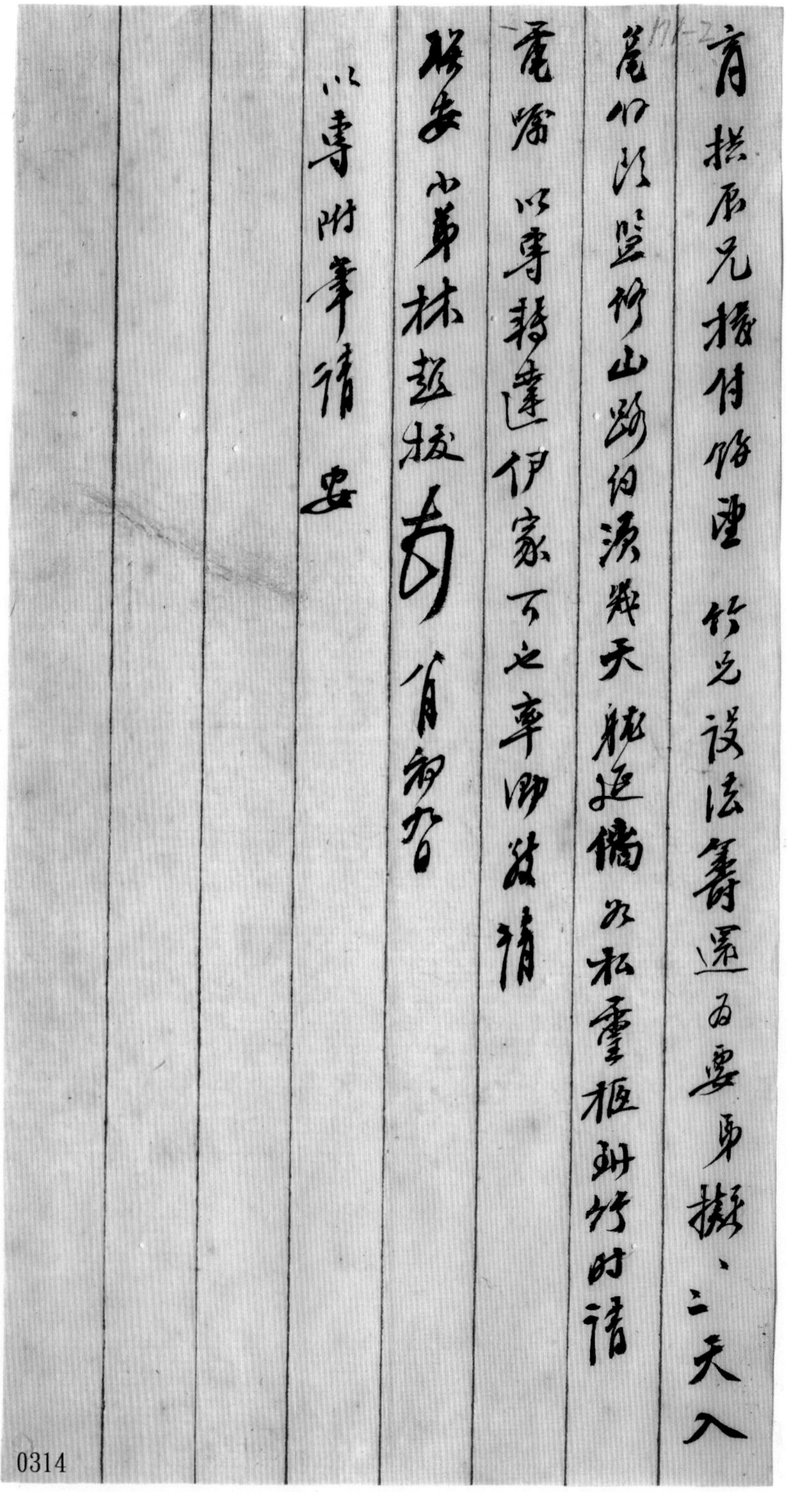
171-2

有拱辰兄撥付修理　竹兄設法籌還為要弟擬一二天入
麓，以便監修山路，約須幾天。能延備收私票樞斟竹時請
電諭，以專轉達伊家下之章即發，請
勛安　小弟林超拔頓首　八月初九日
以專附筆請安

0314

商拱辰兄撥付，餘望　竹兄設法籌還爲要。弟擬一、二天入龜仔頭監修山路，約須幾天躭延，倘如松靈柩到竹[66]时，請電囑　以專轉達伊家可也。率泐，敬請

联?安。

小弟林超拔頓　八月初九日

以專附筆請　安

66 竹：指竹塹或新竹縣，即今新竹地區。在此應指新竹縣城。

（三）其他

14・十七夕信函

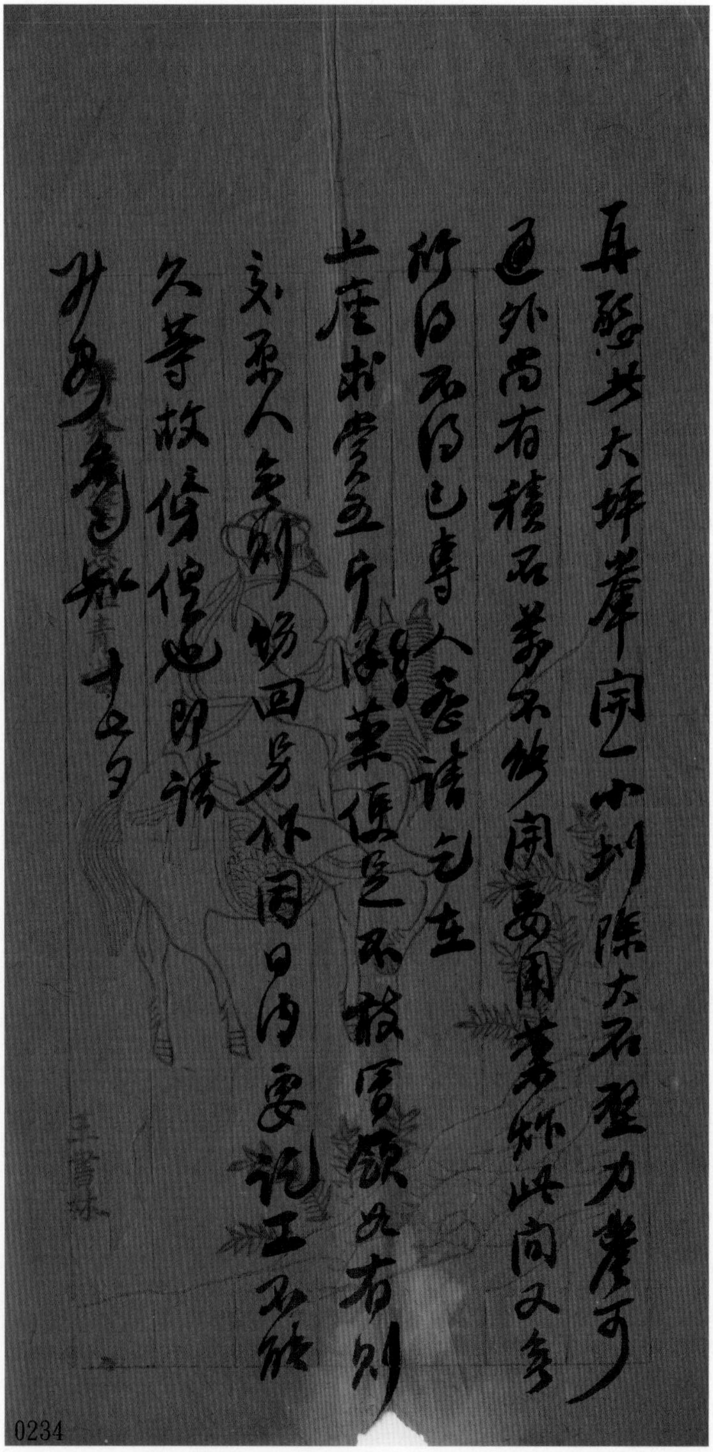
再懇共大坪崙圍 小圳 陳大石盡力幫可
通外尚有積石等未修開要開幫修此向又多
於日已專人去請乞在
上座求當多斤將葉保送來救貴領也有則
亦要人免到協回易於開日內要記工及餘
久等故侍信也即請
升安 愚弟 如 十七夕

0234

再懇者：大坪峯[67]開一小圳，除大石壁力鑿可通外，尚有積石，萬不能開，要用藥炸。此間又無所得，不得已專人飛請，乞在上座，求賞五斤洋藥便足，不敢冒領。如有，則交原人，無則飭回另作。因日內要訖工，不能久等，故傍偟也。即請

升安。　名已知　十七夕

67 大坪峯：「大坪」之地名頗為普遍，可能地點有二：（一）今苗栗縣卓蘭鎮坪林里一帶。《淡新檔案》文件在武榮山南側標示有「大坪峯」地名，即「大坪林庄」，其地北鄰武榮山，西鄰哆囉國坑，參見《淡新檔案》，一七三三九—七九。（二）今埔里鎮合成里大坪頂。胡傳《臺灣日記與稟啟》頁三一記載：「出城（指埔里廳城）……過小埔里、三條崙而至大坪頂……頂之西為棟隘副營分防地段」。此處「大坪峯」推測應指卓蘭鎮坪林里一帶。

貳、腦務

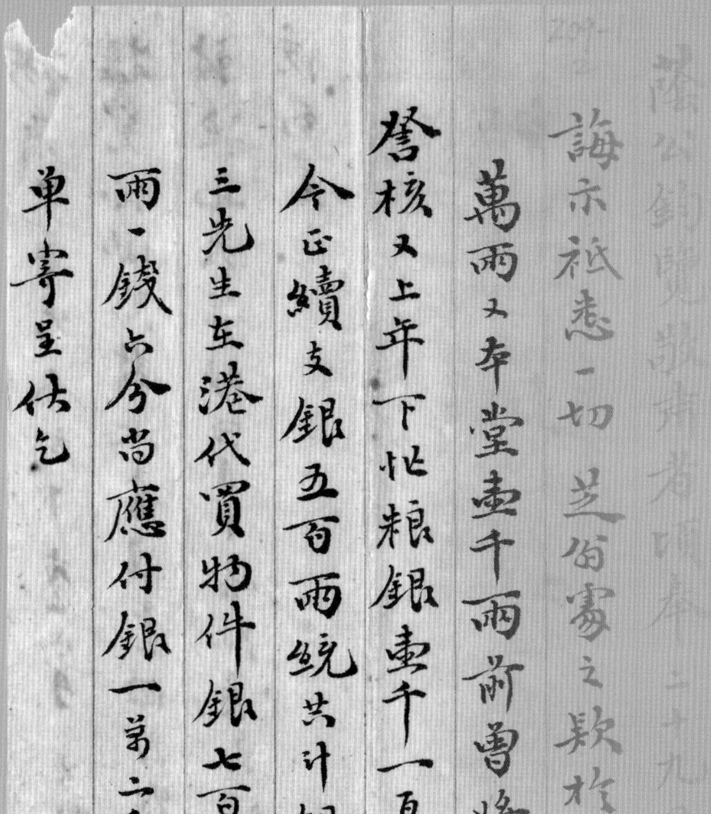

蔭公鈞覽敬肯者頃奉二十九日
誨示祗悉一切 茲將霧之款於上年年終結算共該銀壹
萬兩又本堂壹千兩前曾將來单寄呈
詧核又上年下忙粮銀壹千一百三十餘兩亦有清单寄呈
令正續支銀五百兩統共計銀壹萬二千六百三十餘兩除
三先生在港代買物件銀七百四十八元八角合銀五百二十四
兩一錢六分尚應付銀一萬二千一百餘兩茲將去港買物
单寄呈 估乞

0373

貳、腦務

（六）萬　鎰發信 328

（七）陳鴻英發信 350

（八）林良鳳發信 382

（九）其他 400

（一）葛竹軒發信〈信函內容簡介〉

葛竹軒，又稱葛松齡，福州人，生平不詳。乙酉年（一八八五）以後為林朝棟司會計，[1]為棟軍賬房，與林拱辰同為林朝棟之重要幕僚。因臺俗司會計者，恆以師爺稱之，所以霧峰林家文書未刊之原編號七四七號，有「葛師爺」稱謂的出現。他本身也曾在罩蘭地區製造樟腦，交由林家收購，舖號葛盈豐。[2]日本領臺後曾買棹回清，旋又渡臺，經營栳業。[3]葛氏在乙未戰役時，由於曾協助駐紮彰化附近的日本近衛師團糧食等，因此不見容於當地民眾，一八九七年五月四日回臺後亦不敢回彰，遂卜居臺北。[4]但與霧峰林家的關係並未因政權轉移而中斷，據日治初期《臺灣日日新報》資料可知，葛氏為林家代理人，一八九七年四月林朝棟子林子佩返臺重整家業時，就是由他陪同。[5]

本節共收文書十七件，收信人以林拱辰居多，單獨給林拱辰的就占十件，另有三件是給林拱辰與劉以專，一件給林拱辰與林如松，一件給林拱辰與萬鎰，一件給林朝棟，一件給劉以專。除二件是單一收信對象，與林拱辰無關外，其餘十五件均與林拱辰有關，可知兩人業務關係之密切性。

這些文書中，有幾個重點：

（一）林家樟腦與公泰洋行關係。清末臺灣巡撫劉銘傳將中部樟腦製造利權由林朝棟包攬，招集腦長、腦丁製腦，再由林家統一收購，至於林家樟腦販賣對象為何？一般史著多言是德商公泰洋行。但是在本書第二〇號文書中可看出，與林家接洽的很多，不祇公泰而已，另有洋商、林靜雲、協順昌、謙裕及李尚行。

（二）林家樟腦的交易買賣，林家從腦長處收得的樟腦要販賣給誰，除了受腦價高低左右之外，誰出的押櫃（保證金）多寡亦會有影響。由二〇號文書中得知「靜雲處已出押櫃貳萬元價加乙元」，葛竹軒雖「尚未允約，……大約靜雲成盤大面矣。」加上明年臺灣茶厘亦係他包辦，所以取得合約的機率相當大。再對照一八號中葛向林拱辰言「昨夕接靜雲兄來電，催電覆定期立約。」想必應是林靜雲獲得合約，才會來電催定期立約，惟最後是否簽約，從現存文書無法得知。不過在二二號文書卻提到公泰合約已立，是否林家樟腦交易對象不只一家，或是與林靜雲毀約，而與公泰行訂約，無從而知。

（三）番亂與製腦關係密切。三〇號文書提到清水坑、薛都厝等處番已安撫妥當，所以魯麟洋行之腦腳即進山煎腦。

（四）林家與公泰洋行之間的金錢借貸關係。由一九號文書可知林朝棟處缺款項時，曾商由林家下厝林朝選以本堂名義立借條向公泰洋行借款四萬五千元，每兩月行息一分。編號一七號文書亦言及借款須等公泰洋行的負責人畢第蘭從上海回來後再行商議。

（五）臺灣官場人事異動消息的傳遞。林家事業，不論是撫墾或是製腦，與官場人事異動息息相關，須多加注意。所以在二〇號文書中即提及。

（六）其他雜項支出。從二四號文書得知葛竹軒負責銀項支出與採買事務，支付項目龐雜，包括防費、契稅、花廳建築工匠費用、大租等；採買項目除軍需外，尚包括日常用品，如布料、洋參、西螺柑、大茯苓、豆油等。從一七號文書亦可知，送往迎來的費用亦是由他負責。

---

1 〈誣案昭雪〉，《臺灣新報》，一八九七年六月二十三日，版一。
2 參見吳德功等著，《割臺三記》（文叢第五七種），頁四九；王世慶，〈霧峰林家之歷史〉，收於王世慶、陳漢元、王詩琅著，《霧峯林家之調查與研究》，頁二二—二三。
3 〈竹軒被縛〉，《臺灣新報》，一八九七年六月二十日，版一。
4 〈葛竹軒来る〉，《臺灣新報》，一八九七年五月四日，版三。
5 〈重整家風〉，《臺灣新報》，一八九七年四月二十九日，版一。

(一) 葛竹軒發信

15．廿九日葛松齡致劉以專信函

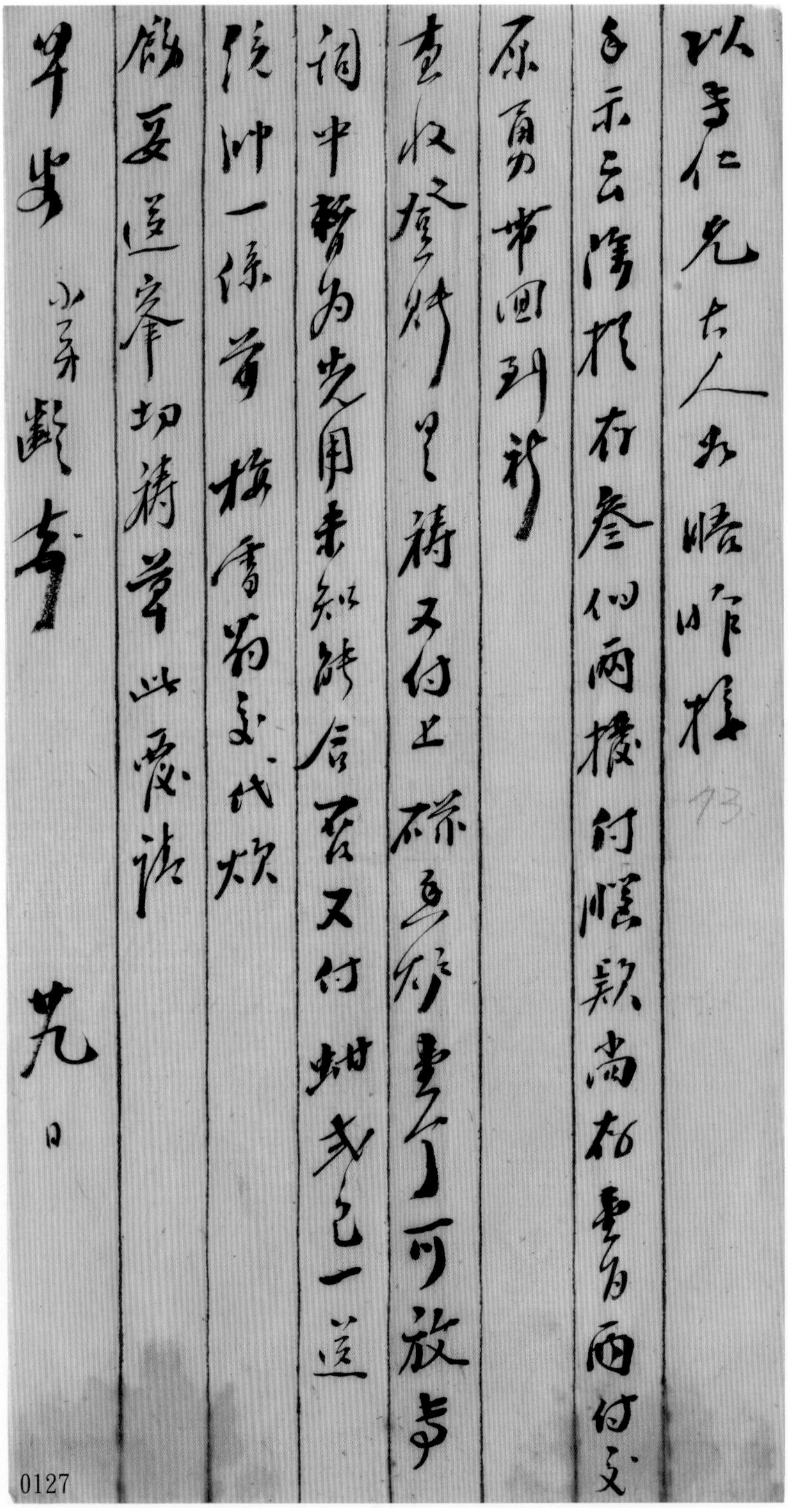
以專仁兄大人大鑒：昨接
手示，云淸抄存叁佰兩，據付賬，款尚存壹百兩，付交
原勇帶回，到祈
查收之餘，待呈是禱。又付上硃豆砂壹斤，可放乎
詞中務為先用，未知能合意否？又付柑式包一道、
燈沖一條，並梅香菊花式燭，
飭妥送奉，切禱。草此，覆請
早安。小弟 齡 頓首 廿九日

0127

以專仁兄大人如晤：昨接
手示云，除提存叁佰兩撥付腦欵，尚存壹百兩，付交
原勇帶回，到祈
查收登賬是禱。又，付上磁香炉壹丫，可放專
祠[6]中暫爲先用，未知能合否？又付蚶[7]弍包，一送
統帥，一係前　梅雪翁[8]交代，煩
飭妥送峯切禱。草此。覆請
早安。　小弟齡頓　廿九日

6 指林文察入祀林剛愍公祠。光緒十六年（一八九〇）巡撫劉銘傳據臺灣士紳等七十五人奏建，於新設之臺灣縣祭祀福建陸路提督林文察，編入祀典，春秋由官致祭，同年十月初一光緒珠批准建，十八年（一八九二）二月落成。參見許雪姬，〈林文察與臺勇——臺勇內調之初探〉，收於中央研究院近代史研究所編，《近代中國區域史研討會論文集（上）》（臺北：編者，一九八六年），頁三一八—三一九。

7 蚶：推測指蛤蜊。

8 梅師爺：應指梅雪樵，即梅啟煦，光緒十八年擔任林朝棟師爺，負責協辦中路撫墾事宜。

（一）葛竹軒發信

16・貳月初一日收到葛竹軒致林拱辰信函[9]

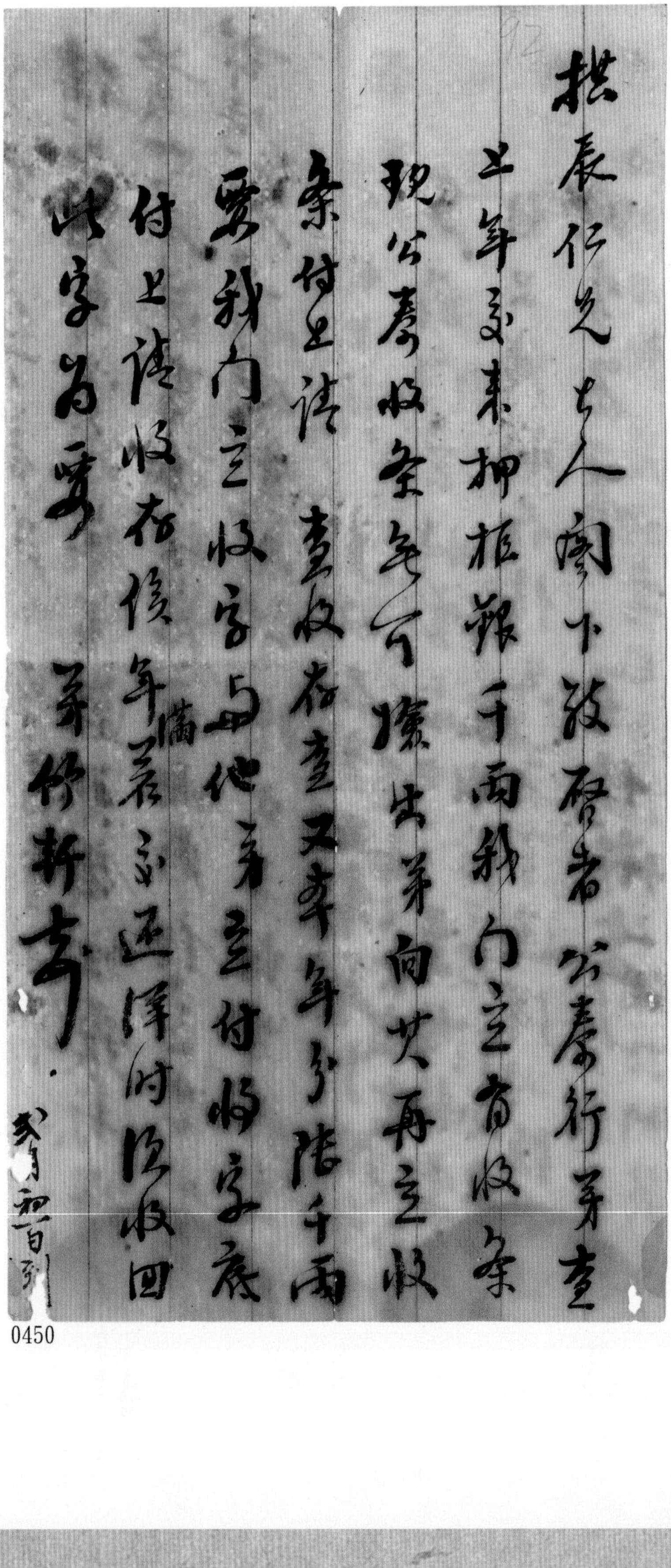

拱辰仁兄大人閣下敬啟者　公泰行弟查
上年叁月來押根銀千兩，錢內立有收条
現公泰收条無可據，生弟向艾再立收
条付上，請　查收存查。又本年分陸千兩
要錢，內立收字與他，弟立付收字底
付上，請收存備，後年若亦還清，附後收回
此字為要
弟竹軒寄
貳月初一日到

0450

拱辰仁兄大人閣下：敬啓者，公泰行弟查

上年交來押櫃銀千兩，我門〔們〕立有收条。

現公泰收条無可撿出，弟向其再立收

条付上，請　查收存查。又本年分陸千兩

要我門〔們〕立收字与他，弟立付將字底

付上，請收存。俟年滿若交还洋时，須收回

此字爲要。

弟竹軒頓　　貳月初一日到

9 本件與編號一七、二〇號文書相關，故推測寫於一八九二年。

（一）葛竹軒發信

17・十月十八日葛松齡致萬鎰、林拱辰信函(1)

逸翁夫子
拱翁仁兄 大人閣下敬啟者揖別十五日到北聞各縣幸要更調
因新庄鹽館被劫銀物約計千元 藩憲面諭 撫憲須留揖破
案致各縣暫停雲林署事一年期滿必能承卸 藩憲少爺完
娶公事由善後局備辦我 帥及營官計已附列戲串福州相陞班飛桌[illegible]
船日內即到 陳太尊亦搭此船回台此君乃 譚制憲前請教讀賓東甚
見合式九月分餉文已投局之任君借款五千下月扣除已承應允公
泰丞九月底止左青洋貳千壹百餘兩又付楊淵卿三日兩現再承柒
千五百兩計壹萬接連十一月糧餉所存無幾 畢第蘭左工海未

0108

逸翁夫子

拱翁仁兄大人閣下：敬啓者，揖別十五日到北，聞各縣本要更調，因新庄塩館被劫銀物約計千元，　藩憲[10]面稟　撫憲[11]，須畄揖〔緝〕破案，致各縣暫停，雲林署事一年期滿[12]必能交卸。　藩憲少爺[13]完娶公分[14]，由善後局俻辦，我　帥及营官計已附列。戲吊福州相陞班[15]，飛捷輪船日內即到，　陳太尊[16]亦搭此船回台，此君乃　譚制憲[17]前請教讀，賔東[18]甚見合式。九月分餉文已投，商之任君[19]，借欵五千下月扣除，已承应允。公泰至九月底止，在〔再〕來洋弍千壹百餘兩，又付楊渊卿三百兩，現再交柒千五百兩，計壹萬。按連十一月柁價所存無幾，　畢第蘭[20]在上海未

---

10 藩憲：指當時的臺灣布政使唐景崧。

11 撫憲：指當時的臺灣巡撫邵友濂。

12 雲林署事一年期滿：此處推測指當時的雲林知縣謝壽昌的人事調動。

13 藩憲少爺：唐景崧有運溥、運涵、運深、運澤四子，但在此未知是那位少爺完婚。

14 公分：唐景崧兒子婚禮的公家紅包。

15 相陞班：疑為福州著名徽戲班「祥陞班」之誤。相傳劉銘傳任臺灣巡撫時，該戲班曾應劉之招，渡臺演出。參見徐亞湘，《日治時期中國戲班在臺灣》（臺北：南天書局有限公司，二〇〇〇年），頁一〇—一一。

16 陳太尊：陳紋路。

17 譚制憲：制憲為清代總督的稱呼，此處指當時的閩浙總督譚鍾麟。

18 賔東：亦作「賓東」，語出《儀禮．鄉飲酒禮》：「主人降席，立于賔東」，古代主人的坐位在東，客人的坐位在西，因此稱賓與主爲賓東，多用於幕僚和官長，家庭教師和家長，店員和店主。參見《漢典》：http://www.zdic.net/cd/ci/10/zdice5zdicaezdicbe19517.htm（2012/10/7點閱）；《漢語詞典》：http://hanyu.iciba.com/cizu/971.shtml（2012/10/7點閱）。

19 任君：應指任幼笙（任幼生），參見《臺灣日記與稟啟》，頁一五〇；霧峰林家文書之未刊部分，原編號一八六。

20 畢第蘭：Claude Petirand，德國人。光緒年間於大稻埕開設公泰洋行，主營腦業。並曾任清代臺灣機器局工廠第二任監督，約於一八八八年開始擔任此職，直至一八九五年日人來臺為止。參見〈公泰收盤〉，《臺灣日新報》，一八九八年十一月二十日，版五；許雪姬總策劃，《臺灣歷史辭典》，頁一二四。

（一）葛竹軒發信

17・十月十八日葛松齡致萬鎰、林拱辰信函(2)

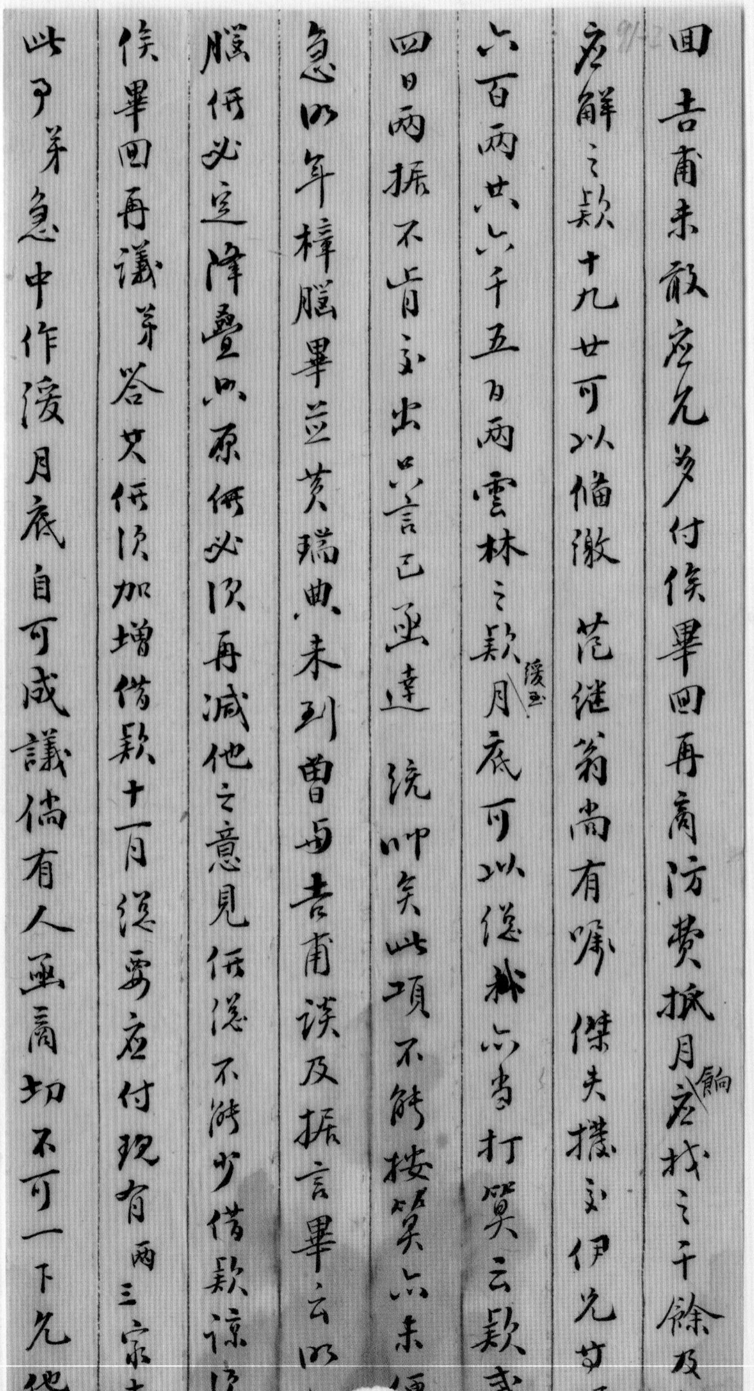

回
吉甫未敢應允多付俟畢回再商防費撫月餉應找之千餘及台縣
應解之款十九廿可以備繳　范繼翁尚有嘱　傑夫攜去伊允廿項計
六百兩共六千五百兩雲林之款後函月底可以從新六當打算云款弍千
四百兩據不肯交出只言已函達　院叩矣此項不能按算亦未便
急以年樟腦畢並黃瑞典未到曾函吉甫談及據言畢云以年
腦價必定降疊只原價必須再減他之意見價從不能少借款諒須以年
俟畢回再議弟答其價須加增借款十一月從要應付現有兩三宗未向
此事弟急中作復月底自可成議倘有人函商切不可一下允他弟

0109

回，　吉甫未敢应允多付，俟畢回再商。防費抵月餉应找之千餘，及台縣应解之欵，十九、廿可以偹繳。　范繼翁[21]尚有囑　傑夫撥交伊兄等項，計六百两，共六千五百两。雲林[22]之欵緩至月底可以，総亦当打算，云欵弍千四百两，据不肯交出，只言已函達　統帥矣。此項不能按算，亦未便□急。明年樟腦，畢並黄瑞典未到，曾与吉甫談及，据言畢云明年腦価必定降叠〔跌〕，照原価必須再減。他之意見，価総不能少，借欵諒須明年俟畢回再議。弟答其価須加增，借欵十一月総要应付，現有两、三家來問此事，弟急中作緩，月底自可成議。倘有人函商，切不可一下允他。弟

21 范繼翁：即范克承，字繼庭。雲南太和人，曾任新竹縣知縣及臺灣縣知縣。參見陳朝龍、鄭鵬雲纂，《新竹縣采訪冊》（文叢第一四五種），頁二八一。

22 「雲林」之為地名，在清代臺灣史上有二處，一為林圯埔（今竹山鎮），一為斗六。光緒十三年設雲林縣，初擇治於林圯埔雲林坪，並建雲林縣城，該城為東西交通之衢，故又曰前山第一城，當時改稱林圯埔曰雲林。然由於位處濁水、清水兩溪之間，每年夏季往往氾濫成災，導致對外交通斷絕，因此光緒十九年知縣李烇把縣城遷到西部的斗六，並設縣城，襲用舊名雲林城，乃又名斗六曰雲林，至日治初仍稱之。參見仇德哉主修，鄒韓燕纂修，《雲林縣志稿》卷首史略篇（臺北：成文出版社，一九八三年三月臺一版，一九七七年四月原刊），頁六一；莊英章，《林圯埔——一個臺灣市鎮的社會經濟發展史》（臺北：中央研究院民族學研究所，一九七七年），頁三八—三九。本文書提及之「雲林」或「雲」，多指林圯埔。

17・十月十八日葛松齡致萬鎰、林拱辰信函(3)

恐有西洋人議定未便反覆洋商承接不被我國也弟之心尹難懦

閣下無不實心報效　統叶　英芝翁十三日赴鷄籠查煤務尚未

回北傑夫桃館接辦此缺甚能打算年可餘八日全此君現西翁提

況培懇係办中路稅手段未查出將有信來以何說　亦知西情

調有些不對弟到大湖查有中北分界之八掛办地方应归中路界

洋人要整灶三日分到葡栗　但軒亦言到北查實乃林靜雲李春

行二人據云前日公奏葛那挪到該處誘整致他二人先下手恐其過界

祈佃尚行原信寄上請

閣便詳次公奏以年有變局之舉前幫曾函致雲集晉予

0110

恐有与洋人議定，未便反覆，洋商交接不被〔背〕我國也。弟之心事难瞞
閣下，無不實心报效　統帅。　黄芝翁[23]十二日赴鳮籠[24]查煤務，尚未
回北，傑夫挑舘接辦，此欵善能打筭，年可餘八百金。此君現与翁提
調[25]有此不对，即煌〔磺〕腦総办中路栳事，致未查出，如有信來如何，祈　示知爲盼。

弟到大湖，查有中北交界之八掛办〔卦力〕[26]地方，应归中路界□，
洋人要整灶三百分到猫栗[27]。溫軒[28]亦言到北查，実乃林靜雲[29]、李尚
行二人。据云前日公泰　葛那挪[30]到該處添整，致他二人先下手，恐其過界。
兹將尚行原信寄上，請
閱便詳。覌公泰明年有变局之舉，前幇曾函致雲、集管事

23 黃芝翁：黃承乙。
24 鳮籠：今基隆市一帶。
25 翁提調：翁子文，光緒十八年代理淡水縣知縣，後又任鹽務提調。參見胡傳，《臺灣日記與稟啟》，頁九三、九八。
26 八掛办〔卦力〕：苗栗南庄八卦力部落，賽夏族人居住之地，盛產樟樹。
27 猫栗：今苗栗縣苗栗市。
28 溫軒：黃南球。
29 林靜雲：樟腦商，生平不詳。
30 葛那挪：為公泰行職員之譯名，生平不詳。

（一）葛竹軒發信

17・十月十八日葛松齡致萬鎰、林拱辰信函(4)

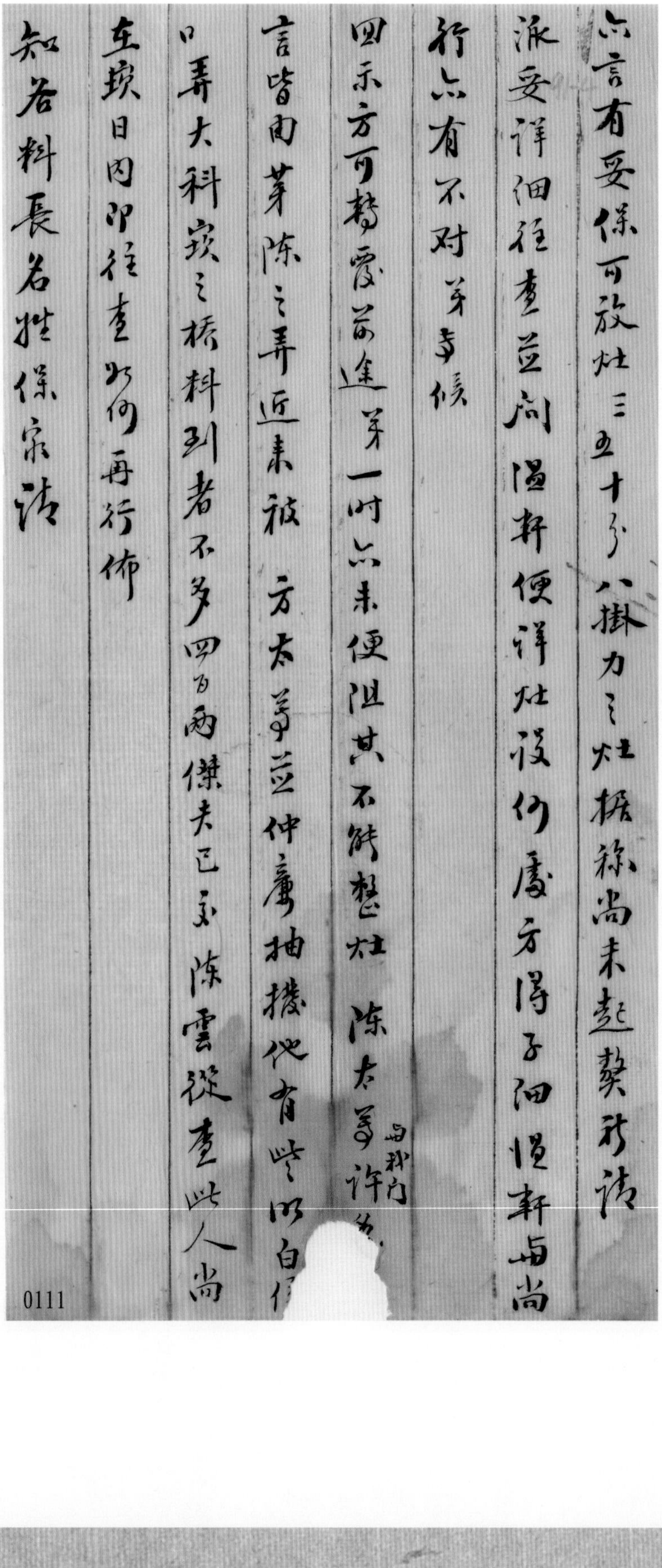

亦言有妥保可放灶三五十份八掛力之灶据称尚未起蔡者請
派妥詳细往查並向温軒便詳灶設何處方得仔细惟軒西尚
行亦有不对弟專候
回示方可熬腦萬達弟一时亦未便阻其不能熬灶 陳太尊許西和門無
言皆由弟陳之弄近來被 方太尊並仲庸抽撥他有些以白
口弄大科嵌之樟料到者不多四五兩傑夫已示陳雲從查此人尚
在崁日因即往查如何再行佈
知各料長各姓保宗請

0111

亦言有妥保，可放灶三、五十分。八掛〔卦〕力之灶，据称尚未起㸑，祈請
派妥詳細往查，並問溫軒便詳，灶設何處方得子〔仔〕細。溫軒与尚
行亦有不対。弟專候
回示，方可轉覆前途，弟一时亦未便阻其不能整灶， 陳太尊[31]与我門〔們〕許多□
言，皆由芽陳之弄，近來被 方太尊[32]並仲廉抽撥，他有此明白。□
□弄大科崁之橋料，到者不多。四百兩傑夫已交陳雲從，查此人尚
在崁，日內即往查如何？再行佈
知。各料長名姓、保家，請

31 陳太尊：安平知縣陳步梯。
32 方太尊：新竹知縣方祖蔭。

（一）葛竹軒發信

17．十月十八日葛松齡致萬鎰、林拱辰信函(5)

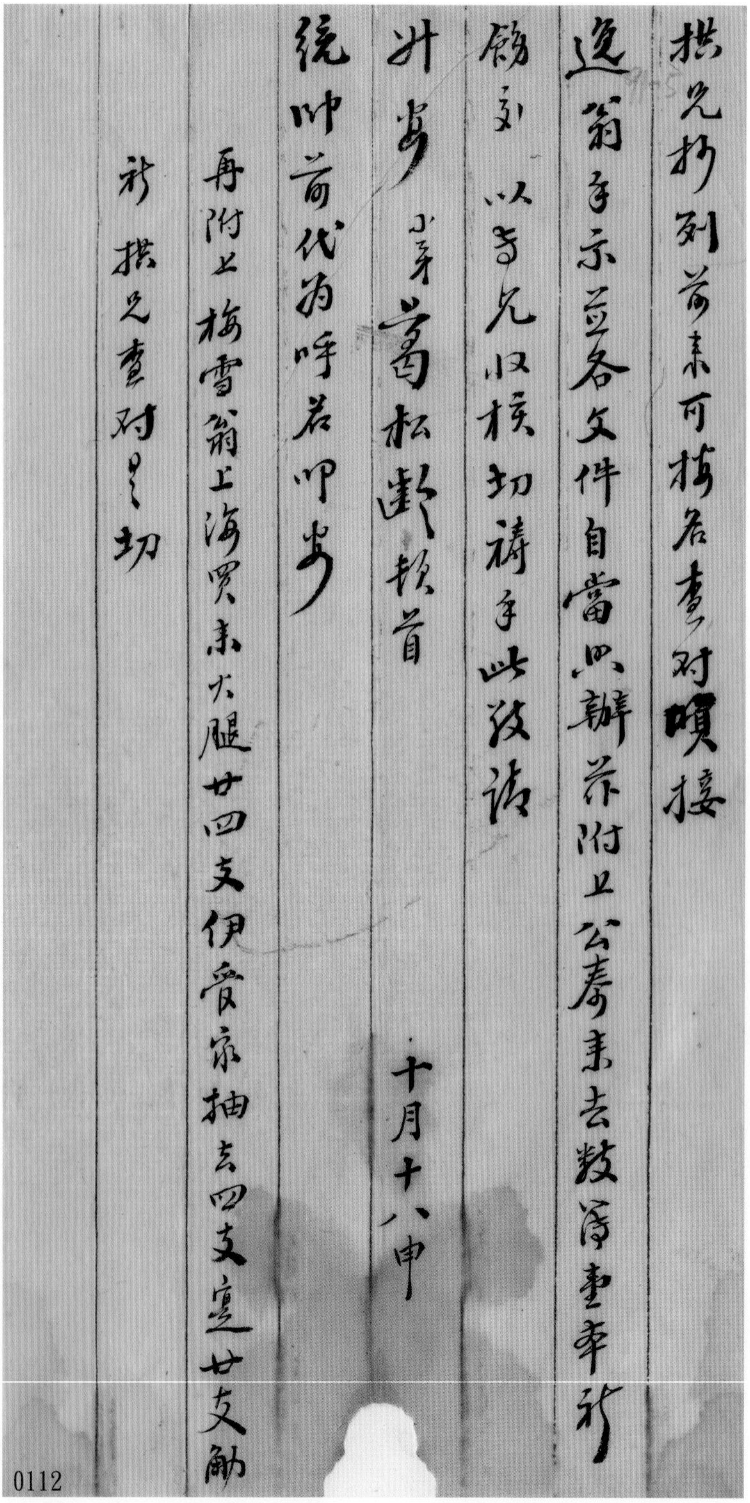
拱兄抵到前來可指名查對收接

逸翁手示並各文件自當照辦茲附上公壽來去數簿查奪祈

鑒之以寄兄收核切禱手此敬請

升安　小弟葛松齡頓首　十月十八申

統帥前代為呼名叩安

再附上梅雪翁上海買來火腿廿四支伊愛家抽去四支運廿支歸

祈拱兄查對是切

0112

拱兄抄列前來，可按名查对。頃接

逸翁手示並各文件，自當照辦，茲附上公泰來去数簿壹本，祈

飭交 以專兄收核。切禱。手此。敬請

升安。 小弟葛松齡頓首 十月十八申[33]

統帥前代爲呼名叩安。

再附上梅雪翁上海買來火腿廿四支，伊管家抽去四支，寔廿支觔。

祈 拱兄查对是切。

33 申時：下午三至五時。

（一）葛竹軒發信

18・初七午葛松齡致林拱辰信函

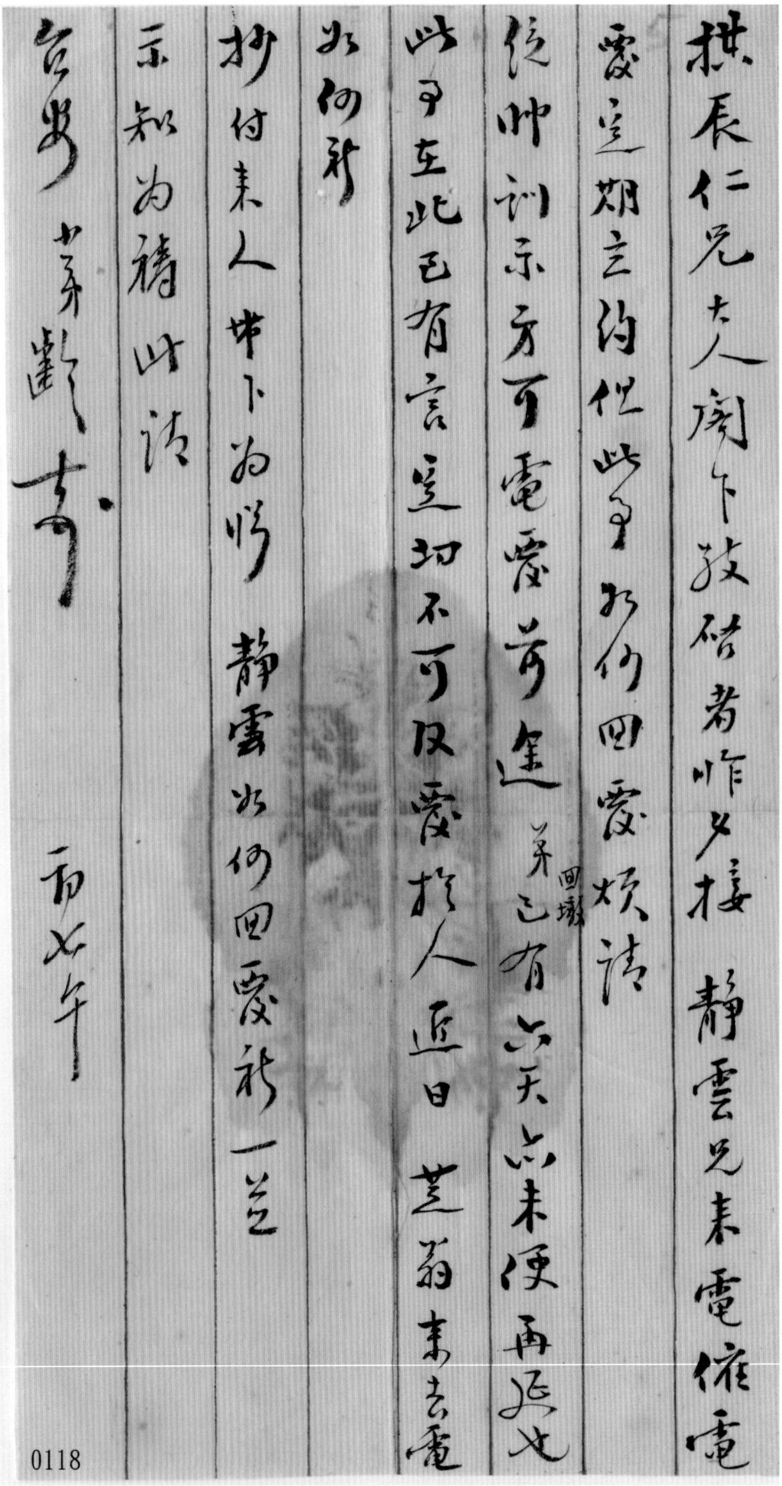

拱辰仁兄大人閣下敬啓者昨夕接 靜雲兄來電催電
覆定期之約但此事於何回覆煩請
從帥訓示方可電覆前途 弟回城已有六天亦未便再延也
此事在此已有言定切不可反覆於人近日 芝翁來去電
於何許
抄付來人帶下為盼 靜雲於何回覆祈一並
示知為禱此請
台安 小弟松齡頓首 初七午

0118

拱辰仁兄大人閣下：敬啓者，昨夕接　靜雲[34]兄來電，催電
覆定期立約。但此事如何回覆，煩請
統帥訓示，方可電覆前途。弟回墩已有六天，亦未便再延也。
此事在北已有言定，切不可反覆於人。近日　芝翁[35]來，去電
如何，祈
抄付來人帶下爲盼。　靜雲如何回覆，祈一並
示知爲禱。此請
台安。小弟齡頓　　初七午

34 靜雲：林靜雲，樟腦商，生平不詳。
35 黃芝翁：清末臺灣縣知縣黃承乙，號芝生，浙江餘姚人，光緒十四年至十八年間任臺灣縣知縣，參見《臺灣歷史辭典》附錄，頁A一三九。

19・初六午葛松齡致林拱辰信函(1)

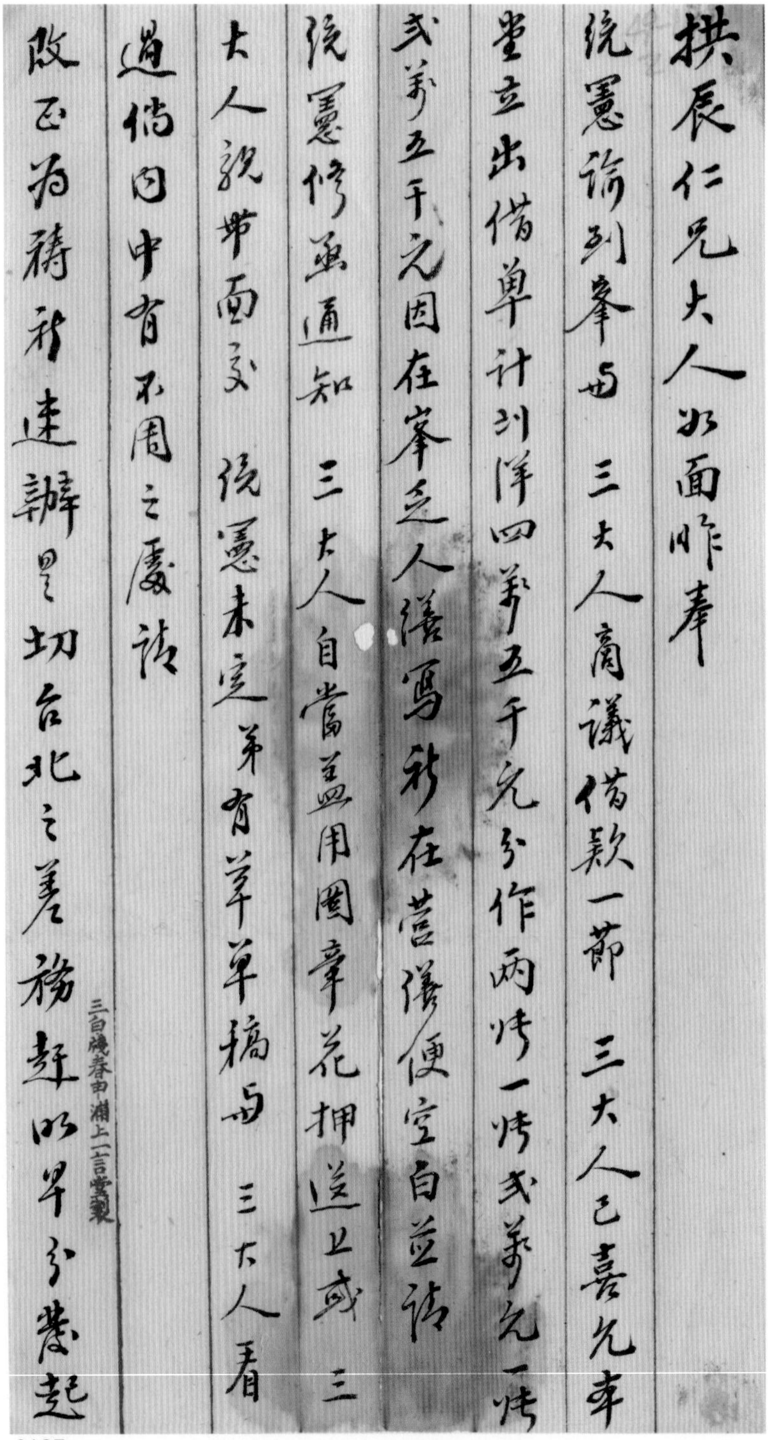
拱辰仁兄大人如面昨奉
統憲諭到峯由 三大人商議借款一節 三大人已喜允來
堂立出借单计划洋四萬五千元分作兩件一件弍萬元一件
弍萬五千元因在峯乏人繕寫於在營繕便空白並請
統憲修函通知 三大人自當蓋用圖章花押送上或 三
大人親带面交 統憲未定弟有草單稿由 三大人看
過倘因中有不周之處請
啟正為禱於速辦是切台北之差務並以早分發起

三台機春申浦上一言堂製

0137

拱辰仁兄大人如面：昨奉
統憲諭，到峯[36]与　三大人[37]商議借欵一節。　三大人已喜允本
堂[38]立出借单，計七二洋四萬五千元，分作兩張，一張弍萬元，一張
弍萬五千元。因在峯乏人繕寫，祈在营繕便空白，並請
統憲修函通知　三大人，自當盖用圖章、花押送上，或　三
大人親帶面交　統憲，未定。弟有草单稿与　三大人看
過，倘內中有不周之處，請
改正為禱，祈速辦是切。台北之差，務赶明早分發起

36 峯：霧峰，今臺中市霧峰區。
37 三大人：指林朝選（一八五九—一九〇九），字紹堂，又名福濬。
38 本堂：林家下厝之家號，係大房林定邦派下所居住，位於今霧峰鄉本堂村民生路一九號。

（一）葛竹軒發信

19・初六午葛松齡致林拱辰信函(2)

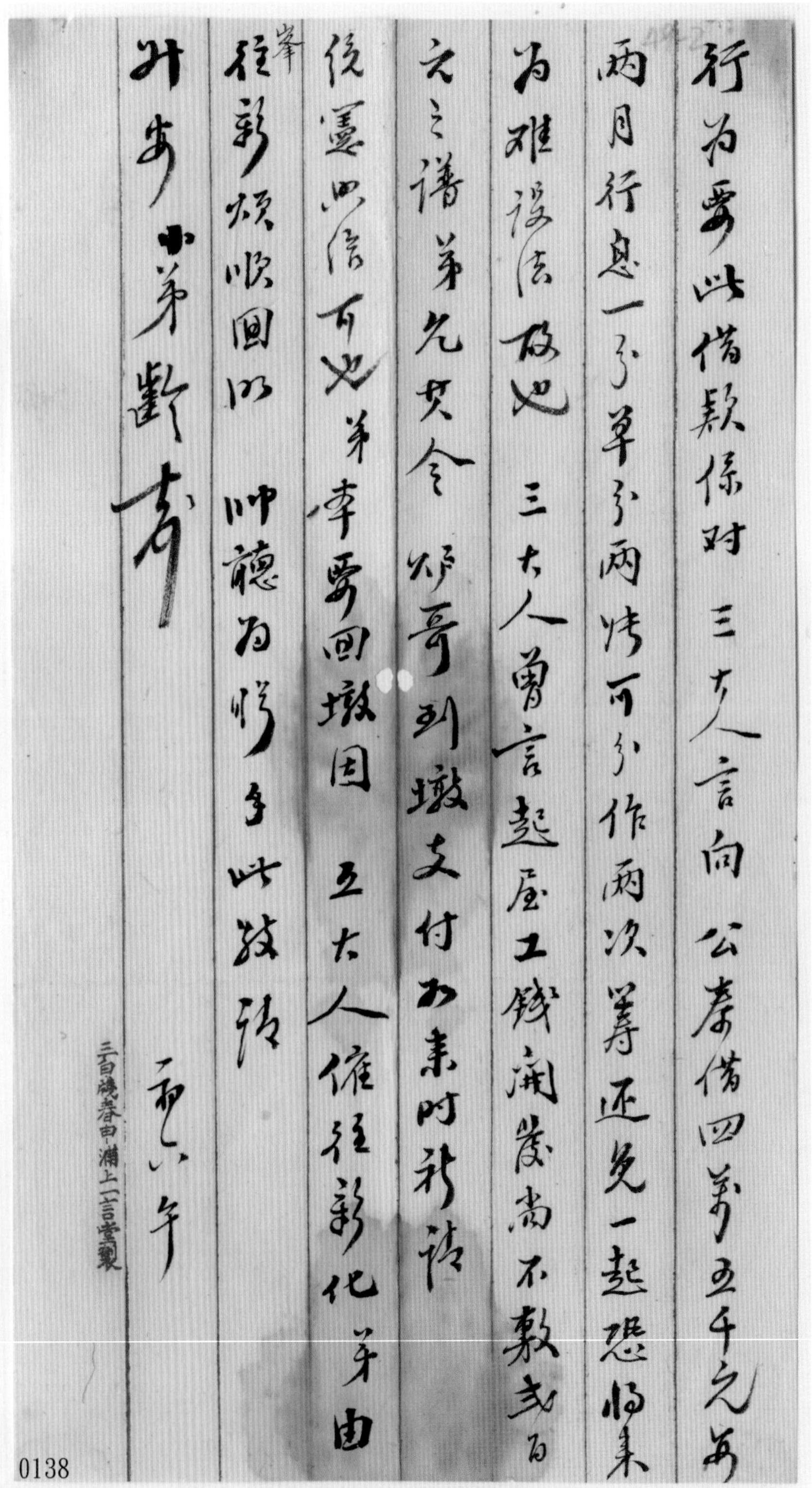

行為要此借款係對　三大人言向　公處借四萬五千元每兩月行息一分單分兩次可分作兩次籌還免一起恐怕集為難設法收也　三大人曾言起屋工錢澗發尚不敷或百元之譜弟允其令　炳哥到墩支付如來時祈請代還四信可也　弟本要回墩因　五大人催往彰化弟由往彰煩眼回以　帅聽為悅手此敬請

升安　小弟齡　頓

初六午

三百硯齋由·浦上一言堂製

0138

行爲要。此借欵係对　三大人言，向　公泰[39]借四萬五千元，每兩月行息一分，单分兩張，可分作兩次籌还，免一起恐將來爲难設法故也。　三大人曾言，起屋工錢開發尚不敷弍百元之譜，弟允其令　炉哥[40]到墩支付。如來时，祈請統憲照給可也。弟本要回墩，因　五大人[41]催往彰化，弟由峯往彰，煩順回明　帅聽爲盼。手此。敬請升安。　小弟齡頓　初六午

39 公泰：即公泰洋行。

40 應指陳爐。由一封辛（光緒十七年）捌月初拾日陳爐具名寫給林拱辰之短箋中，提及「茲因塗木匠工程乏費，祈即面明統領大人撥出佛銀貳百元付交亨帶回，以應工程費用，至切。此奉。」（霧峰林家文書之未刊部分，原編號七六九）又，本文書第三三號，劉以專寫給林拱辰信函中，提及「霧峰府第蓋未奉信之先，曾有疊請爐兄嚴催趕造，他亦無不矢勤辦理」。可見當時陳爐正為霧峰林家趕造宅第。

41 五大人：指林朝宗，字輯堂，林文察三子。

（一）葛竹軒發信

20．廿五夕葛松齡致林拱辰信函(1)

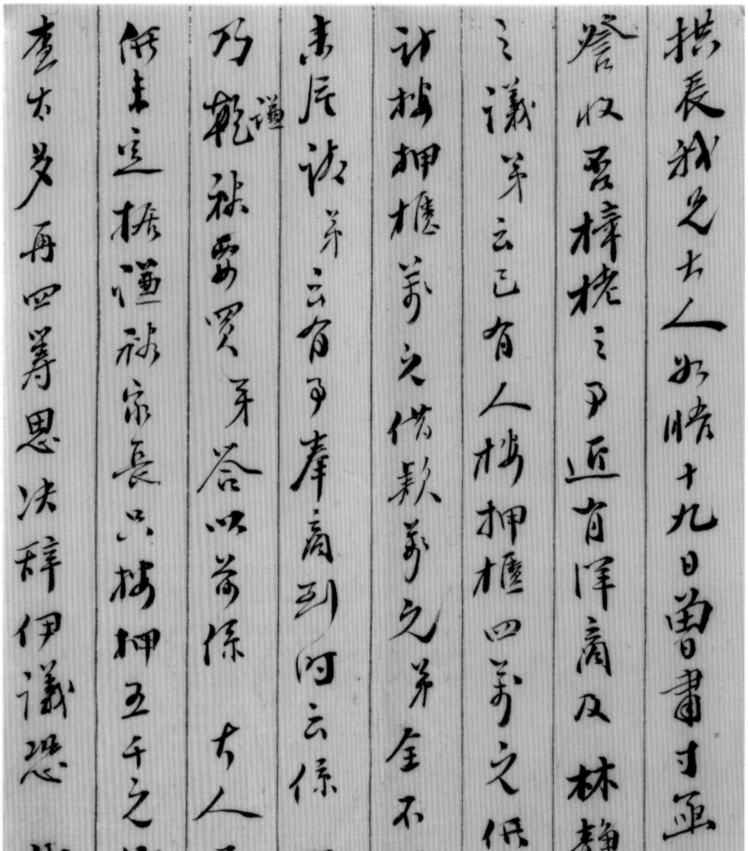

拱辰我兄大人如晤：十九日曾書寸函並大賑告件，諒并
登收。昨樟栳之事，近有洋商及林静雲、協順昌等號來商此事
之議，弟云已有人將押櫃四萬元之供，增多少，未逆先告等語。次日
計將押櫃萬元之借款，萬元之弟全不理會，至廿早突有郭賓翁
來辰談，弟云有多牽商到向云係幫辦之代要商中路樟栳
乃乾謹祿要買，弟答以前係大人不受，現有人出押櫃四萬元之
價來這樁，謹祿家長只將押五千元之限，係已萬元之價，但白弟云如
查太多，再四籌思，決辭伊議。恐我叫又函信怨此番風波

105-1
5

0113

拱辰我兄大人如晤：十九日曽肅寸函並火腿等件，諒早詧收否？樟栳之事近有洋商及林靜雲[42]、協順昌等号來商明年之議。弟云已有人按押櫃[43]四萬元，価增多少未定，先各号先後計按押櫃萬元，借欵萬元，弟全不理会。至廿早突有郭賔翁[44]來片請弟，云有事奉商。到时云係　幇辦[45]交代要商中路樟栳乃謙裕[46]要買。弟答以前係　大人不受，現有人出押櫃四萬元，価未定，据謙裕家長只按押五千元，後添乙萬元，価照旧。弟云如此查〔差〕太多，再四籌思，决辞伊議。恐　我帅又与結怨，此畨風波

---

42 林靜雲：樟腦商，生平不詳。

43 押櫃：指保證金。

44 郭賓翁：指郭名昌，字賓石（或作賓實），福州侯官人，咸豐年間諸生。清光緒年間因落第，而決定來臺游幕，為林維源佐幕者之一。因光緒十五年春將赴禮闈，乃舉其兄咸熙、廣文、績昌自代，當時《申報》稱林維源「幕下濟濟多才，誠東南美事也」。之後郭賓石復為唐景崧之幕賓。參見〈臺嶠郵筒〉，《申報》，一八八八年六月二十一日，版二；林鶴年，《福雅堂詩鈔》，卷十一，東海集，頁一、九；卷十三，燕筑集，頁三；汪毅夫，〈清代臺灣的幕友〉，《東南學術》二〇〇四年第一期，頁一二七—一二九；〈卷十藝文（古今體詩）〉：http://www.guoxue123.cn/jijijibu/0201/09qjz/013.htm（2012/10/6點閱）；吳德功，《瑞桃齋詩話》（南投：臺灣省文獻委員會，一九九二年）。

45 幫辦：指林維源。

46 謙裕：臺灣開港後，臺北地區除了洋行和媽振館紛立之外，也開始出現傳統中國式的金融機構錢莊、匯單館（又稱匯兌館），匯單館最早設立於一八七〇年左右，一八九〇年代迅速增加；至一八九五年前後，大稻埕大概有十家左右的匯單館，謙裕號即為較著名的匯單館之一。匯單館與內地的票號類似，主要經營匯票事業，但是規模較小。謙裕號成立於光緒十六年（一八九〇），設在大稻埕六館街，由板橋林本源號與王家春及許論潭合資，委由王惠泉經營，亦兼營錢莊，另在廈門、上海、香港設有支店。日治之後，於一八九九年休業，後變更為裕記謙棧。資本四萬圓；一九〇五年為十萬圓。參見林玉茹，〈從屬與分立：十九世紀中葉臺灣港口城市的雙重貿易機制〉，《臺灣史研究》第十七卷第二期（二〇一〇年六月），頁二四—二六。

20・廿五夕葛松齡致林拱辰信函(2)

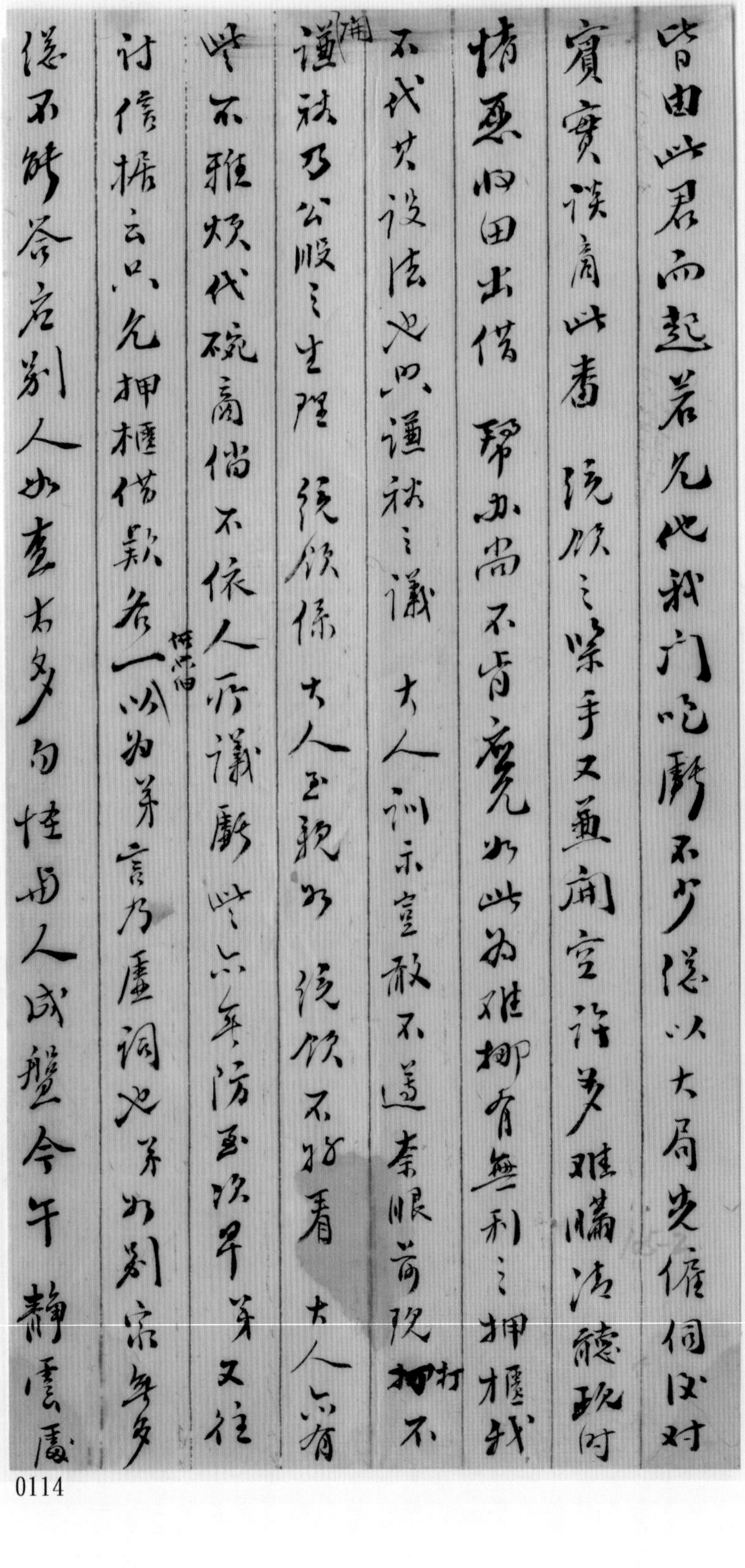

皆由此君而起若允他我們吃虧不少總以大局為重但伺以对
賓實谈商此書　統領之柴手又兼商室許多难瞞清聽玖时
情愿向田出借　幫办尚不肯竟如此為难柳有無利之押櫃我
不代其設法也只謹祇之議　大人訓示宣敕不遠奈眼前既打不
補謹祇乃公服之生理　統領係　大人至親的　統領不好看　大人亦有
些不雅煩代碗商倘不依人所議虧些亦無防至次早弟又往
討信据云只允押櫃借款一以為弟言乃虛詞也弟如劉宗無多
總不能答應別人如查古多句性由人成盤今午　靜雲處

0114

皆由此君而起，若允他，我門〔們〕吃虧不少，総以大局先僱〔顧〕，伺後対賔實談商。此畨　統領之緊手又兼開空許多，难瞞清聽，現时情愿將田出借，　幇办尚不肯应允，如此爲难，挪有無利之押櫃，我不代其設法也。照謙裕之議，　大人訓示豈敢不遵，奈眼前現打不開，謙裕乃公股之生理，　統領係　大人至親，如　統領不好看，　大人亦有些不雅，煩代碗〔婉〕商。倘不依人所議，虧些亦無防〔妨〕。至次早，弟又往討信，据云只允押櫃、借欵各一，価照旧，以爲弟言乃虚詞也。弟如別家無多，総不能答应別人，如查〔差〕太多，勿怪与人成盤。今午静雲處

20・廿五夕葛松齡致林拱辰信函(3)

已出押櫃弍萬元併加乙元弍尚未允仍廿七日近議大約靜雲咸豐
大面矣明年茶釐亦係他包辦此回併加壹萬六千兩已批准本縣正
供稅契各款已繳清雲縣稅契公文未來擬月初打發公太款抵
解善後借款五千並防費抵九月餉尚短千餘兩由任君籌爲就十月餉抵
抵去此籌款實見為難九月餉可否就本縣先挪並集集防費先行安頓十
一月半後樟項諒可應手頃聞邵文彬委滬尾海關程森調委礦務總辦
翁秉鈞委署淡水縣葉意深飭赴新竹本任沈繼曾飭回宜蘭俞
秉焜調署彰化李烇調署雲林謝澍翁署事期滿矣

0115

已出押櫃弍萬元，価加乙元，弟尚未允約，廿七日定議，大約靜雲成盤大面矣。明年茶厘亦係他包辦，照旧価加壹萬六千兩，已批准。台縣正供、稅契各欵已繳清，雲縣稅契公文未來。擬月初打算公太〔泰〕欵抵解善後借欵五千，並防費抵九月餉，尚短千餘兩，與　任君籌商，就十月餉扣抵。台北籌欵実見爲难，九月餉可否就台縣先挪，並集集防費先行安頓，十一月半後，栳項諒可应手。頃聞邵文彬委戶〔滬〕尾海關，程森[47]調委礦腦総办，翁秉鈞[48]委署淡水縣，葉意深[49]飭赴新竹本任，沈継曾[50]飭回宜蘭，俞秉焜[51]調署彰化，李烇[52]調署雲林，謝湗翁[53]署事期滿交

47 程森：道光十六年（一八三六）生，浙江山陰縣監生，由捐納縣丞辦理臺灣軍報出力保奏，准俟補缺後，以應升之缺升用。光緒十九年署雲林知縣。參見〈為實任知縣互相調補以資治理而重地方恭摺仰祈聖鑒事〉，《光緒朝月摺檔》，光緒十三年八月二十四日。

48 翁秉鈞：原為補用知府江蘇試用同知，光緒十四年參與劉銘傳的清賦事業有功，光緒十八年代理淡水縣知縣。參見鄭喜夫，《臺灣地理及歷史卷九官師志　第一冊文職表》（臺中：臺灣省文獻委員會，一九八〇年），頁一七二。

49 葉意深：字縵卿，浙江慈谿人，己丑恩科舉人。光緒十八年九月代理淡水知縣，後與臺北府陳文騄共同建議修纂《臺灣通志》，同年底調署新竹知縣。參見鄭喜夫，《臺灣地理及歷史卷九官師志　第一冊文職表》，頁一七二—一七三。陳朝龍、鄭鵬雲纂，《新竹縣采訪冊》（文叢第一四五種），頁二八一。

50 沈繼曾：字纘哉，浙江錢塘人。光緒十五年十二月抵臺，署宜蘭知縣，十七年調署新竹知縣，十八年後又回任宜蘭知縣。參見鄭喜夫，《臺灣地理及歷史卷九官師志　第一冊文職表》，頁一七三—一七四。陳朝龍、鄭鵬雲纂，《新竹縣采訪冊》（文叢第一四五種），頁二八一。

51 俞秉焜：字冬生（東生），順天府大興縣人，原籍浙江德清，同治元年成順天舉人，以知縣用。光緒十九年九月曾出任彰化知縣，光緒二十年又調任鳳山知縣。參見盧德嘉纂輯，《鳳山縣采訪冊》（文叢第七三種），頁二〇〇。

52 李烇：號蔚山，廣東嘉應州人，監生出身，光緒十九年二月二十五日代理雲林知縣，光緒二十一年兼署新竹、苗栗知縣。乙未時曾與義軍領袖吳湯興等人因糧餉而意見不同。參見鄭喜夫，《臺灣地理及歷史卷九官師志　第一冊文職表》，頁一七二—一七三。吳德功，《割臺三記．讓臺記》（文叢第五七種），頁四六—五二。

53 謝湗翁：即謝壽昌，字湗泉，湖南人，光緒十七年出任雲林知縣，光緒十九年調署安平知縣。參見鄭喜夫，《臺灣地理及歷史卷九官師志　第一冊文職表》，頁一七六。

20・廿五夕葛松齡致林拱辰信函(4)

鄭陳雲從背佐大料款木料云四匠首於本月首進山斟（做）況有大
小五百餘根已到厝內又另由匠首送三角湧做者計三百餘
根兩處約限月底交清卽使不能齊到後者不過數天而
以雲從內及銀次第先其料到自當信發昨又付其百兩為
三角湧放水工林子宣公甲交他據云單裝所已教清亦有公事
與他等今申覆各情煩轉達
統帥是所切禱手此敬請
台安 弟葛頓
統帥、鄭帥爺統為呼名請安

廿五夕

0116

卸[54]。陳雲從督催大科崁木料，云旧匠首於本月有進山赶做，現有大小五百餘根已到石门[55]，又另由匠首定三角湧[56]做者，計三百餘根，兩處約限月底交清，即使不能斉到，緩者不过数天而以〔已〕。雲從問及銀項，弟允其料到自当給發，昨又付其百両，爲三角湧放水工。林子宣公事交他，据云軍裝所已較清，亦有公事与他。弟令申覆各情，煩轉稟

統帥，是所切禱，手此。敬請

台安。小弟齡頓　廿五夕

統帥、萬師爺[57]統爲呼名請安

54 關於此次人事異動，可參見如下奏摺：「……茲查十八年冬季分，出有署雲林縣知縣謝壽昌署事期滿，遺缺請以現代彰化縣事本任臺北府經歷李烇代理，所遺彰化縣缺請以現署宜蘭縣事准補鳳山縣知縣俞秉焜調署，遞遺宜蘭縣缺，請以現署新竹縣事本任宜蘭縣知縣沈繼曾飭回本任，所遺新竹縣缺，請以現代淡水縣事准補新竹縣知縣葉意深飭赴新任，遞遺淡水縣缺，請以奏調來臺江蘇候補同知翁秉鈞代理。又宜蘭縣知縣沈繼曾另有差委，遺缺請以現署埔裏社通判候補知縣汪應泰調署。又出有署安平縣知縣姚近范調省，遺缺請以試用同知俞鴻代理。均詳經批准，飭遵在案。據臺灣布政使唐景崧詳請具奏前來，除咨部外，臣等謹恭摺具陳，伏乞皇上聖鑒。謹奏」。參見《光緒朝硃批奏摺》，〈為光緒十八年冬季分臺灣省委署知縣員缺恭摺仰祈聖鑒事〉，光緒十九年二月十二日。

55 石门：位於今桃園縣大溪鎮，大嵙崁溪（今稱大漢溪）中上游今石門水庫大壩附近，該地因有兩崖相對，為大嵙崁溪谷最狹窄之處，故稱石門。

56 三角湧：今新北市三峽區。

57 萬師爺：指萬鎰，林朝棟幕僚之一。

（一）葛竹軒發信

20．廿五夕葛松齡致林拱辰信函(5)

若電報用密碼者，將地名及名姓外，用頭字退七字△，若二字退六字△，若三退五字△，若四字退四字△，若五字退三字△，若六字退二字△，若七字退一字△，調而復始。

0117

若電报用密碼者，除地名及名姓外，用頭字退七字，若二字退六字，若三退五字，若四字退四字，若五字退三字，若六字退二字，若七字退一字，調而復始。[58]

58 此指電報表上的數目編排方式。

（一）葛竹軒發信

21．廿七午葛松齡致林拱辰信函(1)

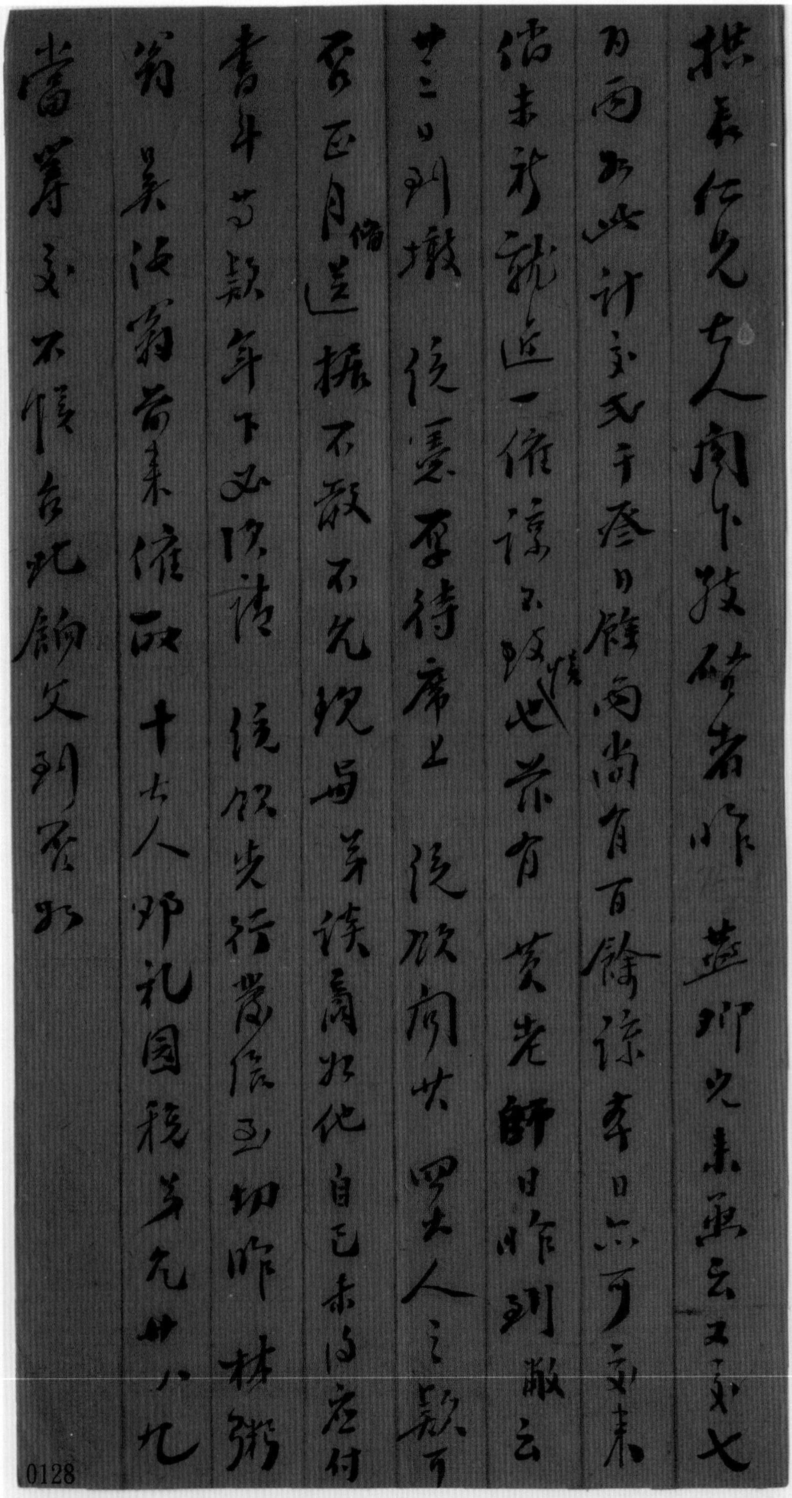

拱辰仁兄大人閣下：敬啓者，昨　燕卿兄[59]來函云，又交七百兩，如此計交弍千叁百餘兩，尚有百餘，諒本日亦可交來。倘未，祈就近一催，諒不致悞也。茲有　黃老師日昨到敝云：廿三日到墩，　統憲厚待，席上　統領問其　四大人[60]之欵，可否正月循送，据不敢不允。現与弟談商，如他自己未得应付書斗[61]等欵，年下必須請　統領先行發給，至切。昨　林粥翁、吳汝翁[62]前來催取　十大人[63]卯礼、园稅，弟允廿八、九當籌交不悞。台北餉文到否？如

59 林燕卿：即林文榮，字燕卿，五品藍翎廣東候補知縣，為林梅堂之父。曾經擔任棟軍將領，帶領棟字隘勇副營（原棟字後營），參與平定施九緞事件。參見《福建鄉試硃卷》；〈為臺灣留防勇練各營駐紮處所及統領管帶銜名兵勇數目遵旨開單仰祈聖鑒事〉，《光緒朝月摺檔》，光緒十七年四月三日。

60 四大人：即林朝雍。

61 書斗：即縣衙中負責科考功名業務的胥吏，如臺灣道徐宗幹所著《斯未信齋雜錄》中即曾提到：「將部冊註名革生，為榜示門外，以木板懸貼，令其自首，問明即書『准開復』三字，註於本名下，嚴禁書斗人等需索。」參見徐宗幹，《斯未信齋雜錄》（文叢第九三種），頁五二。

62 吳汝翁：疑為吳汝祥或吳德功。吳汝祥，字禧之，亦名敦迎，福建泉州人。為清末秀才，父為進士吳尚震。一八八九年來臺，初居臺南，後遷彰化東門街。乙未割臺後，一九〇五年以臺灣總督府收買中部之大租補償金，與吳德功、楊吉臣等創立彰化銀行。吳德功，字汝能，號立軒，彰化人。一八七四年秀才，受業於從叔吳子超及柯承暉、陳肇興、蔡醒甫諸先生。一八九一年臺灣省設通志局，受聘主修彰化縣志，一八九四年原已完成採訪冊，因乙未割臺，不幸散佚。曾著有《戴施兩案紀略》、《瑞桃齋詩稿》等作品。以上參見許雪姬總策劃，《臺灣歷史辭典》，頁三四七—三四八、三五六—三五七。

63 十大人：即林朝崧。

（一）葛竹軒發信

21・廿七午葛松齡致林拱辰信函(2)

我兄由峯來新，承兩一節
代為回明。從憲先為收領款，搭給各方可送，如昨接余
記。魏局長兄來與云：懇局長兄已回，催令先送廿一元並
囑今後再借五百兩送開，切不可誤。煩代為收情轉
陳，從憲今年所籌付以懇 從欣賞借款百兩方
可照付，務面詢 局長兄是何情形，煩 代為轉達
是為盼禱。多此致請
竹安 中午 弟 齡 再 廿七午

0129

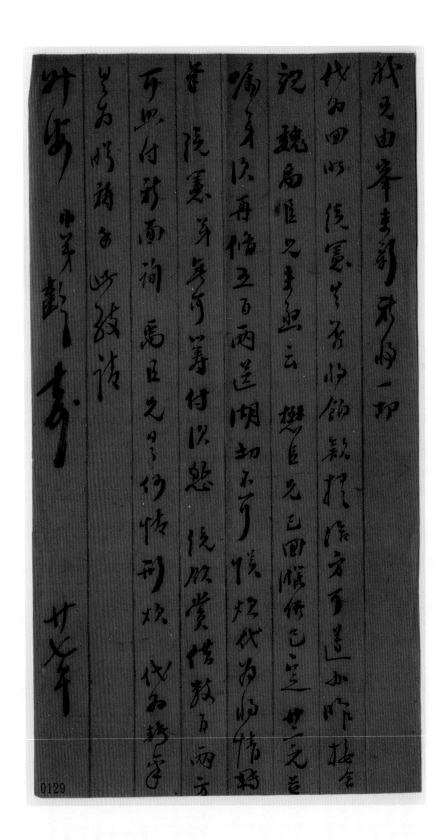

我兄由峯來彰，祈將一切
代爲回明　統憲，是否將餉欵提給，方可遵办。昨接舍
親　魏禹臣[64]兄來函云，　懋臣兄[65]已回，腦價已定廿二元，並
囑弟須再備五百两送湖[66]，切不可悞，煩代爲將情轉
稟　統憲。弟無可籌付，須懇　統領賞借数百两，方
可照付。祈面詢　禹臣兄是何情形，煩　代爲轉稟，
是爲盼禱。手此，敬請
升安。　小弟齡　頓　廿七午

64 魏禹臣：負責樟腦業務，曾造送腦冊給林朝棟，惟生平不詳。參見霧峰林家文書之未刊部分，原編號〇二五。
65 懋臣：林懋臣，字超拔。
66 湖：大湖，今苗栗縣大湖鄉一帶。

（一）葛竹軒發信

22・廿九日葛松齡致林拱辰信函(1)

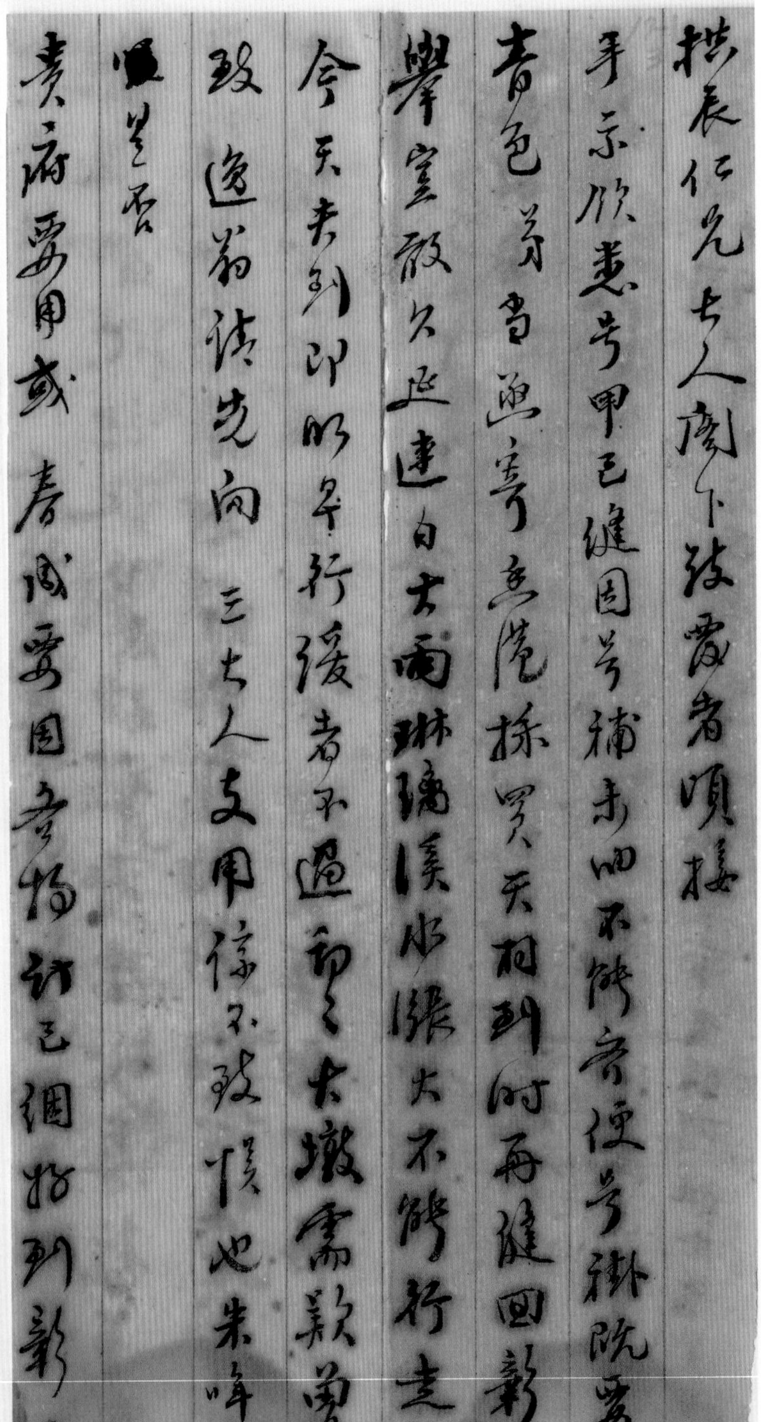

0131

拱辰仁兄大人閣下：敬覆者，頃接
手示領悉，号甲[67]已縫，因号補[68]未油，不能齐便，号掛[69]既要天青色，弟当函寄香港採買天羽，到时再縫。回彰之舉，豈敢久延，連日大雨琳璃（淋漓），溪水漲大，不能行走。如今天夫到，即明早行，緩者不過初二。大墩需欵，曾電致 逸翁[70]，請先向 三大人[71]支用，諒不致悮也，朱哖[72]是否
貴府要用，或 春成要，因各物計已綑好，到彰取

67 号甲：「号」指吹軍號用的牛角，「甲」指軍隊用的盔甲，「号甲」指軍隊用的盔甲。

68 号補：指繡於官服上的動物圖騰，鳥類圖騰代表文官，獸類圖騰代表武官。

69 号掛：套穿於官服外，類似外套的衣服。

70 逸翁：萬鎰。

71 三大人：林朝選，字紹堂，又名福濬（一八五九－一九〇九）。參見王世慶、陳漢先、王詩琅，《霧峯林家之調查與研究》，頁一五一。

72 朱哖：一種質地細柔的珠紅色布料。

（一）葛竹軒發信

22・廿九日葛松齡致林拱辰信函(2)

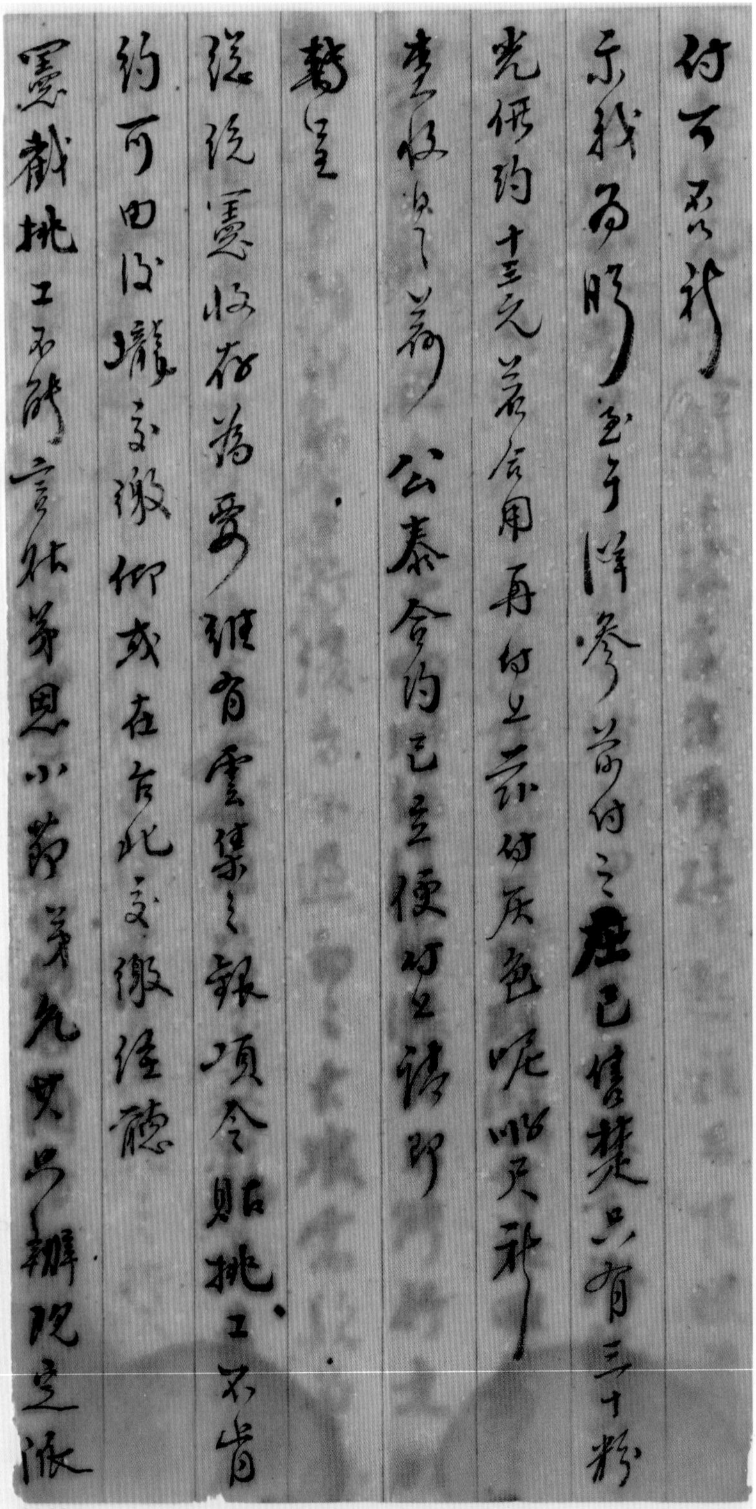
付下為荷
示我為盼。至于洋參，前付之歷已售楚，只有三十粒
光，價約十三元，若合用，再付上。茲付辰色呢，此只計
查收收了為荷。公泰合約已立，便付上，請即
轉呈
從從憲收存為要。雖有雲集之銀項，今貼挑工不肯
約可回贖，請家徽卿或在台北交徽經聽
憲裁。挑工不能言狀，弟恩小節，弟允買出辦現定派

0132

付可否？祈
示我爲盼。至于洋參[73]，前付之庄已售楚，只有三十粉
光[74]，価約十三元，若合用再付上。茲付灰色呢[75] 3.5尺，祈
查收是荷。公泰[76]合約已立，便付上，請即
轉呈
総統憲收存爲要。維〔惟〕有雲、集[77]之銀項，令貼挑工不肯，
約可由後壠[78]交繳，仰〔抑〕或在台北交繳。経聽
憲截〔裁〕。挑工不能言貼，第思小節，弟允其照辦，現定派

73 洋參：西洋人參。此指為美國人參，又稱花旗人參。
74 粉光：美國人參的一種。
75 灰色呢：灰色布料的衣服。
76 公泰：公泰洋行。
77 雲、集：雲林（林圯埔）與集集。
78 後壠：後壠港，今苗栗後龍鎮。

（一）葛竹軒發信

22・廿九日葛松齡致林拱辰信函(3)

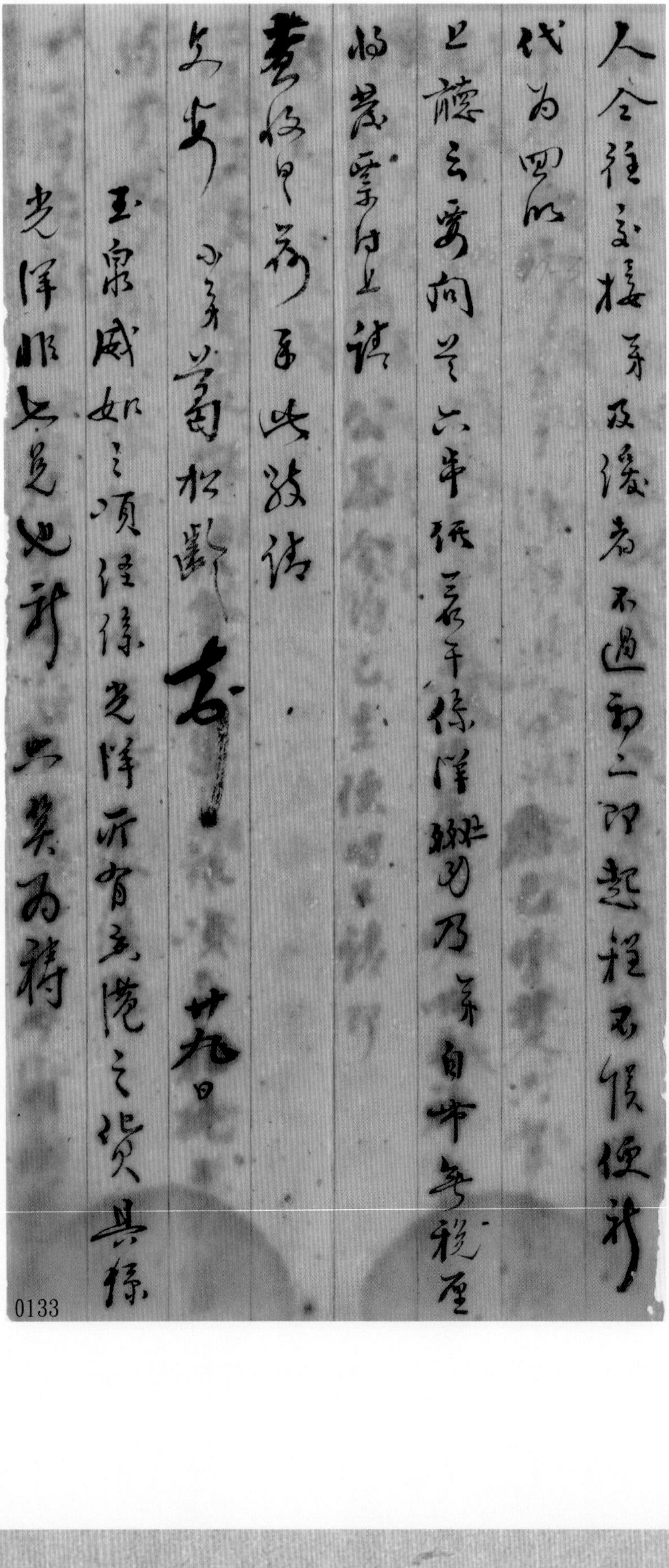
人全往家楼弟及後者不過三二日起程回候便許
代為留明
上聽之要向其六年孫三百斤係洋鍋乃弟自帶無稅厘
將蔗糖由上請
妻收見示弟此致請
文安 小弟葛松齡 啟 廿九日
玉泉威如之項經綠光洋所有是流之貨具綠
光洋非之足也許 之實為待

人仝往交接，弟及緩者不過初二，即起程不悞，便祈
代爲回明
上聽。云要問□六串価若干，係洋9.947兩，乃弟自帶，無稅厘，
將發票付上，請
查收是荷。手此。敬請
文安。　小弟葛松齡頓　廿九日
玉泉[79]、威如[80]之項，経係光洋[81]。所有香港之貨，具係
光洋，非七兑[82]也。祈　照箕爲禱。

79 玉泉：易玉泉。
80 威如：江威如。
81 光洋：香港的一種銀元。
82 七兑：疑指晚清流行於潮汕地區的「七兑銀」。晚清開港通商後，潮汕地區的商號以每元折算七錢的銀兩為商號間的流通貨幣。參見陳景熙，〈清末民初地方虛位幣制研究：以潮汕「七兑銀．七兑票」為例〉，《汕頭大學學報（人文社會科學版）》第十九卷增刊（二〇〇三年），頁三八—四八。

（一）葛竹軒發信

23・十六夜葛松齡致林如松、林拱辰信函(1)

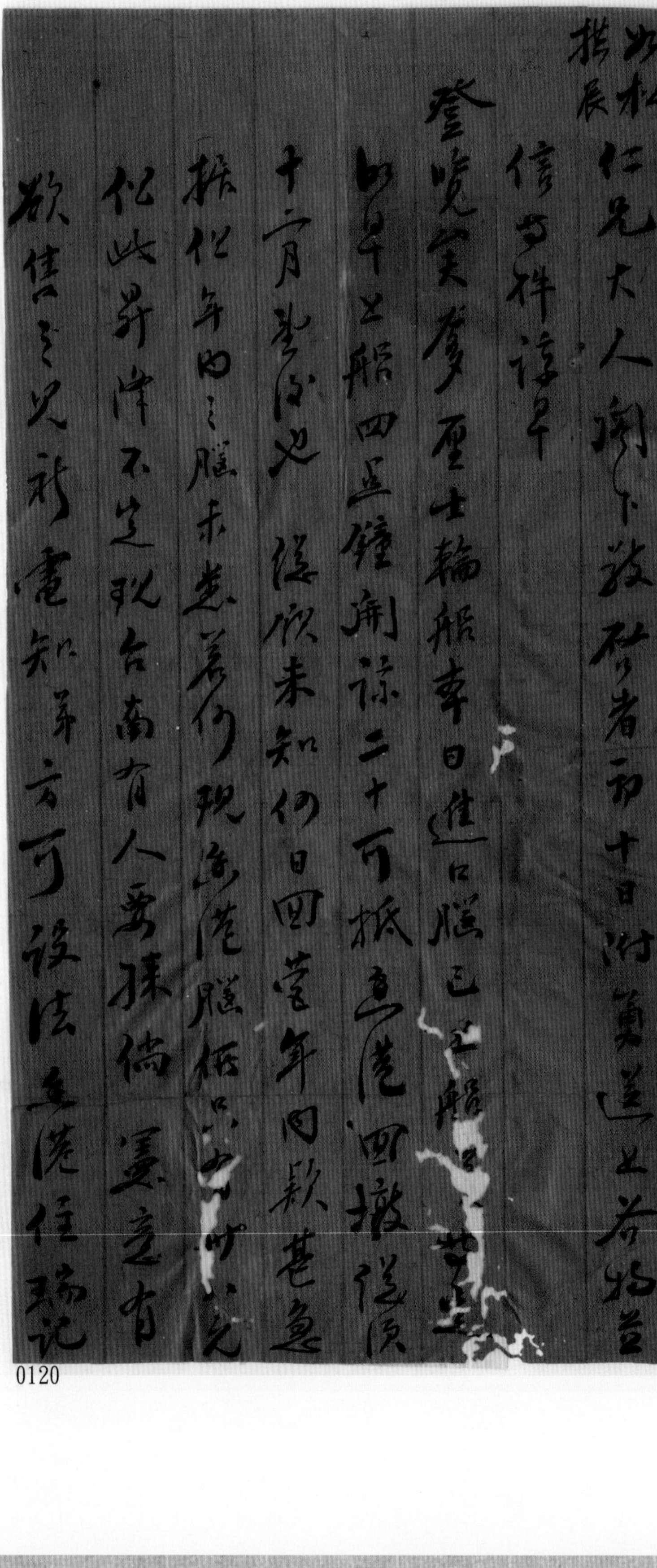
如松
拱辰 仁兄大人閣下敬啟者初十日附冀送上各物並
信一件諒早
登覽矣茲厘士輪船本日進口腦已上船並
明早上船四點鐘開行二十可抵港回撥須
十二月望後也 總俟未知何日回 營年內款甚急
拱松年內之腦未悉若何現港腦價每擔廿八元
松此昇津不足秋台南有人要採備 冀意有
欲售之見祈 電知以弟方可設法至港任瑞記

0120

如松
拱辰 仁兄大人閣下：敬啓者，初十日附勇送上各物並
信䒭件，諒早
登覽矣。爹厘士輪船[83]本日進口，腦已上船，□□䒭定
明早上船，四点鐘開，諒二十可抵香港，回墩總須
十二月望後也。 総領未知何日回營，年內欵甚急
据。但年內之腦未悉若何，現香港腦価只有卅八元，
但此昇降不定。現台南有人要採?，倘 憲意有
欲售之見，祈電知，弟方可設法。香港住瑞記

---

83 爹厘士輪船：船名Thales，為道格拉斯汽船公司之輪船，推測為西元一八八三至一九〇二年間，主要往返香港、安平間，每月航行三次。參見張麗芬，〈日本統治下之臺灣樟腦業（一八九五—一九一九）〉（臺南：國立成功大學歷史語言研究所碩士論文，一九九五年），頁七四。

（一）葛竹軒發信

23・十六夜葛松齡致林如松、林拱辰信函(2)

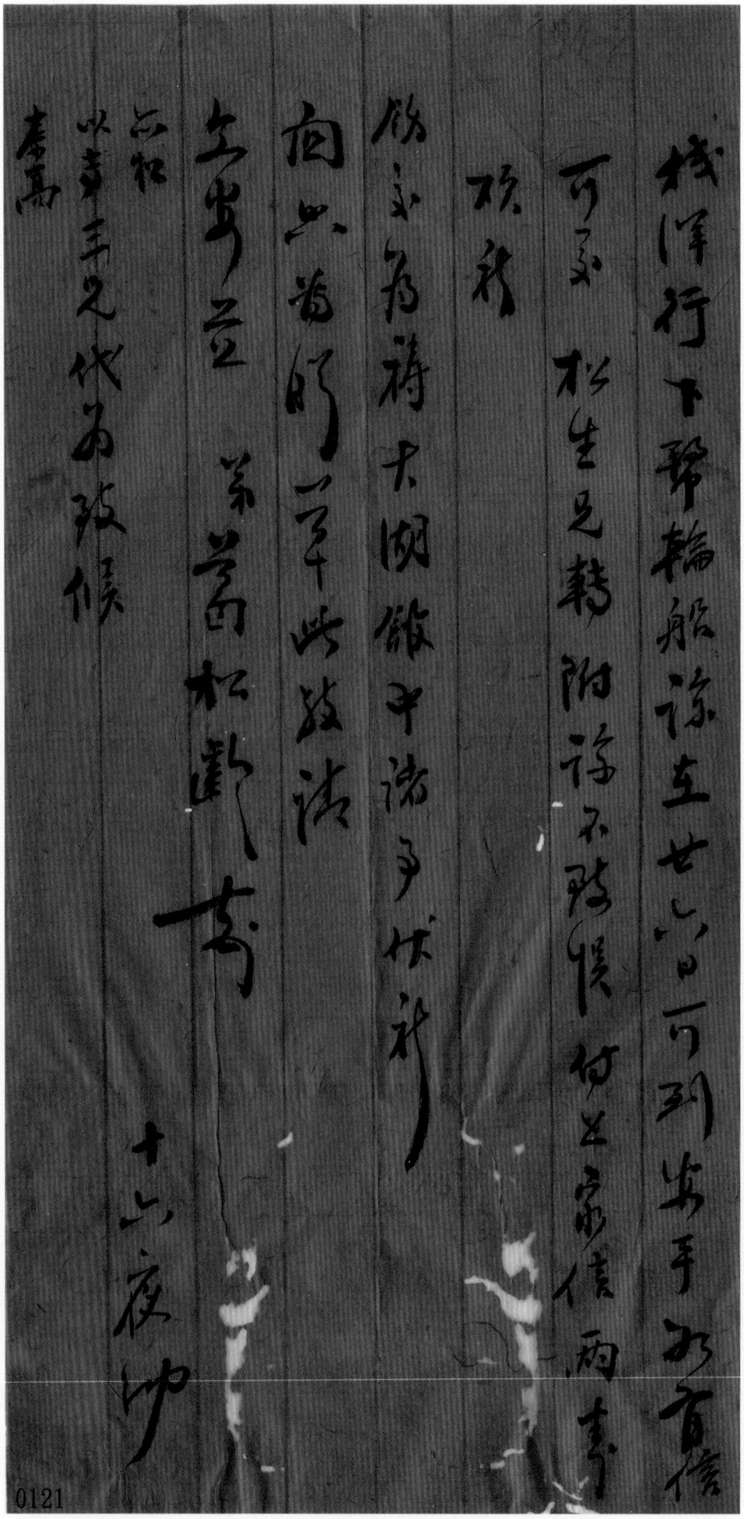
據洋行下聲輪船訴在廿八日可到安平，所有信
可交
松生兄轉附爲不誤。候付至家信兩封，
煩將
錢交爲禱。大圍錢中諸多仗祈
向與省照料一二。此致，請
大安。並　弟葛松齡叩
十六夜泐
六叔以書與之，代為致候
泰高

棧洋行，下幫輪船，諒在廿六日可到安平[84]。如有信，可交松生兄轉附，諒不致悞。付上家信兩封，煩祈飭交為禱。大湖館中諸事，伏祈關照為盼，草此。敬請文安。並亦松[85]以專[86]泰嵩[87]三兄代為致候

弟葛松齡頓　十六夜　泐

84 安平：安平港，今臺南市安平區。
85 亦松：謝亦松。
86 以專：劉以專。
87 泰嵩：王泰嵩。

（一）葛竹軒發信

24・葛松齡致林朝棟信函[88] (1)

統帥大人閣下敬啟者晚叩別後因途次阻雨至初九日
抵彰查樣腦銷項業
諭裝給各款前已付賬房支用及郵爺並通台灣縣
之款外不敷閒費自應另單呈
電十一日晚往大墩知
統帥捷音兩亮番如是刁頑若非我
統帥決策大神莫奈伊何想從此兇獠再不為非之
凱旋之期近在咫尺欣喜雀躍晚擬即往阿罩霧

0094

統帥大人閣下，敬啓者：晚叩別後，因途次阻雨，至初九日
抵彰，查樟腦銀項，蒙
諭發給各欵，前已付賬房支用，及部爺[89]並過台灣縣
之額外，不敷開發，自應另单呈
電。十一日晚往大墩[90]，知
統帥捷音，而兇畨如是刁頑，若非我
統帥決策如神，莫奈伊何。想此後兇奴再不爲非也。
凱旋之期，近在咫尺，欣喜雀躍。晚旋即往阿罩霧[91]，

88 林朝棟剿番應指一八九二年初的大嵙崁之役，且專祠為一八九二年落成，故推本函寫於一八九二年。

89 部爺：指林允卿，林允卿因有功名，故尊稱部爺。

90 大墩：今臺中市中區錦添、錦花、大墩、中墩等里，舊屬大墩街。

91 阿罩霧：今臺中市霧峰區。

24．葛松齡致林朝棟信函(2)

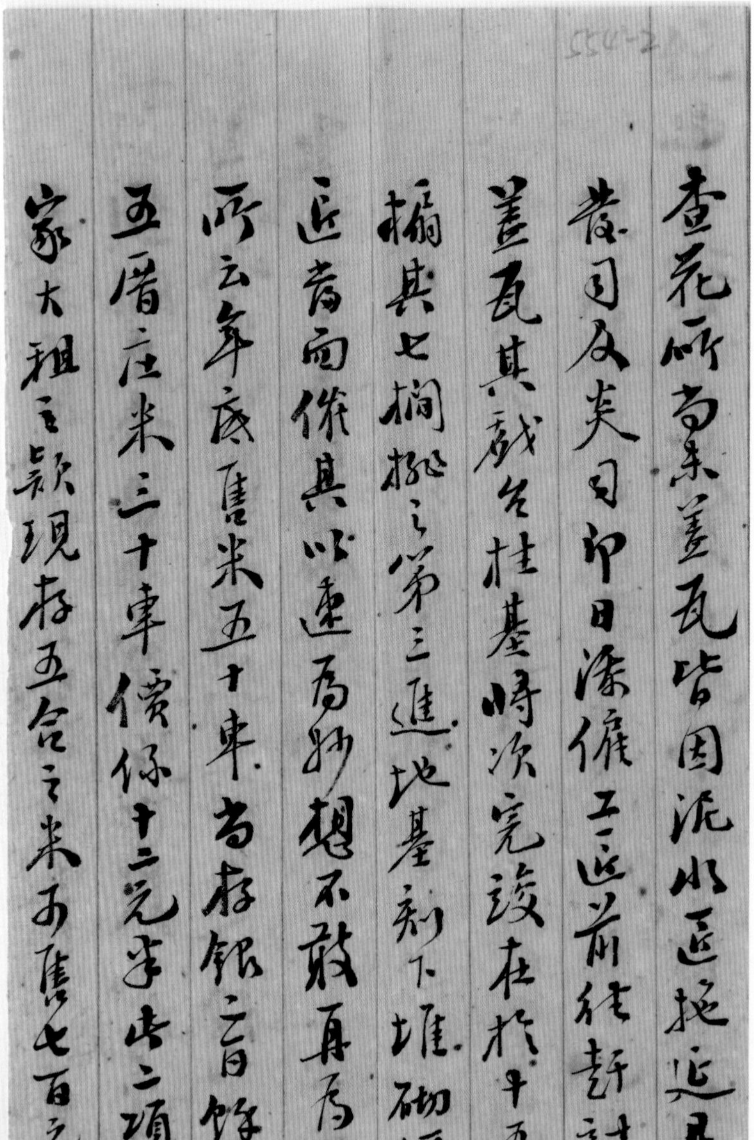
查花所前某蓋瓦皆因泥水匠拖延是以嚴催承
茲因及矣日即日添催工匠前往斟辦諒不日當可
蓋瓦其戲台柱基時次完竣在於十五六戲台可以豎
桷其七間樑之第三進地基刻下堆砌浮面所有土木
匠當面催其以速為妙想不敢再為延也據定元
所云年底售米五十車尚存銀二百餘元又售合興
五層庄米三十車價銀十二元半此二項銀額留付賴
家大租之款現存五合之米可售七百元之對帳付

0095

查花廳[92]尚未蓋瓦，皆因泥水匠拖延，是以嚴催承發司及炎司，即日添僱工匠，前往赶辦，諒不日當可盖瓦。其戲台柱基將次完竣，在於十五、六戲台可以豎搧。其七櫚挑?之第三進地基，刻下堆砌浮面，所有土木匠，當面催其以速爲妙，想不敢再爲延也。據雪兄所云，年底售米五十車，当存銀二百餘元，又售合興五厝庄米三十車，價係十二元半。此二項銀額留付賴家大租之欵，現存五合[93]之米可售七百元云，則晚对

92 花廳：霧峰林家下厝提供公共宴席使用的大宴會廳，又稱「大花廳」，光緒十六年（一八九〇）起蓋，完成於光緒二十年（一八九四）前後，為三落大宅，並有一精緻的戲臺與露天觀眾席。參見臺灣大學土木工研究所都市計劃研究室研究規劃，《臺灣霧峯林家建築圖集：下厝篇》（臺北：自立報系文化出版部，一九八八年），頁一〇。

93 五合：可能為霧峰林家墾號之一，曾於光緒二十年八月買賴戚權戶下賴錦田位於外新庄、大湖庄、公館庄、后龍庄、東勢庄、橋仔頭等處大租，價七兑銀肆佰捌拾叁大員，參見霧峰林家文書之未刊部分，原編號七〇八。

24．葛松齡致林朝棟信函(3)

三大人付與亞光銀五百元，又據亞光云通仔所辦本打
現剩陸贌已到者需一千七百五十元，又辦磨打銀共
計需一千餘元，又逐月發給土木匠工銀，在在急需，除
存撥外，不敷甚多，務希由此給發支用。又據蘊卿兄
所云二三月瓦窯買草等用去了，緊要約千餘元，晚候
三大人來撥款撥回，付伊應用。前餘雲集之腦運南
延擱至今，尚未發去，晚着人催其速發，至十三日
其運二百餘箱，其公泰承辦雲集腦務之友至

0096

三大人[94]付与雪兄銀五百元。又，據雪兄云，通仔所辦本杉現刻陸贖〔續〕已到，必需一千七百五十元，又辦唐杉，銀共計需一千餘元，又逐月發給土木匠工銀，在在急需。除存撥外，不敷甚多，務必由北給依支用。又據燕卿兄[95]所云，二、三月瓦窰買草等用，在在緊要，約千餘元。晚候三大人處掛欵撥回，付伊應用。前飭雲、集之腦運南，延擱至今，尚未發去。晚着人[96]催其速發，至十三日共運二百餘箱，其公泰承辦雲、集腦務之友，至

94 三大人：應指林朝選，即林紹堂。
95 燕卿：林燕卿。
96 著人：派人。

24．葛松齡致林朝棟信函(4)

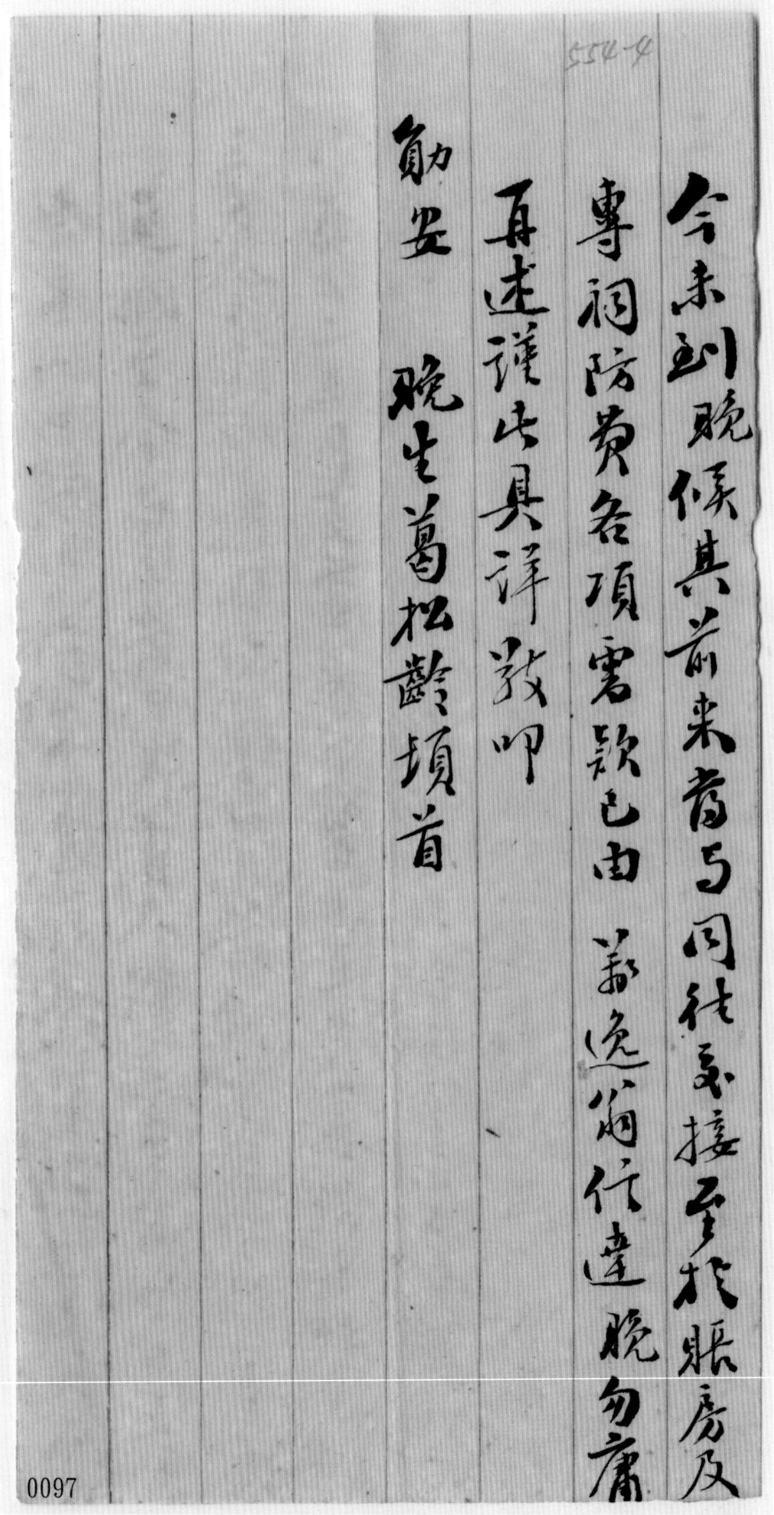
554-4

令來到晚候其前來當與同往交接至於賬房及
專祠防費各項需款已由 蔡逸翁代達晚勿庸
再述謹此具詳敬叩
勛安 晚生葛松齡頓首

0097

今未到，晚候其前來，當与同往交接。至於賬房及專祠、防費各項需欵，已由　萬逸翁傳達，晚勿庸再述，謹此具詳，敬叩

勛安。　晚生葛松齡頓首

（一）葛竹軒發信

25・十七日葛松齡致林拱辰、劉以專信函(1)

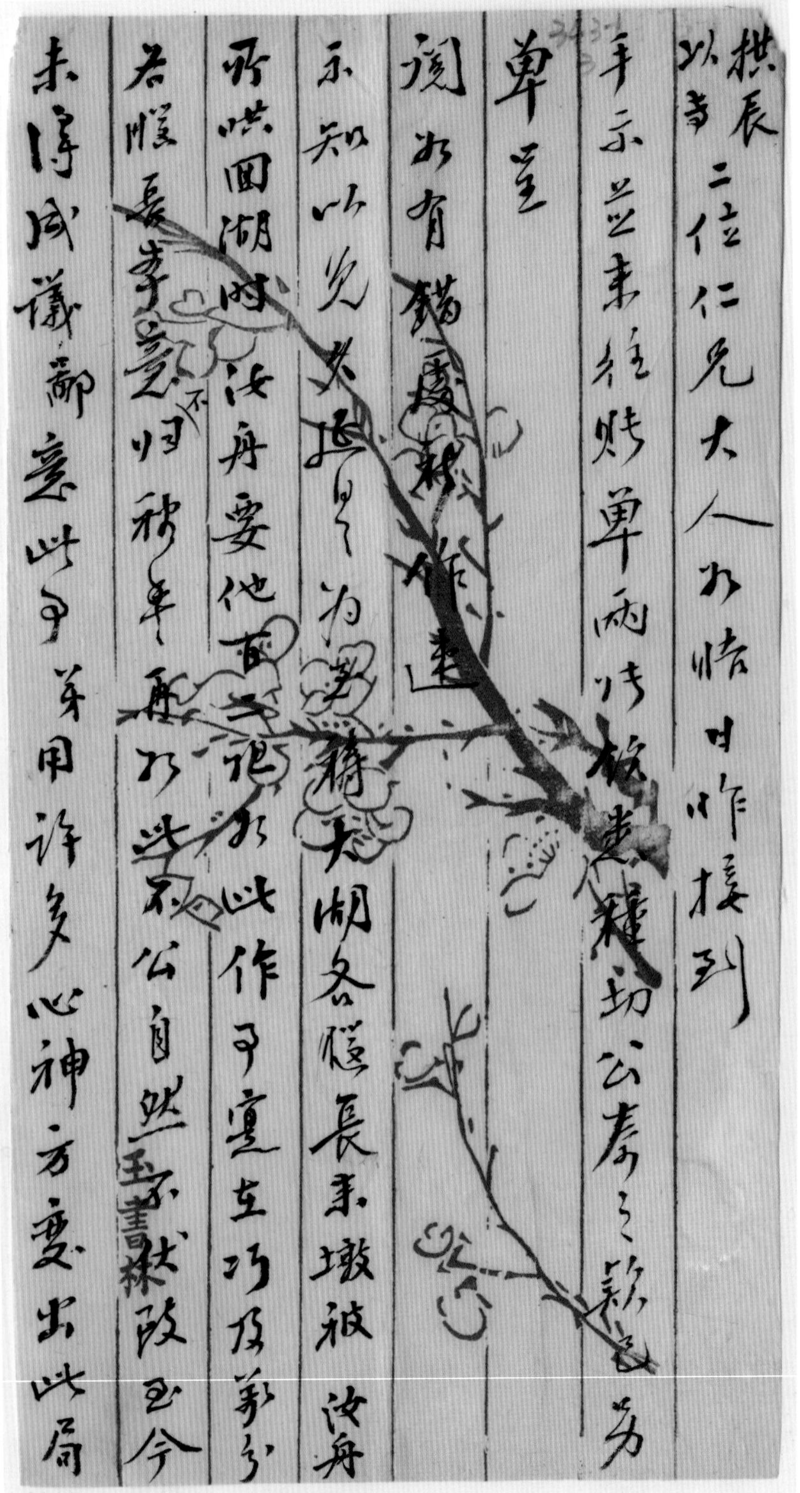

拱辰
以專二位仁兄大人如晤：日昨接到
手示并來往帳單兩件，核是種切，公奉之款，芳
單呈
閱，如有錯處，祈催速
示知，以免另延，是為要。講大湖各腦長來墩，被汝舟
求洪田湖時，汝舟要他首之，起於此作事，寬在巧取鄭家
各腦長各意不歸稍，再於此不公，自然玉書不服，致令
未得成議，鄙意此事并用許多心神，方要出此局

0144

拱辰
以專二位仁兄大人如晤：日昨接到
手示並來往賬单兩張，領悉種切。公泰之欵，已另
单呈
閲，如有錯處，祈作速
示知，以免久延，是爲至禱。大湖各腦長來墩，被 汝舟
所哄，回湖时， 汝舟[97]要他百二担，如此作事，寔在巧及萬分。
各腦長本意不归裕豐，再如此不公，自然不伏〔服〕，致至今
未得成議，鄙意此事弟用許多心神，方变出此局，

97 汝舟：陳汝舟，即陳澄波。

25・十七日葛松齡致林拱辰、劉以專信函(2)

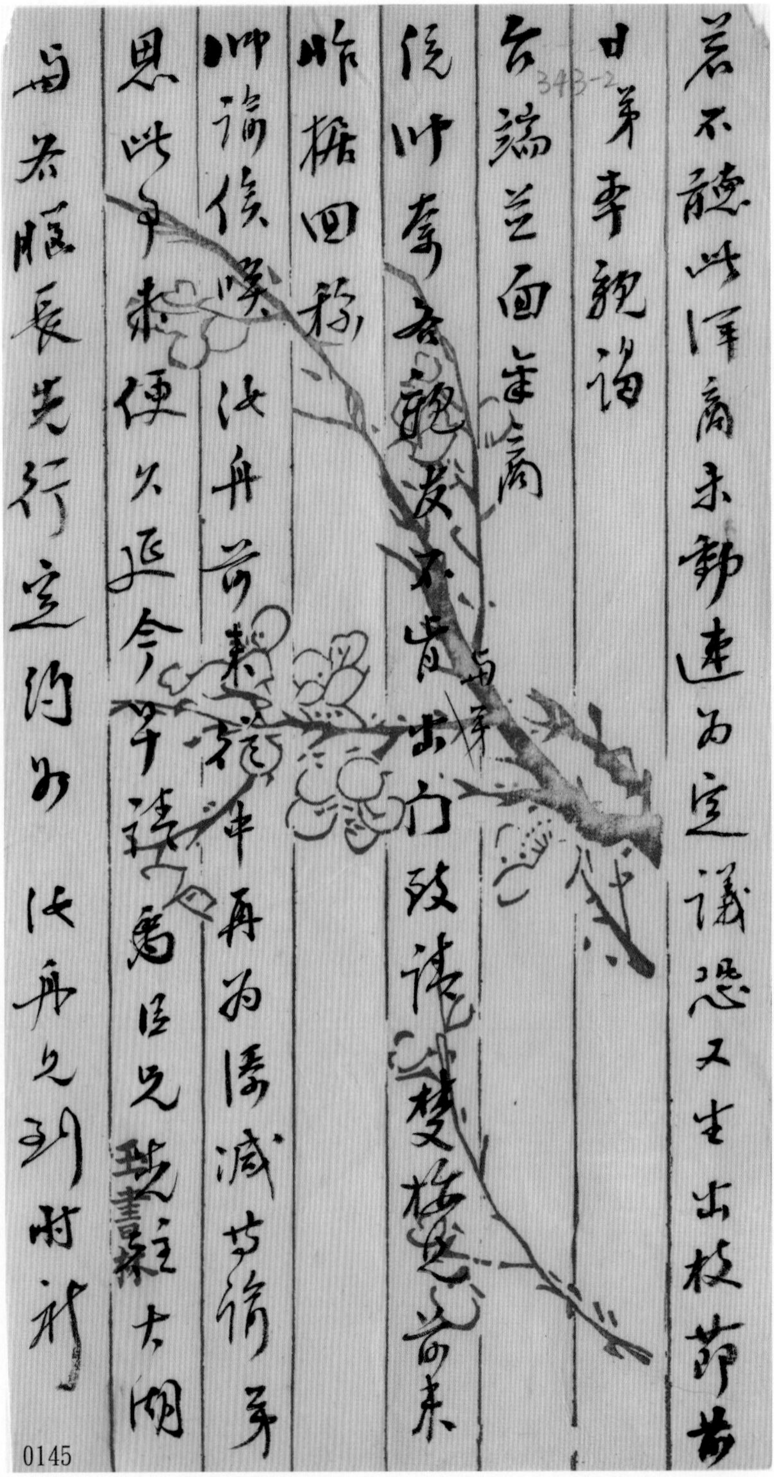

343-2

若不趁此洋商未卸速為定議恐又生出枝節苦
日弟來親詣
台端並面年商
從此奉各親友不肯出力致請樊梓芝前來
昨據回稱
聊論候與汝舟前來議律再為價減節省等
思此事未便久延今早請專足呈大閱
為君賬長先行定約為 汝舟兄到時科

0145

若不聽此，洋商未動，速為定議，恐又生出枝節。前
日弟本親謁
台端，並面稟商
統帥，奈各親友不肯与弟出門，致請 梦梅兄前來。
昨据回称
帅諭，俟喚 汝舟前來，從中再為添減等論。弟
思此事未便久延，今早請 禹臣兄先往大湖，
与各腦長先行定約。如 汝舟兄到时，祈

25・十七日葛松齡致林拱辰、劉以專信函(3)

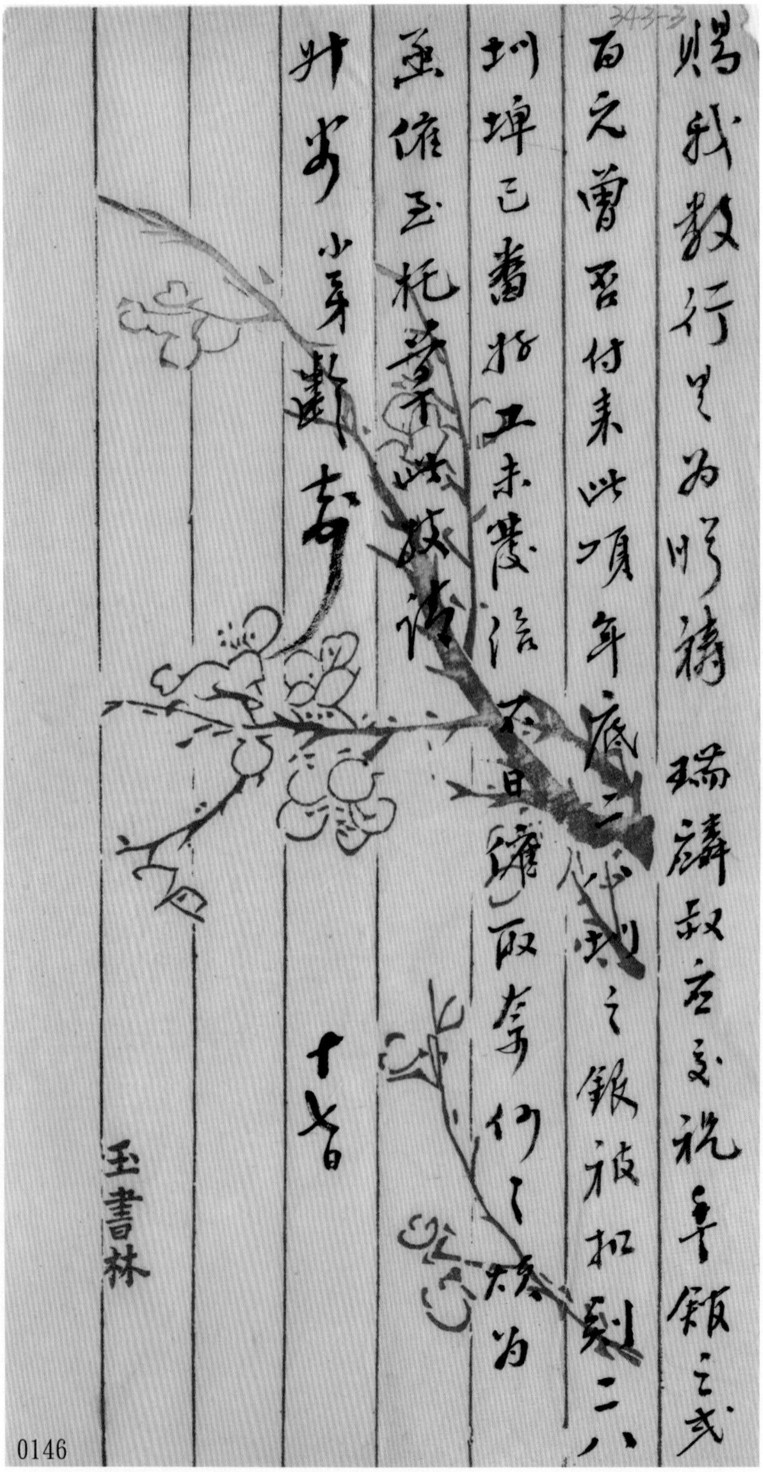

賜我教行是為盼禱　瑞麟叔台處祝乎領之弍

百元曾否付來此項年底之所到之銀被扣剩二八

圳埤已畫於工未發給　不日讓取奈何之極為

並催玉枕兼此敬請

升安　小弟齡拜

十七日

玉書林

0146

賜我数行，是為盼禱。瑞麟叔应交祝豐舘[98]之式百元，曾否付來此項？年底二八圳[99]之銀被扣，刻二八圳埤已凿〔翻〕好，工未發給，不日催取，奈何奈何。煩為函催至托，草此。敬請升安。

小弟齡頓　十七日

98 祝豐舘：彰化縣城（東門一帶）內的租館。
99 二八圳：彰化平原的水圳，由業戶楊志申修築，參見周璽，《彰化縣志》（文叢一五六種），頁五七。

（一）葛竹軒發信

26・葛松齡致林拱辰信函

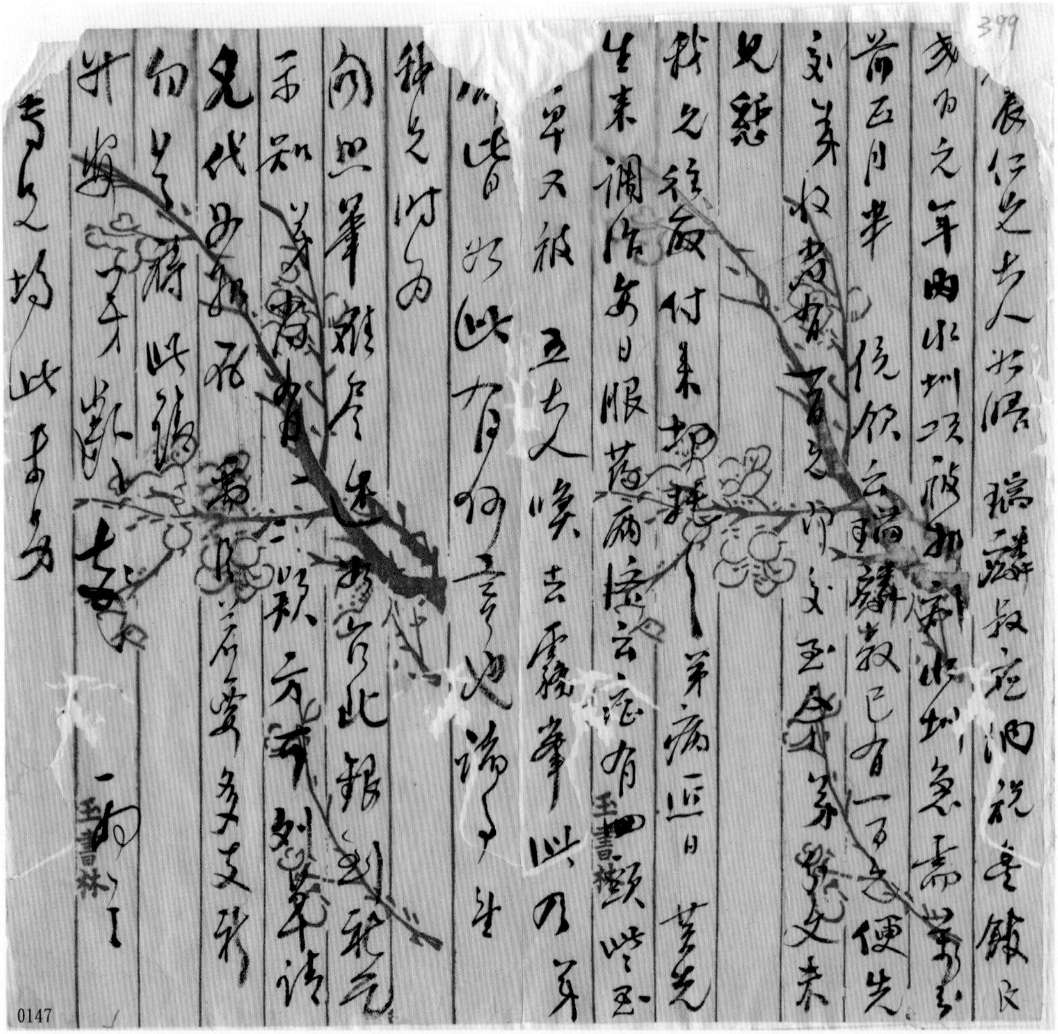

拱辰仁兄大人如晤：瑞麟叔应納祝豐舘艮
弍百元，年內水圳項被扣。刻水圳急需萬分，
前正月半　統領云，瑞麟叔已有一百元，便先
交弟收，尚有一百元即交，至今弟分文未
見，懇
我兄往取付來，切托切托。弟病，近日　黃先
生來調治，每日服葯两済〔劑〕，云症有回頭些，至
□早又被　五大人[100]喚去霧峯，此乃弟
命皆如此，有何言也。諸事望
我兄时爲
關照，筆难尽述。如台北銀到，祈乞
示知，弟尚有一、二欵方可列单，請
兄代爲扣存。　禹臣若要多支，祈
勿是禱。此請
升安。　弟齡頓　一□□□
以專兄均此，未另。

100 五大人：林朝宗，字輯堂，林文察三子。

27．十八夕葛松齡致林拱辰信函

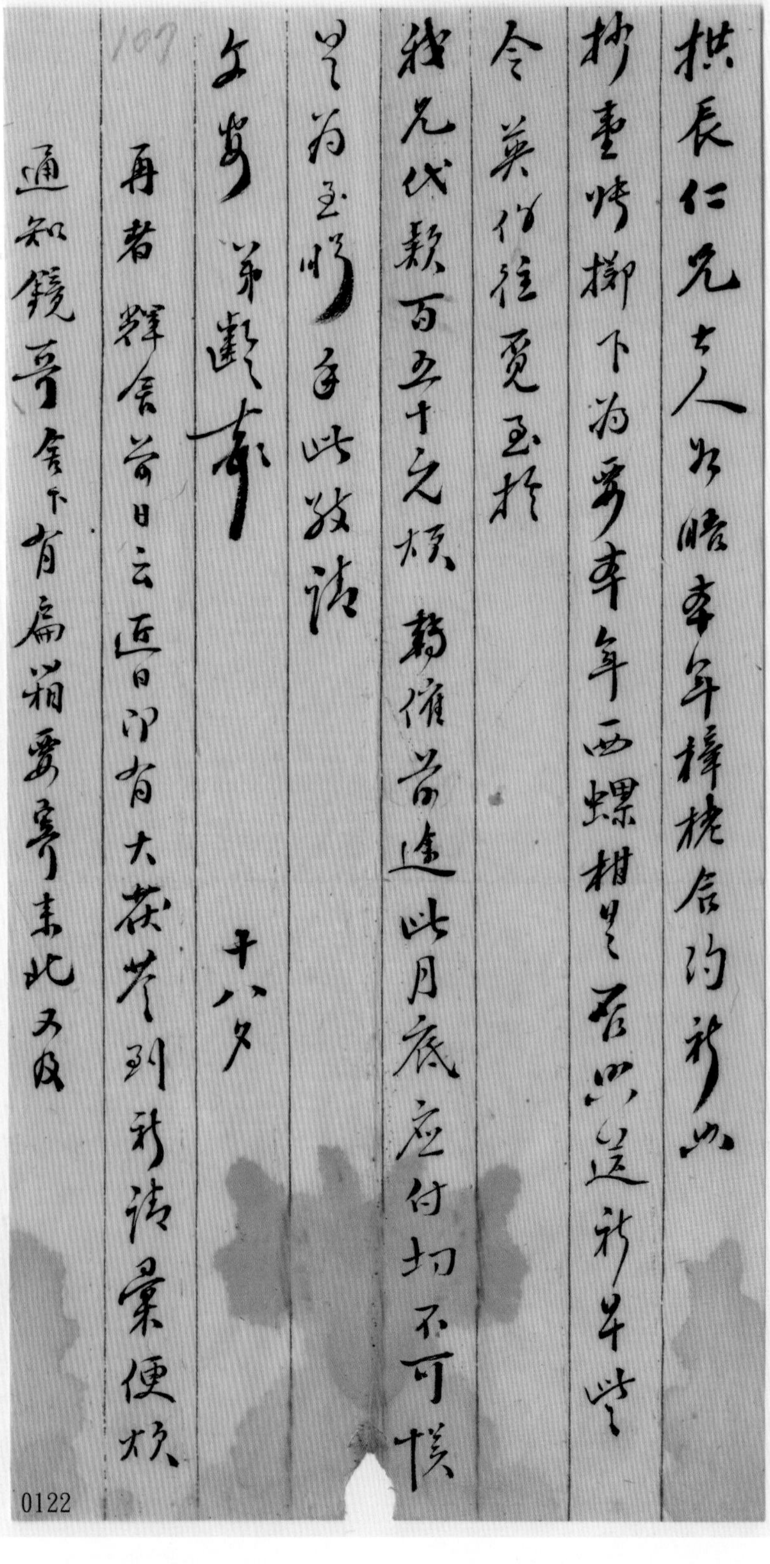

拱長仁兄大人如晤：本年樟桃合約，新山
抄垂灣腳下為要。本年西螺柑是否照送新竹譽
令英仍往覓。至於
我兄代款百五十元，煩 轉備前途，此月底應付，切不可悞。
是為至盼。專此敬請
文安 弟 齡頓 十八夕
再者，鮮舍前日云：近日內有大茯苓到新，請量便煩
通知鏡哥舍下，有扁箱要寄來此。又及

拱辰仁兄大人如晤：本年樟栳合約，祈照抄壹張擲下爲要。本年西螺柑是否照送，祈早些令英仔往覔。至於我兄代欵百五十元，煩轉催前途，此月底应付，切不可悮，是爲至盼。手此，敬請文安。

弟齡頓　十八夕

再者，輝舍前日云，近日即有大茯苓[101]到，祈請彙便，煩通知鏡哥舍下有扁箱要寄來北，又及。

101 大茯苓：中藥的一種，有強身明耳目之效。參見宋徽宗敕編，程林刪定，《聖濟總錄》（北京：商務書局，二〇〇六年）。

（一）葛竹軒發信

28．初九早葛松齡致林拱辰、劉以專信函(1)

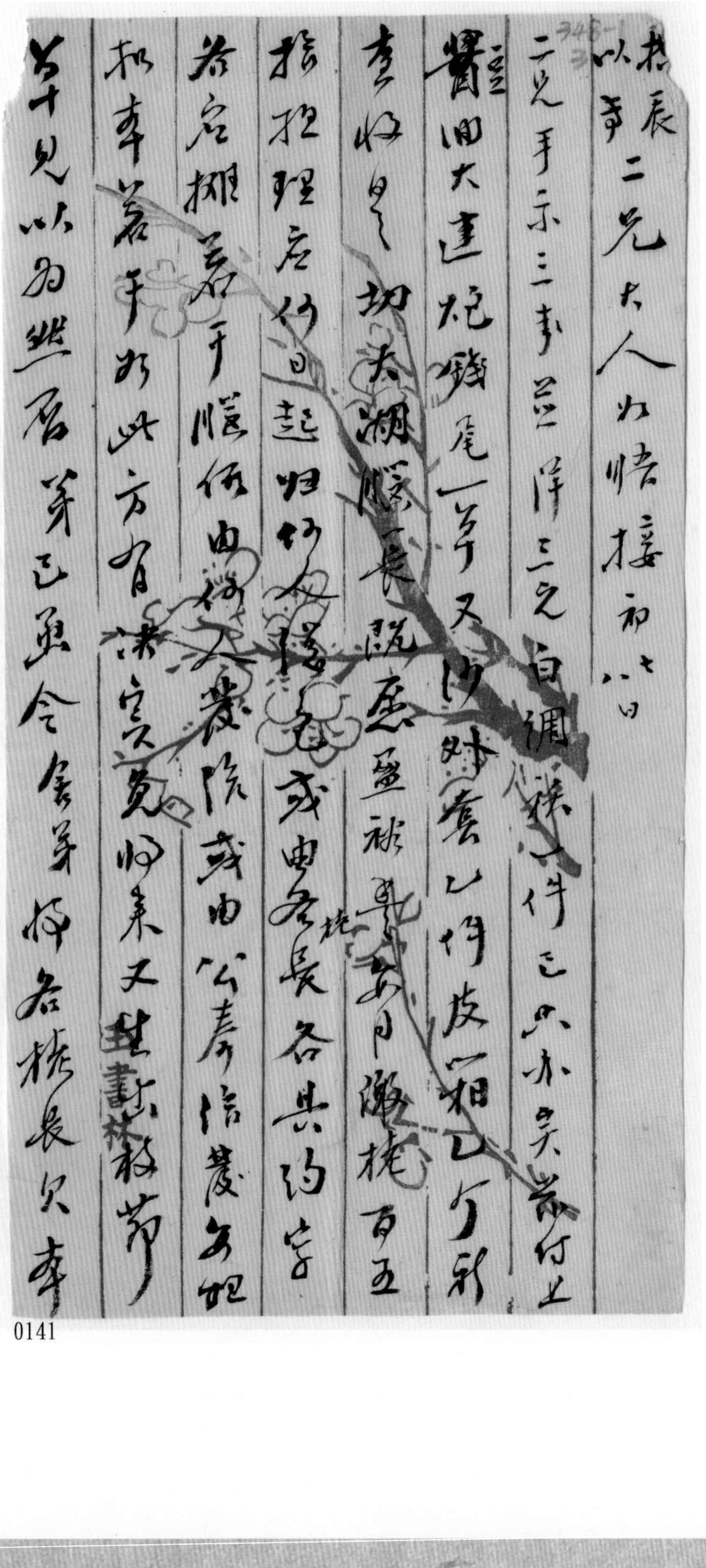

拱辰
以專二兄大人如晤 接初七八日
二兄手示三事並詳 三兄白綢袄一件已與亦吳崇付上
覽 舊田大建炮錢尾一筆又山外套一件皮一箱已分新
查收是 切大湖陂一長說歷盈祿 再目繳桃百五
接經理局何日起 何人極宅或由各長各共約字
各局擬善于總經由[illegible]人處或由公奉指處妲
報本叢于外此方有諾宗覓將來又甚[illegible]林節
芽十見以為繼居芽已惠今會芽將各校長只奉

0141

拱辰
以專二兄大人如晤：接初七、八日
二兄手示三封，並洋三元，白綢袄一件，已照办矣。茲付上
豆油、大連炮錢尾一单，又紗外套乙件、皮箱乙个，祈
查收是切。大湖腦長既愿盈、裕豐每月繳栳百五
拾担，理应何日起，归何人総包，或由各栳長各其約字，
各应攤若干，腦価由何人發給，或由公泰給發，每担
扣本若干。如此方有決実，免將來又生出枝節，
卓見以爲然否？弟已函令舍弟將各栳長欠本

（一）葛竹軒發信

28・初九早葛松齡致林拱辰、劉以專信函(2)

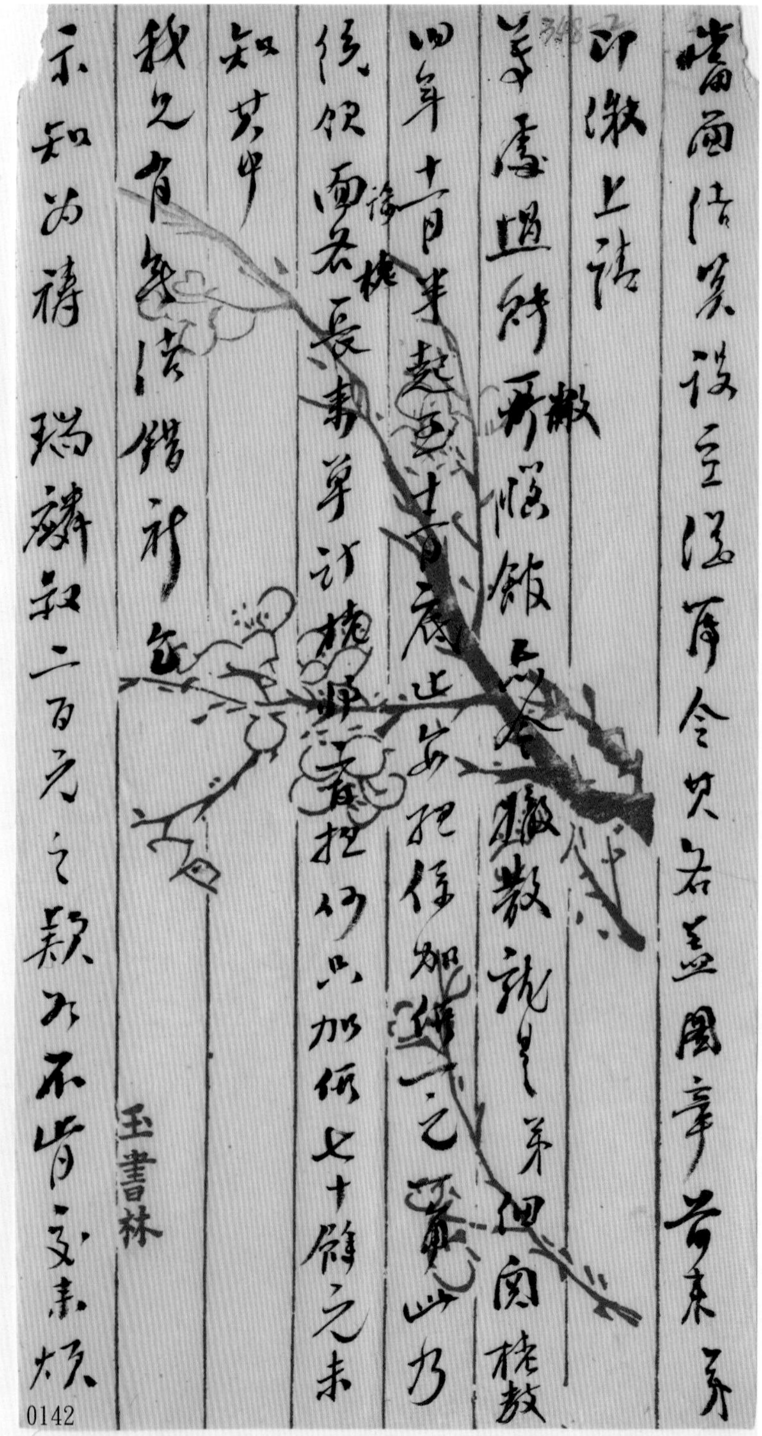

當面[illegible]須再令[illegible]來[illegible]
印繳上請
草寮[illegible]數[illegible]弟細閱棧數
四年十一月半起至十二月底止[illegible]之[illegible]山乃
[illegible]長事草計棧[illegible]只加領七十斤之未
知其中
我之有[illegible]錯[illegible]
不知為禱 瑞麟叔二百元之款亦不肯交來煩

玉書林

0142

當面結算，設立総簿，令其各盖圖章前來，弟
即繳上，請
尊處過賬，敝腦舘亦令撤散就是。弟細閱栳数，
旧年十一月半起至十二月底止，每担係加価一元一角，此乃
統領面諭各栳長來单，計栳將二百担，何只加価七十餘元，未
知其中
我兄有無結錯，祈乞
示知爲禱。瑞麟叔二百元之欵，如不肯交來，煩

28・初九早葛松齡致林拱辰、劉以專信函(3)

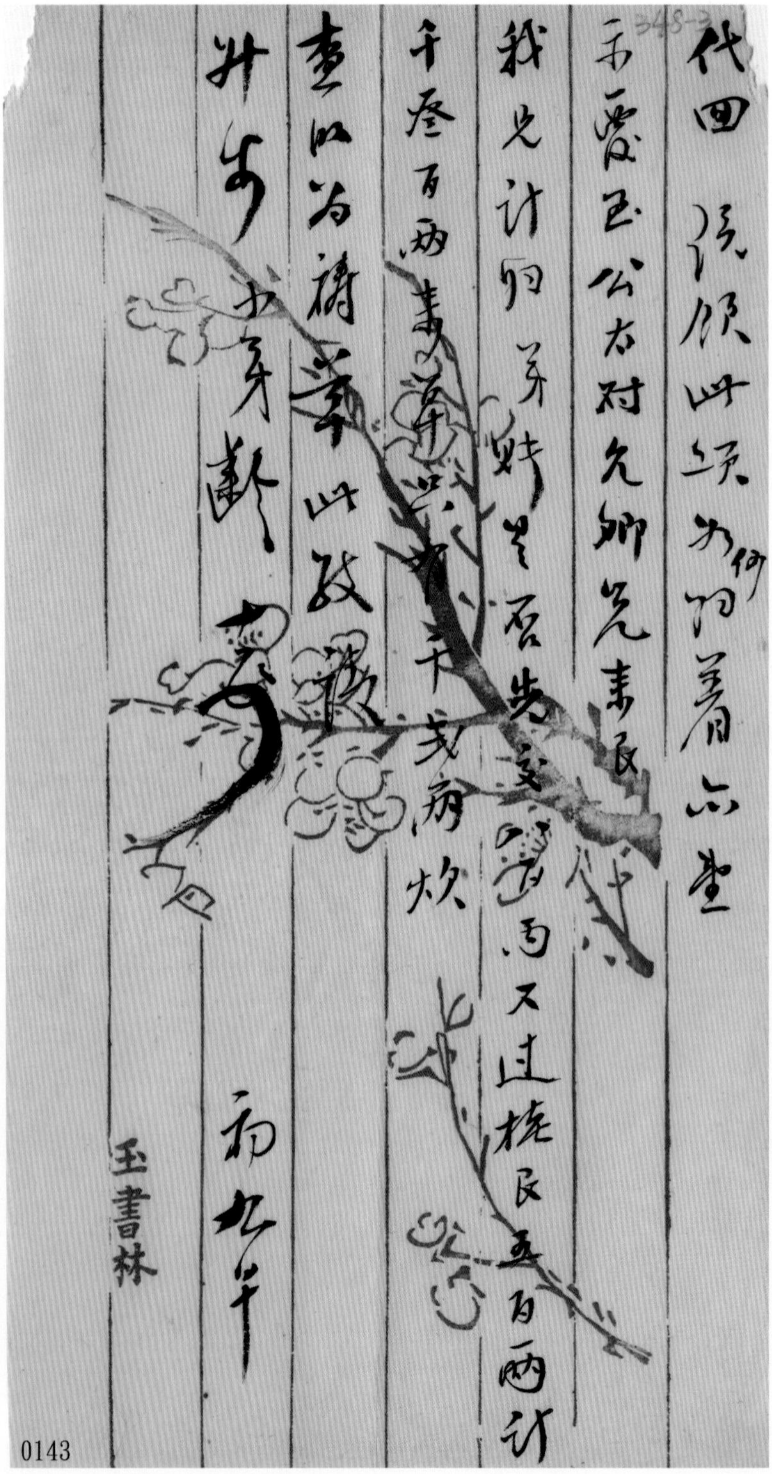

代回　諭領此項於何日著亦查
手覆。至公右對允卿兄妻良
我兄計胡芽時是否先交寄西不過核良五百兩計
千叁百兩，妻華興中年戎病炊
查以為禱。華此敬請
升安。弟松齡頓
初九早

玉書林

0143

代回　統領此項如何归着，亦望

示覆。至公太〔泰〕对允卿兄來艮，

我兄計归弟賬，是否先交八百兩，又过栳艮五百兩，計

千叁百两。來单只有千弍两，煩

查明爲禱。草此，敬請

升安。　　小弟齡頓　初九早

（一）葛竹軒發信

29．十五日葛松齡致林拱辰、劉以專信函

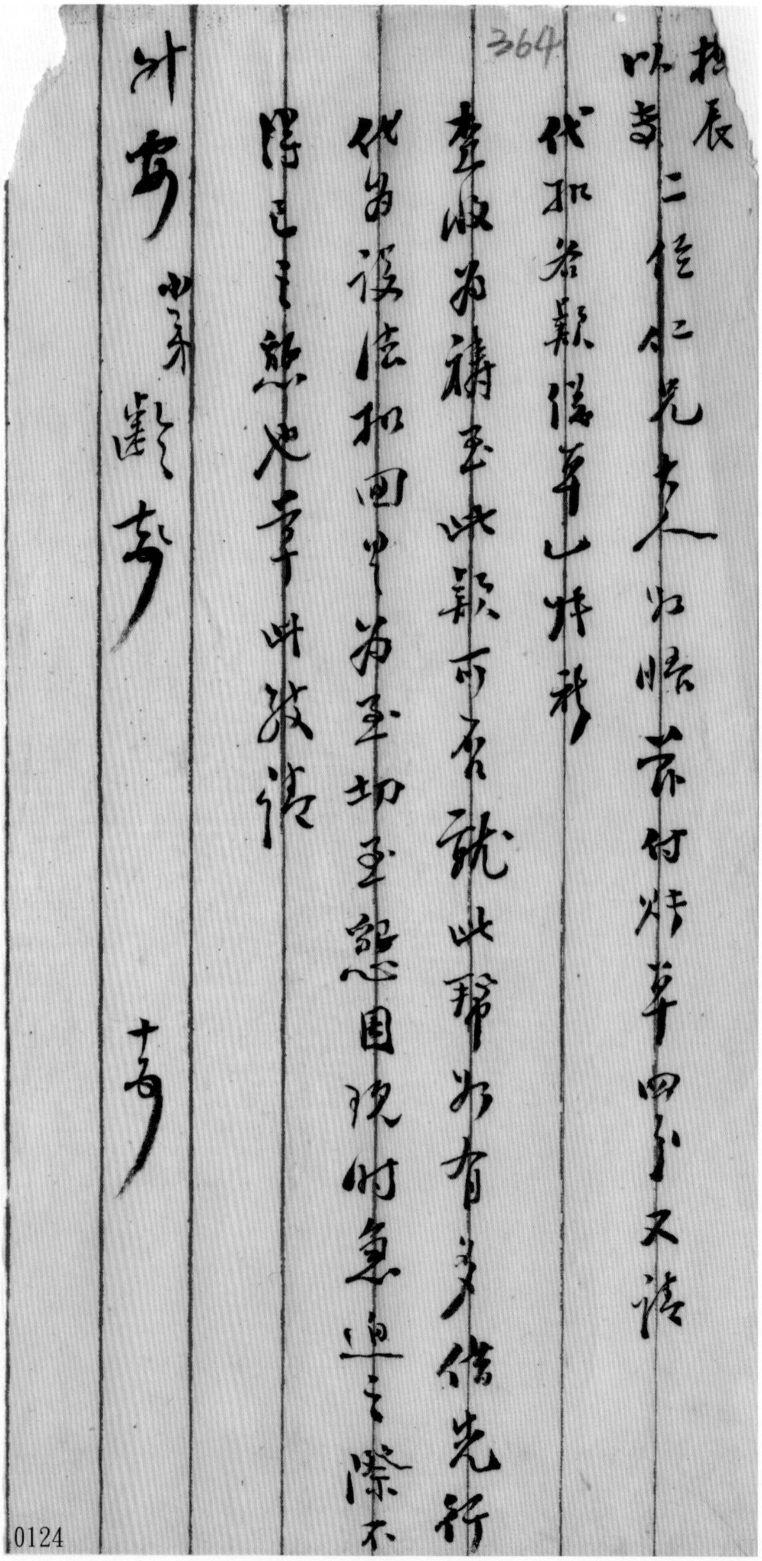

364

拱辰
以專二位仁兄大人如晤：茲付烊單四千文，請
代扣各款，俟寄山烊移
查收爲禱。至此款亦有就此稱，如有另借先行
代爲設法扣回，此爲至切至懇，因現時急迫之際，不
得已之懇也。專此敬請
升安
弟 松齡 頓
十五日

0124

拱辰
以專二位仁兄大人如晤：茲付賬单四分，又請
代扣各欵総单乙張，祈
查收爲禱。至此欵可否就此幇如有多借，先行
代爲設法扣回，是爲至切至懇。因現时急迫之際，不
得已之態也。草此。敬請
升安。
小弟齡頓　十五

（一）葛竹軒發信

30・初五日葛竹軒致林拱辰信函

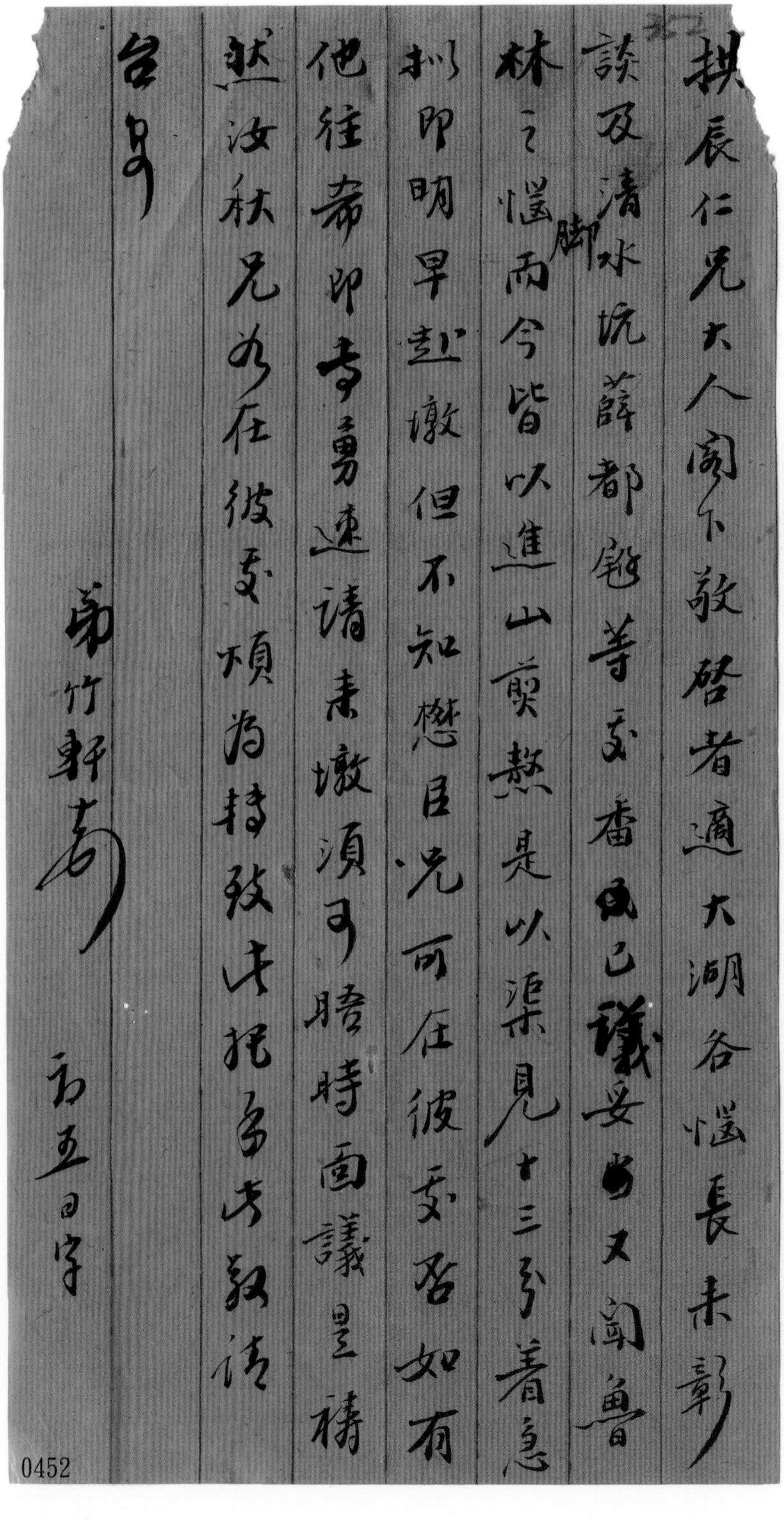

拱辰仁兄大人閣下敬啓者適大湖各隘長來彰談及清水坑薛都鎮等處番已議妥尚又聞魯林之隘脚兩今皆以進山煎熬是以渠見十三分着急擬即明早赴墩但不知懋臣兄可在彼處否如有他往希即專勇速請來墩須可臨時面議是禱然汝秋兄如在彼處須為特致來托為告致請

台安

弟竹軒葛

初五日字

0452

拱辰仁兄大人閣下：敬啓者，適大湖各惱〔腦〕長來彰，談及清水坑[102]、薛都厎[103]等處番已議妥，又聞魯林之惱〔腦〕脚，而今皆以〔已〕進山煎熬。是以渠見十三分着急，拟及明早赴墩，但不知懋臣兄可在彼處否，如有他往，希即專勇速請來墩，須可晤時面議是禱。然汝秋兄[104]如在彼處，煩爲轉致，此托。手此。敬請台安。

弟竹軒頓　初五日字

102 清水坑：地名，待考，可能係今苗栗縣泰安鄉清安村之洗水坑。
103 薛都厎：今苗栗縣大湖鄉一帶。
104 汝秋兄：鄭汝秋，即鄭以金。

（一）葛竹軒發信

31．廿三日葛松齡致林拱辰信函

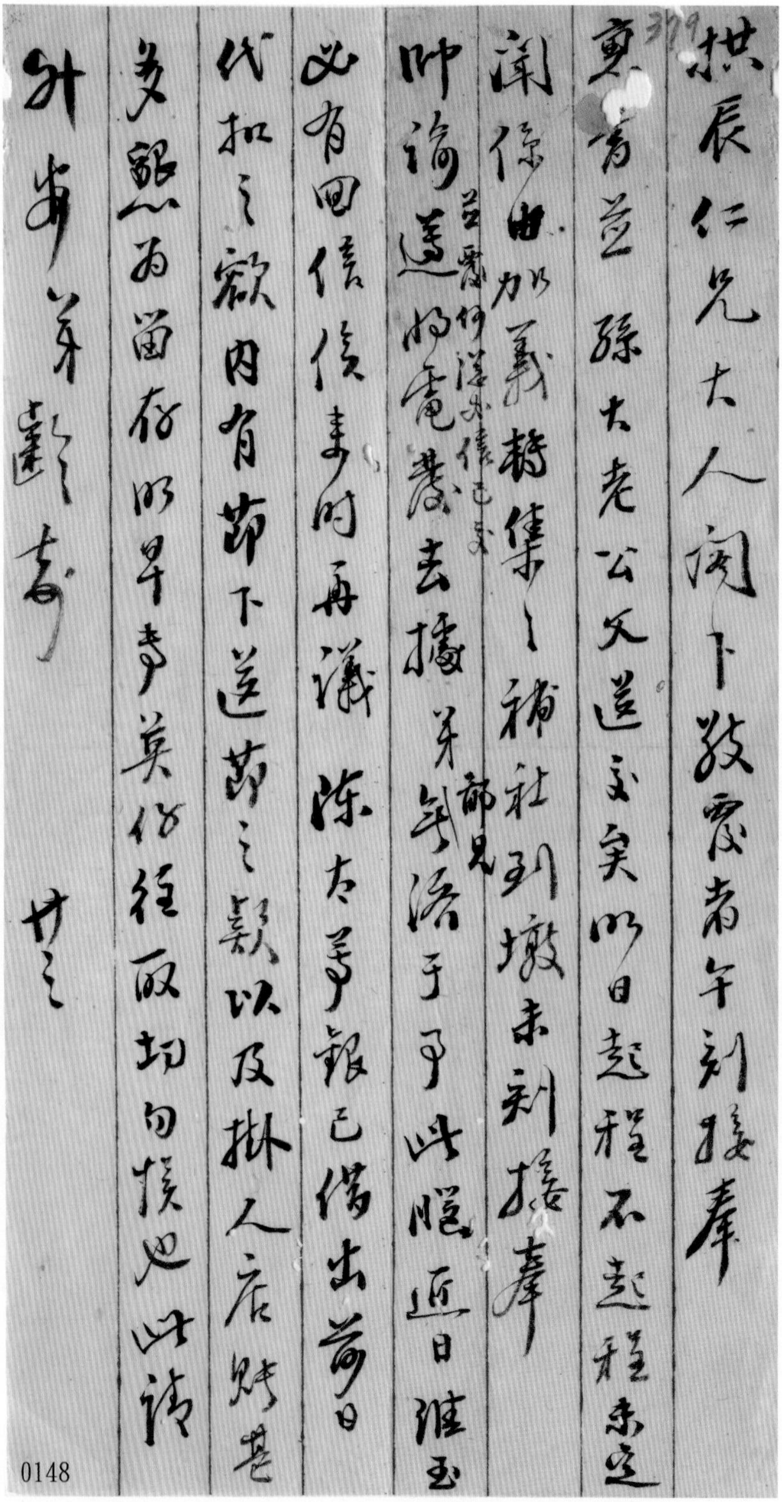

拱辰仁兄大人閣下：敬啟者，午刻接奉

惠函，並孫大老公文送到矣。明日起程不起程，未定。

閣係由加以義轉集集補社到墩，未刻接奉

叩諭送將電書去據，并與節兄洽手，此憑近日准玉（並覆何港水信也矣）

必有回信，俟來時再議。陳大爺報已借出前日

代扣之款，內有節下送節之款，以及掛人店賬甚

多，聽為留存，明早幸莫代往取，切切勿誤也。此請

升安。弟齡頓首　廿三

0148

拱辰仁兄大人閣下：敬覆者，午刻[105]接奉
惠書，並孫大老公文送交矣，明日起程不起程未定，
聞係由加〔嘉〕義轉集集、補〔埔〕社到墩。未刻[106]接奉
帥諭，並覆何総办信已交，遵將電發去。據弟鄙見，無濟于事，此腦近日継至，
必有回信，俟來时再議。陳太尊銀已借出，前日
代扣之額內，有節下送節之欵，以及掛人店賬甚
多，懇爲畄存。明早專英仔往取，切勿悞也。此請
升安。　弟齡頓　廿三

105 午刻：上午十一時至下午一時。
106 未刻：下午一至三時。

（二）劉以專發信〈信函內容簡介〉

劉以專，祖籍泉州府銅安縣，大肚中堡北勢坑庄六路厝人，其先祖以農商為業，自幼讀書至十七歲時停學，轉習營商。光緒十四年（一八八八）因協助清賦有功，蒙臺灣巡撫劉銘傳保舉五品頂戴。[107]由七八號文書可知，劉以專當時被稱為劉師爺，可知亦為會計管帳人員。再由霧峰林家文書未刊之原編號一八四號文書可知，劉以專可能曾停駐葫蘆墩（今豐原）。[108]劉以專與林朝棟的關係密切，日治初期，林朝棟內渡之後，還曾於光緒二十一年（一八九五）二月，遣劉以專至汴仔頭，代為與蔡燦雲等人結算清楚，結束與福裕源號的合作關係。[109]據其於明治二十九年（一八九六）所提履歷書可知，明治二十八年八月間，劉以專曾受林紹堂之囑，為隘勇副隘首，在水底寮沿山一帶防禦生番，保護人民製腦，並代理林紹堂處理樟腦事務，明治二十九年間復協助臺中縣並第二旅團司令部平定「土匪」。[110]日治時期，轉以經營糖廍營生。[111]

本書所收由劉以專發信的文書共六件，收信的對象皆為林拱辰。由信中內容可見，劉以專常需透過林拱辰傳達林朝棟的指示，各件日期僅註記至月或日，但推測年份可能落在光緒十八年（一八九二）。[112]由以上信件可知，光緒十八年二至八月間，劉以專處理的主要事務有：

（一）負責收取臺灣縣來銀，似乎應來三千兩當中，八月六日只來五百兩，十二日已領一千兩，至二十日則已領來二千兩，但因需款甚急，因此一罄而空。

（二）需負責雲林、集集一帶的腦務，如籌措雲林、集集的腦本，這部分經林拱辰指示向雲林知縣謝壽昌通挪；又如需支付定記腦價的部分，劉以專則打算將棟副營向集集分局王桐借支的五百兩扣起留存，先交定記；雲、集、棲、壠四處的出腦清冊，及四處交公泰腦數清冊，亦似由劉以專負責呈送。值得注意的是，劉以專提及在光緒十八年七月，由於風雨大作，灶冷少熬，因此梧棲、後壠僅出腦二萬二千斤，以及至當年六月止，與公泰洋行往來帳目，尚短少八千二百餘兩。

（三）居間處理枕木轉運相關事宜，如發給楊淵卿等人運費，也因當時林朝棟函催枕木，除將函轉楊淵卿、陳汝舟二委員外，也回覆轉達楊、陳二人表示枕木延滯，實因乏項，而非故誤。

（四）其他雜務，如霧峰府第趕造事宜等。

107 〈林紹堂、吳鸞旂、楊吉臣、林榮泰敘勳ニ關スル件〉，《臺灣總督府公文類纂》，第一二五冊，第三十三號，第四十一件。

108 一八九二年八月十日，葛松齡致林拱辰信函中提及：「弟歸期沿途遇雨，歸至後壠。因溪、海兩漲，延至二十二日到葫墩街，將印領交付以專老轉交縣署」。參見霧峰林家文書未刊之原編號一八四。

109 鄭喜夫，《林朝棟傳》，頁八二。

110 〈林紹堂、吳鸞旂、楊吉臣、林榮泰敘勳ニ關スル件〉，《臺灣總督府公文類纂》，第一二五冊，第三十三號，第四十一件。

111 《南部臺灣紳士錄．臺中廳》（臺南：臺南新報社，一九〇七年），頁四三八；〈劉以專外一名官有原野豫約賣渡許可〉，《臺灣總督府公文類纂》，第五五三七冊，第二號，劉以專戶籍簿。

112 由謝壽昌通挪事，及林朝棟凱旋等事推知。

（二）劉以專發信

32．十七日劉以專致林拱辰信函

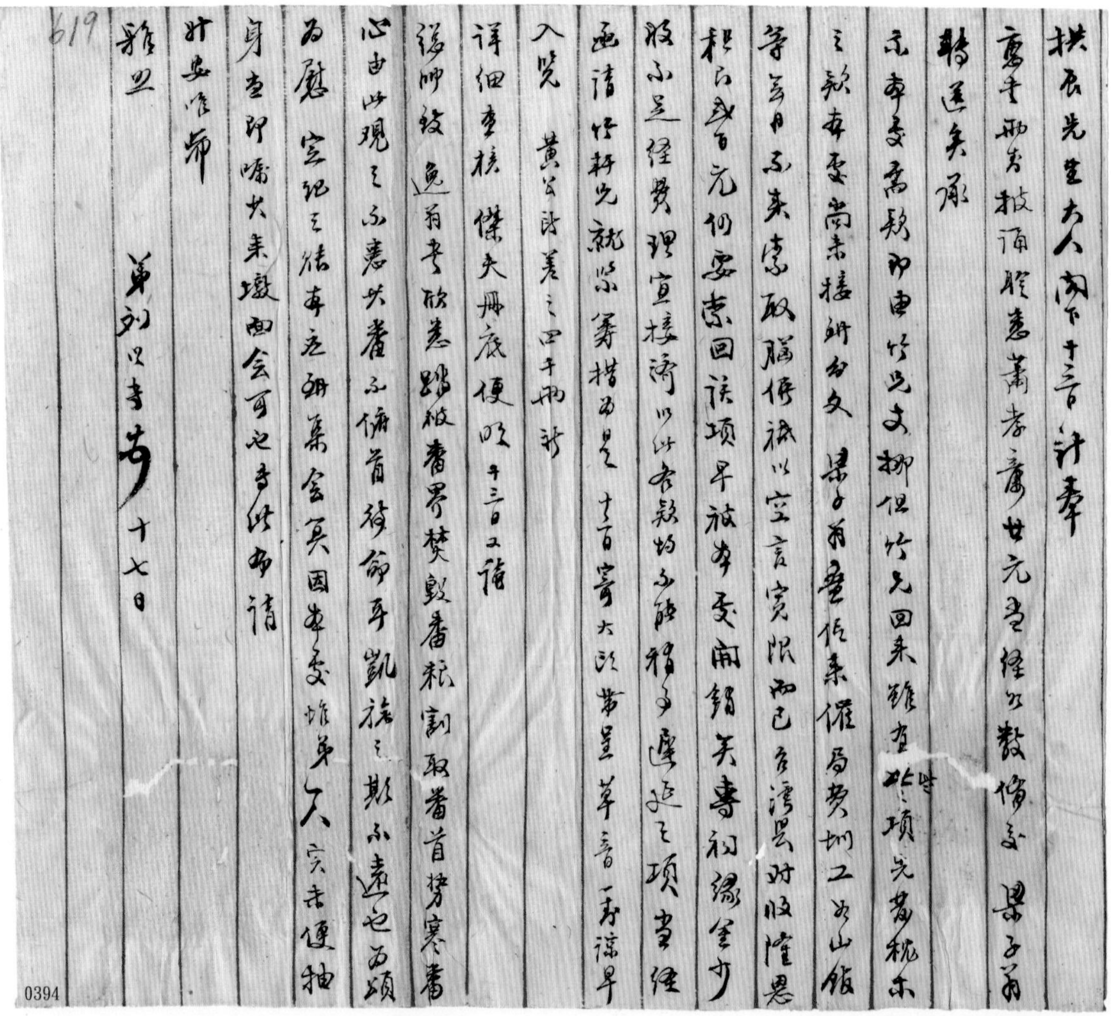

619

拱辰先生大人閣下：十二日計奉
寄手函，諒邀披誦。脫港蕭孝膺廿元，望經收數，備文。鼎子前
轉送矣。承
示本委需款，即由竹光支撥，但竹光回來，雖查收此項，光若秋米
之款，本委尚未接收分文。鼎子前番[illegible]來催，為費切工以山銀
等，前月不來，屢取腦價，祇以空言實限而已。台灣[illegible]所收腦息
根[illegible]充何要索，回該項早被本委兩錯矣。專[illegible]綠金方
收不足經費，理宜撥濟，以件各款均不能稍[illegible]遲延之項，當經
函請竹軒先就近籌措為是。十五日寄大頭帶呈草書一封，諒早
入覽。黃公誠善之四千兩許
詳細查核，傑夫冊底便明。十三日又請
緩帥發兌前書，欣悉踏破番界，焚毀番社，割取番首，勞寒番
心，由此觀之，不惠其番不備首，從今平凱旋之期不遠也。而頌
為慰。空紀之後，本處研築會，其因本委雄第一人，定未便抽
身，查即囑大朱墩西會可也。專此布請
升安，惟希
雅照

弟劉以專［押］十七日

0394

拱辰先生大人閣下：十三日計奉
惠書兩封，披誦聆悉。蕭孝廉廿元，当経如数傗交　梁子翁[113]
轉送矣。承
示本處需欵，即由竹兄[114]支挪。但竹兄回來，雖有此項，先發枕木
之欵，本處尚未接到分文。梁子翁叠信来催局費、圳工，如山舘[115]
等無日不來索取腦価，祇以空言寬限而已。台灣县对收隆恩
租[116]艮弍百元仍要索回，該項早被本處開銷矣。専祠緣金[117]少
收，不足経費理宜接済，以此各欵均不能稍事遲延之項，当経
函請竹軒兄就緊籌措爲是。十二日寄大所[118]帶呈草音一封，諒早
入覽。　黃公[119]所差之四千兩，祈
詳細查核　傑夫[120]冊底便明。十三日又讀
総帅致　逸翁[121]書，欣悉踏破畨界，焚毀畨粮，割取畨首，势寒畨
心。由此观之，不患其畨不俯首待命耳，凱旋之期不遠也，爲頌
爲慰。定記[122]之賬本应到集会算，因本處惟弟一人，実未便抽
身，当即囑其來墩[123]面会可也。専此。布請
升安，唯希
雅照。　弟刘以専頓　十七日

---

113 梁子翁，梁成柟。
114 竹兄：葛竹軒。
115 如山館：林懋臣經營之腦棧。
116 隆恩租：清代臺灣隆恩租的起源為綠營以生息銀兩置買田產收租，如新竹、宜蘭等各地皆有此租，而隆恩租一詞則是為了感謝雍正皇帝的政策規劃。惟查乾隆年間編纂的《重修臺灣縣志》與嘉慶年間編纂的《續修臺灣縣志》，皆未有隆恩租的記載，故此處的隆恩租或為嘉慶以後設置。
117 專祠緣金：林文察專祠的起造經費。
118 大所：林拱辰辦公處。
119 黃公：黃承乙，號芝生，浙江餘姚人，光緒十四年至十八年間任臺灣縣知縣。
120 傑夫：陳傑夫，一寫陳杰夫，為頂厝林紀堂妻陳苓之兄，曾在林朝棟軍隊任職。
121 逸翁：萬逸翁，即萬鎰。
122 定記：曾君定經營之腦棧。
123 墩：葫蘆墩或大墩。

（二）劉以專發信

33・上巳前一夜劉以專致林拱辰信函[124]（1）

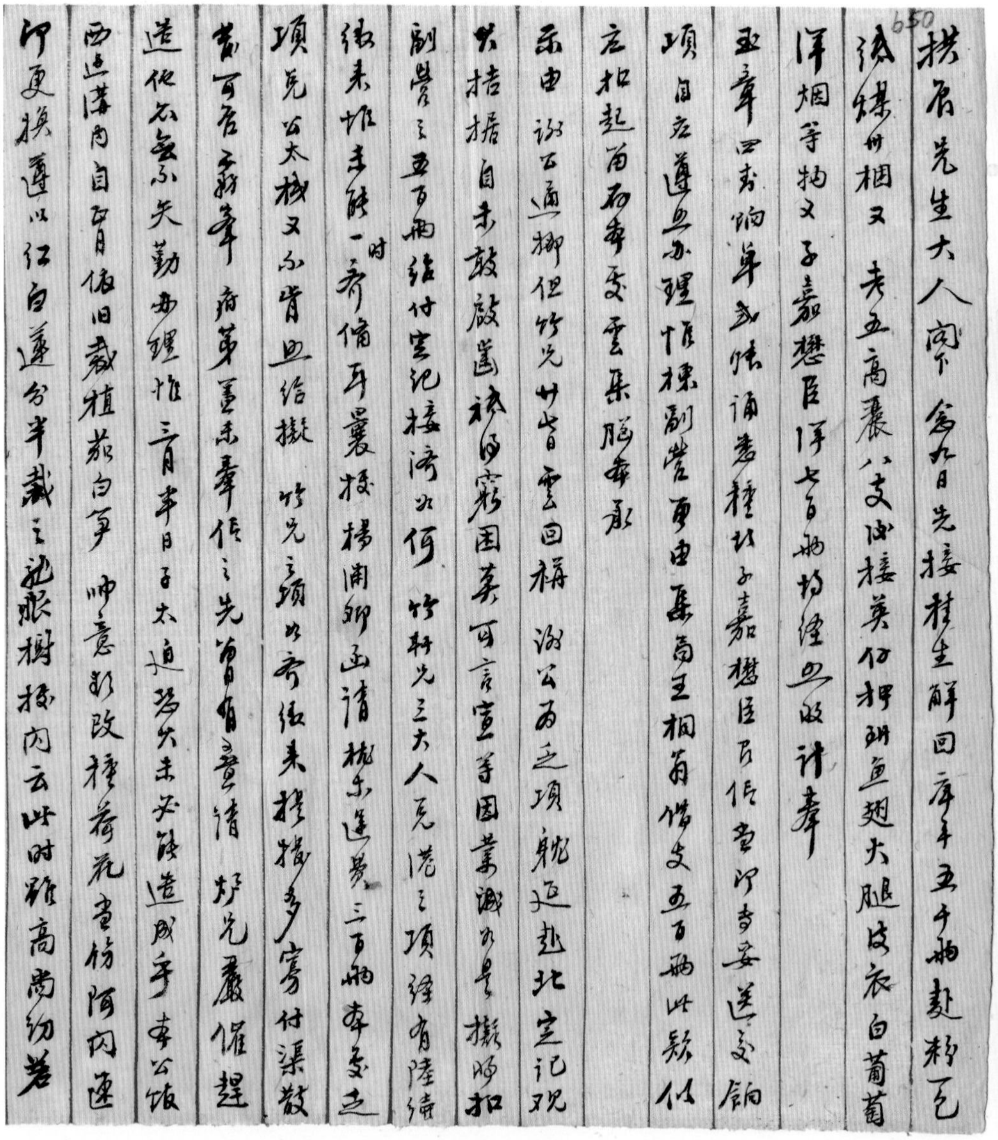
拱宸先生大人閣下：念九日先接林生解回庫平五千兩，並轉郵包
絨綫卅捆，又考五高襪八雙，並接英仔押所魚翅、大腿、皮衣、白葡萄、
洋烟等物，又子嘉懋臣洋七百兩，均經照收，計奉
玉章四封，詢單並陸續送種，致子嘉懋臣收條，由河南安送交餉
項。自應遵照辦理，惟棟副營更由集南王桐齊借支五百兩，此款仍
應扣起，前為本年交雲集腦本款。
承由湖公通挪，但竹兄卅日雲回稱，湖公前之項虧近起北定記欠
款拮据，自未敢啟齒，求其寬貸，因英可言宜等因，業減少吉撥，明扣
副營三五百兩給付雲記接濟，如何？竹軒兄之大人兄港之項經有陸續
解來，惟未能一時齊備耳，還接楊聞卿函，請挑集運費三百兩，奉還之
項。兄亦太拙，又不肯照給撥，竹兄之項如齊解來，推撥多寡付渠發
去可否？承示本年齋算，董表舉代之先，曾有電請，竹兄屢催提
造化石無不失勤，無理，惟三月半日子太道為未安，造成手本，公館
西邊樣內自留依舊栽植花卉，加意就改種荷花，仿河內連
河，更換過，以紅白蓮分半栽之，池邊樹換內云此時雖高尚幼者

拱辰先生大人閣下：念九日先接桂生觧回庫平五千兩、麵粉一包、
紙煤卅梱；又　老五高麗八支。後接英仔押到魚翅、火腿、皮衣、白葡萄、
洋烟等物。又子嘉、懋臣洋七百兩，均経照收。計奉
函章四封、餉单弍張，誦悉種切。子嘉、懋臣艮信当即專妥送交，餉
項自应遵照办理，惟棟副營曾由集局王桐翁借支五百兩，此欵似
应扣起畄存。本處雲、集腦本，承
示由　謝公[125]通挪，但竹兄廿七日雲回，稱　謝公爲乏項躭延赴北，定記觃
其拮据，自未敢啓歯，祗得窮困莫可言宣等因。業誠如是，擬將扣
副營之五百兩給付定記接濟如何？　竹軒兄、三大人兑港之項，経有陸續
繳來，惟未能一时斉條耳。曩據楊淵卿函請枕木運費三百兩，本處乏
項兑，公太棧[126]又不肯照給，擬　竹兄之項如斉繳來，提撥多寡付渠散
發可否？霧峯　府第蓋未奉信之先，曾有叠請炉兄[127]嚴催趕
造，他亦無不矢勤办理。惟三月半日子太迫，恐其未必能造成乎。本公舘
西過溝內，自正月依旧裁〔栽〕植茄白笋[128]，　帅意欲改種荷花，当飭阿閃速
即更換，遵以紅、白蓮分半栽之。龍眼樹據閃云，此时雖高，尙幼，若

124 大嵙崁戰役於一八九二年二、三月間結束，故推此信寫於一八九二年。
125 謝公：雲林知縣謝壽昌。
126 公太棧：公泰洋行。
127 炉兄：陳爐。
128 茄白笋：即茭白筍。

(二) 劉以專發信

33．上巳前一夜劉以專致林拱辰信函(2)

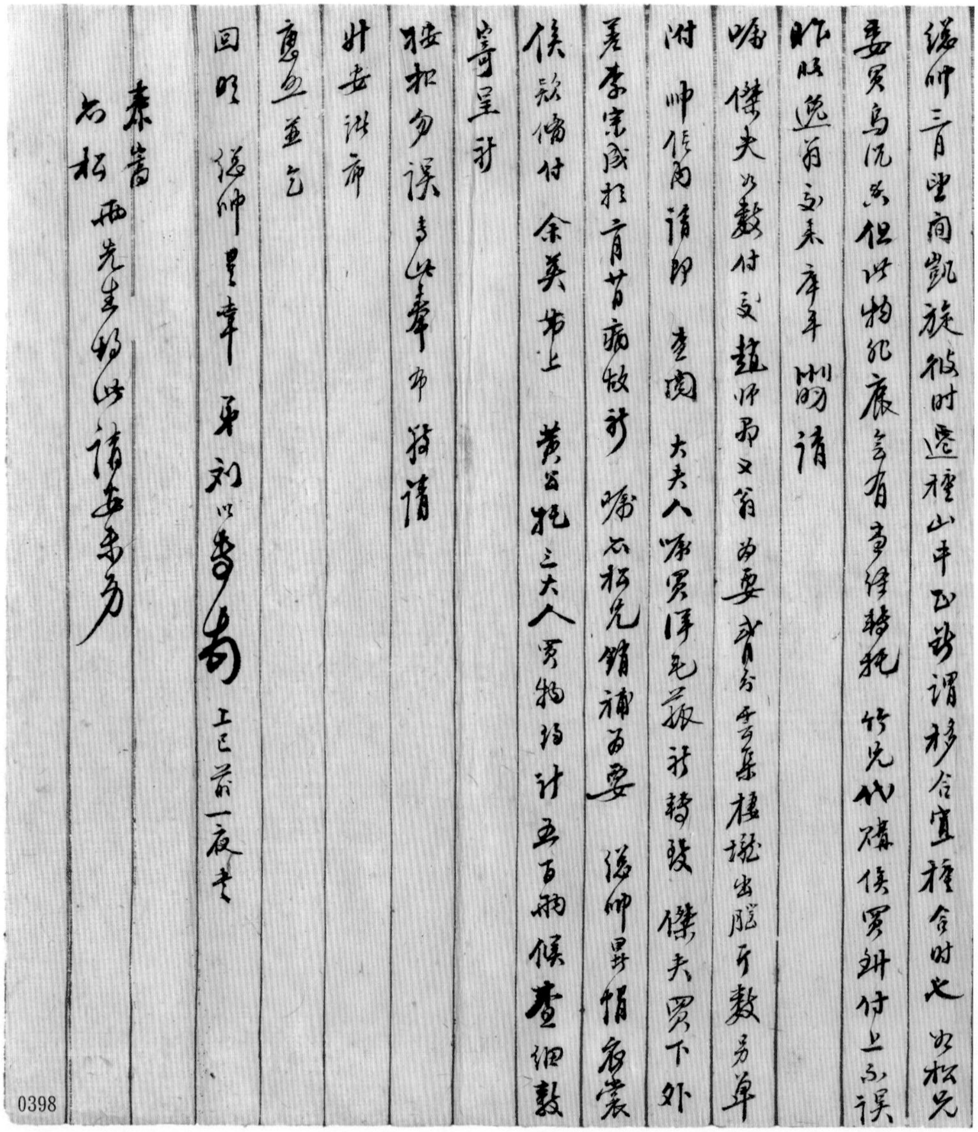

緣卿三月望前凱旋，彼時還種山中，所謂移合宜種合時也。以松兄
要買烏沉香，但此物北辰無有，可須轉托竹先代購，候買辦付上不誤。
昨晚送前函來，庫平 [illegible] 請
囑 傑夫以數付交 趙卿兩次所要貨各零星樟腦出腦斤數另單
附 卿仔細請即 查閱 大夫人所買洋毛毯計轉發 傑夫買下外
着李宗成於月昔痛故訃 囑以松兄錯補所要 緣卿 [illegible]
候欵備付 余英布上 黃公托之大人買物均計五百兩候查細數
寄呈 計
按和多誤 專此奉布 藉請
升安 諸布
惠照並乞
回明 緣卿 星章 弟 劉以專頓 上巳前一夜書
恭翁 以松 兩先生均此請安未另

0398

総帅三月望間凱旋，彼时遷種山中，正所謂移合宜，種合时也。如松兄委買烏沈香，但此物非鹿[129]無有，当経轉托 竹兄代購，俟買到付上不誤。昨收逸翁交來庫平111.12兩，請
矚 傑夫如数付交趙師爺又翁[130]爲要。弍月分雲、集、棲、壠出脳斤数，另单
附 帅信內，請即 查閱。大夫人矚買洋毛菰，祈轉致 傑夫買下。外差李宗成於二月廿日病故，祈 矚亦松兄銷補爲要。 総帅暑帽衣裳，俟欵偹付 余英[131]帶上。 黄公[132]托三大人買物，約計五百兩，候查細数
寄呈，祈
按扣勿誤。專此奉布。敬請
升安。諸希
惠照。並乞
回明 総帅是幸。 弟刘以專頓 上巳前一夜[133]書
泰嵩[134]
亦松[135]兩先生均此請安，未另。

129 鹿：鹿港。
130 趙師爺又翁：趙又新，縣衙內師爺。
131 余英：由諸多信函來看，余英似為林拱辰送信，並傳送相關物件之人。
132 黄公：黄承乙。
133 上巳前一夜：農曆三月二日晚。
134 泰嵩：王泰嵩，林朝棟幕僚。
135 亦松：謝亦松，林朝棟幕僚。

（二）劉以專發信

34．初四日劉以專致林拱辰信函

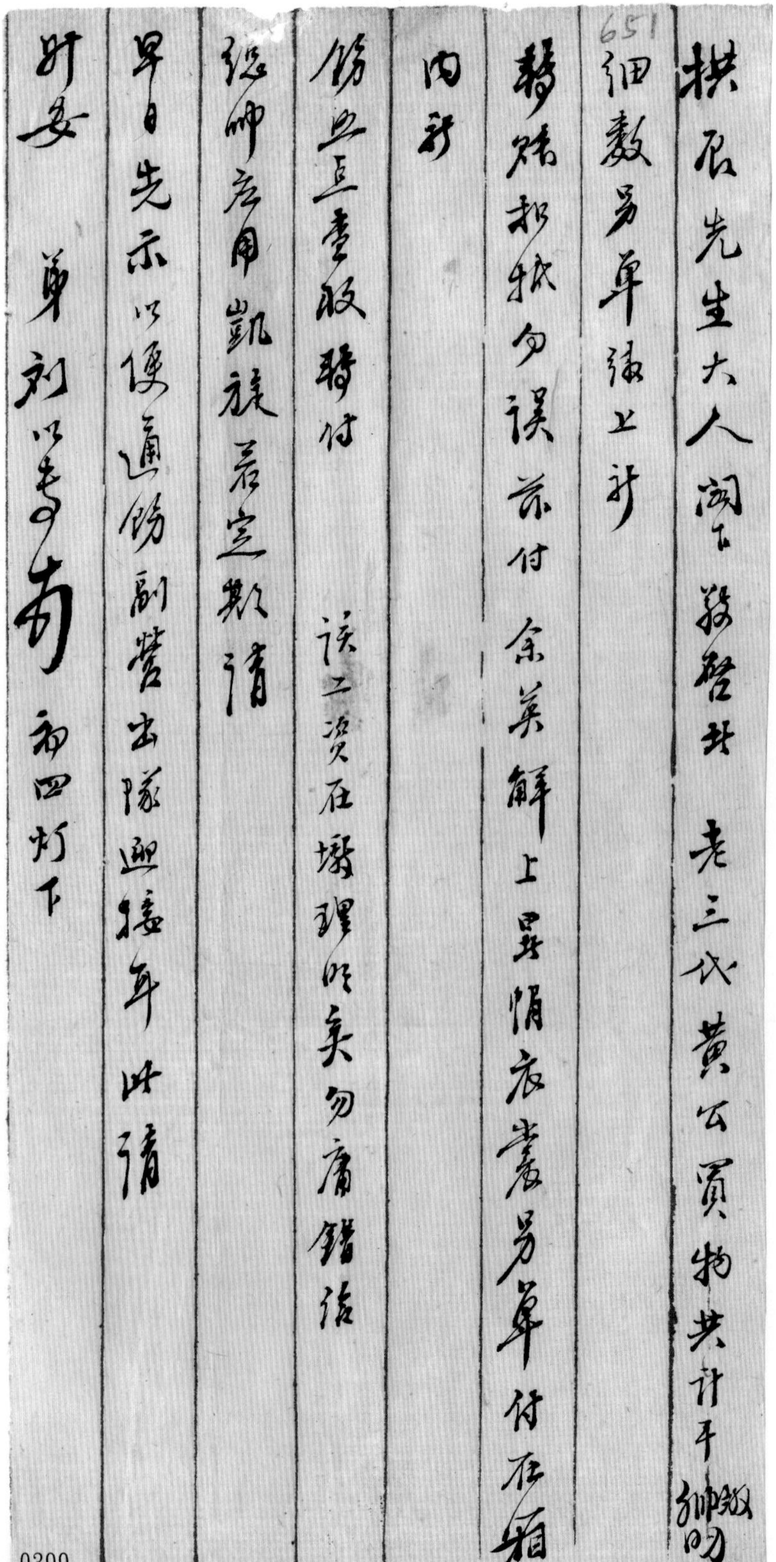

651

拱辰先生大人閣下 敬啟者 老三代黃公買物共計千[illegible]

細數另單錄上祈

簽結收祈勿誤 茲付 余棻解上異帽衣裳另單付在箱

內祈

飭照查收簽付 該二資在墩理矣勿庸錯結

總辦應用凱旋甚定期請

早日先示以便通飭副營出隊迎接耳此請

升安 弟劉以專頓 初四燈下

0399

拱辰先生大人閣下：敬啓者，老三[136]代黃公[137]買物，共計平536.854兩，
細数另单繳上，祈
轉賬扣抵勿誤。茲付　余英鮮上暑帽、衣裳，另单付在箱
內，祈
飭照点查收轉付。　該工資在墩理明矣，勿庸錯給
総帅应用。凱旋若定期，請
早日先示，以便通飭副營出隊迎接耳。此請
升安。　　弟刘以専　頓　　初四灯下

136 老三：推測為林朝選。
137 黃公：黃承乙。

（二）劉以專發信

35．八月初六日劉以專致林拱辰信函[138] (1)

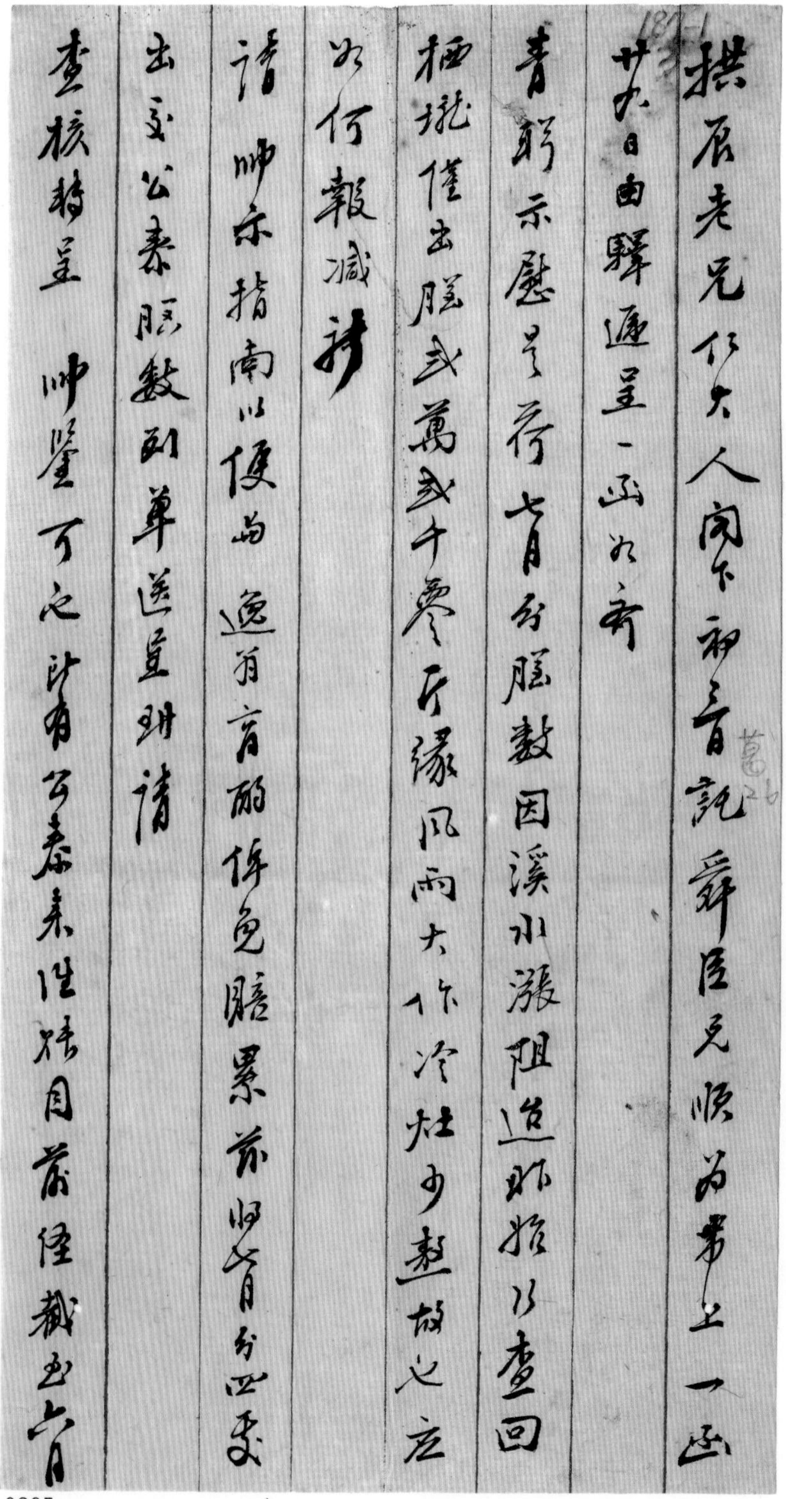

拱辰老兄仁大人閣下初二日託彝臣兄順為帶上一函
廿六日由驛遞呈一函諒荷
青照示悉呈存七月分腦數因溪水漲阻道路難以查回
栖撓僅出腦貳萬貳千零斤緣風雨大作冷灶多熬故也應
如何報減乞
請帥示指南以便尚遵前旨所俾免賠累前收七月分四季
出產公泰腦數列單送呈尊請
查核轉呈帥鑒可也計開七月分泰來陞捷月前陞截七月

0395

拱辰老兄仁大人閣下：初三日託舜臣[139]兄順爲帶上一函，
廿九日由驛遞呈一函，如斉
青盼示慰是荷。七月分腦数因溪水漲阻，迨昨始行查回，
栖、壠僅出腦弍萬弍千零斤，緣風雨大作，冷灶少熬故也。応
如何報減，祈
請　帥示指南，以便与　逸翁商酌，俾免賠累。茲將七月分四處
出交公泰腦数列单送呈，到請
查核，轉呈　帥鑒可也。所有公泰來往賬目，前経截至六月

---

138 楊淵卿、陳汝舟運枕木一事係一八九二年，故推測本信寫於一八九二年。
139 舜臣：張舜臣，生平不詳。

（二一）劉以專發信

35・八月初六日劉以專致林拱辰信函(2)

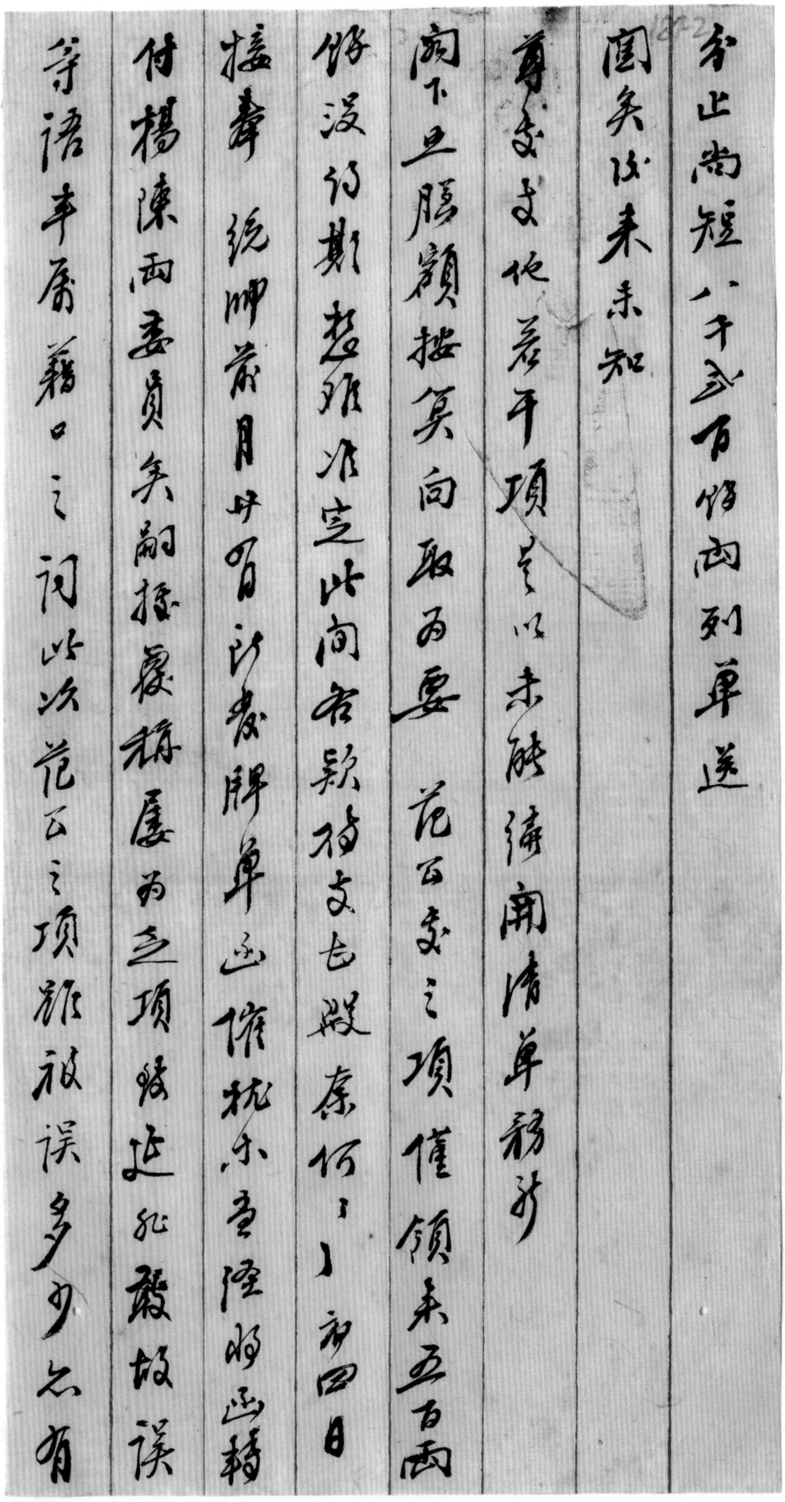
今止尚短八千貳百餘兩列單送
閣矣以來未知
尊處支他若干項是以未能繕開清單務祈
閣下且勝額撥其向取爲要 花石處之項僅領來五百兩
餘沒仍斯起雖准定此間各款待支甚殷奈何奈何初四日
接奉 統帥前月廿四日諭發腳單並催撥仍查隆咐並轉
付楊陳兩委員矣嗣接覆稟屢爲之項請延飛發致誤
等語本廠籍口之詞此次花石之項雖被誤多少亦有

0396

分止，尚短八千弍百餘両，列单送
閱矣。後來未知
尊處支他若干項，是以未能續開清单，務祈
閣下照腦額按箕向取爲要。　范公[140]處之項，僅領來五百両，
餘沒約期，想難准定。此間各欵待支甚殷，奈何奈何。初四日
接奉　統帥前月廿四日所發牌单，函催枕木，当経將函轉
付楊[141]、陳[142]兩委員矣。嗣據覆稱屢爲乏項致延，非敢故誤
等語，半屬藉口之詞。此次范公之項雖被誤多少，亦有

140 范公：范克承，光緒十八年接替黃承乙擔任臺灣縣知縣。
141 楊：楊淵卿。
142 陳：陳汝舟，即陳澄波。

（二一）劉以專發信

35．八月初六日劉以專致林拱辰信函(3)

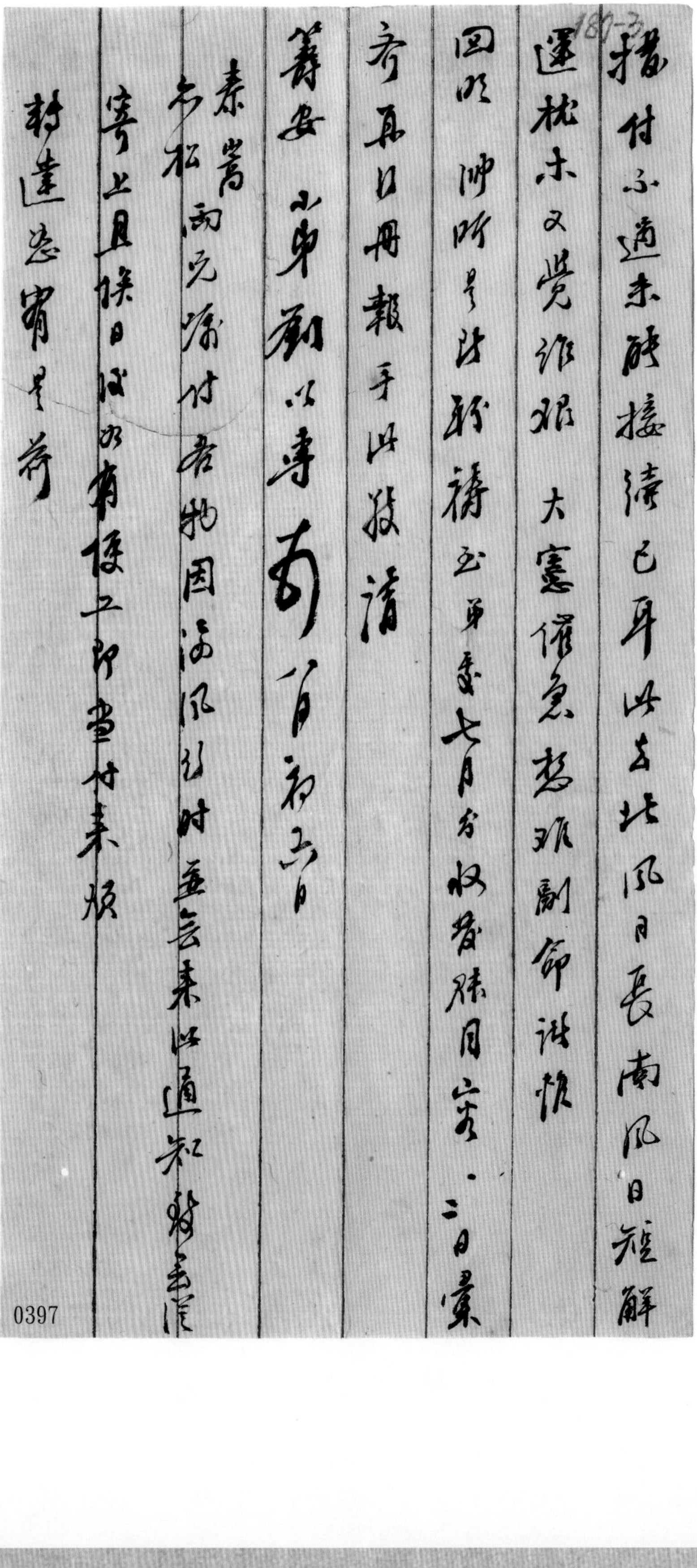

揖付小適逆未能接讀已耳此方北風日長南風日短解
運枕木又覺非難 大憲催急想難副命諒恨
回明 沙昨是時聆請到弟處七月分收發賬目完了．二日業
齊呈日冊報手此敬請
籌安 小弟劉以專頓首 初六日
泰嵩
香松兩兄濟付者物因海風致時並無來以通知錦來信
寄上且候日後如有便工郎當付來煩
轉達恕冒是荷

0397

撥付，不過未能接續已耳。此去北風日長，南風日短，觧運枕木，又覺維艰。大憲[143]催急，想难副命，諸惟回明帅听，是所盼禱。至弟處七月分收發賬目，容一、二日彙齐，再行冊報。手此，敬請
籌安。
小弟劉以專頓　八月初六日
泰嵩
亦松兩兄囑付各物，因海風行时，並無來此通知，致無從寄上，且俟日後如有便工，即当付來。煩轉達恕宥是荷。

143 大憲：指當時臺灣巡撫邵友濂。

（二一）劉以專發信

36．八月十貳日戌劉以專致林拱辰信函

拱辰仁兄大人閣下日前曾寄數函諒齊
接鑒此向各款節支孔殷台邑之項只領七千兩大
略不敷相應殊覽去來難於務計
閣下此內之領多籌款項付來俾免缺乏之虞盼
情請兄前草如此發布順請
籌安 小弟劉以專頓首 十貳日戌

0393

拱辰仁兄大人閣下：日前曾寄数函，諒斉
接鑒。此間各欵待支孔殷，台邑之項只領乙千両，其
餘不能相应，殊覺無米难炊。務祈
閣下此關之餉，多籌欵項付來，俾免缺乏之虞。餘
情請覌前草。匆此。敬希順請
籌安。
小弟劉以専頓 八月十弎日戌[144]

144 戌：戌時，約晚間七至九時。

(二) 劉以專發信

37・八月廿日劉以專致林拱辰信函

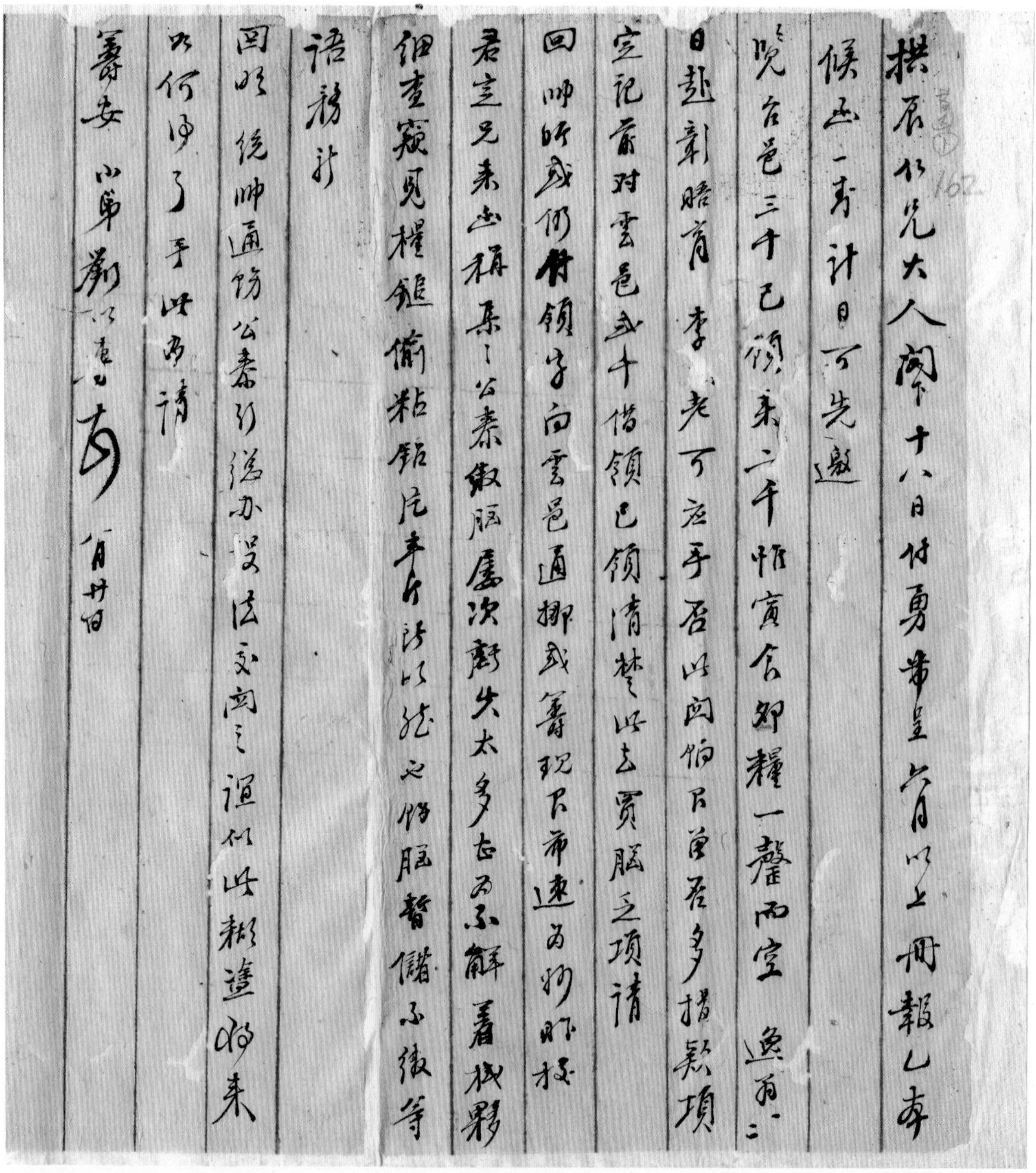
拱辰仁兄大人閣下：十八日付勇帶呈寸函，以上冊報乙本，
候查。一本計日可先邀
覽。台邑三千已領來二千，作寅合卯，糧一聲而定。逸翁二
日赴彰晤商，李老可否手函，只单否多措款項。
定記前对雲邑貳千借領，已領清楚，以去買腦之項，請
回帥所或仍借領字向雲邑通挪，或籌現下布速為妙。昨接
君生兄來函，稱桌公泰收腦屢次虧失太多，甚為不解，着我彩
細查，窺見糧館備粘貼充本等語，以待必借腦暫儲不缺等
語，務祈
回明統帥，通飭公泰行從办設法，或商之祖仍照辦，達將來
以何得了手。此而請
壽安　小弟劉以專頓首　八月廿日

拱辰仁兄大人閣下：十八日付勇帶呈六月以上冊報乙本，
候函一封，計日可先邀
覽。台邑三千已領來二千，惟寅食卯糧，一罄而空。逸翁一、二
日赴彰晤商　李老[145]可应手否，此關餉艮曾否多撥欵項。
定記前对雲邑弍千借領，已領清楚。此去買腦乏項，請
回　帥听，或仍付領字向雲邑通挪，或籌現艮，希速爲妙。昨據
君定兄來函稱，集集　公泰繳腦屢次虧失太多，甚爲不觧，着棧夥
細查，窺見樈鎚偷粘鋁片半斤，所以然也，飭腦暫儲不繳等
語。務祈
回明　統帅，通飭公泰行総辦，設法交關之誼。似此糊塗，將來
如何得了。手此。尚請
籌安。　　小弟劉以專頓　八月廿日

145 李老：應指彰化知縣李烇，號蔚山，廣東嘉應州人，監生出身，光緒十九年二月二十五日代理雲林知縣，光緒二十一年兼署新竹、苗栗知縣。乙未時曾與義軍領袖吳湯興等人因糧餉而意見不同。參見鄭喜夫，《臺灣地理及歷史卷九官師志　第一冊文職表》，頁一六八；吳德功，《割臺三記．讓臺記》，頁四六—五二。

（三）鄭以金發信〈信函內容簡介〉

鄭以金，新竹人，清朝武官，光緒十四年（一八八八）九月於平定彰化施九緞亂中，時為哨官，「異常奮勇，首先衝殺」，[146]後管帶棟字隘勇營，轄有正副哨弁八員、勇丁四九六名、長夫一百名，原紮內山老鷹嘴、山崗溪底等處。[147]光緒十六年（一八九〇）二月初一日該營遭裁去哨弁二員、勇丁一七八名、長夫四十名外，尚存中、左、右三哨弁勇三二五名、長夫六十名。奉裁後，專防大湖一帶。[148]光緒十八年（一八九二）因協助剿平大嵙崁番亂而獲「免補把總以千總仍留原省儘先補用並賞加都司銜」。[149]光緒十八年六月初來臺擔任全臺營務處總巡的胡傳巡閱至大湖時，即載「管帶中路棟字隘勇正營把總鄭以金自領中哨一、二、三、四、五、六隊及左哨四、五隊駐此」。光緒二十年初，再獲保獎，以守備補用。之後並曾於乙未戰爭時參與抗日。

本書中所收信函多為鄭以金駐紮大湖時期發出，共收十件，其中二件是多達五十餘頁的罩蘭等處腦灶、腦長及出腦觔數清冊，分別是光緒十七年十月及光緒十八年二月，可看出當時苗栗獅潭、大湖、卓蘭一帶之樟腦（主要在大湖一帶），係由葛竹軒之盈豐棧、陳汝舟之裕豐棧及黃南球之錦輝棧所收（陳汝舟與黃南球同為廣泰成號合股人），下轄多位腦長負責監督腦丁在深山僻林內熬腦，由腦單呈現的數據來看，以盈豐棧所收腦數最多。

腦棧	光緒十七年十月	光緒十八年二月
盈豐棧（葛竹軒）	一四、五五二	一〇、四四〇
裕豐棧（陳汝舟）	四、〇六八	二、五二七
錦輝棧（黃南球）	三、四七八	二、九六〇
合計	二二、〇九八	一五、九二七

據林朝棟子林季商於明治三十三年（一九〇〇）所提開墾地所有權認可申請書中表示，光緒十七年樟腦停止官辦後，即由林朝棟貸付四萬餘圓，包攬中路樟腦利權。並提及彰化人葛竹軒、[150]東勢角人林良鳳、劉龍登、萬斗六人林懋臣（即林超拔）、車籠埔人林金、罩蘭人詹贊福、涼傘樹人鄭老江及臺中人林啓茂

皆為林家腦長。且由於林朝棟具官方身分，因此林家所收樟腦委託公泰洋行承買運銷之合約，係委由葛竹軒、陳澄波、林懋臣、黃南球、曾君定等腦長以其棧號為名（葛盈豐、陳裕豐、林如山、黃錦輝、曾慶豐），共同與公泰洋行之畢第蘭訂約。[151]

另有六件發信對象為林拱辰，二件則是林拱辰與葛竹軒。信中時間多僅註記至月或日，年份不詳。由信函內容可知，當時駐紮大湖之鄭以金，係以棟軍營官身分經理腦務，並呈報清冊。

146 中國第一歷史檔案館，《光緒朝硃批奏摺》，第一一九冊（北京：中華書局，一九九五年），頁二〇八—二一二；國立臺灣大學，《臺灣歷史數位圖書館》，檔名：〈mtu-2253040-002080212-000110.txt〉

147 〈福建臺灣巡撫劉銘傳為臺灣留防勇練各營駐紮處所及統領管帶銜名兵勇數目遵旨開單仰祈聖鑒事〉（光緒十七年四月三日），《光緒朝月摺檔》；國立臺灣大學，《臺灣歷史數位圖書館》，檔名：〈mtu-GCM0029-0012000145-0001111-a001.txt〉。

148 〈福建臺灣巡撫劉銘傳為臺灣留防勇練各營駐紮處所及統領管帶銜名兵勇數目遵旨開單仰祈聖鑒事〉（光緒十七年四月三日），《光緒朝月摺檔》；國立臺灣大學，《臺灣歷史數位圖書館》，檔名：〈mtu-GCM0029-0012000145-0001111-a001.txt〉。

149 朱壽朋著、臺灣銀行經濟研究室編，《光緒朝東華續錄選輯》（下）（文叢第二七七種），頁一六九。

150 據後來《臺灣日日新報》的多篇報導可知，葛竹軒應為福州人，可能清末時曾駐居彰化，故林季商稱其為彰化人。

151 〈臺中縣下林孝商及林允卿開墾認許地所有認可願聞置ク〉，《臺灣總督府公文類纂》，第五三六冊，第十件。

（三）鄭以金發信

38．鄭以金造報光緒十七年十月份罩蘭等處腦灶份數、鍋數暨腦長姓名、出腦觔數清冊(1)

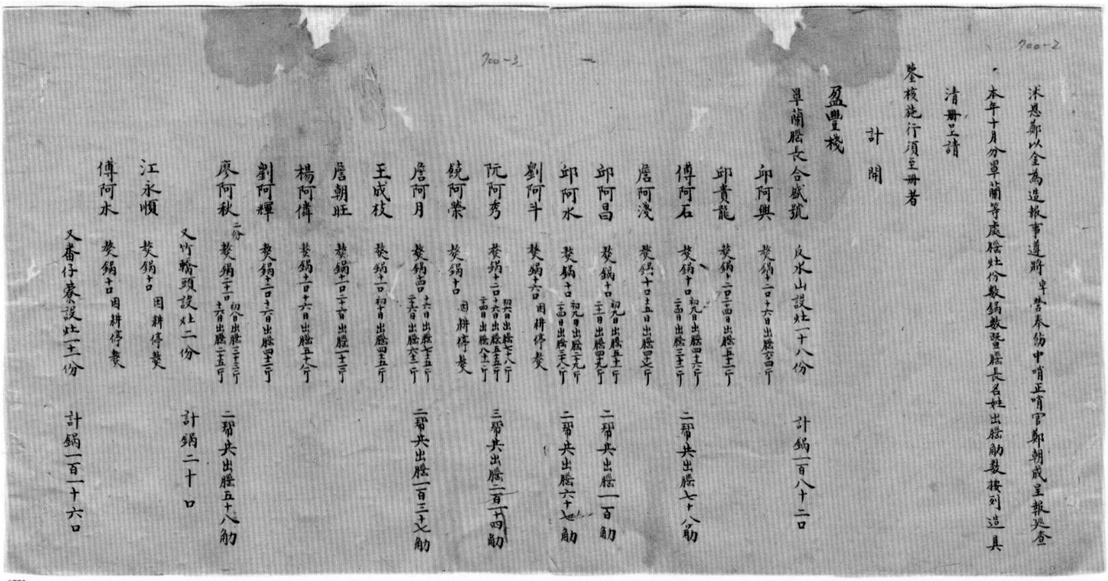
沐恩鄭以金為造報事遵將卑營奉飭中哨正哨官鄭朝成呈報巡查
本年十月分罩蘭等處腦灶份數鍋數暨腦長名姓出腦觔數挨列造具
清冊呈請
鑒核施行須至冊者
計開
盈豐棧
罩蘭腦長合盛號　反水山設灶一十八份　計鍋一百八十二口
卯阿興　熬鍋十二口　十六日出腦六十四斤
卯貴龍　熬鍋十二口　二十四日出腦五十二斤
傅阿石　熬鍋十口　初九日出腦四十六斤　二十四日出腦三十二斤　二帮共出腦七十八觔
詹阿淺　熬鍋十口　十五日出腦四十八斤
卯阿昌　熬鍋十口　初九日出腦五十二斤　二十三日出腦四十八斤　二帮共出腦一百觔
卯阿水　熬鍋十口　初九日出腦二十九斤　二十四日出腦三十八斤　二帮共出腦六十七觔
劉阿斗　熬鍋十六口　因耕停熬
阮阿秀　熬鍋十二口　初六日出腦七十八斤　十六日出腦五十五斤　二十四日出腦八十一斤　三帮共出腦二百一十四觔
饒阿崇　熬鍋十口　因耕停熬
詹阿月　熬鍋十四口　十六日出腦七十五斤　二十六日出腦六十二斤　二帮共出腦一百三十七觔
王成枝　熬鍋十口　初十日出腦四十五斤
詹朝旺　熬鍋十口　二十一日出腦一十三斤
楊阿備　熬鍋十口　十六日出腦五十六斤
劉阿輝　熬鍋十二口　十六日出腦四十三斤
廖阿秋 二份　熬鍋二十口　初八日出腦三十三斤　十九日出腦二十五斤　二帮共出腦五十八觔
又竹轎頭設灶二份　計鍋二十口
江永順　熬鍋十口　因耕停熬
傅阿水　熬鍋十口　因耕停熬
又番仔寮設灶一十一份　計鍋一百一十六口

0779

0778

沐恩鄭以金爲造報事，遵將卑營奉飭巡查本年十月份造呈罩蘭等處腦灶份数、鍋数暨腦長姓名、出腦觔数清冊

沐恩鄭以金爲造報事遵將卑營奉飭中哨正哨官鄭朝成呈報巡查本年十月分罩蘭等處腦灶份数、鍋数暨腦長名姓、出腦觔数，按列造具清冊，呈請

鑒核施行。須至冊者

計　開

盈豐棧

罩蘭腦長合盛號，反水山[152]設灶一十八份，計鍋一百八十二口。

邱阿興，熬鍋十二口，十六日出腦六十四斤。

邱貴龍，熬鍋十二口，二十四日出腦五十二斤。

傅阿石，熬鍋十口，初九日出腦四十六斤 二十四日出腦三十二斤，二幫共出腦七十八觔。

詹阿淺，熬鍋十口，十五日出腦四十七斤。

邱阿昌，熬鍋十口，初九日出腦五十一斤 二十一日出腦四十九斤，二幫共出腦一百觔。

邱阿水，熬鍋十口，初九日出腦二十九斤 二十四日出腦三十八斤，二幫共出腦六十七觔。

劉阿斗，熬鍋十六口，因耕停熬。

阮阿秀，熬鍋十二口，初六日出腦七十八斤 十六日出腦五十五斤 二十四日出腦八十一斤，三幫共出腦二百一十四觔。

饒阿榮，熬鍋十口，因耕停熬。

詹阿月，熬鍋十四口，十六日出腦七十五斤 二十六日出腦六十二斤，二幫共出腦一百三十七觔。

王成枝，熬鍋十一口，初十日出腦四十五斤。

詹朝旺，熬鍋十一口，二十六日出腦一十二斤。

楊阿僯，熬鍋十一口，十六日出腦五十八斤。

劉阿輝，熬鍋十二口，十六日出腦四十二斤。

廖阿秋，二份，熬鍋二十一口，初八日出腦三十三斤 十六日出腦二十五斤，二幫共出腦五十八觔。

又，竹轎頭[153]設灶二份，計鍋二十口。

江永順，熬鍋十口，因耕停熬。

傅阿木，熬鍋十口，因耕停熬。

又，畨仔寮[154]設灶一十一份，計鍋一百一十六口。

---

152 反水山：今苗栗縣大湖鄉大寮村、大南村、東興村等三村交界之山頭一帶。

153 竹轎頭：竹轎，音同「竹橋」，而「竹橋」之地名在大湖鄉內有栗林村竹橋頭、大南村竹橋二者，但二者附近皆有進行熬腦事業，此處「竹轎頭」指何處，待考。

154 番仔寮：推測為今苗栗縣大湖鄉武榮村五鄰番社，此地舊為武榮社聚落所在地。

（三）鄭以金發信

38・鄭以金造報光緒十七年十月份罩蘭等處腦灶份數、鍋數暨腦長姓名、出腦觔數清冊(2)

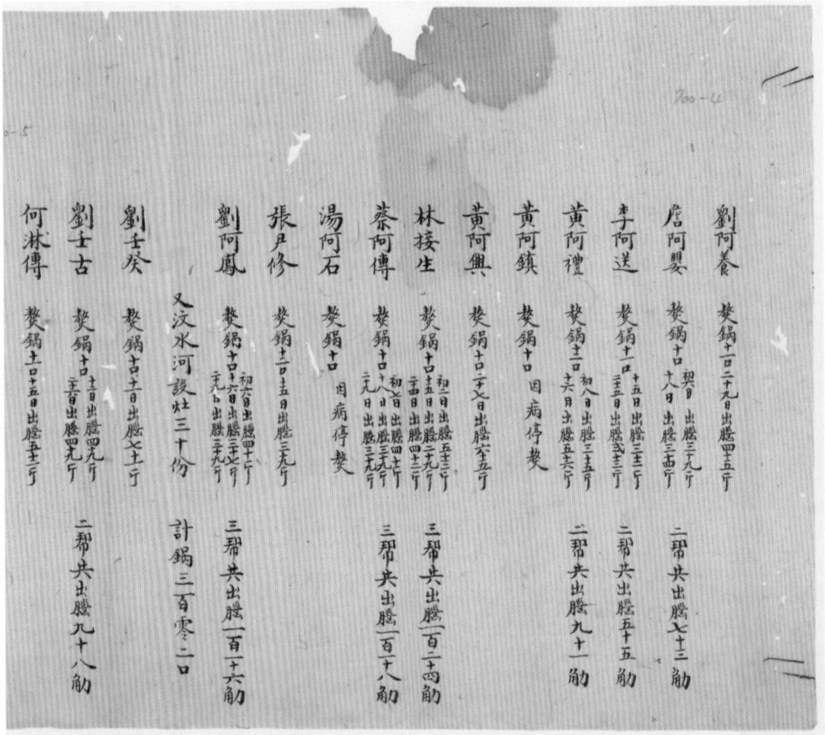

劉阿養，熱鍋十一口，二十九日出腦四十五斤。

詹阿嬰，熱鍋十口，初六日出腦三十九斤，十八日出腦三十四斤，二幇共出腦七十三觔。

李阿送，熱鍋十一口，十五日出腦三十二斤，二十五日出腦弍十三斤，二幇共出腦五十五觔。

黃阿禮，熱鍋十二口，初八日出腦三十五斤，十六日出腦五十六斤，二幇共出腦九十一觔。

黃阿鎮，熱鍋十口，因病停熱。

黃阿興，熱鍋十口，二十七日出腦六十五斤。

林接生，熱鍋十口，初二日出腦五十三斤，十五日出腦二十九斤，二十四日出腦四十二斤，三幇共出腦一百二十四觔。

蔡阿傳，熱鍋十口，初七日出腦四十斤，十八日出腦三十九斤，二十九日出腦三十九斤，三幇共出腦一百一十八觔。

湯阿石，熱鍋十口，因病停熱。

張尹修，熱鍋十二口，十五日出腦三十九斤。

劉阿鳳，熱鍋十口，初六日出腦四十斤，十六日出腦三十七斤，二十九日出腦三十九斤，三幇共出腦一百一十六觔。

又，汶水河[155]設灶三十份，計鍋三百零二口。

劉壬癸，熱鍋十口，十一日出腦七十一斤。

劉壬古，熱鍋十口，十二日出腦四十九斤，二十六日出腦四十九斤，二幇共出腦九十八觔。

何淋傳，熱鍋十一口，十五日出腦五十二斤。

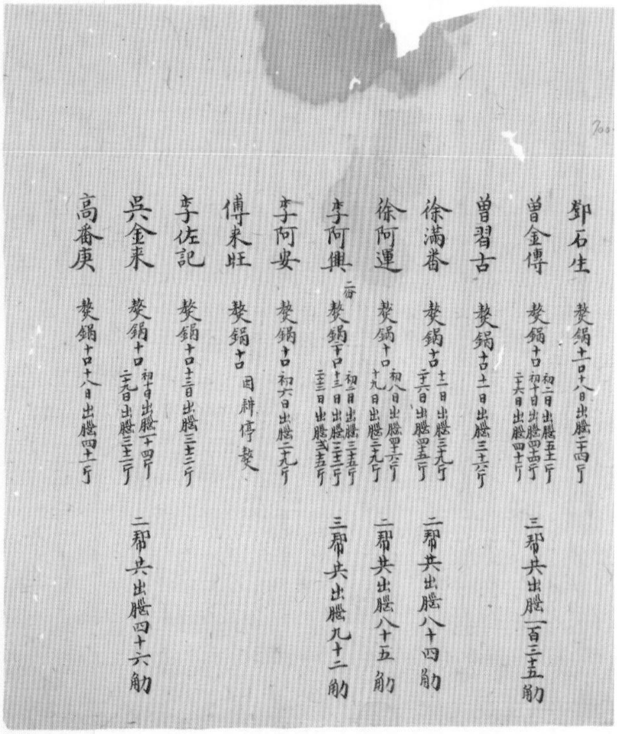

0780

鄧石生，熬鍋十一口，十八日出腦二十四斤。

曾金傳，熬鍋十口，初二日出腦五十一斤、初十日出腦四十四斤、二十六日出腦四十斤，三幫共出腦一百三十五觔。

曾習古，熬鍋十口，十一日出腦三十六斤。

徐滿畓，熬鍋十口，十二日出腦三十九斤、二十六日出腦四十五斤，二幫共出腦八十四觔。

徐阿運，熬鍋十口，初八日出腦四十六斤、十九日出腦三十九斤，二幫共出腦八十五觔。

李阿興，二份，熬鍋二十口，初二日出腦三十五斤、十三日出腦三十二斤、二十三日出腦弍十五斤，三幫共出腦九十二觔。

李阿安，熬鍋十口，初六日出腦二十九斤。

傅来旺，熬鍋十口，因耕停熬。

李佐記，熬鍋十口，十三日出腦三十三斤。

吳金来，熬鍋十口，初十日出腦一十四斤、二十九日出腦三十二斤，二幫共出腦四十六觔。

高番庚，熬鍋十口，十八日出腦四十一斤。

---

155 汶水河：今汶水溪，位於苗栗縣大湖鄉、獅潭鄉、泰安鄉交界一帶。可能指獅潭鄉竹木村十六、十七鄰之汶水聚落，或是泰安鄉錦水村汶水溪沿線一帶。但依《淡新檔案》對汶水河位置之標示，應指鷂婆山以東之泰安鄉錦水村一帶。參見《淡新檔案》，一七三三九—七九。

（三）鄭以金發信

38・鄭以金造報光緒十七年十月份罩蘭等處腦灶份數、鍋數暨腦長姓名、出腦觔數清冊(3)

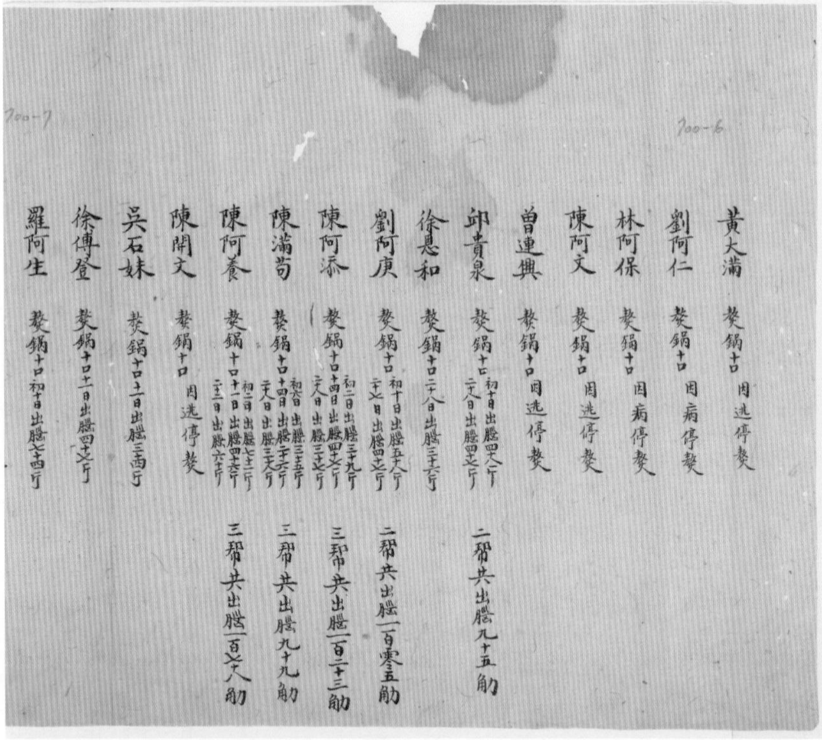

黃大滿，熬鍋十口，因逃停熬。

劉阿仁，熬鍋十口，因病停熬。

林阿保，熬鍋十口，因病停熬。

陳阿文，熬鍋十口，因逃停熬。

曾連興，熬鍋十口，因逃停熬。

邱貴泉，熬鍋十口，初十日出腦四十八斤，二十八日出腦四十七斤，二幇共出腦九十五觔。

徐恩和，熬鍋十口，二十八日出腦三十六斤。

劉阿庚，熬鍋十口，初十日出腦五十八斤，二十七日出腦四十七斤，二幇共出腦一百零五觔。

陳阿添，熬鍋十口，初二日出腦三十九斤，十四日出腦四十七斤，二十八日出腦三十七斤，三幇共出腦一百二十三觔。

陳滿荀，熬鍋十口，初六日出腦三十五斤，十四日出腦二十六斤，二十八日出腦三十八斤，三幇共出腦九十九觔。

陳阿養，熬鍋十口，初二日出腦七十二斤，十一日出腦四十六斤，二十二日出腦六十斤，三幇共出腦一百七十八觔。

陳開文，熬鍋十口，因逃停熬。

吳石妹，熬鍋十口，十一日出腦三十四斤。

徐傳登，熬鍋十口，十一日出腦四十七斤。

羅阿生，熬鍋十口，初十日出腦七十四斤。

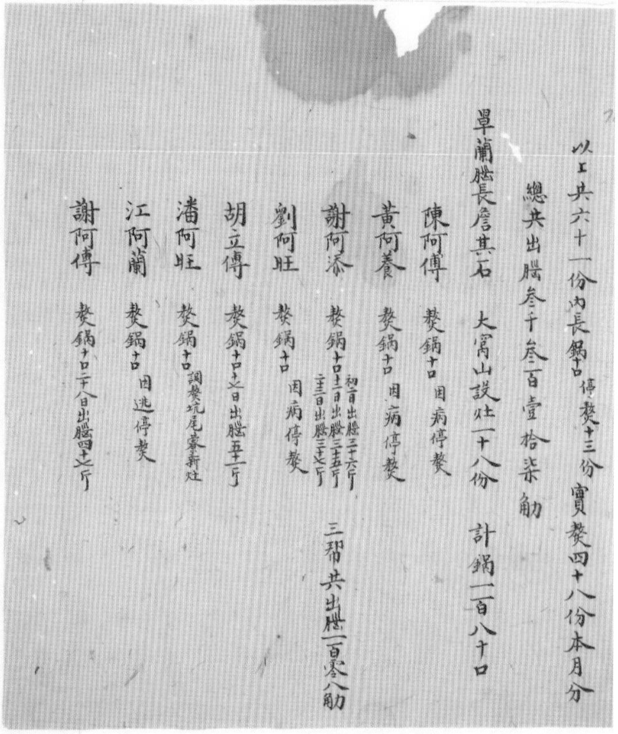

0781

以上共六十一份，內長鍋十口，停熬十三份，實熬四十八份。

本月分

總共出腦叁千叁百壹拾柒觔。

罩蘭腦長詹其石，大窩山[156]設灶一十八份，計鍋一百八十口。

陳阿傳，熬鍋十口，因病停熬。

黃阿養，熬鍋十口，因病停熬。

謝阿添，熬鍋十口，初二日出腦三十六斤 十二日出腦三十五斤 二十三日出腦三十七斤，三幇共出腦一百零八觔。

劉阿旺，熬鍋十口，因病停熬。

胡立傳，熬鍋十口，十七日出腦五十一斤。

潘阿旺，熬鍋十口，調熬坑尾蓙[157]新灶。

江阿蘭，熬鍋十口，因逃停熬。

謝阿傳，熬鍋十口，二十八日出腦四十七斤。

---

156 大窩山：推測為今苗栗縣大湖鄉大寮村西側之山頭。

157 坑尾蓙：今苗栗縣大湖鄉武榮村、東興村交界一帶。大湖鄉南側之南湖溪，上游源流由坑尾寮、武榮、水流東三條河谷（坑）構成，此處「坑尾蓙」指坑尾寮溪河谷一帶。

（三）鄭以金發信

38．鄭以金造報光緒十七年十月份罩蘭等處腦灶份數、鍋數暨腦長姓名、出腦觔數清冊(4)

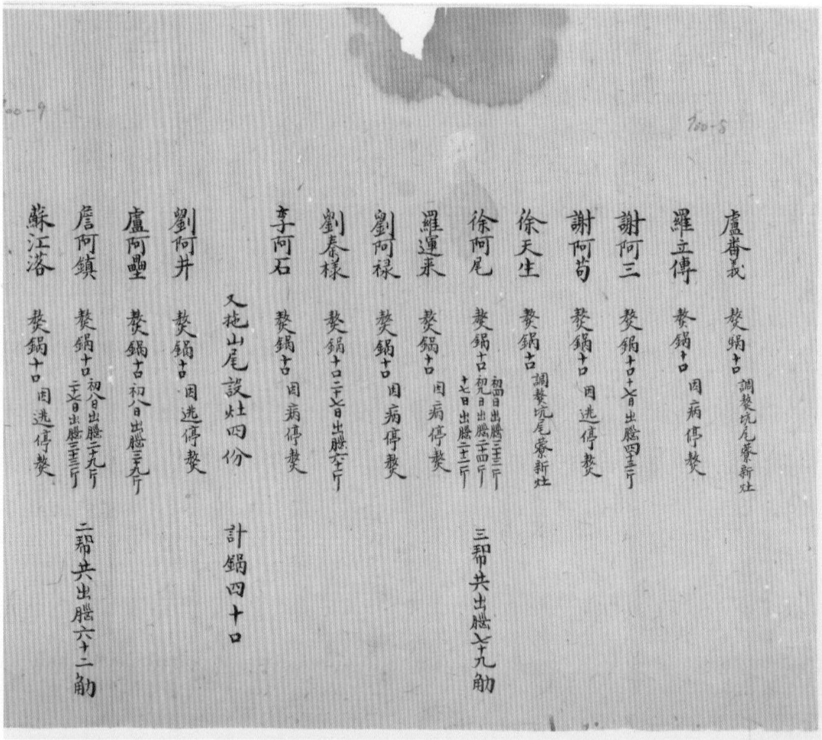

盧畨義，㸐鍋十口，調㸐坑尾寮新灶。

羅立傳，㸐鍋十口，因病停㸐。

謝阿三，㸐鍋十口，十七日出腦四十三斤。

謝阿苟，㸐鍋十口，因逃停㸐。

徐天生，㸐鍋十口，調㸐坑尾寮新灶。

徐阿尾，㸐鍋十口，初四日出腦三十三斤、初九日出腦二十四斤、十七日出腦二十二斤，三幇共出腦七十九觔。

羅運来，㸐鍋十口，因病停㸐。

劉阿祿，㸐鍋十口，因病停㸐。

劉秦樣，㸐鍋十口，二十七日出腦六十斤。

李阿石，㸐鍋十口，因病停㸐。

又，拖山尾[158]設灶四份，計鍋四十口。

劉阿井，㸐鍋十口，因逃停㸐。

盧阿壘，㸐鍋十口，初八日出腦三十九斤。

詹阿鎮，㸐鍋十口，初八日出腦二十九斤、二十七日出腦三十三斤，二幇共出腦六十二觔。

蘇江落，㸐鍋十口，因逃停㸐。

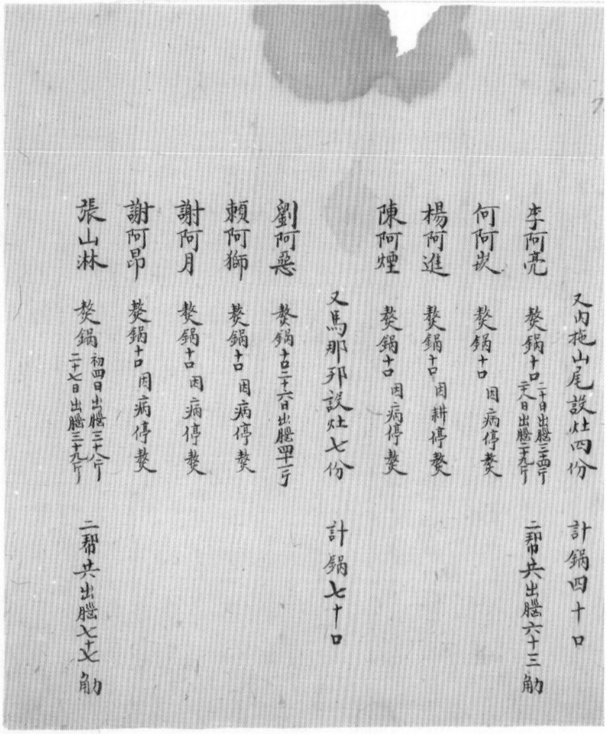
又內拖山尾設灶四份　計鍋四十口
李阿亮　㸑鍋十口　二十日出腦三十四斤　二十八日出腦二十九斤　二帮共出腦六十三觔
何阿崁　㸑鍋十口　因病停㸑
楊阿進　㸑鍋十口　因耕停㸑
陳阿煙　㸑鍋十口　因病停㸑
又馬那邦設灶七份　計鍋七十口
劉阿惡　㸑鍋十口　二十六日出腦四十一斤
賴阿獅　㸑鍋十口　因病停㸑
謝阿月　㸑鍋十口　因病停㸑
謝阿昂　㸑鍋十口　因病停㸑
張山淋　㸑鍋　初四日出腦三十八斤　二十七日出腦三十九斤　二帮共出腦七十七觔

0782

又，內拖山尾[159]設灶四份，計鍋四十口。
李阿亮，㸑鍋十口，二十日出腦三十四斤，二十八日出腦二十九斤，二帮共出腦六十三觔。
何阿崁，㸑鍋十口，因病停㸑。
楊阿進，㸑鍋十口，因耕停㸑。
陳阿煙，㸑鍋十口，因病停㸑。
又，馬那邦[160]設灶七份，計鍋七十口。
劉阿惡，㸑鍋十口，二十六日出腦四十一斤。
賴阿獅，㸑鍋十口，因病停㸑。
謝阿月，㸑鍋十口，因病停㸑。
謝阿昂，㸑鍋十口，因病停㸑。
張山淋，㸑鍋，初四日出腦三十八斤，二十七日出腦三十九斤，二帮共出腦七十七觔。

---

158 拖山尾：位於今苗栗縣大湖鄉武榮村拖沙尾山（拖衫尾山）一帶，此山今為大湖鄉與卓蘭鎮分界處。

159 內拖山尾：今苗栗縣大湖鄉武榮村拖沙尾山（拖衫尾山）一帶。拖山尾、內拖山尾分別細指何處，待考。

160 馬那邦：今苗栗縣大湖鄉東興村東側，馬拉邦山山脈西側。

（三）鄭以金發信

38．鄭以金造報光緒十七年十月份罩蘭等處腦灶份數、鍋數暨腦長姓名、出腦觔數清冊(5)

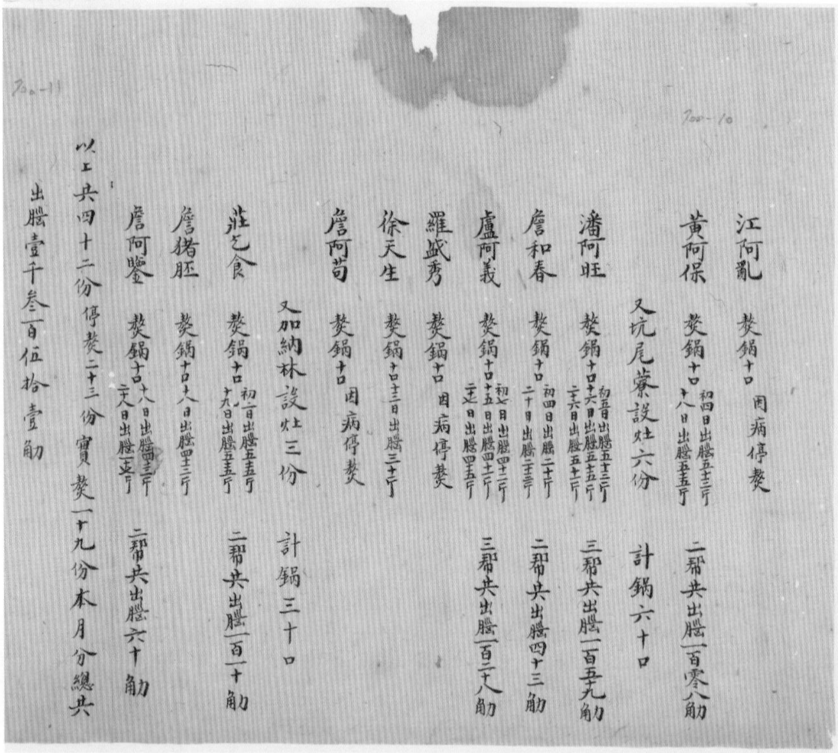

江阿亂，熬鍋十口，因病停熬。
黃阿保，熬鍋十口，初四日出腦五十三斤，十八日出腦五十五斤，二幇共出腦一百零八觔。
又，坑尾蓁設灶六份，計鍋六十口。
潘阿旺，熬鍋十口，初五日出腦五十三斤，十六日出腦五十五斤，二十六日出腦五十一斤，三幇共出腦一百五十九觔。
詹和春，熬鍋十口，初四日出腦二十斤，二十日出腦二十三斤，二幇共出腦四十三觔。
盧阿義，熬鍋十口，初七日出腦四十二斤，十五日出腦四十一斤，二十七日出腦四十五斤，三幇共出腦一百二十八觔。
羅盛秀，熬鍋十口，因病停熬。
徐天生，熬鍋十口，十三日出腦三十斤。
詹阿苟，熬鍋十口，因病停熬。
又，加納林[161]設灶三份，計鍋三十口。
莊乞食，熬鍋十口，初二日出腦五十五斤，十九日出腦五十五斤，二幇共出腦一百一十觔。
詹猪胚，熬鍋十口，十八日出腦四十三斤。
詹阿鑾，熬鍋十口，十八日出腦四十三斤，二十八日出腦一十七斤，二幇共出腦六十觔。
以上共四十二份，停熬二十三份，實熬一十九份。本月份總共出腦壹千叁百伍拾壹觔。

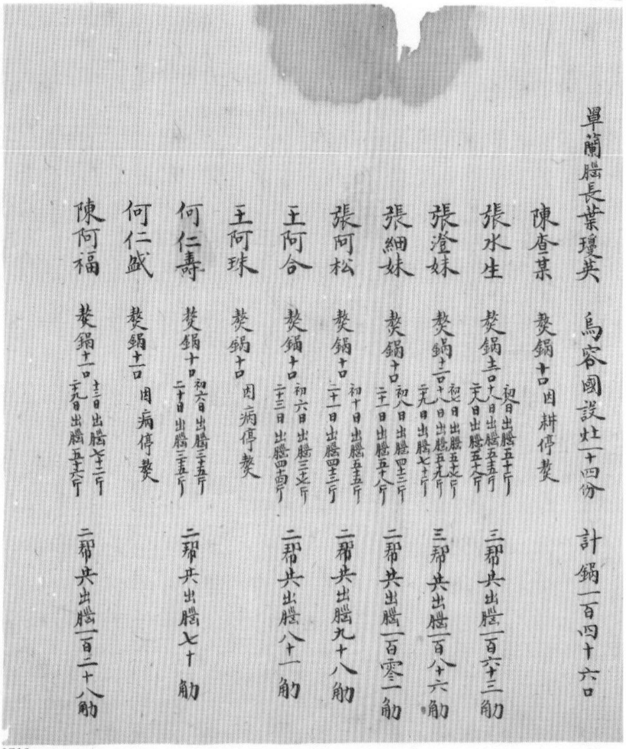

0783

罩蘭腦長葉瓊英、烏容國[162]設灶一十四份，計鍋一百四十六口。

陳查某，熬鍋十口，因耕停熬。

張水生，熬鍋十二口，初八日出腦五十斤，十八日出腦五十五斤，二十八日出腦五十八斤，三幫共出腦一百六十三觔。

張澄妹，熬鍋十二口，初七日出腦五十七斤，十八日出腦五十九斤，二十九日出腦七十斤，三幫共出腦一百八十六觔。

張細妹，熬鍋十口，初八日出腦四十三斤，二十一日出腦五十八斤，二幫共出腦一百零一觔。

張阿松，熬鍋十口，初十日出腦五十五斤，二十一日出腦四十三斤，二幫共出腦九十八觔。

王阿合，熬鍋十口，初六日出腦三十七斤，二十三日出腦四十四斤，二幫共出腦八十一觔。

王阿珠，熬鍋十口，因病停熬。

何仁壽，熬鍋十口，初六日出腦三十五斤，二十日出腦三十五斤，二幫共出腦七十觔。

何仁盛，熬鍋十一口，因病停熬。

陳阿福，熬鍋十一口，十三日出腦七十二斤，二十九日出腦五十六斤，二幫共出腦一百二十八觔。

---

161 加納林：即校栗林，舊屬校栗林庄，今苗栗縣大湖鄉栗林村。

162 烏容國：今苗栗縣大湖鄉武榮村。大湖鄉南側之南湖溪，此處「烏容國」應指今南湖溪上游之武榮坑溪河谷一帶。

（三）鄭以金發信

38．鄭以金造報光緒十七年十月份罩蘭等處腦灶份數、鍋數暨腦長姓名、出腦觔數清冊(6)

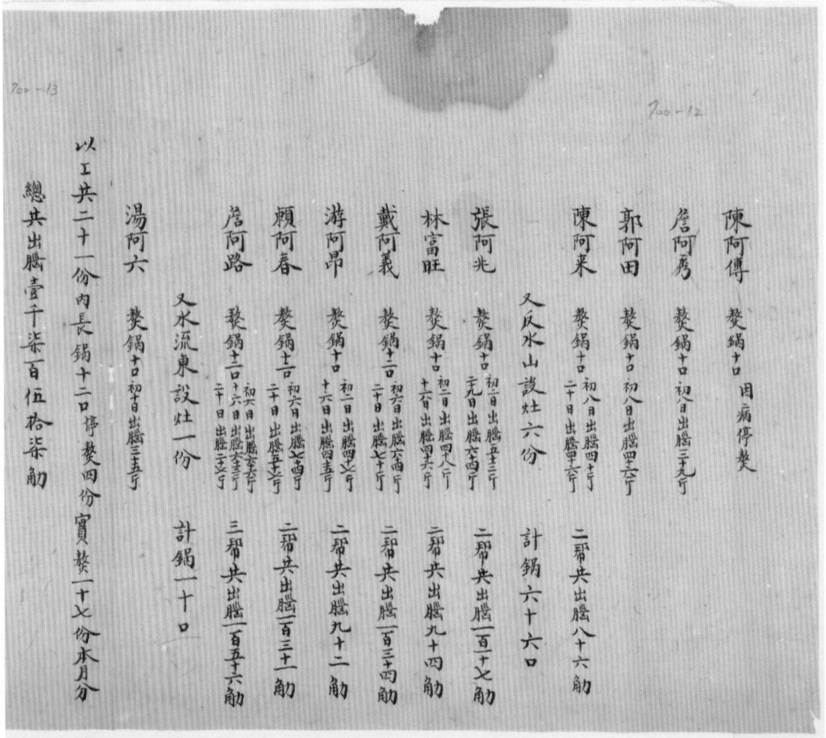

陳阿傳，焚鍋十口，因病停焚。

詹阿秀，焚鍋十口，初八日出腦三十九斤。

郭阿田，焚鍋十口，初八日出腦四十六斤。

陳阿来，焚鍋十口，初八日出腦四十斤、二十日出腦四十六斤，二幫共出腦八十六觔。

又，反水山設灶六份，計鍋六十六口。

張阿兆，焚鍋十口，初二日出腦五十三斤、二十九日出腦六十四斤，二幫共出腦一百一十七觔。

林富旺，焚鍋十口，初二日出腦四十八斤、十六日出腦四十六斤，二幫共出腦九十四觔。

戴阿義，焚鍋十二口，初六日出腦六十四斤、二十日出腦七十斤，二幫共出腦一百三十四觔。

游阿昂，焚鍋十口，初二日出腦四十七斤、十六日出腦四十五斤，二幫共出腦九十二觔。

賴阿春，焚鍋十二口，初六日出腦七十四斤、二十日出腦五十七斤，二幫共出腦一百三十一觔。

詹阿路，焚鍋十二口，初六日出腦六十六斤、十六日出腦六十三斤、二十日出腦二十七斤，三幫共出腦一百五十六觔。

又，水流東[163]設灶一份，計鍋一十口。

湯阿六，焚鍋十口，初十日出腦三十五斤。

以上共二十一份，內長鍋十二口，停焚四份，實焚一十七份。本月分

總共出腦壹千柒百伍拾柒觔。

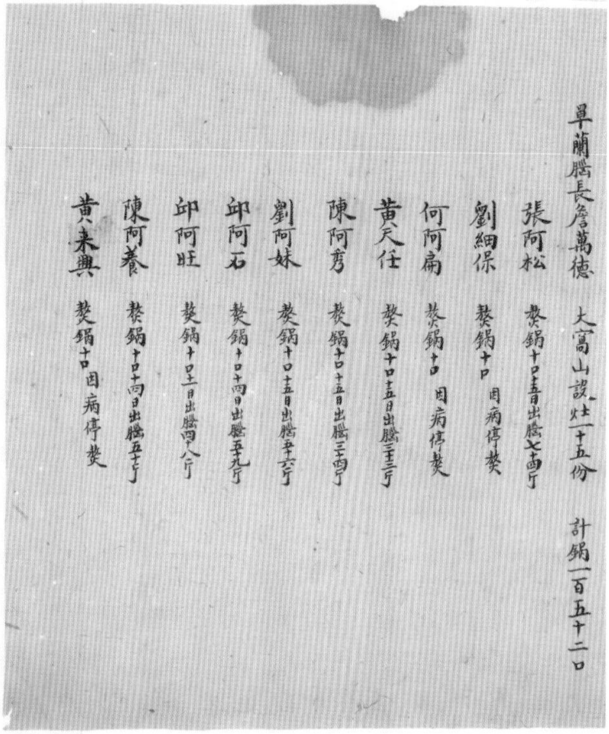

0784

罩蘭腦長詹萬德，大窩山設灶一十五份，計鍋一百五十二口。

張阿松，熬鍋十口，十五日出腦七十四斤。

劉細保，熬鍋十口，因病停熬。

何阿扁，熬鍋十口，因病停熬。

黃天任，熬鍋十口，十五日出腦三十三斤。

陳阿秀，熬鍋十口，十五日出腦三十四斤。

劉阿妹，熬鍋十口，十五日出腦五十六斤。

邱阿石，熬鍋十口，十四日出腦五十九斤。

邱阿旺，熬鍋十口，十一日出腦四十八斤。

陳阿養，熬鍋十口，十四日出腦五十斤。

黃来興，熬鍋十口，因病停熬。

163 水流東：今苗栗縣大湖鄉栗林村一、二鄰。此處指今南湖溪上游之水流東坑溪河谷一帶。

（三）鄭以金發信

38．鄭以金造報光緒十七年十月份罩蘭等處腦灶份數、鍋數暨腦長姓名、出腦觔數清冊(7)

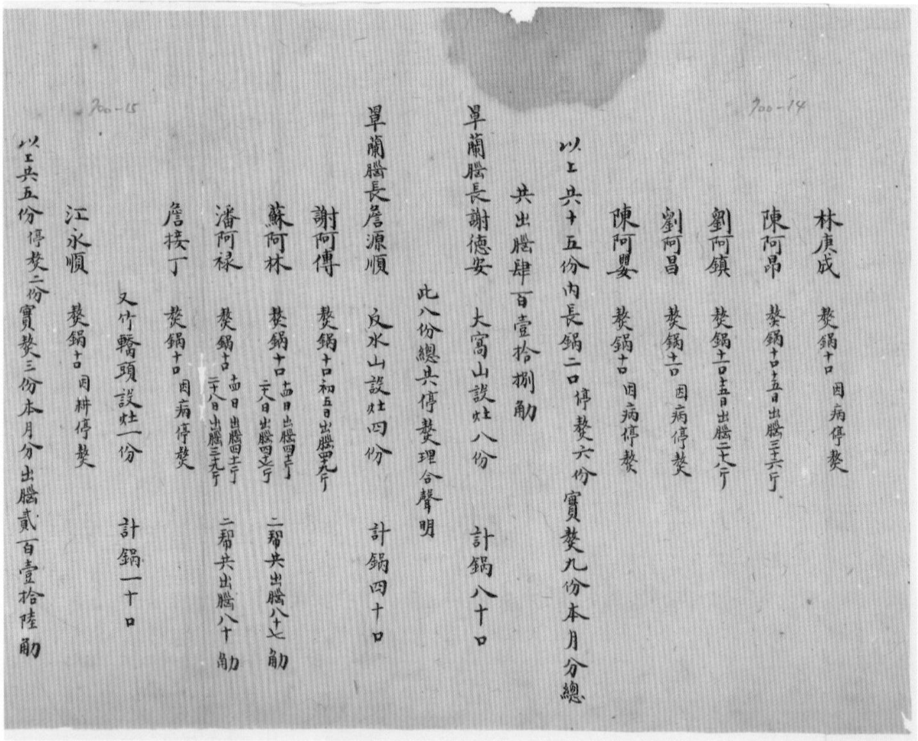

林庚成，熬鍋十口，因病停熬。

陳阿昂，熬鍋十口，十五日出腦三十六斤。

劉阿鎭，熬鍋十一口，十五日出腦二十八斤。

劉阿昌，熬鍋十一口，因病停熬。

陳阿嬰，熬鍋十口，因病停熬。

以上共十五份，內長鍋二口，停熬六份，實熬九份。本月分總共出腦肆百壹拾捌觔。

罩蘭腦長謝德安，大窩山設灶八份，計鍋八十口。

此八份總共停熬，理合聲明。

罩蘭腦長詹源順，反水山設灶四份，計鍋四十口。

謝阿傳，熬鍋十口，初五日出腦四十九斤。

蘇阿林，熬鍋十口，十四日出腦四十斤、二十八日出腦四十七斤，二幇共出腦八十七觔。

潘阿祿，熬鍋十口，十四日出腦四十一斤、二十八日出腦三十九斤，二幇共出腦八十觔。

詹接丁，熬鍋十口，因病停熬。

又，竹轎頭設灶一份，計鍋一十口。

江永順，熬鍋十口，因耕停熬。

以上共五份，停熬二份，實熬三份。本月分出腦貳百壹拾陸觔。

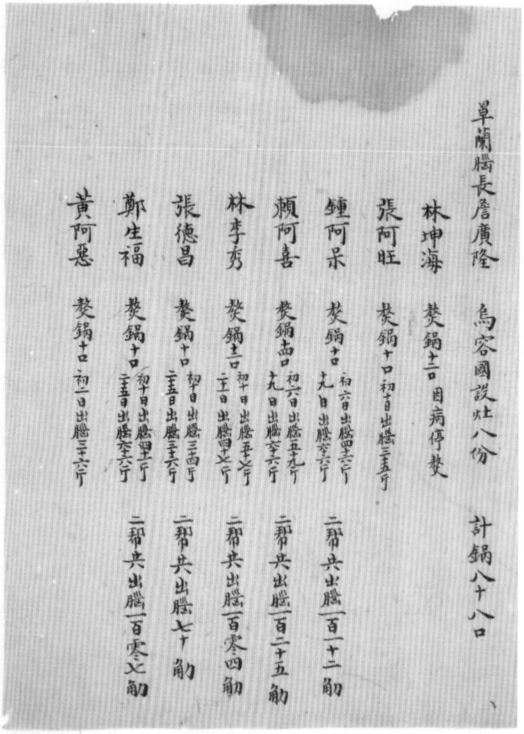

0785

罩蘭腦長詹廣隆，烏容國設灶八份，計鍋八十八口。

林坤海，熬鍋十二口，因病停熬。

張阿旺，熬鍋十口，初十日出腦三十五斤。

鍾阿呆，熬鍋十口，初六日出腦四十六斤，十九日出腦六十六斤，二幫共出腦一百一十二觔。

賴阿喜，熬鍋十四口，初六日出腦五十九斤，十九日出腦六十六斤，二幫共出腦一百二十五觔。

林李秀，熬鍋十二口，初十日出腦五十七斤，二十一日出腦四十七斤，二幫共出腦一百零四觔。

張德昌，熬鍋十口，初十日出腦三十四斤，二十五日出腦三十六斤，二幫共出腦七十觔。

鄭生福，熬鍋十口，初十日出腦四十一斤，二十五日出腦六十六斤，二幫共出腦一百零七觔。

黃阿惡，熬鍋十口，初二日出腦三十六斤。

（三）鄭以金發信

38・鄭以金造報光緒十七年十月份罩蘭等處腦灶份數、鍋數暨腦長姓名、出腦觔數清冊(8)

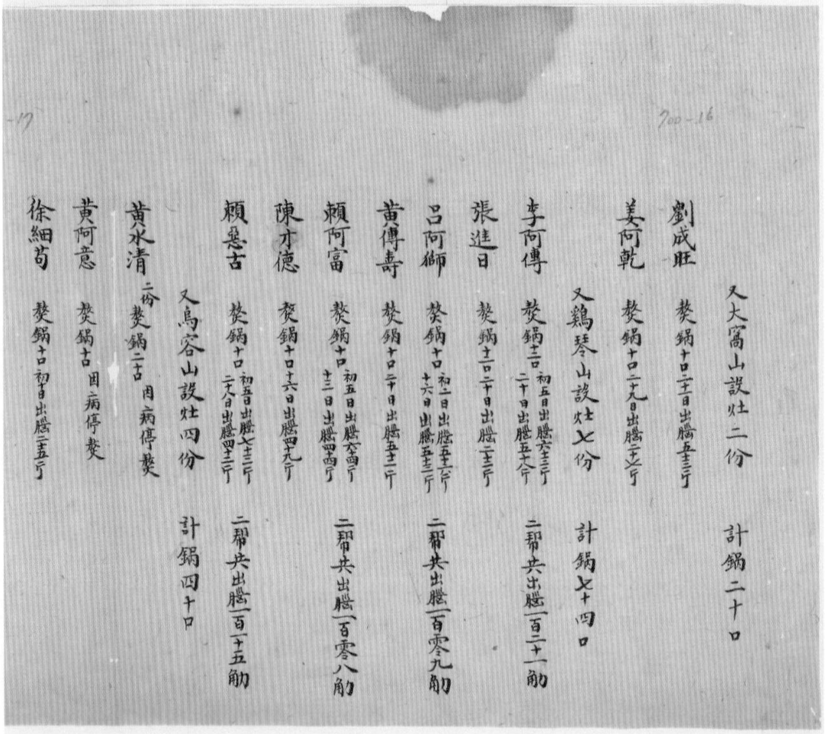

又，大窩山設灶二份，計鍋二十口。

劉成旺，㸑鍋十口，二十一日出腦五十三斤。

姜阿乾，㸑鍋十口，二十九日出腦二十七斤。

又，雞琴山[164]設灶七份，計鍋七十四口。

李阿傳，㸑鍋十二口，初五日出腦六十三斤，二十日出腦五十八斤，二幇共出腦一百二十一觔。

張進日，㸑鍋十二口，二十日出腦二十二斤。

呂阿獅，㸑鍋十口，初二日出腦五十六斤，十六日出腦五十三斤，二幇共出腦一百零九觔。

黃傳壽，㸑鍋十口，二十日出腦五十二斤。

賴阿富，㸑鍋十口，初五日出腦六十四斤，十三日出腦四十四斤，二幇共出腦一百零八觔。

陳才德，㸑鍋十口，十六日出腦四十九斤。

賴惡古，㸑鍋十口，初五日出腦七十三斤，二十八日出腦四十二斤，二幇共出腦一百一十五觔。

又，烏容山[165]設灶四份，計鍋四十口。

黃水清，二份，㸑鍋二十口，因病停㸑。

黃阿意，㸑鍋十口，因病停㸑。

徐細苟，㸑鍋十口，初十日出腦二十五斤。

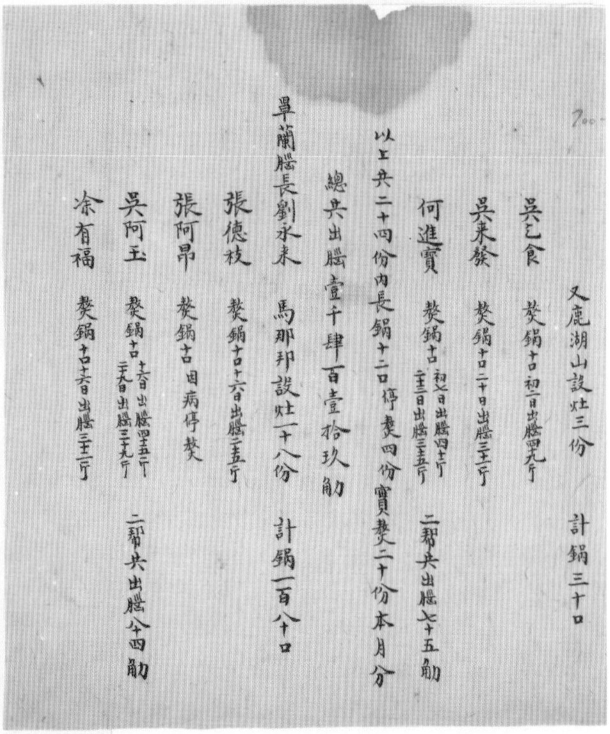

0786

又鹿湖山[166]設灶三份，計鍋三十口。
吳乞食，熬鍋十口，初二日出腦四十九斤。
吳来發，熬鍋十口，二十日出腦三十一斤。
何進寶，熬鍋十口，初七日出腦四十斤，二十三日出腦三十五斤，二幇共出腦七十五觔。
以上共二十四份，內長鍋十二口，停熬四份，實熬二十份。本月分
總共出腦壹千肆百壹拾玖觔。
罩蘭腦長劉永来，馬那邦設灶一十八份，計鍋一百八十口。
張德枝，熬鍋十口，十六日出腦二十五斤。
張阿昂，熬鍋十口，因病停熬。
吳阿玉，熬鍋十口，十六日出腦四十五斤，二十九日出腦三十九斤，二幇共出腦八十四觔。
涂有福，熬鍋十口，十六日出腦三十二斤。

---

164 雞琴山：今苗栗縣大湖鄉栗林村雞岑山。雞岑山地名於光緒年間分有「大雞岑山」與「小雞岑山」二者，此處「雞琴山」應為大、小雞岑山之合稱。
165 烏容山：今稱武榮山，今苗栗縣大湖鄉武榮村，位於武榮山坑溪之東側。
166 鹿湖山：鹿湖山指「鹿湖」周圍之山頭，而鹿湖地名有二：一為苗栗縣南庄鄉鹿湖；另一為苗栗縣銅鑼鄉新隆村鹿湖。鹿湖山應指銅鑼鄉鹿湖附近山頭。

（三）鄭以金發信

38・鄭以金造報光緒十七年十月份罩蘭等處腦灶份數、鍋數暨腦長姓名、出腦觔數清冊(9)

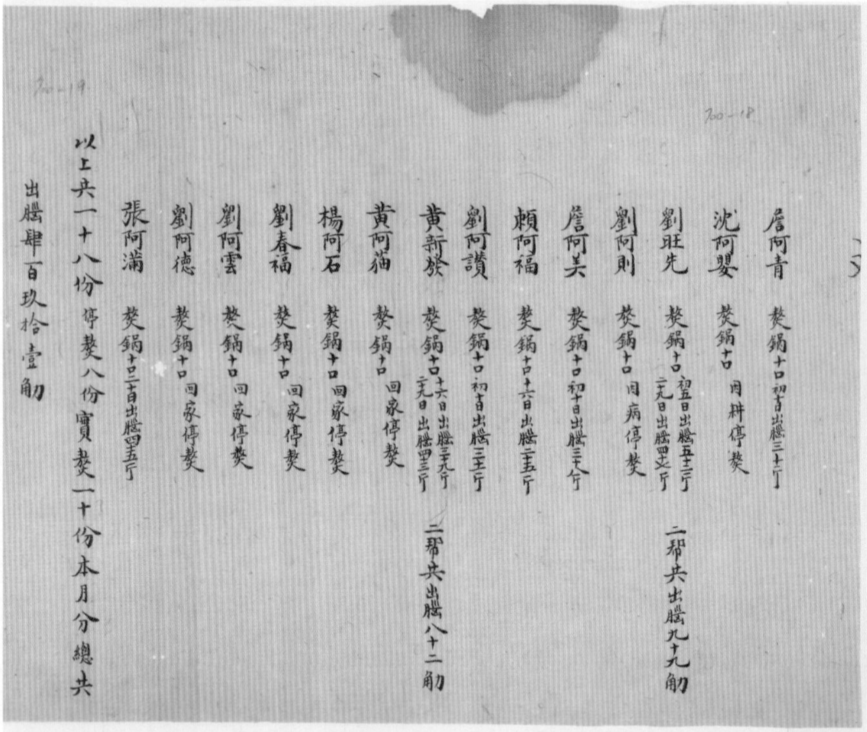

詹阿青，㸐鍋十口，初十日出腦三十斤。

沈阿嬰，㸐鍋十口，因耕停㸐。

劉旺先，㸐鍋十口，初五日出腦五十二斤，二十九日出腦四十七斤，二幫共出腦九十九觔。

劉阿則，㸐鍋十口，因病停㸐。

詹阿美，㸐鍋十口，初十日出腦三十八斤。

賴阿福，㸐鍋十口，十六日出腦二十五斤。

劉阿讚，㸐鍋十口，初十日出腦三十一斤。

黃新發，㸐鍋十口，十六日出腦三十九斤，二十九日出腦四十三斤，二幫共出腦八十二觔。

黃阿猫，㸐鍋十口，回家停㸐。

楊阿石，㸐鍋十口，回家停㸐。

劉春福，㸐鍋十口，回家停㸐。

劉阿雲，㸐鍋十口，回家停㸐。

劉阿德，㸐鍋十口，回家停㸐。

張阿滿，㸐鍋十口，二十日出腦四十五斤。

以上共一十八份，停㸐八份，實㸐一十份。本月分總共出腦肆百玖拾壹觔。

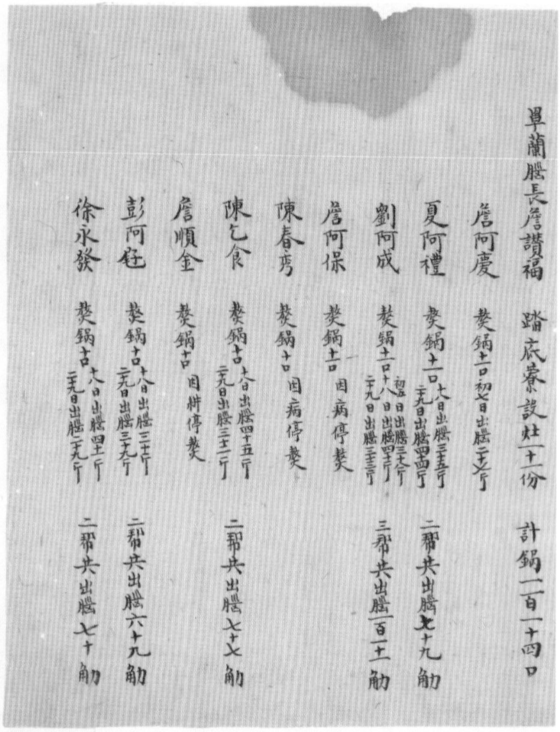

0787

罩蘭腦長詹讚福，踏底蒘[167]設灶一十一份，計鍋一百一十四口。

詹阿慶，㸐鍋十一口，初七日出腦二十七斤。

夏阿禮，㸐鍋十一口，十八日出腦三十五斤、二十九日出腦四十四斤，二幫共出腦七十九觔。

劉阿成，㸐鍋十一口，初五日出腦三十八斤、十八日出腦四十斤、二十九日出腦三十三斤，三幫共出腦一百一十一觔。

詹阿保，㸐鍋十一口，因病停㸐。

陳春秀，㸐鍋十口，因病停㸐。

陳乞食，㸐鍋十口，十八日出腦四十五斤、二十九日出腦三十二斤，二幫共出腦七十七觔。

詹順金，㸐鍋十口，因耕停㸐。

彭阿𡰪，㸐鍋十口，十八日出腦三十斤、二十九日出腦三十九斤，二幫共出腦六十九觔。

徐永發，㸐鍋十口，十八日出腦四十一斤、二十九日出腦二十九斤，二幫共出腦七十觔。

---

167 踏底蒘：「踏」閩南語讀音為「táh（白話音）」或「táp（文言音）」，但此處應指「塌」，讀音為「lap」，常用辭彙如「塌落（lap-lóh）」或「塌底（lap-té）」。並且，「塌（lap）」的閩南語音相似於客語的「壢（lag）」。因此，「踏底蒘」即「壢底寮」。壢底寮，今苗栗縣大湖鄉義和村十四、十五鄰一帶。

（三）鄭以金發信

38．鄭以金造報光緒十七年十月份罩蘭等處腦灶份數、鍋數暨腦長姓名、出腦觔數清冊(10)

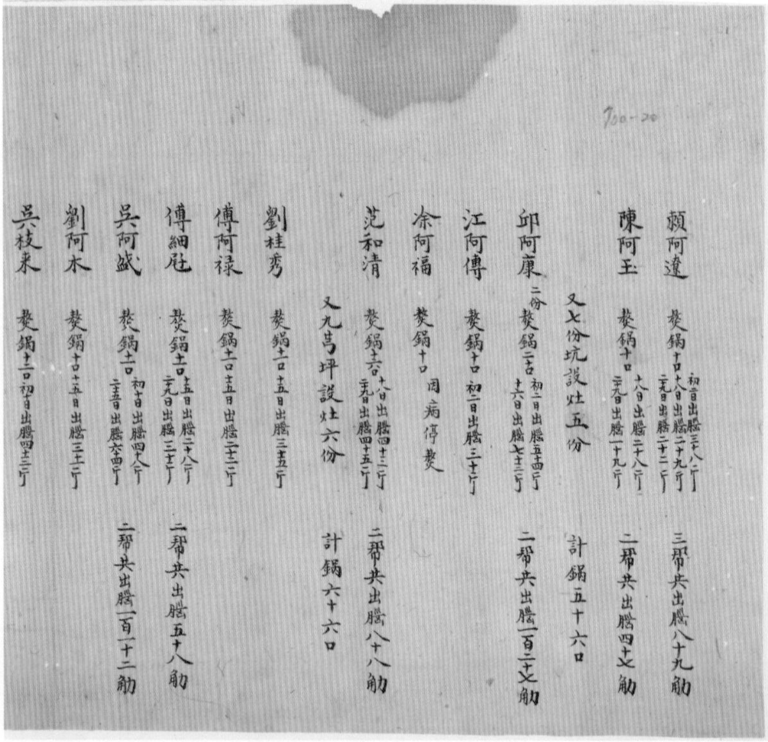

賴阿遼，漀鍋十口，初二日出腦三十八斤 十八日出腦二十九斤 二十九日出腦二十二斤，三幇共出腦八十九觔。

陳阿玉，漀鍋十口，十八日出腦二十八斤 二十九日出腦一十九斤，二幇共出腦四十七觔。

又，七份坑[168]設灶五份，計鍋五十六口。

邱阿康，二份，漀鍋十口，初二日出腦五十四斤 十六日出腦七十三斤，二幇共出腦一百二十七觔。

江阿傳，漀鍋十口，初二日出腦三十斤。

涂阿福，漀鍋十口，因病停漀。

范和清，漀鍋十六口，十八日出腦四十三斤 二十九日出腦四十五斤，二幇共出腦八十八觔。

又，九芎坪[169]設灶六份，計鍋六十六口。

劉桂秀，漀鍋十一口，十五日出腦三十五斤。

傅阿祿，漀鍋十一口，十五日出腦二十二斤。

傅細屘，漀鍋十一口，十五日出腦二十八斤 二十九日出腦三十斤，二幇共出腦五十八觔。

吳阿盛，漀鍋十一口，初十日出腦四十八斤 二十五日出腦六十四斤，二幇共出腦一百一十二觔。

劉阿木，漀鍋十口，十五日出腦三十一斤。

吳枝来，漀鍋十二口，初十日出腦四十三斤。

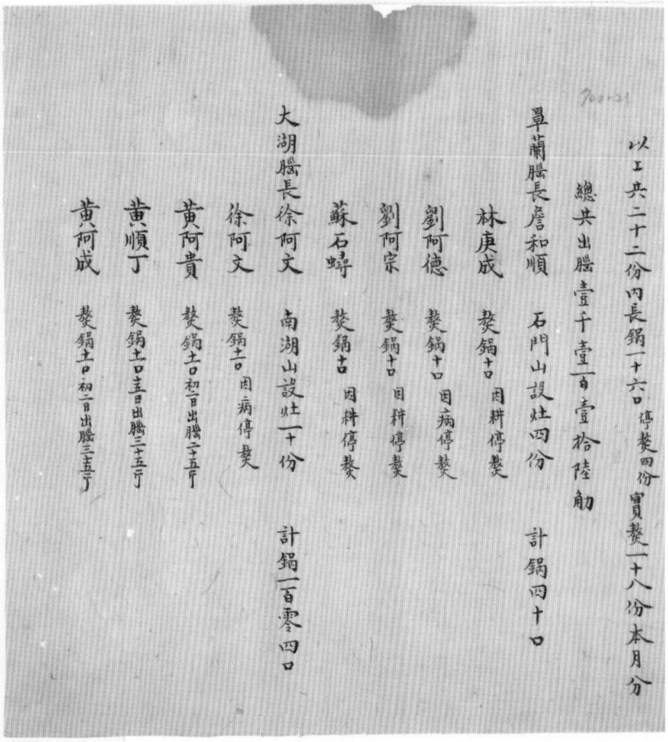

0788

以上共二十二份，內長鍋一十六口，停熬四份，實熬一十八份。

本月分

總共出腦壹千壹百壹拾陸觔。

罩蘭腦長詹和順，石門山[170]設灶四份，計鍋四十口。

林庚成，熬鍋十口，因耕停熬。

劉阿德，熬鍋十口，因病停熬。

劉阿宗，熬鍋十口，因耕停熬。

蘇石蟳，熬鍋十口，因耕停熬。

大湖腦長徐阿文，南湖山[171]設灶一十份，計鍋一百零四口。

徐阿文，熬鍋十一口，因病停熬。

黃阿貴，熬鍋十一口，初二日出腦二十五斤。

黃順丁，熬鍋十一口，十五日出腦三十五斤。

黃阿成，熬鍋十一口，初二日出腦三十五斤。

168 七份坑：今苗栗縣獅潭鄉新豐村七份坑。又，大湖鄉富興村十四鄰亦有「七份」之地名。

169 九芎坪：九芎坪地名在苗栗縣大湖鄉有二處：一為今義和村十鄰九芎坪，今日文山橋以上之九芎坪坑溪河谷，舊屬九芎坪庄；另一為富興村十三、十四鄰，舊屬九芎坪庄。此二處九芎坪庄位置並不相同，在此九芎坪推測應指義和村九芎坪，因其鄰近吊梁仔、壢底寮等樟腦產區。

170 石門山：今苗栗縣大湖鄉栗林村十五鄰石門。

171 南湖山：今苗栗縣大湖鄉南湖村，應指南湖聚落（南湖村一至四鄰）附近之山頭。

（三）鄭以金發信

38．鄭以金造報光緒十七年十月份罩蘭等處腦灶份數、鍋數暨腦長姓名、出腦觔數清冊(11)

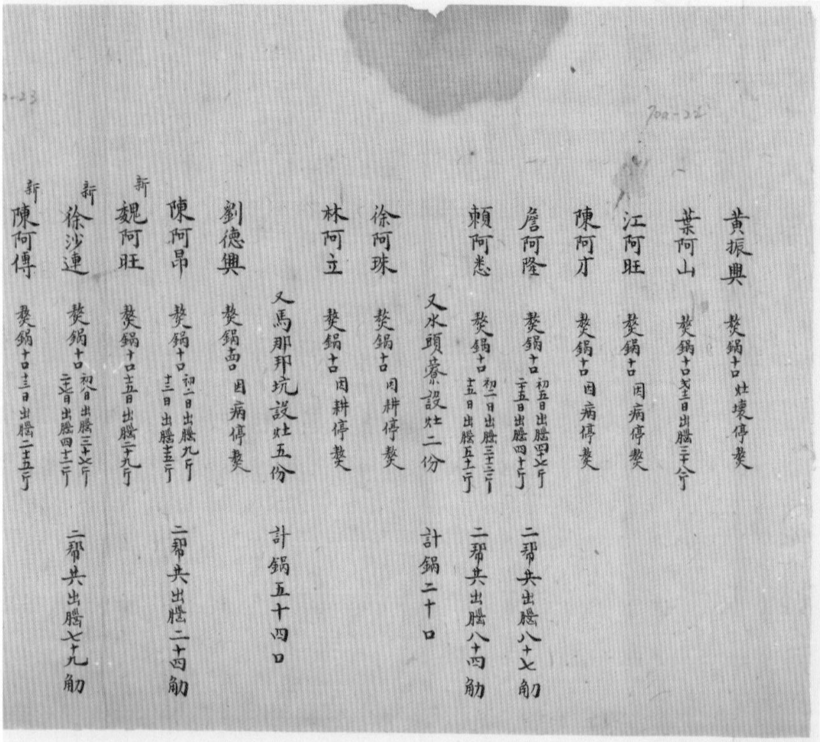

黃振興，敖鍋十口，灶壞停敖。

葉阿山，敖鍋十口，弍十二日出腦三十八斤。

江阿旺，敖鍋十口，因病停敖。

陳阿才，敖鍋十口，因病停敖。

詹阿隆，敖鍋十口，初五日出腦四十七斤 二十五日出腦四十斤，二幇共出腦八十七觔。

賴阿悉，敖鍋十口，初二日出腦三十三斤 十五日出腦五十一斤，二幇共出腦八十四觔。

又，水頭寮[172]設灶二份，計鍋二十口。

徐阿珠，敖鍋十口，因耕停敖。

林阿立，敖鍋十口，因耕停敖。

又，馬那邦坑[173]設灶五份，計鍋五十四口。

劉德興，敖鍋十四口，因病停敖。

陳阿昂，敖鍋十口，初二日出腦九斤 十三日出腦十五斤，二幇共出腦二十四觔。

新 魏阿旺，敖鍋十口，十五日出腦二十九斤。

新 徐沙連，敖鍋十口，初八日出腦三十七斤 二十七日出腦四十二斤，二幇共出腦七十九觔。

新 陳阿傳，敖鍋十口，十三日出腦二十五斤。

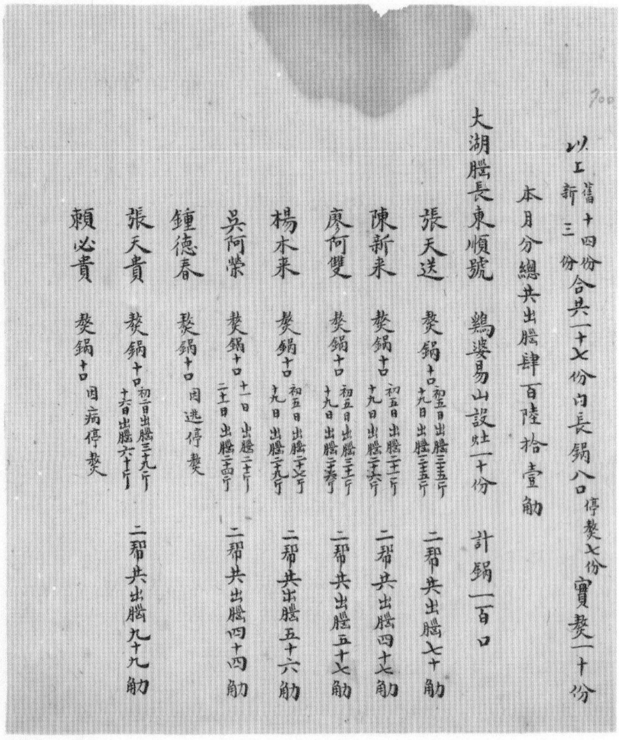
0789

以上舊十四份 新三份，合共一十七份，內長鍋八口，停熬七份，實熬一十份。

本月分總共出腦肆百陸拾壹觔。

大湖腦長東順號，鷄婆易山[174]設灶一十份，計鍋一百口。

張天送，熬鍋十口，初五日出腦三十五斤 十九日出腦三十五斤，二幇共出腦七十觔。

陳新来，熬鍋十口，初五日出腦二十一斤 十九日出腦二十六斤，二幇共出腦四十七觔。

廖阿雙，熬鍋十口，初五日出腦三十一斤 十九日出腦二十六斤，二幇共出腦五十七觔。

楊木来，熬鍋十口，初五日出腦二十七斤 十九日出腦二十九斤，二幇共出腦五十六觔。

吳阿榮，熬鍋十口，十一日出腦二十斤 二十一日出腦二十四斤，二幇共出腦四十四觔。

鍾德春，熬鍋十口，因逃停熬。

張天貴，熬鍋十口，初二日出腦三十九斤 十六日出腦六十斤，二幇共出腦九十九觔。

賴必貴，熬鍋十口，因病停熬。

---

172 水頭藔：今苗栗縣大湖鄉大寮村十一鄰水頭寮，舊屬水頭寮庄，為廣泰成墾區。

173 馬那邦坑：今苗栗縣大湖鄉東興村，在清代為番地，一九〇八年改為馬那邦坑庄，轄大馬那邦坑（今稱為大邦）、小馬那邦坑（今稱為小邦）二地。

174 鷄婆易山：推測為今苗栗縣大湖鄉靜湖村鷄婆山。

（三）鄭以金發信

38．鄭以金造報光緒十七年十月份罩蘭等處腦灶份數、鍋數暨腦長姓名、出腦觔數清冊（12）

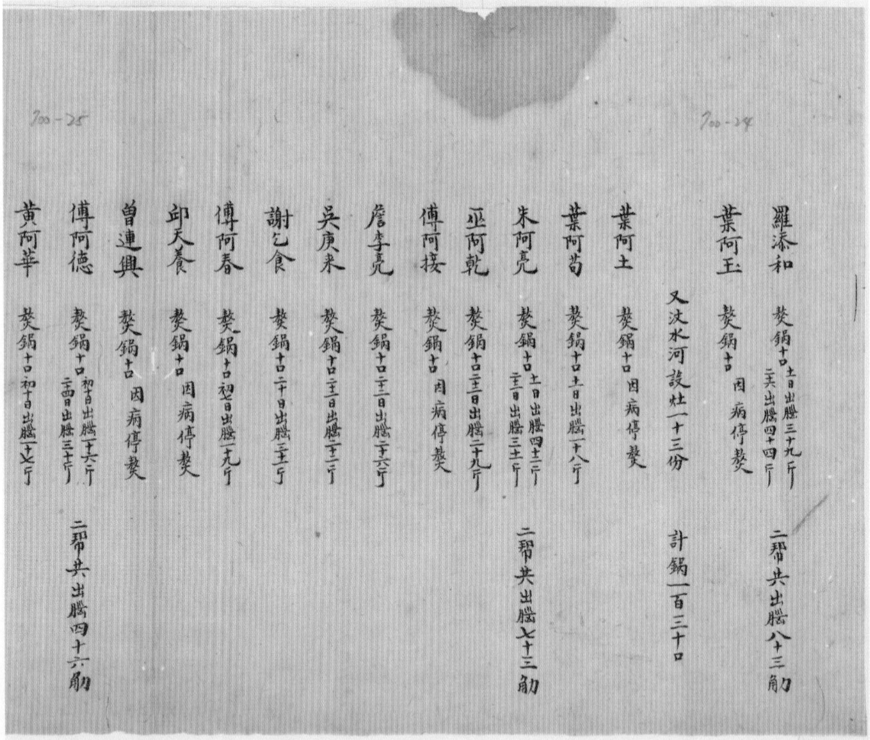

羅添和，熬鍋十口，十一日出腦三十九斤，二十六日出腦四十四斤，二幇共出腦八十三觔。

葉阿玉，熬鍋十口，因病停熬。

又，汶水河設灶一十三份，計鍋一百三十口。

葉阿土，熬鍋十口，因病停熬。

葉阿苟，熬鍋十口，十一日出腦一十八斤。

朱阿亮，熬鍋十口，十一日出腦四十二斤，二十二日出腦三十一斤，二幇共出腦七十三觔。

巫阿乾，熬鍋十口，二十二日出腦二十九斤。

傅阿接，熬鍋十口，因病停熬。

詹李亮，熬鍋十口，二十二日出腦二十六斤。

吳庚来，熬鍋十口，二十二日出腦二十二斤。

謝乞食，熬鍋十口，二十日出腦三十一斤。

傅阿春，熬鍋十口，初七日出腦一十九斤。

邱天養，熬鍋十口，因病停熬。

曾連興，熬鍋十口，因病停熬。

傅阿德，熬鍋十口，初十日出腦一十六斤，二十四日出腦三十斤，二幇共出腦四十六觔。

黃阿華，熬鍋十口，初十日出腦一十七斤。

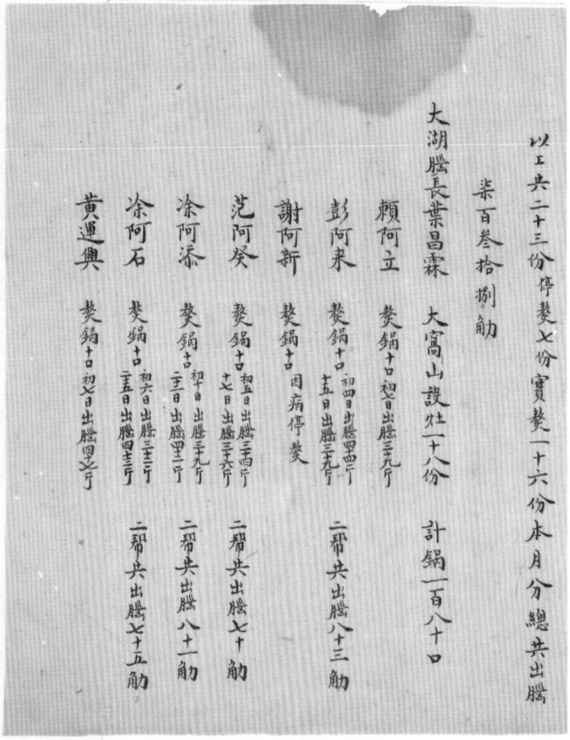

0790

以上共二十三份，停熬七份，實熬一十六份。本月分總共出腦
柒百叁拾捌觔。

大湖腦長葉昌霖，大窩山設灶一十八份，計鍋一百八十口。

賴阿立，熬鍋十口，初七日出腦三十九斤。

彭阿来，熬鍋十口，初四日出腦四十四斤，十五日出腦三十九斤，二幫共出腦八十三觔。

謝阿新，熬鍋十口，因病停熬。

范阿癸，熬鍋十口，初五日出腦三十四斤，十七日出腦三十六斤，二幫共出腦七十觔。

涂阿添，熬鍋十口，初十日出腦三十九斤，二十二日出腦四十二斤，二幫共出腦八十一觔。

涂阿石，熬鍋十口，初六日出腦三十二斤，二十五日出腦四十三斤，二幫共出腦七十五觔。

黃運興，熬鍋十口，初七日出腦四十七斤。

（三）鄭以金發信

38．鄭以金造報光緒十七年十月份罩蘭等處腦灶份數、鍋數暨腦長姓名、出腦觔數清冊(13)

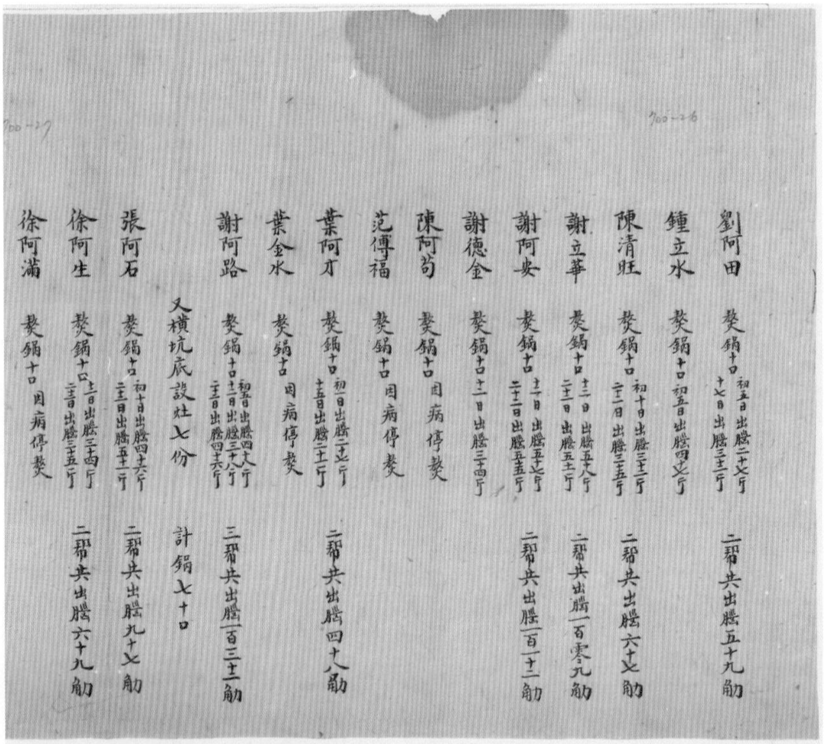

劉阿田，熬鍋十口，初五日出腦二十七斤，十七日出腦三十二斤，二幫共出腦五十九觔。

鍾立水，熬鍋十口，初五日出腦四十七斤。

陳清旺，熬鍋十口，初十日出腦三十二斤，二十二日出腦三十五斤，二幫共出腦六十七觔。

謝立華，熬鍋十口，十三日出腦五十八斤，二十二日出腦五十一斤，二幫共出腦一百零九觔。

謝阿安，熬鍋十口，十二日出腦五十七斤，二十二日出腦五十五斤，二幫共出腦一百一十二觔。

謝德金，熬鍋十口，十二日出腦三十四斤。

陳阿苟，熬鍋十口，因病停熬。

范傳福，熬鍋十口，因病停熬。

葉阿才，熬鍋十口，初一日出腦二十七斤，十五日出腦二十一斤，二幫共出腦四十八觔。

葉金水，熬鍋十口，因病停熬。

謝阿路，熬鍋十口，初五日出腦四十八斤，十二日出腦三十八斤，二十二日出腦四十六斤，三幫共出腦一百三十二觔。

又，橫坑底[175]設灶七份，計鍋七十口。

張阿石，熬鍋十口，初十日出腦四十六斤，二十二日出腦五十一斤，二幫共出腦九十七觔。

徐阿生，熬鍋十口，十二日出腦三十四斤，二十二日出腦三十五斤，二幫共出腦六十九觔。

徐阿滿，熬鍋十口，因病停熬。

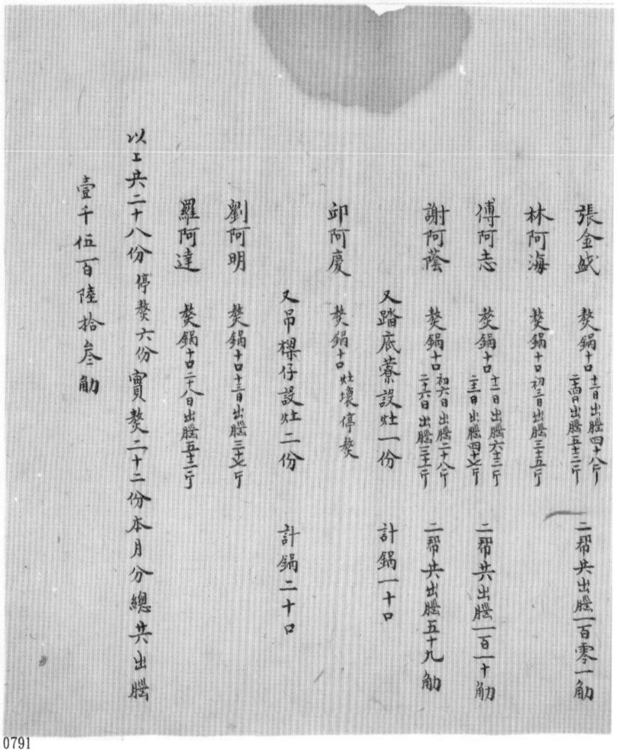

0791

張金盛，熬鍋十口，十二日出腦四十八斤，二十四日出腦五十三斤，二幇共出腦一百零一觔。

林阿海，熬鍋十口，初三日出腦三十五斤。

傅阿志，熬鍋十口，十二日出腦六十三斤，二十二日出腦四十七斤，二幇共出腦一百一十觔。

謝阿蔭，熬鍋十口，初六日出腦二十八斤，二十六日出腦三十一斤，二幇共出腦五十九觔。

又，踏底寮設灶一份，計鍋一十口。

邱阿慶，熬鍋十口，灶壞停熬。

又，吊樑仔[176]設灶二份，計鍋二十口。

劉阿明，熬鍋十口，十三日出腦三十七斤。

羅阿達，熬鍋十口，二十八日出腦五十二斤。

以上共二十八份，停熬六份，實熬二十二份。本月分總共出腦

壹千伍百陸拾叁觔。

175 横坑底：横坑底指横坑溪河谷最內側上游一帶，而「横坑」地名有二處：一為今苗栗縣大湖鄉靜湖村十一鄰；另一為今苗栗縣獅潭鄉新店村十七鄰。此二處皆產樟腦，因此「横坑底」指何者尚待進一步考證，但此處前後文出現地名多位於大湖鄉境，推測大湖鄉之横坑較有可能。

176 吊樑仔：今苗栗縣大湖鄉義和村十二、十三鄰，此處指今吊樑坑溪河谷一帶。

（三）鄭以金發信

38．鄭以金造報光緒十七年十月份罩蘭等處腦灶份數、鍋數暨腦長姓名、出腦觔數清冊(14)

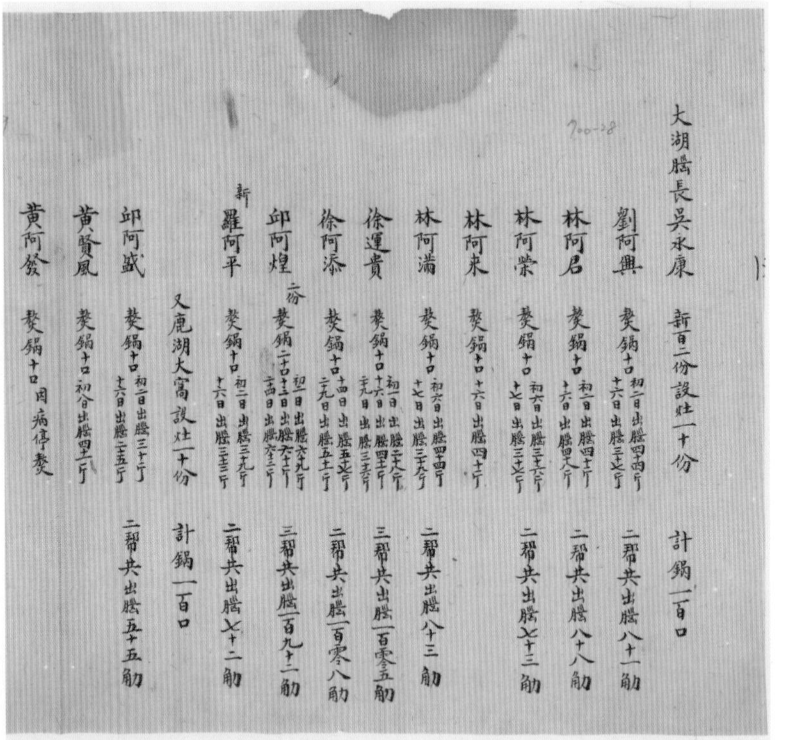
大湖腦長吳永康 新百二份設灶一十份 計鍋一百口
劉阿興 熬鍋十口 初二日出腦四十四斤 十六日出腦三十七斤 二帮共出腦八十一觔
林阿君 熬鍋十口 初二日出腦四十斤 十六日出腦四十八斤 二帮共出腦八十八觔
林阿榮 熬鍋十口 初六日出腦三十六斤 十七日出腦三十七斤 二帮共出腦七十三觔
林阿来 熬鍋十口 十六日出腦四十斤
林阿滿 熬鍋十口 初六日出腦四十四斤 十七日出腦三十九斤 二帮共出腦八十三觔
徐運貴 熬鍋十口 初一日出腦二十八斤 十六日出腦四十一斤 二十九日出腦三十六斤 三帮共出腦一百零五觔
徐阿添 熬鍋十口 十四日出腦五十七斤 二十九日出腦五十一斤 二帮共出腦一百零八觔
邱阿煌 二份 熬鍋二十口 初二日出腦六十九斤 十三日出腦六十斤 二十四日出腦六十三斤 三帮共出腦一百九十二觔
新羅阿平 熬鍋十口 初二日出腦三十九斤 十六日出腦三十三斤 二帮共出腦七十二觔
又鹿湖大窩設灶一十份 計鍋一百口
邱阿盛 熬鍋十口 初二日出腦三十斤 十六日出腦二十五斤 二帮共出腦五十五觔
黃賢風 熬鍋十口 初八日出腦四十一斤
黃阿發 熬鍋十口 因病停熬

大湖腦長吳永康，新百二份[177]設灶一十份，計鍋一百口。

劉阿興，熬鍋十口，初二日出腦四十四斤，十六日出腦三十七斤，二幇共出腦八十一觔。

林阿君，熬鍋十口，初二日出腦四十斤，十六日出腦四十八斤，二幇共出腦八十八觔。

林阿榮，熬鍋十口，初六日出腦三十六斤，十七日出腦三十七斤，二幇共出腦七十三觔。

林阿来，熬鍋十口，十六日出腦四十斤。

林阿滿，熬鍋十口，初六日出腦四十四斤，十七日出腦三十九斤，二幇共出腦八十三觔。

徐運貴，熬鍋十口，初一日出腦二十八斤，十六日出腦四十一斤，二十九日出腦三十六斤，三幇共出腦一百零五觔。

徐阿添，熬鍋十口，十四日出腦五十七斤，二十九日出腦五十一斤，二幇共出腦一百零八觔。

邱阿煌，二份，熬鍋二十口，初二日出腦六十九斤，十三日出腦六十斤，二十四日出腦六十三斤，三幇共出腦一百九十二觔。

新羅阿平，熬鍋十口，初二日出腦三十九斤，十六日出腦三十三斤，二幇共出腦七十二觔。

又，鹿湖大窩[178]設灶一十份，計鍋一百口。

邱阿盛，熬鍋十口，初二日出腦三十斤，十六日出腦二十五斤，二幇共出腦五十五觔。

黃賢風，熬鍋十口，初八日出腦四十一斤。

黃阿發，熬鍋十口，因病停熬。

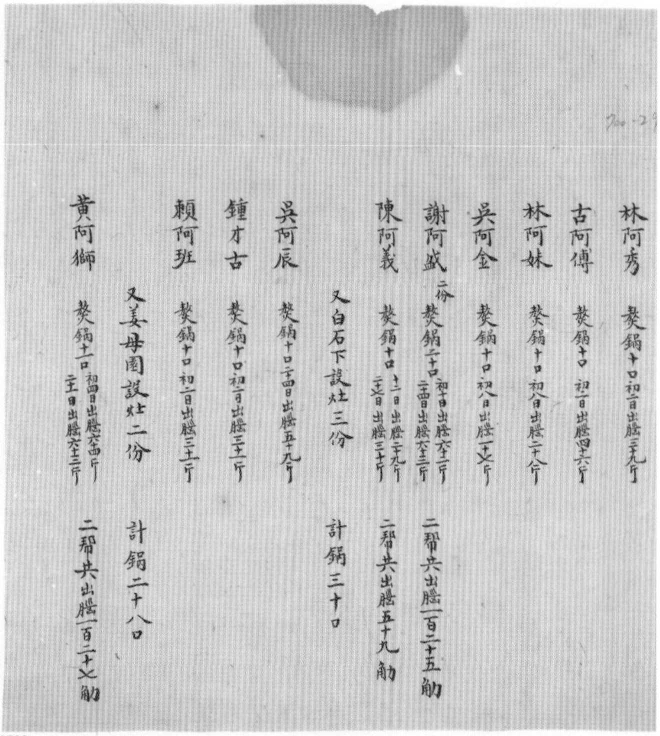

0792

林阿秀，嫯鍋十口，初二日出腦三十九斤。

古阿傳，嫯鍋十口，初二日出腦四十六斤。

林阿妹，嫯鍋十口，初八日出腦二十八斤。

吳阿金，嫯鍋十口，初八日出腦一十七斤。

謝阿盛，二份，嫯鍋二十口，初十日出腦六十二斤，二十四日出腦六十三斤，二幫共出腦一百二十五觔。

陳阿義，嫯鍋十口，十二日出腦二十九斤，二十七日出腦三十斤，二幫共出腦五十九觔。

又，白石下[179]設灶三份，計鍋三十口。

吳阿辰，嫯鍋十口，二十四日出腦五十九斤。

鍾才古，嫯鍋十口，初二日出腦三十一斤。

賴阿班，嫯鍋十口，初二日出腦三十一斤。

又，姜母園[180]設灶二份，計鍋二十八口。

黃阿獅，嫯鍋十一口，初四日出腦六十四斤，二十一日出腦六十三斤，二幫共出腦一百二十七觔。

177 新百二份：今苗栗縣大湖鄉栗林村七、八鄰新百二份，舊屬新百二份庄，此處指今新百二份山一帶。

178 鹿湖大窩：「鹿湖」指今苗栗縣銅鑼鄉新隆村十四鄰鹿湖，「大窩」指新隆村十五、十六鄰大窩。在此「鹿湖大窩」應視為兩個地名？抑或僅一處地名，指位於鹿湖一帶之大窩，用以區別大湖一帶之大窩（大窩山），待考。

179 白石下：今苗栗縣大湖鄉栗林村十一、十二鄰白石下，舊屬白石下庄。

180 姜母園：今苗栗縣大湖鄉栗林村九、十鄰姜母園（羌麻園），舊屬羌麻園庄。

（三）鄭以金發信

38．鄭以金造報光緒十七年十月份罩蘭等處腦灶份數、鍋數暨腦長姓名、出腦觔數清冊(15)

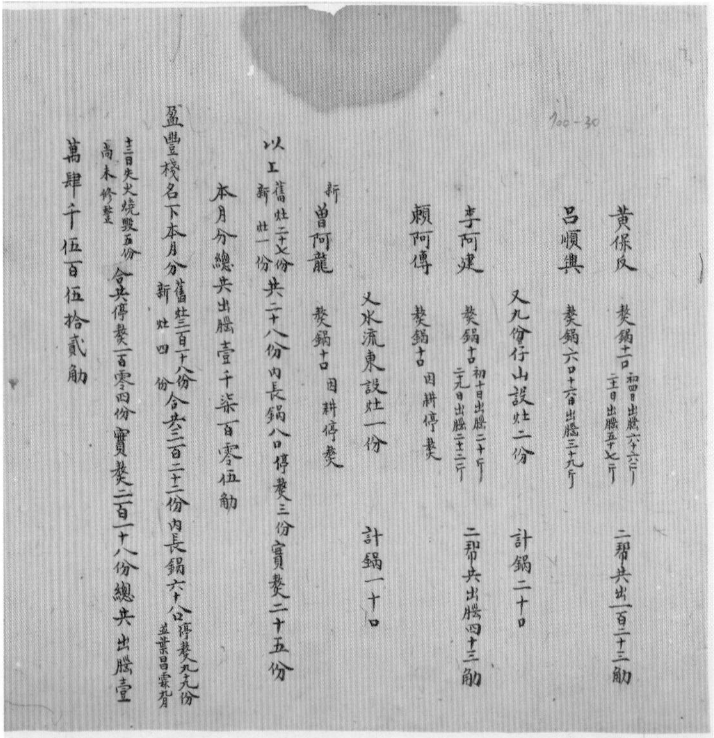

黃保反，㸐鍋十一口，初四日出腦六十六斤 二十一日出腦五十七斤，二幫共出一百二十三觔。

呂順興，㸐鍋六口，十六日出腦三十九斤。

又，九份仔山[181]設灶二份，計鍋二十口。

李阿建，㸐鍋十口，初十日出腦二十斤 二十九日出腦二十三斤，二幫共出腦四十三觔。

賴阿傳，㸐鍋十口，因耕停㸐。

又，水流東設灶一份，計鍋一十口。

新 曾阿龍，㸐鍋十口，因耕停㸐。

以上舊灶二十七份 新灶一份，共二十八份，內長鍋八口，停㸐三份，實㸐二十五份。

本月分總共出腦壹千柒百零伍觔。

盈豐棧名下本月分舊灶三百一十八份 新灶四份，合共三百二十二份，內長鍋六十八口，停㸐九十九份 並葉昌霖九月十三日失火燒毀五份 尚未修整。合共停㸐一百零四份，實㸐二百一十八份，總共出腦壹萬肆千伍百伍拾貳觔。

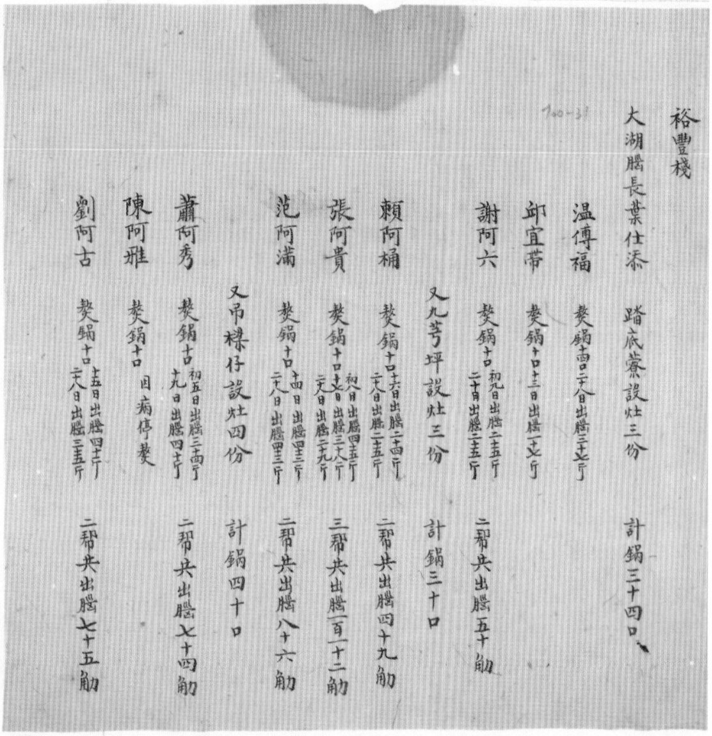

0793

裕豐棧

大湖腦長葉仕添，踏底寮設灶三份，計鍋三十四口。

溫傳福，熬鍋十四口，二十八日出腦三十七斤。

邱宜帶，熬鍋十口，十三日出腦一十七斤。

謝阿六，熬鍋十口，初九日出腦二十五斤，二十日出腦二十五斤，二幫共出腦五十觔。

又，九芎坪[182]設灶三份，計鍋三十口。

賴阿桶，熬鍋十口，十六日出腦二十四斤，二十八日出腦二十五，二幫共出腦四十九觔。

張阿貴，熬鍋十口，初八日出腦四十五斤，十七日出腦三十八斤，二十八日出腦二十九斤，三幫共出腦一百一十二觔。

范阿滿，熬鍋十口，十四日出腦四十三斤，二十八日出腦四十三斤，二幫共出腦八十六觔。

又，弔樑仔設灶四份，計鍋四十口。

蕭阿秀，熬鍋十口，初五日出腦三十四斤，十九日出腦四十斤，二幫共出腦七十四觔。

陳阿雅，熬鍋十口，因病停熬。

劉阿古，熬鍋十口，十五日出腦四十斤，二十八日出腦三十五斤，二幫共出腦七十五觔。

181 九份仔山：九份之地名在大湖附近有二：一為今苗栗縣泰安鄉八卦村「九份崀」。另一為今苗栗縣銅鑼鄉新隆村之「九份」。前者為山名符合「九份仔山」之名，後者鄰近大湖製腦地區，二者皆有可能。

182 九芎坪：應指苗栗縣大湖鄉義和村十鄰九芎坪。

（三）鄭以金發信

38・鄭以金造報光緒十七年十月份罩蘭等處腦灶份數、鍋數暨腦長姓名、出腦觔數清冊(16)

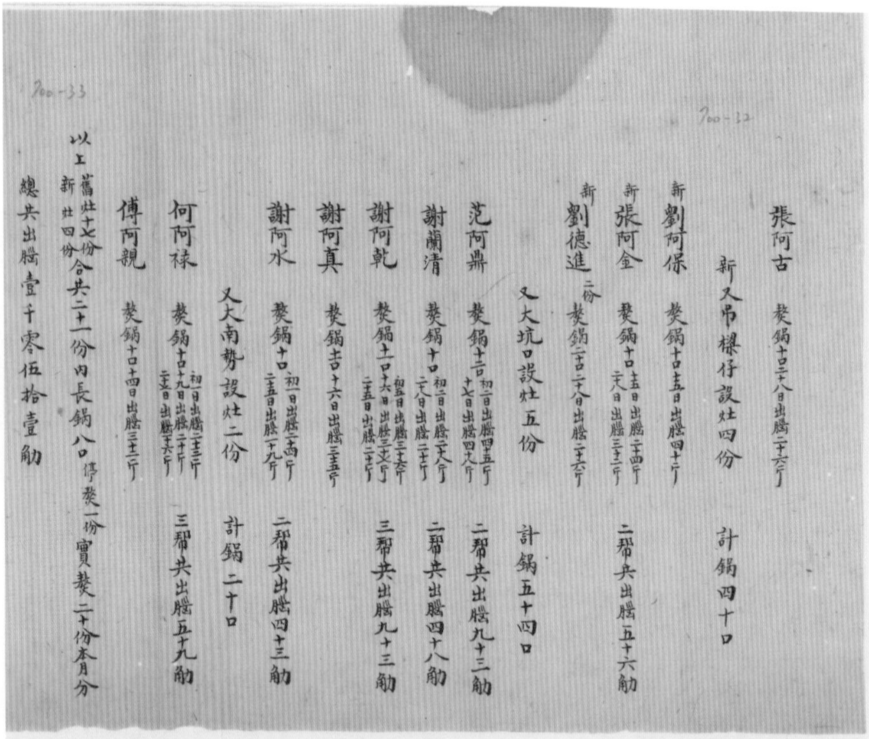

張阿古，熬鍋十口，二十八日出腦二十六斤。

新又，弔櫟仔[183]設灶四份，計鍋四十口。

新劉阿保，熬鍋十口，十五日出腦四十斤。

新張阿金，熬鍋十口，十五日出腦二十四斤 / 二十八日出腦三十二斤，二幇共出腦五十六觔。

新劉德進，二份，熬鍋二十口，二十八日出腦二十六斤。

又，大坑口[184]設灶五份，計鍋五十四口。

范阿鼎，熬鍋十二口，初二日出腦四十五斤 / 十七日出腦四十八斤，二幇共出腦九十三觔。

謝蘭清，熬鍋十口，初二日出腦二十八斤 / 二十八日出腦二十斤，二幇共出腦四十八觔。

謝阿乾，熬鍋十一口，初五日出腦三十六斤 / 十六日出腦三十七斤 / 二十五日出腦二十斤，三幇共出腦九十三觔。

謝阿眞，熬鍋十一口，十六日出腦三十五斤。

謝阿水，熬鍋十口，初一日出腦二十四斤 / 二十五日出腦一十九斤，二幇共出腦四十三觔。

又，大南勢[185]設灶二份，計鍋二十口。

何阿祿，熬鍋十口，初一日出腦二十三斤 / 十九日出腦二十斤 / 二十一日出腦一十六斤，三幇共出腦五十九觔。

傅阿親，熬鍋十口，十四日出腦三十二斤。

以上舊灶十七份 / 新灶四份，合共二十一份，內長鍋八口，停熬一份，實熬二十份。本月分

總共出腦壹千零伍拾壹觔。

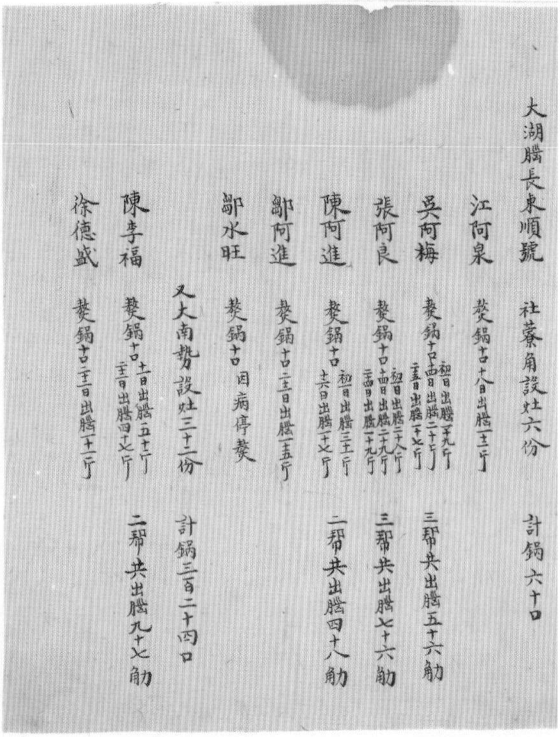

0794

大湖腦長東順號，社蓼角[186]設灶六份，計鍋六十口。

江阿泉，㸐鍋十口，十八日出腦一十二斤。

吳阿梅，㸐鍋十口，初一日出腦一十九斤，十四日出腦二十斤，二十五日出腦一十七斤，三幇共出腦五十六觔。

張阿良，㸐鍋十口，初一日出腦一十八斤，十四日出腦二十九斤，二十四日出腦一十九斤，三幇共出腦七十六觔。

陳阿進，㸐鍋十口，初一日出腦三十一斤，十六日出腦一十七斤，二幇共出腦四十八觔。

鄒阿進，㸐鍋十口，二十三日出腦一十五斤。

鄒水旺，㸐鍋十口，因病停㸐。

又，大南勢設灶三十二份，計鍋三百二十四口。

陳李福，㸐鍋十口，十一日出腦五十斤，二十二日出腦四十七斤，二幇共出腦九十七觔。

徐德盛，㸐鍋十口，二十三日出腦一十一斤。

183 弔樑仔：即吊樑仔。

184 大坑口：大湖地區並無「大坑口」地名，推測應指「大邦口」。大邦口，又稱「哨官坪」，本文書有出現此地名，為今苗栗縣大湖鄉義和村七鄰，該地為進入「大馬拉邦坑」（今簡稱為「大邦」，而非「大坑」，或許清光緒時期簡稱大坑，待考）之入口。又，苗栗縣三義鄉雙湖村有「大坑」與「大坑口」地名；公館鄉大坑村亦有「大坑」地名，在此附列待查證。

185 大南勢：今苗栗縣大湖鄉大南村六至十鄰大南勢。

186 社蓼角：今日之「社寮角」地名指苗栗縣大湖鄉靜湖村十一鄰部分與十五、十六鄰，但〈臺灣堡圖〉所標示之社寮角位於今靜湖村上坪（靜湖村八、十鄰與七、九鄰部分）一帶。本處所指社寮角應指上坪北側之山頭。

（三）鄭以金發信

38．鄭以金造報光緒十七年十月份罩蘭等處腦灶份數、鍋數暨腦長姓名、出腦觔數清冊(17)

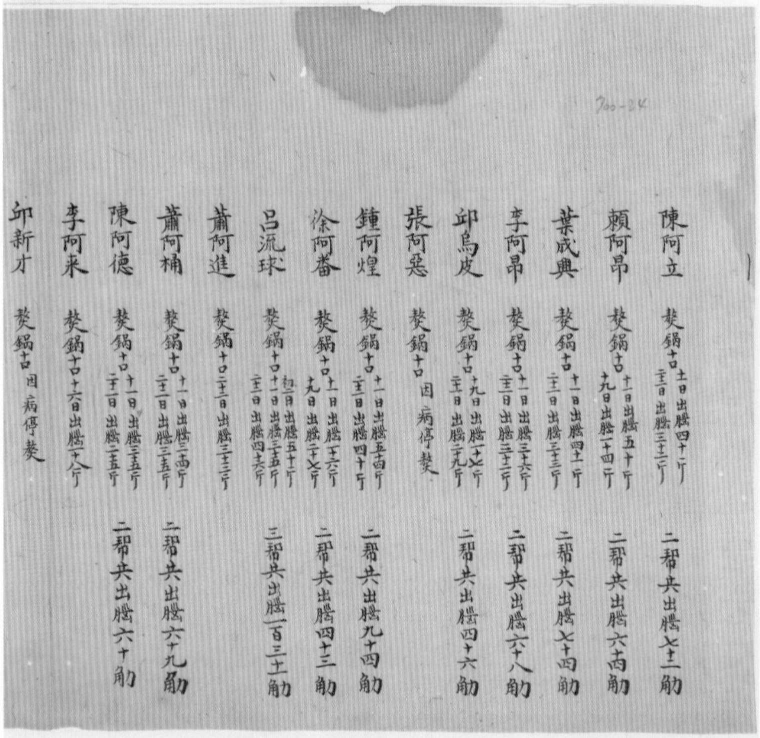

陳阿立，敖鍋十口，十一日出腦四十斤，二十二日出腦三十二斤，二幇共出腦七十二觔。

賴阿昂，敖鍋十口，十一日出腦五十斤，十九日出腦一十四斤，二幇共出腦六十四觔。

黃成興，敖鍋十口，十一日出腦四十一斤，二十二日出腦三十三斤，二幇共出腦七十四觔。

李阿昂，敖鍋十口，十一日出腦三十六斤，二十二日出腦三十二斤，二幇共出腦六十八觔。

邱烏皮，敖鍋十口，十九日出腦一十七斤，二十一日出腦二十九斤，二幇共出腦四十六觔。

張阿惡，敖鍋十口，因病停敖。

鍾阿煌，敖鍋十口，十一日出腦五十四斤，二十二日出腦四十斤，二幇共出腦九十四觔。

徐阿沓，敖鍋十口，十一日出腦一十六斤，十九日出腦二十七斤，二幇共出腦四十三觔。

呂流球，敖鍋十口，初二日出腦五十斤，十一日出腦三十五斤，二十二日出腦四十六斤，三幇共出腦一百三十一觔。

蕭阿進，敖鍋十口，二十二日出腦三十二斤。

蕭阿桶，敖鍋十口，十一日出腦三十四斤，二十二日出腦三十五斤，二幇共出腦六十九觔。

陳阿德，敖鍋十口，十一日出腦三十五斤，二十二日出腦二十五斤，二幇共出腦六十觔。

李阿来，敖鍋十口，十六日出腦一十八斤。

邱新才，敖鍋十口，因病停敖。

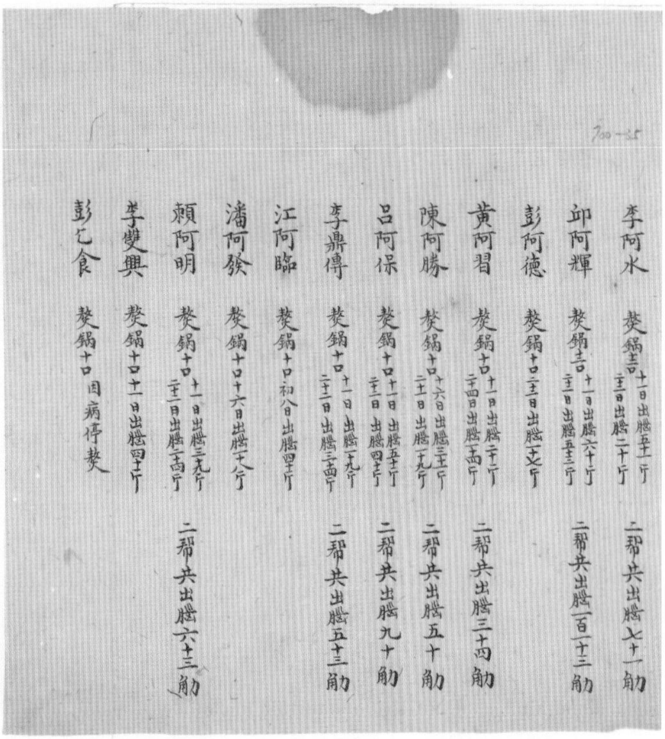

0795

李阿水，熬鍋十口，十一日出腦五十一斤，二十二日出腦二十斤，二幇共出腦七十一觔。

邱阿輝，熬鍋十二口，十一日出腦六十斤，二十二日出腦五十三斤，二幇共出腦一百一十三觔。

彭阿德，熬鍋十口，二十二日出腦一十七斤。

黃阿習，熬鍋十口，十一日出腦二十斤，二十四日出腦一十四斤，二幇共出腦三十四觔。

陳阿勝，熬鍋十口，十六日出腦三十一斤，二十一日出腦一十九斤，二幇共出腦五十觔。

呂阿保，熬鍋十口，十一日出腦五十斤，二十二日出腦四十斤，二幇共出腦九十觔。

李鼎傳，熬鍋十口，十一日出腦一十九斤，二十二日出腦三十四斤，二幇共出腦五十三觔。

江阿臨，熬鍋十口，初八日出腦四十斤。

潘阿發，熬鍋十口，十六日出腦一十八斤。

賴阿明，熬鍋十口，十一日出腦三十九斤，二十二日出腦二十四斤，二幇共出腦六十三觔。

李雙興，熬鍋十口，十一日出腦四十斤。

彭乞食，熬鍋十口，因病停熬。

（三）鄭以金發信

38．鄭以金造報光緒十七年十月份罩蘭等處腦灶份數、鍋數暨腦長姓名、出腦觔數清冊(18)

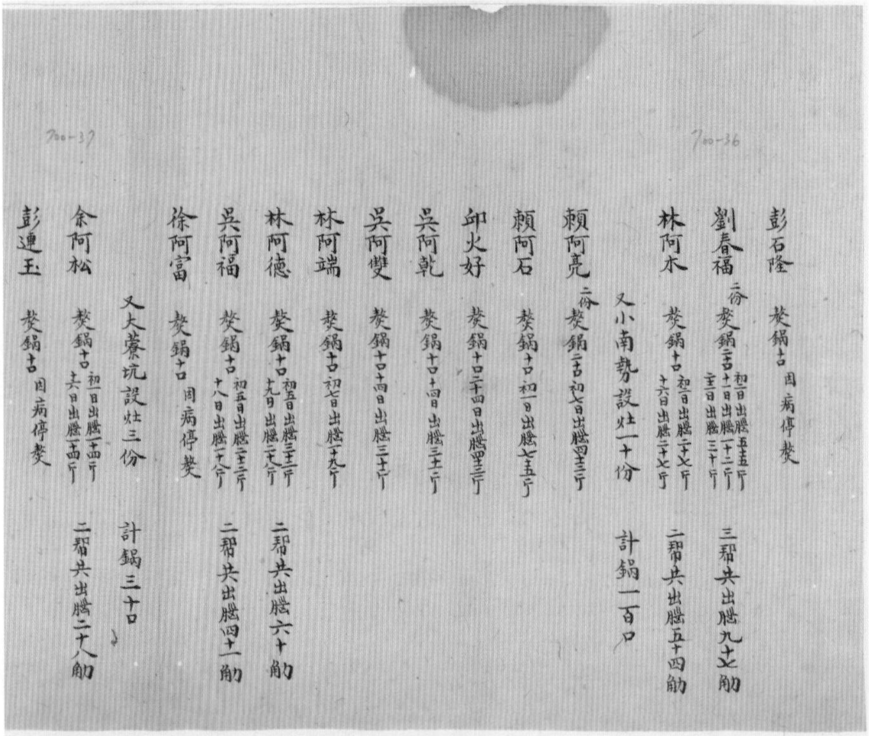

彭石隆，熬鍋十口，因病停熬。

劉春福，二份，熬鍋二十口，初二日出腦五十五斤，十一日出腦一十二斤，二十二日出腦三十斤，三幫共出腦九十七觔。

林阿木，鍋十口，初二日出腦二十七斤，十六日出腦二十七斤，二幫共出腦五十四觔。

又熬小南勢[187]設灶一十份，計鍋一百口。

賴阿亮，二份，熬鍋二十口，初七日出腦四十三斤。

賴阿石，熬鍋十口，初一日出腦七十五斤。

邱火好，熬鍋十口，二十四日出腦四十二斤。

吳阿乾，熬鍋十口，十四日出腦三十一斤。

吳阿雙，熬鍋十口，十四日出腦三十斤。

林阿端，熬鍋十口，初七日出腦一十九斤。

林阿德，熬鍋十口，初五日出腦三十二斤，十九日出腦二十八斤，二幫共出腦六十觔。

吳阿福，熬鍋十口，初五日出腦二十三斤，十八日出腦一十八斤，二幫共出腦四十一觔。

徐阿富，熬鍋十口，因病停熬。

又，大寮坑[188]設灶三份，計鍋三十口。

余阿松，熬鍋十口，初一日出腦一十四斤，十六日出腦一十四斤，二幫共出腦二十八觔。

彭連玉，熬鍋十口，因病停熬。

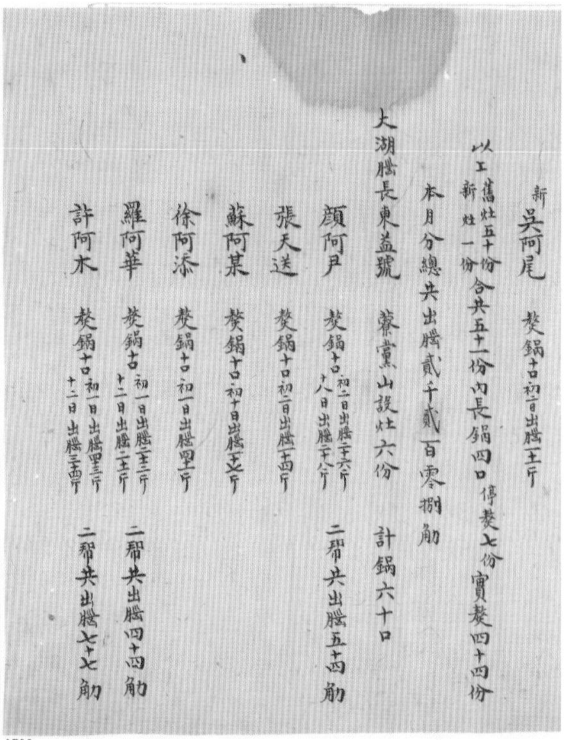

0796

新 吳阿尾，焚鍋十口，初二日出腦一十一斤。

以上舊灶五十份 新灶一份，合共五十一份，內長鍋四口，停焚七份，實焚四十四份。

本月分總共出腦貳千貳百零捌觔。

大湖腦長東益號，藔黨山[189]設灶六份，計鍋六十口。

顏阿尹，焚鍋十口，初二日出腦二十六斤 十八日出腦二十八斤，二幇共出腦五十四觔。

張天送，焚鍋十口，初二日出腦一十四斤。

蘇阿某，焚鍋十口，初十日出腦一十七斤。

徐阿添，焚鍋十口，初一日出腦四十一斤。

羅阿華，焚鍋十口，初一日出腦二十三斤 十二日出腦二十一斤，二幇共出腦四十四觔。

許阿木，焚鍋十口，初一日出腦四十三斤 十二日出腦三十四斤，二幇共出腦七十七觔。

---

187 小南勢：今苗栗縣大湖鄉大南村一至五鄰小南勢。

188 大藔坑：應指今苗栗縣大湖鄉大寮村十七鄰之大寮坑。因「大寮坑」指大寮所在的河谷（坑），而大寮地名又非常普遍，文獻之「大寮坑」是否指此處，有待進一步確認。

189 藔黨山：「黨（tóng）」應為客家語之「崠（dung）」，因此寮黨山即寮崠山。大湖地區「寮崠」之地名有「七寮崠」一處，位於今大湖鄉靜胡村十鄰，但「寮崠山」是否指今日「七寮崠」一帶，待考。又，大湖鄉「崠」之山名尚有下列：（一）大湖鄉南湖村與銅鑼鄉新隆村交界處之「十分崠」；（二）義和村一鄰之「鍋仔崠山」（鑊仔崠山）；（三）栗林村之「楔隘崠山」。（四）武榮村之「大鼓崠山」、「麻園崠山」。（五）南湖村之「楓樹崠山」、「砲豬崠山」。以上附列待考。

（三）鄭以金發信

38．鄭以金造報光緒十七年十月份罩蘭等處腦灶份數、鍋數暨腦長姓名、出腦觔數清冊(19)

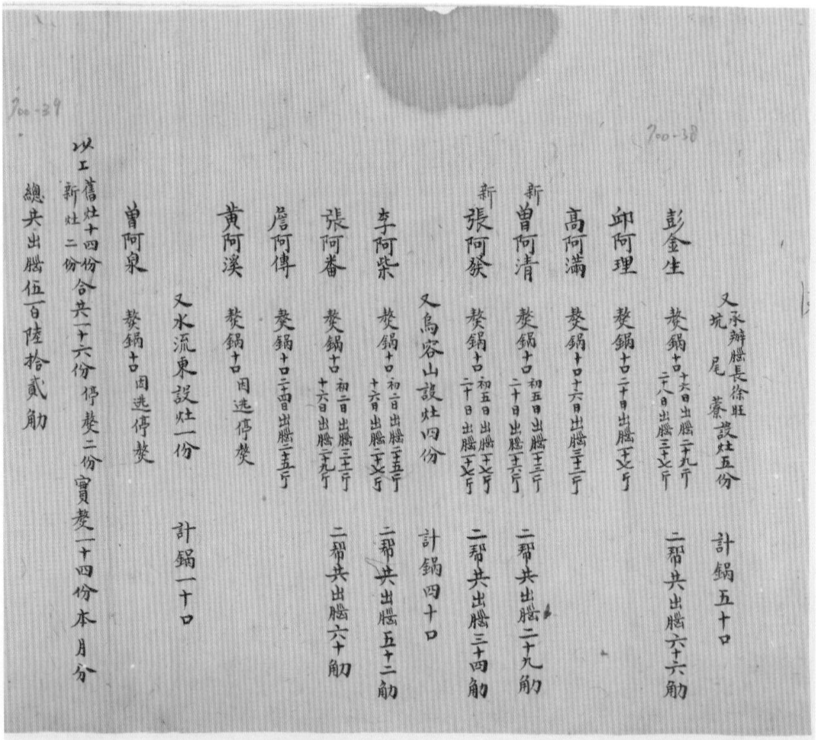

又，承辦腦長徐旺 坑尾寮設灶五份，計鍋五十口。

彭金生，熬鍋十口，十六日出腦二十九斤 二十八日出腦三十七斤，二幇共出腦六十六觔。

邱阿理，熬鍋十口，二十日出腦一十七斤。

高阿滿，熬鍋十口，十六日出腦三十二斤。

新 曾阿清，熬鍋十口，初五日出腦一十三斤 二十日出腦一十六斤，二幇共出腦二十九觔。

新 張阿發，熬鍋十口，初五日出腦一十七斤 二十日出腦一十七斤，二幇共出腦三十四觔。

又，烏容山設灶四份，計鍋四十口。

李阿柴，熬鍋十口，初二日出腦二十五斤 十六日出腦二十七斤，二幇共出腦五十二觔。

張阿畨，熬鍋十口，初二日出腦三十一斤 十六日出腦二十九斤，二幇共出腦六十觔。

詹阿傳，熬鍋十口，二十四日出腦二十五斤。

黃阿溪，熬鍋十口，因逃停熬。

又，水流東設灶一份，計鍋一十口。

曾阿泉，熬鍋十口，因逃停熬。

以上舊灶十四份 新灶二份，合共一十六份，停熬二份，實熬一十四份，本月分

總共出腦伍百陸拾貳觔。

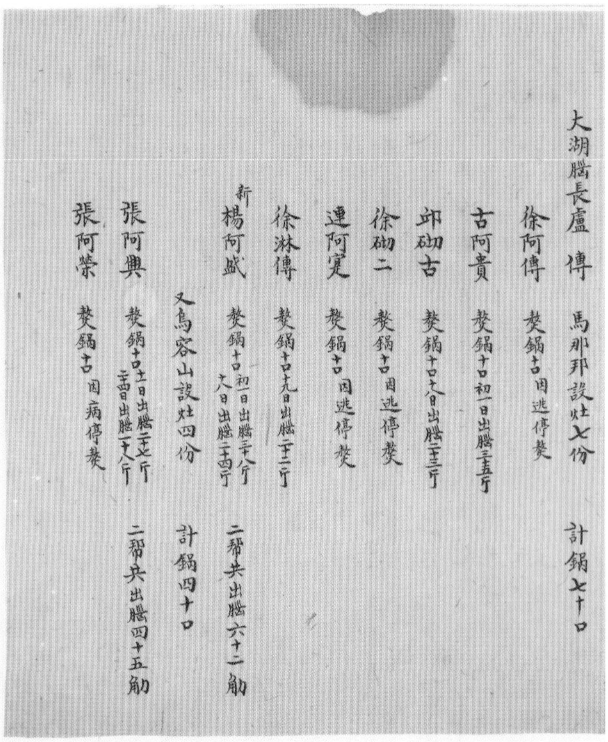

0797

大湖腦長盧　傳，馬那邦設灶七份，計鍋七十口。

徐阿傳，㸑鍋十口，因逃停㸑。

古阿貴，㸑鍋十口，初一日出腦三十五斤。

邱砌古，㸑鍋十口，十八日出腦二十三斤。

徐砌二，㸑鍋十口，因逃停㸑。

連阿寔，㸑鍋十口，因逃停㸑。

徐淋傳，㸑鍋十口，十九日出腦二十二斤。

新楊阿盛，㸑鍋十口，初一日出腦三十八斤 十八日出腦二十四斤，二幇共出腦六十二觔。

又，烏容山設灶四份，計鍋四十口。

張阿興，㸑鍋十口，十一日出腦二十七斤 二十四日出腦一十八斤，二幇共出腦四十五觔。

張阿榮，㸑鍋十口，因病停㸑。

（三）鄭以金發信

38．鄭以金造報光緒十七年十月份罩蘭等處腦灶份數、鍋數暨腦長姓名、出腦觔數清冊(20)

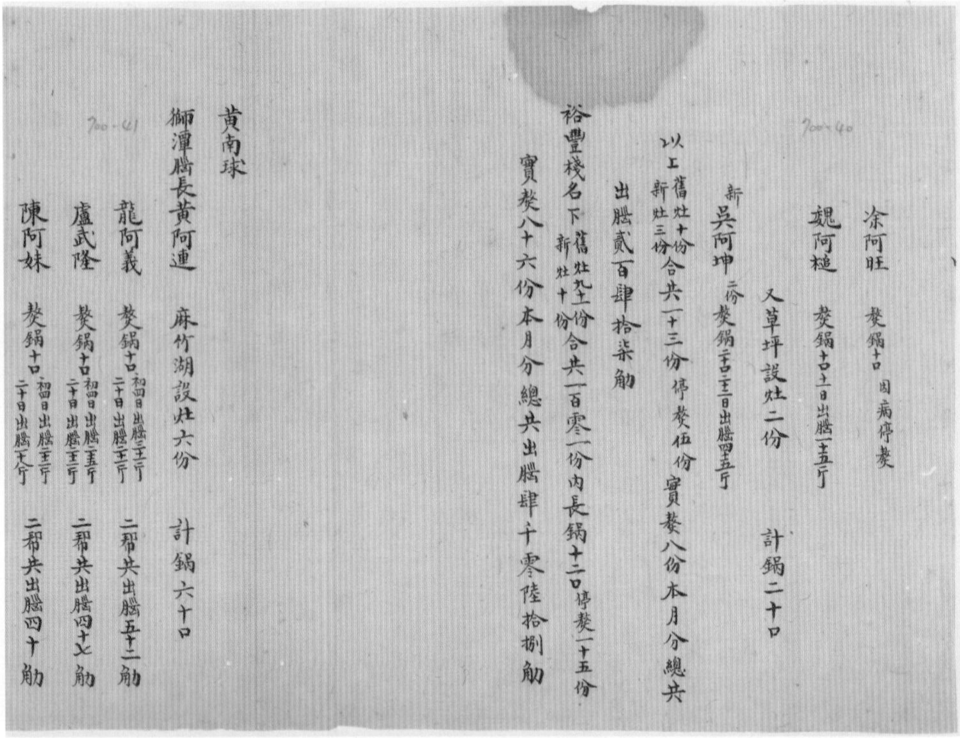

涂阿旺，熬鍋十口，因病停熬。

魏阿槌，熬鍋十口，十一日出腦一十五斤。

又，草坪[190]設灶二份，計鍋二十口。

新吳阿坤，二份，熬鍋二十口，二十二日出腦四十五斤。

以上舊灶十份、新灶三份，共一十三份，停熬伍份，實熬八份。本月分總共出腦貳百肆拾柒觔。

裕豐棧名下舊灶九十一份、新灶十份，合共一百零一份，內長鍋十二口，停熬一十五份，實熬八十六份。本月分總共出腦肆千零陸拾捌觔。

黃南球

獅潭腦長黃阿連，麻竹湖[191]設灶六份，計鍋六十口。

龍阿義，熬鍋十口，初四日出腦三十一斤，二十日出腦二十一斤，二帮共出腦五十二觔。

盧武隆，熬鍋十口，初四日出腦二十五斤，二十日出腦二十二斤，二帮共出腦四十七觔。

陳阿妹，熬鍋十口，初四日出腦二十二斤，二十日出腦一十八斤，二帮共出腦四十觔。

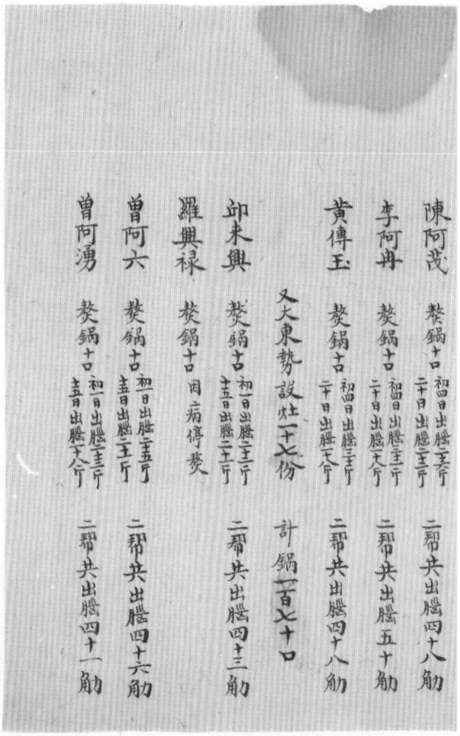

0798

陳阿茂，熬鍋十口，初四日出腦二十六斤，二十日出腦二十二斤，二帮共出腦四十八觔。

李阿冉，熬鍋十口，初四日出腦三十二斤，二十日出腦一十八斤，二帮共出腦五十觔。

黃傳玉，熬鍋十口，初四日出腦三十斤，二十日出腦一十八斤，二帮共出腦四十八觔。

又，大東勢[192]設灶一十七份，計鍋一百七十口。

邱来興，熬鍋十口，初一日出腦二十二斤，十五日出腦二十一斤，二帮共出腦四十三觔。

羅興祿，熬鍋十口，因病停熬。

曾阿六，熬鍋十口，初一日出腦二十五斤，十五日出腦二十一斤，二帮共出腦四十六觔。

曾阿湧，熬鍋十口，初一日出腦二十三斤，十五日出腦一十八斤，二帮共出腦四十一觔。

---

190 草坪：草坪應指「草濫坪」，為今苗栗縣大湖鄉南湖村一至四鄰。

191 麻竹湖：閩南語之「湖」相似於客語之「窩」，皆指深谷低窪而開口向外的地形，因此「麻竹湖」即「麻竹窩」。麻竹窩，今苗栗縣大湖鄉大南村十二鄰麻竹窩。

192 大東勢：今苗栗縣獅潭鄉新店村十三、十五至十八鄰之大東勢坑河谷。

（三）鄭以金發信

38．鄭以金造報光緒十七年十月份罩蘭等處腦灶份數、鍋數暨腦長姓名、出腦觔數清冊(21)

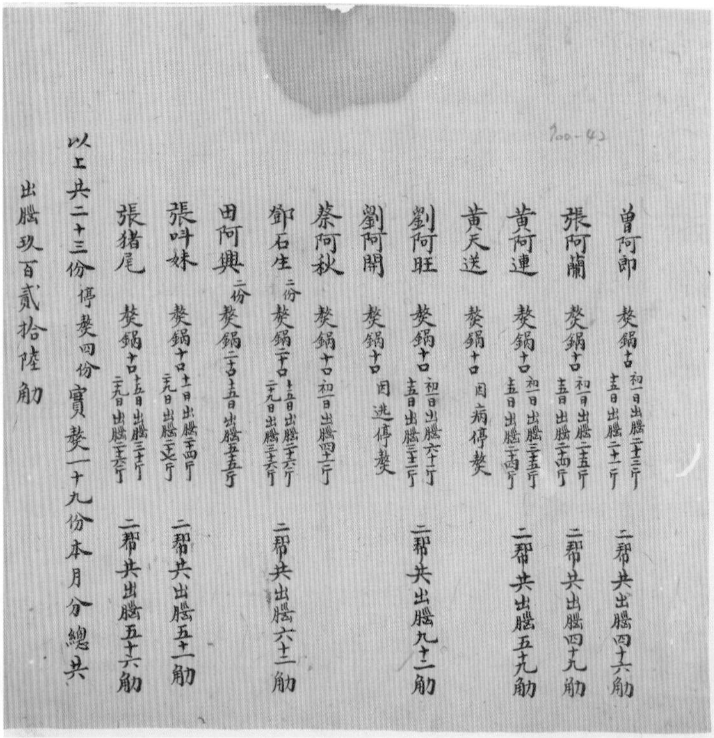

曾阿郎，敖鍋十口，初一日出腦二十三斤 十五日出腦二十一斤，二幇共出腦四十六觔。

張阿蘭，敖鍋十口，初一日出腦二十五斤 十五日出腦二十四斤，二幇共出腦四十九觔。

黃阿連，敖鍋十口，初一日出腦三十五斤 十五日出腦二十四斤，二幇共出腦五十九觔。

黃天送，敖鍋十口，因病停敖。二幇共出腦九十二觔。

劉阿旺，敖鍋十口，初一日出腦三十斤 十五日出腦三十二斤，二幇共出腦九十二觔。

劉阿開，敖鍋十口，因逃停敖。

蔡阿秋，敖鍋十口，初一日出腦四十一斤。

鄧石生，二份，敖鍋二十口，十五日出腦二十六斤 二十九日出腦三十六斤，二幇共出腦六十二觔。

田阿興，二份，敖鍋二十口，十五日出腦五十五斤。

張叫妹，敖鍋十口，十一日出腦二十四斤 二十九日出腦二十七斤，二幇共出腦五十一觔。

張猪尾，敖鍋十口，十五日出腦三十斤 二十九日出腦二十六斤，二幇共出腦五十六觔。

以上共二十三份，停敖四份，實敖一十九份。本月分總共

出腦玖百貳拾陸觔。

0799

獅潭腦長彭阿華，哨高下[193]設灶四份，計鍋四十口。

彭阿華，熬鍋十口，初九日出腦四十斤，二十六日出腦七十二斤，二幇共出腦一百一十二觔。

劉阿貴，熬鍋十口，初九日出腦二十七斤，二十七日出腦三十二斤，二幇共出腦五十七觔。

李秀發，熬鍋十口，初九日出腦二十八斤，二十六日出腦三十一斤，二幇共出腦五十九觔。

鍾阿妹，熬鍋十口，因病停熬。

共四份，停熬一份，實熬三份。本月分總共出腦貳百貳拾捌觔。

獅潭腦長黃阿各，大東勢設灶八份，計鍋八十四口。

黃阿各，熬鍋十二口，初五日出腦六十二斤，二十二日出腦四十一斤，二幇共出腦一百零三觔。

黎阿才，熬鍋十二口，初五日出腦五十七斤，二十二日出腦四十二斤，二幇共出腦九十九觔。

莊阿玉，熬鍋十口，初五日出腦四十八斤，二十二日出腦四十一斤，二幇共出腦八十九觔。

金阿振，熬鍋十口，初五日出腦四十斤，二十二日出腦四十斤，二幇共出腦八十觔。

鍾細滿，熬鍋十口，初五日出腦五十六斤，二十二日出腦四十斤，二幇共出腦九十六觔。

甘阿旺，熬鍋十口，初五日出腦三十九斤，二十二日出腦四十斤，二幇共出腦七十九觔。

193 哨高下：指哨高崠之下方。哨高崠，今獅潭鄉新店村十八鄰與和興村五鄰之交界處。此處哨高下，應指哨高崠北側山坡。

（三）鄭以金發信

38・鄭以金造報光緒十七年十月份罩蘭等處腦灶份數、鍋數暨腦長姓名、出腦觔數清冊(22)

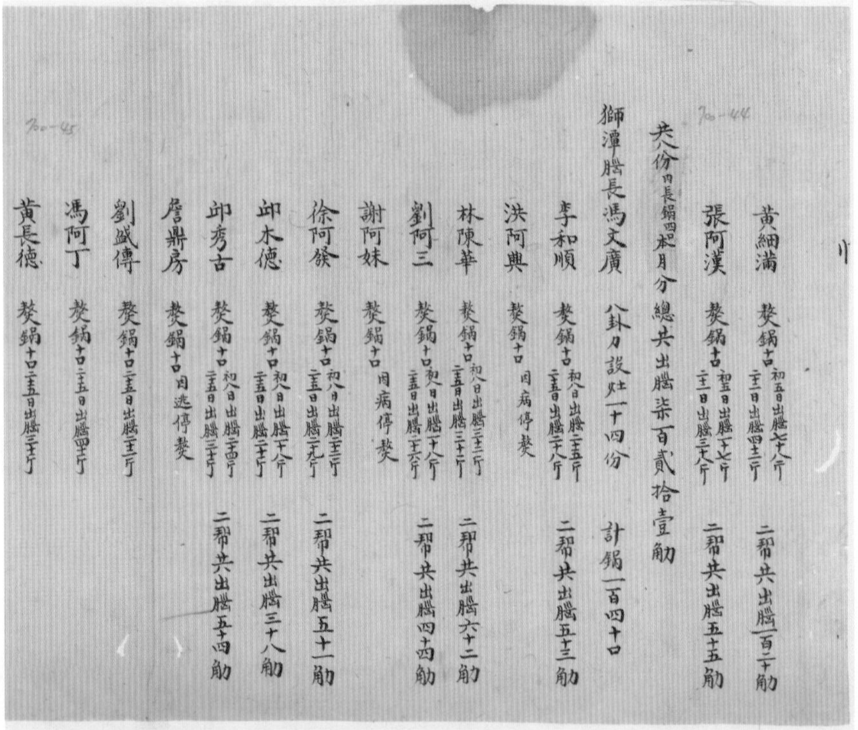

黃細滿，熬鍋十口，初五日出腦七十八斤 二十二日出腦四十二斤，二幫共出腦一百二十觔。

張阿漢，熬鍋十口，初五日出腦一十七斤 二十二日出腦三十八斤，二幫共出腦五十五觔。

共八份，內長鍋四口，本月分總共出腦柒百貳拾壹觔。

獅潭腦長馮文廣，八卦力[194]設灶一十四份，計鍋一百四十口。

李和順，熬鍋十口，初八日出腦二十五斤 二十五日出腦二十八斤，二幫共出腦五十三觔。

洪阿興，熬鍋十口，因病停熬。

林陳華，熬鍋十口，初八日出腦三十二斤 二十五日出腦三十斤，二幫共出腦六十二觔。

劉阿三，熬鍋十口，初八日出腦一十八斤 二十五日出腦二十六斤，二幫共出腦四十四觔。

謝阿妹，熬鍋十口，因病停熬。

徐阿發，熬鍋十口，初八日出腦二十二斤 二十五日出腦二十九斤，二幫共出腦五十一觔。

邱木德，熬鍋十口，初八日出腦一十八斤 二十五日出腦二十斤，二幫共出腦三十八觔。

邱秀古，熬鍋十口，初八日出腦二十四斤 二十五日出腦三十斤，二幫共出腦五十四觔。

詹鼎房，熬鍋十口，因逃停熬。

劉盛傳，熬鍋十口，二十五日出腦二十二斤。

馮阿丁，熬鍋十口，二十五日出腦四十斤。

黃長德，熬鍋十口，二十五日出腦三十斤。

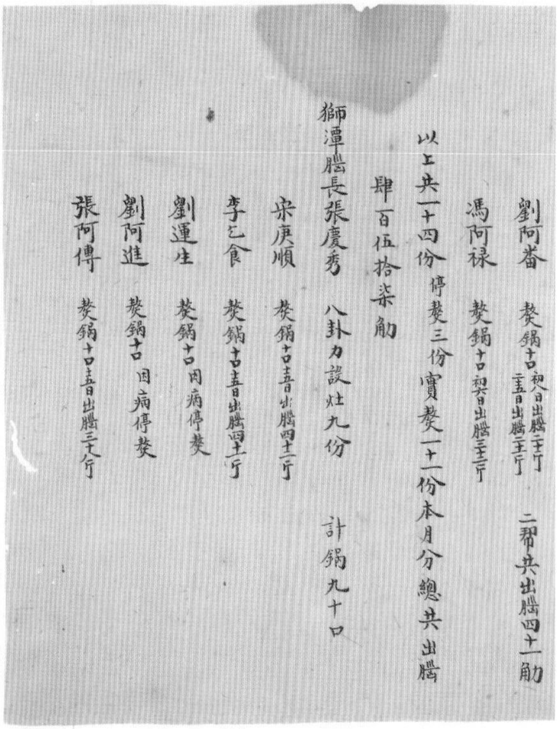

0800

劉阿畨，熬鍋十口，初八日出腦二十斤，二十五日出腦二十一斤，二幇共出腦四十一觔。

馮阿祿，熬鍋十口，初六日出腦三十二斤。

以上共一十四份，停熬三份，實熬一十一份。本月分總共出腦

肆百伍拾柒觔。

獅潭腦長張慶秀，八卦力[194]設灶九份，計鍋九十口。

宋庚順，熬鍋十口，十五日出腦四十二斤。

李乞食，熬鍋十口，十五日出腦四十一斤。

劉運生，熬鍋十口，因病停熬。

劉阿進，熬鍋十口，因病停熬。

張阿傳，熬鍋十口，十五日出腦三十八斤。

194 八卦力：指苗栗縣獅潭鄉與泰安鄉交界之八卦力山一帶。

（三）鄭以金發信

38．鄭以金造報光緒十七年十月份罩蘭等處腦灶份數、鍋數暨腦長姓名、出腦觔數清冊(23)

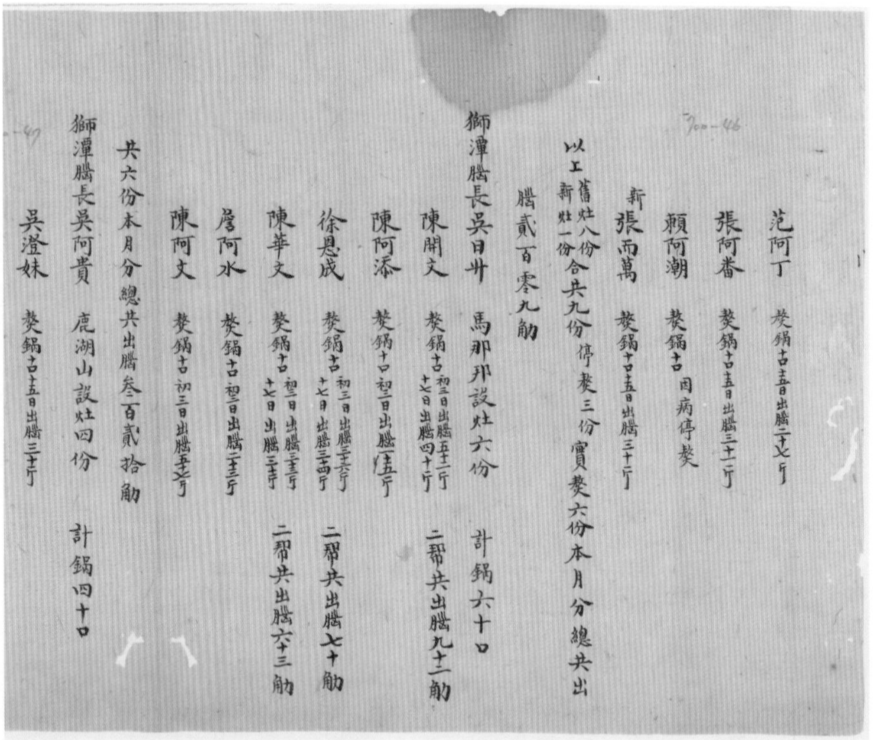

范阿丁，熬鍋十口，十五日出腦二十七斤。

張阿畨，熬鍋十口，十五日出腦三十一斤。

賴阿潮，熬鍋十口，因病停熬。

新張而萬，熬鍋十口，十五日出腦三十斤。

以上舊灶八份新灶一份，合共九份，停熬三份，實熬六份。本月分總共出腦貳百零九觔。

獅潭腦長吳日升，馬那邦設灶六份，計鍋六十口。

陳開文，熬鍋十口，初三日出腦五十二斤，十七日出腦四十斤，二幇共出腦九十二觔。

陳阿添，熬鍋十口，初三日出腦一十五斤。

徐恩成，熬鍋十口，初三日出腦三十六斤，十七日出腦三十四斤，二幇共出腦七十觔。

陳華文，熬鍋十口，初三日出腦三十三斤，十七日出腦三十斤，二幇共出腦六十三觔。

詹阿水，熬鍋十口，初三日出腦二十三斤。

陳阿文，熬鍋十口，初三日出腦五十七斤。

共六份，本月分總共出腦叄百貳拾觔。

獅潭腦長吳阿貴，鹿湖山設灶四份，計鍋四十口。

吳澄妹，熬鍋十口，十五日出腦三十斤。

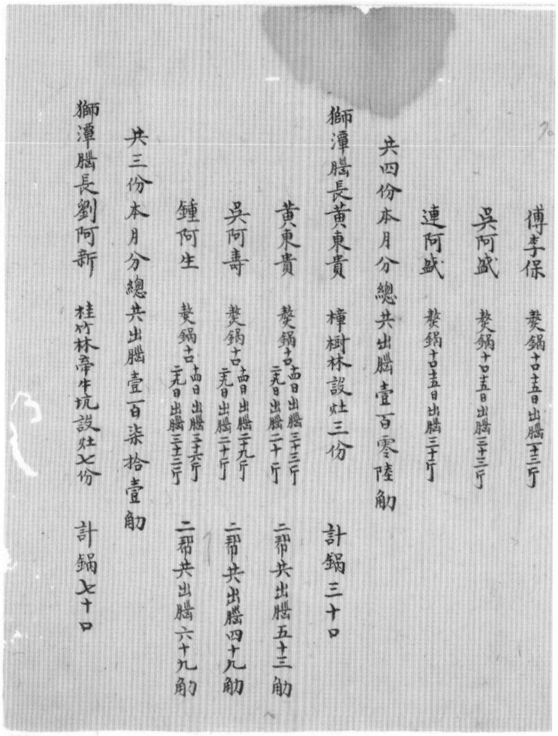

0801

傅李保，焚鍋十口，十五日出腦一十三斤。

吳阿盛，焚鍋十口，十五日出腦三十三斤。

連阿盛，焚鍋十口，十五日出腦三十斤。

共四份，本月分總共出腦壹百零陸觔。

獅潭腦長黃東貴，樟樹林[195]設灶三份，計鍋三十口。

黃東貴，焚鍋十口，十四日出腦三十三斤，二十九日出腦二十斤，二幇共出腦五十三觔。

吳阿壽，焚鍋十口，十四日出腦二十九斤，二十九日出腦二十斤，二幇共出腦四十九觔。

鍾阿生，焚鍋十口，十四日出腦三十六斤，二十九日出腦三十三斤，二幇共出腦六十九觔。

共三份，本月分總共出腦壹百柒拾壹觔。

獅潭腦長劉阿新，桂竹林[196]、牽牛坑[197]設灶七份，計鍋七十口。

---

195 樟樹林：大湖、獅潭一帶以樟樹為名之地名頗多，如「樟樹林」或「樟樹園」等，但此種地名來源多因日治時期專賣局設置樟樹林作業所而得。此處「樟樹林」推測指苗栗縣獅潭鄉永興村五鄰樟樹崀。

196 桂竹林：今苗栗縣獅潭鄉竹木村，舊屬桂竹林庄。

197 牽牛坑：今苗栗縣頭屋鄉飛鳳村七鄰牽牛坑。

（三）鄭以金發信

38・鄭以金造報光緒十七年十月份罩蘭等處腦灶份數、鍋數暨腦長姓名、出腦觔數清冊(24)

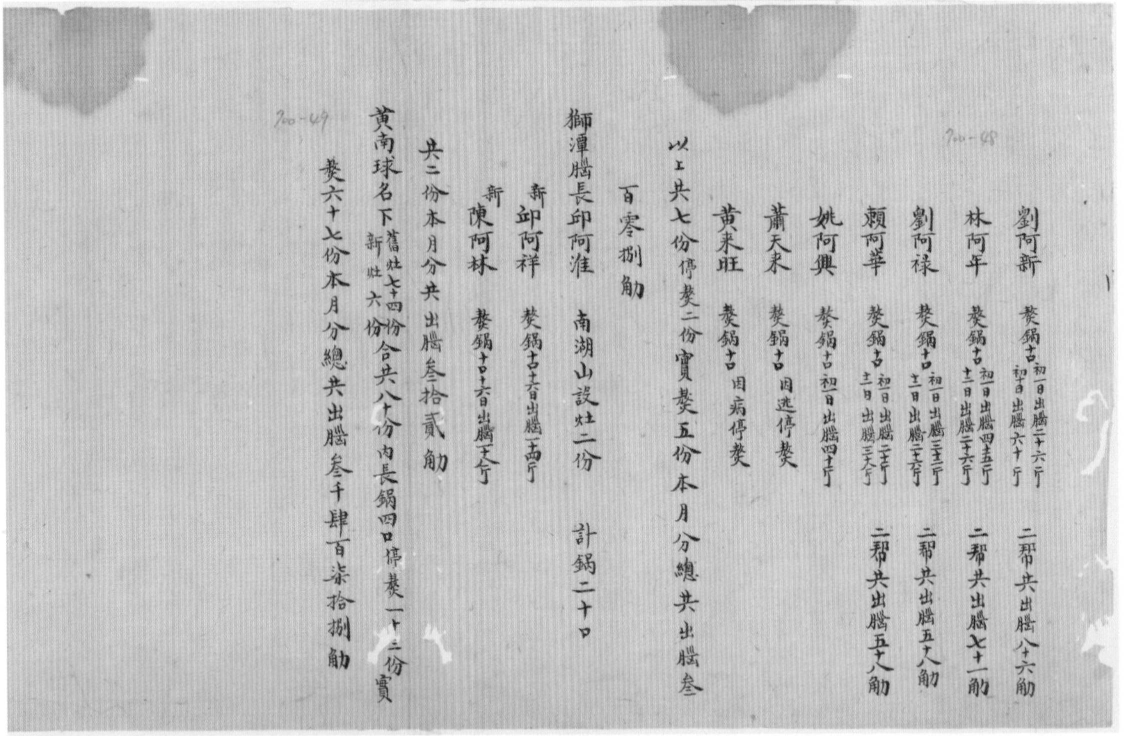

劉阿新，㸑鍋十口，初一日出腦二十六斤 初十日出腦六十斤，二帮共出腦八十六觔。

林阿年，㸑鍋十口，初一日出腦四十五斤 十二日出腦二十六斤，二帮共出腦七十一觔。

劉阿祿，㸑鍋十口，初一日出腦三十二斤 十二日出腦二十六斤，二帮共出腦五十八觔。

賴阿華，㸑鍋十口，初一日出腦二十斤 十二日出腦三十八斤，二帮共出腦五十八觔。

姚阿興，㸑鍋十口，初一日出腦四十斤。

蕭天来，㸑鍋十口，因逃停㸑。

黃来旺，㸑鍋十口，因病停㸑。

以上共七份，停㸑二份，實㸑五份。本月分總共出腦叁百零捌觔。

獅潭腦長邱阿淮，南湖山設灶二份，計鍋二十口。

新 邱阿祥，㸑鍋十口，十六日出腦一十四斤。

新 陳阿林，㸑鍋十口，十六日出腦一十八斤。

共二份，本月分共出腦叁拾貳觔。

黃南球名下舊灶七十四份 新灶六份，合共八十份，內長鍋四口，停㸑一十三份，實㸑六十七份。本月分總共出腦叁千肆百柒拾捌觔。

光緒拾柒年拾壹月
日拔補把總鄭以金

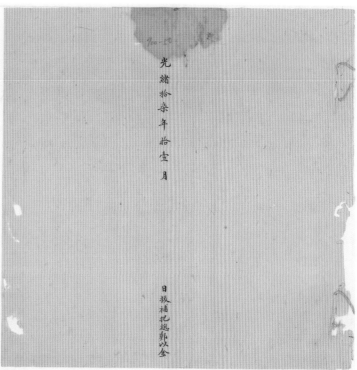

0803

光緒拾柒年拾壹月　日拔補把總鄭以金

（三）鄭以金發信

39・鄭以金造送光緒十八年二月分罩蘭等處腦灶份數、鍋數暨腦長姓名、出腦觔數清冊(1)

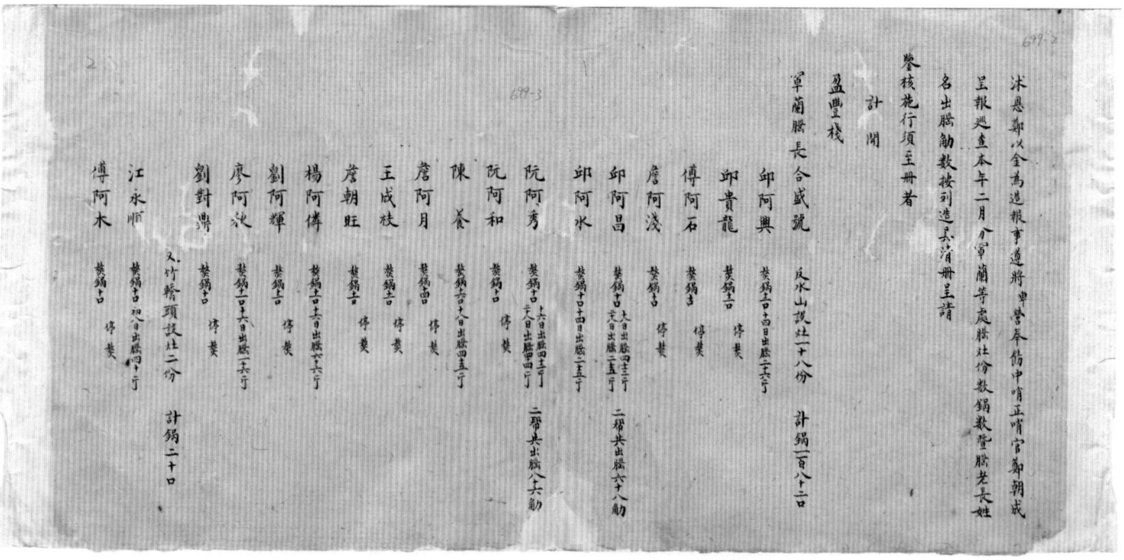

0752

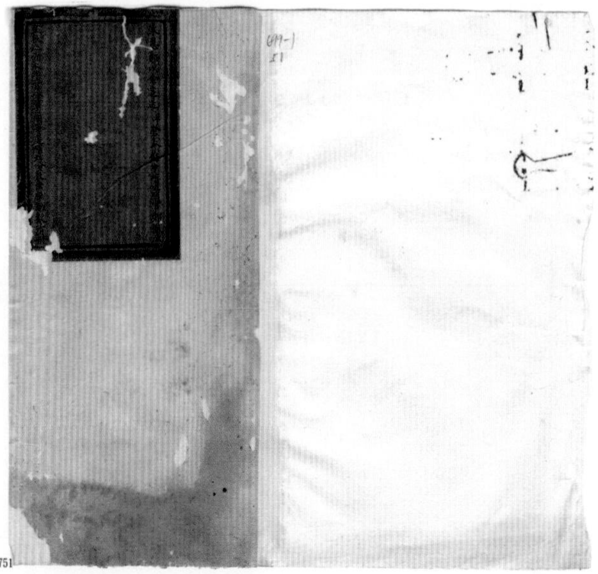
0751

沐恩鄭以金造送卑營奉飭中哨正哨官鄭朝成
呈報巡查本年二月分罩蘭等處腦灶份数出腦觔数清冊

沐恩鄭以金爲造報事。遵將卑營奉飭中哨正哨官鄭朝成呈報巡查本年二月分罩蘭等處腦灶份数、鍋数暨腦老長姓名、出腦觔数，按列造具清冊，呈請

鑒核施行。須至冊者，

計　開

盈豐棧

罩蘭腦長合盛號，反水山設灶一十八份，計鍋一百八十二口。

邱阿興，熬鍋十二口，十四日出腦二十六斤。

邱貴龍，熬鍋十二口，停熬。

傅阿石，熬鍋十口，停熬。

詹阿淺，熬鍋十口，停熬。

邱阿昌，熬鍋十口，十八日出腦四十三斤、二十八日出腦二十五斤，二幇共出腦六十八觔。

邱阿水，熬鍋十口，十四日出腦二十五斤。

阮阿秀，熬鍋十口，十六日出腦四十二斤、二十八日出腦四十四斤，二幇共出腦八十六觔。

阮阿和，熬鍋十口，停熬。

陳　養，熬鍋十六口，十八日出腦四十五斤。

詹阿月，熬鍋十四口，停熬。

王成枝，熬鍋十一口，停熬。

詹朝旺，熬鍋十一口，停熬。

楊阿僯，熬鍋十一口，十六日出腦六十六斤。

劉阿輝，熬鍋十二口，停熬。

廖阿秋，熬鍋十一口，十六日出腦一十六斤。

劉對鼎，熬鍋十口，停熬。

又，竹轎頭設灶二份，計鍋二十口。

江永順，熬鍋十口，初八日出腦四十斤。

傅阿木，熬鍋十口，停熬。

（三）鄭以金發信

39・鄭以金造送光緒十八年二月分罩蘭等處腦灶份數、鍋數暨腦長姓名、出腦觔數清冊(2)

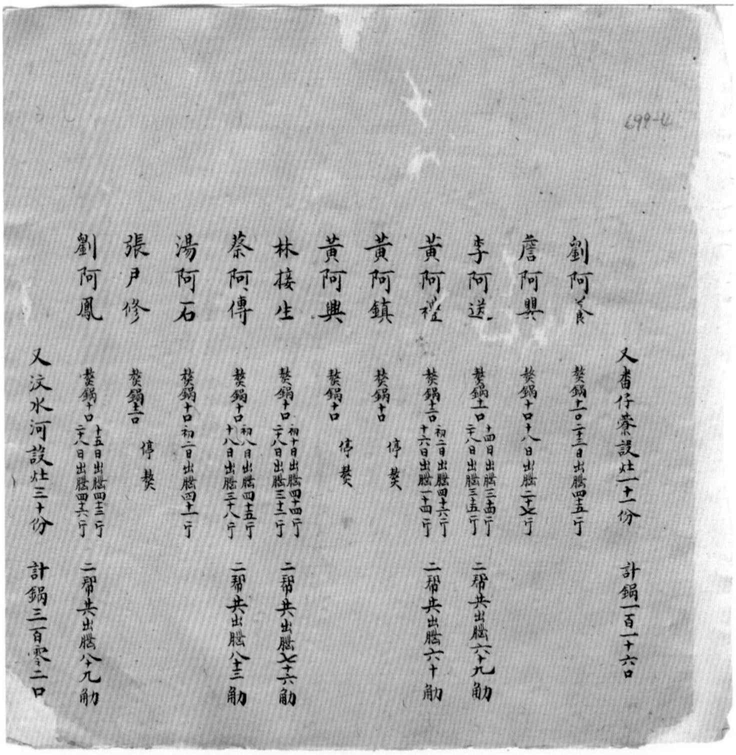

又，萵仔寮設灶一十一份，計鍋一百一十六口。

劉阿養，熬鍋十一口，二十三日出腦四十五斤。

詹阿嬰，熬鍋十口，十八日出腦二十七斤。

李阿送，熬鍋十一口，十四日出腦三十四斤，二十八日出腦三十五斤，二幇共出腦六十九觔。

黃阿禮，熬鍋十二口，初二日出腦四十六斤，十六日出腦一十四斤，二幇共出腦六十觔。

黃阿鎮，熬鍋十口，停熬。

黃阿興，熬鍋十口，停熬。

林接生，熬鍋十口，初十日出腦四十四斤，二十八日出腦三十二斤，二幇共出腦七十六觔。

蔡阿傳，熬鍋十口，初八日出腦四十五斤，十八日出腦三十八斤，二幇共出腦八十三觔。

湯阿石，熬鍋十口，初二日出腦四十一斤。

張尹修，熬鍋十二口，停熬。

劉阿鳳，熬鍋十口，十五日出腦四十三斤，二十八日出腦四十六斤，二幇共出腦八十九觔。

又，汶水河設灶三十份，計鍋三百零二口。

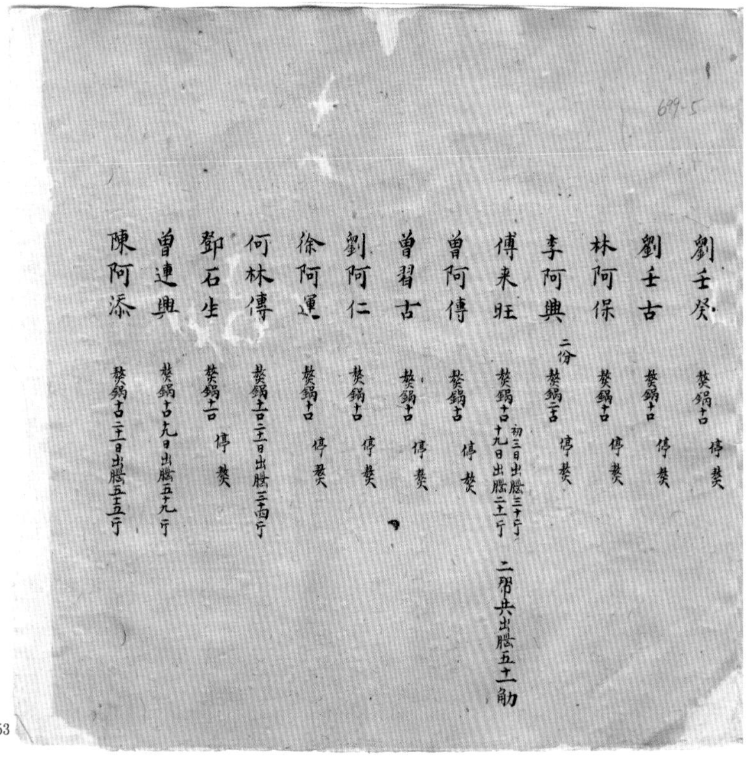
0753

劉壬癸，㸑鍋十口，停㸑。
劉壬古，㸑鍋十口，停㸑。
林阿保，㸑鍋十口，停㸑。
李阿興，二份，㸑鍋二十口，停㸑。
傅来旺，㸑鍋十口，初三日出腦三十斤，十九日出腦二十一斤，二幇共出腦五十一觔。
曽阿傳，㸑鍋十口，停㸑。
曽習古，㸑鍋十口，停㸑。
劉阿仁，㸑鍋十口，停㸑。
徐阿運，㸑鍋十口，停㸑。
何林傳，㸑鍋十一口，二十一日出腦三十四斤。
鄧石生，㸑鍋十一口，停㸑。
曽連興，㸑鍋十口，十九日出腦五十九斤。
陳阿添，㸑鍋十口，二十一日出腦五十五斤。

（三）鄭以金發信

39・鄭以金造送光緒十八年二月分罩蘭等處腦灶份數、鍋數暨腦長姓名、出腦觔數清冊(3)

高畨庚，熬鍋十口，停熬。
徐滿畨，熬鍋十口，停熬。
吳金来，二份，熬鍋二十口，停熬。
黃大滿，熬鍋十口，逃整黃榮遠新灶。
李佐記，熬鍋十口，停熬。
邱貴泉，熬鍋十口，停熬。
徐恩和，熬鍋十口，停熬。
劉阿庚，熬鍋十口，停熬。
劉立富，熬鍋十口，停熬。
陳阿添，熬鍋十口，停熬。
陳滿苟，熬鍋十口，停熬。
陳阿養，熬鍋十口，過反水山。
徐傳丁，熬鍋十口，過反水山。

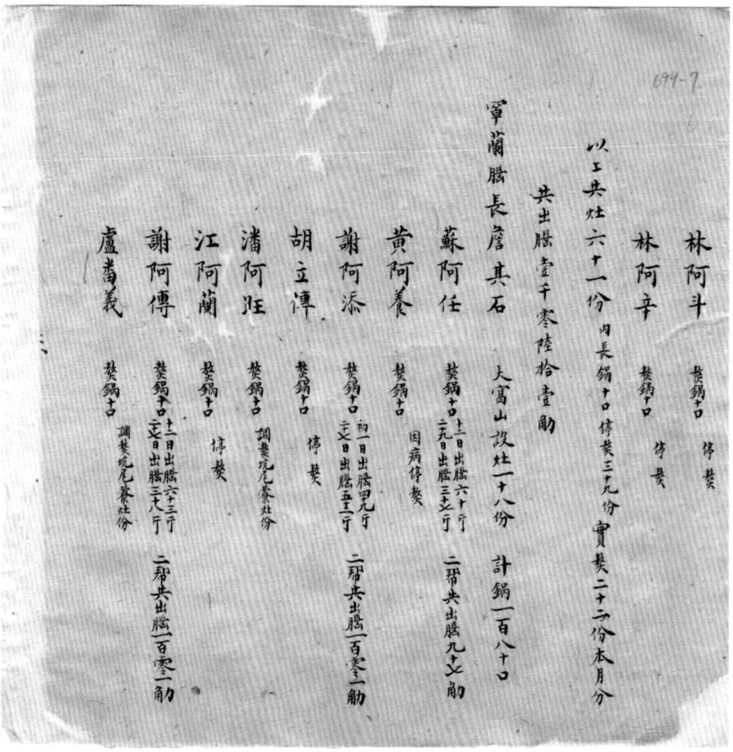

0754

林阿斗，熬鍋十口，停熬。
林阿辛，熬鍋十口，停熬。
以上共灶六十一份，內長鍋十口，停熬三十九份，實熬二十二份。
本月分
共出腦壹千零陸拾壹觔。
罩蘭腦長詹其石，大窩山設灶一十八份，計鍋一百八十口。
蘇阿任，熬鍋十口，十二日出腦六十斤，二十九日出腦三十七斤，二幫共出腦九十七觔。
黃阿養，熬鍋十口，因病停熬。
謝阿添，熬鍋十口，初一日出腦四十九斤，二十七日出腦五十二斤，二幫共出腦一百零一觔。
胡立傳，熬鍋十口，停熬。
潘阿旺，熬鍋十口，調熬坑尾寮灶份。
江阿蘭，熬鍋十口，停熬。
謝阿傳，熬鍋十口，十二日出腦六十三斤，二十七日出腦三十八斤，二幫共出腦一百零一觔。
盧畨義，熬鍋十口，調熬坑尾寮灶份。

（三）鄭以金發信

39・鄭以金造送光緒十八年二月分罩蘭等處腦灶份數、鍋數暨腦長姓名、出腦觔數清冊(4)

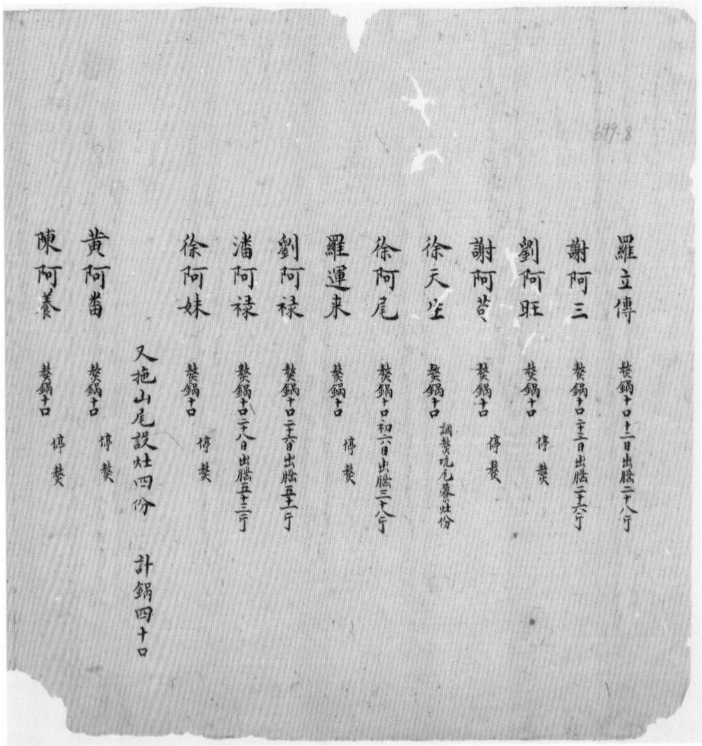

羅立傳，熬鍋十口，十二日出腦二十八斤。

謝阿三，熬鍋十口，二十三日出腦二十六斤。

劉阿旺，熬鍋十口，停熬。

謝阿苟，熬鍋十口，停熬。

徐天生，熬鍋十口，調熬坑尾寮灶份。

徐阿尾，熬鍋十口，初六日出腦三十八斤。

羅運来，熬鍋十口，停熬。

劉阿祿，熬鍋十口，二十六日出腦五十一斤。

潘阿祿，熬鍋十口，二十八日出腦五十三斤。

徐阿妹，熬鍋十口，停熬。

又，拖山尾設灶四份，計鍋四十口。

黃阿畨，熬鍋十口，停熬。

陳阿養，熬鍋十口，停熬。

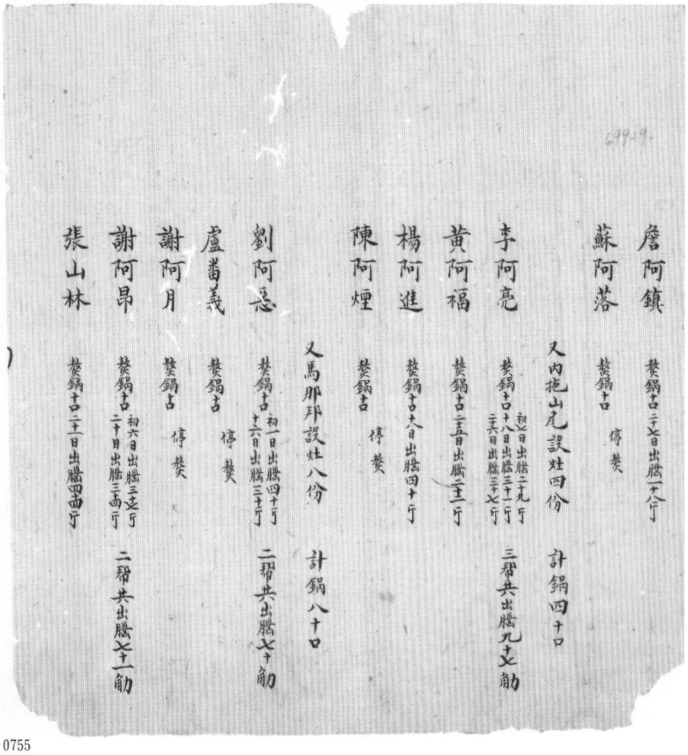

0755

詹阿鎮，熬鍋十口，二十七日出腦一十八斤。

蘇阿落，熬鍋十口，停熬。

又，內拖山尾設灶四份，計鍋四十口。

李阿亮，熬鍋十口，初七日出腦二十九斤、十八日出腦三十一斤、二十六日出腦三十七斤，三幫共出腦九十七觔。

黃阿福，熬鍋十口，二十五日出腦二十二斤。

楊阿進，熬鍋十口，十八日出腦四十斤。

陳阿煙，熬鍋十口，停熬。

又，馬那邦設灶八份，計鍋八十口。

劉阿惡，熬鍋十口，初一日出腦四十斤、十六日出腦三十斤，二幫共出腦七十觔。

盧畨義，熬鍋十口，停熬。

謝阿月，熬鍋十口，停熬。

謝阿昂，熬鍋十口，初六日出腦三十七斤、二十日出腦三十四斤，二幫共出腦七十一觔。

張山林，熬鍋十口，二十一日出腦四十四斤。

（三）鄭以金發信

39．鄭以金造送光緒十八年二月分罩蘭等處腦灶份數、鍋數暨腦長姓名、出腦觔數清冊(5)

江阿亂，嫳鍋十口，二十一日出腦二十斤。

黃阿保，嫳鍋十口，初五日出腦五十斤。

林阿乾，嫳鍋十口，二十四日出腦三十八斤。

又，坑尾蘩設灶六份，計鍋六十口。

湽阿旺，嫳鍋十口，初九日出腦六十五斤二十二日出腦六十七斤，二幇共出腦一百三十二觔。

詹和春，嫳鍋十口，初九日出腦二十七斤二十二日出腦二十三斤，二幇共出腦五十觔。

盧阿壘，嫳鍋十口，初九日出腦四十二斤二十二日出腦四十九斤，二幇共出腦九十一觔。

羅阿秀，嫳鍋十口，初九日出腦二十六斤二十二日出腦二十二斤，二幇共出腦四十八觔。

徐天生，嫳鍋十口，初十日出腦三十五斤十八日出腦二十九斤二十九日出腦四十六斤，三幇共出腦一百一十觔。

徐阿興，嫳鍋十口，初九日出腦六十二斤二十二日出腦六十三斤，二幇共出腦一百二十五觔。

又，校納林[198]設灶三份，計鍋三十口。

莊乞食，嫳鍋十口，初三日出腦六十五斤十五日出腦五十六斤，二幇共出腦一百二十一觔。

詹阿鑒，嫳鍋十口，初二日出腦四十九斤十九日出腦四十七斤，二幇共出腦九十六觔。

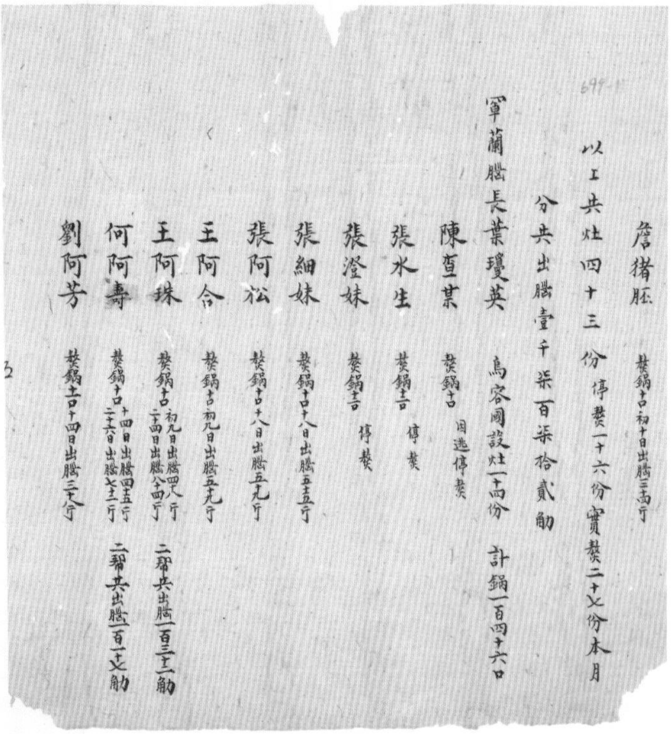

0756

詹猪胚，熬鍋十口，初十日出腦三十四斤。

以上共灶四十三份，停熬一十六份，實熬二十七份。本月

分共出腦壹千柒百柒拾貳觔。

罩蘭腦長葉瓊英，烏容國設灶一十四份，計鍋一百四十六口。

陳查某，熬鍋十口，因逃停熬。

張水生，熬鍋十二口，停熬。

張澄妹，熬鍋十二口，停熬。

張細妹，熬鍋十口，十八日出腦五十五斤。

張阿松，熬鍋十口，十八日出腦五十九斤。

王阿合，熬鍋十口，初九日出腦五十九斤。

王阿珠，熬鍋十口，初九日出腦四十八斤、二十四日出腦八十四斤，二幇共出腦一百三十二觔。

何阿壽，熬鍋十口，十四日出腦四十五斤、二十六日出腦七十二斤，二幇共出腦一百一十七觔。

劉阿芳，熬鍋十一口，十四日出腦三十八斤。

198 校納林：文獻中亦有作「加納林」，即校栗林，舊屬校栗林庄，今苗栗縣大湖鄉栗林村。

（三）鄭以金發信

39．鄭以金造送光緒十八年二月分罩蘭等處腦灶份數、鍋數暨腦長姓名、出腦觔數清冊(6)

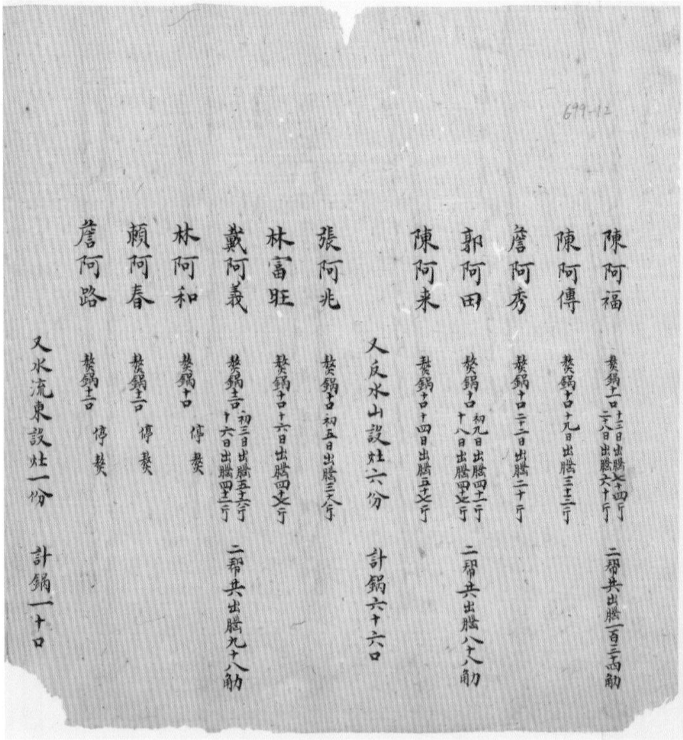

陳阿福，熬鍋十一口，十三日出腦七十四斤、二十八日出腦六十斤，二幫共出腦一百三十四觔。

陳阿傳，熬鍋十口，十九日出腦三十三斤。

詹阿秀，熬鍋十口，二十二日出腦二十斤。

郭阿田，熬鍋十口，初九日出腦四十一斤、十八日出腦四十七斤，二幫共出腦八十八觔。

陳阿来，熬鍋十口，十四日出腦五十七斤。

又，反水山設灶六份，計鍋六十六口。

張阿兆，熬鍋十口，初五日出腦三十八斤。

林富旺，熬鍋十口，十六日出腦四十七斤。

戴阿義，熬鍋十二口，初三日出腦五十六斤、十六日出腦四十二斤，二幫共出腦九十八觔。

林阿和，熬鍋十口，停熬。

賴阿春，熬鍋十二口，停熬。

詹阿路，熬鍋十二口，停熬。

又，水流東設灶一份，計鍋一十口。

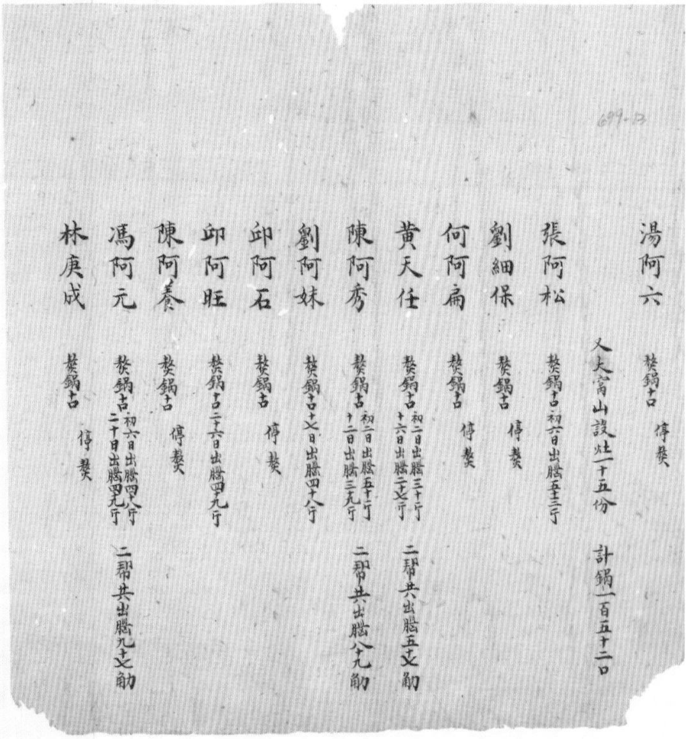

0757

湯阿六，煑鍋十口，停煑。
又，大窩山設灶一十五份，計鍋一百五十二口。
張阿松，煑鍋十口，初六日出腦五十三斤。
劉細保，煑鍋十口，停煑。
何阿扁，煑鍋十口，停煑。
黃天任，煑鍋十口，初二日出腦三十斤，十六日出腦二十七斤，二幫共出腦五十七觔。
陳阿秀，煑鍋十口，初二日出腦五十斤，十二日出腦三十九斤，二幫共出腦八十九觔。
劉阿妹，煑鍋十口，十七日出腦四十八斤。
邱阿石，煑鍋十口，停煑。
邱阿旺，煑鍋十口，二十六日出腦四十九斤。
陳阿養，煑鍋十口，停煑。
馮阿元，煑鍋十口，初六日出腦四十八斤，二十日出腦四十九斤，二幫共出腦九十七觔。
林庚成，煑鍋十口，停煑。

（三）鄭以金發信

39．鄭以金造送光緒十八年二月分罩蘭等處腦灶份數、鍋數暨腦長姓名、出腦觔數清冊(7)

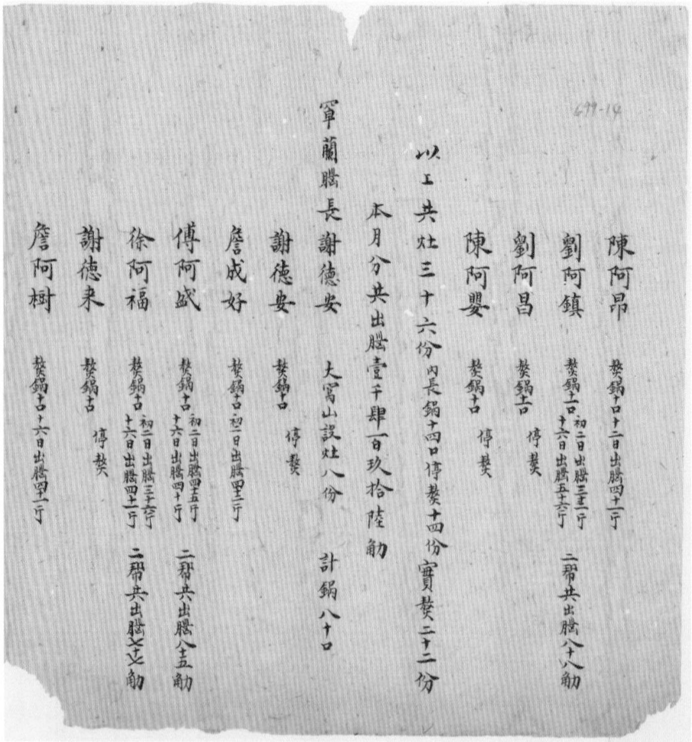

陳阿昂，熬鍋十口，十二日出腦四十一斤。

劉阿鎮，熬鍋十一口，初二日出腦三十二斤，十六日出腦五十六斤，二幇共出腦八十八觔。

劉阿昌，熬鍋十一口，停熬。

陳阿嬰，熬鍋十口，停熬。

以上共三十六份，內長鍋十四口，停熬十四份，實熬二十二份。

本月分共出腦壹千肆百玖拾陸觔。

罩蘭腦長謝德安，大窩山設灶八份，計鍋八十口。

謝德安，熬鍋十口，停熬。

詹成好，熬鍋十口，初二日出腦四十二斤。

傅阿盛，熬鍋十口，初二日出腦四十五斤，十六日出腦四十斤，二幇共出腦八十五觔。

徐阿福，熬鍋十口，初二日出腦三十六斤，十六日出腦四十一斤，二幇共出腦七十七觔。

謝德来，熬鍋十口，停熬。

詹阿樹，熬鍋十口，十六日出腦四十一斤。

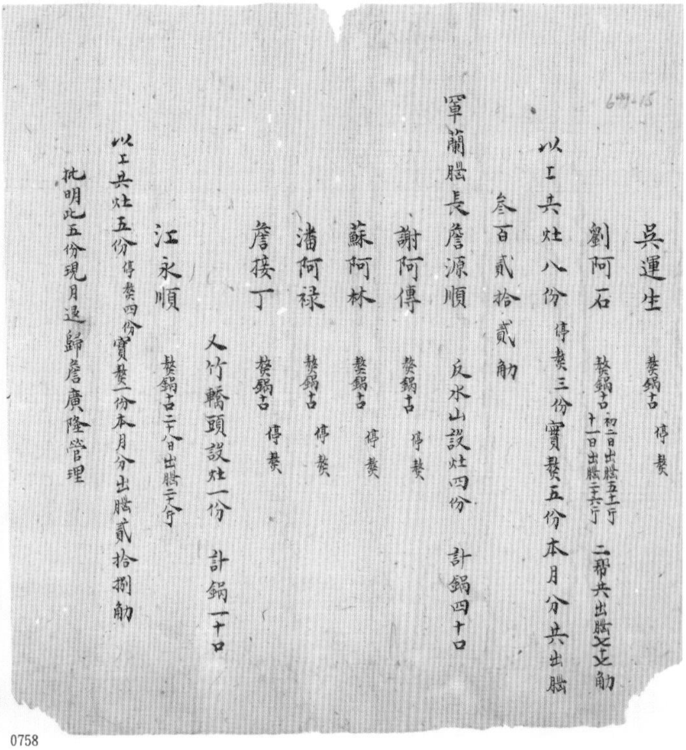
0758

吳運生，熬鍋十口，停熬。

劉阿石，熬鍋十口，初二日出腦五十一斤，十一日出腦二十六斤，二帮共出腦七十七觔。

以上共灶八份，停熬三份，實熬五份。本月分共出腦叁百貳拾貳觔。

罩蘭腦長詹源順，反水山設灶四份，計鍋四十口。

謝阿傳，熬鍋十口，停熬。

蘇阿林，熬鍋十口，停熬。

潘阿祿，熬鍋十口，停熬。

詹接丁，熬鍋十口，停熬。

又，竹轎頭設灶一份，計鍋一十口。

江永順，熬鍋十口，二十八日出腦二十八斤。

以上共灶五份，停熬四份，實熬一份。本月分出腦貳拾捌觔。

批明此五份現月退歸詹廣隆管理。

（三）鄭以金發信

39．鄭以金造送光緒十八年二月份罩蘭等處腦灶份數、鍋數暨腦長姓名、出腦觔數清冊(8)

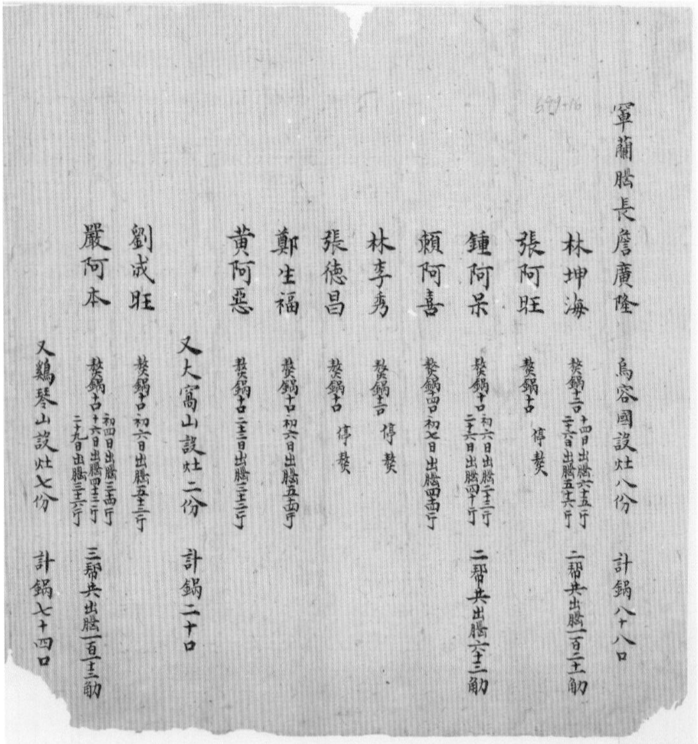

罩蘭腦長詹廣隆，烏容國設灶八份，計鍋八十八口。

林坤海，熬鍋十二口，十四日出腦六十五斤、二十六日出腦五十六斤，二幇共出腦一百二十一觔。

張阿旺，熬鍋十口，停熬。

鍾阿呆，熬鍋十口，初六日出腦二十三斤、二十六日出腦四十斤，二幇共出腦六十三觔。

賴阿喜，熬鍋十四口，初七日出腦四十四斤。

林李秀，熬鍋十二口，停熬。

張德昌，熬鍋十口，停熬。

鄭生福，熬鍋十口，初六日出腦五十四斤。

黃阿惡，熬鍋十口，二十三日出腦三十三斤。

又，大窩山設灶二份，計鍋二十口。

劉成旺，熬鍋十口，初六日出腦五十三斤。

嚴阿本，熬鍋十口，初四日出腦三十四斤、十六日出腦四十三斤、二十九日出腦三十六斤，三幇共出腦一百一十三觔。

又，雞琴山設灶七份，計鍋七十四口。

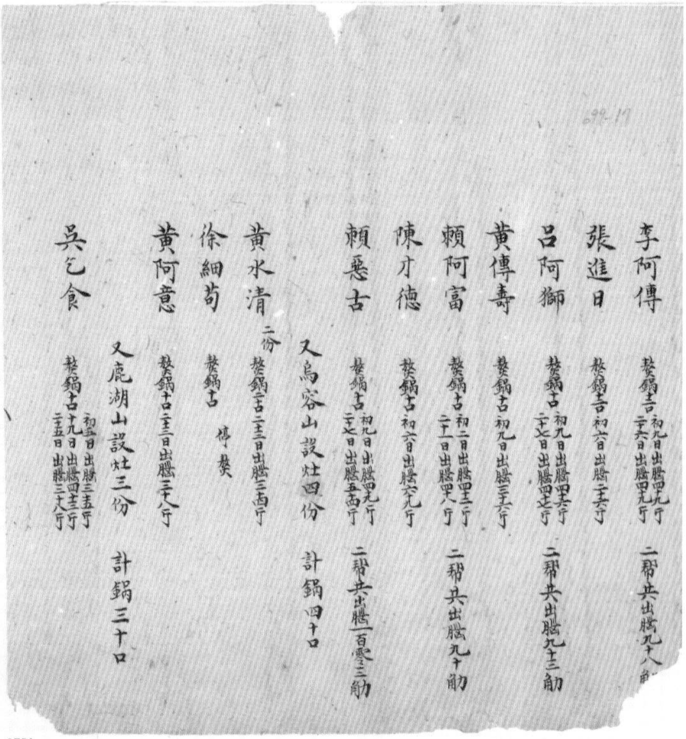

0759

李阿傳，熬鍋十二口，初九日出腦四十九斤，二十六日出腦四十九斤，二幫共出腦九十八觔。
張進日，熬鍋十二口，初六日出腦二十六斤。
呂阿獅，熬鍋十口，初九日出腦四十六斤，二十七日出腦四十七斤，二幫共出腦九十三觔。
黃傳壽，熬鍋十口，初九日出腦三十六斤。
賴阿富，熬鍋十口，初二日出腦四十二斤，二十一日出腦四十八斤，二幫共出腦九十觔。
陳才德，熬鍋十口，初六日出腦六十九斤。
賴惡古，熬鍋十口，初九日出腦四十九斤，二十七日出腦五十四斤，二幫共出腦一百零三觔。
又，烏容山設灶四份，計鍋四十口。
黃水清，二份，熬鍋二十口，二十三日出腦三十四斤。
徐細苟，熬鍋十口，停熬。
黃阿意，熬鍋十口，二十三日出腦三十八斤。
又，鹿湖山設灶三份，計鍋三十口。
吳乞食，熬鍋十口，初五日出腦三十五斤，十九日出腦四十三斤，二十五日出腦三十八斤。

（三）鄭以金發信

39．鄭以金造送光緒十八年二月分罩蘭等處腦灶份數、鍋數暨腦長姓名、出腦觔數清冊(9)

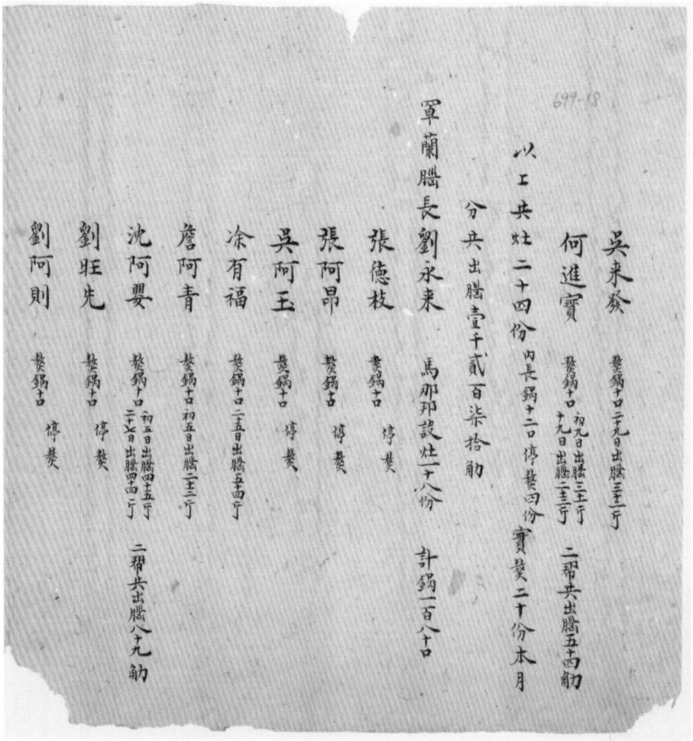

吳来發，熬鍋十口，二十九日出腦三十二斤。

何進寶，熬鍋十口，初九日出腦三十一斤 十九日出腦二十三斤，二幇共出腦五十四觔。

以上共二十四份，內長鍋十二口，停熬四份，實熬二十份。本月分共出腦壹千貳百柒拾觔。

罩蘭腦長劉永来，馬那邦設灶一十八份，計鍋一百八十口。

張德枝，熬鍋十口，停熬。

張阿昂，熬鍋十口，停熬。

吳阿玉，熬鍋十口，停熬。

涂有福，熬鍋十口，二十五日出腦五十四斤。

詹阿青，熬鍋十口，初五日出腦二十三斤。

沈阿嬰，熬鍋十口，初五日出腦四十五斤 二十七日出腦四十四斤，二幇共出腦八十九觔。

劉旺先，熬鍋十口，停熬。

劉阿則，熬鍋十口，停熬。

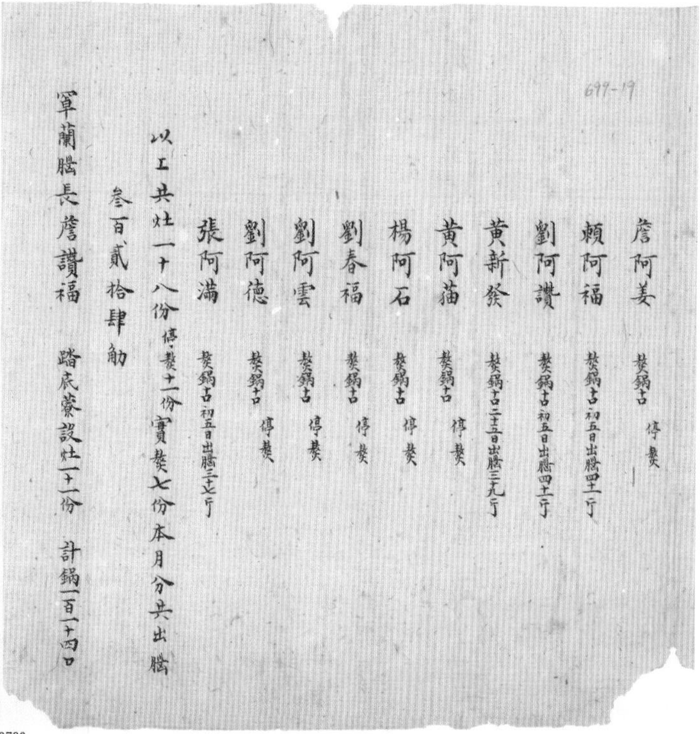

0760

詹阿姜，熬鍋十口，停熬。

賴阿福，熬鍋十口，初五日出腦四十一斤。

劉阿讚，熬鍋十口，初五日出腦四十一斤。

黃新發，熬鍋十口，二十五日出腦三十九斤。

黃阿猫，熬鍋十口，停熬。

楊阿石，熬鍋十口，停熬。

劉春福，熬鍋十口，停熬。

劉阿雲，熬鍋十口，停熬。

劉阿德，熬鍋十口，停熬。

張阿滿，熬鍋十口，初五日出腦三十七斤。

以上共一十八份，停熬十一份，實熬七份。本月分總共出腦

叁百貳拾肆觔。

罩蘭腦長詹讚福，踏底寮設灶一十一份，計鍋一百一十四口。

（三）鄭以金發信

39．鄭以金造送光緒十八年二月分罩蘭等處腦灶份數、鍋數暨腦長姓名、出腦觔數清冊(10)

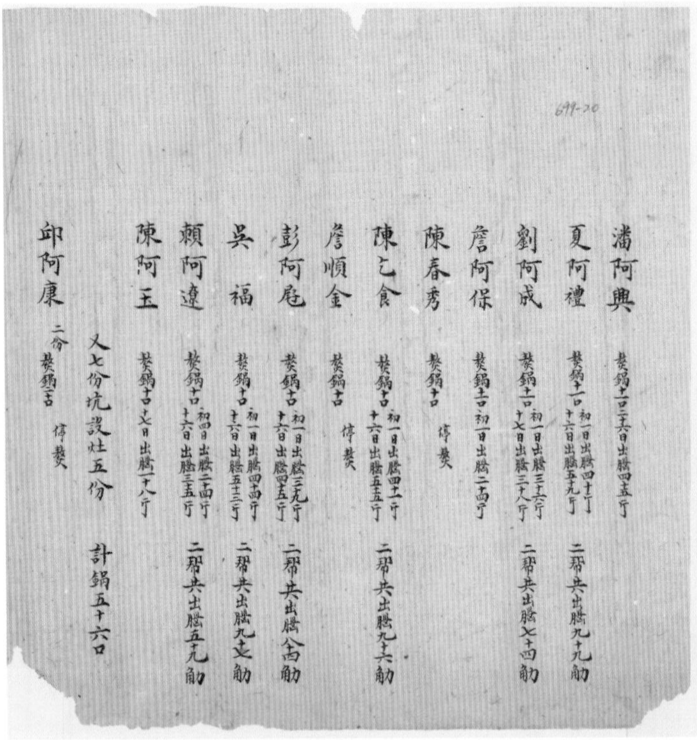

潘阿興，熬鍋十一口，二十六日出腦四十五斤。

夏阿禮，熬鍋十一口，初一日出腦四十斤 十六日出腦五十九斤，二幇共出腦九十九觔。

劉阿成，熬鍋十一口，初一日出腦三十六斤 十七日出腦三十八斤，二幇共出腦七十四觔。

詹阿保，熬鍋十一口，初一日出腦二十四斤。

陳春秀，熬鍋十口，停熬。

陳乞食，熬鍋十口，初一日出腦四十一斤 十六日出腦五十五斤，二幇共出腦九十六觔。

詹順金，熬鍋十口，停熬。

彭阿屘，熬鍋十口，初一日出腦三十九斤 十六日出腦四十五斤，二幇共出腦八十四觔。

吳　福，熬鍋十口，初一日出腦四十四斤 十六日出腦五十三斤，二幇共出腦九十七觔。

賴阿遼，熬鍋十口，初四日出腦二十四斤 十六日出腦三十五斤，二幇共出腦五十九觔。

陳阿玉，熬鍋十口，十七日出腦一十八斤。

又，七份坑設灶五份，計鍋五十六口。

邱阿康，二份，熬鍋二十口，停熬。

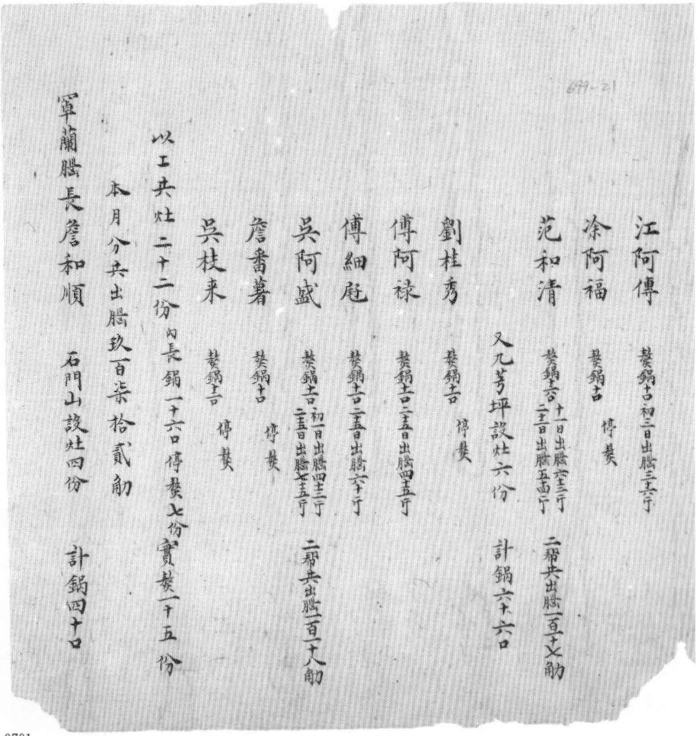

0761

江阿傳，熬鍋十口，初三日出腦三十六斤。
涂阿福，熬鍋十口，停熬。
范和清，熬鍋十六口，十一日出腦六十三斤、二十二日出腦五十四斤，二帮共出腦一百一十七觔。
又，九芎坪設灶六份，計鍋六十六口。
劉桂秀，熬鍋十一口，停熬。
傅阿祿，熬鍋十一口，二十五日出腦四十五斤。
傅細屘，熬鍋十一口，二十五日出腦六十斤。
吳阿盛，熬鍋十一口，初一日出腦四十三斤、二十五日出腦七十五斤，二帮共出腦一百一十八觔。
詹番薯，熬鍋十口，停熬。
吳枝来，熬鍋十二口，停熬。
以上共灶二十二份，內長鍋一十六口，停熬七份，實熬一十五份。
本月分共出腦玖百柒拾貳觔。
罩蘭腦長詹和順，石門山設灶四份，計鍋四十口。

39．鄭以金造送光緒十八年二月分罩蘭等處腦灶份數、鍋數暨腦長姓名、出腦觔數清冊(11)

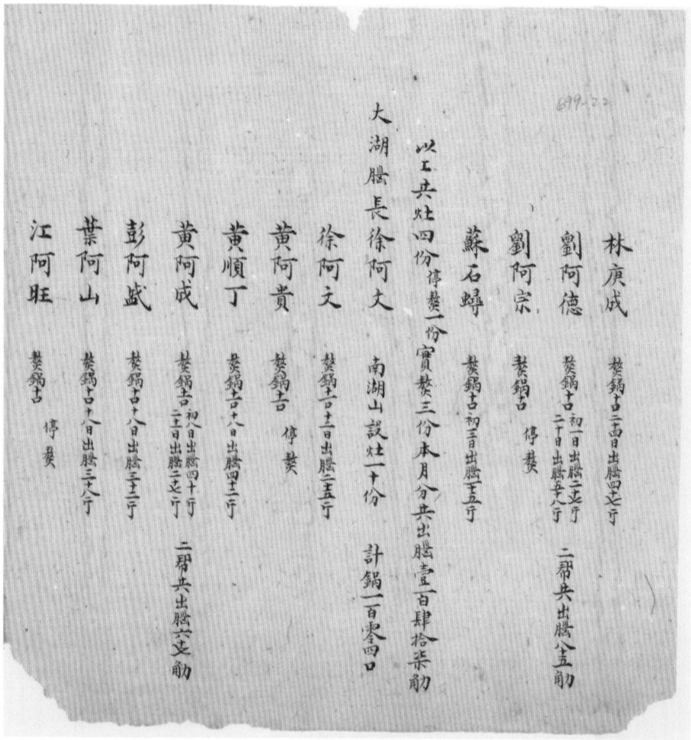

林庚成，熬鍋十口，二十四日出腦四十七斤。

劉阿德，熬鍋十口，初一日出腦二十七斤，二十日出腦五十八斤，二幫共出腦八十五觔。

劉阿宗，熬鍋十口，停熬。

蘇石蟳，熬鍋十口，初三日出腦一十五斤。

以上共灶四份，停熬一份，實熬三份。本月分共出腦壹百肆拾柒觔。

大湖腦長徐阿文，南湖山設灶一十份，計鍋一百零四口。

徐阿文，熬鍋十一口，十二日出腦二十五斤。

黃阿貴，熬鍋十一口，停熬。

黃順丁，熬鍋十一口，十八日出腦四十二斤。

黃阿成，熬鍋十一口，初八日出腦四十斤，二十一日出腦二十七斤，二幫共出腦六十七觔。

彭阿盛，熬鍋十口，十八日出腦三十二斤。

葉阿山，熬鍋十口，十八日出腦三十八斤。

江阿旺，熬鍋十口，停熬。

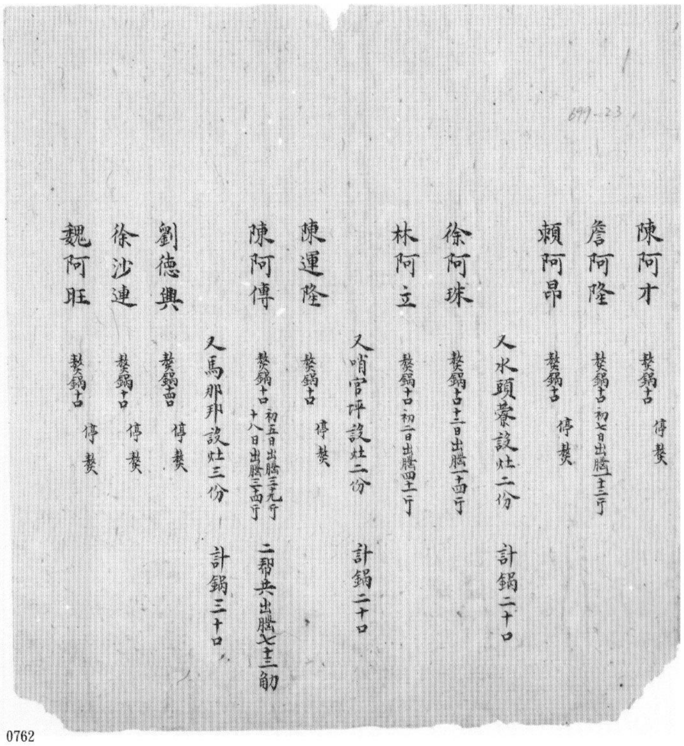

0762

陳阿才，㸐鍋十口，停㸐。
詹阿隆，㸐鍋十口，初七日出腦一十三斤。
賴阿昂，㸐鍋十口，停㸐。
又，水頭寮設灶二份，計鍋二十口。
徐阿珠，㸐鍋十口，十二日出腦一十四斤。
林阿立，㸐鍋十口，初二日出腦四十一斤。
又，哨官坪[199]設灶二份，計鍋二十口。
陳運隆，㸐鍋十口，停㸐。
陳阿傳，㸐鍋十口，初五日出腦三十九斤，十八日出腦三十四斤，二幇共出腦七十三觔。
又，馬那邦設灶三份，計鍋三十口。
劉德興，㸐鍋十四口，停㸐。
徐沙連，㸐鍋十口，停㸐。
魏阿旺，㸐鍋十口，停㸐。

199 哨官坪：今苗栗縣大湖鄉義和村七鄰哨官坪。此地亦稱「大邦口」為進入東興村大邦（大馬那邦坑）之入口。

（三）鄭以金發信

39・鄭以金造送光緒十八年二月分罩蘭等處腦灶份數、鍋數暨腦長姓名、出腦觔數清冊(12)

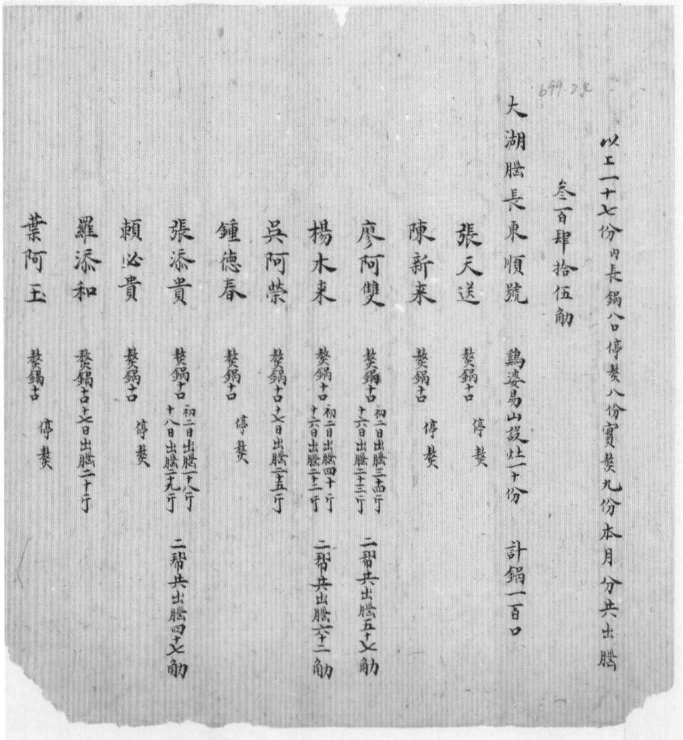

以上一十七份，內長鍋八口，停熬八份，實熬九份。本月分共出腦

叁百肆拾伍觔。

大湖腦長東順號，鷄婆易山設灶一十份，計鍋一百口。

張天送，熬鍋十口，停熬。

陳新来，熬鍋十口，停熬。

廖阿雙，熬鍋十口，初二日出腦三十四斤，十六日出腦二十三斤，二幇共出腦五十七觔。

楊木来，熬鍋十口，初二日出腦四十斤，十六日出腦二十二斤，二幇共出腦六十二觔。

吳阿榮，熬鍋十口，十七日出腦二十五斤。

鍾德春，熬鍋十口，停熬。

張添貴，熬鍋十口，初二日出腦一十八斤，十八日出腦二十九斤，二幇共出腦四十七觔。

賴必貴，熬鍋十口，停熬。

羅添和，熬鍋十口，十七日出腦二十斤。

葉阿玉，熬鍋十口，停熬。

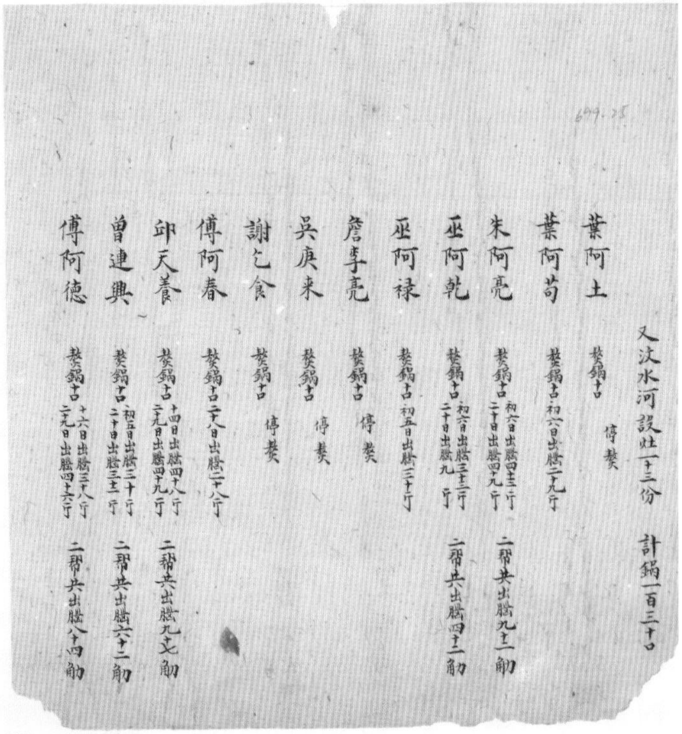

0763

又，汶水河設灶一十三份，計鍋一百三十口。

葉阿土，熬鍋十口，停熬。

葉阿苟，熬鍋十口，初六日出腦二十九斤。

朱阿亮，熬鍋十口，初六日出腦四十三斤，二十日出腦四十九斤，二幇共出腦九十二觔。

巫阿乾，熬鍋十口，初六日出腦三十三斤，二十日出腦九斤，二幇共出腦四十二觔。

巫阿祿，熬鍋十口，初五日出腦三十斤。

詹李亮，熬鍋十口，停熬。

吳庚来，熬鍋十口，停熬。

謝乞食，熬鍋十口，停熬。

傅阿春，熬鍋十口，二十八日出腦二十八斤。

邱天養，熬鍋十口，十四日出腦四十八斤，二十九日出腦四十九斤，二幇共出腦九十七觔。

曾連興，熬鍋十口，初五日出腦三十斤，二十日出腦三十二斤，二幇共出腦六十二觔。

傅阿德，熬鍋十口，十六日出腦三十八斤，二十九日出腦四十六斤，二幇共出腦八十四觔。

（三）鄭以金發信

39．鄭以金造送光緒十八年二月分罩蘭等處腦灶份數、鍋數暨腦長姓名、出腦觔數清冊(13)

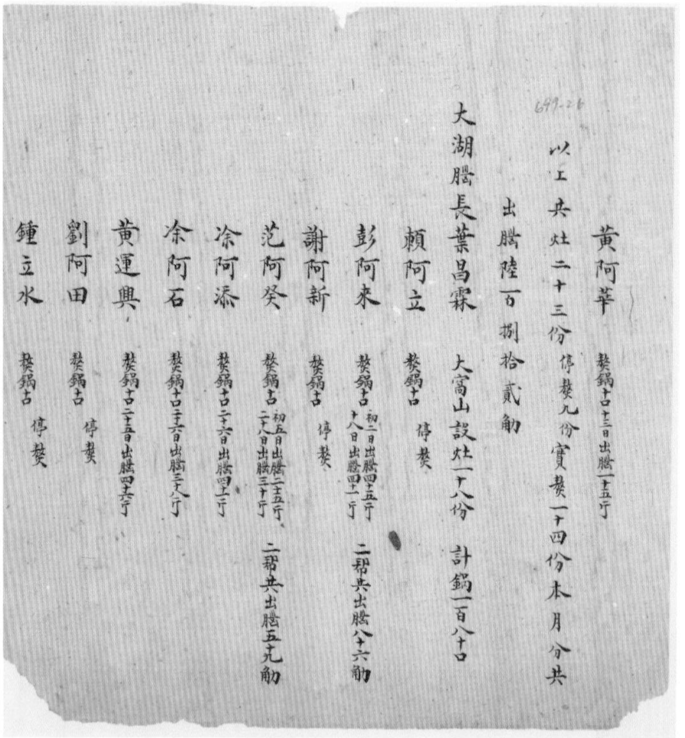

黃阿華，熬鍋十口，十三日出腦一十五斤。

以上共灶二十三份，停熬九份，實熬一十四份。本月分共出腦陸百捌拾貳觔。

大湖腦長葉昌霖，大窩山設灶一十八份，計鍋一百八十口。

賴阿立，熬鍋十口，停熬。

彭阿来，熬鍋十口，初二日出腦四十五斤，十八日出腦四十一斤，二幇共出腦八十六觔。

謝阿新，熬鍋十口，停熬。

范阿癸，熬鍋十口，初五日出腦二十五斤，二十八日出腦三十斤，二幇共出腦五十九觔。

涂阿添，熬鍋十口，二十六日出腦四十一斤。

涂阿石，熬鍋十口，二十六日出腦三十八斤。

黃運興，熬鍋十口，二十五日出腦四十六斤。

劉阿田，熬鍋十口，停熬。

鍾立水，熬鍋十口，停熬。

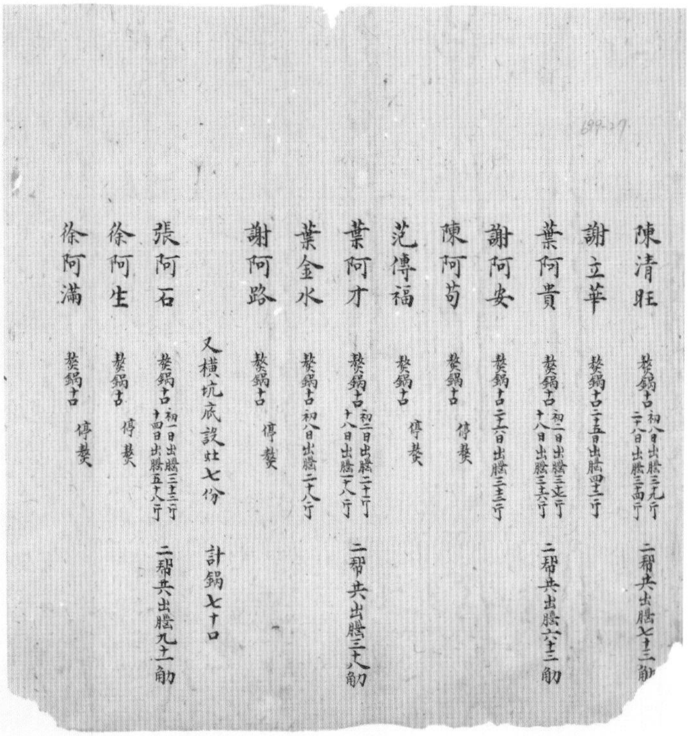

0764

陳清旺，熬鍋十口，初八日出腦三十九斤，二十八日出腦三十四斤，二幇共出腦七十三斤。

謝立華，熬鍋十口，二十五日出腦四十二斤。

葉阿貴，熬鍋十口，初二日出腦三十七斤，十八日出腦三十六斤，二幇共出腦六十三觔。

謝阿安，熬鍋十口，二十六日出腦三十三斤。

陳阿苟，熬鍋十口，停熬。

范傳福，熬鍋十口，停熬。

葉阿才，熬鍋十口，初二日出腦二十斤，十八日出腦一十八斤，二幇共出腦三十八觔。

葉金水，熬鍋十口，初八日出腦二十八斤。

謝阿路，熬鍋十口，停熬。

又，橫坑底設灶七份，計鍋七十口。

張阿石，熬鍋十口，初一日出腦三十三斤，十四日出腦五十八斤，二幇共出腦九十一觔。

徐阿生，熬鍋十口，停熬。

徐阿滿，熬鍋十口，停熬。

（三）鄭以金發信

39．鄭以金造送光緒十八年二月分罩蘭等處腦灶份數、鍋數暨腦長姓名、出腦觔數清冊(14)

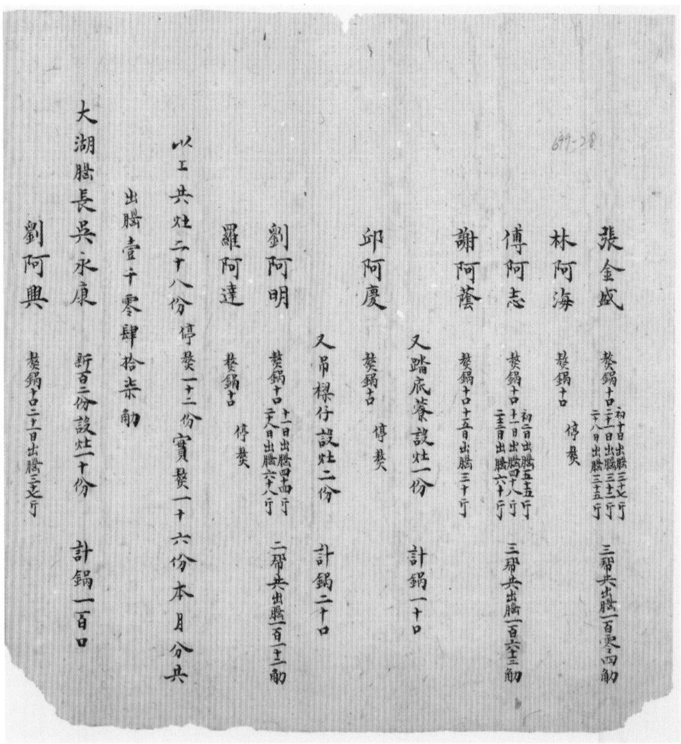

張金盛，㸑鍋十口，初十日出腦三十七斤、二十一日出腦三十二斤、二十八日出腦三十五斤，三幇共出腦一百零四觔。

林阿海，㸑鍋十口，停㸑。

傅阿志，㸑鍋十口，初二日出腦五十五斤、十一日出腦四十八斤、二十三日出腦六十斤，三幇共出腦一百六十三觔。

謝阿蔭，㸑鍋十口，十五日出腦三十斤。

又，踏底蓁設灶一份，計鍋一十口。

邱阿慶，㸑鍋十口，停㸑。

又，吊樑仔設灶二份，計鍋二十口。

劉阿明，㸑鍋十口，十一日出腦四十四斤、二十八日出腦六十八斤，二幇共出腦一百一十二觔。

羅阿達，㸑鍋十口，停㸑。

以上共灶二十八份，停㸑一十二份，實㸑一十六份，本月分共出腦壹千零肆拾柒觔。

大湖腦長吳永康，新百二份設灶一十份，計鍋一百口。

劉阿興，㸑鍋十口，二十一日出腦三十七斤。

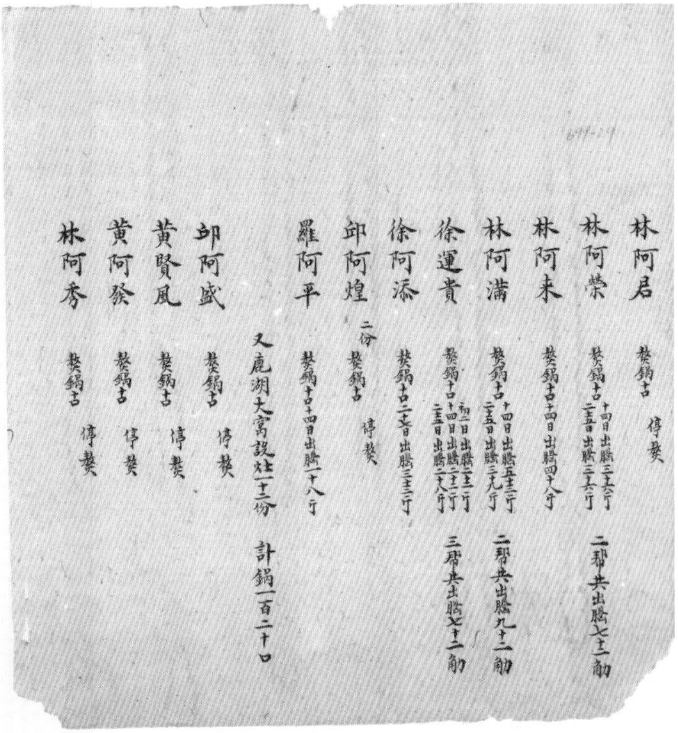

0765

林阿君，熬鍋十口，停熬。

林阿榮，熬鍋十口，十四日出腦三十六斤、二十五日出腦三十六斤，二幇共出腦七十二觔。

林阿来，熬鍋十口，十四日出腦四十八斤。

林阿滿，熬鍋十口，十四日出腦五十三斤、二十五日出腦三十九斤，二幇共出腦九十二觔。

徐運貴，熬鍋十口，初二日出腦二十二斤、十四日出腦二十二斤、二十五日出腦二十八斤，三幇共出腦七十二觔。

徐阿添，熬鍋十口，二十七日出腦三十三斤。

邱阿煌，二份，熬鍋十口，停熬。

羅阿平，熬鍋十口，十四日出腦一十八斤。

又，鹿湖大窩設灶一十二份，計鍋一百二十口。

邱阿盛，熬鍋十口，停熬。

黃賢風，熬鍋十口，停熬。

黃阿發，熬鍋十口，停熬。

林阿秀，熬鍋十口，停熬。

（三）鄭以金發信

39・鄭以金造送光緒十八年二月分罩蘭等處腦灶份數、鍋數暨腦長姓名、出腦觔數清冊(15)

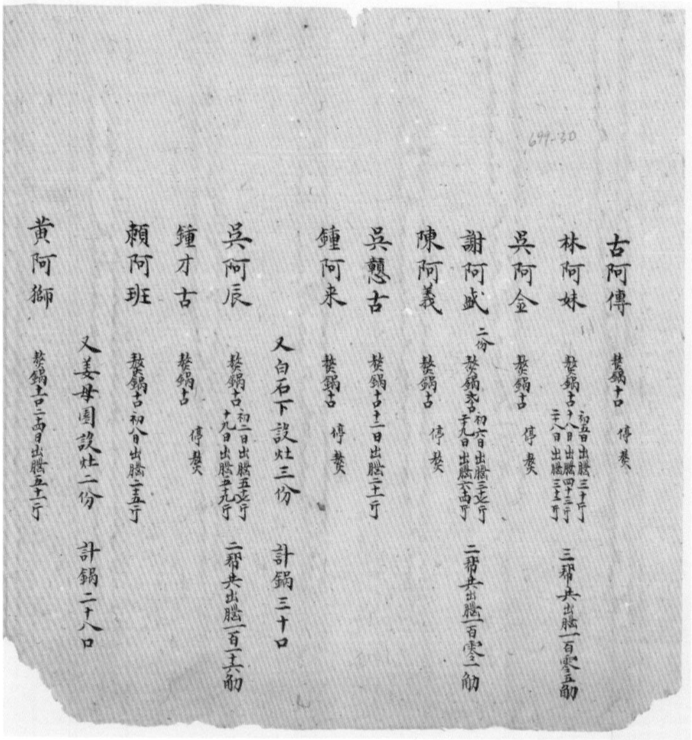

古阿傳，熬鍋十口，停熬。

林阿妹，熬鍋十口，初五日出腦三十斤，十八日出腦四十三斤，二十八日出腦三十二斤，三幇共出腦一百零五觔。

吳阿金，熬鍋十口，停熬。

謝阿盛，二份，熬鍋式十口，初六日出腦三十七斤，二十九日出腦六十四斤，二幇共出腦一百零一觔。

陳阿義，熬鍋十口，停熬。

吳戇古，熬鍋十口，十二日出腦二十一斤。

鍾阿来，熬鍋十口，停熬。

又，白石下設灶三份，計鍋三十口。

吳阿辰，熬鍋十口，初二日出腦五十七斤，十九日出腦五十九斤，二幇共出腦一百一十六觔。

鍾才古，熬鍋十口，停熬。

賴阿班，熬鍋十口，初八日出腦二十五斤。

又，姜母園設灶二份，計鍋二十八口。

黃阿獅，熬鍋十一口，二十四日出腦五十一斤。

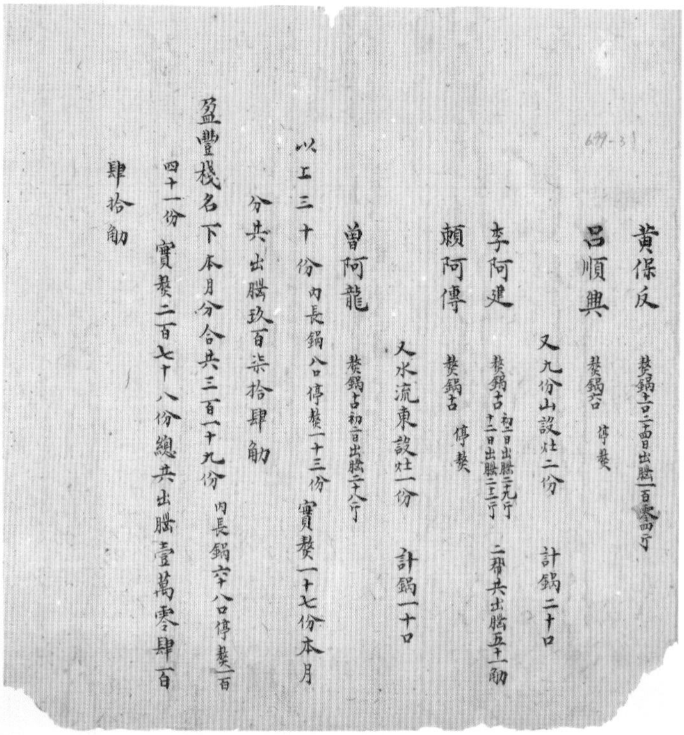
0766

黃保反，焚鍋十一口，二十四日出腦一百零四斤。

呂順興，焚鍋六口，停焚。

又，九份山[200]設灶二份，計鍋二十口。

李阿建，焚鍋十口，初二日出腦二十九斤，十二日出腦二十二斤，二幇共出腦五十一觔。

賴阿傳，焚鍋十口，停焚。

又，水流東設灶一份，計鍋一十口。

曾阿龍，焚鍋十口，初二日出腦二十八斤。

以上三十份，內長鍋八口，停焚一十三份，實焚一十七份。本月分共出腦玖百柒拾肆觔。

盈豐棧名下，本月分合共三百一十九份，內長鍋六十八口，停焚一百四十一份，實焚二百七十八份，總共出腦壹萬零肆百肆拾觔。

200 九份山：即九份仔山。

（三）鄭以金發信

39．鄭以金造送光緒十八年二月分罩蘭等處腦灶份數、鍋數暨腦長姓名、出腦觔數清冊(16)

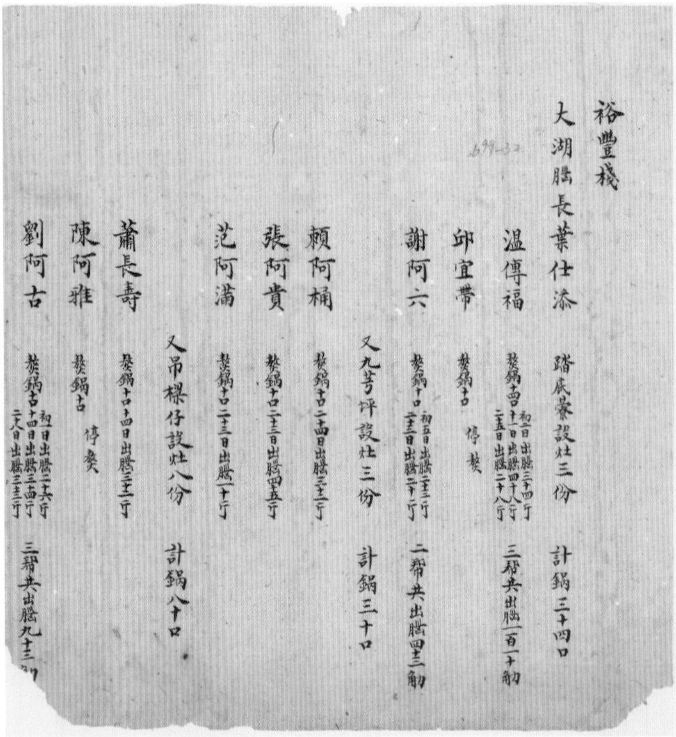

裕豐棧

大湖腦長葉仕添，踏底寮設灶三份，計鍋三十四口。

溫傳福，熬鍋十四口，初二日出腦三十四斤、十一日出腦四十八斤、二十五日出腦二十八斤，三幇共出腦一百一十觔。

邱宜帶，熬鍋十口，停熬。

謝阿六，熬鍋十口，初五日出腦二十三斤，二十三日出腦二十斤；二幇共出腦四十三觔。

又，九芎坪設灶三份，計鍋三十口。

賴阿桶，熬鍋十口，二十四日出腦三十二斤。

張阿貴，熬鍋十口，二十三日出腦四十五斤。

范阿滿，熬鍋十口，二十三日出腦一十斤。

又，吊樑仔設灶八份，計鍋八十口。

蕭長壽，熬鍋十口，十四日出腦三十二斤。

陳阿雅，熬鍋十口，停熬。

劉阿古，熬鍋十口，初一日出腦二十六斤、十四日出腦三十四斤、二十八日出腦三十三斤，三幇共出腦九十三觔。

0767

張阿古，熬鍋十口，初一日出腦五十三斤 十四日出腦一十三斤 二十八日出腦二十八斤，三幇共出腦九十四觔。

劉阿保，熬鍋十口，十一日出腦二十三斤 二十八日出腦二十九斤，二幇共出腦五十二觔。

張阿金，熬鍋十口，初一日出腦二十三斤 十四日出腦一十六斤 二十八日出腦一十四斤，三幇共出腦五十三觔。

劉德進，二份，熬鍋二十口，十一日出腦五十斤 二十八日出腦九十八斤，二幇共出腦一百四十八觔。

又，大坑口設灶五份，計鍋五十四口。

范阿鼎，熬鍋十二口，初六日出腦五十斤 二十一日出腦五十五斤 二十四日出腦六十二斤，三幇共出腦一百六十七觔。

謝蘭清，熬鍋十口，二十七日出腦二十五斤。

謝阿乾，熬鍋十一口，停熬。

謝阿眞，熬鍋十一口，停熬。

謝阿水，熬鍋十口，停熬。

又，遼薫山設灶二份，計鍋二十口。

謝阿春，熬鍋十口，十四日出腦一十七斤。

何阿祿，熬鍋十口，初六日出腦四十五斤 二十日出腦五十三斤，二幇共出腦九十八觔。

（三）鄭以金發信

39・鄭以金造送光緒十八年二月分罩蘭等處腦灶份數、鍋數暨腦長姓名、出腦觔數清冊(17)

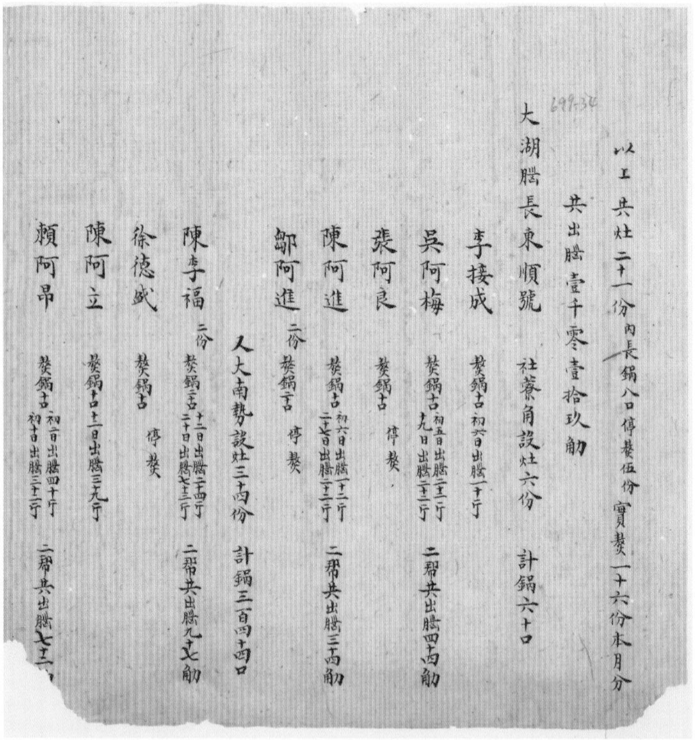

以上共灶二十一份，內長鍋八口，停㸑伍份，實㸑一十六份。本月分

共出腦壹千零壹拾玖觔。

大湖腦長東順號，社寮角設灶六份，計鍋六十口。

李接成，㸑鍋十口，初六日出腦一十斤。

吳阿梅，㸑鍋十口，初五日出腦二十二斤，十九日出腦二十二斤，二幫共出腦四十四觔。

張阿良，㸑鍋十口，停㸑。

陳阿進，㸑鍋十口，初六日出腦一十二斤，二十七日出腦二十二斤，二幫共出腦三十四觔。

鄒阿進，二份，㸑鍋二十口，停㸑。

又，大南勢設灶三十四份，計鍋三百四十四口。

陳李福，二份，㸑鍋二十口，十二日出腦二十四斤，二十日出腦七十三斤，二幫共出腦九十七觔。

徐德盛，㸑鍋十口，停㸑。

陳阿立，㸑鍋十口，十二日出腦三十九斤。

賴阿昂，㸑鍋十口，初二日出腦四十斤，初十日出腦三十二斤，二幫共出腦七十二觔。

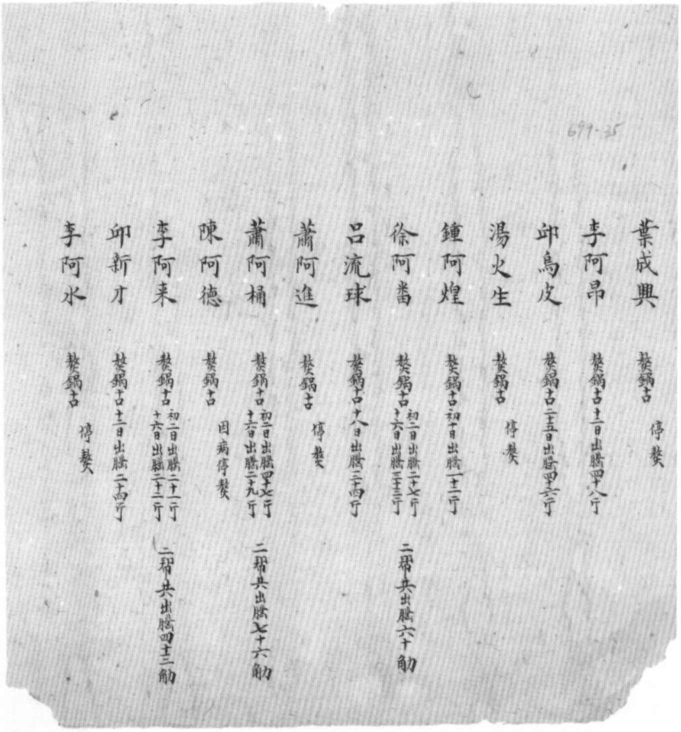

0768

葉成興，熬鍋十口，停熬。
李阿昂，熬鍋十口，十二日出腦四十八斤。
邱烏皮，熬鍋十口，二十五日出腦四十六斤。
湯火生，熬鍋十口，停熬。
鍾阿煌，熬鍋十口，初十日出腦一十二斤。
徐阿畨，熬鍋十口，初二日出腦二十七斤，十六日出腦三十三斤，二幇共出腦六十觔。
呂流球，熬鍋十口，十八日出腦三十四斤。
蕭阿進，熬鍋十口，停熬。
蕭阿桶，熬鍋十口，初二日出腦四十七斤，十六日出腦二十九斤，二幇共出腦七十六觔。
陳阿德，熬鍋十口，因病停熬。
李阿来，熬鍋十口，初二日出腦二十一斤，十六日出腦二十二斤，二幇共出腦四十三觔。
邱新才，熬鍋十口，十二日出腦二十四斤。
李阿水，熬鍋十口，停熬。

（三）鄭以金發信

39．鄭以金造送光緒十八年二月分罩蘭等處腦灶份數、鍋數暨腦長姓名、出腦觔數清冊(18)

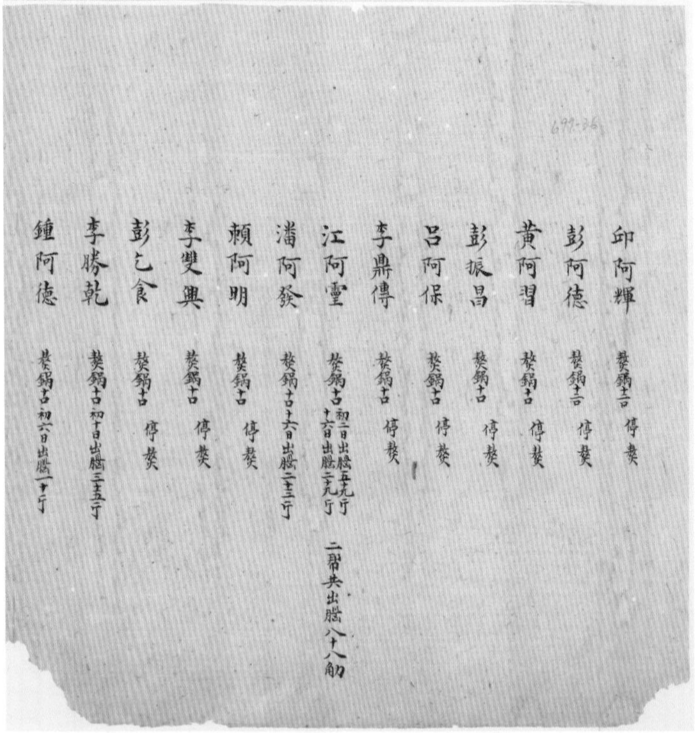

699-36

邱阿輝 焚鍋十二口 停焚
彭阿德 焚鍋十二口 停焚
黃阿習 焚鍋十口 停焚
彭振昌 焚鍋十口 停焚
呂阿保 焚鍋十口 停焚
李鼎傳 焚鍋十口 停焚
江阿靈 焚鍋十口 初二日出腦五十九斤 十六日出腦二十九斤 二帮共出腦八十八觔
潘阿發 焚鍋十口 十六日出腦二十三斤
賴阿明 焚鍋十口 停焚
李雙興 焚鍋十口 停焚
彭乙食 焚鍋十口 停焚
李勝乾 焚鍋十口 初十日出腦三十五斤
鍾阿德 焚鍋十口 初六日出腦一十斤

邱阿輝，焚鍋十二口，停焚。

彭阿德，焚鍋十二口，停焚。

黃阿習，焚鍋十口，停焚。

彭振昌，焚鍋十口，停焚。

呂阿保，焚鍋十口，停焚。

李鼎傳，焚鍋十口，停焚。

江阿靈，焚鍋十口，初二日出腦五十九斤，十六日出腦二十九斤，二帮共出腦八十八觔。

潘阿發，焚鍋十口，十六日出腦二十三斤。

賴阿明，焚鍋十口，停焚。

李雙興，焚鍋十口，停焚。

彭乙食，焚鍋十口，停焚。

李勝乾，焚鍋十口，初十日出腦三十五斤。

鍾阿德，焚鍋十口，初六日出腦一十斤。

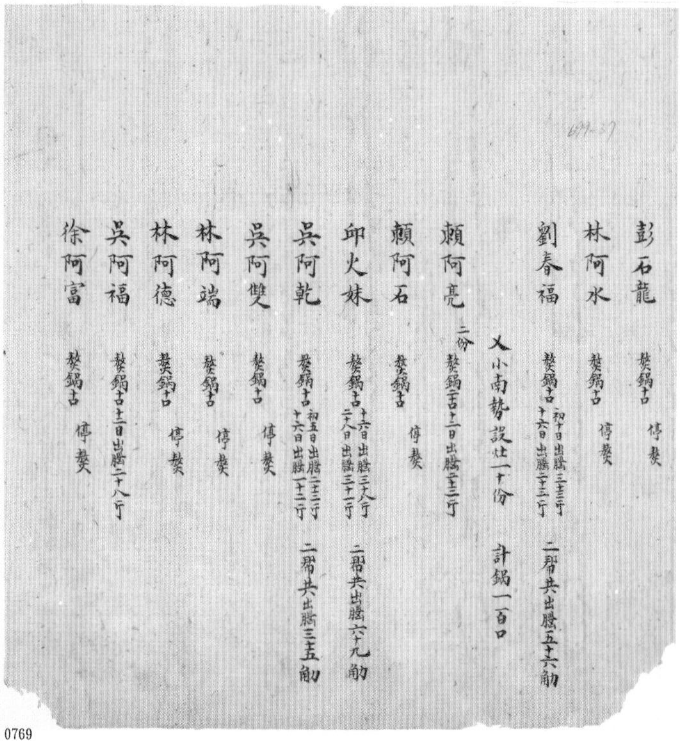

0769

彭石龍，熬鍋十口，停熬。

林阿水，熬鍋十口，停熬。

劉春福，熬鍋十口，初十日出腦三十三斤 十六日出腦二十三斤，二幇共出腦五十六觔。

又，小南勢設灶一十份，計鍋一百口。

賴阿亮，二份，熬鍋二十口，十二日出腦二十三斤。

賴阿石，熬鍋十口，停熬。

邱火妹，熬鍋十口，十六日出腦三十八斤 二十八日出腦三十一斤，二幇共出腦六十九觔。

吳阿乾，熬鍋十口，初五日出腦二十三斤 十六日出腦一十二斤，二幇共出腦三十五觔。

吳阿雙，熬鍋十口，停熬。

林阿端，熬鍋十口，停熬。

林阿德，熬鍋十口，停熬。

吳阿福，熬鍋十口，十二日出腦二十八斤。

徐阿富，熬鍋十口，停熬。

（三二）鄭以金發信

39．鄭以金造送光緒十八年二月分罩蘭等處腦灶份數、鍋數暨腦長姓名、出腦觔數清冊(19)

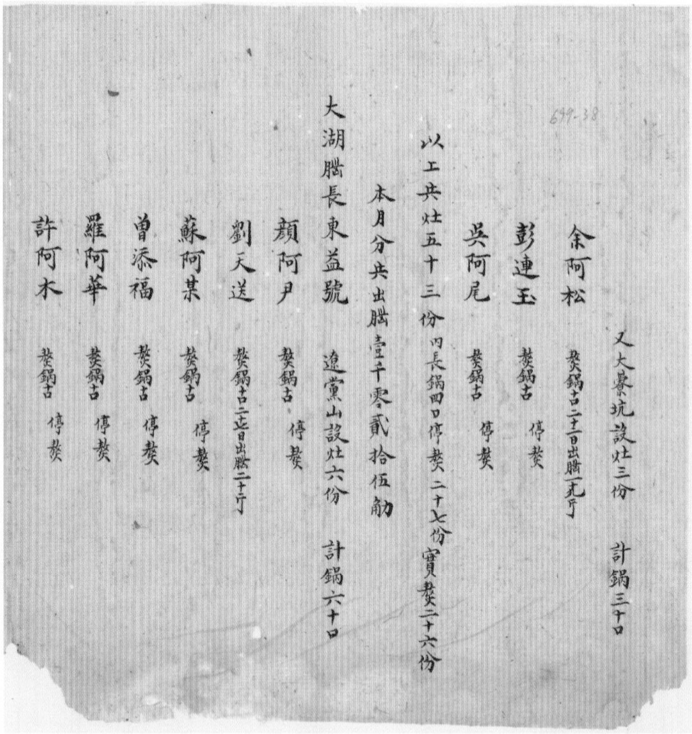

又，大寮坑設灶三份，計鍋三十口。

余阿松，㸑鍋十口，二十二日出腦一十九斤。

彭連玉，㸑鍋十口，停㸑。

吳阿尾，㸑鍋十口，停㸑。

以上共灶五十三份，內長鍋四口，停㸑二十七份，實㸑二十六份，

本月分共出腦壹千零貳拾伍觔。

大湖腦長東益號，遼黨山[201]設灶六份，計鍋六十口。

顏阿尹，㸑鍋十口，停㸑。

劉天送，㸑鍋十口，二十七日出腦二十斤。

蘇阿某，㸑鍋十口，停㸑。

曾添福，㸑鍋十口，停㸑。

羅阿華，㸑鍋十口，停㸑。

許阿木，㸑鍋十口，停㸑。

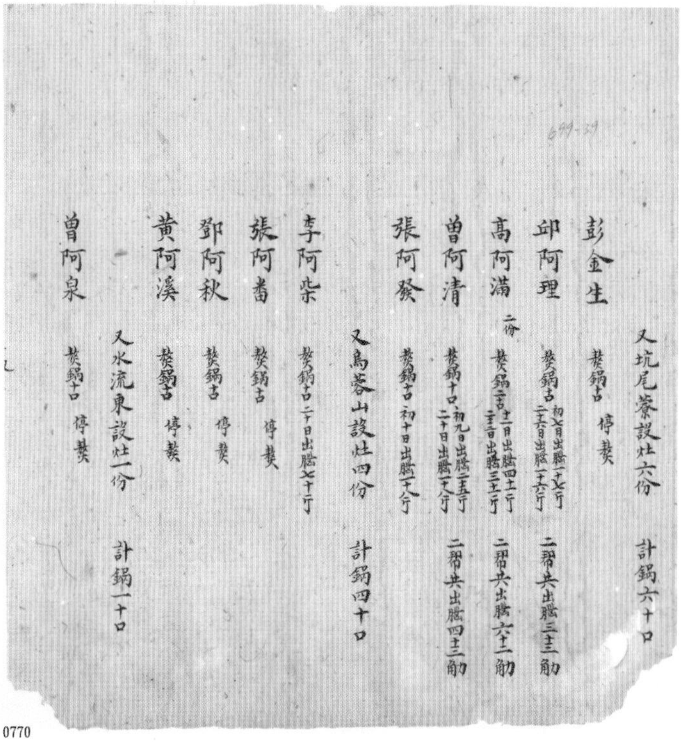

0770

又，坑尾蓼設灶六份，計鍋六十口。

彭金生，熬鍋十口，停熬。

邱阿理，熬鍋十口，初七日出腦一十七斤，二十六日出腦一十六斤，二幇共出腦三十三觔。

高阿滿，二份，熬鍋二十口，十二日出腦四十一斤，二十三日出腦三十一斤，二幇共出腦六十二觔。

曾阿清，熬鍋十口，初九日出腦二十五斤，二十日出腦一十八斤，二幇共出腦四十三觔。

張阿發，熬鍋十口，初十日出腦一十八斤。

又，烏蓉山設灶四份，計鍋四十口。

李阿柴，熬鍋十口，二十日出腦七十斤。

張阿畨，熬鍋十口，停熬。

鄧阿秋，熬鍋十口，停熬。

黃阿溪，熬鍋十口，停熬。

又，水流東設灶一份，計鍋一十口。

曾阿泉，熬鍋十口，停熬。

201 遼黨山：亦寫為「蓼黨山」，位置待考。

（三）鄭以金發信

39・鄭以金造送光緒十八年二月分罩蘭等處腦灶份數、鍋數暨腦長姓名、出腦觔數清冊(20)

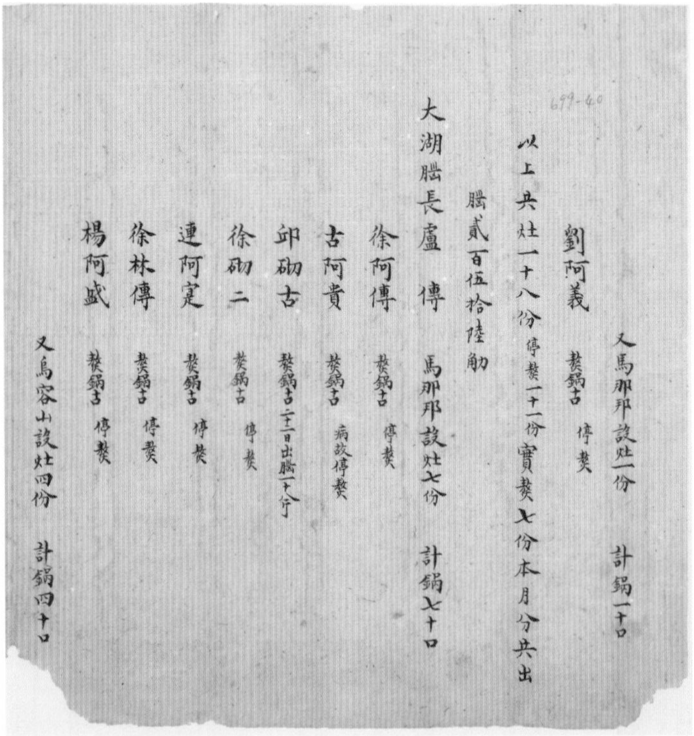

又，馬那邦設灶一份，計鍋一十口。

劉阿義，熬鍋十口，停熬。

以上共灶一十八份，停熬一十一份，實熬七份。本月分共出

腦貳百伍拾陸觔。

大湖腦長盧　傳，馬那邦設灶七份，計鍋七十口。

徐阿傳，熬鍋十口，停熬。

古阿貴，熬鍋十口，病故停熬。

邱砌古，熬鍋十口，二十二日出腦一十八斤。

徐砌二，熬鍋十口，停熬。

連阿寔，熬鍋十口，停熬。

徐林傳，熬鍋十口，停熬。

楊阿盛，熬鍋十口，停熬。

又，烏容山設灶四份，計鍋四十口。

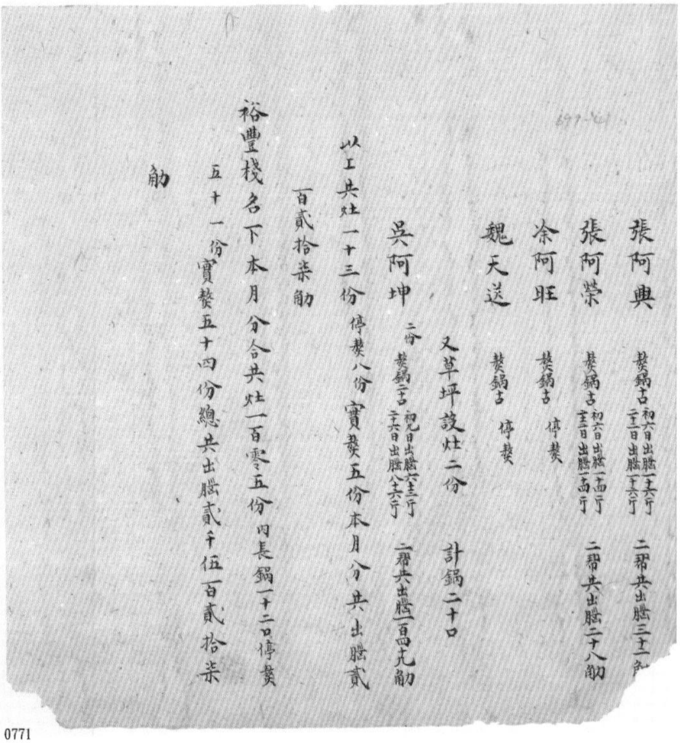

0771

張阿典，熬鍋十口，初六日出腦一十六斤，二十二日出腦一十六斤，二幇共出腦三十二觔。

張阿榮，熬鍋十口，初六日出腦一十四斤，二十二日出腦一十四斤，二幇共出腦二十八觔。

涂阿旺，熬鍋十口，停熬。

魏天送，熬鍋十口，停熬。

又，草坪設灶二份，計鍋二十口。

吳阿坤，二份，熬鍋二十口，初九日出腦六十三斤，二十六日出腦八十六斤，二幇共出腦一百四十九觔。

以上共灶一十三份，停熬八份，實熬五份。本月分共出腦貳百貳拾柒觔。

裕豐棧名下本月分合共灶一百零五份，內長鍋一十二口，停熬五十一份，實熬五十四份，總共出腦貳千伍百貳拾柒觔。

（三二）鄭以金發信

39．鄭以金造送光緒十八年二月分罩蘭等處腦灶份數、鍋數暨腦長姓名、出腦觔數清冊(21)

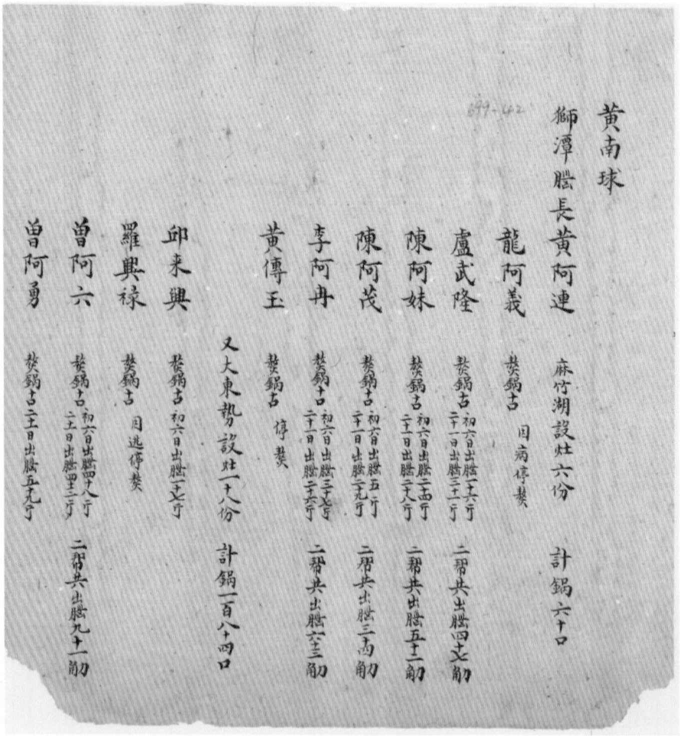

黃南球

獅潭腦長黃阿連，麻竹湖設灶六份，計鍋六十口。

龍阿義，熬鍋十口，因病停熬。

盧武隆，熬鍋十口，初六日出腦一十六斤，二十一日出腦三十一斤，二幇共出腦四十七觔。

陳阿妹，熬鍋十口，初六日出腦二十四斤，二十一日出腦二十八斤，二幇共出腦五十二觔。

陳阿茂，熬鍋十口，初六日出腦五斤，二十一日出腦二十九斤，二幇共出腦三十四觔。

李阿冉，熬鍋十口，初六日出腦三十七斤，二十一日出腦二十六斤，二幇共出腦六十三觔。

黃傳玉，熬鍋十口，停熬。

又，大東勢設灶一十八份，計鍋一百八十四口。

邱来興，熬鍋十口，初六日出腦一十七斤。

羅興祿，熬鍋十口，因逃停熬。

曾阿六，熬鍋十口，初六日出腦四十八斤，二十一日出腦四十三斤，二幇共出腦九十一觔。

曾阿勇，熬鍋十口，二十一日出腦五十九斤。

0772

張阿蘭，熬鍋十口，初六日出腦四十六斤，二十一日出腦四十一斤，二幇共出腦八十七觔。

曾阿郎，熬鍋十口，初六日出腦五十六斤，二十一日出腦四十四斤，二幇共出腦一百觔。

黃阿連，熬鍋十口，停熬。

黃天送，熬鍋十口，停熬。

邱阿羣，熬鍋十口，初六日出腦二十斤，二十一日出腦四十二斤，二幇共出腦六十二觔。

劉阿開，熬鍋十口，因逃停熬。

曾阿四，熬鍋十口，初六日出腦二十一斤，二十一日出腦七斤，二幇共出腦二十八觔。

丁阿秋，熬鍋十口，初六日出腦二十一斤。

鄧石生，二份，熬鍋二十口，二十七日出腦六十斤。

田阿興，熬鍋十口，初一日出腦三十七斤，二十日出腦七十斤，二幇共出腦一百零七觔。

張呌妹，熬鍋十口，二十七日出腦三十六斤。

張猪尾，熬鍋十口，二十七日出腦三十六斤。

李呌嘴，熬鍋十口，初六日出腦三十八斤，二十一日出腦四十一斤，二幇共出腦七十九觔。

（三）鄭以金發信

39．鄭以金造送光緒十八年二月分罩蘭等處腦灶份數、鍋數暨腦長姓名、出腦觔數清冊(22)

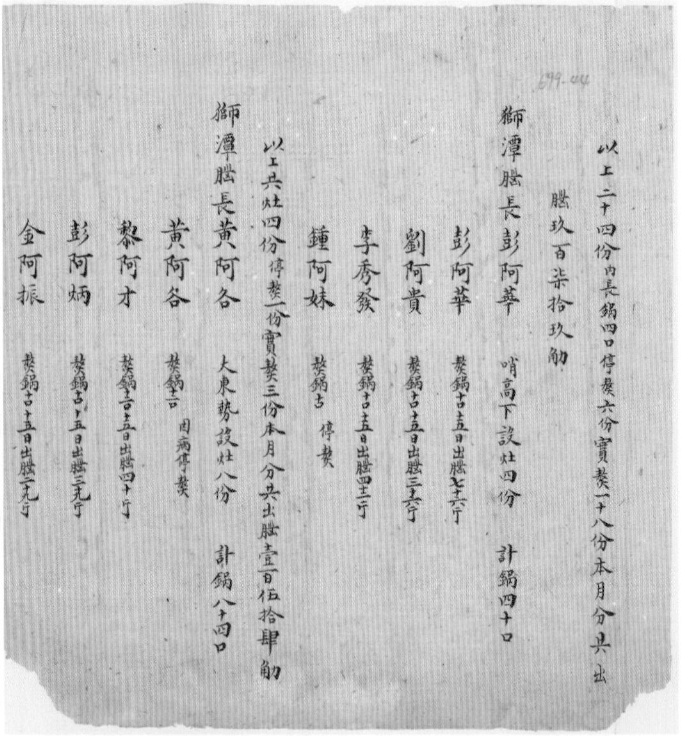

以上二十四份，內長鍋四口，停熬六份，實熬一十八份。本月分共出
腦玖百柒拾玖觔。
獅潭腦長彭阿華，哨高下設灶四份，計鍋四十口。
彭阿華，熬鍋十口，十五日出腦七十六斤。
劉阿貴，熬鍋十口，十五日出腦三十六斤。
李秀發，熬鍋十口，十五日出腦四十二斤。
鍾阿妹，熬鍋十口，停熬。
以上共灶四份，停熬一份，實熬三份。本月分總共出腦壹百伍拾肆觔。
獅潭腦長黃阿各，大東勢設灶八份，計鍋八十四口。
黃阿各，熬鍋十二口，因病停熬。
黎阿才，熬鍋十二口，十五日出腦四十斤。
彭阿炳，熬鍋十口，十五日出腦三十九斤。
金阿振，熬鍋十口，十五日出腦二十九斤。

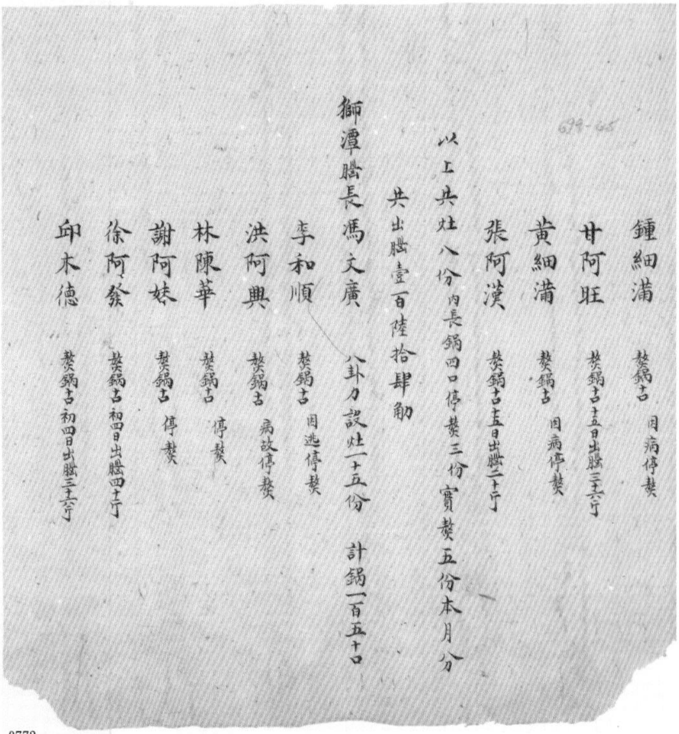

0773

鍾細滿，熬鍋十口，因病停熬。

甘阿旺，熬鍋十口，十五日出腦三十六斤。

黃細滿，熬鍋十口，因病停熬。

張阿漢，熬鍋十口，十五日出腦二十斤。

以上共灶八份，內長鍋四口，停熬三份，實熬五份。本月分共出腦壹百陸拾肆觔。

獅潭腦長馮文廣，八卦力設灶一十五份，計鍋一百五十口。

李和順，熬鍋十口，因逃停熬。

洪阿興，熬鍋十口，病故停熬。

林陳華，熬鍋十口，停熬。

謝阿妹，熬鍋十口，停熬。

徐阿發，熬鍋十口，初四日出腦四十斤。

邱木德，熬鍋十口，初四日出腦三十六斤。

（三）鄭以金發信

39・鄭以金造送光緒十八年二月分罩蘭等處腦灶份數、鍋數暨腦長姓名、出腦觔數清冊(23)

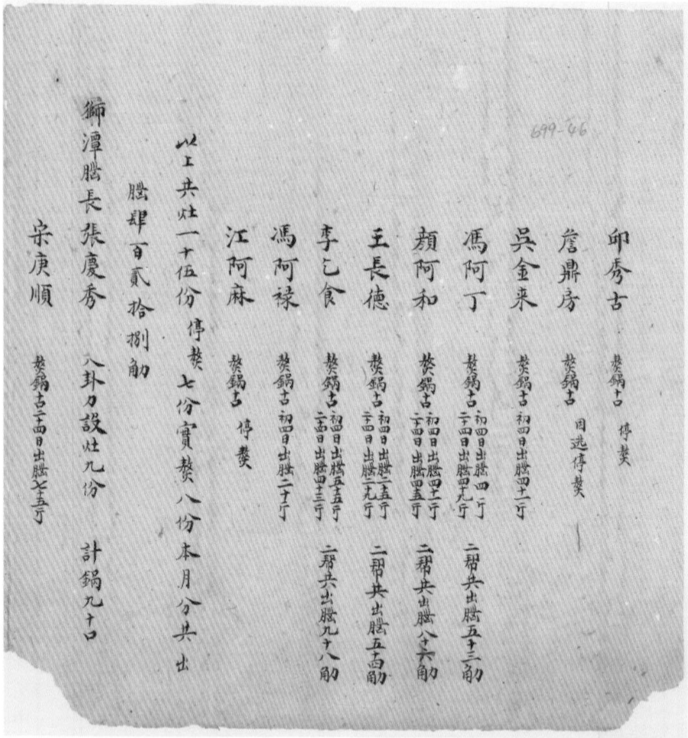

邱秀古，熬鍋十口，停熬。

詹鼎房，熬鍋十口，因逃停熬。

吳金来，熬鍋十口，初四日出腦四十一斤。

馮阿丁，熬鍋十口，初四日出腦四斤 二十四日出腦四十九斤，二幇共出腦五十三觔。

顏阿和，熬鍋十口，初四日出腦四十一斤 二十四日出腦四十五斤，二幇共出腦八十六觔。

王長德，熬鍋十口，初四日出腦二十五斤 二十四日出腦二十九斤，二幇共出腦五十四觔。

李乞食，熬鍋十口，初四日出腦五十五斤 二十四日出腦四十三斤，二幇共出腦九十八觔。

馮阿祿，熬鍋十口，初四日出腦二十斤。

江阿麻，熬鍋十口，停熬。

以上共灶一十五份，停熬七份，實熬八份。本月分共出

腦肆百貳拾捌觔。

獅潭腦長張慶秀，八卦力設灶九份，計鍋九十口。

宋庚順，熬鍋十口，二十四日出腦七十五斤。

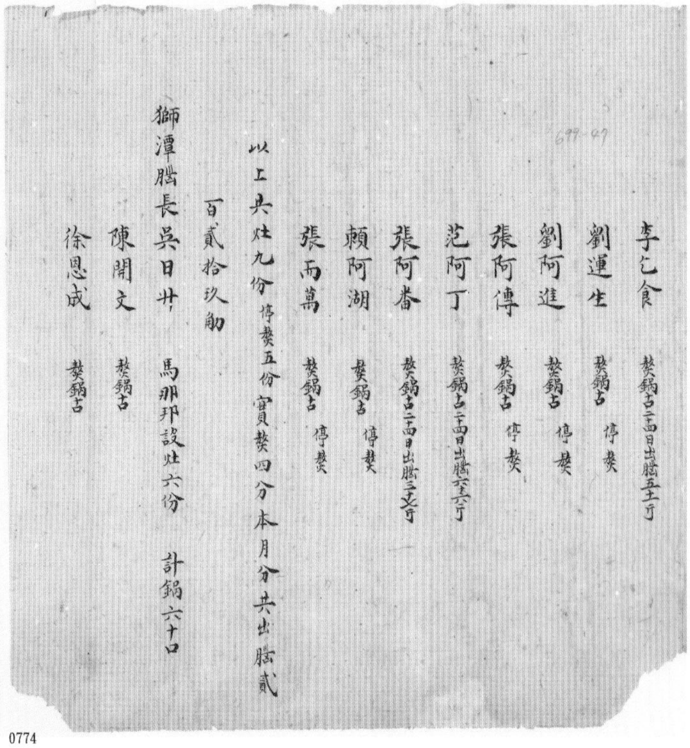

0774

李乞食，熬鍋十口，二十四日出腦五十一斤。

劉運生，熬鍋十口，停熬。

劉阿進，熬鍋十口，停熬。

張阿傳，熬鍋十口，停熬。

范阿丁，熬鍋十口，二十四日出腦六十六斤。

張阿畓，熬鍋十口，二十四日出腦三十七斤。

賴阿湖，熬鍋十口，停熬。

張而萬，熬鍋十口，停熬。

以上共灶九份，停熬五份，實熬四分。本月分共出腦貳百貳拾玖觔。

獅潭腦長吳日升，馬那邦設灶六份，計鍋六十口。

陳開文，熬鍋十口。

徐恩成，熬鍋十口。

（三）鄭以金發信

39．鄭以金造送光緒十八年二月分罩蘭等處腦灶份數、鍋數暨腦長姓名、出腦觔數清冊(24)

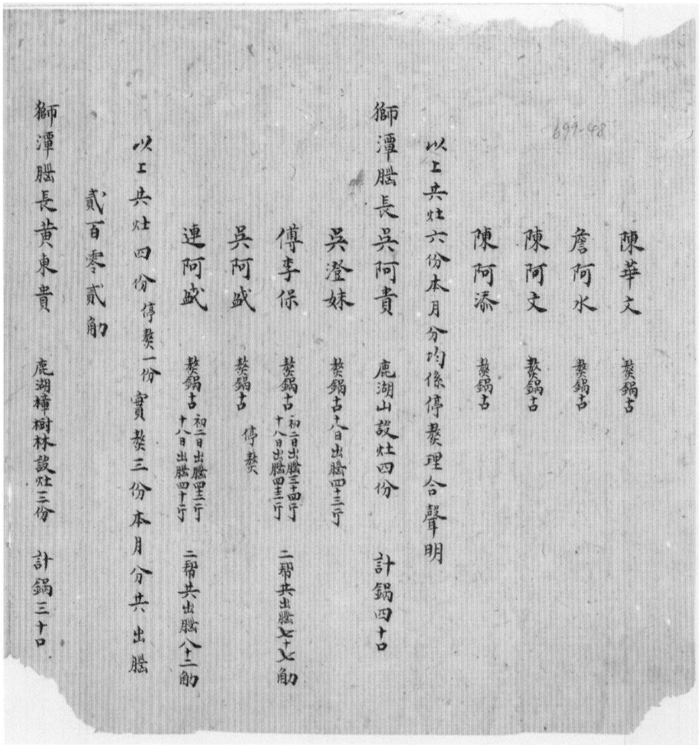

陳華文，熬鍋十口。
詹阿水，熬鍋十口。
陳阿文，熬鍋十口。
陳阿添，熬鍋十口。
以上共灶六份，本月分均係停熬，理合聲明。
獅潭腦長吳阿貴，鹿湖山設灶四份，計鍋四十口。
吳澄妹，熬鍋十口，十八日出腦四十三斤。
傅李保，熬鍋十口，初二日出腦三十四斤，十八日出腦四十三斤，二幇共出腦七十七觔。
吳阿盛，熬鍋十口，停熬。
連阿盛，熬鍋十口，初二日出腦四十二斤，十八日出腦四十斤，二幇共出腦八十二觔。
以上共灶四份，停熬一份，實熬三份。本月分共出腦
貳百零貳觔。
獅潭腦長黃東貴，鹿湖樟樹林設灶三份，計鍋三十口。

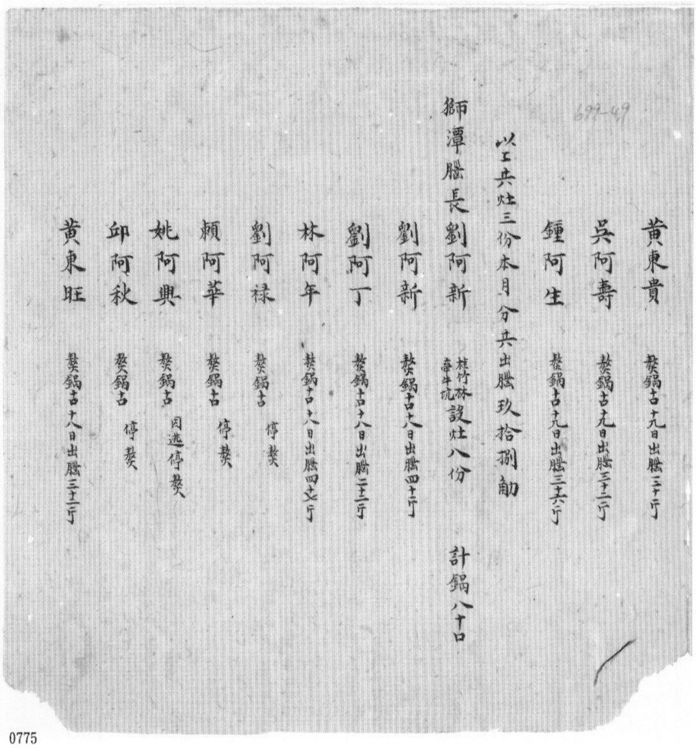

0775

黃東貴，漖鍋十口，十九日出腦三十斤。

吳阿壽，漖鍋十口，十九日出腦三十二斤。

鍾阿生，漖鍋十口，十九日出腦三十六斤。

以上共灶三份，本月分共出腦玖拾捌觔。

獅潭腦長劉阿新，桂竹林 牽牛坑設灶八份，計鍋八十口。

劉阿新，漖鍋十口，十八日出腦四十斤。

劉阿丁，漖鍋十口，十八日出腦二十二斤。

林阿年，漖鍋十口，十八日出腦四十七斤。

劉阿祿，漖鍋十口，停漖。

賴阿華，漖鍋十口，停漖。

姚阿興，漖鍋十口，因逃停漖。

邱阿秋，漖鍋十口，停漖。

黃東旺，漖鍋十口，十八日出腦三十二斤。

（三）鄭以金發信

39．鄭以金造送光緒十八年二月分罩蘭等處腦灶份數、鍋數暨腦長姓名、出腦觔數清冊(25)

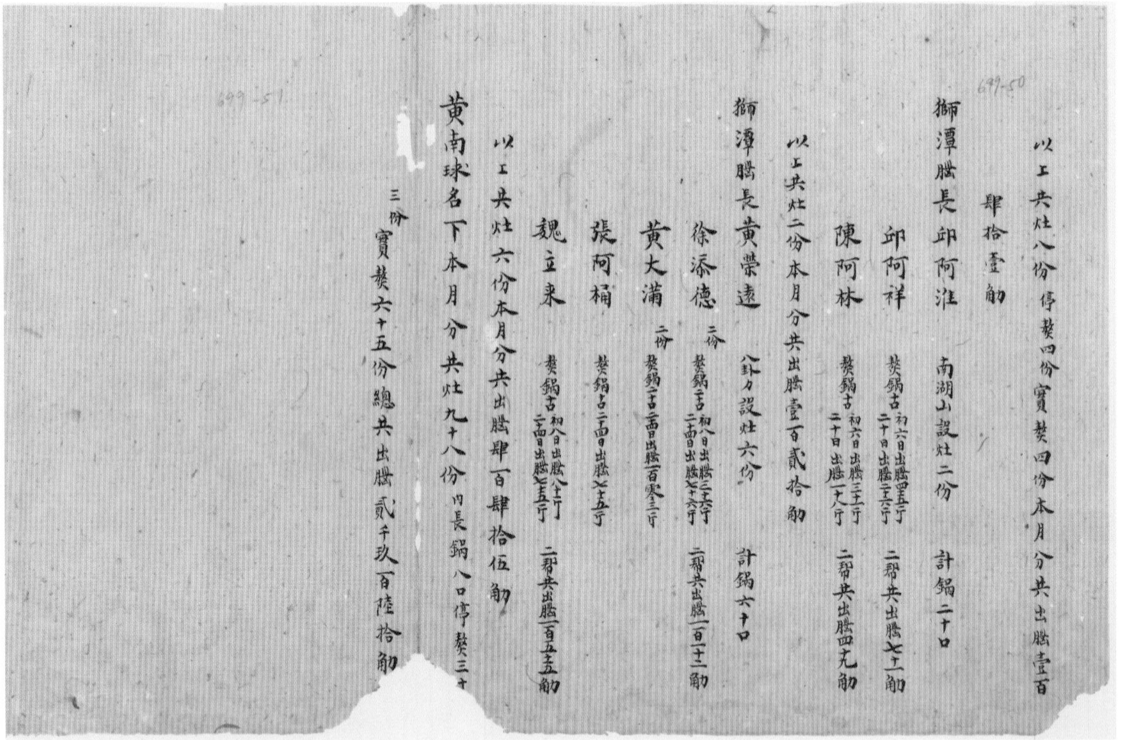

以上共灶八份，停熬四份，實熬四份。本月分共出腦壹百肆拾壹觔。

獅潭腦長邱阿淮，南湖山設灶二份，計鍋二十口。

邱阿祥，熬鍋十口，初六日出腦四十五斤，二十日出腦二十六斤，二幇共出腦七十一觔。

陳阿林，熬鍋十口，初六日出腦三十一斤，二十日出腦一十八斤，二幇共出腦四十九觔。

以上共灶二份，本月分共出腦壹百貳拾觔。

獅潭腦長黃榮遠，八卦力設灶六份，計鍋六十口。

徐添德，二份，熬鍋二十口，初八日出腦三十六斤，二十四日出腦七十六斤，二幇共出腦一百一十二觔。

黃大滿，二份，熬鍋二十口，二十四日出腦一百零二斤。

張阿桶，熬鍋十口，二十四日出腦七十五斤。

魏立来，熬鍋十口，初八日出腦八十斤，二十四日出腦七十五斤，二幇共出腦一百五十五觔。

以上共灶六份。本月分共出腦肆百肆拾伍觔。

黃南球名下本月分共灶九十八份，內長鍋八口，停熬三十三份，實熬六十五份。總共出腦貳千玖百陸拾觔。

光緒拾捌年叁月　日呈

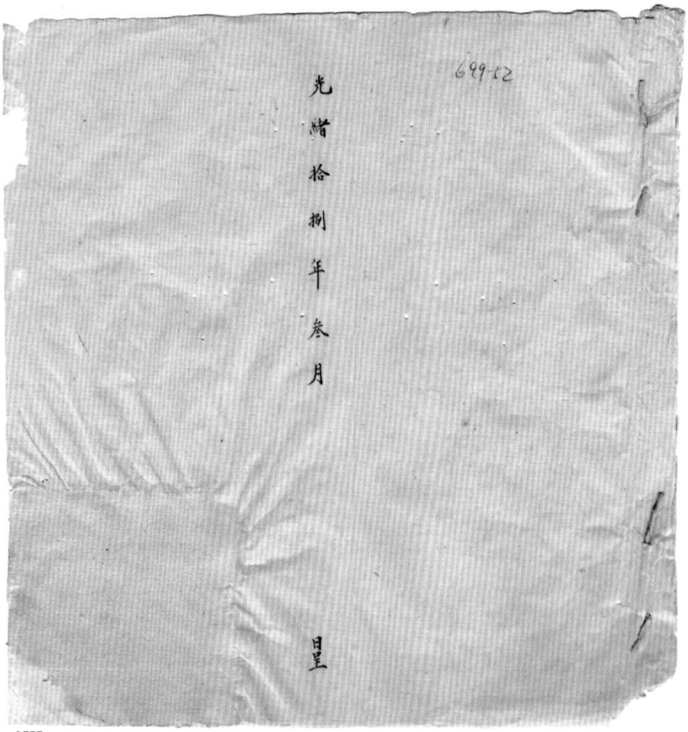
699-12
光緒拾捌年叁月
呈

0777

（三）鄭以金發信

40・初七日鄭以金致林拱辰信函[202]

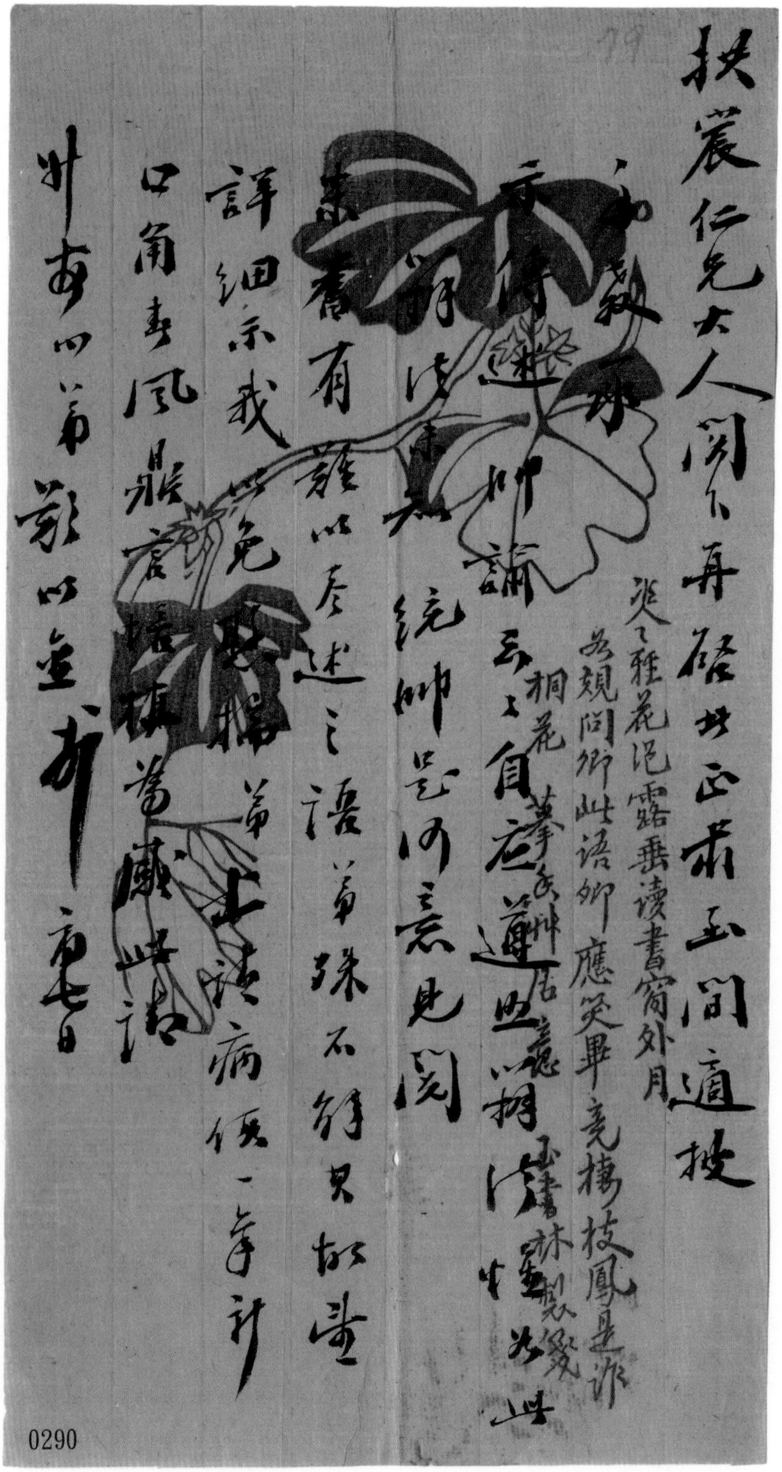

拱辰仁兄大人閣下：再啓者，正肅函間，適接
示教，承
示傳述帥諭，云云，自應遵照。以拱[illegible]
[illegible]統帥是何意見？閣
下書有難以奉述之語，弟殊不解其故，諒
詳細示我。兄所探弟[illegible]病，[illegible]一年計
口角春風[illegible]當感此語
淡淡雅花浥露垂，讀書窗外月無規，問卿此語卿應笑，畢竟棲枝鳳是誰
桐花[illegible] 林書雅製
廿[illegible]弟鄭以金頓首 初七日

0290

拱宸仁兄大人閣下：再啓者，正肅函間，適披
手教，承
示傳述　帥諭云云，自应遵照辦法。惟如此
辦法，未知　統帥是何意見？閱
來書，有難以尽述之語，弟殊不觧其故，望
詳細示我，以免懸揣。弟上請病假一稟，祈
口角春風，鼎言培植爲感。此請
升安。
小弟鄭以金頓　初七日

202 本件與編號四一、四二、四四、四五相關。根據編號四二及四五推知應寫於一八九二年九月。

（三二）鄭以金發信

41・八日鄭以金致林拱辰、葛竹軒信函

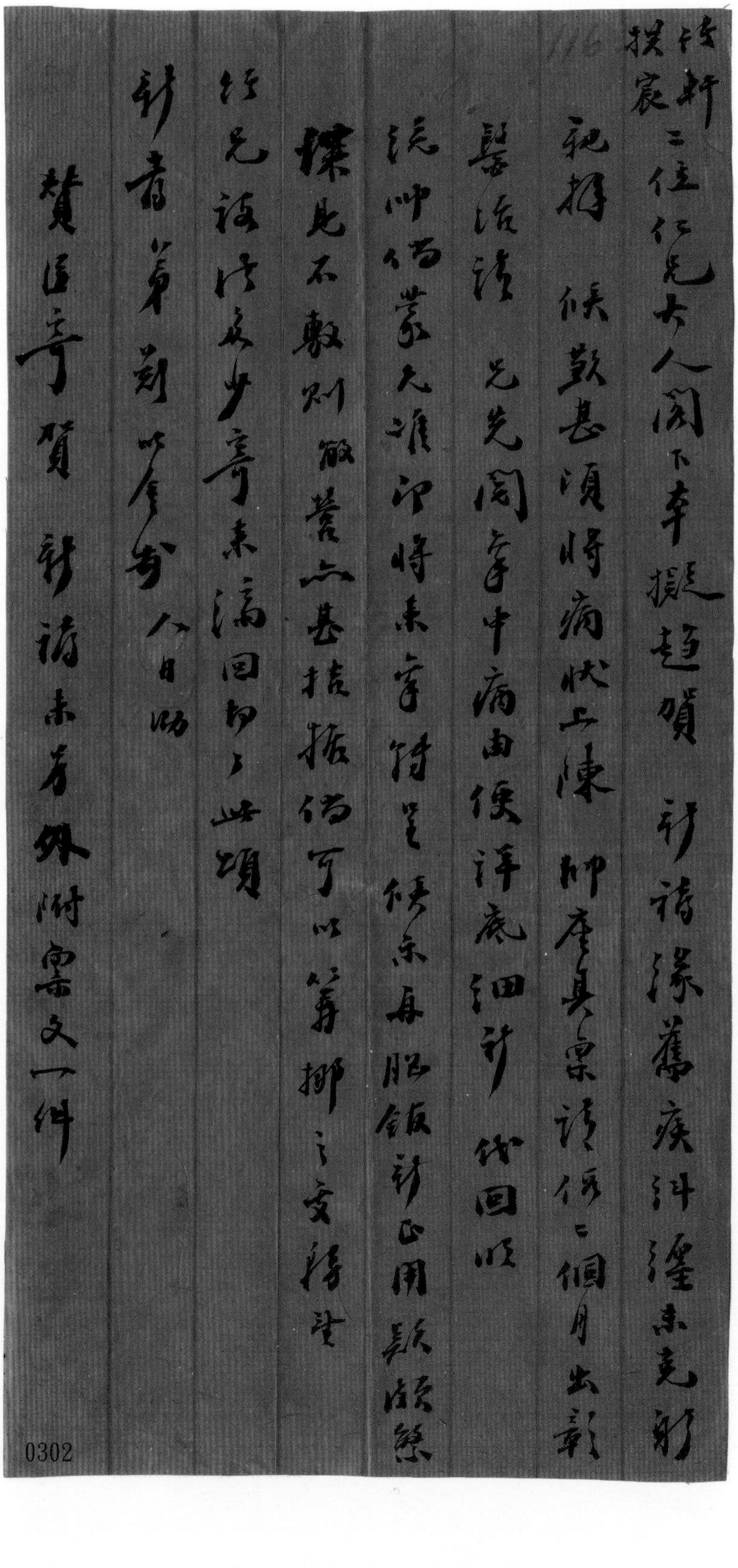

竹軒
拱宸 二位仁兄大人閣下：本擬趨賀 新禧，緣舊疾糾纏，未克躬
祗拜 候，歉甚。頃將病狀上陳 帥座，具稟請假一個月出彰
醫治，請 兄先閱稟中病由，便詳底細，祈 代回明
統帥，倘蒙允准，即將來年餉呈 候示再照辦，計正用款頗緊
操兄不敷，則敝營亦甚拮据，倘可以籌挪之，妥轉發
竹兄設法，請交少亭來滬回知之，此頌
新禧 弟鄭以金頓首 八日助
贊臣、亭賀 新禧，未另。外附稟文一件

0302

竹軒
拱宸二位仁兄大人閣下：本擬趋賀　新禱，緣舊疾糾纏，未克躬親拜　候，歉甚。頃將病狀上陳　帥座，具稟請俶〔假〕二個月出彰醫治，請　兄先閱稟中病由，便詳底細，祈　代回明統帥，倘蒙允准，即將來稟轉呈候示。再腦館新正用欵頗繁，深見不敷，則敝營亦甚拮据，倘可以籌挪之處，務望竹兄設法多少寄來□回。切切，此頌

新春。　弟鄭以金頓　八日泐

贊臣寄賀　新禱，未另，外附稟文一件。

（三）鄭以金發信

42・菊十七日鄭以金致林拱辰信函[203](1)

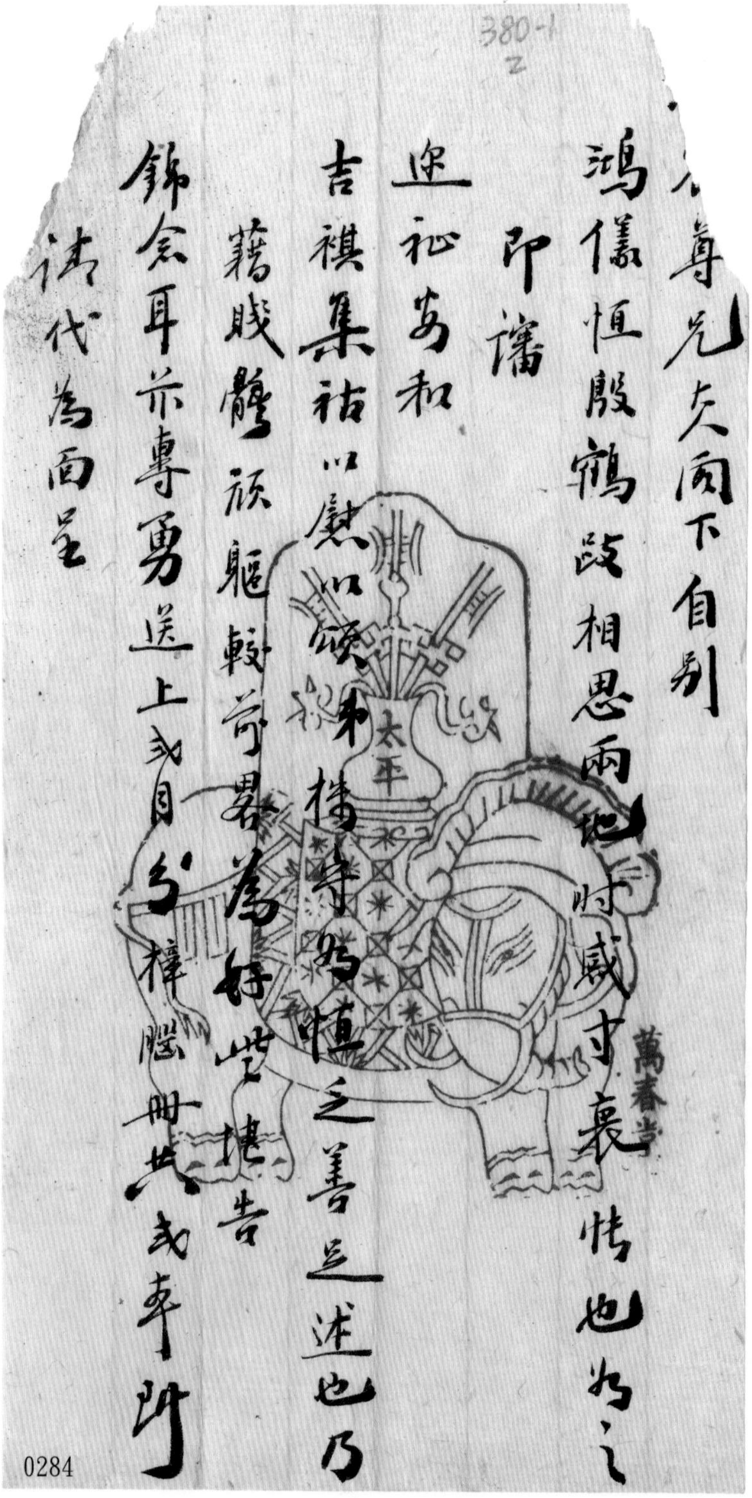

拱辰尊兄大人閣下自別
鴻儀恆殷鶴跂相思兩地時感寸衷情也兹之
即講
近祉安和
吉祺集祐以慰以頌弟樣待如恆之善足述也乃
藉賤體欣軀較前界為好些堪告
錦念耳示專勇送上弍月份樟腦冊共弍本祈
請代為面呈

0284

拱辰尊兄大人閣下：自別
鴻儀，恒殷鶴跂，相思兩地，时感寸衷，悵也如之。
即譾
迩祉安和，
吉祺集祐，以慰以頌。弟株守如恆，乏善足述也，乃
藉賤體頑軀較前畧爲好些，堪告
錦念耳。茲專勇送上弍月分樟腦冊共弍本，到
請代爲面呈

203 本件與編號四二、四四、四五相關，故推知為一八九二年。

（三）鄭以金發信

42・菊十七日鄭以金致林拱辰信函(2)

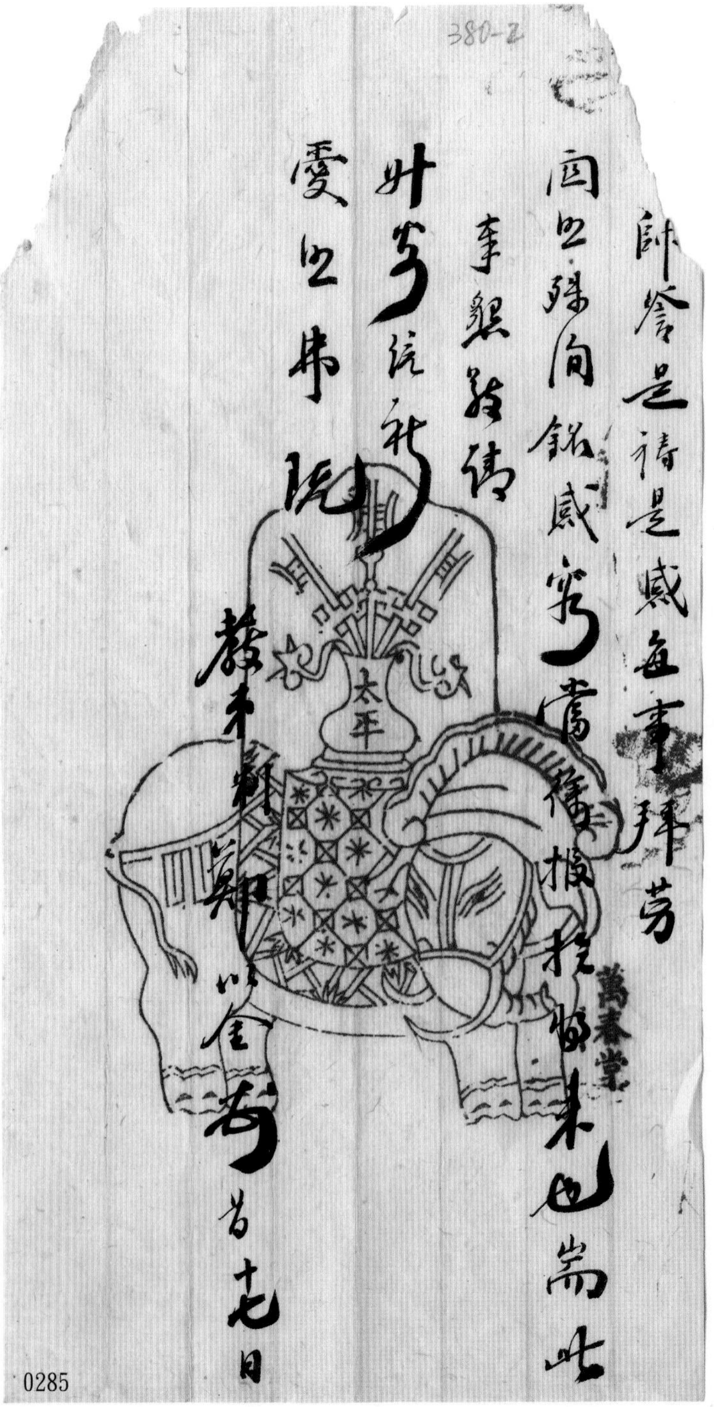

師爺足禧是感，無事拜勞

因此孫向銘感，寫書條據拖將來也，尚此

事懇發傳

此等統祈照

愛照是

樹木新莊鄭以金頓

菊十七日

0285

帥督。是禱是感。每事拜労
關照，殊洵銘感，容當徐报於將來也。耑此。
奉懇，敬請
升安，統祈
愛照。弗既。

教弟制鄭以金　頓　菊[204]　十七日

204 菊：指菊月，農曆九月。

（三一）鄭以金發信

43・小春二十夕鄭以金致林拱辰信函

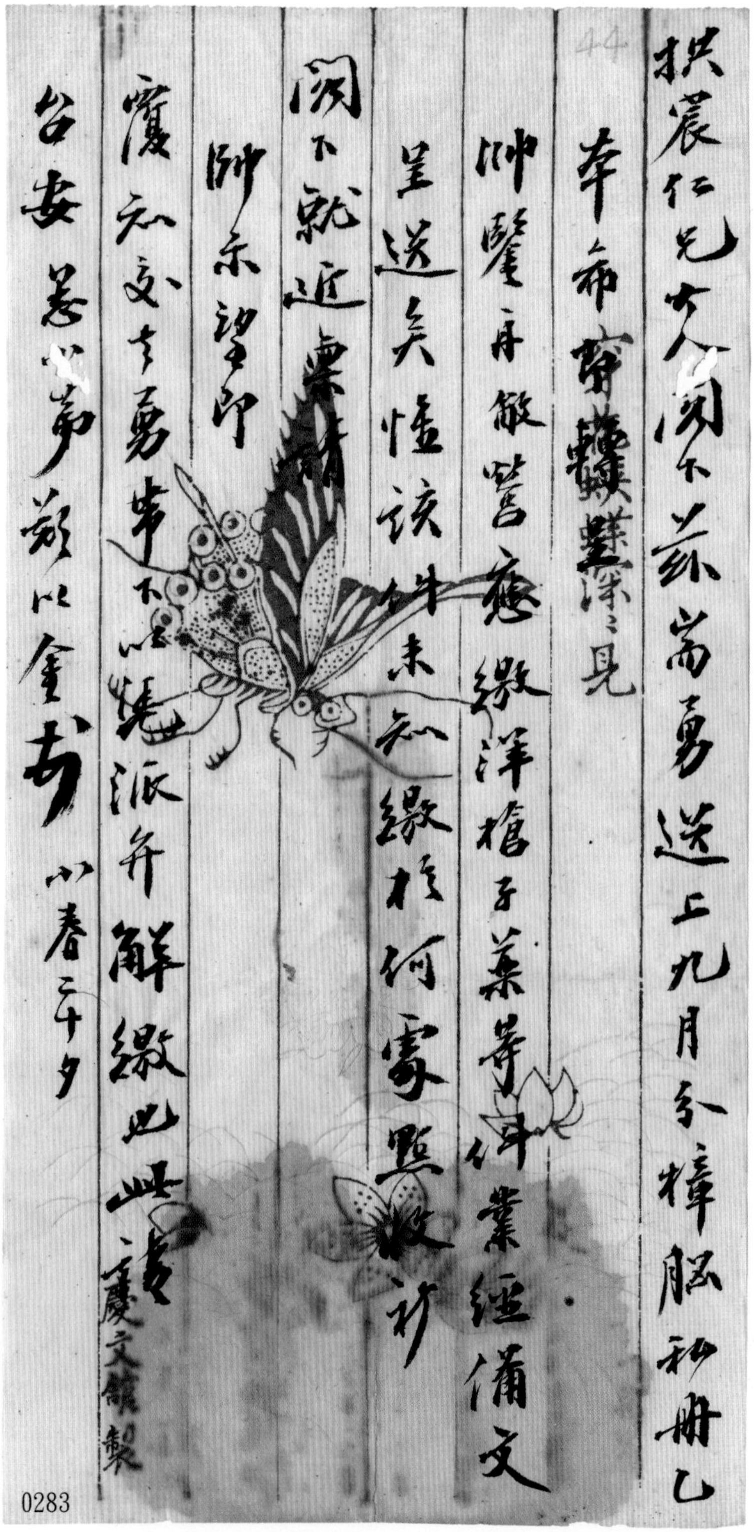

拱宸仁兄大人閣下：茲尚勇送上九月分樟腦秘冊乙
本，希查[illegible]見。
帥鑒。再啟者，懇繳洋槍子藥等件，業經備文
呈送矣，惟該件未知繳於何處點收，祈
閣下就近稟請
帥示，望即
覆知，交尚勇帶下，以便派弁解繳也。此請
台安 愚弟鄭以金 書 小春二十夕

慶文館製

0283

拱辰仁兄大人閣下：茲峇勇送上九月分樟腦私冊乙

本，希即轉呈

帥鑒。再，敝營應繳洋槍、子藥等件，業經備文

呈送矣。惟該件未知繳於何處點收，祈

閣下就近稟請

帥示，望即

覆知，交去勇帶下，以憑派弁解繳也。此請

台安　　愚小弟鄭以金頓　　小春[205]二十夕

205 小春：農曆十月。

（三二）鄭以金發信

44・廿一早鄭以金致林拱辰信函[206] (1)

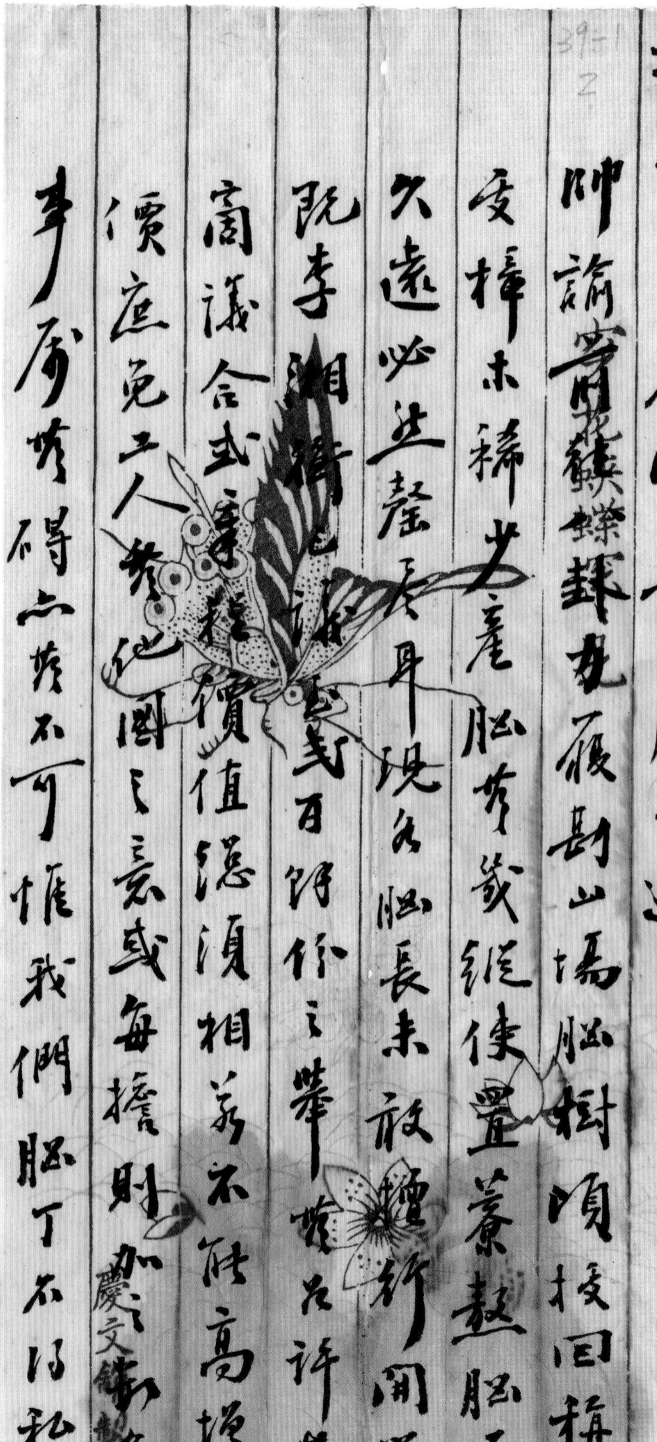

拱宸仁兄大人閣下茲有腦長遵奉
帥諭前赴[illegible]履勘山場腦樹須接回稟該
處樟木稀少產腦甚歉縱使置灶熬腦不耐
久遠必至虧本現各腦長未敢擅行開辦
既李湘請[illegible]百餘份之輩茲已許只
商議合式章程價值總須相若不能高增厚
價庶免工人[illegible]他圖之意或每擔則加[illegible]角
本[illegible]得亦[illegible]不可惟我們腦丁不得私自

0304

拱宸仁兄大人閣下：茲各腦長[207]遵奉
帥諭，前往八卦力[208]履勘山場腦樹。頃據回稱，該處樟木稀少，產腦無幾，縱使置寮熬腦，不耐久遠，必然罄尽耳。現各腦長未敢擅行開辦。既李湘衡[209]已議至弍百餘份之舉，無如許其商議，合弍章程價值総須相若，不能高增厚價，庶免工人無他圖之意。或每擔則加之数角，事屬無碍，亦無不可。惟我們腦丁不得私自

206 本件與編號四五相關，另根據編號一七推測應寫於一八九二年十月以後。
207 腦長：製腦組織的負責人。
208 八卦力：地名，位於今日苗栗縣南庄鄉一帶。
209 李湘衡：樟腦商，生平不詳。

（三）鄭以金發信

44・廿一早鄭以金致林拱辰信函(2)

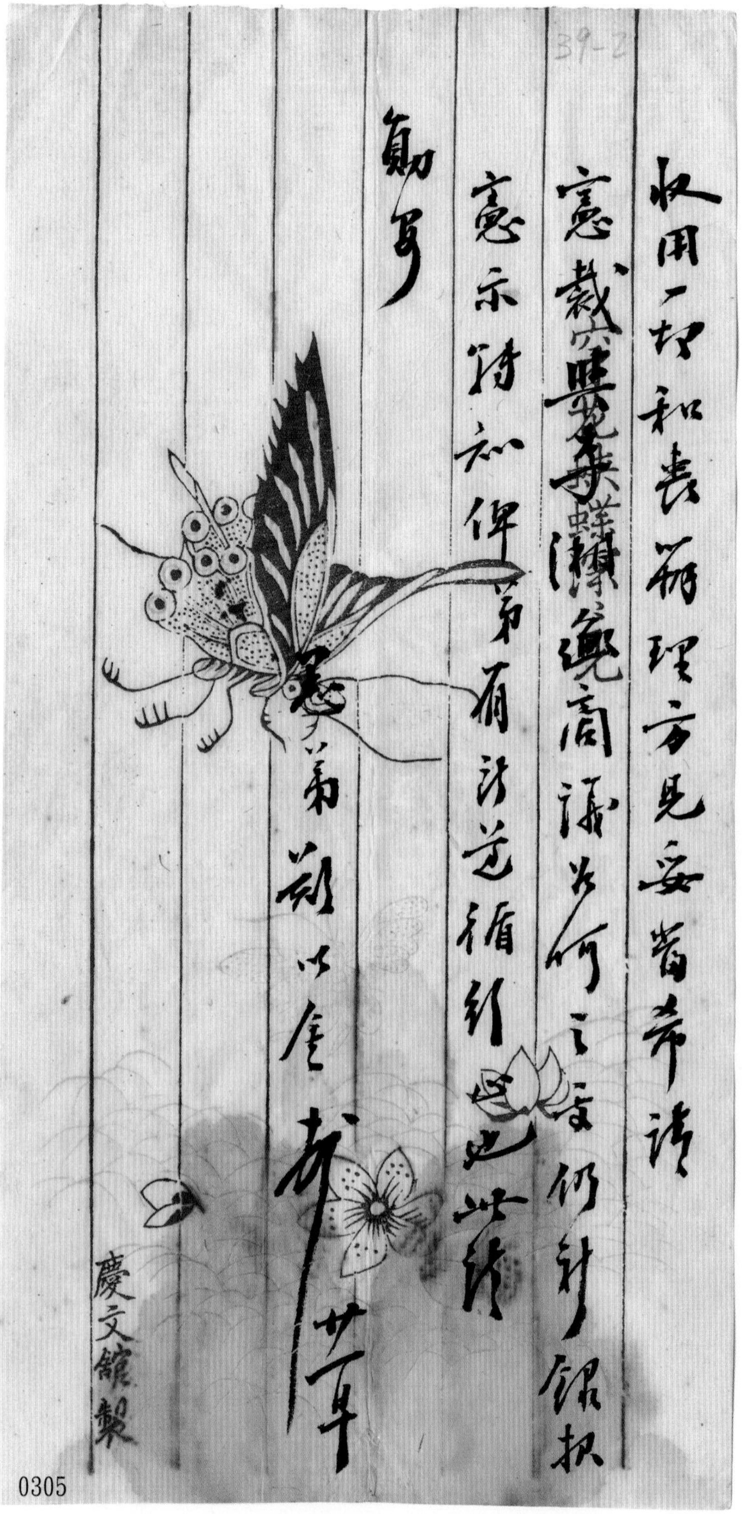

39-2

收用一切和衷籌理方見妥當希請
憲裁卓奪瀨覺商議若何之處仍祈銀扨
憲示詩知俾弟有所遵循行之也此請
勛安
愚弟鄭以金頓 廿一早

慶文館製

0305

收用，一切和衷辦理，方見妥當，希請
憲裁。與李湘衡商議如何之處，仍祈錄报
憲示轉知，俾弟有所遵循行止也。此請
勛安。

愚弟鄭以金頓　廿一早

（三）鄭以金發信

45・廿八日鄭以金致葛竹軒、林拱辰信函

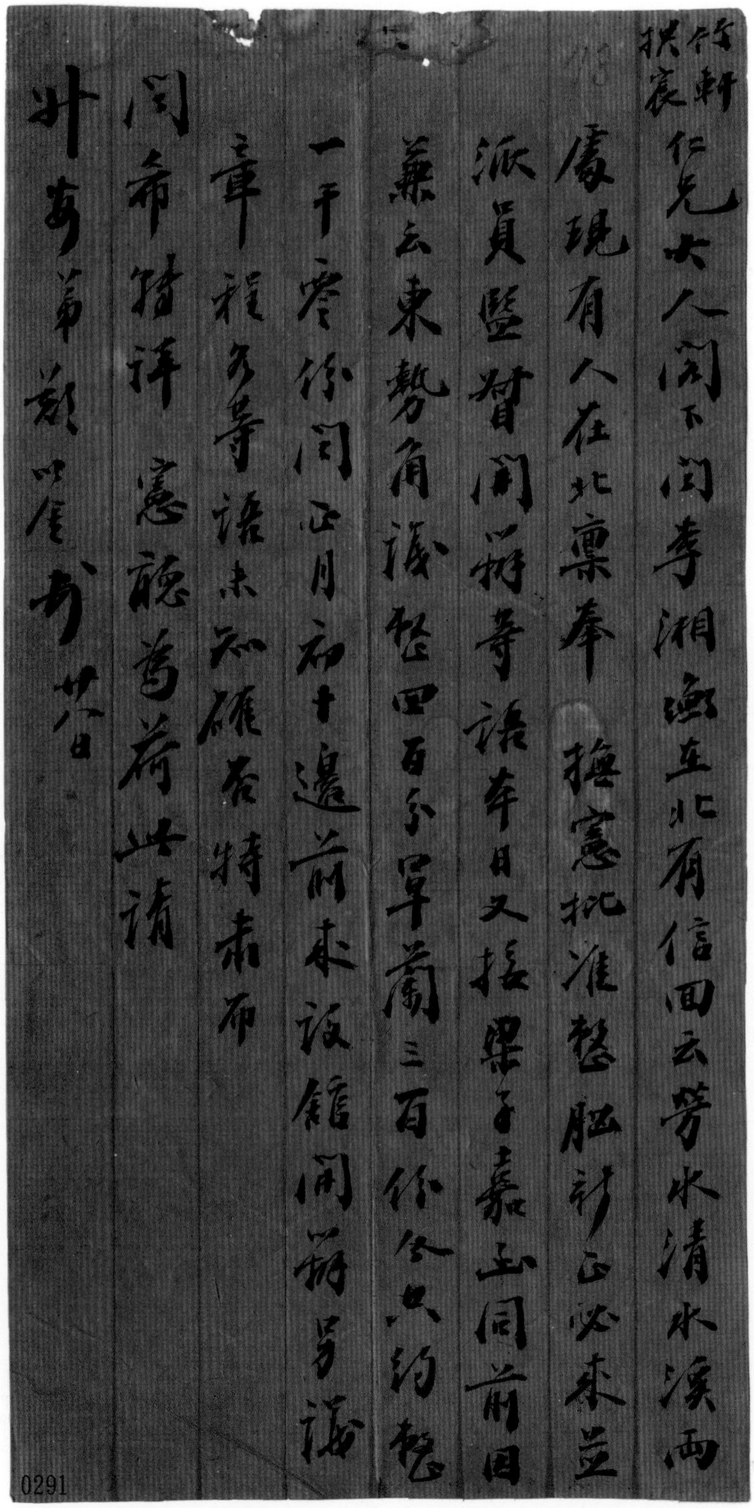

竹軒
拱宸 仁兄大人閣下 聞李湘漁在北有信回云勞水清水溪兩
處現有人在北稟奉 撫憲批准熬腦該正必來並
派員監督開辦等語本日又接羅嘉玉同前因
兼云東勢角議熬四百分罩蘭三百份各只約熬
一千零份聞正月初十邊前來設館開辦另議
章程各等語未知確否特專布
聞希轉詳 憲聽為荷此請
升安 弟鄭以金頓 廿八日

0291

竹軒
拱宸仁兄大人閣下：聞李湘衡在北有信回云：劳水[210]、清水溪[211]兩
處，現有人在北稟奉　撫憲[212]批准整腦，新正必來，並
派員監督開辦等語。本日又接梁子嘉[213]函，同前因，
兼云東勢角[214]議整四百分、罩蘭[215]三百餘分，共約整
一千零份。聞正月初十邊前來設館開辦，另議
章程各等語，未知確否？特肅布
聞，希轉詳　憲聽爲荷。此請
升安　　弟鄭以金頓　廿八日

---

210 劳水溪：即今濁水溪。
211 清水溪：位於南投縣、雲林縣和嘉義縣的河川，為濁水溪支流。
212 撫憲：因本件年代未能判定，故未能確定此處所指巡撫係劉銘傳或邵友濂。但《霧峰林家文書集》大抵集中於光緒十八、十九年間，故推測此處指邵友濂的可能性較高。
213 梁子嘉：即梁成柟。
214 東勢角：臺中縣東勢鎮。
215 罩蘭：苗栗縣卓蘭鎮。

（三）鄭以金發信

46．四月初二日鄭以金致林拱辰信函

338

拱兄臺鑒 盈豐裕豐及今交接不清未知何故查盈
豐則謂各腦長不願歸腦於裕豐聞裕豐則
告盈豐館欲出腦於公泰兩館各執條理未知是
何立意 弟為彼此均屬締交未便與參末論亟
應將情馳告敢請
轉達 帥總此請
台安唯
照不一 愚弟鄭以金頓首 四月初二日

0301

拱兄臺鑒：盈豐、裕豐及今交接不清，未知何故。查盈豐則謂各腦長不願歸腦於裕豐，聞裕豐則告盈豐館欲出腦於公泰。兩館各執條理，未知是何立意。弟為彼此均屬締交，未便與參末論，亟應將情馳告，敢請轉達　帥聰。此請台安。唯照不一。　愚弟鄭以金頓首　四月初二日泐【印】216

216 印記內文不清。

（三）鄭以金發信

47．小春十九日鄭以金致林拱辰信函

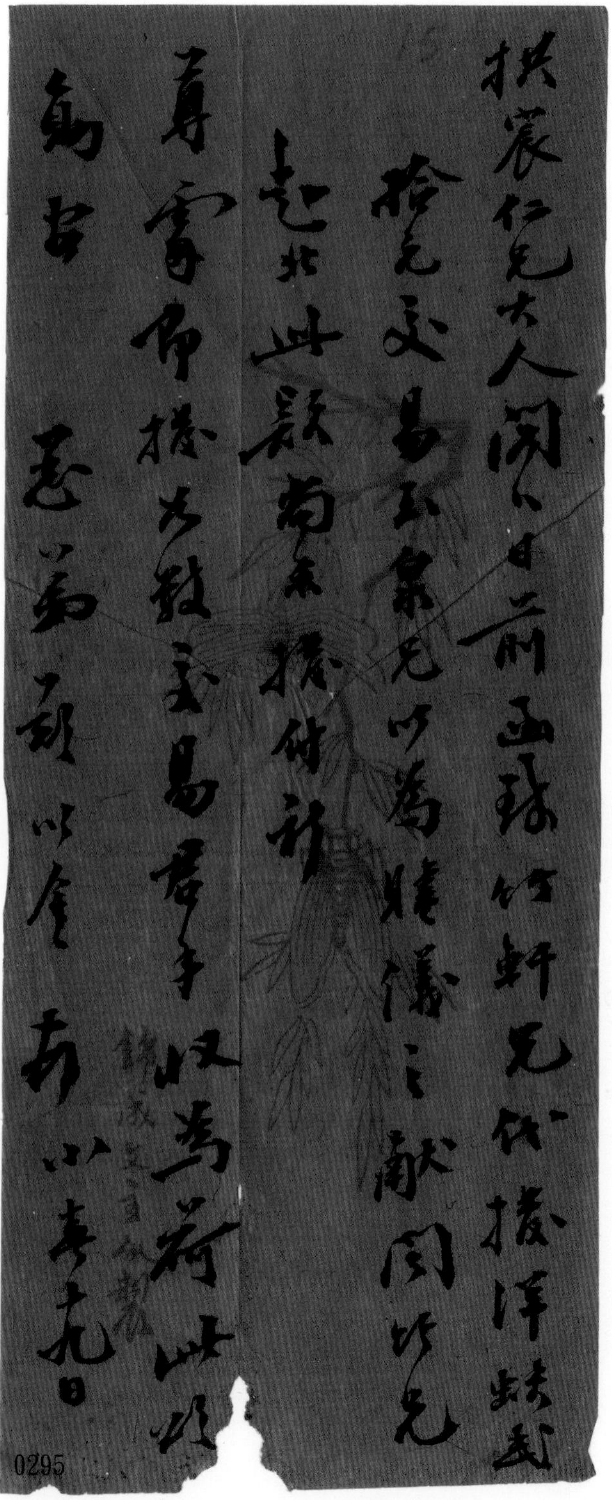

拱宸仁兄大人閣下，日前函致竹軒兄代撥洋銀弍
拾元交易玉泉兄，以爲牋儀之献，閣下兄
起北，此款尚未撥付，祈
尊處即撥爲数交易君手，收爲荷，此候
台安
愚弟鄭以金頓 小春十九日

0295

拱宸仁兄大人閣下：日前函致竹軒兄代撥洋蚨[217]貳拾元，交易玉泉兄以爲贐儀[218]之献。聞竹兄赴北，此欵尚未撥付，祈尊處即撥，如数交易君手收爲荷。此頌

勛安 愚弟 鄭以金 頓 小春[219]十九日

217 洋蚨：蟲名，形似蟬而稍大，可食用；取其子，母必飛來。另見晉朝干寶，《搜神記》卷十三，母青蚨或子青蚨的血塗錢，錢用出去還會回來，後遂成為錢的代稱。

218 贐儀：送行時贈別的財物。

219 小春：即小春月、小陽春之意，農曆十月。

（四）陳澄波發信〈信函內容簡介〉

陳澄波即陳汝舟，設籍葫蘆墩，富紳，[220]為棟軍參贊，[221]在棟軍中主要負責枕木運銷。在晚清臺灣鐵路臺北至新竹路段全面興工時，陳澄波即是鐵路枕木的主要供應商，光緒十六至十七年（一八九〇—一八九一）兩年間，陳澄波包辦了十四萬枝，以每月五千支，[222]持續供應數年之久。供應枕木方式為就地裁製，利用竹筏沿後龍溪和大安溪運往海口，在海口卸貨後再換船以海運運往大稻埕集結。[223]所以收錄的七件文書中，即有二件內容涉及枕木採伐。編號五二號文書得知鐵路需用枕木，一因工匠回家過中元而未進山採伐，再加上後壠內山一帶溪水暴漲，木料屢有流失，所以有短少之虞。又編號五三號提到，枕木縱使到了後壠，要放海北上，亦因駁船遭風損壞，或因風向不順，無法順利出口。

另外陳汝舟亦是光緒十五年（一八八九）年廣泰成墾號的投資者之一，廣泰成當時由林朝棟推荐擔任中路營東勢角撫墾委員梁成柟經手籌劃，設四大股籌資墾闢，每股集資洋銀三千元，合計本銀一萬二千元。除召集當地開墾勢力黃南球、姜紹基兩大股外，陳澄波亦出資六百元，後其股份在丁酉年間（一八九七）退讓給辜顯榮承受，辜顯榮又將應得股份退讓給黃南球，黃氏遂成廣泰成的最大股東。[224]陳澄波於光緒二十一年（一八九五）年乙未戰爭時，為苗栗義軍領袖之一，[225]日治後居住於葫蘆墩。[226]

本書共收七件陳澄波所發信函，收信者除一封是林拱辰、劉以專二人外，其餘都是給林拱辰的，似可推測業務上陳澄波向林拱辰負責。在這些文件中，主要的重點有：

（一）霧峰林家與腦長、洋行間的關係。編號四八號提到與葛竹軒所有之盈豐號腦長間之章程已經議定，至於黃南球之腦長吳阿康、朱阿淵欲自運，後經協商才歸由陳澄波負責。又除公泰洋行外，另有德商魯麟洋行[227]爭整大湖一帶樟腦，所以林家製腦及銷售都待觀察。

（二）番亂、腦丁逃脫問題。東勢角番雖經清軍於光緒十一、十二年（一八八五、一八八六）大舉剿撫，但清軍死傷慘重，東勢角番只是表面服順而已，[228]由編號五〇號文書可知，因時有番亂謠傳，造成腦丁驚恐逃亡，幸賴梁成柟布置安排，棟軍副將周漢秋、吳德齋的協助方能剿撫及捉拿、處理。

（三）樟腦交易複雜，出貨內情不明。編號四九文書提到公泰行書事林卓雲來函提及該行契約到新年三月底止，但葛竹軒卻按下不出該行之樟腦，希望林拱辰代為出面請示。這之中，令人猜疑的是為何葛竹軒按下不出？

---

220 黃卓權，《跨時代的臺灣貨殖家——黃南球先生年譜（一八四〇—一九一九）》（臺北：國立中央圖書館臺灣分館，二〇〇四年），頁二〇五。

221 鄭喜夫，〈蔡青筠先生年譜〉，《臺灣文獻》第二六卷四期．第二七卷一期合刊（一九七六年三月），頁三二五。按：蔡青筠受雇於蔡燦雲，是蔡燦雲的掌櫃。

222 黃卓權，《跨時代的臺灣貨殖家——黃南球先生年譜（一八四〇—一九一九）》，頁二一八。

223 臺灣總督府鐵道部編，《臺灣鐵道史》（東京：近藤商店活版部印刷，一九一〇年），頁五三—五五。

224 黃卓權，〈「廣泰成」墾號與大湖、卓蘭之開發〉，黃卓權編著，《苗栗內山開發之研究：附廣泰成文物史話》（苗栗：苗栗縣立文化中心，一九九〇年），頁三四—三九。

225 洪棄生，《瀛海偕亡記》（文叢第五九種，一九五九年），頁七—一〇。

226 黃卓權，《跨時代的臺灣貨殖家——黃南球先生年譜（一八四〇—一九一九）》，頁二三六。

227 黃卓權，《跨時代的臺灣貨殖家——黃南球先生年譜（一八四〇—一九一九）》，頁二二九。

228 臺中廳蕃務課，《臺中廳理蕃史》（出版地不詳：臺中廳蕃務課，一九一四年），頁一三四。

48．廿九日陳澄波致林拱辰信函(1)

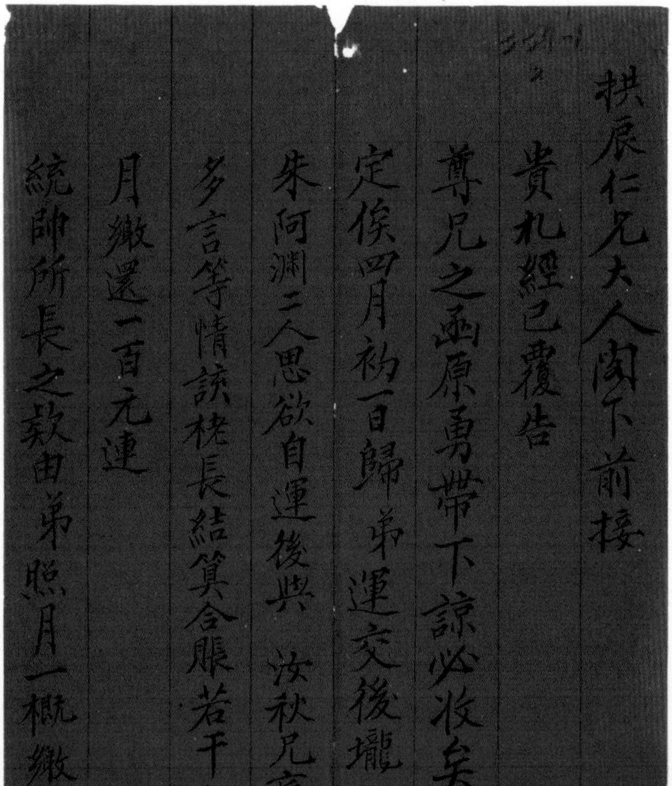

拱辰仁兄大人閣下前接
貴札經已覆告
尊兄之函原勇帶下諒必收矣但盈豐腦長各節章程業經議
定俟四月初一日歸弟運交後壠　琴軒老不在大湖其栳長吳阿康
朱阿淵二人思欲自運後與　汝秋兄商議歸弟料理栳丁栳長免致困秤
多言等情該栳長結算合賬若干每月十中歸一還賬弟之欠項每
月繳還一百元連
統帥所長之款由弟照月一概繳清　魏羽臣兄追繳三月份之防

0531

拱辰仁兄大人閣下：前接
貴札，經已覆告
尊兄之函，原勇帶下，諒必收矣。但盈豐腦長各節章程，業經議定，俟四月初一日歸弟運交後壠，琴軒老不在大湖，其栳長吳阿康、朱阿淵二人思欲自運，後與 汝秋兄[229]商議，歸弟料理，栳丁、栳長免致因秤多言等情。該栳長結筭合賬若干，每月十中歸一還賬，弟之欠項每月繳還一百元，連
統帥所長之欵，由弟照月一概繳清。 魏羽臣兄追繳三月份之防

229 汝秋兄：鄭以金。

（四）陳澄波發信

48．廿九日陳澄波致林拱辰信函(2)

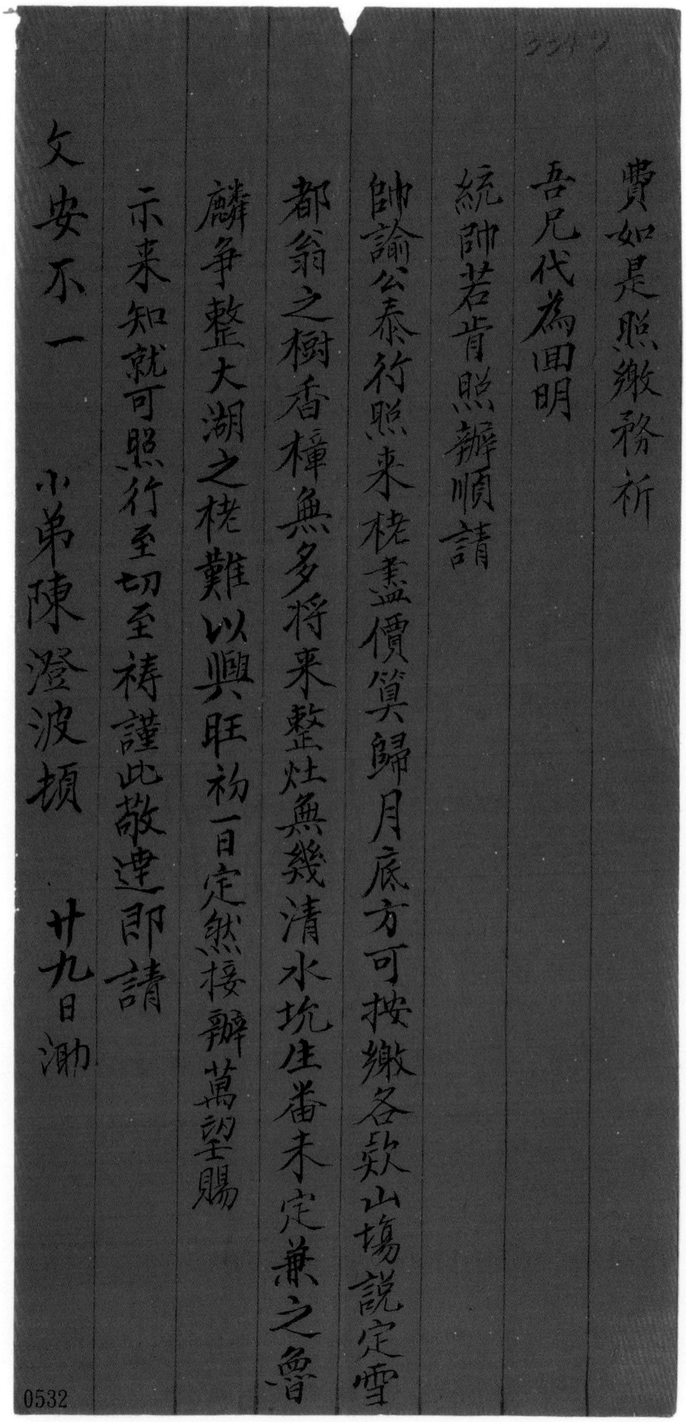

費如是照繳務祈
吾兄代為回明
統帥若肯照辦順請
帥諭公泰行照来栳盡價算歸月底方可按繳各欵山塲說定雪
都翁之樹香樟無多將来整灶無幾清水坑生番未定兼之魯
麟爭整大湖之栳難以興旺初一日定然接辦萬望賜
示来知就可照行至切至禱謹此敬達即請
文安不一　小弟陳澄波頓　廿九日泐

0532

費，如是照繳，務祈

吾兄代爲回明

統帥。若肯照辦，順請

帥諭公泰行，照來栳盡價筭歸月底，方可按繳各欵。山場說定雪

都翁之樹香樟無多，将來整灶無幾，清水坑[230]生番未定，兼之魯

麟争整，大湖之栳，難以興旺。初一日定然接辦，萬望賜

示來知，就可照行，至切至禱，謹此敬達，即請

文安，不一。　小弟陳澄波頓　廿九日泐

---

230 清水坑：地名，確切位置待考，可能位於苗栗縣大湖鄉一帶，或指今苗栗縣泰安鄉清安村之洗水坑。

（四）陳澄波發信

49・十四早陳澄波致林拱辰信函

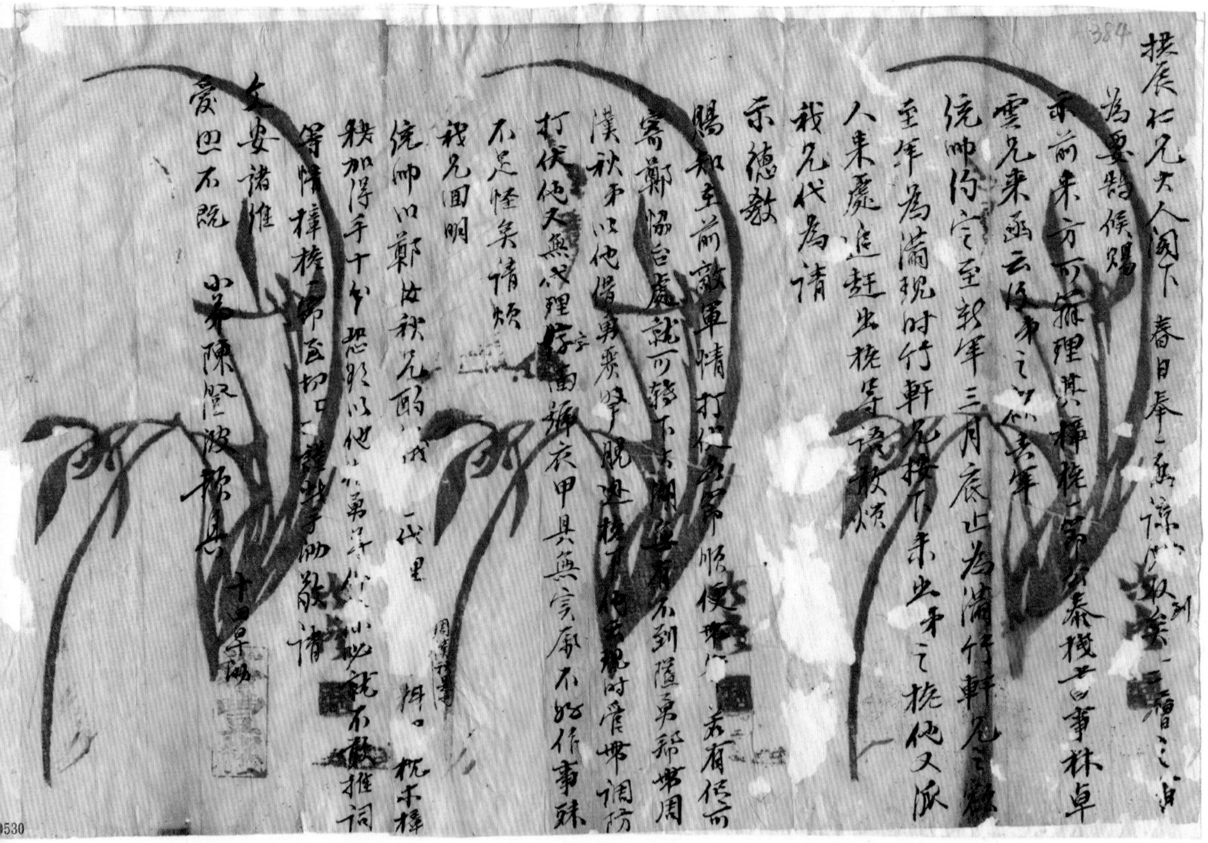

拱辰仁兄大人閣下：春日奉一函諒必收到矣。一、二層之□
爲要，鵠候賜
示前來，方可辦理。其樟栳一節，公泰棧書事林卓
雲兄來函云及，弟之額去年
統帥約定至新年三月底止爲滿，竹軒兄之額
至年爲滿。現时竹軒兄按下未出，弟之栳他又派
人來處追赶出栳等語。敢煩
我兄代爲請
示，德教
賜知。在前敵軍情打仗各節順便帶□，若有信可
寄鄭協台[231]處，就可轉下大湖，無有不到。隘勇帮帶周
漢秋，弟以他借勇嚴拏脫逃栳卩[232]。他云現时管帶調防
打仗，他又無代理字面，號衣、甲具無，实屬不好作事，殊
不足怪矣。請煩
我兄回明
統帥。以鄭汝秋兄酌議□□代理□□□周漢秋是也。料□枕木、樟
栳，加得手十分，恐欲以他□勇等份，諒必就不敢推訶
等情。樟栳一節，至切至切，謹此，手泐。敬請
文安。諸維
愛照，不既。　小弟陳澄波頓具　十四早泐　【印】[233]

231 鄭協台：指鄭以金。
232 栳卩：即栳腳，腦丁之意。
233 印記內文：裕豐棧。

(四)陳澄波發信

50・初六夜陳澄波致林拱辰信函(1)

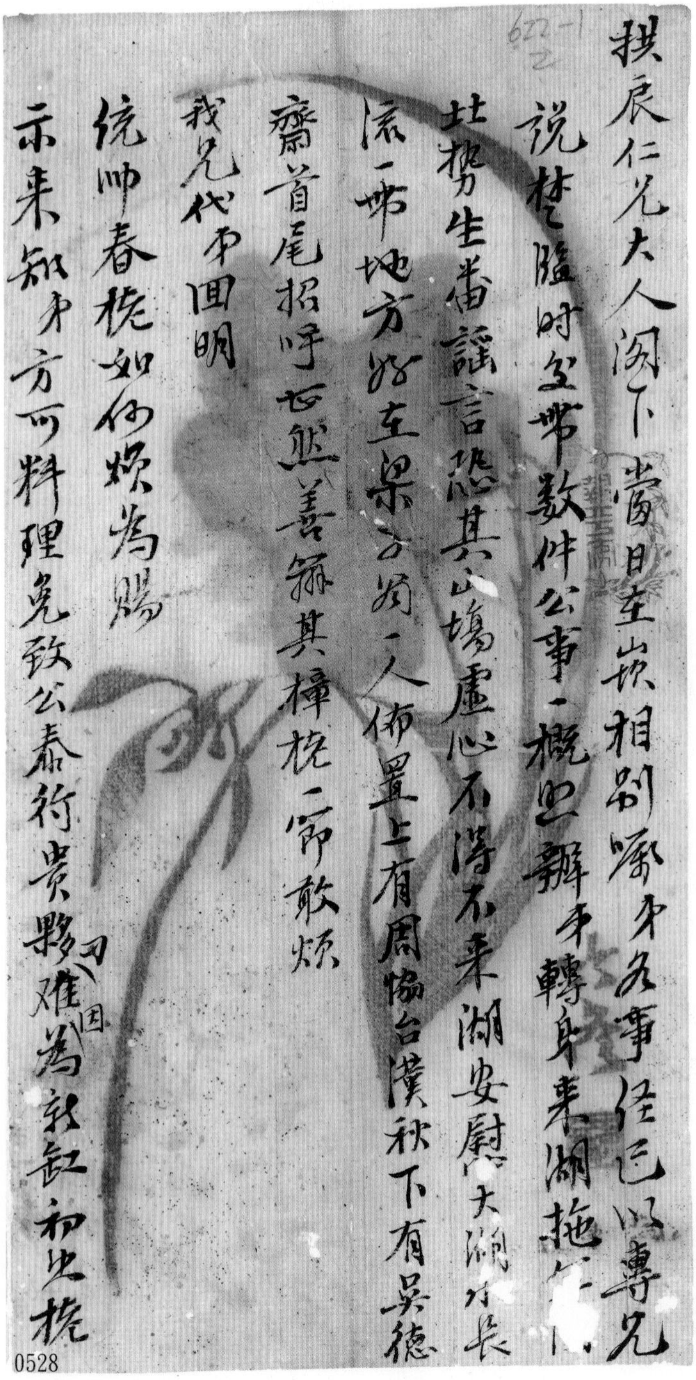
拱辰仁兄大人閣下 當日在崁相别囑弟各事經已以專兄
說楚臨時又帶数件公事一概與辦弟轉身來湖拖[illegible]
杜勢生番謠言恐其山塲虛心不得不來湖安慰大湖分長
流一帶地方好在梁子岗一人佈置上有周協台漢秋下有吳德
齋首尾招呼甚然善爲其樟梘二節敢煩
我兄代弟回明
統帥春梘如何煩為賜
示来知弟方可料理免致公帑行貴夥難為[illegible]和史梘

0528

拱辰仁兄大人閣下：【印】[234]當日在崁相別，囑弟各事経已以專兄

說楚，臨時交帶〔待〕数件公事一概照辦。弟轉身来湖拖□□

北势生番謠言，恐其山塲虛心，不得不来湖安慰，大湖、水長

流一帶地方，好在梁子翁一人佈置，上有周協台漢秋[235]，下有吳德

齋[236]首尾招呼，甚然善辦。其樟栳一節，敢煩

我兄代弟回明

統帥，春栳如何，煩爲賜

示来知，弟方可料理，免致公泰行貴夥刁难。因爲新缸初出，栳

---

234 印記內文：「報平安」。

235 周漢秋：棟軍副將，駐防大湖一帶。

236 吳德齋：應同為棟軍副將，駐防大湖一帶。

（四）陳澄波發信

50・初六夜陳澄波致林拱辰信函(2)

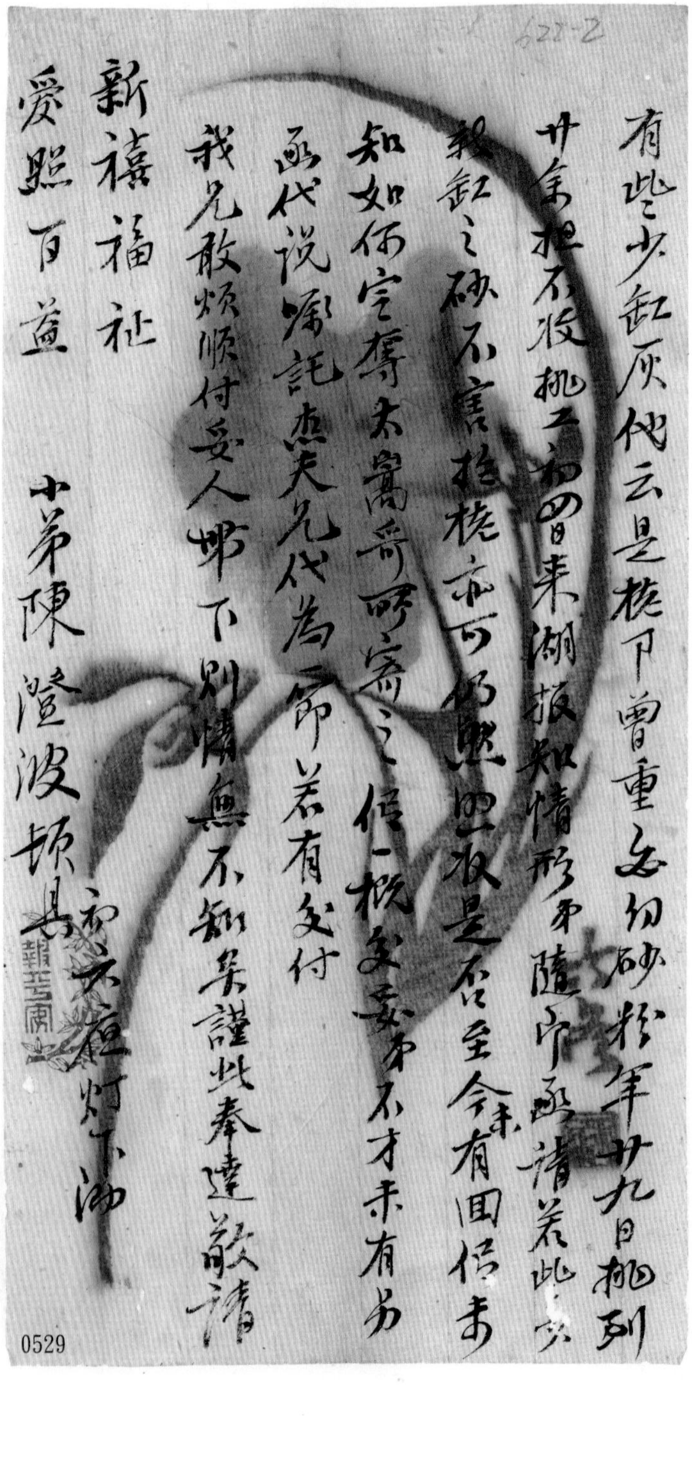
628-2

有些少缸灰伐云是棧下曾重念匀砂於年廿九日拋到
廿餘担不收拋二初四日來湖拔知情形弟隨即函請若此次
寄缸之砂不害棧棧亦可仍照四收是否至今未有回信來
知如何定奪未審哥呼需之信一概交委弟不才未有分
函代說專託其兄代為一節若有交付
我兄敢煩順付妥人帶下則情無不親矣謹此奉達敬請
新禧福祉
愛照百益
小弟陳澄波頓具 初六夜灯下泐

0529

有些少缸灰。他云是栳卩曾重□幼砂粉，年廿九日挑到
廿余担，不收挑工。初四日来湖报知情形，弟隨即函請，若此少
新缸之砂不害於栳，亦可仍然照收，是否至今未有回信，未
知如何定奪。太嵩哥[237]所寄之信一概交妥，弟不才，未有另
函代說。囑託杰夫兄代爲一節，若有交付
我兄，敢煩順付妥人帶下，則情無不知矣。謹此奉達。敬請
新禧福祉
愛照百益

小弟陳澄波頓具【印】[238] 初六夜灯下泐

237 太嵩哥：王泰嵩。
238 印記內文：「報平安」。

（四）陳澄波發信

51・卅夜陳澄波致林拱辰信函

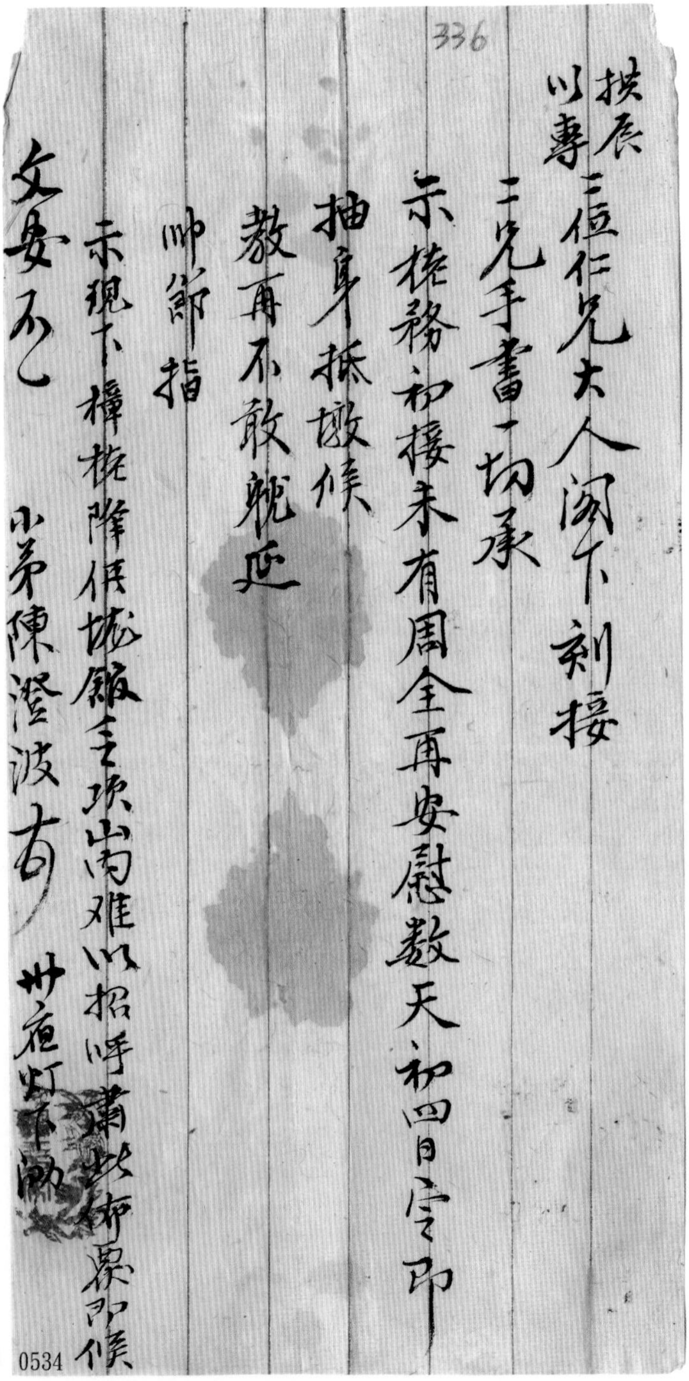

336

拱辰
以專 三位仁兄大人閣下 刻接
三兄手書一切承
示悉務初接未有周全再安慰數天初四日定即
抽身抵墩候
教再不敢躭延
帥節指
示現下樟栳隆供擬飯三項尚难以招呼肅此佈覆即候
文安不一
小弟陳澄波 右 卅夜灯下泐

0534

拱辰以專二位仁兄大人閣下：刻接
二兄手書，一切承
示。栳務初接，未有周全，再安慰数天，初四日定即
抽身抵墩[239]候
教，再不敢躭延。
帅節指
示，現下樟栳降価，垅館乏項，山內难以招呼。肅此佈覆，即候
文安，不一。
小弟陳澄波頓　卅夜灯下泐【印】[240]

239 由編號五二推知，墩指葫墩街，今臺中豐原。
240 印記內文：「報平安」。

（四）陳澄波發信

52・桂月初二陳澄波致林拱辰信函

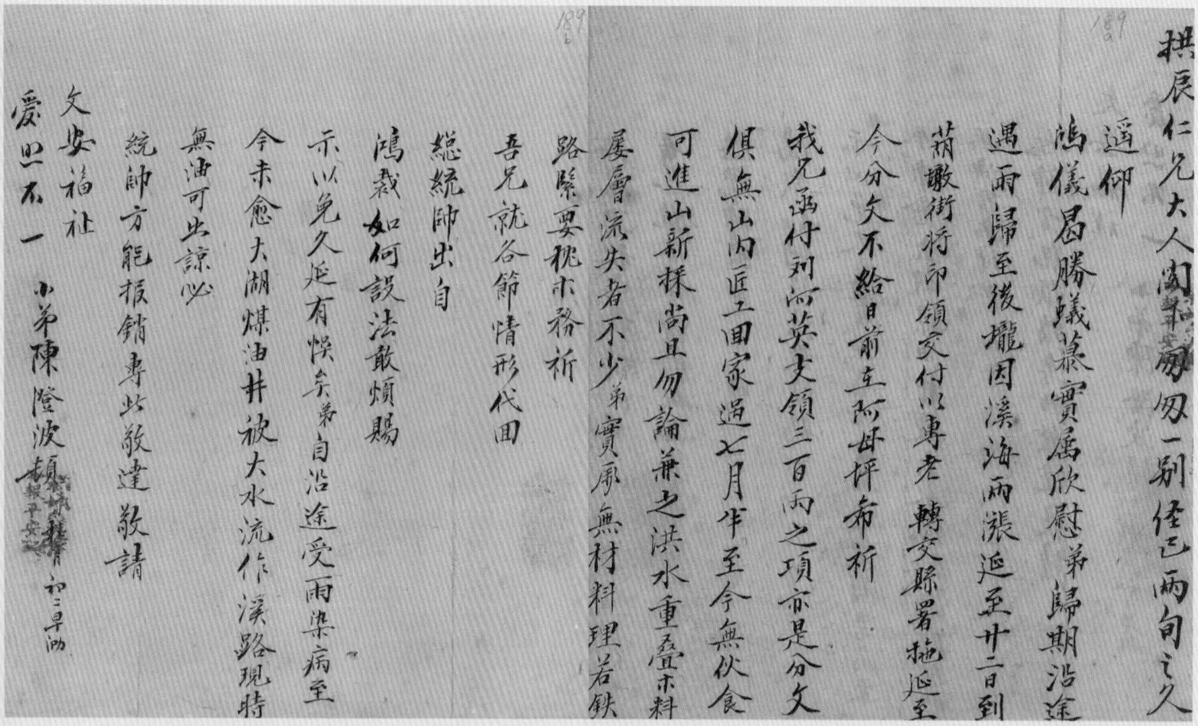
拱辰仁兄大人閣下匆匆一別經已兩旬之久
遙仰
鴻儀居勝蟻慕實屬欣慰弟歸期沿途
遇雨歸至後壠因溪海兩漲延至廿二日到
苗墩街將布領交付以專差轉交縣署拖延至
今分文不給目前至阿母坪希祈
我兄函付劉向英支領三百兩之項亦是分文
俱無山內匠工回家過七月半至今無伙食
可進山新棟尚且勿論兼之洪水重疊木料
屢層流失者不少弟實承無材料理若缺
路隘要糧亦務祈
吾兄就各節情形代回
總統帥出自
鴻裁如何設法敢煩賜
示以免久延有悞矣弟自沿途受雨染病至
今未愈大湖煤油井被大水流作溪路現時
無油可出諒必
統帥方能振銷專此敬達敬請
文安福祉
愛照不一　小弟陳澄波頓　桂月初二早泐

拱辰仁兄大人閣下：匆匆一別，経已兩旬之久，
遙仰
鴻儀，曷勝蟻慕，實屬欣慰。弟歸期沿途
遇雨，歸至後壠。因溪、海兩漲，延至廿二日到
葫墩街，將印領交付以專老　轉交縣署[241]，拖延至
今，分文不給。日前在阿母坪[242]，希祈
我兄函付刘阿英支領三百兩之項，亦是分文
俱無。山內匠工回家過七月半[243]，至今無伙食
可進山新採尚且勿論，兼之洪水重叠，木料
屡層流失者不少，弟實屬無材料理。若鉄
路緊要枕木，務祈
吾兄就各節情形代回
総統帥，出自
鴻裁，如何設法，敢煩賜
示，以免久延有悞矣。弟自沿途受雨染病，至
今未愈，大湖煤油井[244]被大水流作溪路，現時
無油可出，諒必
統帥方能报銷。專此敬達，敬請
文安福祉
愛照不一　小弟陳澄波頓【印】　[245]桂月[246]初二早泐

---

241 縣署：此處提到劉以專在葫蘆墩，故疑縣署為臺灣縣。

242 阿母坪：今桃園縣大溪鎮復興里阿姆坪。

243 七月半：農曆七月半為中元節，民間習俗在此日舉行普渡。

244 大湖煤油井：此井應位於今苗栗縣公館鄉出磺坑。光緒三年（一八七七）美國鑽油技師簡時（A. Port Karns）和助手絡克（Robert D. Locke）與臺灣通商局委員即補分府鄭膺杰簽約，受雇來臺開井取油，為臺灣首座機器鑽採油井。光緒十三年（一八八七）巡撫劉銘傳在苗栗設煤油局，交林朝棟兼辦，但出產量少，入不敷出。參見陳政三，《美國油匠在臺灣：一八七七—七八年苗栗出磺坑採油紀行》（臺北：臺灣書坊，二〇一二年），頁八—一一、一六三。

245 桂月，農曆八月。

246 印記內文：「報平安」。

（四）陳澄波發信

53．十四（日）二鼓陳澄波致林拱辰信函

拱辰仁兄大人閣下 因奉
帥示封船一節十一日三叉河宿宵十二日到苗栗立即
將公事帶到署内知会 沈大老答應派差仝往封船
十三日弟先往後壠查看駁船多寡聽候縣差封條
本日下晚派二人差夥魚帶封條实至後壠[illegible]
封阻延不防如是有船被其苗栗縣封條有碍閣是门首作
弊殊屬可惡務祈
吾兄速請
統帥函知苗栗縣指教門下之人是火之公事胆敢如此余
有另事可免辦理後壠前有数號駁船幾番大風損壞
未有收好尚有二隻经 渊卿兄裝下枕木社尾亡巨未得
出口弟思欲由大湖歸回煩為賜
示来知專此告達敬請
文安不一 小弟陳澄波頓 十四二鼓泐

0527

拱辰仁兄大人閣下：因奉

帅示封船一節，十一日三叉河[247]宿宵，十二日到苗栗，立即將公事帶到署內知会，沈大老[248]答應派差仝往封船。十三日弟先往後壠查看駁船多寡，聽候縣差封條。本日下晚派二人，差夥無帶封條，实在後壠口無駁□□封阻延不防。如是有船，被其苗栗縣封條有碍，聞是門首作弊，殊屬可惡。務祈

吾兄速請

統帅函知苗栗縣指教門下之人，星火之公事胆敢如此，余有另事可免辦理。後壠前有数號駁船，幾番大凨損壞，未有收好。尚有二隻経 淵卿[249]兄裝下枕木，北凨甚巨，未得出口。弟思欲由大湖歸回，煩爲賜

示来知。專此告達。敬請

文安。不一。 小弟陳澄波[250]頓 十四二鼓[251]泐【印】[252]

---

247 三叉河：今苗栗三義。
248 沈大老：沈茂蔭，浙江蕭山縣人，監生，光緒十六年（一八九〇）任苗栗知縣。
249 淵卿：楊淵卿。
250 陳澄波：乙未時曾參與姜紹祖等人的抗日活動。參見洪棄生，《瀛海偕亡記》（文叢第五九種），頁九。
251 二鼓：即「二更」，夜二十一時至二十三時間。
252 印記內文不清。

（四）陳澄波發信

54・廿九夜陳澄波致林拱辰信函

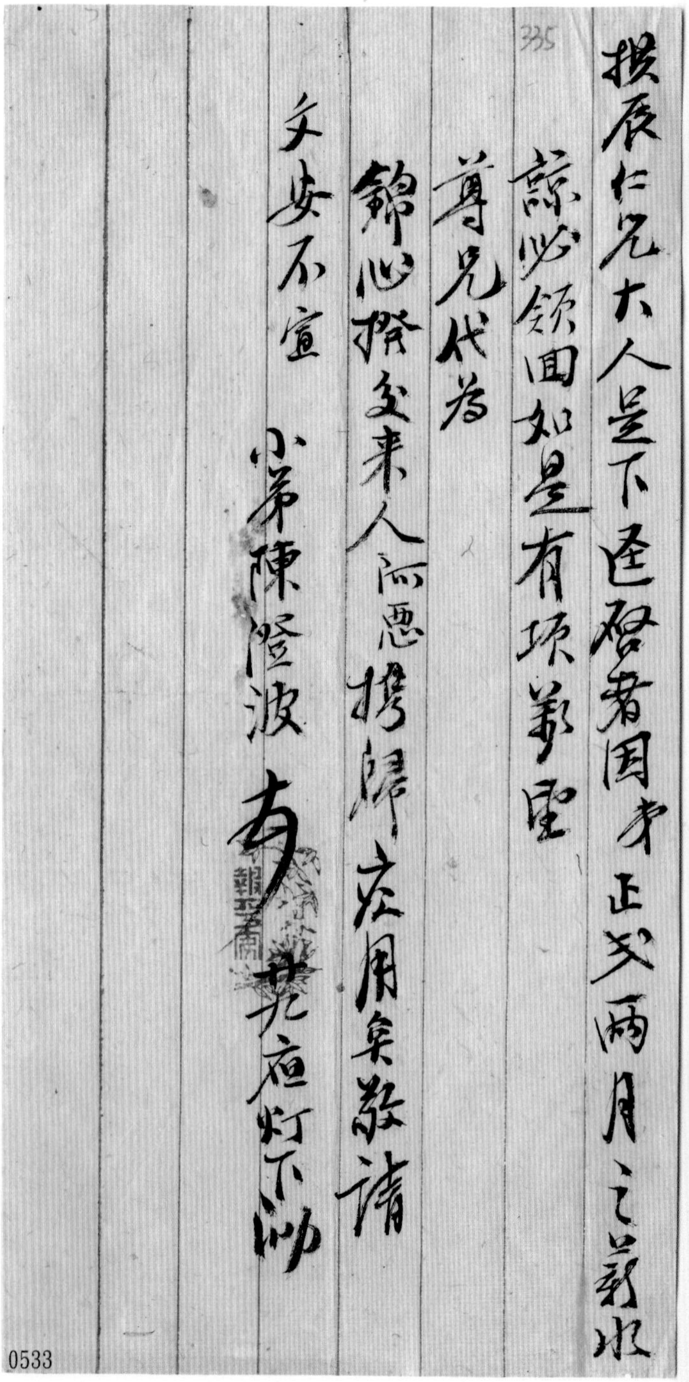

335

拱辰仁兄大人足下　逕啓者因本正弍兩月之薪水

諒必領回如是有煩轉呈

尊兄代為

錦心撥交來人而恩携歸應用矣敬請

文安不宣

小弟陳澄波　有芃庭灯下吵

0533

拱辰仁兄大人足下，逕啓者：因弟正、弍兩月之薪水
諒必領回。如是有項，萬望
尊兄代爲
錦心撥交来人阿惡攜歸应用矣。敬請
文安不宣。
小弟陳澄波頓【印】[253]廿九夜灯下泐

253 印記內文：「報平安」。

（五）劉增榮發信〈信函內容簡介〉

劉增榮，生平不詳。本書收錄其書函十件，發信對象，除一封致林朝棟外，餘皆為林拱辰，時間落在一八九二年。從文書內容可知，劉增榮負責核算收自梧棲、後壠兩地交公泰洋行收購之樟腦數目與價款，並且經手林家在臺灣縣之相關錢糧開費，包括餉項、枕木、撫番、圳工、林文察（諡剛愍）專祠起蓋工料等費。此外，霧峰林家與中部府縣均有金錢往來，官府經常向林家借墊大筆款項，從編號六〇可知臺灣縣署向林家借領三千一百兩之多。不過從劉增榮的信中也發現，臺灣縣府庫空虛，「县中不知幾时有項」（編號六四），無法如期劃還，「向領無望」的結果（編號六〇），常使劉增榮遭遇資金週轉問題，盼林朝棟設法。

其中，樟腦事業的銀項籌措，最令劉「焦灼萬分」。他相當擔心未能及時支付腦價，影響出腦數量，當時又碰到林家樟腦的特約買主公泰洋行，出現秤量不公，其便暫停交腦，盼林拱辰轉知林朝棟進行交涉，以免吃虧太多，以致「腦脚散去」。由於樟腦收購價格常會波動，文書中可見劉增榮向林拱辰請示「按額現年腦售公泰何處、何價」，方能與公泰號結算腦項。至於影響林家交公泰洋行樟腦收購價格的主要因素，係香港行情漲跌情形。[254]由於林家在後壠、罩蘭、東勢角、雲林、集集街等重要樟腦集散地，均有公館從事收購樟腦，[255]文書中可見阿罩霧人曾君定的「定記」、葫蘆墩人陳汝舟的「裕豊」、萬斗六人林懋臣的「如山」等鋪號之樟腦，亦是交林家收購。[256]

254 王世慶，〈霧峰林家之歷史〉，收於王世慶、陳漢光、王詩琅著，《霧峯林家之調查與研究》，頁二三。另以光緒二十年（一八九四）葛盈豐、林如山、陳裕豐、黃錦輝、曾慶豐等五人與公泰洋行畢第蘭所訂定樟腦買賣契約內容為例，雙方更新契約的原因，在於香港腦價已跌價至原約設定的金額，於是「各停舊約，另議新章」；然而新約亦僅約定三個月內，收購價格不受香港腦價漲落影響。參見〈臺中縣下林季商及林允卿開墾認許地所有認可願聞置ク〉，國史館臺灣文獻館藏，《臺灣總督府公文類纂》，第五三六冊第十件，頁一七。

255 〈臺中縣下林季商及林允卿開墾認許地所有認可願聞置ク〉，《臺灣總督府公文類纂》，第五三六冊第十件，頁九。

256 然據明治三十二年（一八九九）林季商提給臺中縣的「開墾地所有認可願」中，則將黃南球、陳汝州、葛竹軒、曾君定、林懋臣、詹贊福、鄭老江、林啟茂等人概視為林家的「腦長」，並謂清國時代林家的製腦事業是以各腦長的名義在經營，實為林家所有。惟須留意這份文件是林季商對管業來歷的「自我」陳述，用途是向臺中縣申請民有山林的所有認可，目的性極強，姑記於此，供讀者參攷。參見〈臺中縣下林孝〔季〕商及林允卿開墾認許地所有認可願聞置ク〉，頁九—一〇。

（五）劉增榮發信

55．正月廿七劉增榮致林拱辰信函

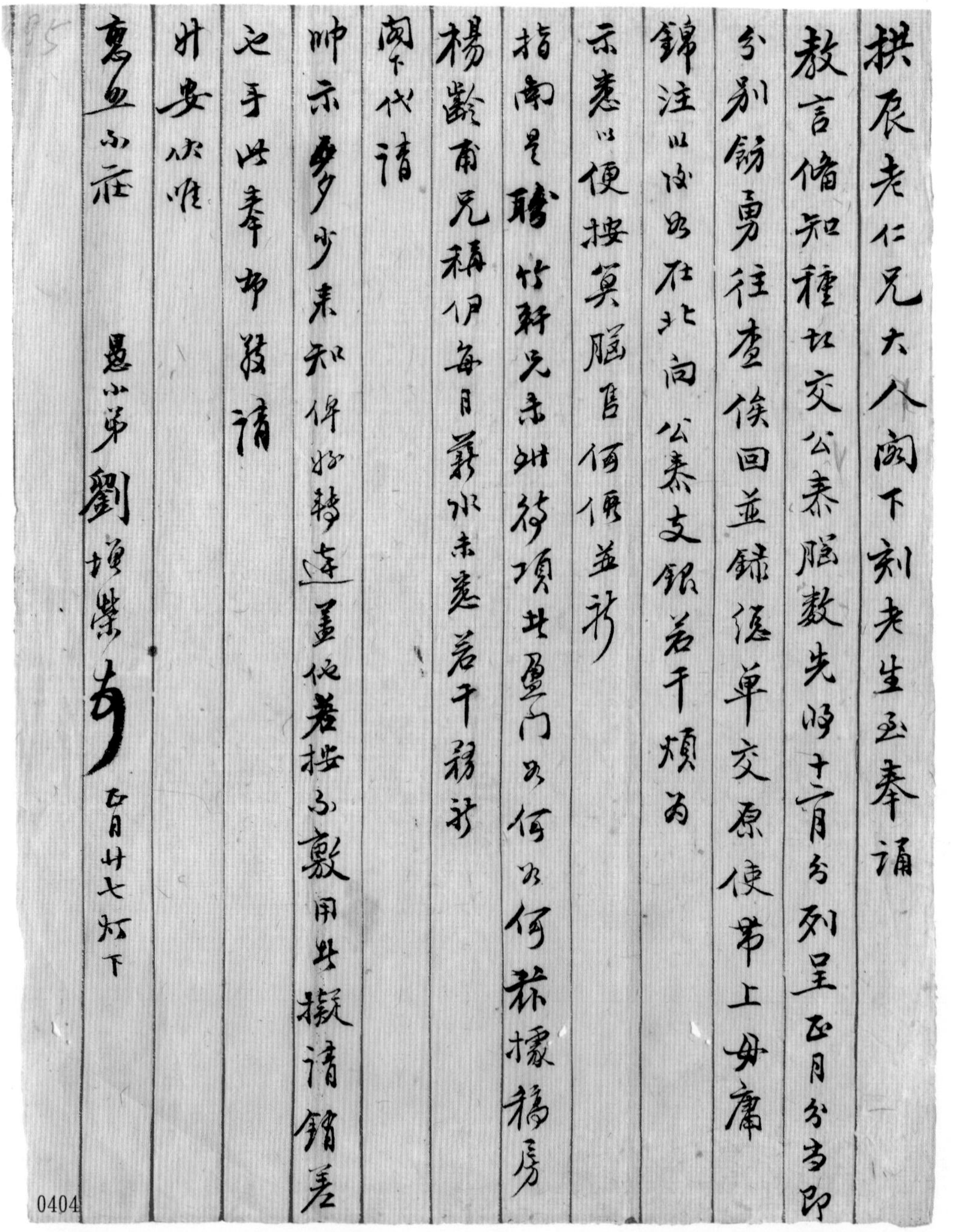

拱辰老仁兄大人閣下刻老生丞奉誦
教言備知種切交公泰腦數先將十二月分列呈正月分當即
分別飭勇往查候回並錄總單交原使帶上毋庸
錦注以後如在北向公泰支銀若干煩為
示悉以便按算腦售何價並祈
指南是禱竹軒兄未繳符項共盈門以何以何恭據稿房
楊齡甫兄稱伊每月薪水未悉若干務祈
閣下代請
帥示多少未知俾好轉達董伯着按不敷用共擬請銷差
泐手此奉布並請
升安伏惟
惠鑒不莊
愚小弟劉增榮頓首
正月廿七燈下

135

0404

拱辰老仁兄大人閣下：刻老生至，奉誦
教言，偹知種切。交公泰腦数先将十二月分列呈，正月分当即
分別飭勇往查，俟回並錄総单，交原使帶上，毋庸
錦注。以後如在北向公泰支銀若干，煩爲
示悉，以便按筭腦售何価，並祈
指南是盼。竹軒兄未到，待項者盈門，如何，如何。茲據稿房[257]
楊齡甫兄稱，伊每月薪水未悉若干，務祈
閣下代請
帥示多少來知，俾好轉達。蓋他若按不敷用者，擬請銷差
也。手此，奉布。敬請
升安。伏唯
惠照不莊。　　愚小弟劉增榮頓　正月廿七灯下

257 稿房：似指林朝棟家族辦理公文往來、擬定公文草稿的幕僚單位。

（五）劉增榮發信

56．初四劉增榮致林拱辰信函(1)

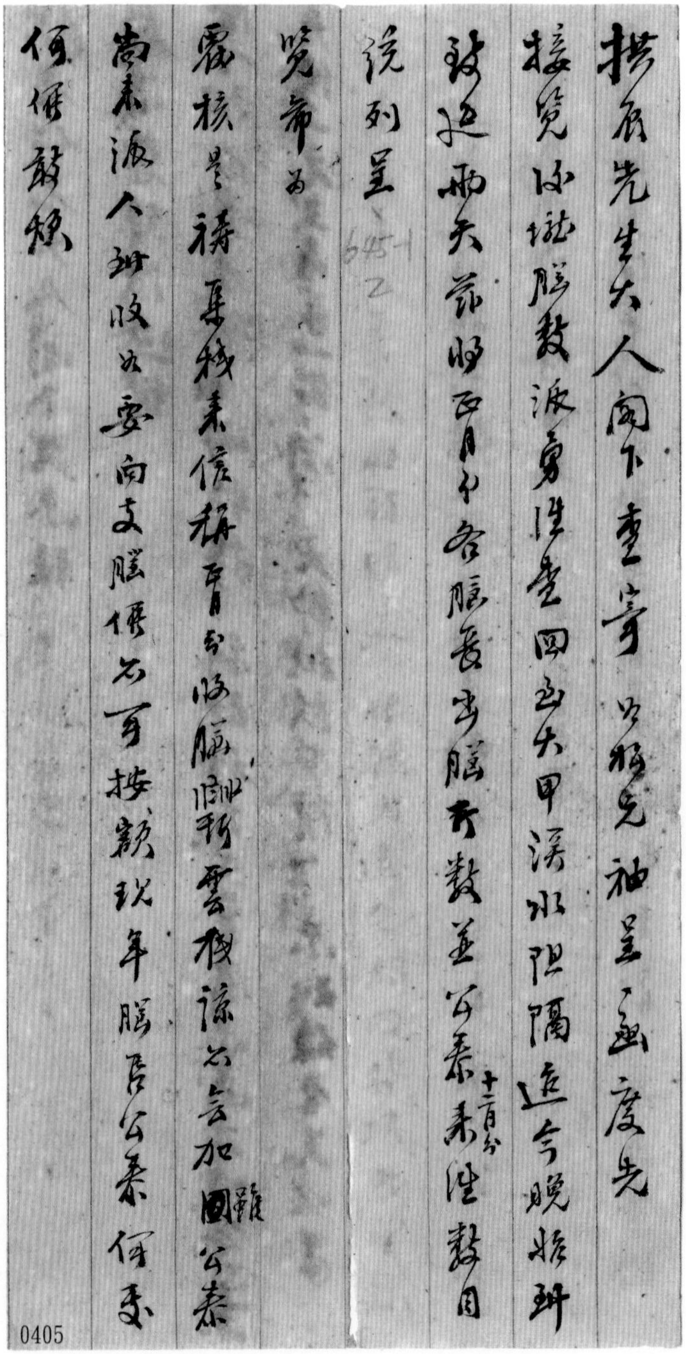

拱辰先生大人閣下：壹寄以報先袖呈函，度先
接覽。以撥腦款派勇往壹回，已大甲溪水阻隔，迨今晚始到，
致延兩天。茲將正月中各腦長出腦若干數，並公泰十二月分未繳數目
繕列呈
覽，希為
嚴核是禱。再，錢未便，稱正月分收腦聯興雲梯諒公會加圍難公泰
尚未派人到收，以要向支腦價為可。按歎此年腦局公泰何更
何俟解額

0405

拱辰先生大人閣下：查寄　如梅兄袖呈一函，度先
接覽。後壠腦数派勇往查，回至大甲溪水阻隔，迨今晚始到，
致延兩天。茲將正月分各腦長[258]出腦斤数，並公泰十二月分來往数目
統列呈
覽，希爲
覆核是禱。集棧來信稱：正月分收腦2千836斤，雲棧諒亦無加，雖公泰
尚未派人到收，如要向支腦価亦可，按額現年腦售公泰何處、
何価，敢煩

258 腦長：製腦組織的負責人。

（五）劉增榮發信

56．初四劉增榮致林拱辰信函(2)

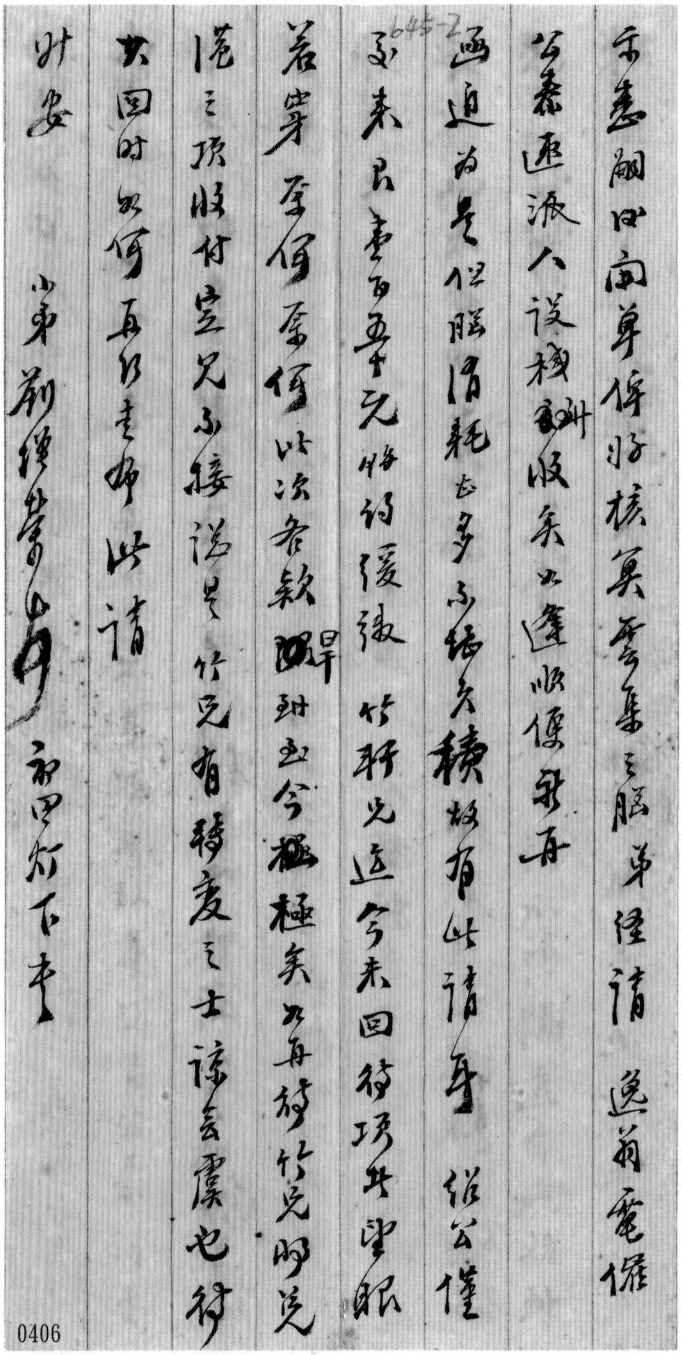

示悉，嗣後開单俾好核算雲、集之腦。弟経請 逸翁電催
公泰速派人設棧到收矣，如逢順便，祈再
函追爲是。但腦消耗甚多，不堪久積，故有此請耳。 紹公僅
交來艮壹百五十元，餘約緩繳。 竹軒兄迄今未回，待項者望眼
若穿，奈何，奈何。此次各欵早到，至今極矣。如再待竹兄將兑
港之項收付，定見不接。総是 竹兄有轉変之士，諒無虞也。待
其回时如何，再行走布，此請
升安。

小弟劉增榮頓 初四灯下書

（五）劉增榮發信

57．花月十八日劉增榮致林拱辰信函(1)

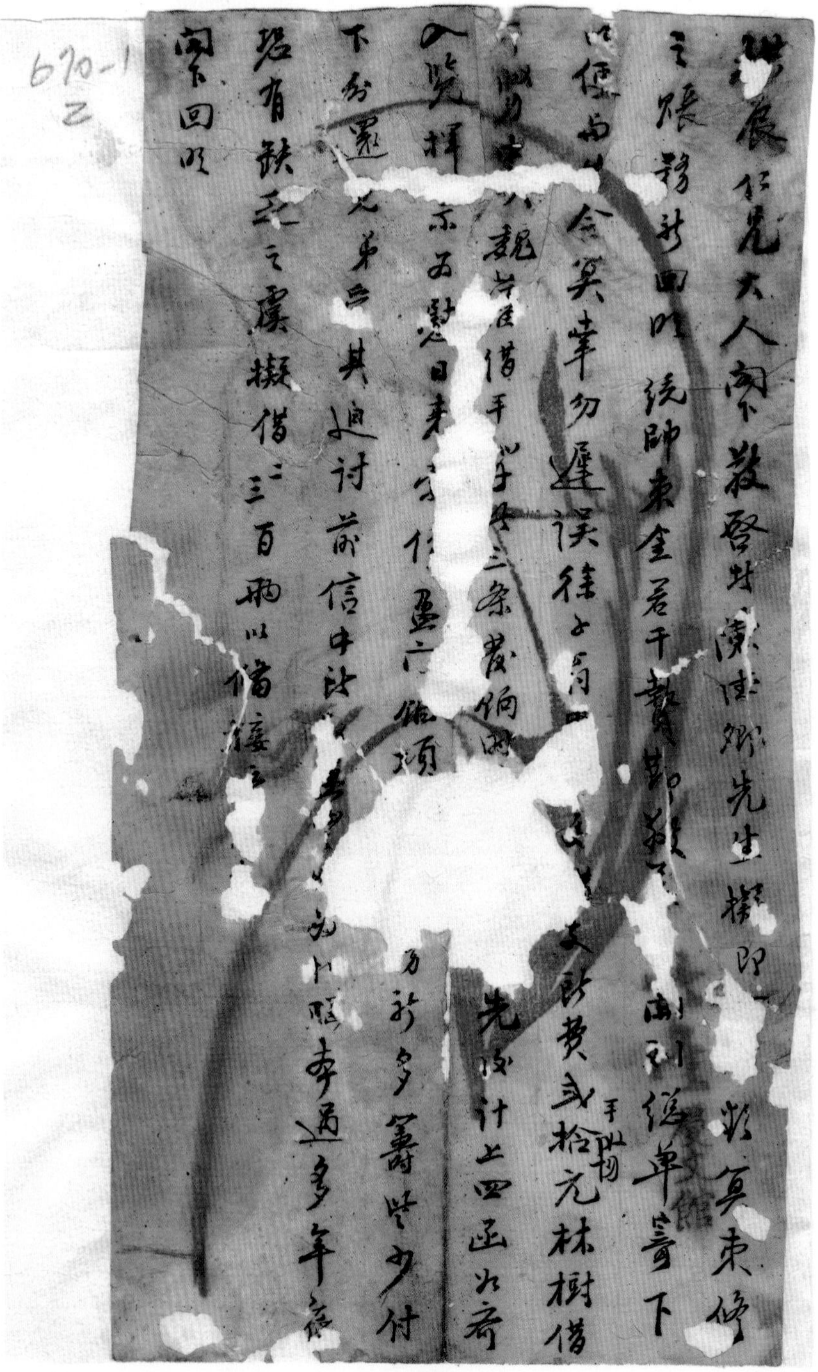

拱辰仁兄大人閣下敬啓者讀使鄉先生擬即[illegible]算東停
之張務於四明統帥來金若干數即辦[illegible]閣下從單壽下
佐便[illegible]合算幸勿遲誤徒上月[illegible]支訂費貳拾元手出撥林樹借
[illegible]觀岸在借手[illegible]三條費倘[illegible]先後計上四延為寄
入覽祥示五點日來字付畫六館項[illegible]另於多籌些少付
下為還之弟二其迫討前信中試[illegible]為小照本過多年[illegible]
恐有缺乏之處擬借三三百兩以備[illegible]
閣下回收

670-1
乙

0884

拱辰仁兄大人閣下：敬啓者，陳德卿先生擬即□□，欲筫束修之賬，務祈回明　統帥束金若干，贄節敬□□開列総単寄下，以便与其会筫，幸勿遲誤。徐子翁□□借支所費弍拾元，平14.6兩，林樹借平2.64兩，中□魏禹臣借平□兩，此三条發餉时……先後計上四函，如斉入覽，揮示爲慰。日來索信盈門，餉項……务祈多籌，些少付下分還也。弟受其迫討，前信中所……腦本過多，年底恐有缺乏之虞，擬借二、三百兩以備接濟。□

閣下回明

（五）劉增榮發信

57．花月十八日劉增榮致林拱辰信函(2)

0885

統帥准否。如松兄自十叄日彰返至今，卧病在床，並未出面見客也。查其日食無多，必未易健赴敵。知念并聞吾兄貴體亦未甚健適，茲梅花風冷，務祈珍衛。專此奉告，敬請升安。

愚小弟劉增榮頓　花月[259]十八日灯下

統帥前乞爲叱名叩安。泰嵩亦松二兄均此請安。

259 花月：農曆二月。

(五) 劉增榮發信

58・上巳後一日酉刻劉增榮致林朝棟信函(1)

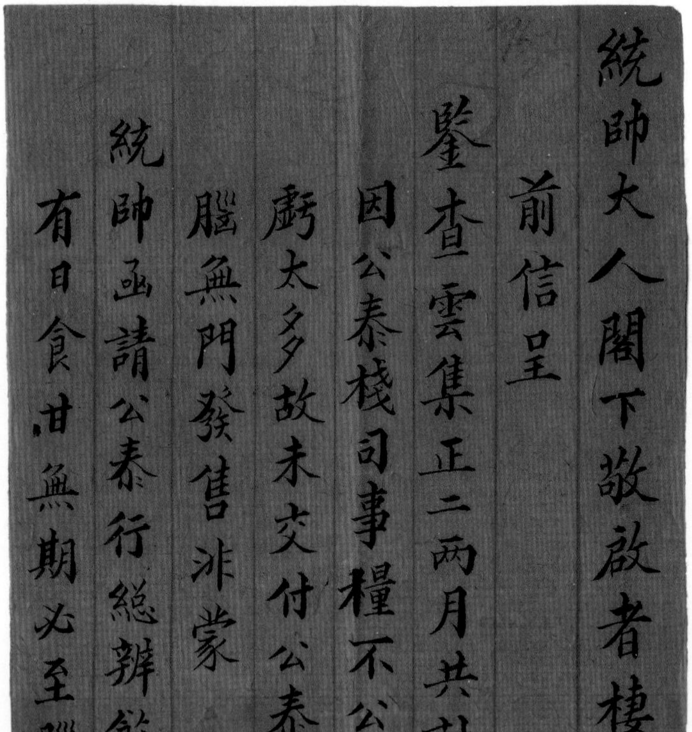

統師大人閣下敬啟者棲壠出腦斤數清单加封
前信呈
鑒查雲集正二兩月共計壯腦萬餘斤尚存已棧
因公泰棧司事糧不公逈異尋常交腦過踏吃
虧太多故未交付公泰司事異常辦法似勒我
腦無門發售非蒙
統師函請公泰行總辦飭該司事照約交壯則吃虧
有日食甘無期必至腦脚散去矣第事關大局

0400

統帥大人閣下：敬啓者，棲[260]、壠[261]出腦斤数清单，加封

前信呈

鑒。查雲[262]、集[263]正、二兩月共計收腦萬餘斤，尚存己棧。

因公泰棧司事樌[264]不公，迥異尋常，交腦過踏[265]，吃

虧太多，故未交付。公泰司事異常辨〔辦〕法，似勒我

腦無門發售，非蒙

統帥函請公泰行總辨〔辦〕，飭該司事照約交收，則吃虧

有日，食甘無期，必至腦脚散去矣。苐事關大局

---

260 棲：指梧棲港，今臺中市梧棲區梧棲，為樟腦出口之港口。

261 壠：指後壠港，今苗栗縣後龍鎮，為樟腦出口之港口。

262 雲：指雲林縣，清代雲林縣治位於今日南投縣竹山鎮雲林坪一帶。清光緒年間此地有雲林縣署、棟字副營、中路屯軍營、樟腦腦棧等。

263 集：指集集，今南投縣集集鎮集集。清光緒年間有腦棧聚集於此。

264 樌：指秤重的標準。

265 過踏：「踏」在閩南語中有「折現、估價」之意。

（五）劉增榮發信

58・上巳後一日酉刻劉增榮致林朝棟信函(2)

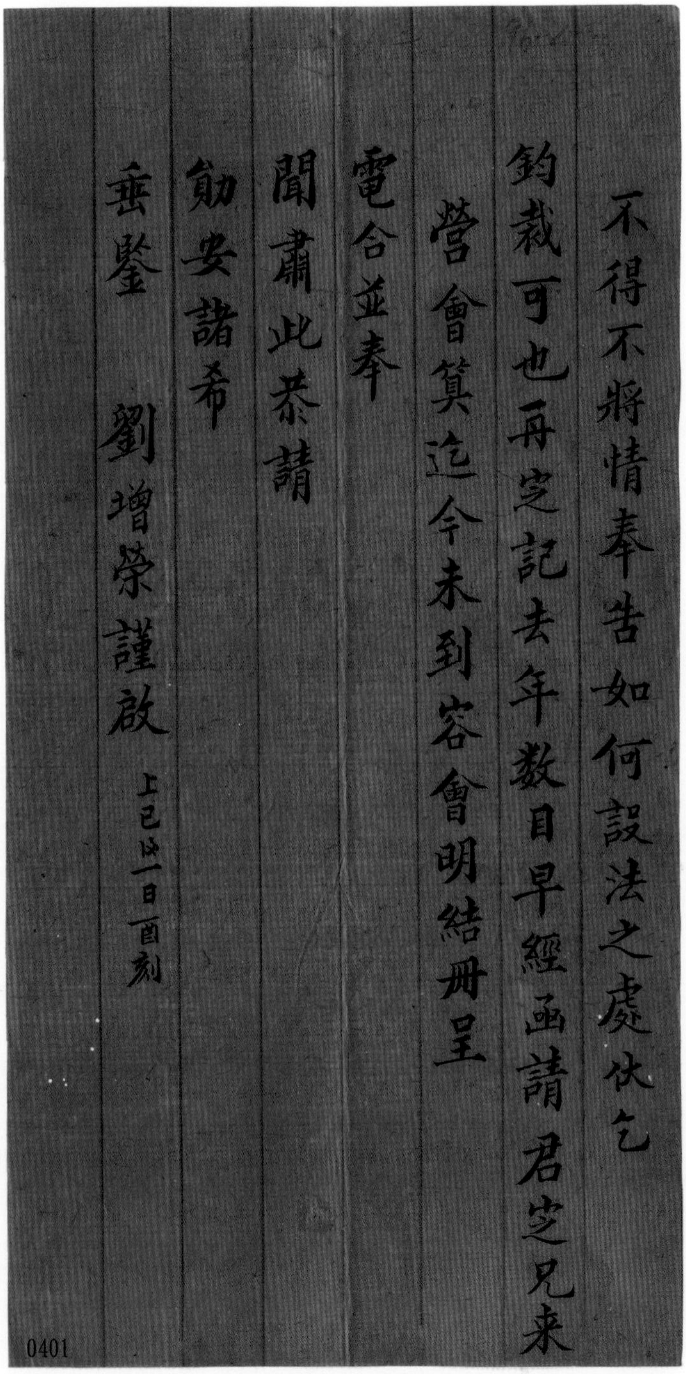
不得不將情奉告如何設法之處伏乞
鈞裁可也再定記去年數目早經函請 君定兄来
營會算迄今未到容會明結冊呈
電合並奉
聞肅此恭請
勛安諸希
垂鑒 劉增榮謹啟
上巳後一日酉刻
0401

不得不將情奉告，如何設法之處，伏乞
鈞裁可也。再，定記去年数目，早經函請君定[266]兄来
營會算，迄今未到，容會明結冊呈
電，合並奉
聞。肅此，恭請
勛安。諸希
垂鑒。　劉增榮謹啓　上巳後一日[267]酉刻[268]

266 君定：曾君定，舖號「定記」。
267 上巳後一日：上巳指掃墓的節日，為農曆三月二日，故此處所指之日應為農曆三月三日。
268 酉刻：下午五至七時。

（五）劉增榮發信

59・七月十二日劉增榮致林拱辰信函(1)

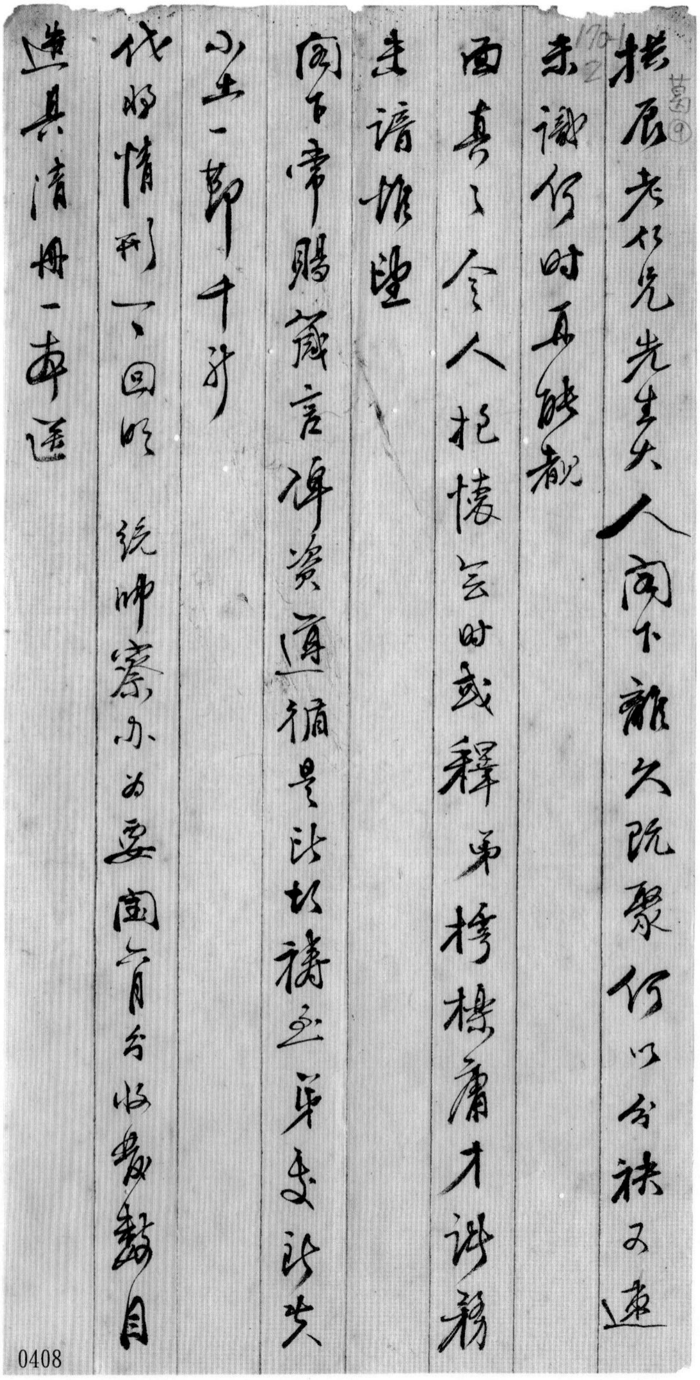

拱辰老仁兄先生大人閣下：離久既聚，何以分袂之速，
未識何時再能覿
面耳。今人抱懷之時，或釋。弟樗櫟庸才，謬務
未諳，堪望
閣下常賜箴言，俾資遵循，是所切禱也。弟支所共
以上一節，千祈
代將情形一一回明　統帥察示為要。閣中分收數目
造具清冊一本送

0408

拱辰老仁兄先生大人閣下：離久既聚，何以分袂又速，
未識何时再能覩
面，眞眞令人抱懷，無时或釋。弟樗櫟庸才，諸務
未諳，惟望
閣下常賜箴言，俾資遵循，是所切禱。至弟處所失
小土一節，千祈
代將情形一一回明 統帥察办爲要。閏六月[269]分收發数目
造具清冊一本，送

269 由閏六月推測，本件應寫於一八九二年。

（五）劉增榮發信

59．七月十二日劉增榮致林拱辰信函(2)

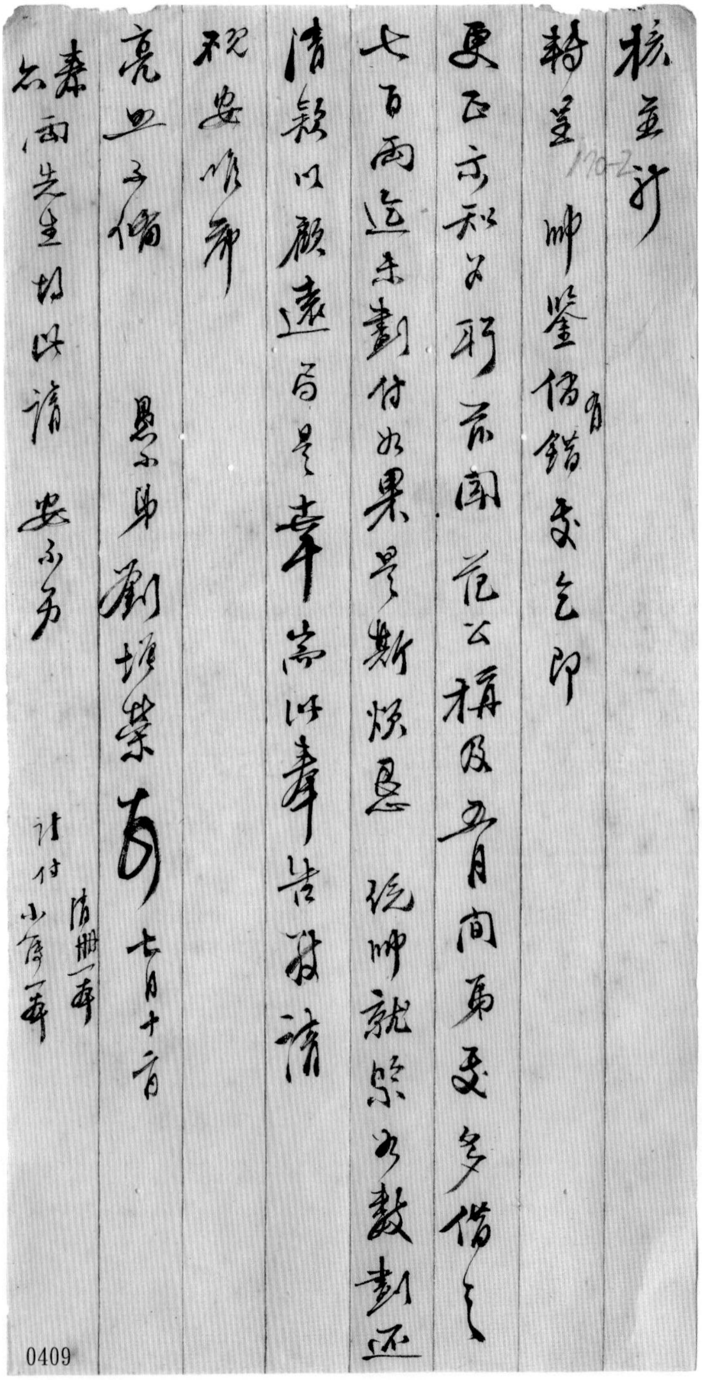

核並行
轉呈 帥鑒倘有錯處乞即
更正云 和兄將前閣 花公稱及五月間弟曾多借之
七百兩近來劃付如果是斯煩懇 統帥就照此數劃還
清款以顧遠局是幸 容俟再告 請
祝安順希
亮照不備　愚小弟劉增榮頓　七月十二日
泰西先生均此請安 小弟
計付 小摺一本 清冊一本

0409

核，並祈
轉呈　帥鑒。倘有錯處，乞即
更正示知為盼。茲聞范公[270]稱及五月間弟處多借之
七百両，迄未劃付，如果是斯，煩懇　統帥就緊如数劃还
清欵，以顧遠局是幸。耑此奉告，敬請
□安。唯希
亮照不備。　愚小弟劉增榮　頓　七月十二日
泰
亦兩先生均此請安，不另。
計付　清冊一本
　　　小簿一本。

270 范公：應為范克承，光緒十八年（一八九二）春接任臺灣縣知縣。

（五）劉增榮發信

60．七月廿九日劉增榮致林拱辰信函

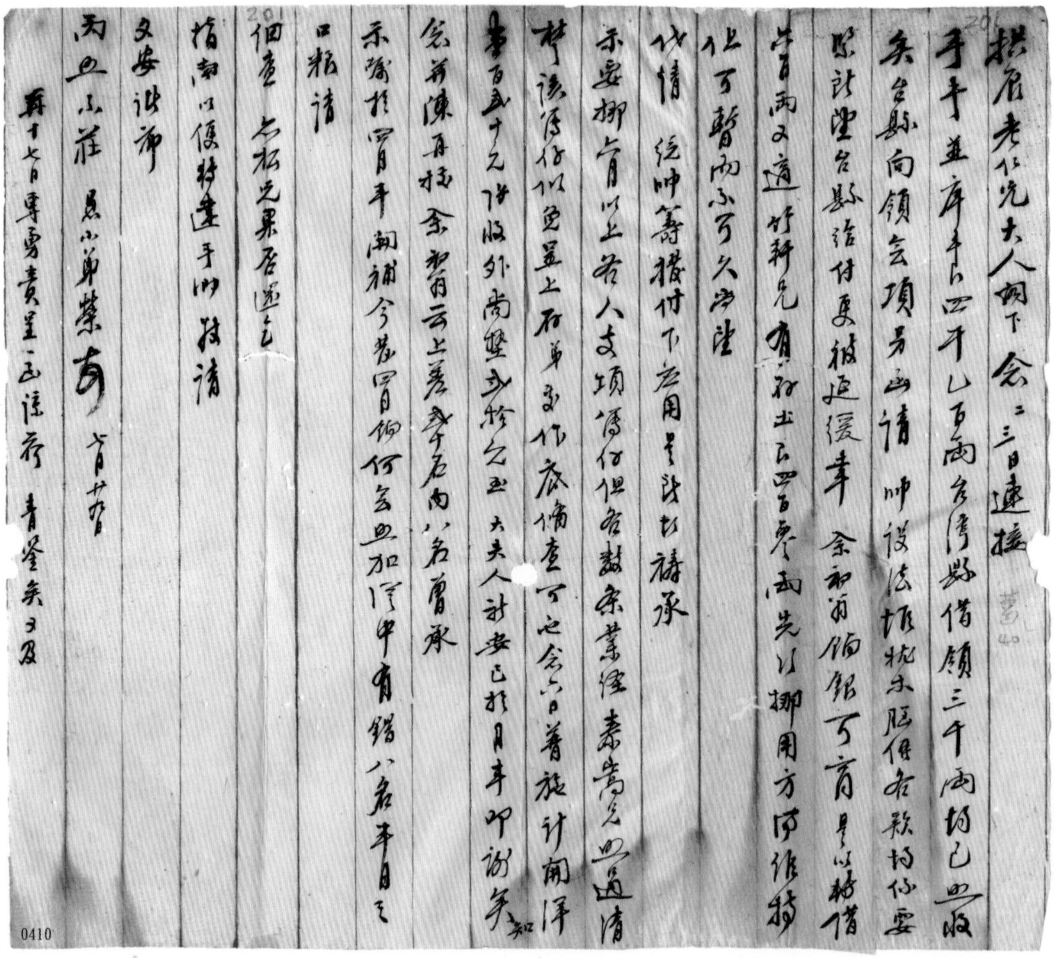

拱辰老仁兄大人閣下：念二、三日連接
手書並庫平艮四千乙百兩，台灣縣借領三千兩，均已照收
矣。台縣向領無項，另函請　帥設法，惟枕木、腦価各欵均係要
緊，所望台縣給付，更被延緩。幸　佘初翁[271]餉銀可商，是以轉借
六百兩，又適竹軒兄有存，出艮四百零兩，先行挪用，方得維持。
但可暫而不可久，尚望
代請　統帥籌撥付下应用，是所切禱。承
示要挪六月以上各人支項簿仔，但各数条業經泰嵩兄照過清
楚，該簿仔似免呈上，存弟處作底備查可也。念六日普施，計開洋
壹百式十元，除收外尚墊式拾元。至　大夫人[272]祈安，已於月半叩謝矣，知
念并陳。再據佘初翁云，上差式十名，內八名曾承
示囑於四月半開補，今發四月餉何無照加，從中有錯八名半月之
口粮，請
細查。　亦松兄果否還？乞
指南，以便轉達。手泐。敬請
文安。諸希
丙照不莊。　愚小弟榮頓　七月廿九日
再十七日專勇責呈一函，諒荷　青鑒矣。又及。

---

271 佘初翁：佘初開，即管帶棟字副營總兵佘保元。參見胡傳，《臺灣日記與稟啟》，頁三二。

272 大夫人：應指林朝棟之妻楊水萍。

（五）劉增榮發信

61・八月初十日劉增榮致林拱辰信函(1)

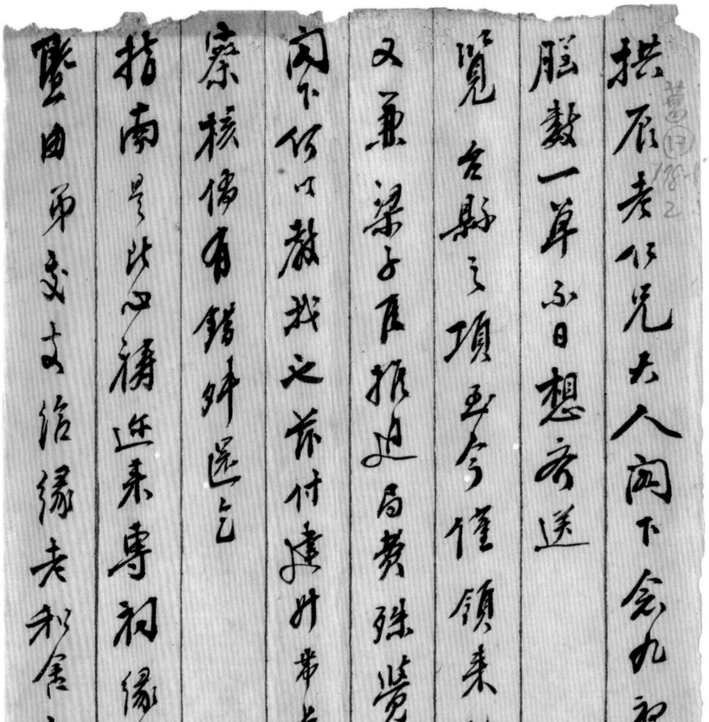
拱辰老公兄大人閣下 念九初三初六計上三函 七月分
腦數一單 亦日想蒙送
覽 貴縣之項 至今僅領來七千兩 少畀欠費難均霑
又兼梁子良掯延局費 殊覺益來難做
閣下何以難我之甚 付達外帯上七月分冊報一本 至祈
察核 倘有錯 外還乞
指南 是此心祷 近來專靠 緣金異行放鬆 計有陸費
監由弟處支給 緣老彩倉 老鶴之梢 梁病在家不能

0402

拱辰老仁兄大人閣下：念九、初三、初六計上三函，七月分

腦数一单，不日想斉送

覽。台縣之項至今僅領來乙千，雨少旱久，势难均霑。

又兼梁子佳[273]推迫局費，殊覺無米难炊，

閣下何以教我也。茲付建升帶上七月分冊報一本，至祈

察核，倘有錯舛，還乞

指南，是所心禱。邇來專祠緣金尽行放鬆，所有經費

暨由弟處支給。緣老和舍、老錫[274]兄均染病在家，不能

273 梁子佳：即梁成枏，字子嘉。
274 老錫：應指負責修建專祠的林錫侯。

（五）劉增榮發信

61．八月初十日劉增榮致林拱辰信函(2)

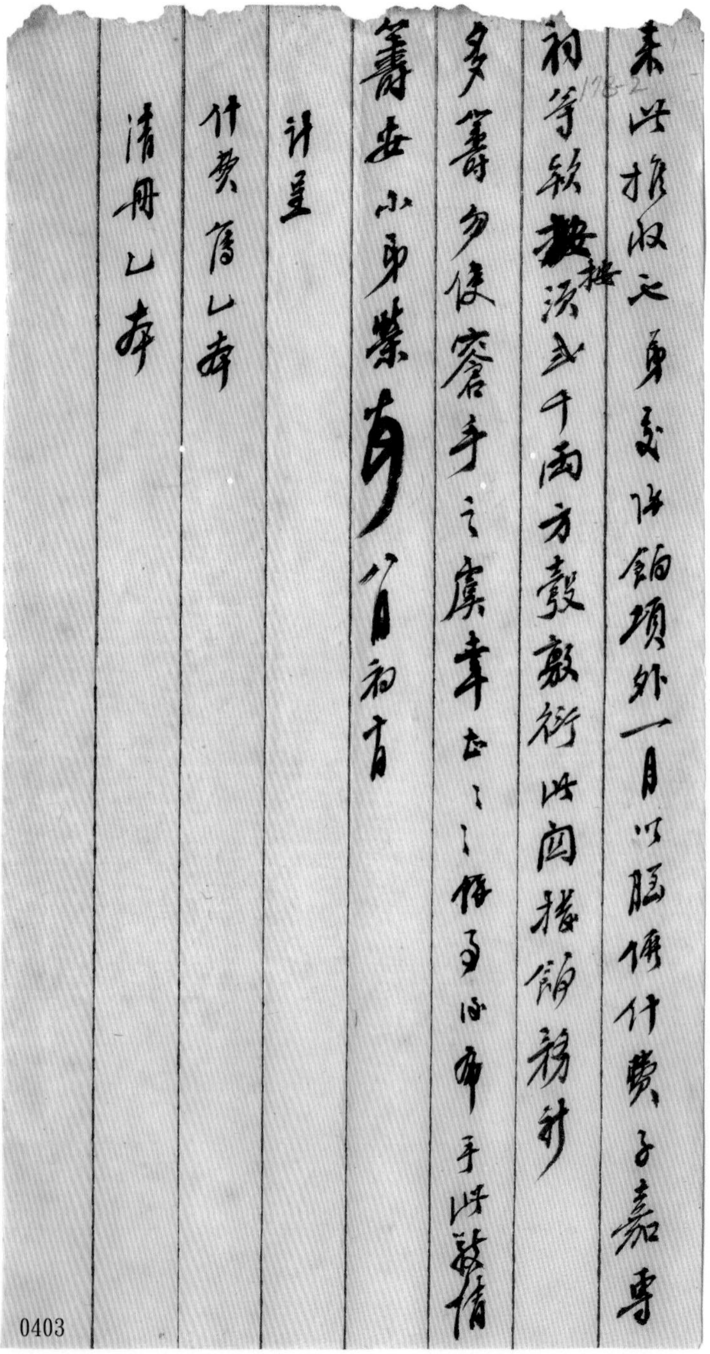

來收指收之弟處從隘餉項外一月以腦價付費子嘉專
初等銀撥濟弍千兩方敷敷衍此回撥餉務祈
多籌多使容手之處幸為之〻〻俾弟得以應手此請
籌安 小弟榮頓首 八月初十日
計呈
付費簿乙本
清冊乙本

0403

來此摧〔催〕收也。弟處除餉項外，一月以腦価、什費、子嘉、專祠等欵，按須弍千両方敷衍，此關撥餉，務祈多籌，勿使窘〔窘〕手之虞。幸甚幸甚。餘事後布，手此。敬請籌安。

小弟榮　頓　八月初十日

計呈
什費簿乙本
清冊乙本

（五）劉增榮發信

62．劉增榮致林拱辰信函

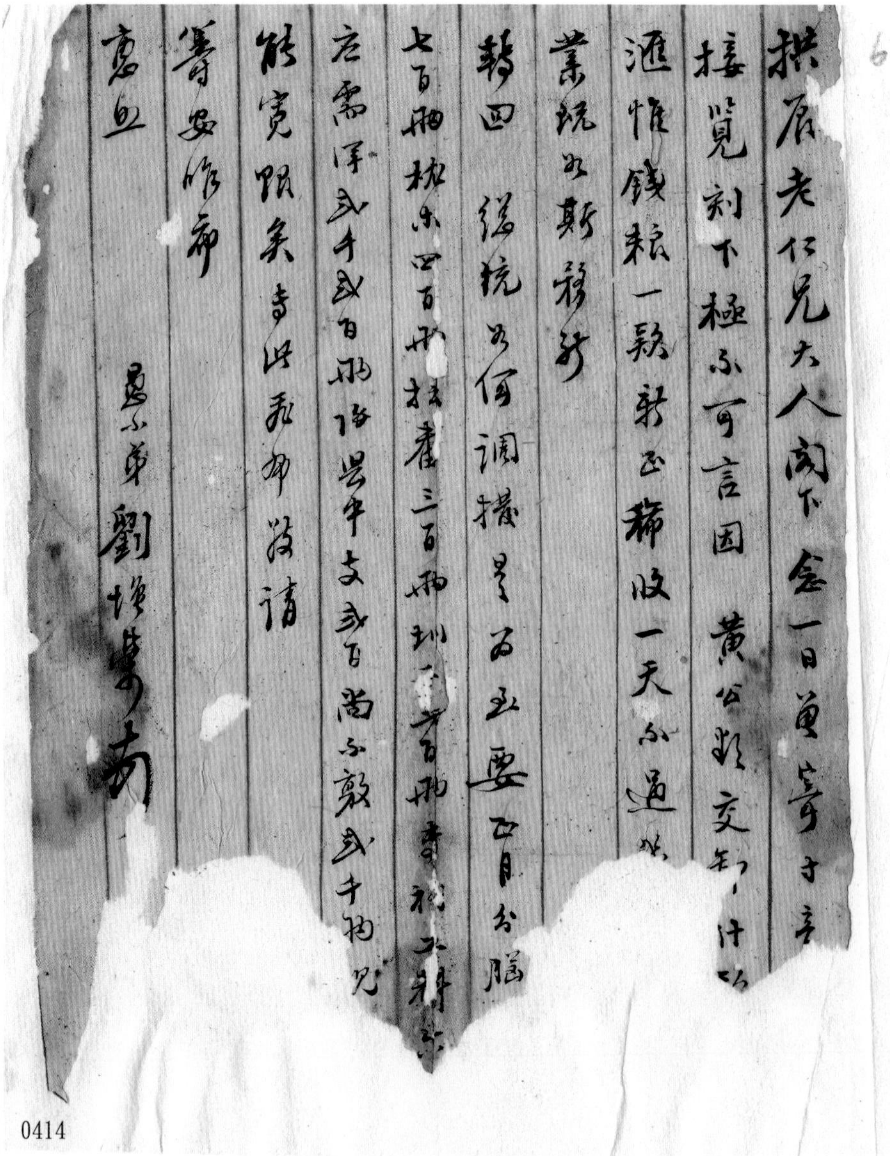
拱辰老仁兄大人閣下：念一日萬寄寸[illegible]
接覽剎下極不可言，因黃公照交卸，什[illegible]
滙惟錢糧一點，新正稱收一天不過[illegible]
業，杭之斯務新
務。四從杭之何調撥，是為至要。正月分腦
七百擔，林本四百擔，林產三百擔，訓[illegible]百擔，李[illegible]
之需洋弍千弍百兩，係呂中支弍百，尚不敷弍千兩，兄
能寬限矣，专此泐布，敬請
籌安，順希
惠照
愚小弟劉增榮頓首

0414

拱辰老仁兄大人閣下：念一日曾寄寸音……

接覽，刻下極不可言，因 黃公[275]欲交卸……

滙。惟錢粮一款，新正稀收，一天不過□……

業既如斯，務祈

轉回 総統[276]如何調撥，是爲至要。正月分腦……

七百兩、枕木四百兩、撫番三百兩、圳工二百兩、專祠工料六百兩……

应需洋弍千弍百兩，除县中支弍百，尚不敷弍千兩。現……

能寬限矣。專此飛布，敬請

籌安，唯希

惠照。

愚小弟劉增榮頓

275 黃公：黃承乙。

276 總統：指林朝棟，因總統各營，故稱之。

（五）劉增榮發信

63．拾貳早劉增榮致林拱辰信函(1)

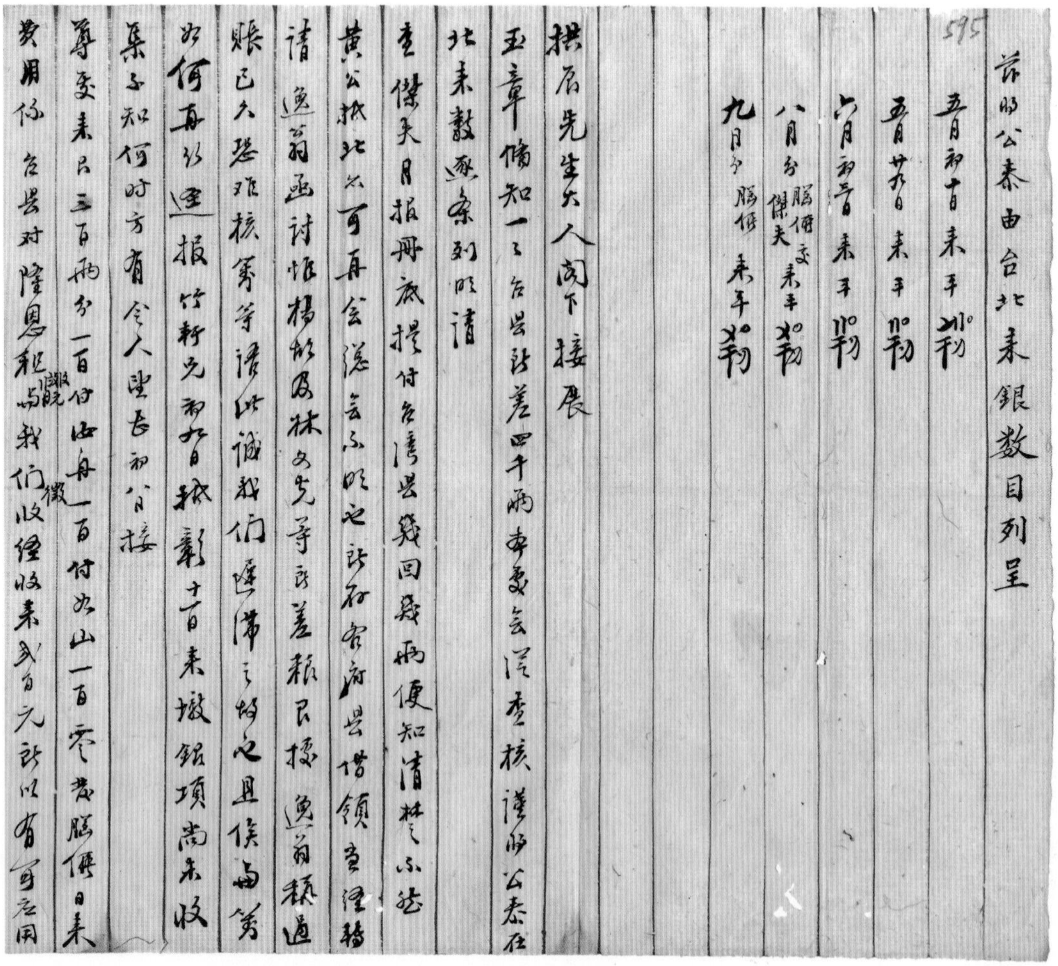

595

茲將公泰由台北來銀數目列呈
五月初十日來平[illegible]
五月廿九日來平[illegible]
六月初三日來平[illegible]
八月分腦傭 傑夫 來平[illegible]
九月分腦傭來平[illegible]

拱辰先生大人閣下接展
玉章備知一一台端所差四千兩本要立從查核謹將公泰在
北來數逐條列明請
查傑夫月報冊底提付台灣縣錢回錢兩便知清楚不然
黃公抵北亦可再會總而言之不明之處所有實有府縣借領查經轉
請逸翁函討惟楊故及林汝先等所差款已據逸翁核過
賬已久恐難核算等語此誠我們從佛之情也且候兩節
如何再行逐報付新竹縣初九日抵彰十日來墩銀項尚未收
集不知何時方有今人望長初八日接
尊函來名三百兩分一百付西舟一百付內山一百零貴腦傭日來
費用係台端對隆恩租撥出我們收經收來五百元所以有可應用

茲將公泰由台北來銀数目列呈：

五月初十日，來平6,200兩，

五月廿九日，來平2,000兩，

六月初三日，來平2,000兩，

八月分腦価交傑夫，來平4,000兩，

九月分腦価，來平4,000兩。

拱辰先生大人閣下：接展

玉章，備知一一。台縣所差四千兩，本處無從查核，謹將公泰在

北來数逐条列明，請

查傑夫月報冊底提付台灣县幾回幾兩，便知清楚。不然

黃公[277]抵北亦可再会，総無不明也。所存各府县借領，当経轉

請 逸翁函討。惟楊、胡及林文光等所差粮艮，據 逸翁稱過

賬已久，恐难核籌等語，此誠我們遲滞之故也。且俟与籌

如何，再行巡报。竹軒兄初九日抵彰，十一日來墩，銀項尚未收

集，不知何時方有？令人望甚。初八日接

尊處來艮三百兩，分一百付汝舟，一百付如山，一百零發腦価。日來

費用係 台縣対隆恩租289.19元与我們徵收，経收來弍百元，所以有可应用。

277 黃公：黃承乙。

（五）劉增榮發信

63．拾貳早劉增榮致林拱辰信函(2)

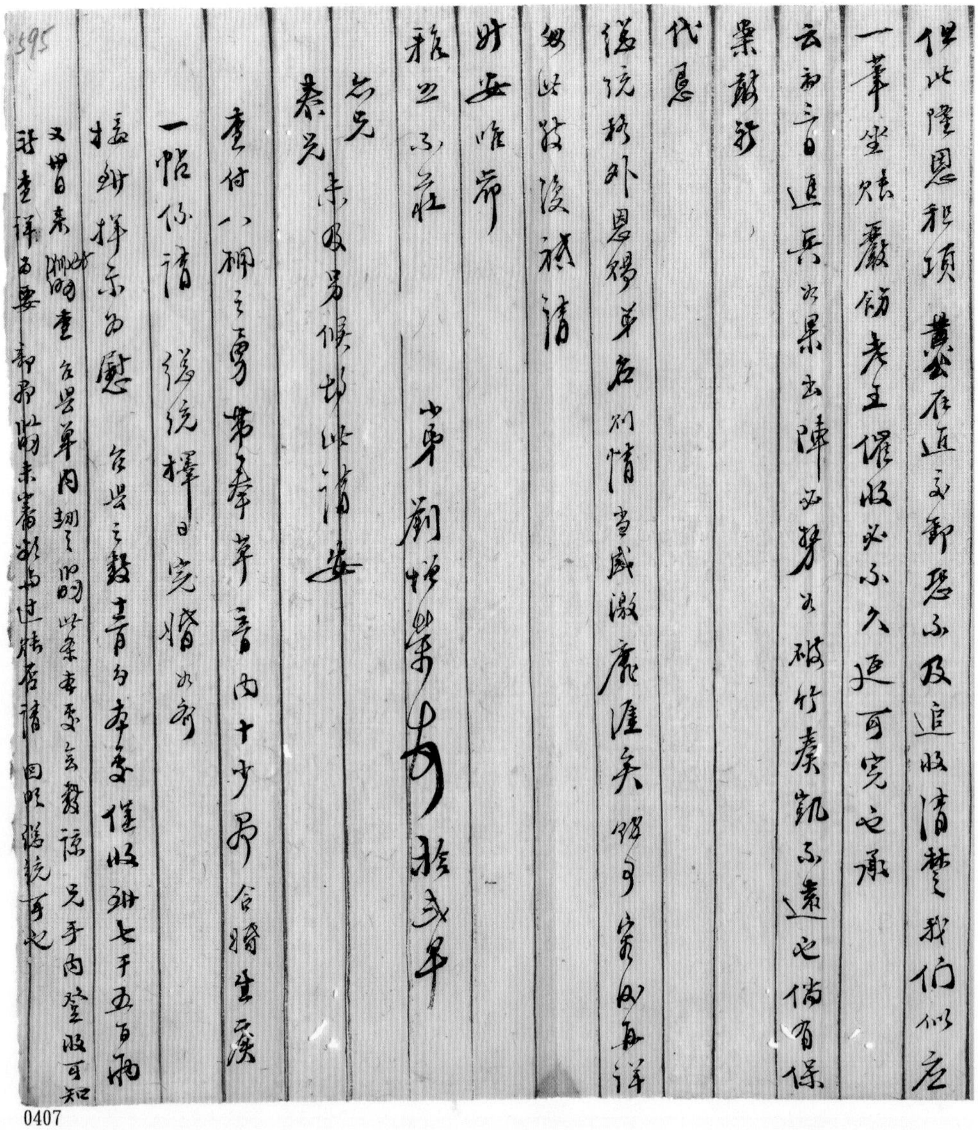

595

但此隆恩租項 龔公在途之郵恐不及追收清楚 我們似應
一筆坐結嚴飭孝王催收必不久延可完也承
云前月進兵以果去陣亡者五破竹奏凱不遠也備有保
票解到
代息
從侁於外恩錫弟名以情當感激靡涯矣 惟可寬貸為詳
如此設法懇請
升安 惟希
雅照不莊
小弟劉增榮頓首 拾貳早
台兄 未及另候均此請安
泰兄
查付八桶之費 茶葉等 音內十步局 合將生溪
一帖係請 從侁擇日完婚以前
極細擇示為感 台北之款 青菓為本年季僅收銀七千五百兩
又四日來撫回查台北單內抄之以利以來未見去年 諒兄手內登收可知
計查詳為要 前郵寄來之帳如此諸 田收 從侁可也

0407

但此隆恩租項，　黄公在近交卸，恐不及追收清楚，我們似应一筆坐賬，覆飭老王催收，必不久延可完也。承
云初三日進兵，如果出陣，必勢如破竹，奏凱不遠也。倘有保
案，敢祈
代懇
総統格外恩賜弟名，則情当感激靡涯矣。餘可容後再詳，
匆此敬復，祗請
升安。唯希
雅照。不莊。　　小弟　劉增榮頓　拾弍早
亦兄
泰兄未及另候，均此請安。

查付八棚之勇，帶奉草音，內十少爺[278]合婚生慶
一帖，係請　総統擇日完婚，如斉
接到，揮示爲慰。　台县之数十二月分本處僅收到七千五百兩，
又卅日來143.675兩。查　台县单內十二月初一日200兩，此条本處無数，諒　兄手內登收可知，
祈查詳爲要。　部爺[279]216兩，未審欲与过賬否，請回明　総統可也。

278 十少爺：指林朝崧。
279 部爺：指林允卿。

（五）劉增榮發信

64・念一 劉增榮致林拱辰信函

拱辰老仁兄大人閣下十六日接升錫
賜呈 大夫人察入矣承
示詳情均經聆悉仍下銀項迄今未升
各腦長待支之症伏念老弟不接者之
亦屬困窮再三商移祗得二百兩畫付
但目中不知幾時有項而腦碼又能比別號
令人焦灼萬分倘
尊處有餘項務升
退速趕來為要便項亦望從早籌
其有斯是為至要我至此來閣
示卷各聯試正場首名林毓奇十
順此附
聞專此布請
升安惟希
心照並候
玉履不尽
愚小弟劉增榮
泰嵩老兄
亦松老兄 均此請安未另
此十一日樾臣兄腦腳被番竊

0887

拱辰老仁兄大人閣下：十六日接到錫……
轉呈　大夫人察入矣。承
示諸情，亦経聆悉，約下銀項，迄今未到。……
各腦長待支乏应，伙食各費不接，当……
亦屬困窮。再三商移，祇得三百兩，盡付
後，县中不知幾时有項，而腦価又非比別欵，
令人焦灼萬分。倘
尊處有餘項，務祈
迅速赶來。苟無便項，亦当從早籌……
其有期，是爲至要。新正以來，開仗……
示悉爲盼。縣試正場，首名林毓奇，十……
順此附
聞。專此。布請
升安，唯希
心照，並候
函覆。不尽。　　　　愚小弟劉增榮頓　念一
泰嵩老兄
亦松老兄均此請安，未另。
此十一日懋臣兄腦脚被畨竊……

（六）萬 鎰發信〈信函內容簡介〉

萬鎰，即文書中出現的逸翁，又稱萬師爺，負責司賬等相關業務。

本節共收五件文書，其中一件不知收信人，一件給林朝棟，其餘三件都是寫給林拱辰的信函。

歸納書信的重點有：

（一）向林朝棟報告經手款項，如編號六五將應支付款項一一列明呈報。

（二）林家與官府間的金錢往來，光緒十四年（一八八八）巡撫劉銘傳以霧峰林家剿匪有功，命林朝棟辦理中路營務處及中路撫墾事業，因此與臺灣縣府間時有公私款流通之情況，如編號六六文書言明自黃承乙光緒十四年擔任臺灣縣知縣時，應收糧銀先付交該處，繼任的范克承亦是，等到要解交時再由臺北林家賬房劃還。又編號三三及六八號併看，即知萬鎰交來的庫平銀一百一十一餘兩轉交給劉以專收存，是要托匯到臺北轉給縣衙師爺趙又新的款項。

（三）錢項與腦額關係。林家與公泰行樟腦交易，知公泰行視林家交腦多少來支付款項，編號六六號文書言在臺北收公泰二萬元，而只交付一萬多斤的樟腦，所以公泰洋行後壠處就不肯再多付。

（四）霧峰林家銀根似乎頗緊，編號六六號文書顯示，不僅雲林、集集等處待款甚急，糧銀寥寥，無款可付，集集製腦處因乏銀，栳工另尋買主，蔡燦雲亦來函告急。甚連薪資亦拖欠，如編號六七文書即請求付清萬鎰父子兩人稽查腦灶薪水。

（六）萬 鎰發信

65・初四日萬鎰致林朝棟信函(1)

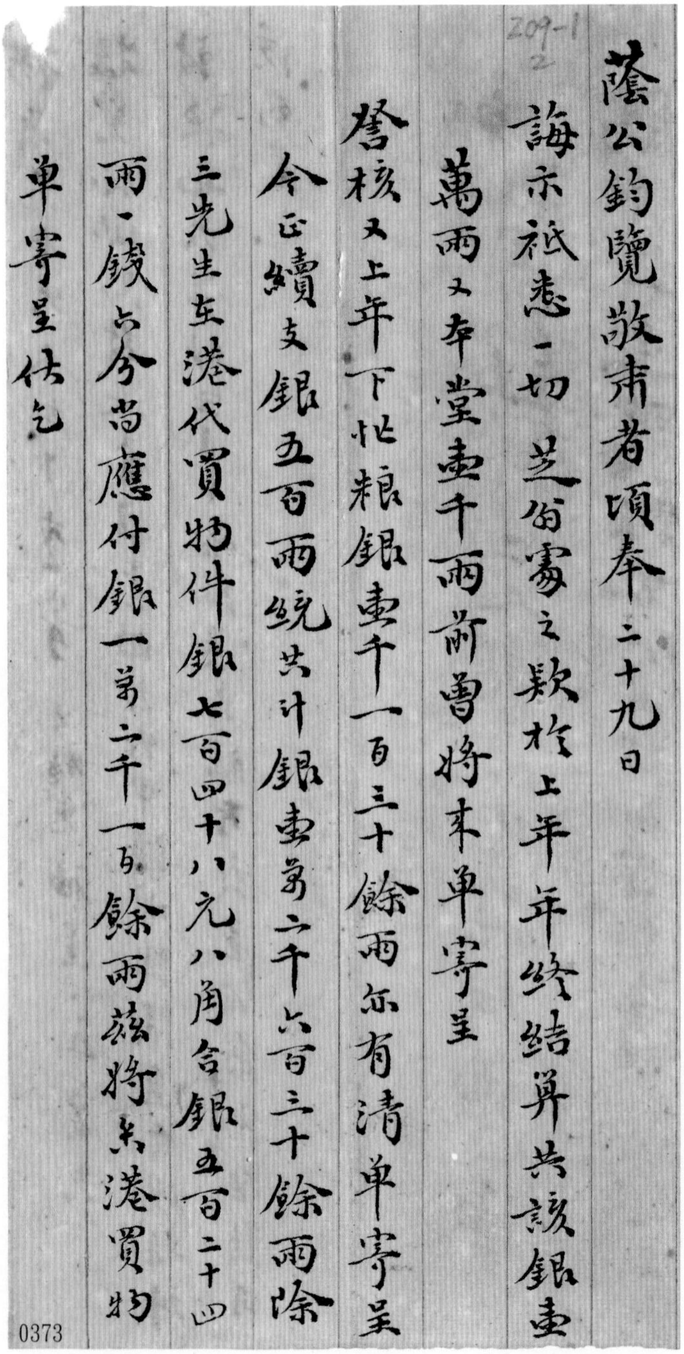

蔭公鈞覽敬肅者頃奉二十九日
誨示祇悉一切 芝翁處之款於上年年終結算共該銀壹
萬兩又本堂壹千兩前曾將來单寄呈
詧核又上年下忙粮銀壹千一百三十餘兩亦有清单寄呈
令正續支銀五百兩統共計銀壹萬二千六百三十餘兩除
三先生在港代買物件銀七百四十八元八角合銀五百二十四
兩一錢六分尚應付銀一萬二千一百餘兩茲將來港買物
单寄呈伏乞

0373

蔭公鈞覽，敬肅者：頃奉二十九日

誨示，祗悉一切。芝翁[280]處之欵於上年年終結算，共該銀壹

萬兩。又，本堂壹千兩，前曾將來单寄呈

詧核。又，上年下忙粮銀壹千一百三十餘兩，亦有清单寄呈。

今正續支銀五百兩，統共計銀壹萬二千六百三十餘兩，除

三先生[281]在港代買物件，銀七百四十八元八角，合銀五百二十四

兩一錢六分，尚應付銀一萬二千一百餘兩。茲將香港買物

单寄呈，伏乞

280 芝翁：黃芝翁，黃承乙，光緒十四至十八年任臺灣縣知縣。

281 三先生：三大人，林朝選。

（六）萬 鎰發信

65．初四日萬鎰致林朝棟信函(2)

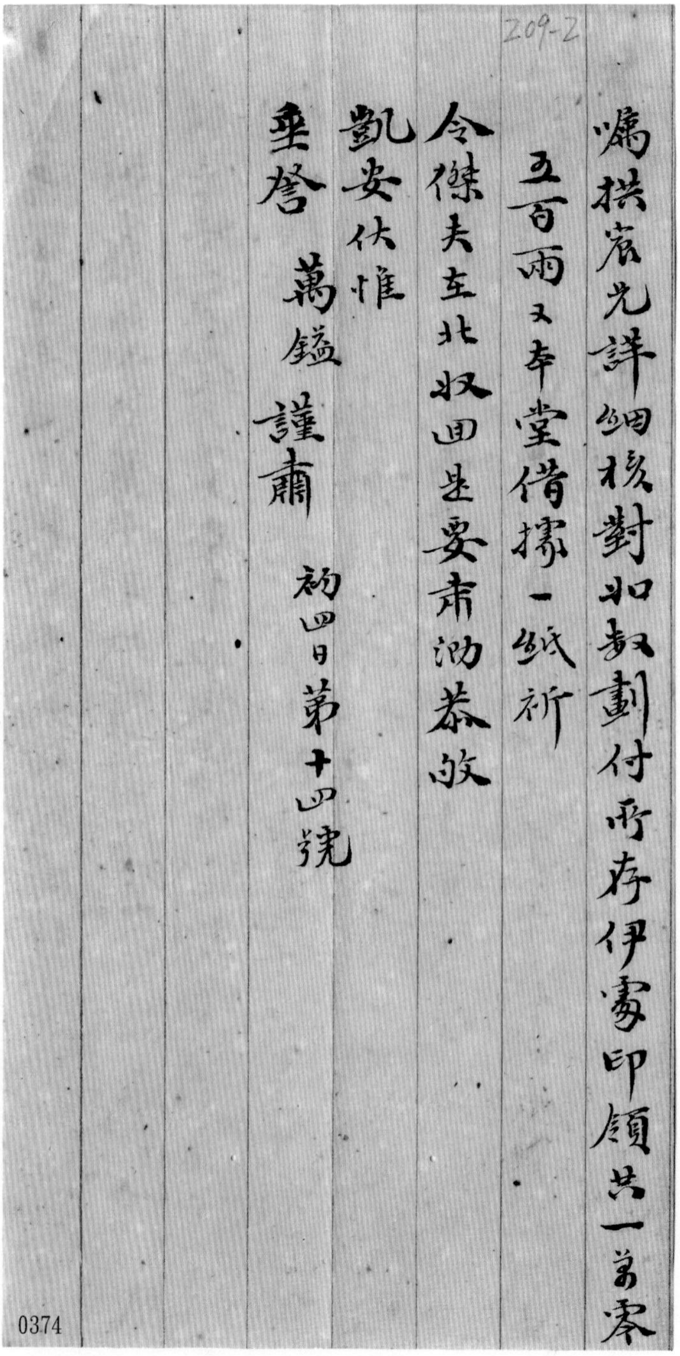

209-2

囑拱宸光詳細核對如數劃付所存伊處印領共一萬零

五百兩又本堂借據一紙祈

令傑夫在北收回是要肅泐恭啟

凱安伏惟

垂詧 萬鎰 謹肅

初四日第十四號

0374

囑拱宸兄詳細核對，如数劃付，所存伊處印領共一萬零五百兩。又本堂借據一紙，祈令傑夫在北收回是要。肅沕。恭敬凱安。伏惟垂詧。

萬鎰謹肅　初四日第十四號

（六八） 萬鎰發信

66．十八日萬鎰致林拱辰信函(1)

614-1
3

拱宸仁兄大人左右十二日寄上一緘并附如松光一信諒邀
台覽迄未奉有
示不勝系念頃聞收墘未山云找家在北已收公東二第
允叔收墘不肯付銀特令天生來墩取銀五百兩以備棧本
帥諭姑俟問明即行籌寄頃又接雲局
信謂雲集兩棧以二月十五日止付交公東棧一第
二斤內雲局坐千斤集〻一第斤現在待款甚急
次寄去〻即領二千兩不但澍翁赴北未歸即係

0386

拱宸仁兄大人左右：十二日寄上一緘，并附　如松兄[282]一信，諒邀
台照，迄未奉有
□示，不勝□念。頃問後壠來函云，我處在北已收公泰二萬
元，故後壠不肯付銀，特令天生來墩取銀五百兩，以濟栳本
……帥諭姑俟問明，即行籌寄。頃又接雲局
……信謂雲、集兩棧以三月十五日止付交公泰栳一萬
……斤，內雲局6,642斤、集集一萬斤，現在待欵甚急，
……寄去之印領二千兩，不但澍翁[283]赴北未歸，即使

---

282 如松兄：林如松。
283 澍翁：謝壽昌，雲林知縣。

（六）萬　鎰發信

66・十八日萬鎰致林拱辰信函(2)

614-2

四未目前粮銀寥寥無款可付煩速籌數百金以濟急需弟
詢、以專帳房内又無存備不得不另行設法於芝省寄存
内暫[illegible]三百金交以專明白派妥人送交君芝兄以濟一時
之急緣目前接桌桌玉桐省來信云棧工以找寄之銀往往挑
三洋[illegible]現銀今蔡奕來出叩此此急煩速籌一善策寬
免滋多爲難云云不得不設法接濟以顧大局用
特[illegible]廿
迅速四明　統師能得現銀固妙否則請簡印領二三

0387

回來，目前粮銀寥寥，無欵可付，囑速籌数百金以濟急需。弟
詢之以專，帳房內又無存儲，不得不另行設法，於芝翁寄存
項內暫挪三百金交以專，明日派妥人送交君定兄，以濟一時
之急。緣日前接集集王桐翁來信云，栳工以我處乏銀，往往挑
□洋……現銀。今蔡君來函如此之急，囑速籌一善策，寬
……免諸多爲難云云，不得不設法接濟，以顧大局，用
特□□□祈
迅速回明　統帥，能淂現銀固妙，否則請备印領二、三

（六）萬鎰發信

66・十八日萬鎰致林拱辰信函(3)

紙一件一千 件件五百 即刻寄下由弟向台邑通挪若干以濟要需

戊[illegible]憑付[illegible]千你布

戊[illegible]附拔如光之信望

拔宜速[illegible]四音甚要近日軍情如何能否即日凱旋念念倘

乙師[illegible]及四墩者請

日[illegible]馬封十個郵票十件因無搭單通送遲延也此請

附呈府發正案單乞

特呈 師閣

日[illegible]

四不一 弟鎰拜白 十八日

0388

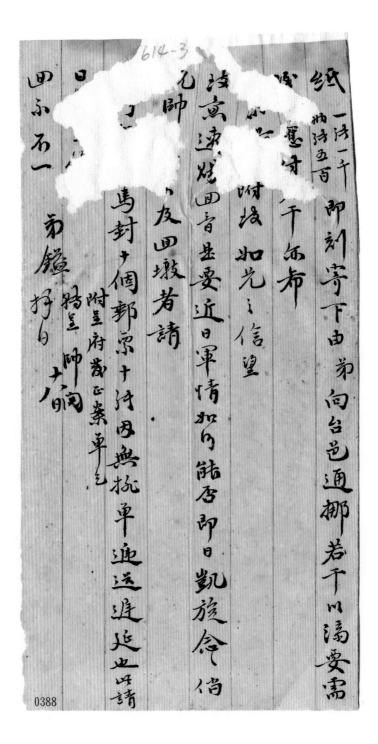

紙，一張一千，兩張五百，即刻寄下，由弟向台邑通挪若干，以濟要需。

□□應付若干，亦希

□□□□。附致　如兄之信，望

致意速賜回音是要。近日軍情如何，能否即日凱旋，念念。倘

統帥□□及回墩者，請

……馬封十個、郵票十張，因無挑单，遞送遲延也。此請

日□□□

回示。不一。　弟鎰拜白　十八日

附呈府發正案单，乞轉呈　帥閱。

（六）萬鎰發信

67・二十九夕萬鎰致林拱辰信函

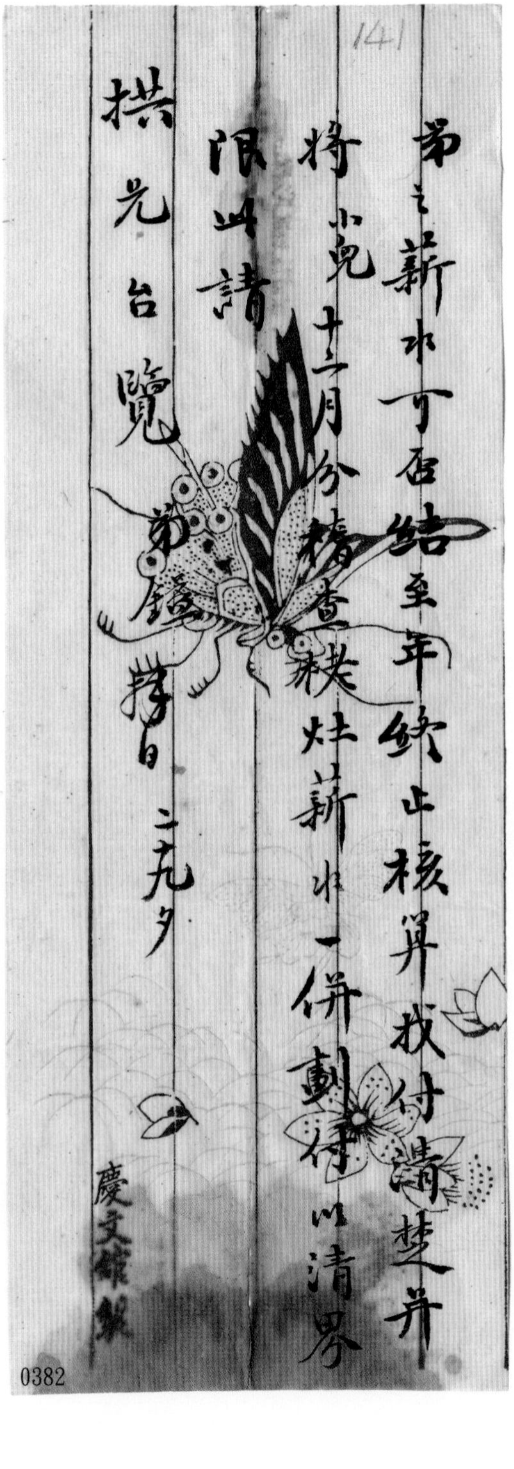

141

弟之薪水丁酉結至年終止核算找付清楚并
將小兒十二月分幫查栳灶薪水一併劃付以清界
限此請
拱辰台覽
弟萬鎰拜白 二九夕

慶文號製

0382

弟之薪水可否結至年終止，核算找付清楚，并將小兒十二月分稽查栳灶薪水一併劃付，以清界限。此請

拱兄台覽

弟鎰 拜白 二十九夕

（六）萬　鎰發信

68．十二日萬鎰致林拱辰信函(1)

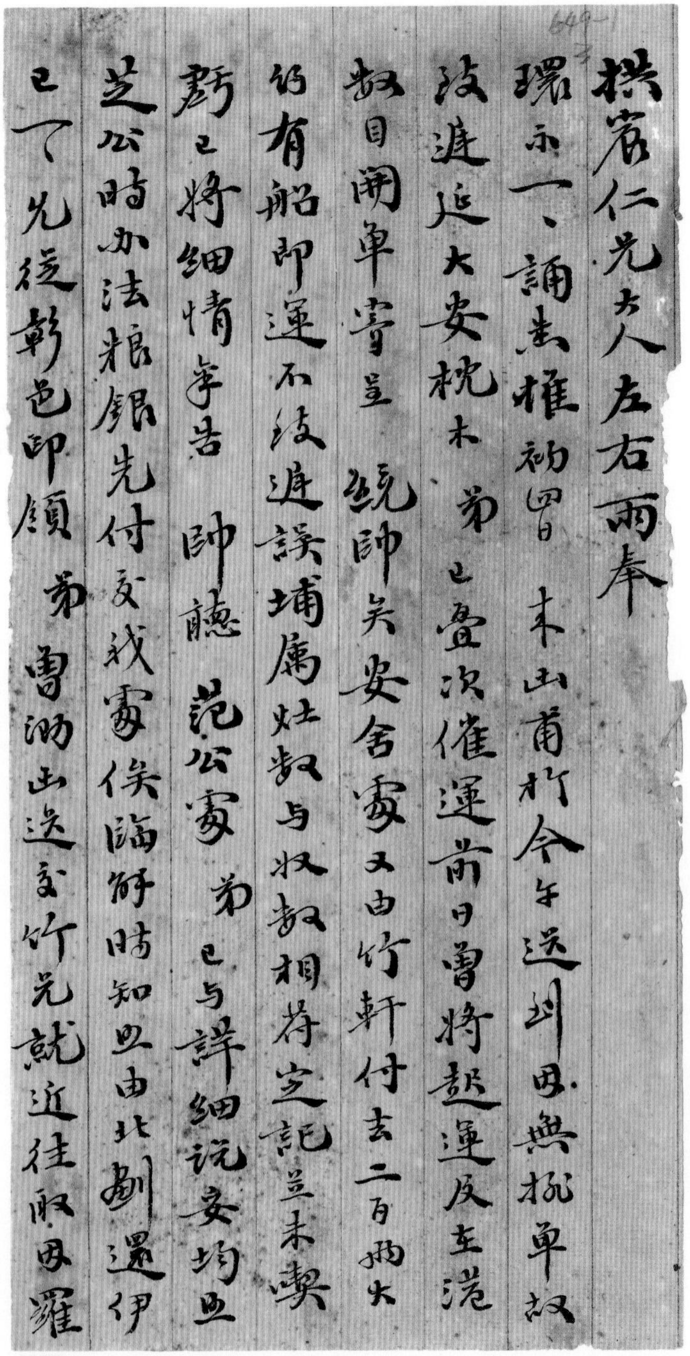

拱宸仁兄大人左右兩奉
瑤示一一誦悉惟初四日木山甫於今午送到因無批單故
致遲延大安枕木　弟已疊次催運前日曾將趕運反左港
數目開單寄呈
統帥矣安舍處又由竹軒付去二百兩大
約有船即運不致遲誤埔厲灶數與收數相符定記並未褻
誇已將細情稟告
帥聽　范公處　弟已與詳細說妥均照
並公時辦法糧銀先付交戎處俟臨解時知照由北劃還伊
已了先從彰邑即領　弟曾將山邊交竹先就近往取因羅

0375

拱宸仁兄大人左右：兩奉
環示，一一誦悉。惟初四日　來函，甫於今午送到，因無挑单，故
致遲延。大安枕木弟已疊次催運，前日曾將起運及在港
数目開单寄呈　統帥矣。安舍處又由竹軒付去二百兩，大
約有船即運，不致遲誤。埔属灶数與收数相符，定記並未喫
虧，已將細情稟告　帥聽。　范公[284]處弟已与詳細說妥，均照
芝公[285]时办法，粮銀先付交我處，俟臨觧时知照由北劃還，伊
已一一允從。彰邑印領弟曽渤函送交竹兄就近往取，因羅

284 范公：范克承，光緒十八年接替黃承乙擔任臺灣縣知縣。

285 芝公：黃承乙，光緒十四年調任臺灣縣知縣。

68．十二日萬鎰致林拱辰信函(2)

649-2

公已赴台北故未取來府中應領之薪水已嘱竹先支來知
畀趙又新先托滙銀一百十一兩一錢二分其銀已由以專收存望
由坡傑夫便中付交趙君可也近日竹房劃收埔廍防費九百
數十兩竹先來交之樑款（前單開列付副營一千二百兩未付）應付各款弟以為一
時搃可寬餘頃詢以專知一無所存埔廍防費之付君送竹軒（五百兩）
之款未來大營解來之二千兩當經轉發無存奈何近日軍
情如何　統帥何日可歸 務祈
迅賜示知以慰引領之望附後如松先生布

0376

公[286]已赴台北，故未取來。府中應領之薪水，已囑竹兄支來。縣署趙又新[287]兄托滙銀一百十一兩一錢二分，其銀已由以專收存，望函致傑夫便中付交趙君可也。近日帳房劃收埔屬防費九百数十兩，竹兄未交之栳欵，前単開列付副營一千二百兩未付，應付各欵弟以爲一时揔可寬餘。頃洵（詢）以專，知一無所存，埔屬防費已付君定五百兩，竹軒之欵未來，大營觧來之二千兩當経轉發無存，奈何。近日軍情如何，　統帥何日可歸？務祈

迅賜示知，以慰引領之望。附致如松兄函，希

286 羅公：指彰化縣知縣羅東之。

287 趙又新：根據編號三三文書，可知趙又新為縣衙內的師爺。

(六) 萬 鎰發信

68・十二日萬鎰致林拱辰信函(3)

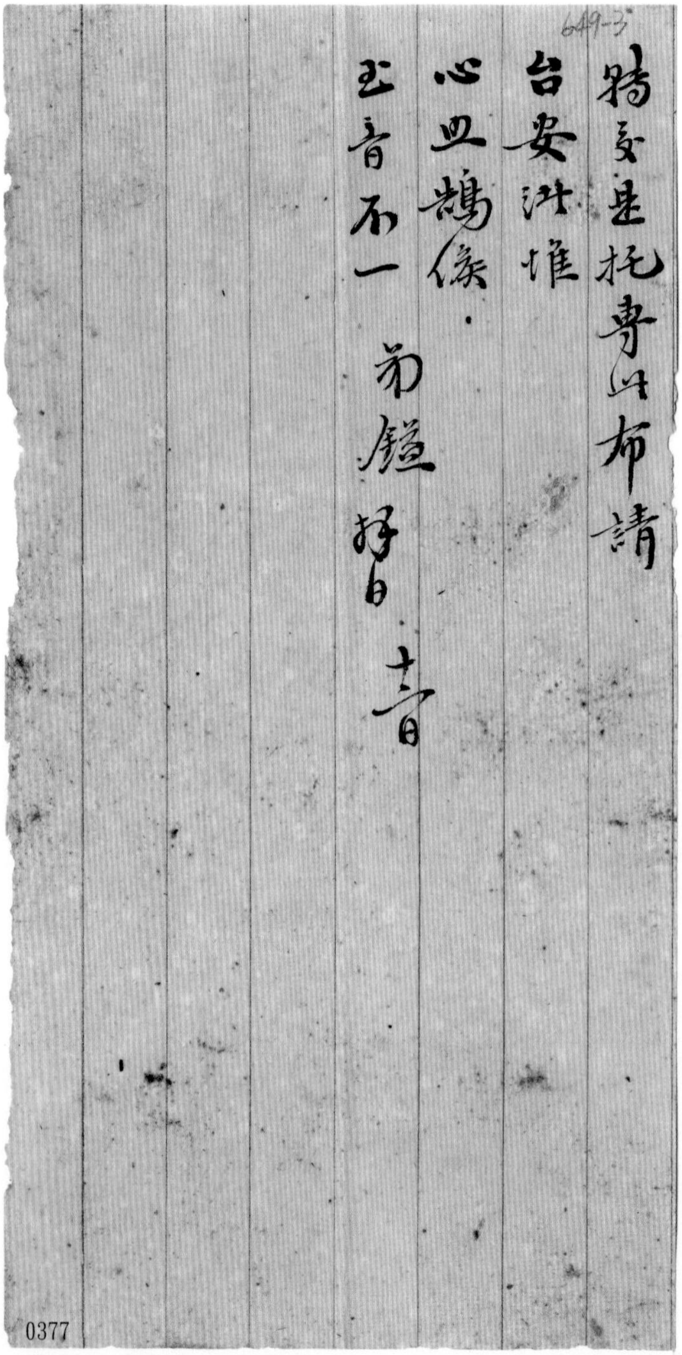

649-3

特差走托，專此布請
台安，并惟
心照，鵠候
玉音。不一。 弟鎰 拜白 十二日

0377

轉交是托。專此。布請
台安。諸惟
心照。鵠候
玉音。不一。

弟鎰拜白　十二日

（六）萬鎰發信

69．十二月初九萬鎰信函

壹…
夫人…五先生
用不得了…趕…
百兩故已向臺…
務峯時將…
有當…
裁奪…章…
以及…
…數百兩…可…文…要
訓示…行前呈…字式樣如…事需…
電示以便…辦…前商之如…取送去
妙再行斟酌肅此恭請…續…
崇安 萬鎰謹肅 十二月初九…

0392

壹……

□千五百兩……

夫人□□五先生……

用，不淂不赶……

百両，故已向臺邑……

霧峯時將……

有當，乞……

裁奪章欵…………

以及……

□□数百両，印領□可□□□要□□疑之用……

訓示遵行。前呈牌字式様如喜事需用……

電示，以便赶辦。□前商之如松両□取送去……

妙再行斟酌，肅泐，恭請□□陸續……

崇安。

萬鎰謹肅 十二月初九日

（七）陳鴻英發信〈信函內容簡介〉

陳鴻英，棟軍重要文書幕僚，曾列名光緒十七年（一八九一）護理福建臺灣巡撫沈應奎提報吏部之清賦全功告竣之人員名單，以「五品頂戴文童陳鴻英請以從九品，不論單雙月，儘先前選用」，取得江蘇候補縣丞身分。[288]乙未後，於上海任官發展，[289]曾供職滬南製造局。[290]本冊共收錄九件陳鴻英所發信函，對象主要為林拱辰，與王泰嵩、劉以專等人，時間大約落在光緒十八年（一八九二）左右。

從陳鴻英往來文書內容來看，其職司造報棟軍各營餉費，負責登帳、報銷、挪付等事。另由本冊收錄之文書可見，陳鴻英另一身分為林家賬房，曾經手林朝棟與臺灣縣知縣黃承乙、雲林縣知縣謝壽昌往來銀項與借款、與公泰洋行借貸及撥付公私各方款項。

文書中透露出林家所收之樟腦，當時未必全數交給公泰，部分樟腦已自行向香港發售，編號七一文書中林拱辰曾囑陳鴻英向瑞記洋行詢問香港腦價，並且探詢「我處雲、集腦，係二月間起運，至今曾否到港」。此外陳鴻英常受林拱辰之託，委購各種物品，如衣帽、洋麵粉、紙料、天燈、《通鑑》、佛手柑、布袋、打靶鐵板。比較特別的是，陳鴻英似與臺灣布政使唐景崧有所往來，林拱辰還特別交代備辦贈唐的禮物。編號七三文書更能表現兩人關係，該信為陳鴻英致林拱辰、王泰嵩書函，信末特囑兩人「閱後祈即付丙」，燒燬該信。原因在於，唐景崧向陳鴻英先行透露巡撫邵友濂對霧峰林家包辦之鐵路枕木，「隻船無到」，導致臺北鐵路停工，十分不以為然，將有「委員到地密查，并察究各處情形」，陳鴻英於是將此消息趕忙通知葛竹軒，由葛再知會包辦枕木之楊淵卿、陳澄波等人妥為準備，應付上級稽核。

288 〈臺灣保案〉，《申報》，一八九一年十一月十六日，版三；〈基滬觀潮〉，《申報》，一八九二年十二月十九日，版二。

289 〈上海官事〉，《申報》，一九〇六年十月二十日，版一七。

290 〈委員驗收機件〉，《申報》，一九〇五年八月二十日，版九。

（七）陳鴻英發信

70．三月初五日陳鴻英致林拱辰信函(1)

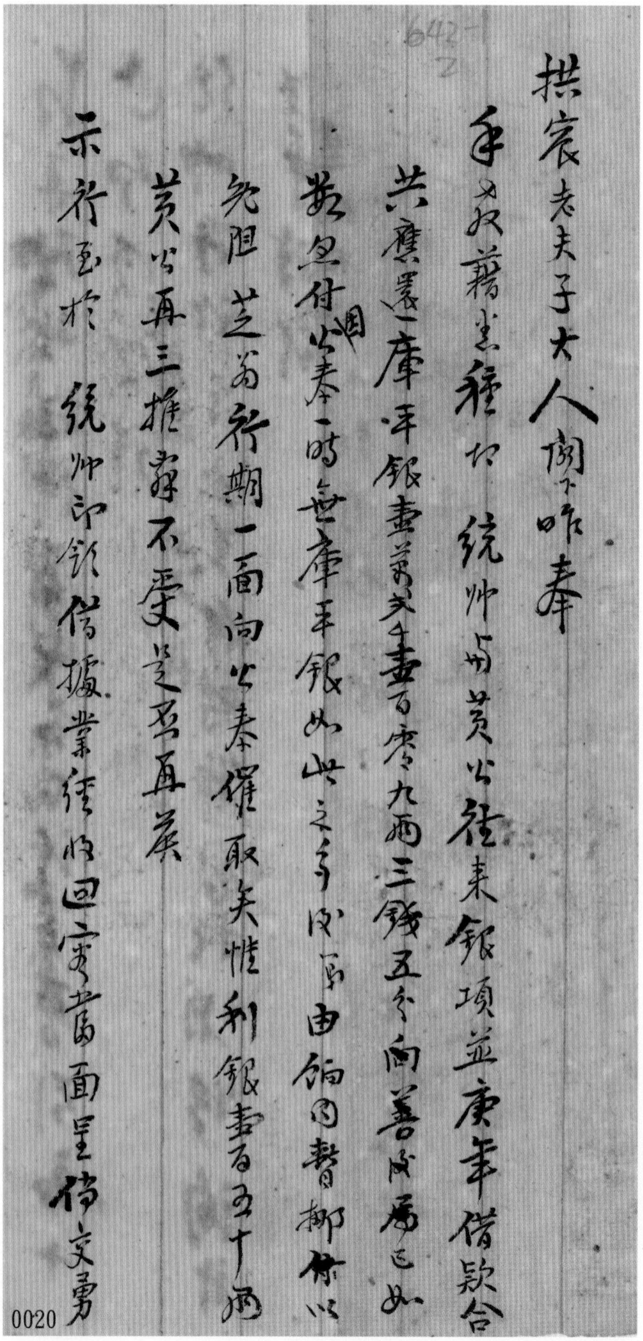

拱宸老夫子大人閣下昨奉
手教藉悉種切 統帥與英公往來銀項並庚年借款合
共應還庫平銀壹萬弍千壹百零九兩三錢五分向善成房已如
數交付 因公奉一時無庫平銀如此之多所由餉局暫挪作以
免阻 芝翁行期一面向公奉催取矣惟利銀壹百五十兩
英公再三推辭不受是否再候
示行至於 統帥印領借據業經收回實當面呈 侍文勇

0020

拱宸老夫子大人閣下：昨奉

手教，藉悉種切，統帥与黃公[291]往來銀項並庚年[292]借欵，合

共應還庫平銀壹萬弍千壹百零九兩三錢五分，已如

数照付。因公泰一时無庫平銀如此之多，後弟由餉內暫挪，以

免阻芝翁[293]行期，一面向公泰催取矣。惟利銀壹百五十兩，

黃公再三推辭不受，是否再候

示行。至於統帥印領借據，業經收回，容當面呈。倘交勇

291 黃公：指臺灣縣知縣黃承乙，號芝生，浙江餘姚人，光緒十四年至十八年間任臺灣縣知縣。

292 庚年：庚寅年，光緒十六年（一八九〇）。

293 芝翁：黃承乙。

（七）陳鴻英發信

70・三月初五日陳鴻英致林拱辰信函(2)

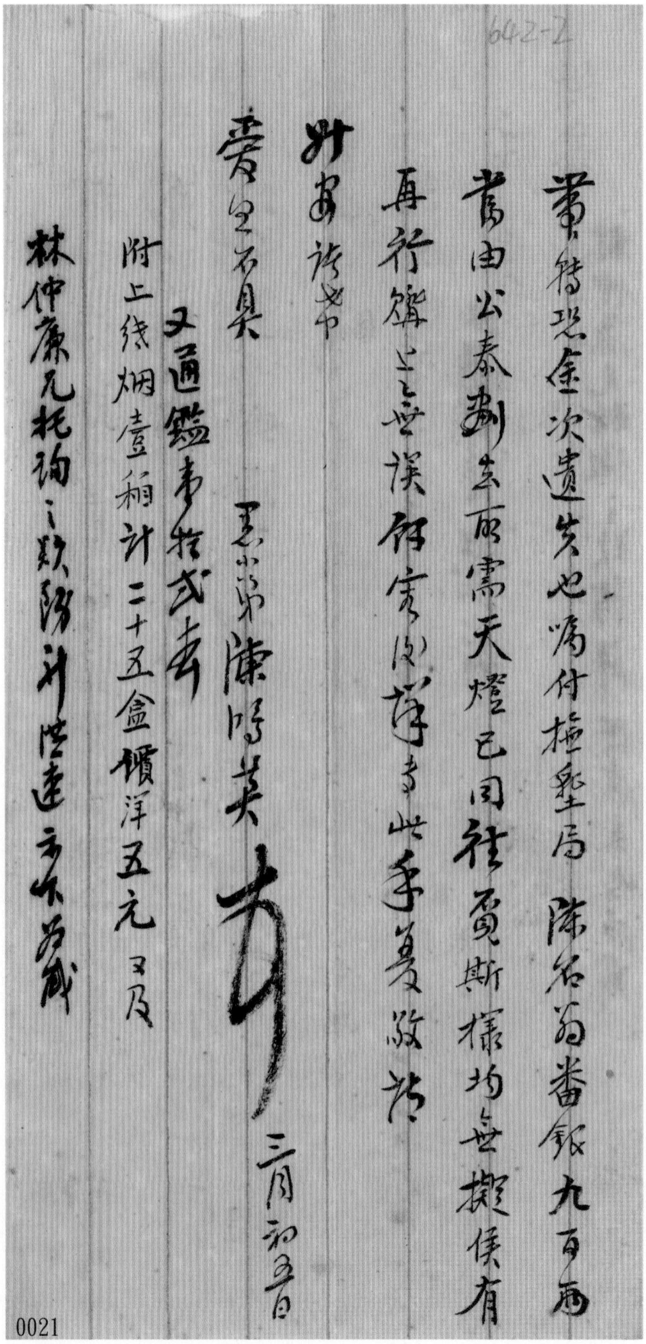
前情悉。今次遺失也，為付撫墾局陳哲翁番銀九百兩者，由公泰劃去。所需天燈已同往覓，斯樣均無擬，俟有再行辦之。無誤。餘容後詳。專此手復，敬請
升安
愛呈不具
愚小弟陳鴻英頓 三月初五日
又通鑑參拾弍本
附上線烟壹箱，計二十五盒，價洋五元。又及
林仲廉兄托詢之款，階升諳達方示為感

帶轉，恐途次遺失也。囑付撫墾局陳石翁[294]嵛銀九百両，
當由公泰劃去。所需天燈已同往覓，斯樣均無，擬侯〔候〕有
再行購上無誤。餘容後詳，專此手复。敬請
升安。諸希
愛照。不具。

愚小弟陳鴻英頓　三月初五日

又《通鑑》壹拾弍本

附上紙烟壹箱，計二十五盒，價洋五元，又及。

林仲廉兄托詢之欵，務祈從速示下爲感。

294 陳石翁：推測為陳石齋，即陳長慶。

（七）陳鴻英發信

71・三月十六夕四鼓陳鴻英致林拱辰信函(1)

拱辰老夫子大人史席月之十五六兩日連奉
數緘詳聆種切並將首飾措出法平兩匙
示胡君帶[illegible]節上又佛手柑一大包紙鏢十
八[illegible]十洋[illegible]元又[illegible]十六担布袋三
十二[illegible]一併
查[illegible]
囑所送唐府伯禮物[illegible]一項無[illegible]好
雖不能現是以將竹兄代買之本地土茯苓

0039

拱辰老夫子大人史席：月之十五、六両日連奉
数槭，謹聆種切。遵將二月餉撥出陆仟両，點
交胡玉堂[295]兄帶上。又佛手柑一大包、紙煤[296]十
八只，計洋壹元，又菓簍十六担、布袋三
十二脚，到望一併
查收示覆。
囑辦送　唐方伯[297]礼物，惟燕窩一項無畧好，
殊不堪观，是以將　竹兄代買之本地土茯苓

295 胡玉堂：人名，生平不詳，文書中見其常為陳鴻英傳遞文書等事。
296 紙煤：以火紙捻製的細管狀物，可用來點火，類似今日之火種。
297 唐方伯：明清稱布政使為方伯。此指當時的臺灣布政使唐景崧。唐氏字維卿，廣西灌陽人。一八六五年進士。一八八二年法越事起，自請助劉永福與法戰。清越戰爭，清軍未敗，朝廷卻下旨罷戰，令唐離越。一八八七年任福建臺灣道，一八九一年遷臺灣布政使，一八九四年為臺灣巡撫。參見許雪姬總策劃，《臺灣歷史辭典》（臺北：行政院文化建設委員會，二○○四年），頁六二八。

（七）陳鴻英發信

71・三月十六夕四鼓陳鴻英致林拱辰信函(2)

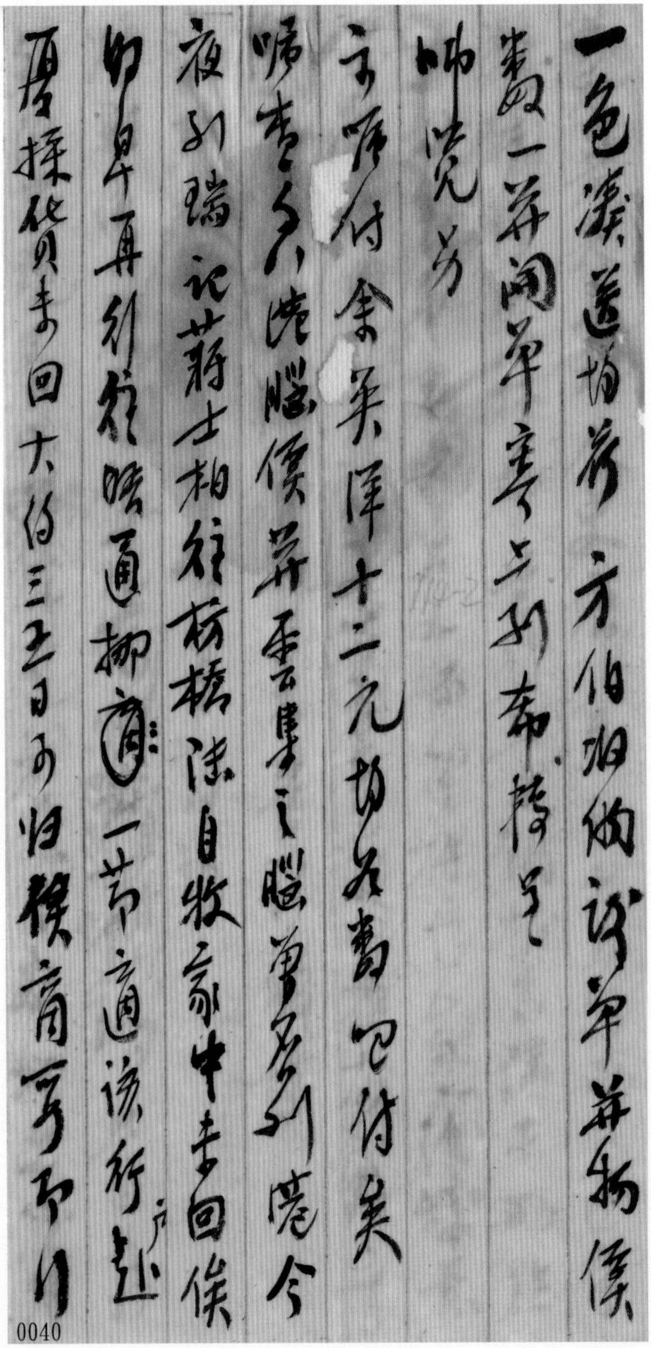

一色湊送，均荷　方伯收納。謝单并物價
数一并開单寄上，到希轉呈
帥覽。另
示嘱付余英洋十二元，均如数照付矣。
嘱查香港腦價并雲、集之腦曽否到港，今
夜到瑞記[298]，蔣士栢[299]往枋橋[300]陆自牧家中未回，俟
明早再行往晤。通挪一節，適該行戶赴
厦採貨未回，大約三、五日可归，俟商妥即行

298 瑞記：瑞記洋行。
299 蔣士栢：瑞記洋行買辦。
300 枋橋：板橋。

（七）陳鴻英發信

71・三月十六夕四鼓陳鴻英致林拱辰信函(3)

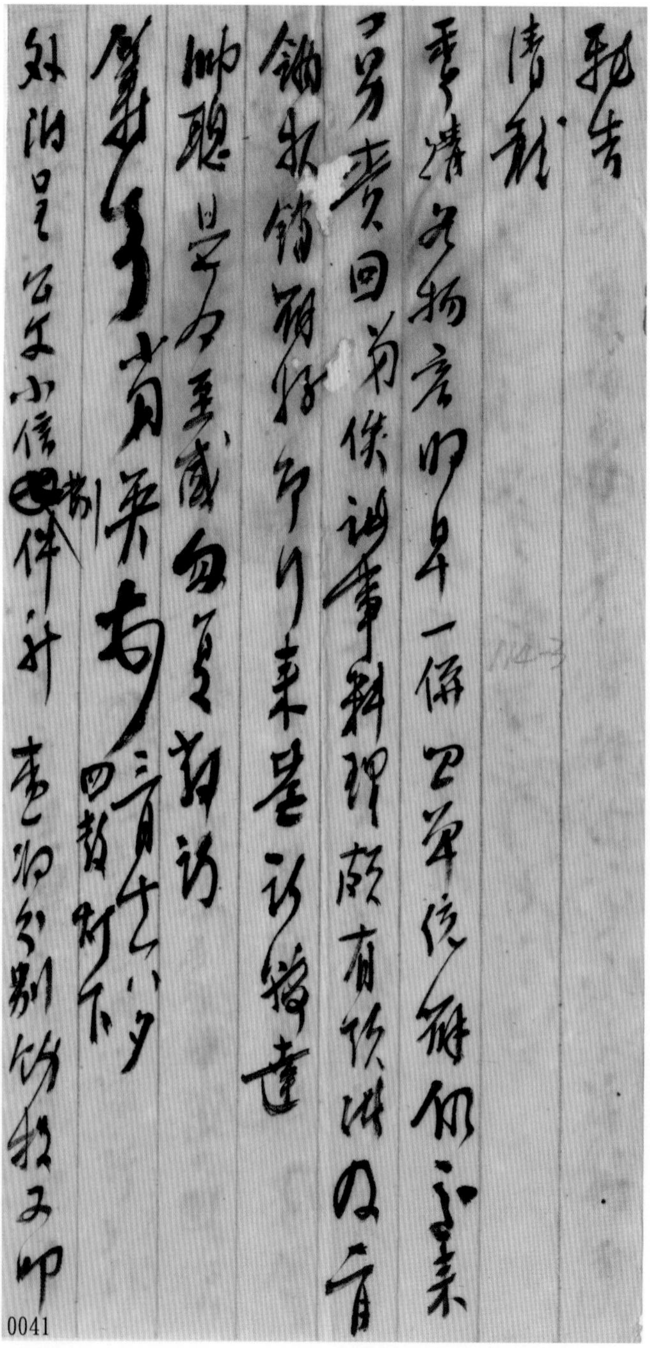

飛告
清聽。
委購各物，容明早一併照单統辦，仍交來
勇賫回。弟俟諸事料理頗有頭緒，及二月
餉报銷辦好，即行來營，祈轉達
帥聰，是爲至感。匆复，敬請
籌安。　　小弟英[301]頓　　三月十六夕四鼓灯下
外附呈公文小信捌件，祈　查收，分別飭投，又叩。

301 英：陳鴻英。

（七）陳鴻英發信

72．三月十七夕陳鴻英致林拱辰信函(1)

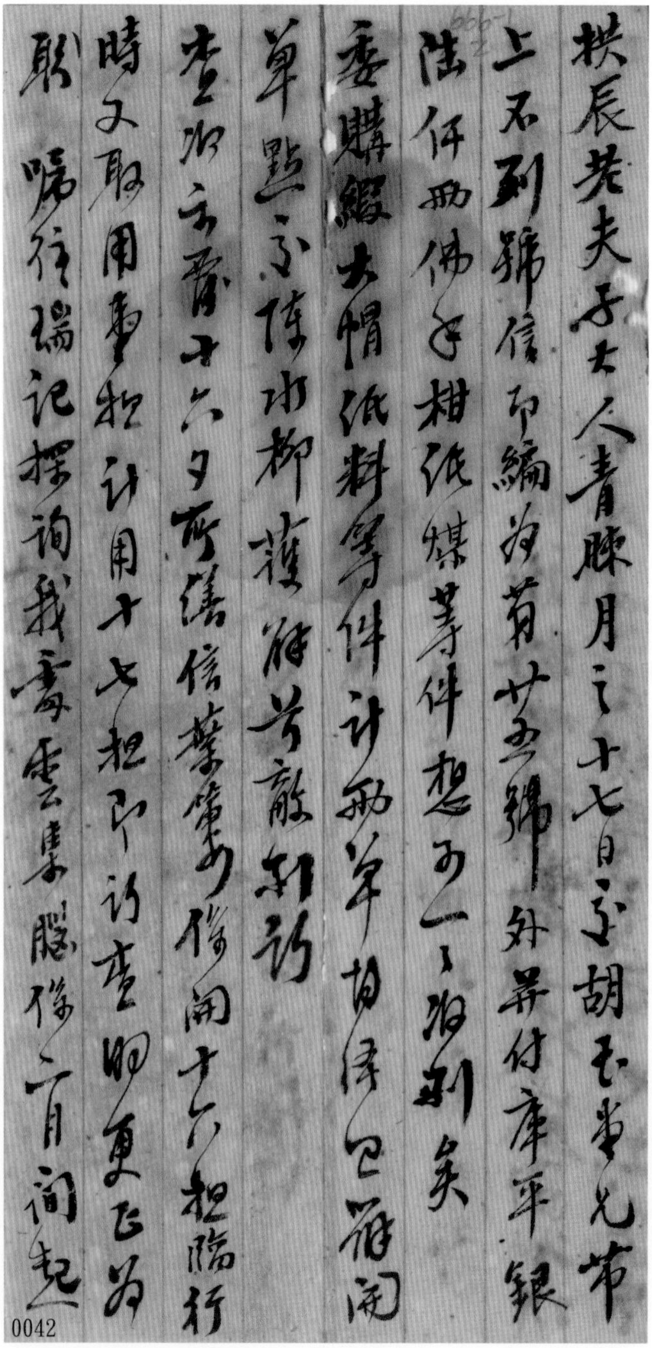

拱辰老夫子大人青睞月之十七日承胡玉堂兄帶
上石到錦信即編號前廿五號外并付庫平銀
陸佰兩併乎柑紙襍等件想可一一照料矣
委購緞大帽紙料等件計兩單均俟包箱開
單點交陳水柳護解昇龍新訂
查收六齋十六夕所繕信箋業已付開十六担臨行
時交取用事和計用十七担即行查明再飛函
聯陽往瑞記探詢我處雲集腦傍之百詢起

0042

拱辰老夫子大人青睞：月之十七日交胡玉堂兄帶上不列號信，即編為第廿五號，外并付庫平銀陸仟兩、佛手柑、紙煤等件，想可一一收到矣。委購緞大帽、紙料等件，計兩单，均経照辦，開单點交陳水柳護觧前敵，到祈查收示覆。十六夕所繕信，葉簍係開十六担，臨行時又取用壹担，計用十七担，即祈查明更正為盼。囑往瑞記探詢我處雲、集腦係二月間起

（七）陳鴻英發信

72・三月十七夕陳鴻英致林拱辰信函(2)

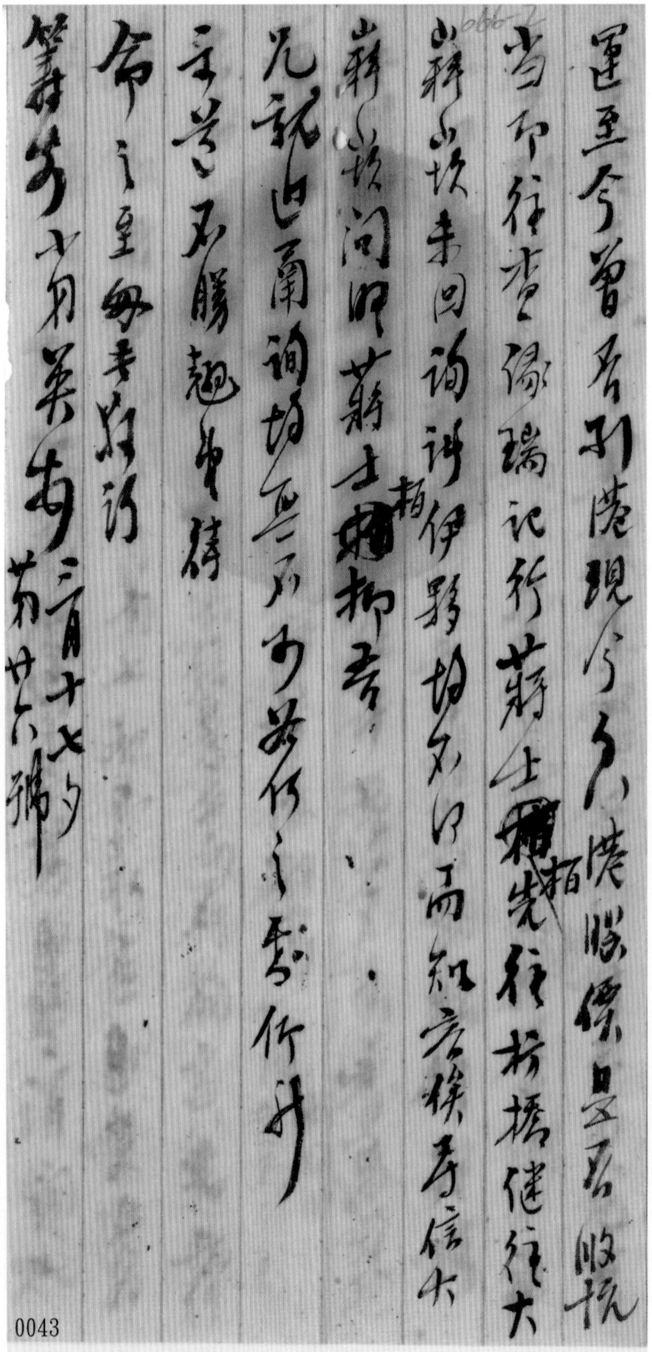

運，至今曾否到港。現今香港腦價是否39元，
当即往查。緣瑞記行蔣士栢先往枋橋、継往大
嵙崁[302]未回，詢諸伊夥均不得而知，容俟專信大
嵙崁問明蔣士栢，抑吾
兄就近函詢，均無不可。如何之處，仰祈
示遵，不勝翹望，待
命之至。匆此。敬祈
籌安　　小弟英頓　三月十七夕
第廿六號

302 大嵙崁：今桃園縣大溪鎮大溪，屬大嵙崁街。

（七）陳鴻英發信

73．八月廿四夕陳鴻英致林拱辰、王泰嵩信函(1)

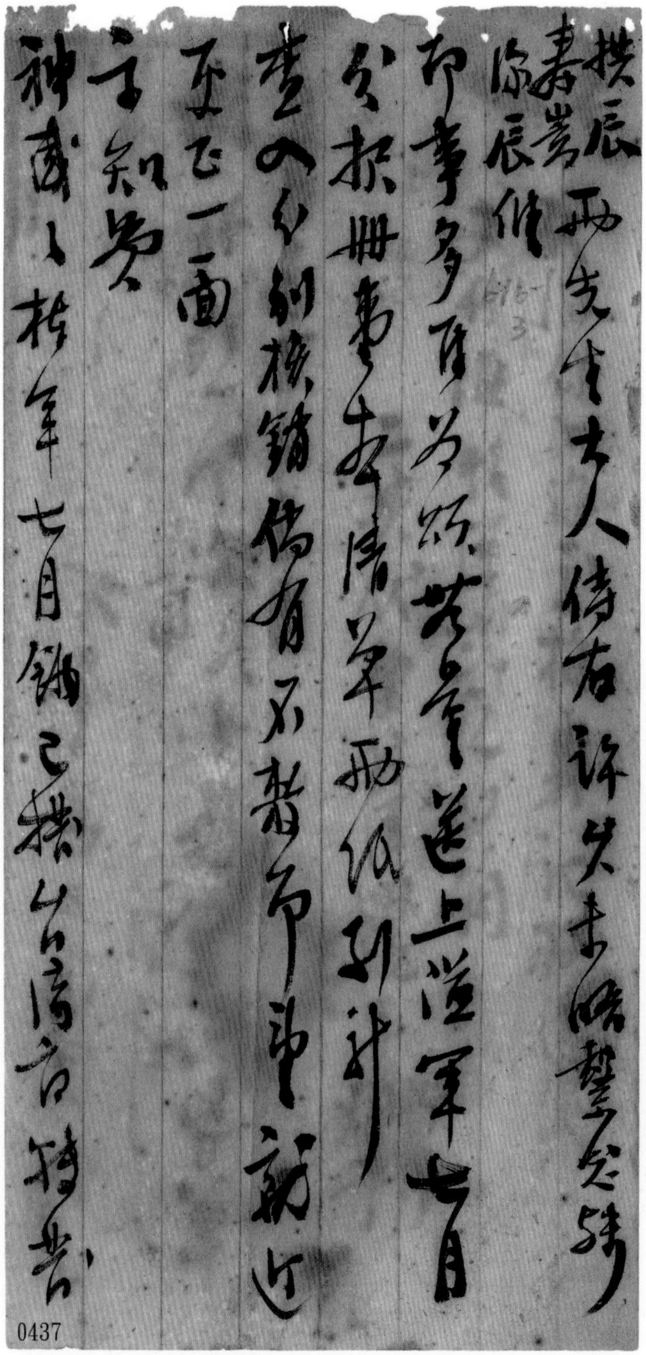

拱辰
泰嵩兩先生大人侍右：許久未晤，繫念殊
深，辰惟
即事多佳，爲頌無量。送上隘軍七月
分報冊壹本、清单兩紙，到祈
查入，分別核銷。倘有不敷，即望就近
更正，一面
示知，費
神感感。棟軍七月餉已撥台灣府轉發

（七）陳鴻英發信

73・八月廿四夕陳鴻英致林拱辰、王泰嵩信函(2)

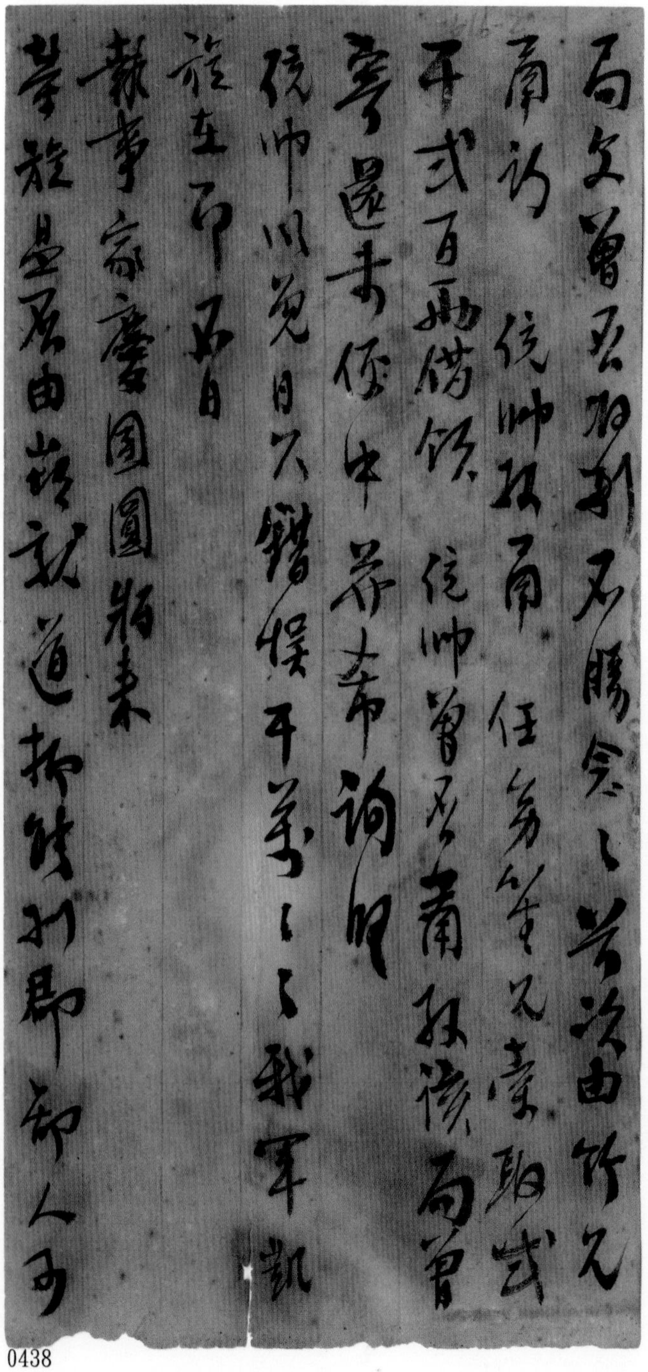

0438

局文曾否收到，不勝念念。前次由竹兄
函祈　統帥致函　任幼笙[303]兄，索取弍
千弍百兩借領，　統帥曾否函致，該局曾
寄還未。便中并希詢明
統帥，以免日久錯悞，千萬千萬。我軍凱
旋在即，不日
執事家慶團圓，將來
榮旋，是否由崁就道，抑能到郡，鄙人可

303 任幼笙：又作任幼生，光緒十九年五月二十七日至六月一日間，曾與臺東直隸州知州胡傳有書信往來，參見胡傳，《臺灣日記與稟啟》，頁一五〇。

（七）陳鴻英發信

73．八月廿四夕陳鴻英致林拱辰、王泰嵩信函(3)

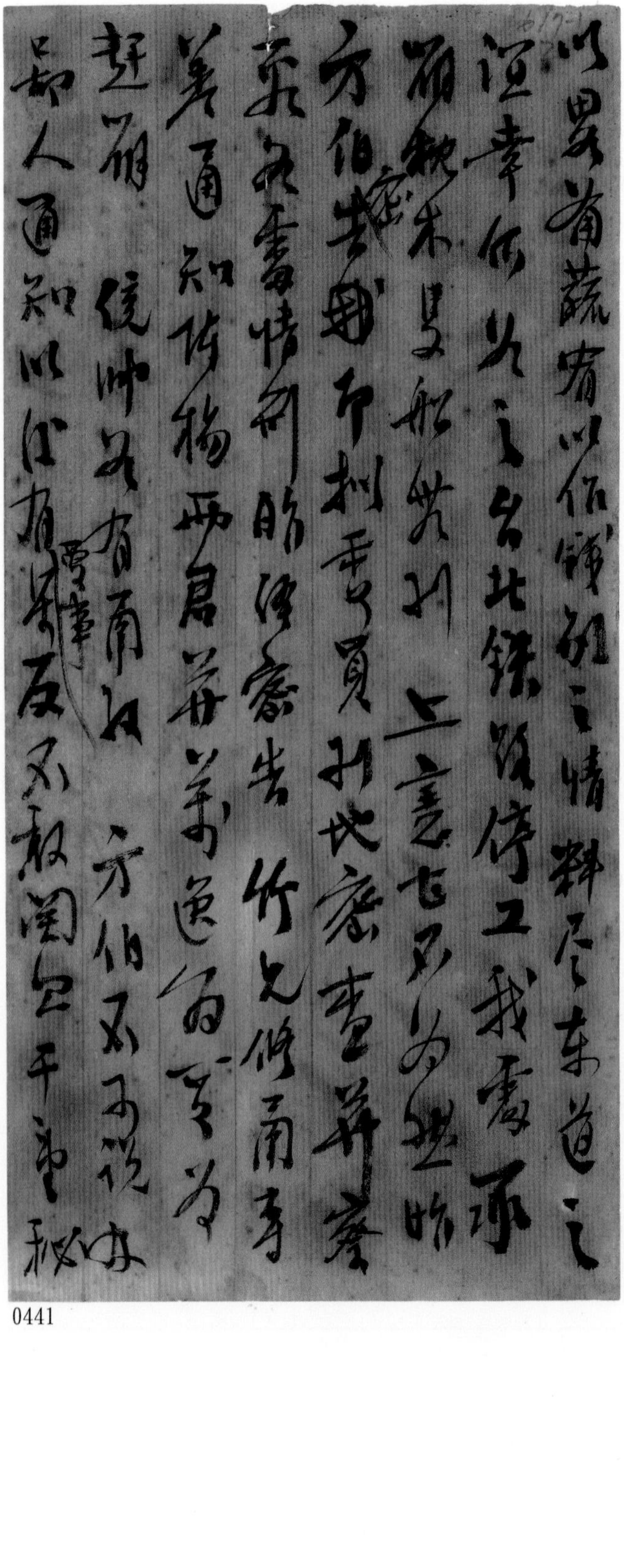

0441

以署備蔬宥〔肴〕，以作餞別之情，料尽東道之
誼，幸何如之。台北鉄路停工，我處承
辦枕木，隻船無到， 上憲[304]甚不爲然，昨
方伯[305]密告，即擬委員到地密查，并察
究各處情形。昨経密告 竹兄修函專
差通知陳[306]、楊[307]兩君并萬逸翁妥爲
赶辦。 統帥如有函致 方伯，不可説及
鄙人通知，以後有要事，渠反不敢關照，千望秘

304 上憲：指臺灣巡撫邵友濂。
305 方伯：布政使，此時為唐景崧。
306 陳：陳汝舟，即陳澄波。
307 楊：楊淵卿。

（七）陳鴻英發信

73．八月廿四夕陳鴻英致林拱辰、王泰嵩信函(4)

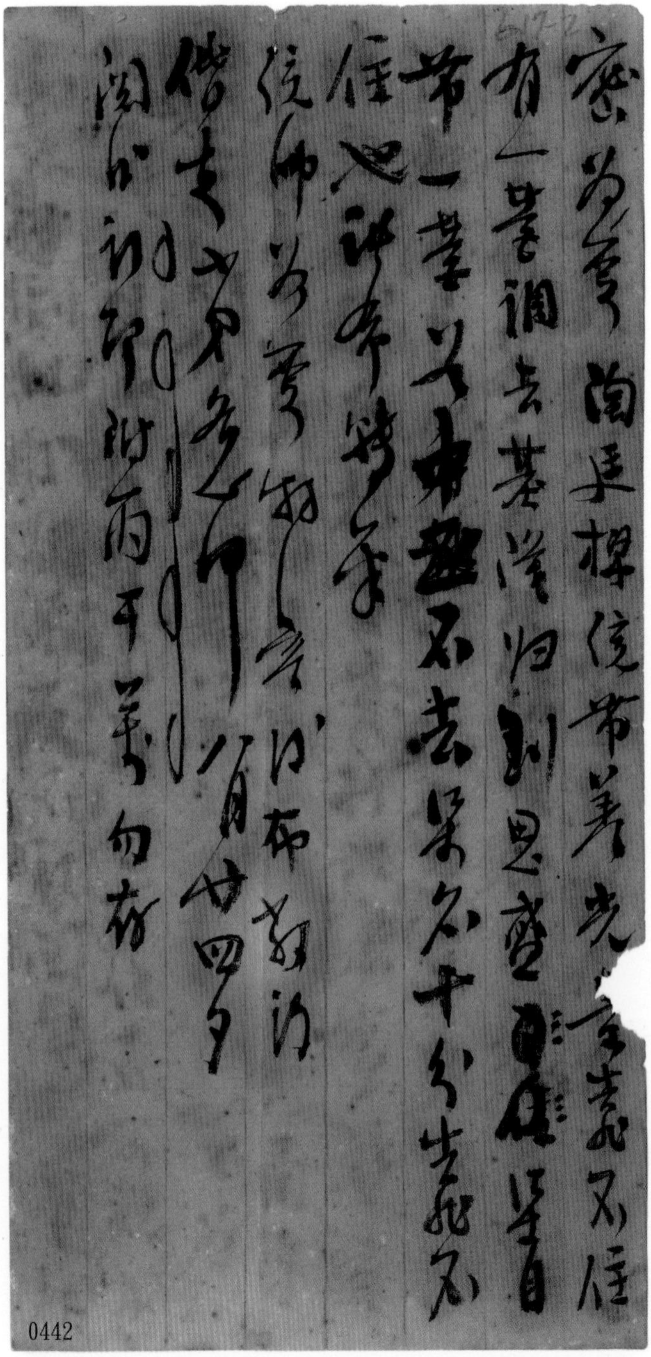

密爲要。陶廷樑[308]統帶差，光暈靠不住，有一营調去基隆，归刘思盛，渠自帶一营。如中丞[309]不去，渠亦十分靠不住也。諸希轉稟

統帥爲要，餘容後布。敬請

偕安。 小弟名心[310]叩 八月廿四夕

閱後祈即附丙[311]，千萬勿存。

---

308 陶廷樑：劉銘傳開山撫番期間為春字營副營營官，負責駐守中路。光緒十二年劉銘傳至罩蘭（卓蘭）督軍時，以臨陣不力參奏革職。參見劉銘傳，《劉壯肅公奏議》（文叢第二七種），頁四四二。另據霧峰林家文書未刊之原編號一七五，似即接統大嵙崁駐軍的陶必香。

309 中丞：巡撫，此時為邵友濂。

310 名心：就字跡判斷應為陳鴻英。

311 附丙：燒毀。指信函閱讀後需銷毀以免外洩。

（七）陳鴻英發信

74・十二月十六夕陳鴻英致林拱辰信函(1)

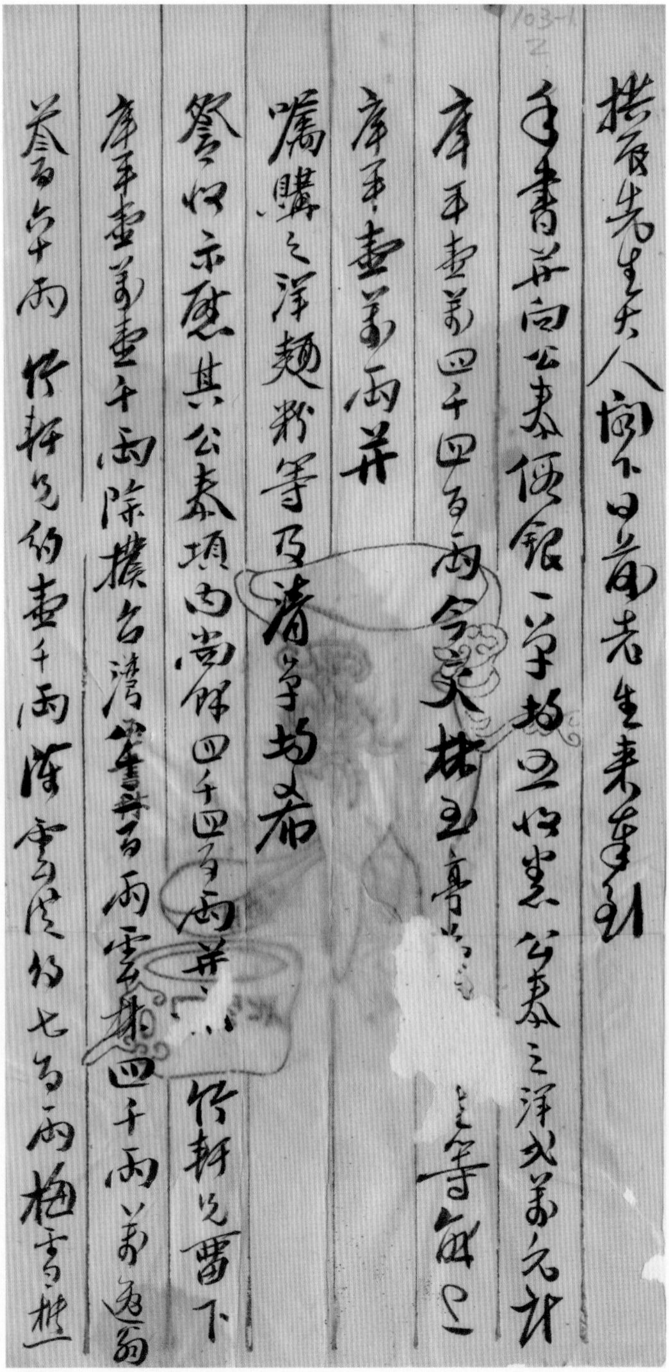

0067

拱辰先生大人閣下：日前老生來，奉
手書并向公泰假銀一单，均照收悉。公泰之洋弍萬元，計
庫平壹萬四千四百両，今交林玉亭□□□□等觧上
庫平壹萬両，并
囑購之洋麵粉等及清单，均希
詧收示慰。其公泰項內尚餘四千四百両，并□　竹軒兄留下
庫平壹萬壹千両，除撥台灣八千三百両、雲林四千両、萬逸翁
叁百六十両、竹軒兄約壹千両、陳雲從約七百両、梅雪樵

（七）陳鴻英發信

74・十二月十六夕陳鴻英致林拱辰信函(2)

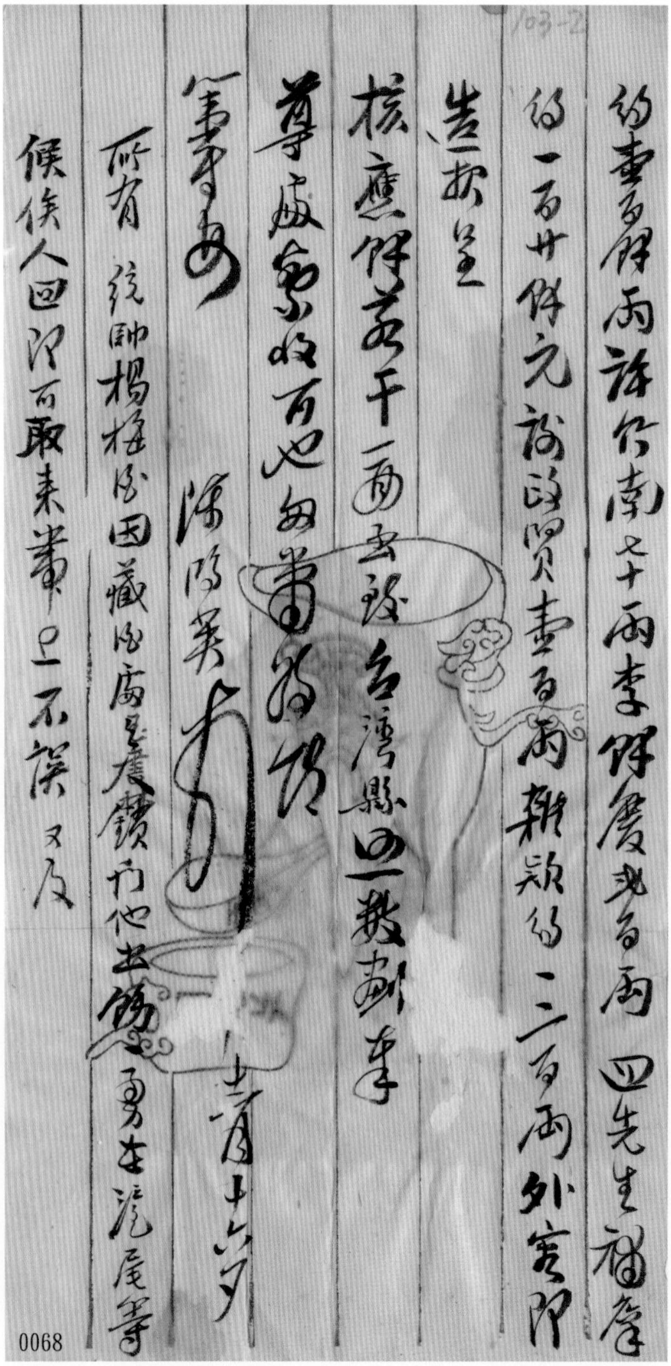
約壹百伍兩 許作南七十兩 李伍慶弍百兩 四先生福彥
約一百廿伍元 該號買壹百兩 額款約二三百兩 外賓即
告於呈
林應伍英千一兩未設 台灣縣四數對本
尊處兌收可也 如有銷路
筆示為要 陳鴻英 十二月十六夕
所有 統帥楊校因藏於廣遠鑽可也 其餘勇去泥尾等
候侯人回汀可取來兼之不誤 又及
0068

約壹百餘両、許竹南[312]七十両、李餘慶弍百両、　四先生補廩[313]
約一百廿餘元、謝政賢壹百両、雜欵約一、二百両外，容即
造报呈
核。應餘若干，一面函致台灣縣照数劃奉
尊處察收可也。匆肅。敬請
籌安。

陳鴻英頓　十二月十六夕

所有　統帥楊梅酒因藏酒處之人鎖門他出，飭一勇在滬尾等
候，俟人回即可取來帶上不誤。又及。

---

312 許竹南：人名，疑為徐竹南，辦理罩蘭撫墾局的相關業務，參見霧峰林家文書未刊之原編號八五。

313 補廩：明清科舉制度，生員經歲、科兩試成績優秀者，增生可依次升廩生，謂之「補廩」。

（七）陳鴻英發信

75．四月初五日陳鴻英致林拱辰、劉以專信函(1)

360-2

拱辰
以專 先生大人閣下：頃奉
手教敬悉。弟廠上年十二月分辦公經費卅兩，曾撥十四元，
並無短报一節，但弟此款向不入冊，另列單內未叙，省經
說再呈
细查示复。諭謝局廠借領已向索回抹銷，附請
察收。陳雲從樟料向伐木廠查明，截至本年月初三日止，已
繳垂千五百八十二件，尚欠四百零九件尚未繳也。（今年樟木共收一萬六千八百五十七根）兼逸局六
目前統帥函囑求趕鐵板，業已囑成十副，緣未備文

0044

拱辰
以專先生大人閣下：頃奉
手教敬悉。弟處上年十一、二月分辦公經費冊內，曾報十四元
並無短報一節，但弟此欵向不入冊，另列单內，未知可有纏
訛，再望
細查示复。謝澍翁[314]處借領已向索回抹銷，附請
察收。陳雲從橋料向伐木廠查明，截至本日初三日止，已
繳壹千五百八十一件，尚欠四百零九件尚未繳也，今年枕木共收一萬六千八百五十七根。萬
逸翁云
目前　統帥函製打靶鉄板業已製成十副，緣未備文

314 謝澍翁：雲林知縣謝壽昌。

（七）陳鴻英發信

75・四月初五日陳鴻英致林拱辰、劉以專信函(2)

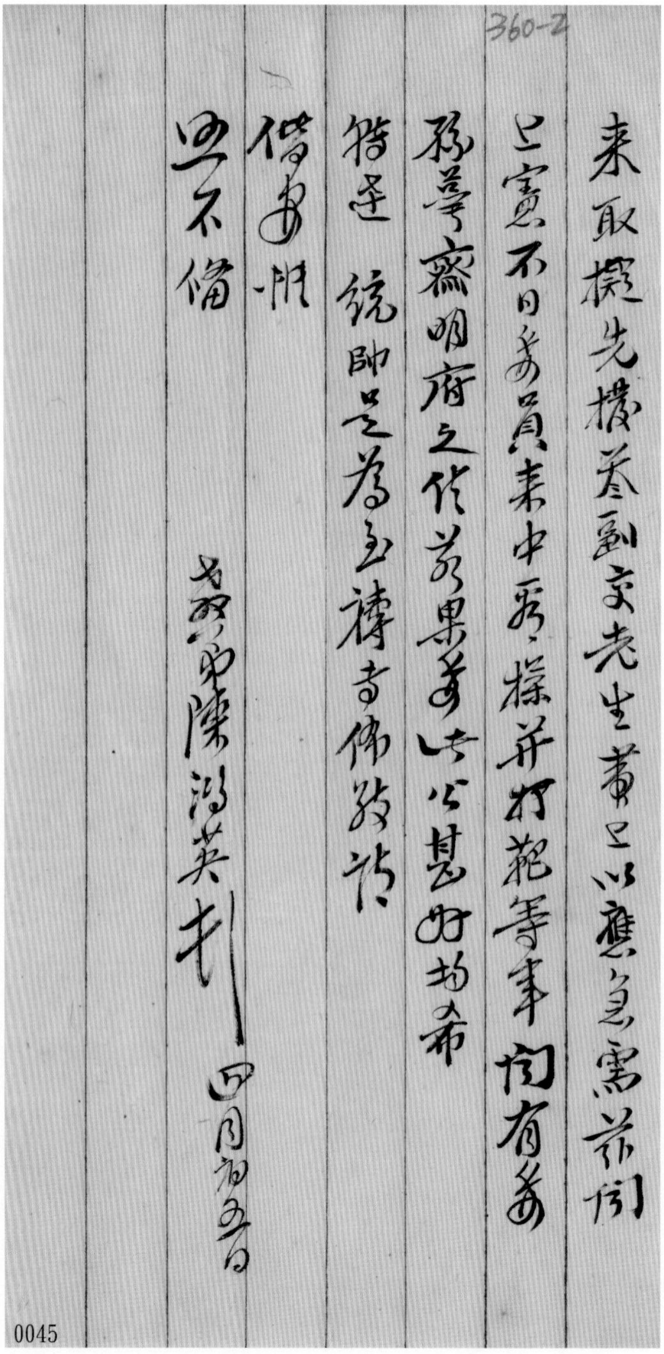

360-2

來取擬先撥叁圓交老生帶巳以應急需茲因
巳寔不日委員來中灶、操并打靶等事聞有委
孫葉齋明府之作若果事屬公甚好均希
轉達 統帥是荷至禱专佈敬請
偕安 惟
照不備
愚弟陳鴻英札 四月初五日

0045

來取，擬先撥叁副交老生帶上，以應急需。茲聞
上憲[315]不日委員來中看探并打靶等事，聞有委
孫蕁齋明府之信，若果委此公甚好，均希
轉達 統帥，是爲至禱，專佈。敬請
偕安，惟
照不備。

教弟陳鴻英頓 四月初五日

315 上憲：指臺灣巡撫邵友濂。

（八）林良鳳發信〈信函內容簡介〉

林良鳳（?—一九一四），由光緒十四年中路罩蘭等處撫墾委員梁成柟所呈送之勘丈墾地發給墾單中可知，當時林良鳳為「東勢角抽藤坑墾首」，所獲勘丈墾地，「東至桂竹壠崠為界，西至矮山仔坑為界，南至林鳳鳴墾地為界，北至大河為界」。[316]另由張麗俊為其所修作之誄文可知，林良鳳逝於大正三年（一九一四），粵籍人，「平生設腦藔、開糖廍」，「發跡於藔庄」，「振家聲於坑口」，晚年則於鐮山築三教堂，與其妻前往吃齋靜養，被時人譽為「三教之領袖」。[317]

所收由林良鳳發信的文書共九件，其中之一為信函封套，又由於林良鳳信函中常蓋有「振裕」之印記，推測為其商號，故亦將一件由振裕號所發之信收入。文書收信的對象皆為林拱辰，發信時間集中於光緒十八至十九年間（一八九二—一八九三）。

清末開山撫番後，光緒十四年（一八八八）設立東勢角撫墾局，三月東勢角人林良鳳即提出開墾沿山地區的申請，與劉龍登等人是當時東勢角地區的主要製腦者，在東勢角、水底寮地方製造樟腦，腦灶每份平均約可生產四、五十斤，交由霧峰林家設在東勢角的公館收購，再轉售予德商公泰洋行輸出香港等地。[318]據了解，林良鳳在抽藤坑的墾業，於光緒十八年（一八九二）八月，由合記號（即林合）付出七兑銀一千元收買，轉讓合記號經營。[319]其中原件可另由編號一光緒十八年一月二十九日梁成柟致林拱辰信函中略窺一二。梁成柟提及，抽藤坑自給墾後，「年復一年，仍無起色」，林良鳳（信中稱林鳳）「先推番事不靖，繼推砲櫃不力」，後則以「無官本可借為詞」，因此梁成柟建議將此墾改歸林合，「於公於私皆有裨益」。

所收的九件文書中，僅編號七六提到墾業，由所言「愚與鳳鳴抽收之事」可知，當時似與南界的頭汴坑墾户林鳳鳴發生爭收之事。其餘數件，則多論及腦務。由其所論及的內容，可稍稍勾勒出當時林良鳳等在地腦長與霧峰林家墾務負責人林拱辰間的關係。

（一）山費。山費係指給予原住民的經費，由信件所言「統計之山費三百元尚未繳完」，「只有山費三百元尚未抵扣」，可知當時係由霧峰林家提供山費，經由林良鳳等人交與原住民。

（二）腦本。林良鳳等人熬腦似可向官府、霧峰林家墊借腦本，如所言「前時所借栳本，一切扣清」，光緒十八年十月再向劉以專要求撥借一百兩，以及光緒十九年三月為加整腦藔，請腦工阿向親往向林拱辰借出二百兩等。

（三）防費。臺灣樟腦自光緒十七年（一八九一）起改由腦户自行買賣，按灶月收防費銀八角，[320]通常是起鍋首月免稅，翌月開始起徵。[321]防費的徵收是用來作為隘勇的經費，防費係每月底由各腦長彙收繳局。[322]由編號八二可知，當時林良鳳需往大湖繳防費給腦務總局的江威如，且防費對林良鳳等人而言，似乎是頗為沈重的負擔。

（四）協助管理腦丁。如編號八三提及，其腦腳陳大清因積欠三十餘元，而逃走下山，原欲請鄉長代為追討，然由於鄉長表明「欲請官押放」，林良鳳因此商請林拱辰飭勇追辦。

316 參見《淡新檔案》，編號一七三三九—一九。
317 參見張麗俊著，許雪姬等編纂．解讀，《水竹居主人日記（四）》（臺北：中央研究院近代史研究所，二〇〇一年），一九一四年七月三日、七月六日，頁六六—六八。
318 王世慶、陳漢光、王詩琅著，《霧峯林家之調查與研究》，頁二二。
319 王世慶、陳漢光、王詩琅著，《霧峯林家之調查與研究》，頁一九。
320 《光緒二十一年二月初七日京報全錄》，《申報》，一八九五年三月十九日，版一二。
321 臺灣總督府民政局殖產部，《臺灣產業調查錄》（臺北：臺灣總督府民政局殖產部，一八九六年），頁一五六。
322 臺灣總督府民政局殖產部，《臺灣產業調查錄》，頁一四六。

（八）林良鳳發信

76．九月初九日林良鳳致林拱辰信函

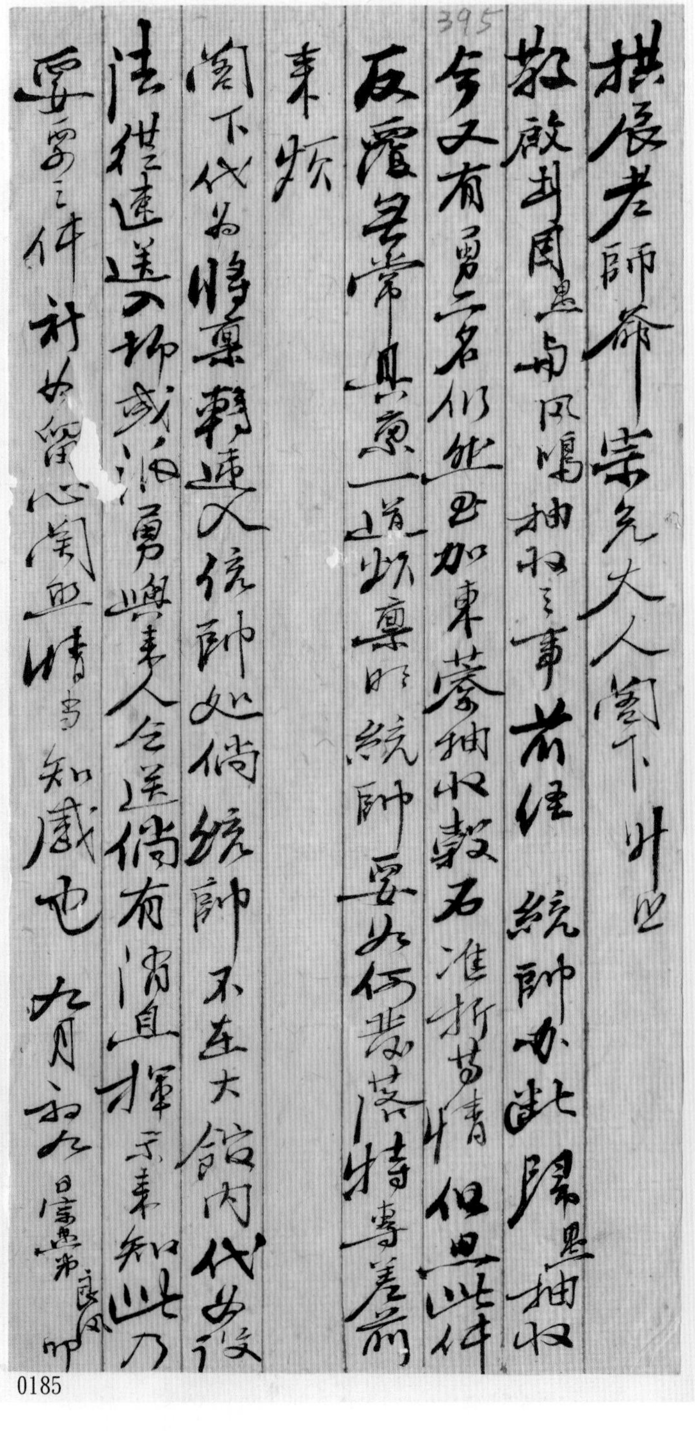

拱辰老師爺宗兄大人閣下升啟
敬啟者，因惠南風嶺抽收之事，前經統帥如此歸惠抽收，
今又有男二名仍然由加東蔘抽收穀石，准折當情，但無此件，
反覆無常，具禀一道，以禀明統帥，要如何發落，特專差前
來叩
閣下代為將禀轉遞，又統帥如倘統帥不在大館內，代為設
法借速送入撫墾局，或派勇與來人全送，倘有消息，揮示來知，此乃
要要之件，祈為留心閣照情，當知感也。
九月初九日 宗愚弟良鳳叩

0185

專差至大館呈
林老師爺甫拱辰升

0705

拱辰老師爺宗兄大人閣下升照：

敬啓者，因愚與鳳鳴[323]抽收之事，前経　統帥办断，歸愚抽收，今又有勇二名，仍然至加東蓁[324]抽收穀石准折等情。但思此件反覆無常，具稟一道欲稟明統帥要如何發落，特專差前來，煩

閣下代爲將稟轉逓入統帥処。倘統帥不在大館內，代爲設法，從速送入，抑或派勇與來人仝送。倘有消息，揮示來知，此乃要緊之件，祈爲留心關照，情当知感也。　九月初九日宗愚弟良鳳叩

---

323 鳳鳴：林鳳鳴，林五香之子。彰化縣太平莊人，光緒十四年請墾頭汴坑（今日臺中縣太平市山區）一帶，為頭汴坑墾戶。參見臺灣銀行經濟研究室編，《臺灣私法物權編》（文叢第一五〇種），頁二三九；《淡新檔案》，編號一七三三九—一九。

324 加東蓁：即「茄冬寮」，今臺中市新社區協成里茄苳寮，此處指茄苳寮溪（北坑溪上游）溪谷一帶。又，此處雖位於臺中市新社區，但舊屬藍興堡頭汴坑庄。

（八）林良鳳發信

77．壬拾月初貳林良鳳致林拱辰信函

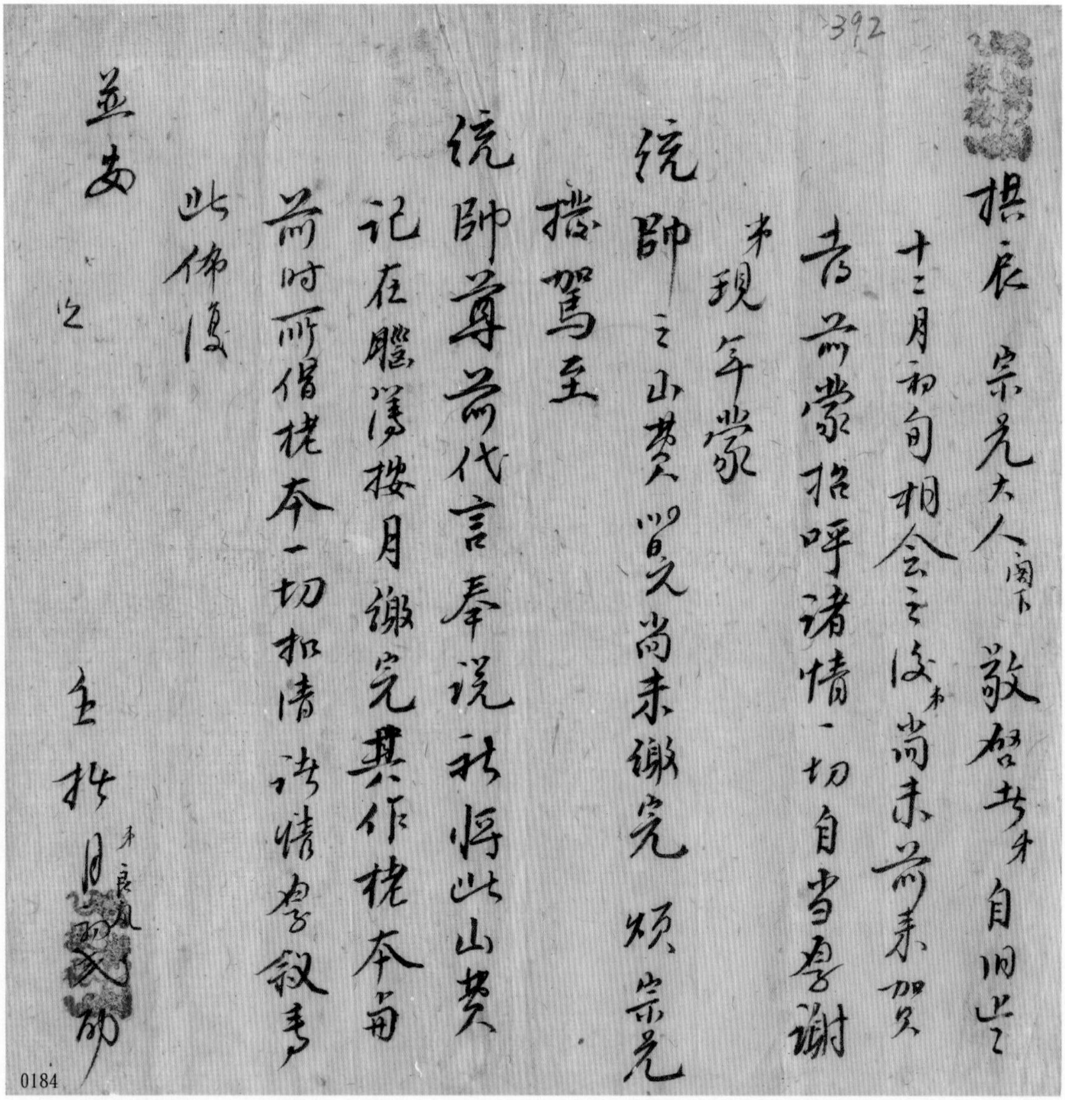
392

拱辰 宗兄大人 閣下 敬啓者 弟自旧臘

十二月初旬相會之後 弟尚未前來加賀

吉 前蒙招呼諸情一切自當拜謝

弟 現年蒙

統帥之山費 覺尚未繳完 煩宗兄

擡駕至

統帥尊前代言奉說 能將此山費

記在腦寮樓月繳完 其作樟本每

前時所借樟本一切拍清 請情拜叙矣

此佈復

並安 之

壬拾月初貳 弟良鳳 林良鳳 叩

0184

【印】[325]

拱辰 宗兄大人閣下：敬啓者，弟自旧㞢
十二月初旬相会之後，弟尚未前來賀
吉，前蒙招呼諸情，一切自当厚謝。
弟現年蒙
統帥之山費300元尚未繳完，煩 宗兄
撥駕至
統帥尊前代言奉說，祈將此山費
記在腦簿，按月繳完。其作栳本与
前时所借栳本，一切扣清，諸情厚敘。專
此。佈復。
並安。 照

弟良风 壬拾月初弍泐 【印】[326]

---

325 印記內文：「振裕」。
326 印記內文：「振裕」。

（八）林良鳳發信

78．壬十月廿林良鳳致林拱辰信函

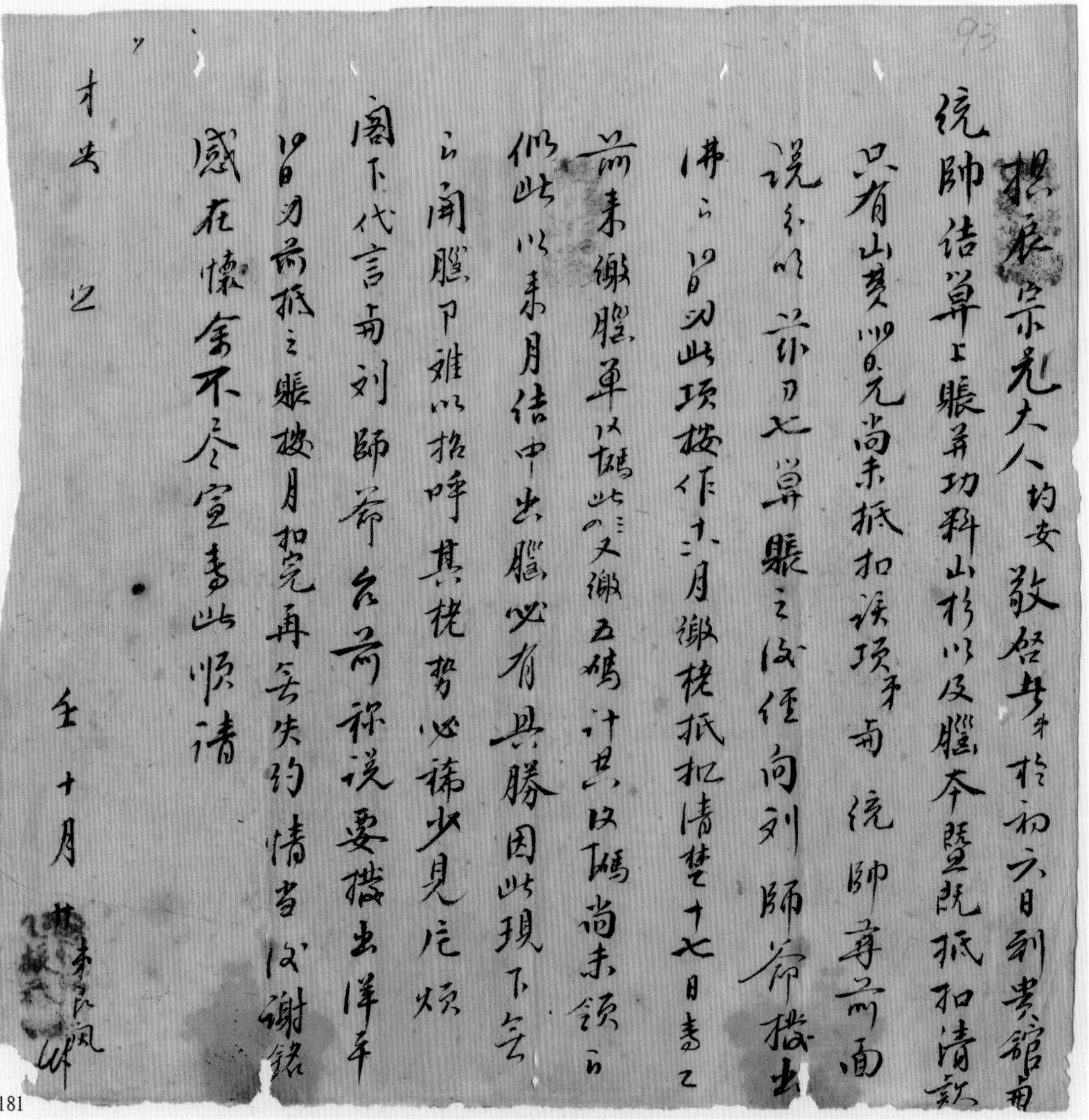
拱辰宗兄大人均安 敬啓者本於初六日到貴館甫
統師結算上賬并功料山杉以及腦本暨既抵扣清款
只有山費四百元尚未抵扣該項亦向 統師再前面
說亦明 前日七算賬之後經向刘師爺撥出
佛銀四百元此項撥作十二月徵稅抵扣清楚十七日來之
前來徵腦單以碼此三又徵五碼計共八碼尚未領銀
似此以來月結中出腦必有異勝因此現下無
銀開腦乃難以招呼其稅勢必稀少兄乞煩
閣下代言向刘師爺台前祈說要撥出洋銀
四百元前抵之賬按月扣完再無失約情當即謝銘
感在懷餘不多宣專此順請
財安 也
壬十月廿 林良鳳 條
0181

拱辰宗兄大人均安：敬啓者，弟於初六日到貴舘与
統帥結算上賬，并功料、山杉以及腦本暨既抵扣清欵，
只有山費300元尚未抵扣，該項弟与　統帥尊前面
說分明。茲初七算賬之後，經向刘師爺[327]撥出
佛艮100兩，此項按作十一、十二月繳栳抵扣清楚，十七日專工
前來繳腦单14碼，此三、四又繳五碼，計共19碼，尚未領艮。
似此以來月結中出腦，必有具勝〔剩〕。因此現下無
艮開，腦卩難以招呼，其栳势必稀少。見片煩
閣下代言，与刘師爺台前称說要撥出洋平
100兩，前抵之賬按月扣完，再無失約。情当後謝，銘
感在懷，余不尽宣，專此。順請
才安。

壬[328]十月廿　弟良凤頓

照

327 刘師爺：劉以專。
328 壬：壬辰年，光緒十八年（一八九二）。

（八）林良鳳發信

79．壬十二月廿二振裕號致林拱辰信函

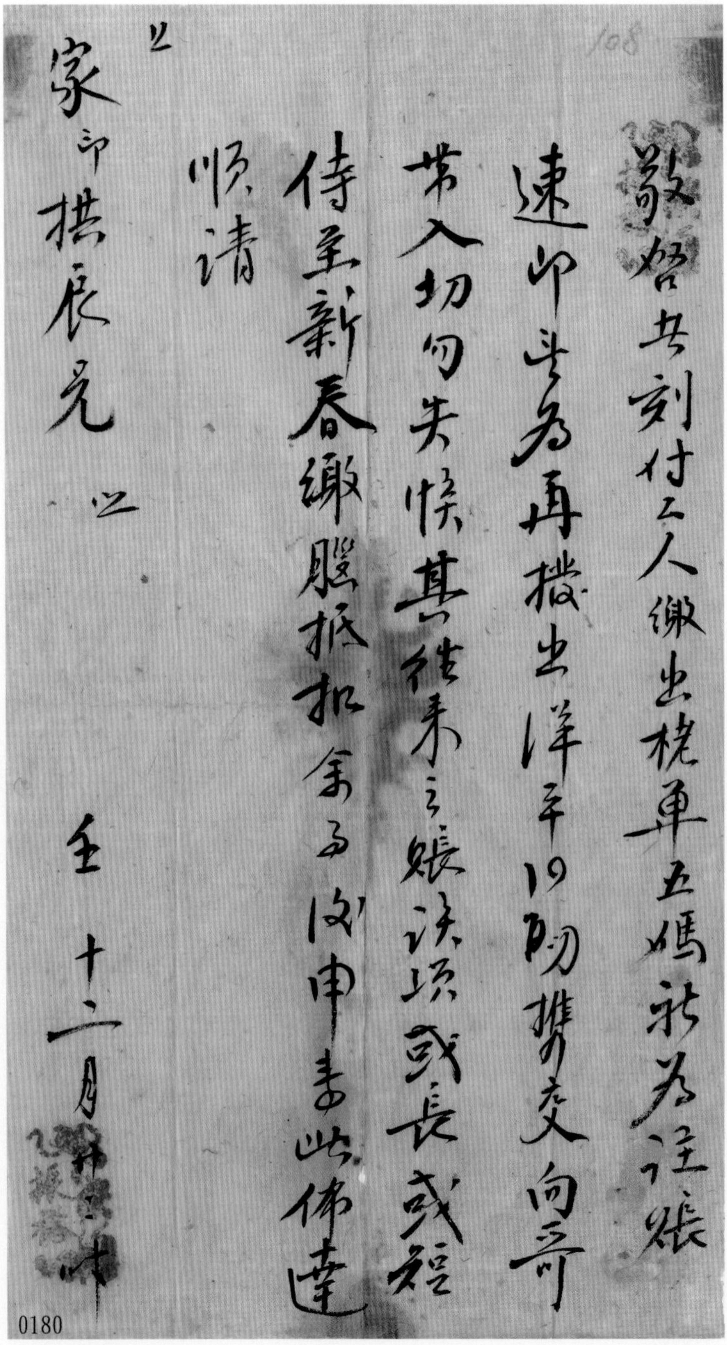

敬啟者刻付工人繳出梘單五紙祈為注賬
速即照為再撥出洋平19元擲交向哥
帶入切勿失悮其往來之賬該項或長或短
待至新春繳腦抵扣余為收申來此佈達
順請
家叩 拱辰兄 照
壬 十二月廿二

0180

【印】[329]敬啓者：刻付工人繳出栳单五碼，祈爲注賬。

速即望爲再撥出洋平100兩，携交向哥

帶入，切勿失悮。其往來之賬，該項或長或短，

侍〔待〕至新春繳腦抵扣，余事後申，專此佈達。

順請

上

家印拱辰兄　照。

壬[330]十二月廿二□【印】[331]

329 印記內文：「振裕」。
330 壬：壬辰年，光緒十八年。
331 印記內文：「振裕」。

（八）林良鳳發信

80．癸三月初七林良鳳致林拱辰信函[332]

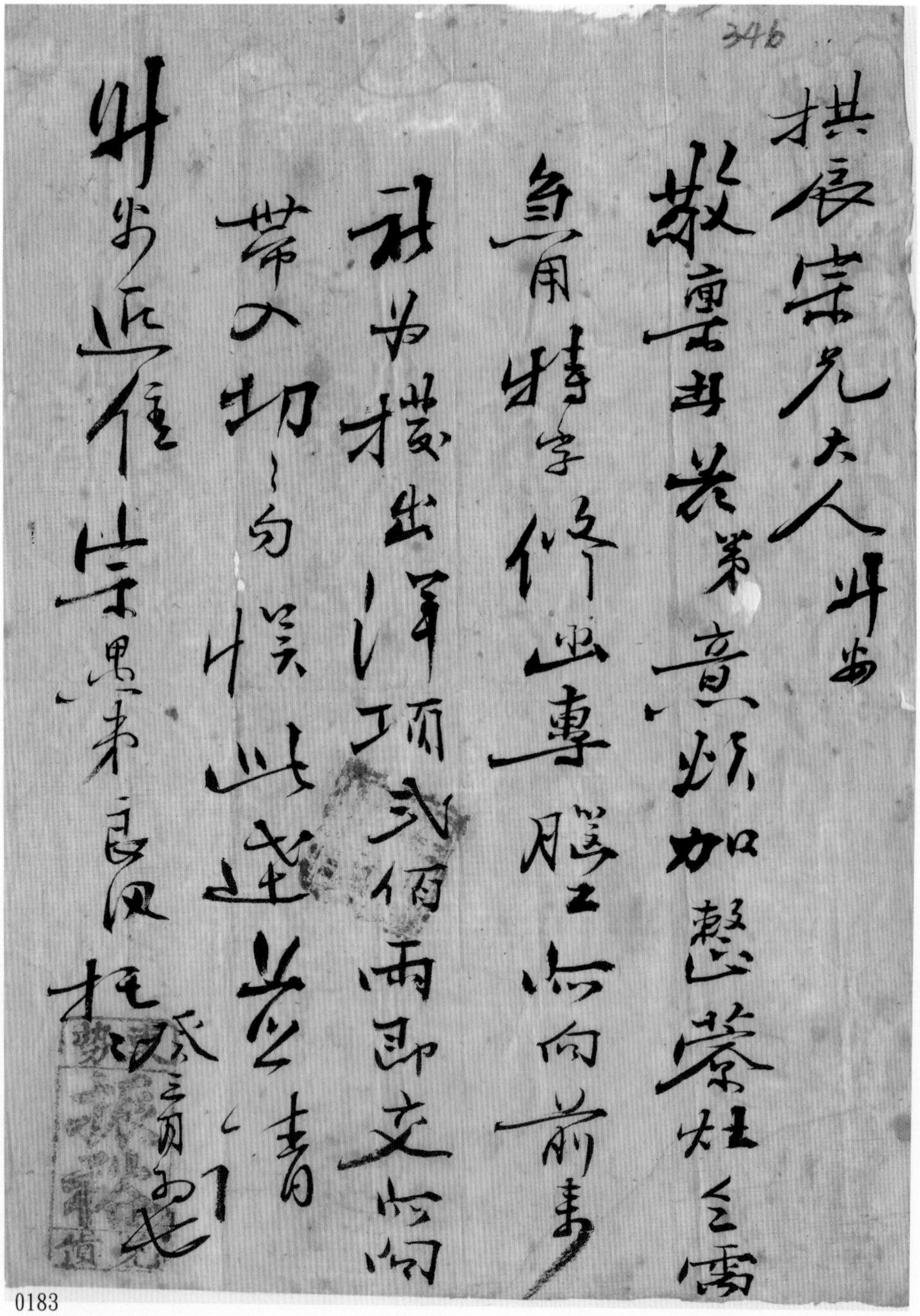

346

拱辰宗兄大人升安
敬稟者，弟意欲加懇榮灶之需
急用，特字修函專懇向前來
私為撥出洋項弍佰兩即交與
帶入，切切勿誤，此達並請
升安
近佳
宗愚弟良鳳拜
癸三月初七

0183

拱辰宗兄大人升安：

敬稟者，茲弟意欲加整寮灶，乏需急用，特字修函專腦工阿向前來，祈爲撥出洋項式佰兩，即交阿向帶入，切切勿悞。此達。並請

升安近佳。　宗愚弟良风　托托。　[333]三月初七【印】[334]

---

332 與編號八一相關。

333 癸：癸巳年，光緒十九年（一八九三）。

334 印記內文：「東势／振裕／兑貨」。

（八）林良鳳發信

81・三月十一日林良鳳致林拱辰信函

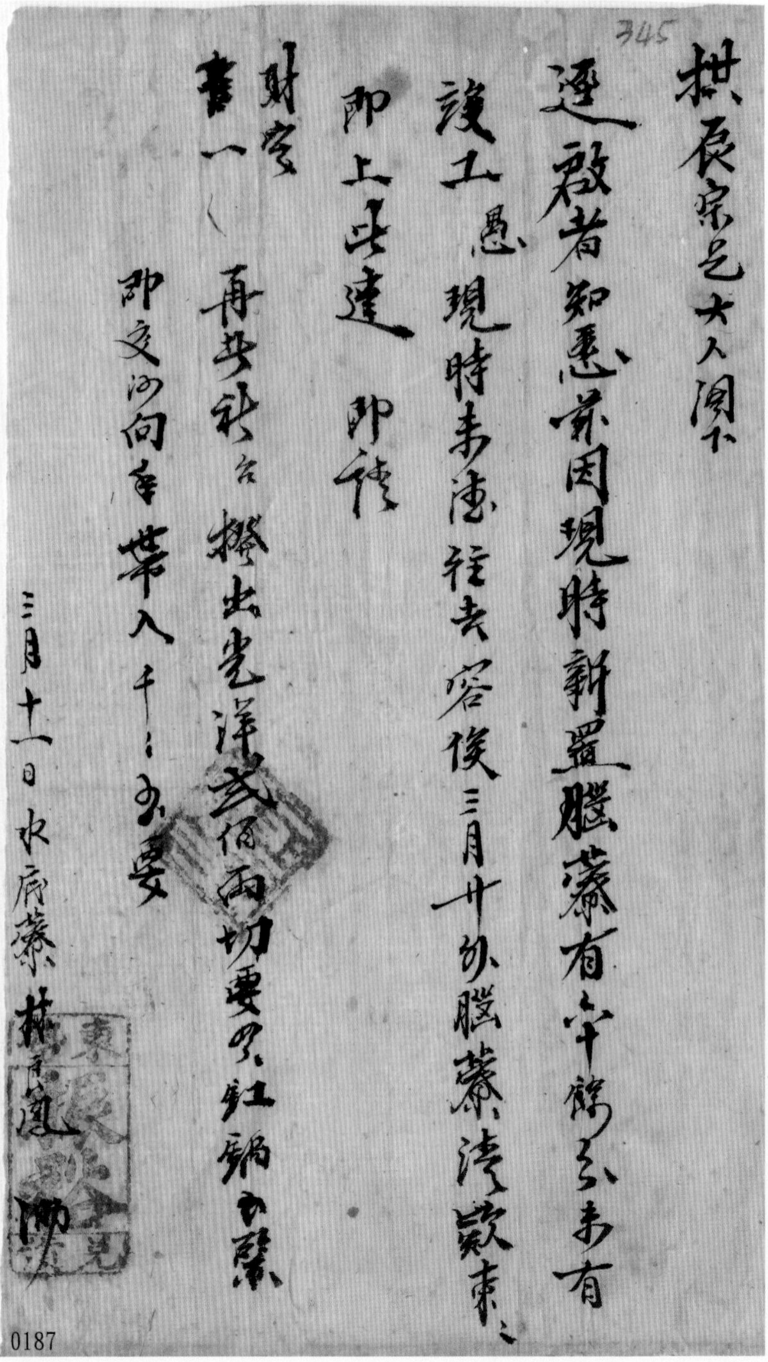
拱辰宗兄大人閣下
逕啟者知悉前因現時新置腦藔有半館々未有
設工恐現時未便往去容後三月廿外腦藔清欵束々
即上呈達　即候
財安
書一々　再要乞台撥出光洋貳佰兩切要買紅鍋亦緊
即交阿向手帶入千々至要
三月十一日水底藔林良鳳 卿
0187

拱辰宗兄大人閣下：

逕啓者知悉，茲因現時新置腦藔有六十餘分未有竣工，愚現時未德〔得〕往去，容俟三月廿外腦藔清欵，東束〔速速〕即上。此達　即請

財安

不一。

再者，祈台撥出光洋弍佰兩，切要買釭鍋至緊，即交阿向手帶入，千千至要。

三月十一日　水底藔[335]林良鳳　泐【印】[336]

335 水底藔：今臺中縣新社鄉東興村一帶。

336 印記內文：「東势／振裕／兑貨」。

（八）林良鳳發信

82・林良鳳致林拱辰信函

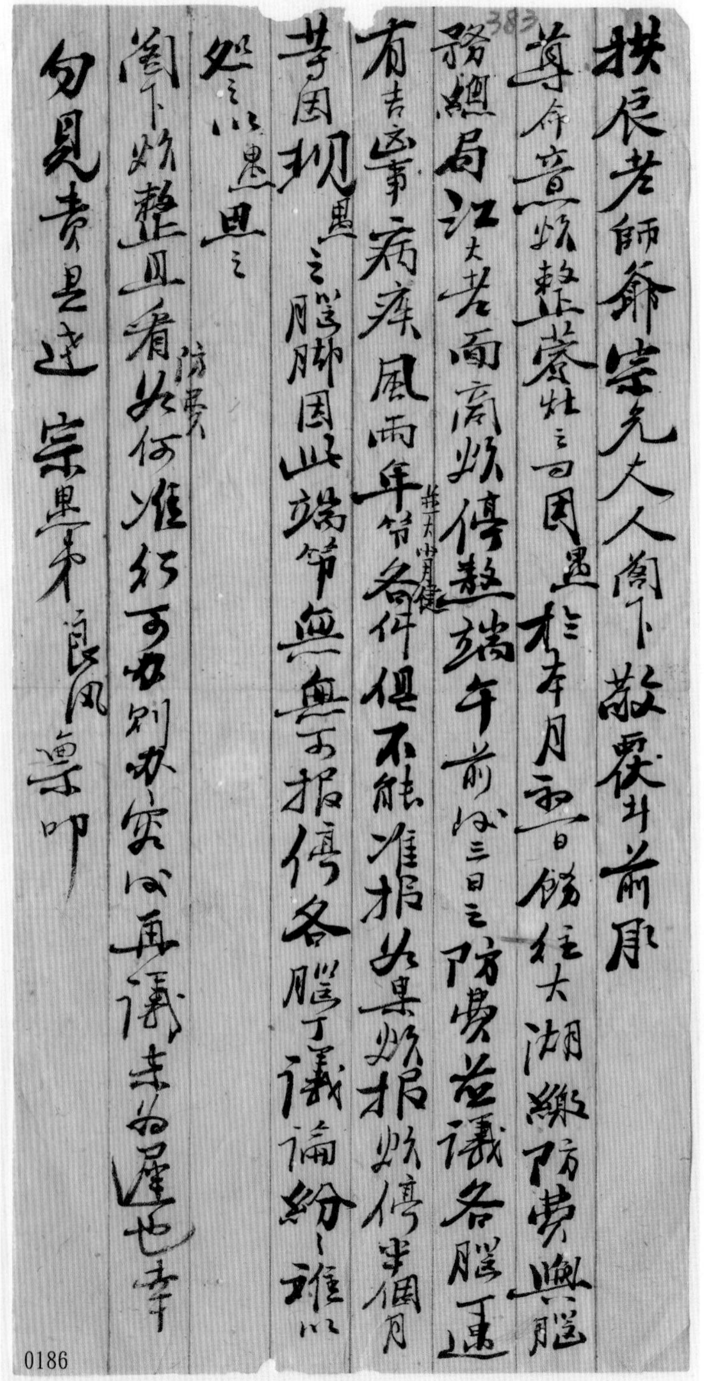
拱辰老師爺宗兄大人閣下 敬稟者前承
尊命意欲整頓營灶之司因愚於本月初二日赴往大湖樂防費與腦
務總局江大老面商欲停熬端午前後三日之防費並議各腦灶適
有告退事病疾風雨年節（並大小月建）各件但不能准扣如果欲扣欲停半個月
等因規愚之腦腳因此端節無無可扣停各腦丁議論紛紛難以
照之以愚 愚之
閣下欲整頓且看（防費）如何准行可否別求妥以再議來函為遲也幸
勿見責是達 宗愚弟林良鳳謹稟叩

0186

拱辰老師爺宗兄大人閣下，敬覆者：前承
尊命意欲整蓁灶之事，因愚於本月初一日飭往大湖繳防費，與腦
務總局江大老[337]面商欲停熬，端午前後三日之防費若議，各腦丁遇
有吉凶事，病疾風雨年节，並大小月健各件，俱不能准报，如果欲报，欲停半個月，
等因。現愚之腦腳因此端节無無可报停，各腦丁議論紛紛，难以
処之。以愚思之，
閣下欲整且看防費如何准行，可办則办，容後再議，未爲遲也。幸
勿見責是達。　　宗愚弟良鳳稟叩

337 江大老：江威如。

（八）林良鳳發信

83・十一月廿八日午刻林良鳳致林拱辰信函

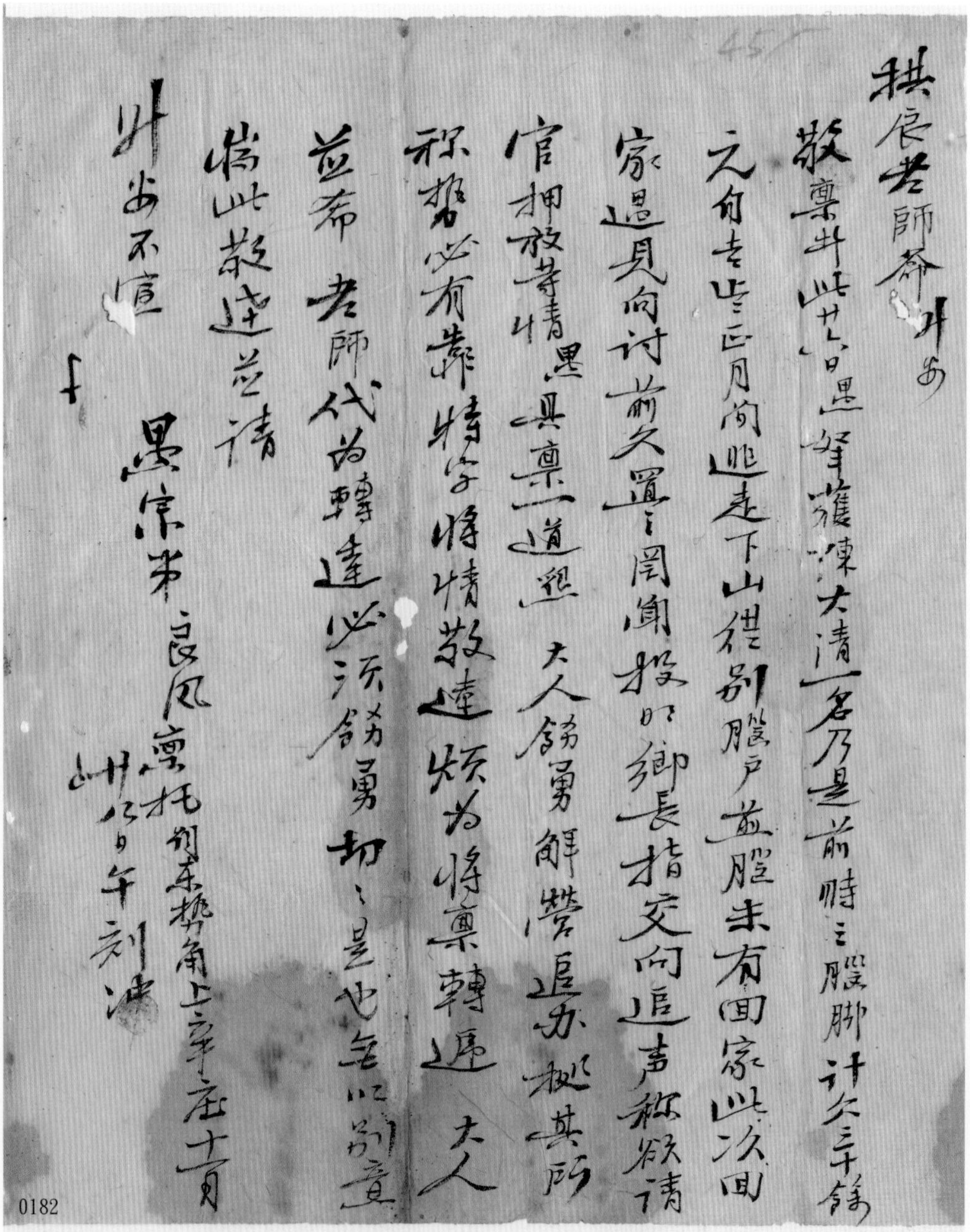

拱辰老師爺 升安
敬稟者，此廿六日思箕獲陳大清一名，乃是前時之腦腳，計欠三千餘
元，自去年正月間逃走下山，往別腦戶並腦未有回家，此次回
家，遇見向討，前欠置之罔聞，投明鄉長指交，向追聲稱欲請
官押放等情，懇具稟一道，懇 大人飭勇解營追办，擬其所
祈務必有聯，特字將情敬達，煩為將稟轉達 大人
並希 老師代為轉達，必須飭勇切切是也，無別意
倘此敬達並請
升安不宣
愚宗弟良鳳 稟托 刻來替角上交庄十日（?）
廿八日午刻泐

0182

拱辰老師爺升安：

敬稟者，此廿六日愚拏獲陳大清[338]一名，乃是前時之腦脚，計欠三十餘元，自去歲正月間逃走下山，從別腦戶煎腦，未有回家。此次回家遇見，向討前欠，置之罔聞，投明鄉長[339]，指交向追，声称欲請官押放等情。愚具稟一道，懇　大人飭勇鮮營追办。揔其所称，勢必有靠，特字將情敬達，煩爲將稟轉遞　大人，並希　老師代爲轉達，必須飭勇，切切是也，無以別意。耑此敬達。並請

升安。不宣。　愚宗弟良凤稟托自東势角上辛庄[340]十一月

廿八日午刻冲

---

338 陳大清：從本件文書可知為東勢腦腳之一，欠債於林家，遭林家告官追債。

339 鄉長：清代臺灣編設的保甲制度中，每個保除設有保長一名外，同時也置鄉長一名。參見《淡新檔案》，編號一二二一三－四。

340 東势角上辛庄：今臺中市東勢區上新里、廣興里一帶，舊屬上新庄。

（九）其他〈信函內容簡介〉

（一）陳傑夫發信

陳傑夫是林朝棟頗為倚重之幕僚，有議者言「朝棟一生經辦世務，惟杰夫最與性情吻合」。[341]乙未之後，與林朝棟皆曾寓居泉州廈門，一八九八年曾協同林朝棟二子林瑞騰、林季商返臺整理家業，[342]林朝棟在漳州包辦腦業時，並曾致函陳傑夫，希望能速往充任腦務局督辦，[343]可見倚重之深。

陳傑夫發信二件，收信對象葛竹軒，日期僅註記十月二十日與二月二十七日。前者係代李夢梅兌付泰和號二百五十兩之支銀單，後者也是一張二百五十元的支銀單，其中正月二十七日去銀一百兩，及付李夢梅一百兩。

由於函中蓋有「棟軍後路轉運局」之印，可知陳傑夫當時任職該局，由光緒十六年（一八九〇）二月的《申報》可知，陳傑夫時為「中路棟軍營務處兼隘勇等營軍裝糧餉委員」，[344]可能長駐臺北，負責棟軍及林朝棟事業之後勤補給。收信人葛竹軒當時則為「中路稽查腦務委員」、「罩蘭等處稽查灶務委員」。

（二）江威如發信

江威如發信一件，係光緒十九年（一八九三）九月時任「辦理罩蘭等處腦務委員」、「稽查中路罩蘭等處腦竈徵收防費委員」的江威如給陳裕豐、黃南球之諭令。由編號八二林良鳳致林拱辰信函推知，江威如可能駐在大湖。

由信函內容可知中路腦業在開辦之初，為招徠起見，曾由官借資本給腦户，至光緒十九年八月，省會磺腦總局認為「現在不乏殷商自備資本，入山築灶」，因此認為前借官本應停借收回，遂諭令中路腦務總局將以往借給中路腦户設灶之官本陸續停借收回。因此中路腦務局諭令將所有罩蘭、雲林、埔里三分局之前借出官本銀項掃數收回。然而由於前任委員葛竹軒未移交卷宗，故無案可稽，乃諭令陳裕豐、黃南球等腦户對所借官本尚欠之數，按月攤還。

由諭令所附粘單可知，廣泰成股夥陳汝舟、黃南球於光緒十七年（一八九一）三月以前所借官本已還清，三月又借官本洋六千元，經十七、十八年陸續清還後，至十九年三月尚欠二千四百六十四兩。又十八年腦戶黃龍章、陳阿連所借腦本二百五十九餘兩尚未清還，已由新竹縣提追在案。

（三）謝壽昌發信

謝壽昌發信一件，收信對象為林拱辰，時間註記為三月初八日。據《雲林縣采訪冊》，謝壽昌擔任雲林知縣任期，係光緒十七年十月十八日抵署任，十九年二月二十五日卸事。[345]故推測編號八七時間為光緒十八年（一八九二），內容所述為任雲林知縣時，經理雲林腦館之相關事宜，如言及「撥借一事儘可遵行，弟可節省川費，又免躭心……擬以後所收之數，盡行撥付，隨時由臺北兌收解庫」，又「雲林腦館已撥去貳千七百兩，……尚透借貳百兩」，可見其經理腦務，與棟軍陣營時有金錢往來。此外，信中並言，因「到北郡需用甚多」，希望林朝棟能函飭陳傑夫，兌五百兩以應急用。謝壽昌之項赴北情形，在光緒十八年三月二日編號三三劉以專致林拱辰信函中亦提及，又同年三月十一日陳鴻英致林拱辰信函中，亦言「謝澎翁五百兩，容當分別照付……澎翁全望此款」等語。

（四）黃勷發信

黃勷發信一件，黃勷生平不詳，光緒十五年《申報》載有「五品頂戴文童黃勷……擬請以巡檢不論雙單月遇先儘先選用」之記載。[346]收信人為林拱辰，時間僅註記初十日，提及鄭以金已返葫蘆墩，明早旋營，並呈送十月分腦冊，可能為鄭以金隘勇正營內之相關人員。

341 〈雜報／腦務督辦〉，《臺灣日日新報》，一九〇一年八月九日，版四。
342 〈泉紳渡臺〉，《臺灣日日新報》，一八九八年十二月十六日，版三。
343 〈雜報／腦務督辦〉，《臺灣日日新報》，一九〇一年八月九日，版四。
344 〈臺北郵書〉，《申報》，一八九〇年二月三日，版三。
345 倪贊元，《雲林縣采訪冊》（文叢第三七種），頁三五。
346 〈接錄彙保文職清單〉，《申報》，一八九〇年一月十八日，版四。

（五）蔣士栢發信

蔣士栢發信一件，收信對象為潘雪仁，時間不詳。蔣士栢為瑞記洋行買辦或經理人，[347]由《淡新檔案》可知，瑞記洋行在大稻埕設有公所，[348]蔣士栢即可能在該處料理相關事務。潘雪仁可能為小圭籠社番，[349]由霧峰林家文書未刊之原編號二二六的功牌可知，光緒十九年前後，潘雪仁亦在棟軍服務，隸屬「本營」，其功牌後由陳傑夫轉交。

此信的時間不詳，但信中提及大湖一帶腦業情形，可看出當時約是大湖正要開展腦業初始。由信中內容可知，當時瑞記洋行正與公泰、魯仁（應為魯麟洋行）競爭大湖一帶的樟腦利源。瑞記打算合作的對象為吳定連，議整栳灶一百份，故備本二千元。時吳定連稱已招栳丁百餘人，蔣士栢希望潘雪仁帶同吳定連與林朝棟定約。

（六）曾洪森發信

曾洪森發信一件，收信人為林拱辰與劉以專，時間謹註記初十日，年份不詳。曾洪森於同治二年（一八六三）隨林文察內渡平亂，以「明攻暗襲，晝夜辛勞」，以把總儘先拔補，並賞戴藍翎。[350]同治四年復以「管帶舟師堵截海道，協同陸路官兵會剿出力」，以守備拔補。[351]並於光緒十四年（一八八八）協助平定彰化施九緞亂而賞「以守備儘先補用」，[352]可見曾洪森亦為棟軍官兵之一。由信內容推知，曾洪森可能兼為中部某腦棧之經理人，因此向林拱辰、劉以專支領雲林、集集買腦之項。

（七）腦單

盈豐、裕豐等十一、十二月分腦單各一件，可見經理的腦棧有十個，其中盈豐、裕豐、錦輝、恒豐在後壠交腦；如山、振裕、元記、如玉、錦順、碧峰在梧棲交腦。交腦斤數如後，可看出以葛竹軒的盈豐棧最多。

腦棧＼地點	後壠	
	十一月份	十二月份
盈豐（葛竹軒）	一五、〇六〇	二一、五二六

腦棧＼地點	梧棲	
	十一月份	十二月份
如山（林懋臣）	六、三一四	八、七八七

裕豐（陳汝舟）	五、一五九	六、三九六	振裕（林良鳳）	二、三四六	二、九四六
錦輝（黃南球）	三、八四〇	六、二九〇	元記	七七九	三五七
恒豐	四一七	九二二	如玉	六五三	九七七
			錦順	四二八	四二四
			碧峰（輝舍）	四一九	三一二
合計	二四、四七六	三五、一三四		一〇、九三九	一三、八〇三

在後壠交腦者多為大湖、卓蘭一帶之腦，在梧棲交腦者多來自東勢一帶。信函中常見林家之腦多在後壠、梧棲、雲林（林圯埔）、集集四地交腦，是以此二腦單只能一窺林家在大湖、卓蘭、東勢一帶經營樟腦事業規模。

由編號九五可知，以上所收腦皆交給公泰洋行。另有領銀單一件、對帳單二件，及發信人不明者一件。

---

347 由編號七一、七二文書可知，陳鴻英曾往訪瑞記蔣士栢，欲詢當出二月起運之雲林、集集之腦是否已抵香港及以香港腦價。另參見明治三十六年十二月林祥愛等分家鬮書，國立臺中圖書館整理，《臺灣總督府檔案抄錄契約文書．永久保存公文類纂》（國家文化資料庫，http://nrch.cca.gov.tw/ccahome/index.jsp），編號ta_01840_000078-0001；國立臺灣大學，《臺灣歷史數位圖書館》，檔名：〈cca100003-od-ta_01840_000078-0001-u.xml〉。

348 《淡新檔案》，三一四一三—三。

349 〈同治十一年鄭安吉立補給墾契字〉，收入高賢治編著，《大臺北古契字集》（臺北：臺北市文獻委員會，二〇〇二年），頁三八二。

350 〈福州將軍覺羅耆齡、閩浙總督左宗棠等奏林文察所部各營克復處州府城及松陽遂昌宣平縣治出力員弁兵勇清單〉（同治二年六月十九日），《同治朝月摺檔》（臺北市，故宮博物院藏）；國立臺灣大學，《臺灣歷史數位圖書館》，檔名：〈ntu-GCM0003-0071000074-0000016-a002.txt〉。

351 〈閩浙總督左宗棠、福建巡撫徐宗幹為剿平臺灣逆匪始終尤為出力之官紳人等謹遵旨查明分別量予獎敘臚列清單恭摺會奏仰祈聖鑒事〉（同治四年五月十八日），《同治朝月摺檔》（臺北，故宮博物院藏）；國立臺灣大學，《臺灣歷史數位圖書館》，檔名：〈ntu-GCM0004-0003400039-0000055-a001.txt〉。

352 〈福建臺灣巡撫劉銘傳奏彙保剿辦埤南叛番彰化土匪並歷年剿撫肅清各路番社尤為出力員弁官紳清單（附件一）〉（光緒十五年六月十八日），《光緒朝月摺檔》（臺北：故宮博物院藏）；國立臺灣大學，《臺灣歷史數位圖書館》，檔名：〈ntu-GCM0027-0000500016-0000946-a001.txt〉。

（九）其他

84．十月廿日陳傑夫致葛竹軒收條

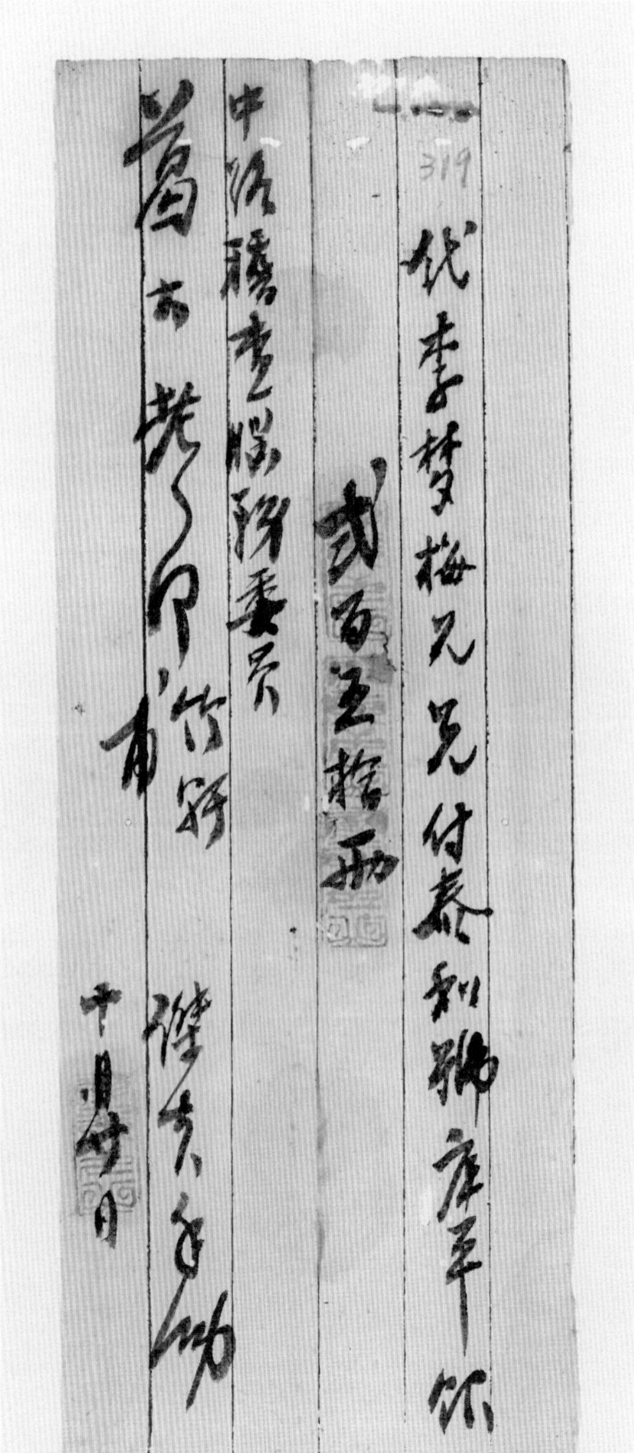

代李梦梅兄兌付泰和號庫平銀

弍百五拾兩。【印】353

中路稽查腦務委員

葛大老爺竹軒甫

傑夫手泐

十月廿日【印】354

353 印記內文不清。

354 印記內文不清。

（九）其他

85．二月廿七日棟軍後路轉運局致葛竹軒支銀單

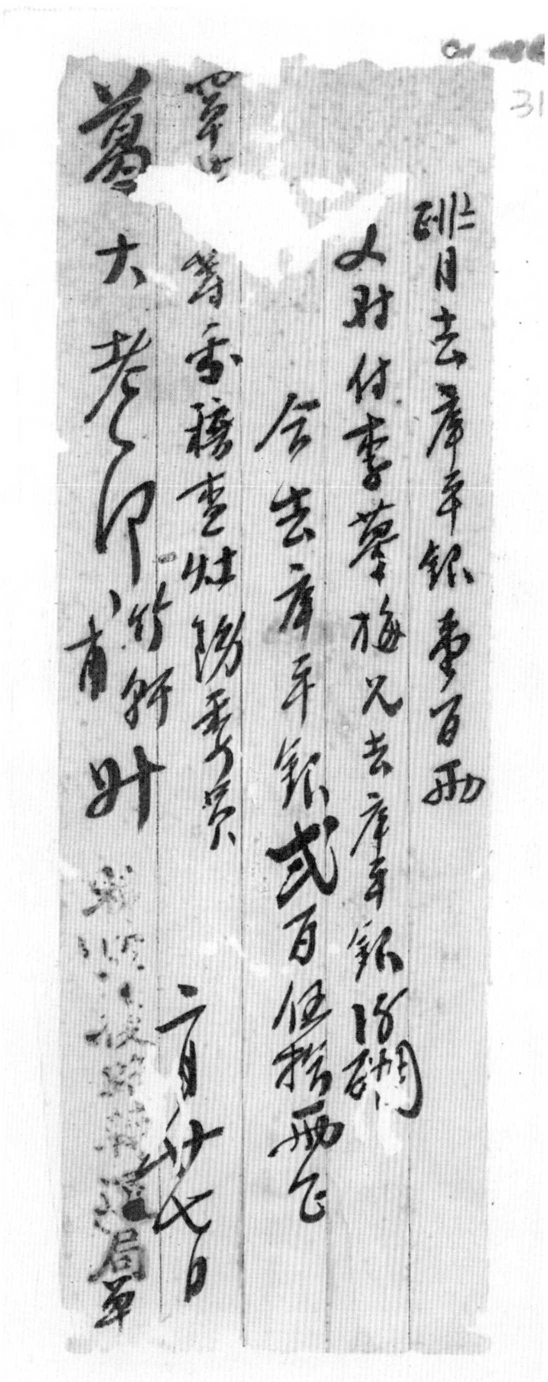

正月27日，去庫平銀壹百兩
又，対付李夢梅兄，去庫平銀150兩
仝去庫平銀弍百伍拾兩正
罩蘭等處稽查灶務委員
葛大老爺竹軒甫升
二月廿七日【印】[355]单

355印記內文：「棟軍後路轉運局」。

（九）其他

86．光緒十九年九月初二日辦理罩蘭等處腦務委員江威如諭陳裕豐、黃南球(1)

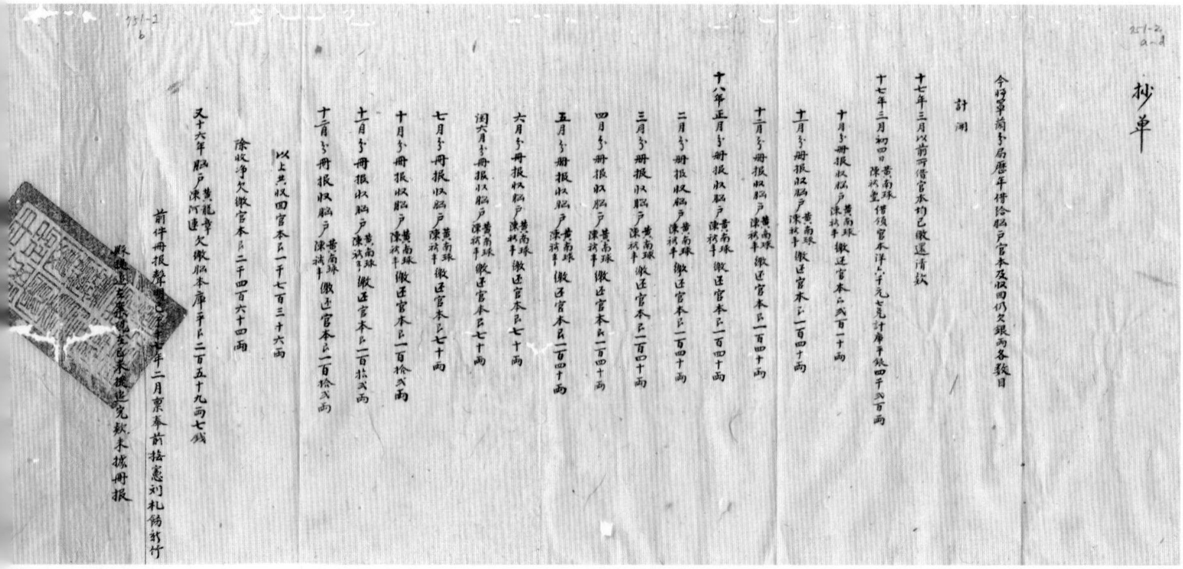
抄單

今將罩蘭局歷年借給腦戶官本及收回仍欠銀兩各數目

計開

十七年三月以前所借官本均已繳還清款

十七年三月初四日黃南球陳裕豐借領官本洋六千元七兌計庫平銀四千弍百兩

十月分冊報收腦戶黃南球陳裕豐繳還官本銀弍百一十兩

十一月分冊報收腦戶黃南球陳裕豐繳還官本銀一百四十兩

十二月分冊報收腦戶黃南球陳裕豐繳還官本銀一百四十兩

十八年正月分冊報收腦戶黃南球陳裕豐繳還官本銀一百四十兩

二月分冊報收腦戶黃南球陳裕豐繳還官本銀一百四十兩

三月分冊報收腦戶黃南球陳裕豐繳還官本銀一百四十兩

四月分冊報收腦戶黃南球陳裕豐繳還官本銀一百四十兩

五月分冊報收腦戶黃南球陳裕豐繳還官本銀一百四十兩

六月分冊報收腦戶黃南球陳裕豐繳還官本銀七十兩

閏六月分冊報收腦戶黃南球陳裕豐繳還官本銀七十兩

七月分冊報收腦戶黃南球陳裕豐繳還官本銀七十兩

十月分冊報收腦戶黃南球陳裕豐繳還官本銀一百拾弍兩

十一月分冊報收腦戶黃南球陳裕豐繳還官本銀一百拾弍兩

十二月分冊報收腦戶黃南球陳裕豐繳還官本銀一百拾弍兩

以上共收回官本銀一千七百三十六兩

除收淨欠繳官本銀二千四百六十四兩

又十六年腦戶黃龍章陳阿達欠繳腦本庫平銀二百五十九兩七錢

前件冊報聲明已於十七年二月稟奉前撫憲劉札飭新竹

縣按追在案現在已未據追完款未據冊報

0838

內乙件，黏抄乙紙

光緒十九年九月初二日諭【印】[356]

辦理罩蘭等處腦務委員江

諭腦戶陳裕豐
黃南球開拆

抄单

今將罩蘭分局歷年借給腦戶官本及收回、仍欠銀両各数目

計開

十七年三月以前所借官本，均已繳還清欵。

十七年三月初四日黃南球陳裕豐借領官本洋六千元，七兌，計庫平銀四千弍百両。

十月分冊报收腦戶黃南球陳裕豐繳还官本艮弍百一十両。

十一月分冊报收腦戶黃南球陳裕豐繳还官本艮一百四十両。

十二月分冊报收腦戶黃南球陳裕豐繳还官本艮一百四十両。

十八年正月分冊报收腦戶黃南球陳裕豐繳还官本艮一百四十両。

二月分冊报收腦戶黃南球陳裕豐繳还官本艮一百四十両。

三月分冊报收腦戶黃南球陳裕豐繳还官本艮一百四十両。

四月分冊报收腦戶黃南球陳裕豐繳还官本艮一百四十両。

五月分冊报收腦戶黃南球陳裕豐繳还官本艮一百四十両。

六月分冊报收腦戶黃南球陳裕豐繳还官本艮七十両。

閏六月分冊报收腦戶黃南球陳裕豐繳还官本艮七十両。

七月分冊报收腦戶黃南球陳裕豐繳还官本艮七十両。

十月分冊报收腦戶黃南球陳裕豐繳还官本艮一百拾弍両。

十一月分冊报收腦戶黃南球陳裕豐繳还官本艮一百拾弍両。

十二月分冊报收腦戶黃南球陳裕豐繳还官本艮一百拾弍両。

以上共收回官本艮一千七百三十六両

除收淨欠繳官本艮二千四百六十四両

又十六年腦戶黃龍章陳阿連欠繳腦本，庫平艮二百五十九両七錢。

前件冊报，聲明已于十七年二月稟奉前撫憲刘札飭新竹

縣提追在案。現在已未提追完欵，未據冊报。【印】[357]

356 印記內文不清。

357 印記內文：「中路罩蘭等處稽查腦竈委員關防」。

（九）其他

86．光緒十九年九月初二日辦理罩蘭等處腦務委員江威如諭陳裕豐、黃南球(2)

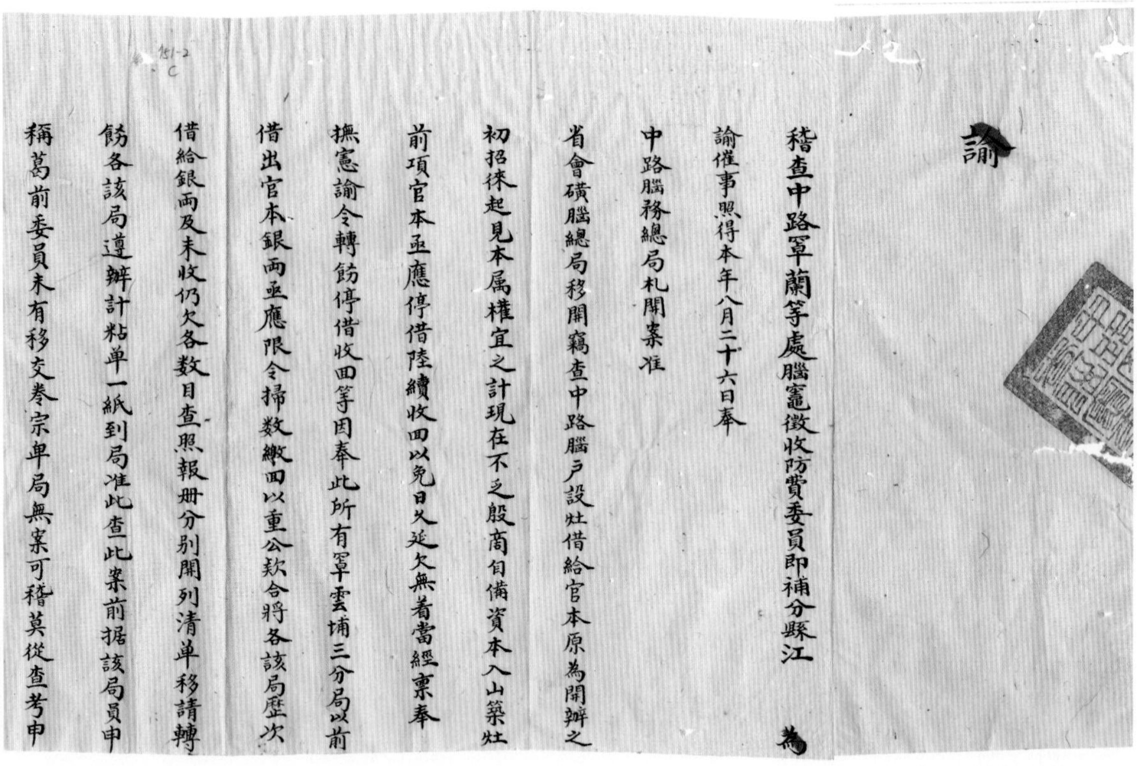

諭

稽查中路罩蘭等處腦竈徵收防費委員即補分縣江　爲

諭催事。照得本年八月二十六日，奉

中路腦務總局札開：案准

省會磺腦總局移開，竊查中路腦戶設灶借給官本，原爲開辦之
初招徠起見，本屬權宜之計。現在不乏殷商自備資本，入山築灶，
前項官本亟應停借，陸續收回，以免日久延欠無着。當經稟奉
撫憲，諭令轉飭停借收回等因。奉此，所有罩、雲、埔三分局以前
借出官本銀両，亟應限令掃数繳回，以重公欵。合將各該局歷次
借給銀両及未收、仍欠各数目查照報冊，分別開列清單，移請轉
飭各該局遵辦。計粘单一紙到局。准此，查此案前据該局員申
稱，葛前委員未有移交卷宗，卑局無案可稽，莫從查考。申

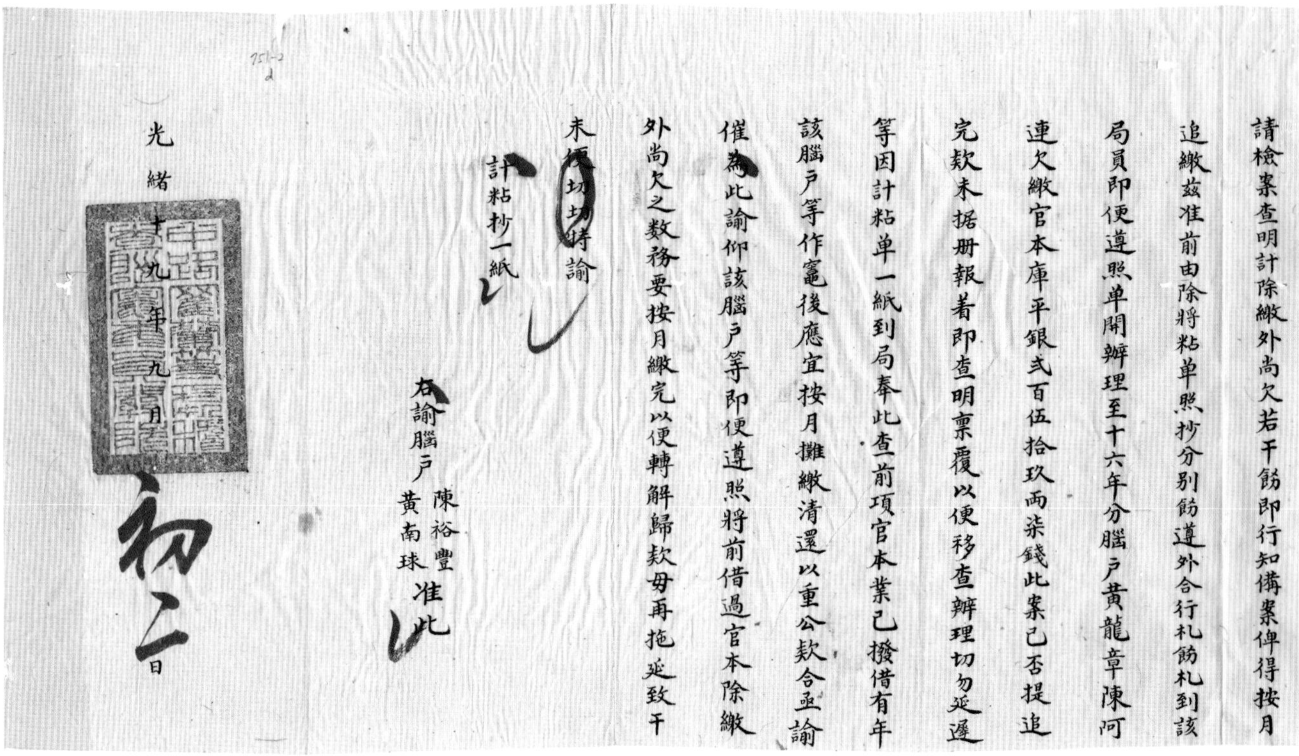

0839

請檢案查明，計除繳外，尚欠若干，飭即行知備案，俾得按月追繳。茲准前由，除將粘单照抄，分別飭遵外，合行札飭到該局員，即便遵照单開辦理。至十六年分腦戶黃龍章、陳阿連欠繳官本庫平銀弍百伍拾玖兩柒錢，此案已否提追完欵，未据冊報，着即查明稟覆，以便移查辦理，切勿延遲等因。計粘单一紙到局。奉此，查前項官本業已撥借有年，該腦戶等作竈後，應宜按月攤繳清還，以重公欵，合亟諭催。爲此，諭仰該腦戶等即便遵照，將前借過官本除繳外尚欠之数，務要按月繳完，以便轉解歸欵，毋再拖延，致干未便。切切，特諭。

計粘抄一紙。

右諭腦戶陳裕豐、黃南球准此

光緒十九年九月初二日【印】358

358 印記內文：「中路罩蘭等處稽查腦竈委員關防」。

（九）其他

87・桃春初八日謝壽昌致林拱辰信函(1)

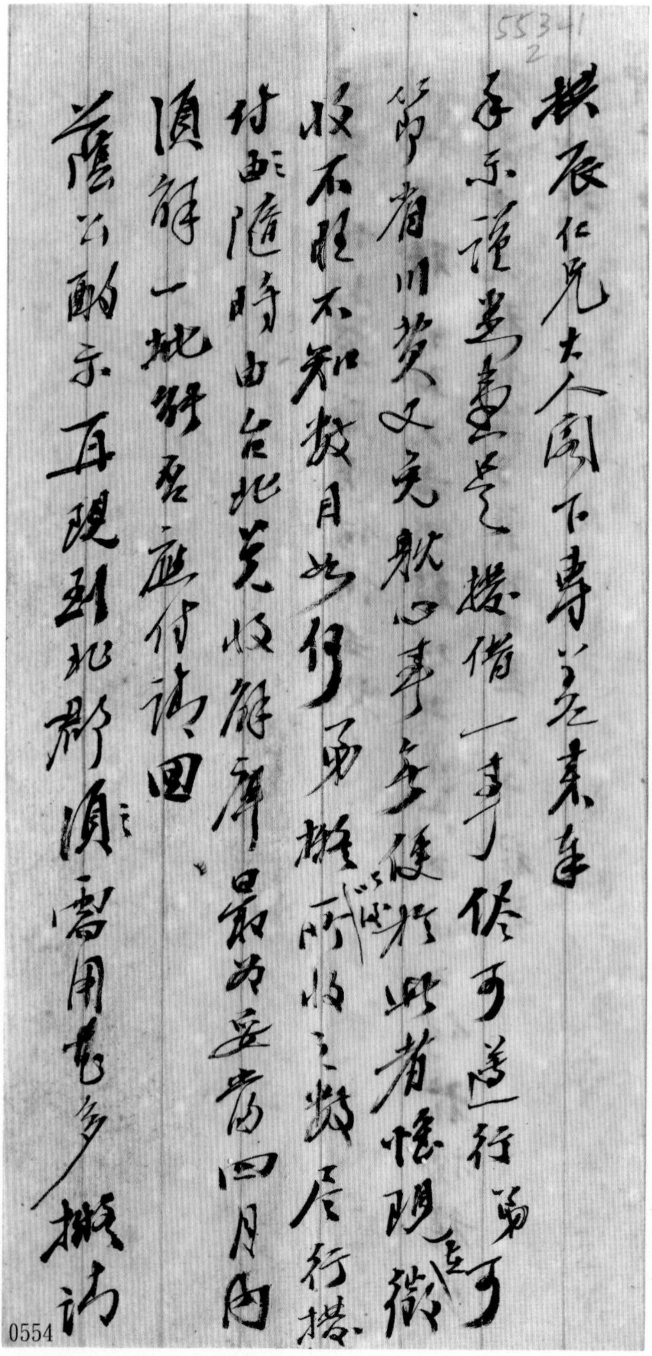

55341
2

拱辰仁兄大人閣下專差來手
示謹悉壹是撥借一事俟可通行弟可
節省川費文光號心事多使於此者懷現徵
收不能不知數月也弟擬所收之數存行撥
付配隨時由台北先收解庫最為妥當四月內
須解一批錢否應付請回
覆為盼再現到北郡須需用甚多擬請

0554

拱辰仁兄大人閣下：專差來奉

手示，謹悉壹是。撥借一事侭可遵行，弟可

節省川資，又免躭心，事無便扵此者。惟現在徵

收不旺，不知数目如何，弟擬以後所收之数，尽行撥

付，隨時由台北兑收解庫最爲妥當。四月內

須解一批，能否應付，請回

蔭公酌示。再現到北郡需用甚多，擬請

（九） 其他

87・桃春初八日謝壽昌致林拱辰信函(2)

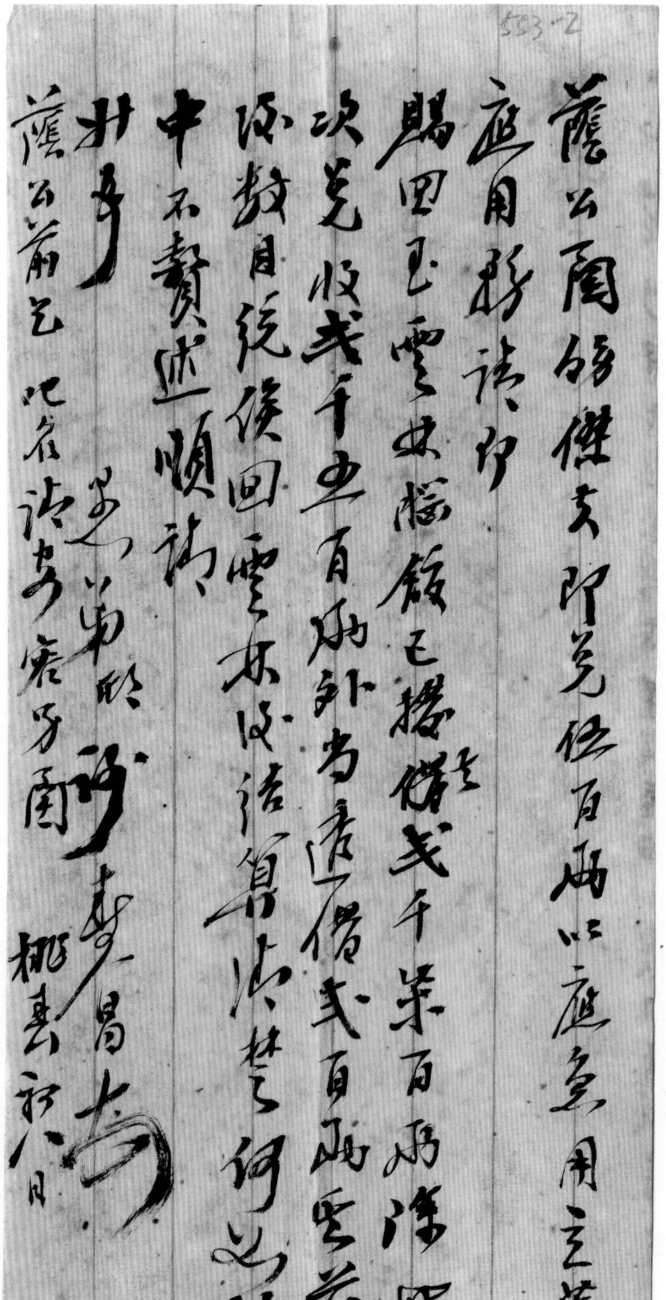

553-2

蘆公閣台傑夫即兌伍百兩以應急用之籌
應用，務請即
賜回玉。要來腦館已撥傑 弍千柒百兩，準此
次兌收弍千五百兩，計尚應還借弍百兩要前
條數目結後回要來收結算清楚何也把
中不盡述，順請
升安
蘆公前兄 此名請安 寓所閣 是以弟欣 謝壽昌
桃春初八日

0555

蔭公函飭傑夫[359]，即兑伍百两以應急用，立等應用，務請即
賜回。至雲林腦館已撥去弍千柒百兩，除此次兑收弍千五百兩外，尚透借弍百兩，其前後数目統俟回雲林後結算清楚何如。忙中不贅述，順請
升安。　愚弟欣謝壽昌頓
蔭公前乞　叱名請安，容另函　桃春[360]初八日

359 傑夫：陳傑夫。
360 桃春：農曆三月。

（九）其他

88・初十日黃勷致林拱辰信函

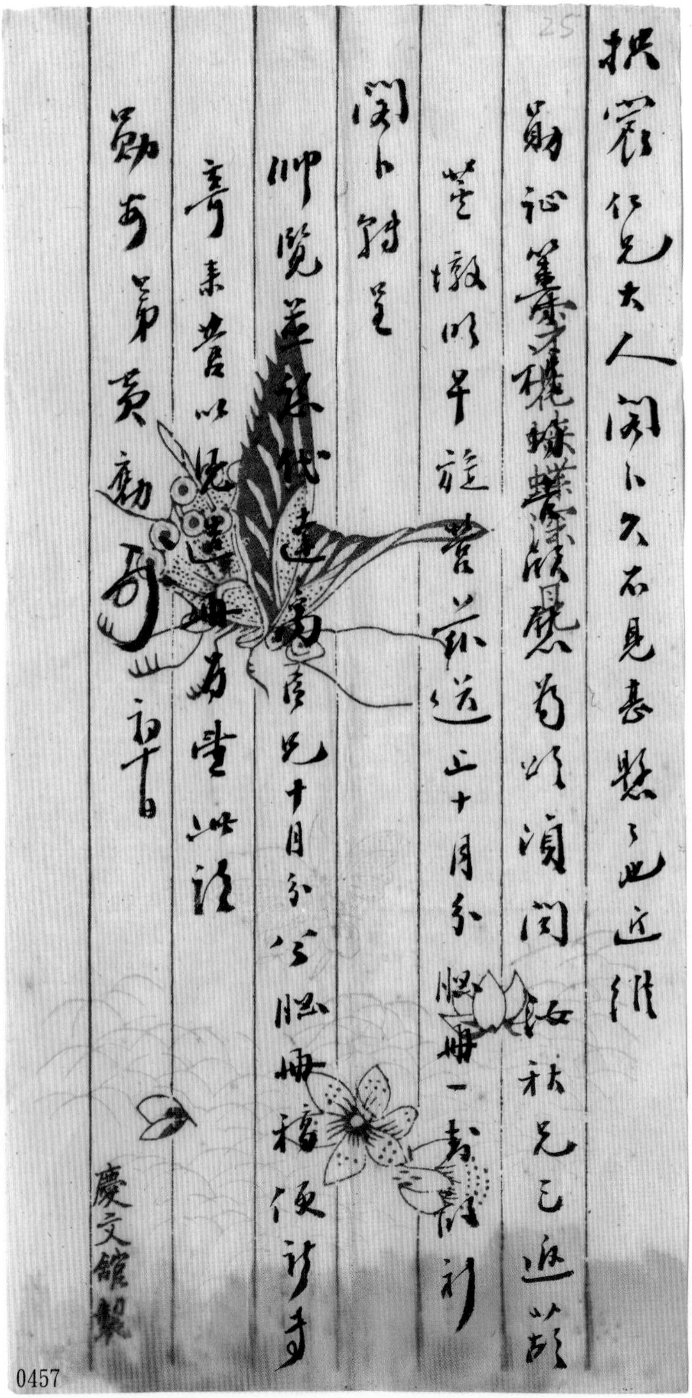
拱宸仁兄大人閣下久不見甚懸懸也近維
勛祉篤綏慰如頌閩汝秋兄已返以於
茎墩所早旋豐縣送正十月分腦冊一封請刷
閣下詳覽
仰覽並請代送南房兄十月分公腦冊稿便詳查
賞來書以便迅冊為當此請
勛安弟黃勷頓 初十日

慶文館製

0457

拱宸仁兄大人閣下：久不見，甚懸之也。近維
勛祉，籌祺均吉，欣慰為頌。頃聞汝秋[361]兄已返葫
蘆墩[362]，明早旋營，茲送上十月分腦冊[363]一封，敬祈
閣下轉呈
帥覽。並懇代達禹臣[364]兄十月分公腦冊稿，便祈專
寄來營，以憑造冊為望。此請
勛安。　弟黃勤頓　初十日

361 汝秋：鄭汝秋，即鄭以金。
362 葫蘆墩：今臺中市豐原區。
363 腦冊：樟腦賬冊。
364 禹臣：魏禹臣，負責樟腦業務，生平不詳。

（九）其他

89．蔣士栢致潘雪仁信函

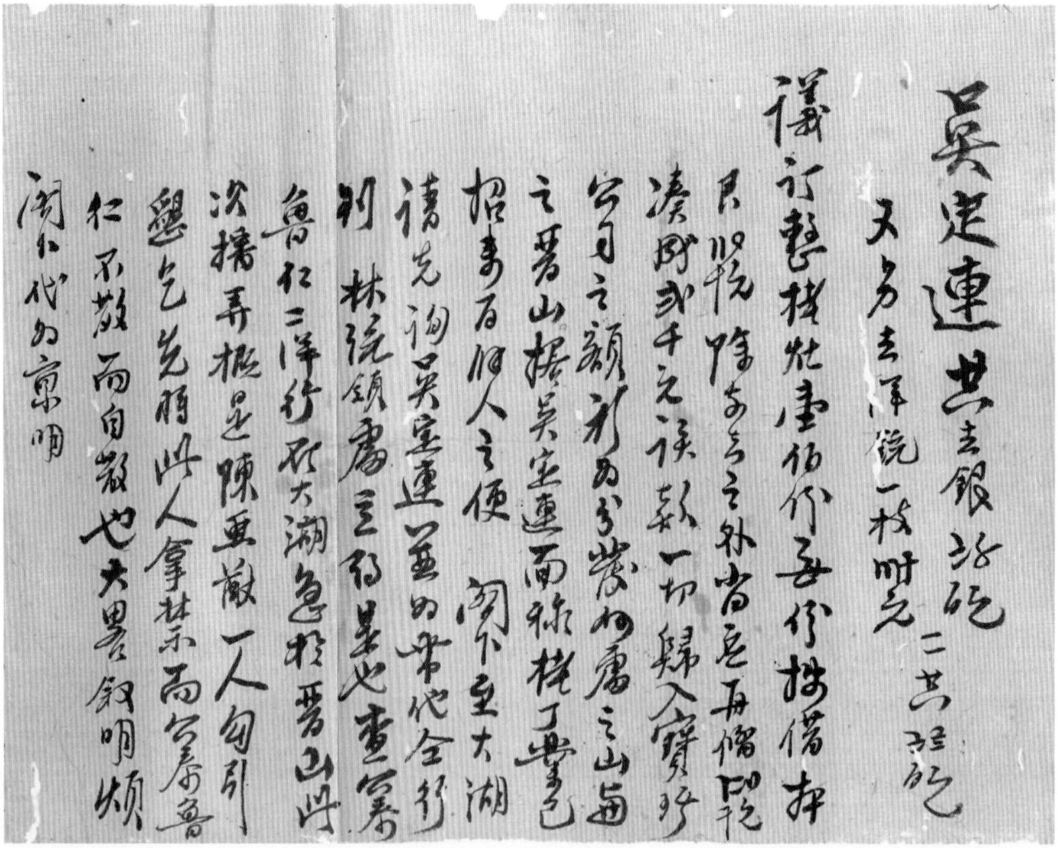

吳定連共去銀750元
又另去洋銃一枝30元 二共780元
議訂整栳灶壹佰份，每份按借本
艮20元，除支去之外，尚应再備1,220元，
湊成弍千元，該欵一切歸入寶珍
公司之額，祈爲分發何處之山与
之晉山。据吳定連面称栳丁業已
招來百餘人之便，閣下至大湖
請先詢吳定連，並爲帶他仝行
到　林統領處立約是也。查公泰、
魯仁[365]二洋行在大湖急於晉山，此
次播弄，概是陳亞猷一人勾引，
懇乞先將此人拿禁，而公泰、魯
仁不散而自散也。大畧敘明，煩
閣下代爲稟明

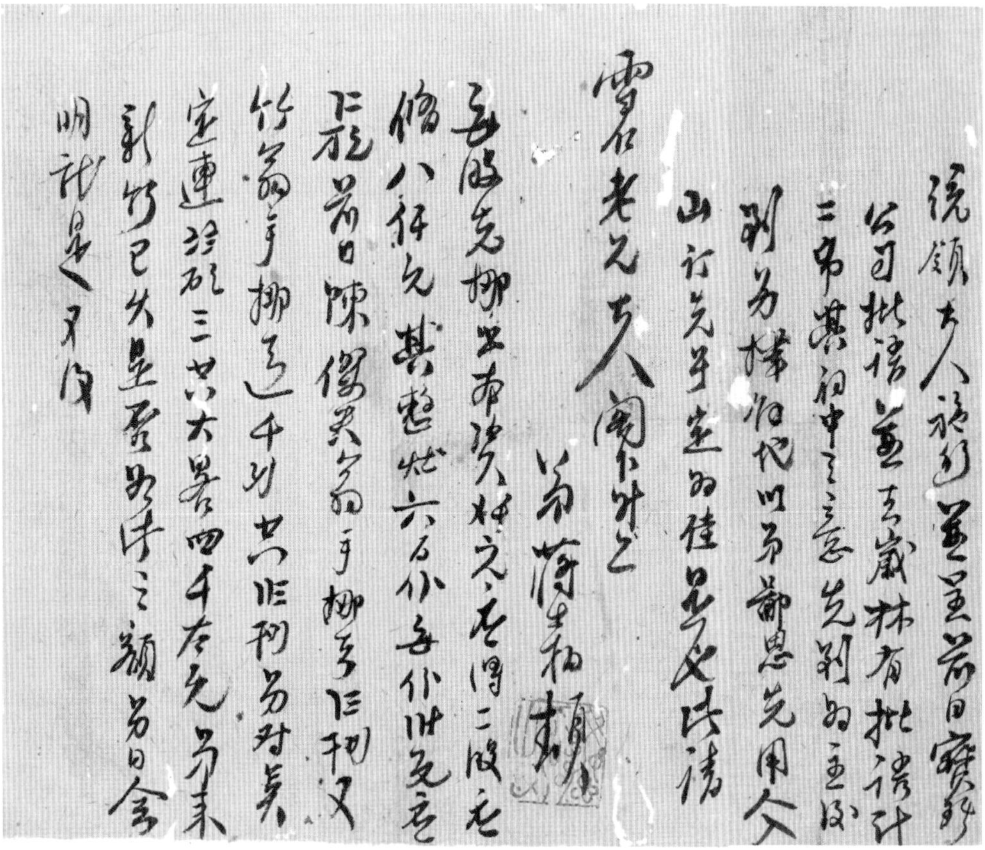

統領大人施行。並呈前日寶珍公司批語，並去歲林有批語，計二帋，其詞中之意，先到爲主，後到另擇餘地。以弟鄙思，先用人入山訂，先号定爲佳是也。此請

雪仁老兄大人閣下升照。

弟蔣士栢頓【印】[366]

每股先挪出本資4,000元，应得二股，应傜八仟元；其整灶六百份，每份20元，应12,000元。前日陳傑夫翁手挪去1,300兩，又竹翁[367]手挪去一千兩，共2,300兩，另対吳定連780元，三共大畧四千左元。弟來新竹已久，是否如此之額，另日会明就是。又及。

365 魯仁：應為魯麟洋行。
366 印記內文不清。
367 竹翁：葛竹軒。

(九) 其他

90・初十日曾洪森致林拱辰、劉以專信函

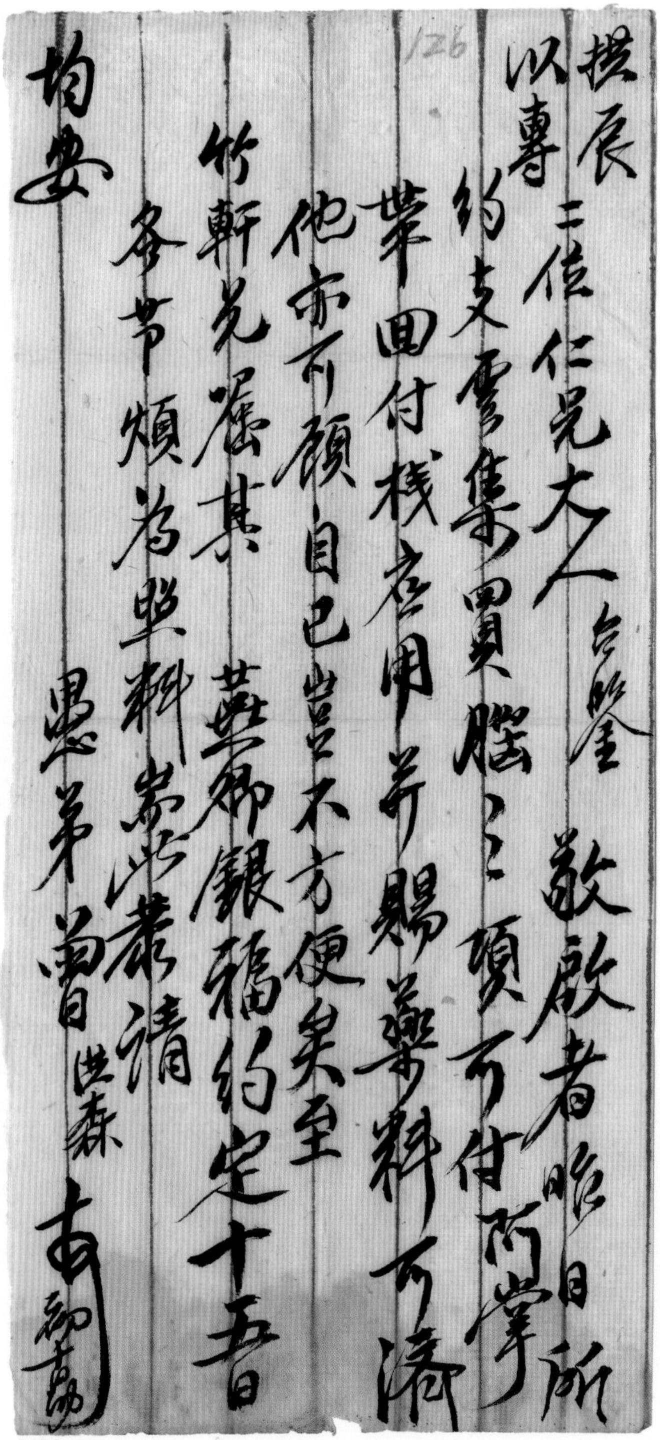

拱辰、以專二位仁兄大人台鑒：敬啟者，昨日所約支雲集買腦之項，可付阿掌櫃回付棧店用，并賜藥料可濟他，亦可顧自己，豈不方便矣。至竹軒兄屢其藉鄉銀福約定十五日，務希煩為照料，當此叢請均安。

愚弟曾洪森 初十日

0458

拱辰以專二位仁兄大人台鑒：敬啓者，昨日所
約支雲、集買腦之項，可付阿掌
帶回，付棧应用，并賜藥料，可濟
他，亦可顧自己，豈不方便矣。至
竹軒兄囑其　燕卿銀福約定十五日
各节，煩爲照料，耑此。恭請
均安。

愚弟曾洪森頓　初十日泐

（九）其他

91・元月十八日致林拱辰信函

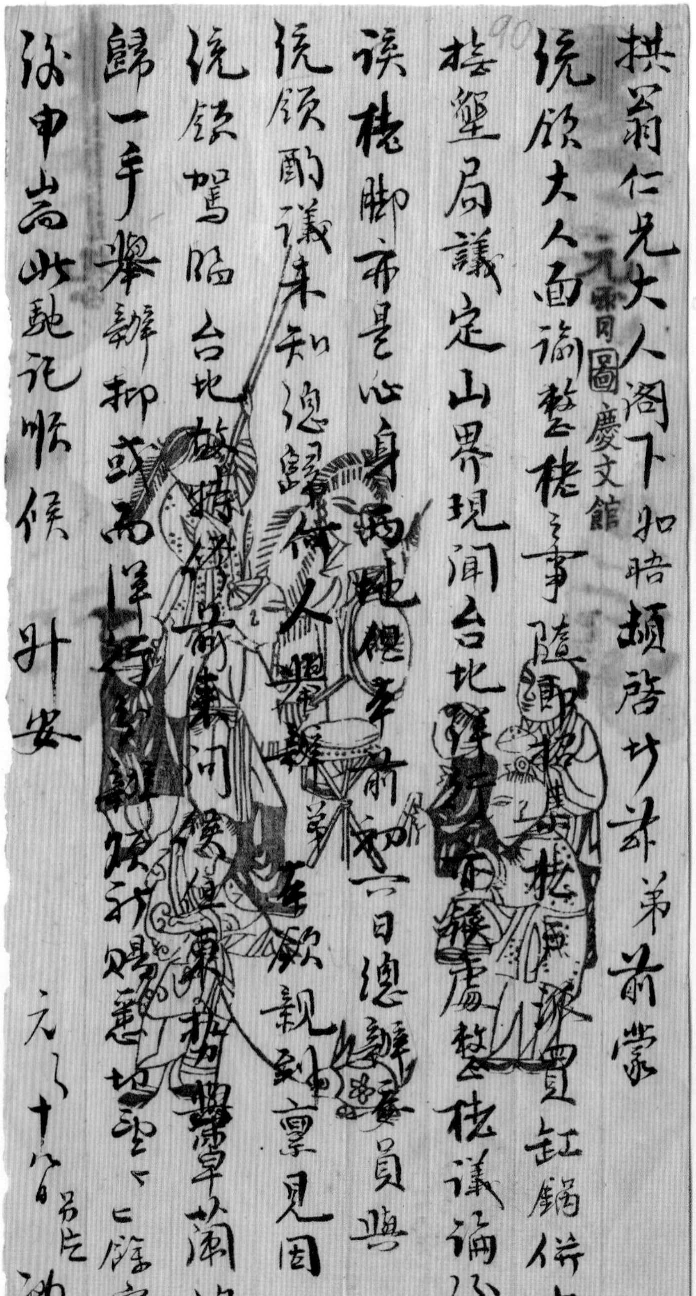

拱翁仁兄大人閣下 如晤 頻啓片詠 弟前蒙
統領大人面諭整頓樟腦之事 隨即將樟腦業置釘鍋併由
樟腦局議定山界現聞台北洋行有嫌處整樟議論紛紛
誤樟腦市是以身兩地俱奔 弟前初一日總辦委員與
統領酌議未知總歸何人舉辦 弟來欽親到稟見因
統領駕臨台地故特將前業問候但東勢罩蘭總
歸一手舉辦抑或為洋行經辦祈賜惠覆望望之餘寔
從中尚此馳託順候
升安
元月十八日 弟名正泐

0454

拱翁仁兄大人閣下如晤：頓啓者，茲弟前蒙
統領大人面諭整栳之事，隨即招集栳戶派買缸鍋，併由
撫墾局[368]議定山界。現聞台北洋行亦該處整栳，議論紛紛，
該栳腳亦是心身两地。但本前初六日總辦委員與
統領酌議，未知總歸何人舉辦，弟本欲親到稟見，因
統領駕臨台北，故特修前來問候，但東势[369]與罩蘭[370]總
歸一手舉辦，抑或而洋行分辦，煩祈賜悉，切望切望。餘容
後申，耑此馳託。順候　升安。

元月十八日另片泐

368 撫墾局：此處可能指罩蘭或東勢角撫墾局。光緒十二年（一八八六）劉銘傳成立撫墾局，並將中路撫墾事務交由林朝棟主持，令其負責大湖和東勢角兩處撫墾局，東勢角撫墾局委員則由棟軍記室梁成枏充之。參見鄭喜夫，《林朝棟傳》，頁五〇—五一。

369 東势：今臺中市東勢區。

370 罩蘭：今苗栗縣卓蘭鎮。

（九）其他

92．致林拱辰信函

拱辰老仁兄大人閣下逕啓者年來[illegible]力似有告
蓋因公館費用與多薪水未辦月分[illegible]
秦港栽多招腦丁添熬加借腦[illegible]
廿八日奉仍由和豐支來七百元[illegible]
先年撫卹此項撥付老和會堂[illegible]
剛愍公入祠開用而由和豐之項[illegible]
尚剩四百五十元之 大夫人處否矣現年梅[illegible]
曉以肯[illegible]定當奉請[illegible]

拱辰老仁兄大人閣下：逕啓者，年底艮力似有拮……
蓋因公館費用奨多[371]、薪水未到月分者……
秦諸叔多招腦丁添熬，加借腦……
卅日幸得德和堂交來七百元……
來平143.675兩，此項撥付老和舍甾……
剛愍公[372]入祠[373]開用，而德和堂之項除如……
尚剩四百五十元，交　大夫人[374]收存矣。現年栖、壠、雲、集……
晚如有售定公泰，請即……

371 奨多：閩南語之「很多」之意。
372 剛愍公：林文察。
373 入祠：指林文察入祀林剛愍公祠。
374 大夫人：林朝棟妻楊水萍。

（九）其他

93．信函

賜示知以便通飭各腦寮遵[illegible][illegible]
剛照公入祠結灯唱戲官紳款
熱鬧非常唐二時卅放行豐大[illegible]
副營亦相率兵房參彩之[illegible]
後先生兩父葛[illegible]園未

賜函示知，以便通飭各腦長運交，庶免……。

剛愍公入祠，結灯唱戲，官紳親……

熱鬧。惟安座之时，升放行營大砲……

副營六棚亲兵廖基彩之弟……

徐先生□□烏竹圍……

（九）其他

94．收盈豐等棧腦單一

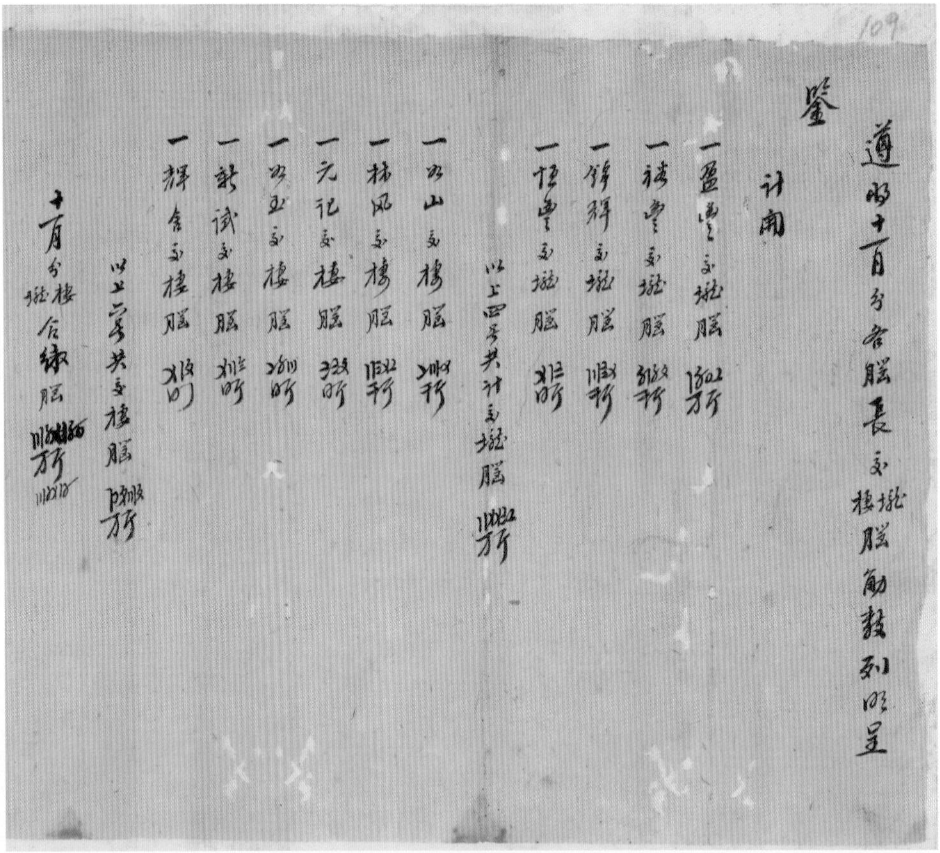

道明十一月分各腦長交棧埕腦觔數列明呈
鑒
計開
一盈豐交埕腦 [illegible]觔
一裕豐交埕腦 [illegible]觔
一錦祥交埕腦 [illegible]觔
一協豐交埕腦 [illegible]觔
以上四号共計交埕腦 [illegible]觔
一明山交棧腦 [illegible]觔
一林風交棧腦 [illegible]觔
一元記交棧腦 [illegible]觔
一明玉交棧腦 [illegible]觔
一新試交棧腦 [illegible]觔
一祥合交棧腦 [illegible]觔
以上六号共交棧腦 [illegible]觔
十一月分棧埕合總腦 [illegible]觔

遵將十一月分各腦長交壠、棲腦觔数列明呈

鑒

計開

一 盈豐交壠腦15,060斤

一 裕豐交壠腦5,159斤

一 錦輝[375]交壠腦3,840斤

一 恒豐交壠腦417斤

以上四号，共交壠腦24,476斤

一 如山交棲腦6,314斤

一 林凤交棲腦2,346斤

一 元記交棲腦779斤

一 如玉交棲腦653斤

一 新試交棲腦428斤

一 輝舍交棲腦419斤

以上六号，共交棲腦1萬0,939斤

十一月份棲、壠合繳腦3萬5,415斤

375 錦輝：黃南球經營之腦棧。

（九）其他

94．收盈豐等棧腦單一

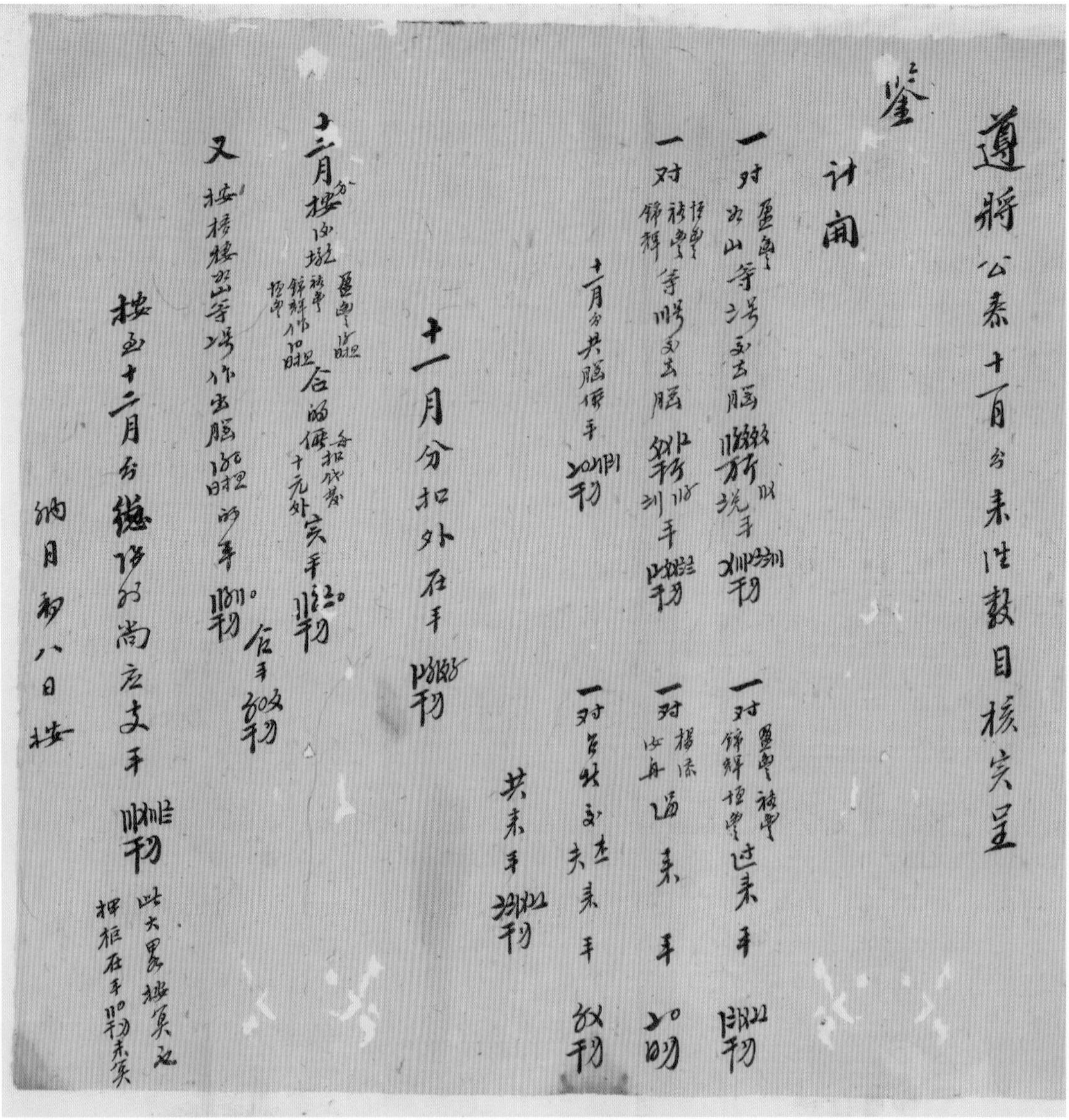

遵將公泰十一月分來往数目核實呈

鑒

計開

一対盈豐如山等7号，交去腦25,999斤，七兑24，平4,367.83兩

一対恒豐裕豐錦輝等3号，交去腦9,416斤，七二25，平1,694.88兩

十一月分共腦平6,062.71兩

一対盈豐裕豐錦輝恒豐过來平1,714.66兩

一対楊添汝舟過來平600兩

一対台北交杰夫來平5,400兩

共來平7,714.66兩

十一月分扣外在平1,651.95兩

十二月分按後壠盈豐150担、裕豐錦輝恒豐作100担，合的価每扣代發十元外，実平2,570兩

又按梧棲如山等6号，作出腦150担，的平2,520兩

合平5,090兩

按至十二月分總除外，尙应支平3,438兩。此大畧按算也，押櫃在平2千兩未算

納月[376]初八日按

376 納月：農曆十二月。

（九）其他

95・十一月份樟腦清單

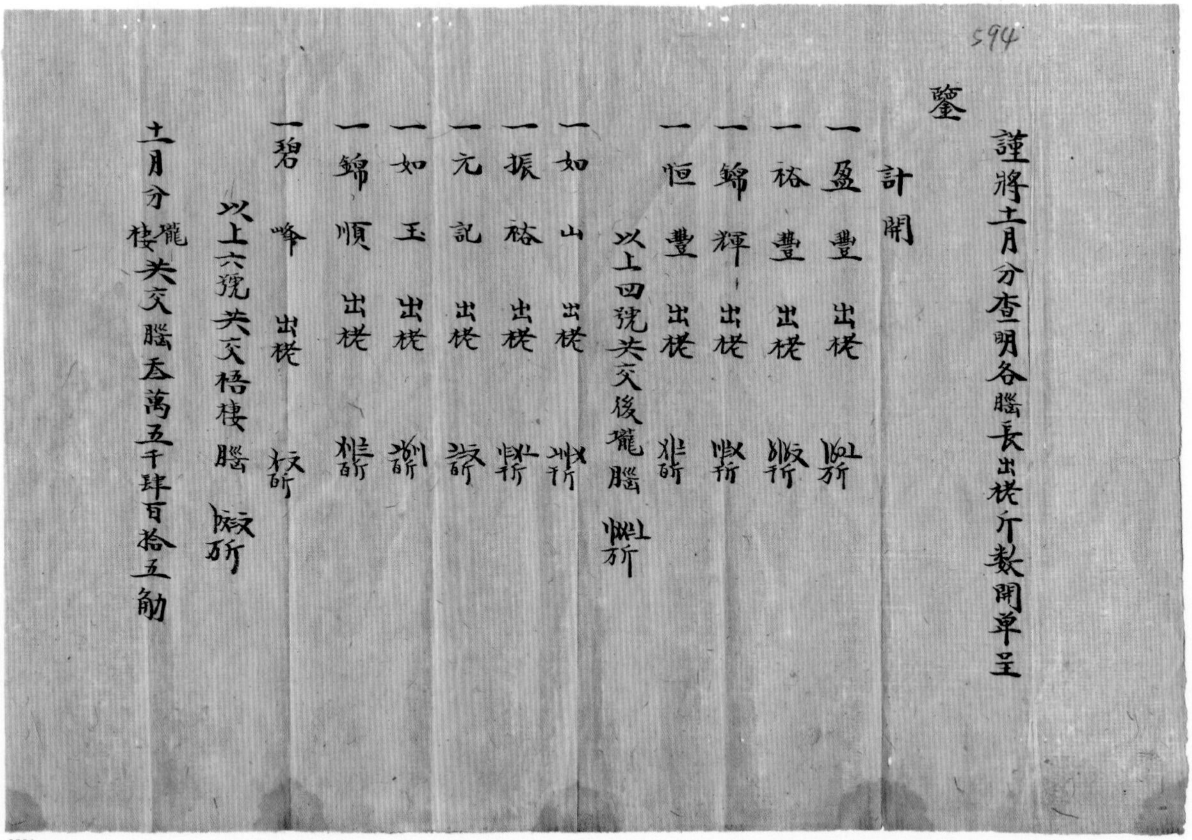

594

謹將十一月分查明各腦長出栳斤數開单呈

鑒

計開

一盈豐　出栳　[illegible]斤

一裕豐　出栳　[illegible]斤

一錦輝　出栳　[illegible]斤

一恒豐　出栳　[illegible]斤

以上四號共交後壠腦　[illegible]斤

一如山　出栳　[illegible]斤

一振裕　出栳　[illegible]斤

一元記　出栳　[illegible]斤

一如玉　出栳　[illegible]斤

一錦順　出栳　[illegible]斤

一碧峰　出栳　[illegible]斤

以上六號共交梧棲腦　[illegible]斤

十一月分壠棲共交腦叁萬五千肆百拾五觔

0804

謹將十一月分查明各腦長出栳斤数開单呈

鑒。

計開：

一　盈豐　出栳15,060斤

一　裕豐　出栳5,159斤

一　錦輝　出栳3,840斤

一　恒豐　出栳417斤

以上四號共交後壠腦24,476斤

一　如山　出栳6,314斤

一　振裕　出栳2,346斤

一　元記　出栳779斤

一　如玉　出栳653斤

一　錦順　出栳428斤

一　碧峰　出栳419斤

以上六號，共交梧棲腦10,939斤

十一月分，壠棲共交腦叁萬五千肆百拾五觔。

（九）其他

96・收盈豐等棧腦單二

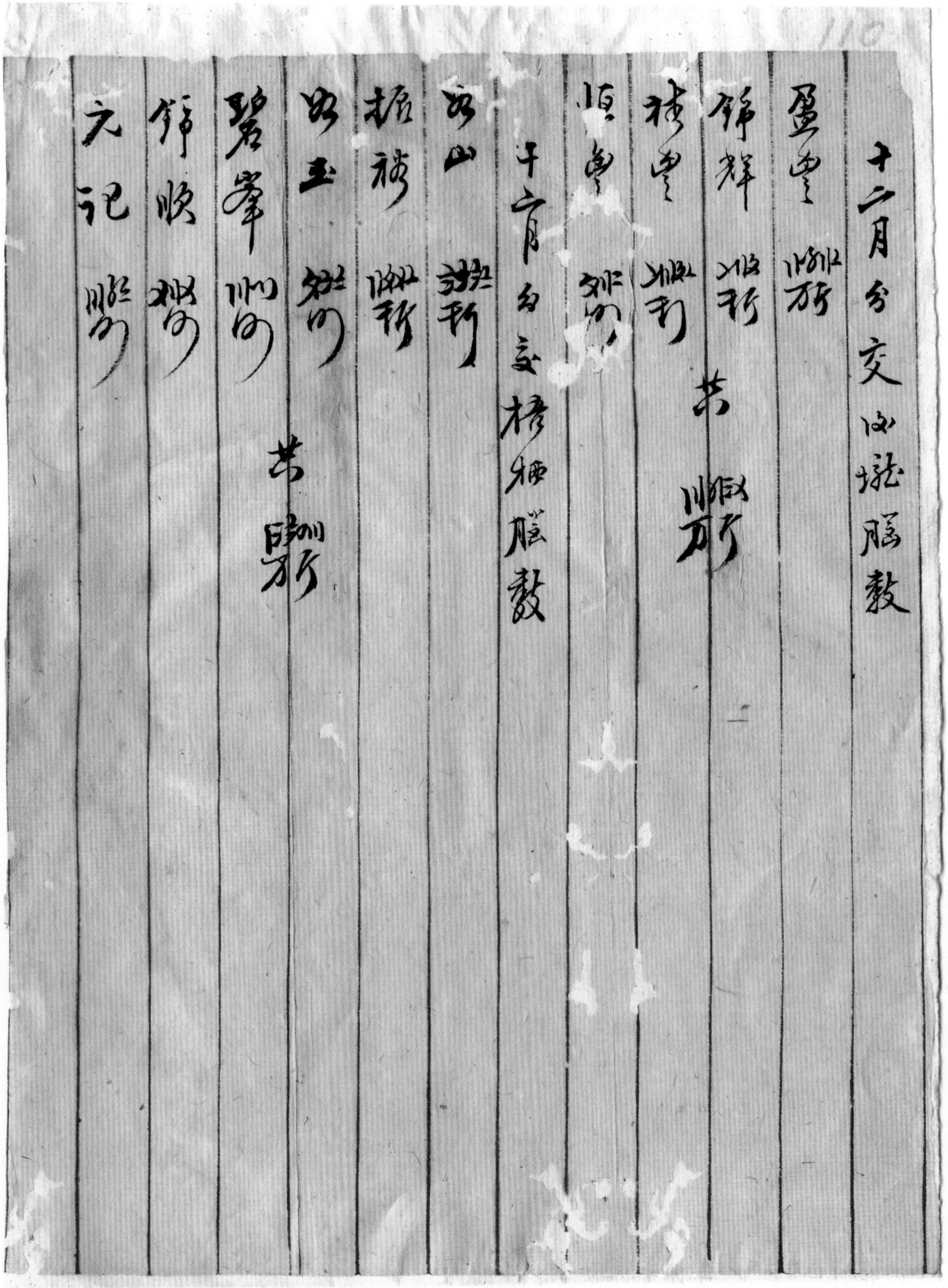
十二月分交收撬腦數
盈豐 [illegible]斤
錦祥 [illegible]斤
積豐 [illegible]斤
恒豐 [illegible]
共 [illegible]斤
十二月分交樓栖腦數
出山 [illegible]斤
桓積 [illegible]斤
出玉 [illegible]
碧峯 [illegible]
錦順 [illegible]
文記 [illegible]
共 [illegible]斤

十二月分交後壠腦数

盈豐	21,526斤
錦輝	6,290斤
裕豐	6,396斤
恒豐	922斤

共35,134斤

十二月分交梧栖腦数

如山	8,787斤
振裕	2,946斤
如玉	977斤
碧峯	312斤
錦順	424斤
元記	357斤

共13,803斤

（九）其他

97・四月十一日領銀單

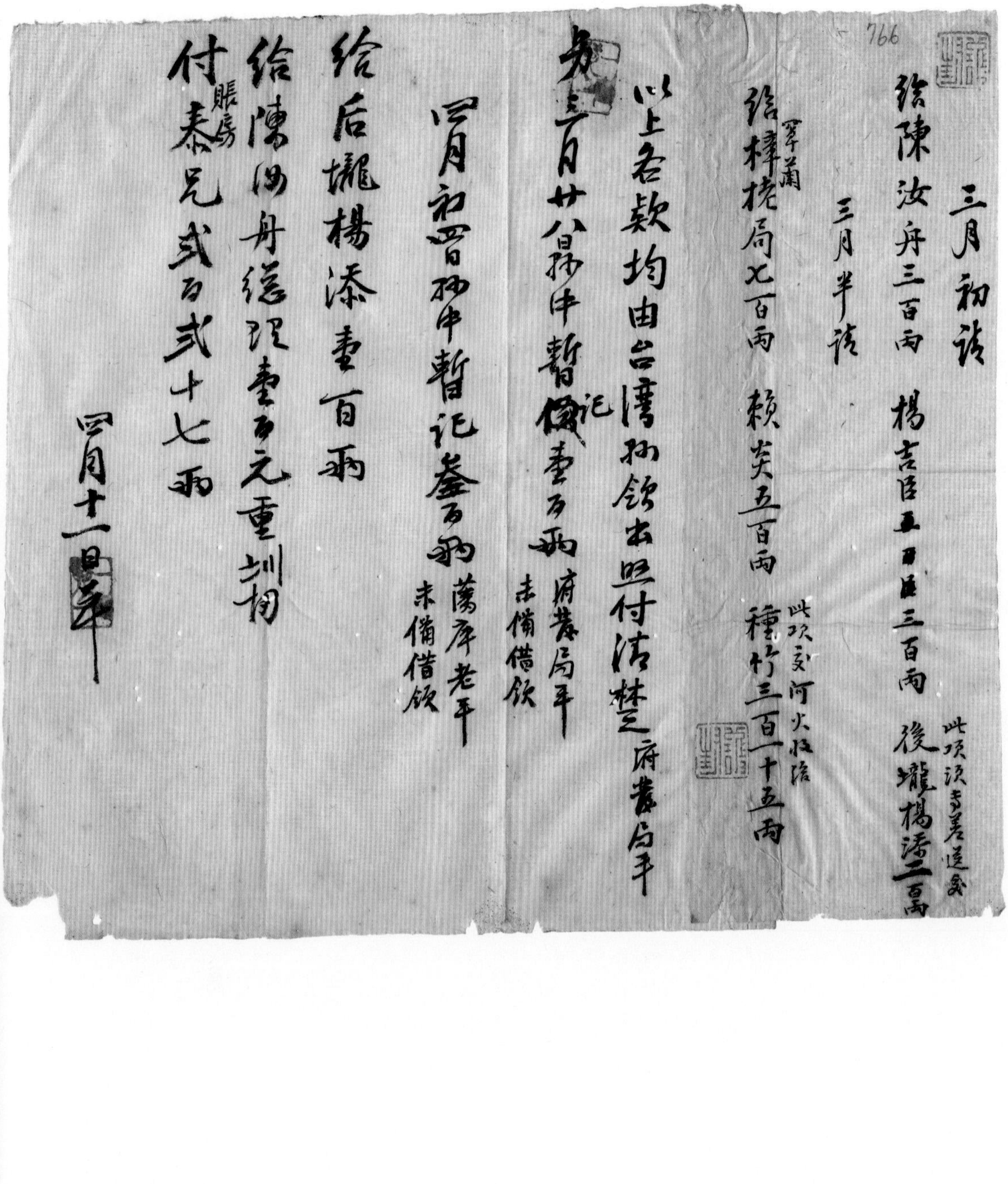
766

三月初請

給陳汝舟三百兩　楊吉臣五百兩 匯三百兩　後壠楊添二百兩（此項該去善送會）

三月半請

給樟栳局（罩蘭）七百兩　賴英五百兩　種竹三百一十五兩（此項交河火收給）

以上各款均由台灣樟腦局出照付清楚（府叢局平）

另三月廿八日撥申暫借（記）壹万兩（府叢局平 未備借飲）

四月初四日撥申暫記叁万兩（藩庫老平 未備借飲）

給后壠楊添壹百兩

給陳汝舟總理壹万元重訓捌

付泰兄（賬房）式百式十七兩

四月十一日

【印】[377]　三月初請

給陳汝舟三百両、楊吉臣三百両　此項須專差送交

後壠 楊添二百両。

三月半請

給罩蘭樟栳局七百両、賴炎五百両　此項交阿火收給

種竹三百一十五両【印】[378]

以上各欵均由台灣縣領出，照付清楚。府發局平

另【印】[379]三月廿八日縣中暫記壹百両。府發局平 未備借領

四月初四日縣中暫記叁百両。藩庫老平 未備借領

給后壠 楊添壹百両

給陳汝舟総理壹百元，重73兩。

付賬房泰兄弍百弍十七両。

四月十一日単【印】[380]

---

377 印記內文不詳。

378 印記內文不詳。

379 印記內文不詳。

380 印記內文不清。

（九）其他

98・對帳單(1)

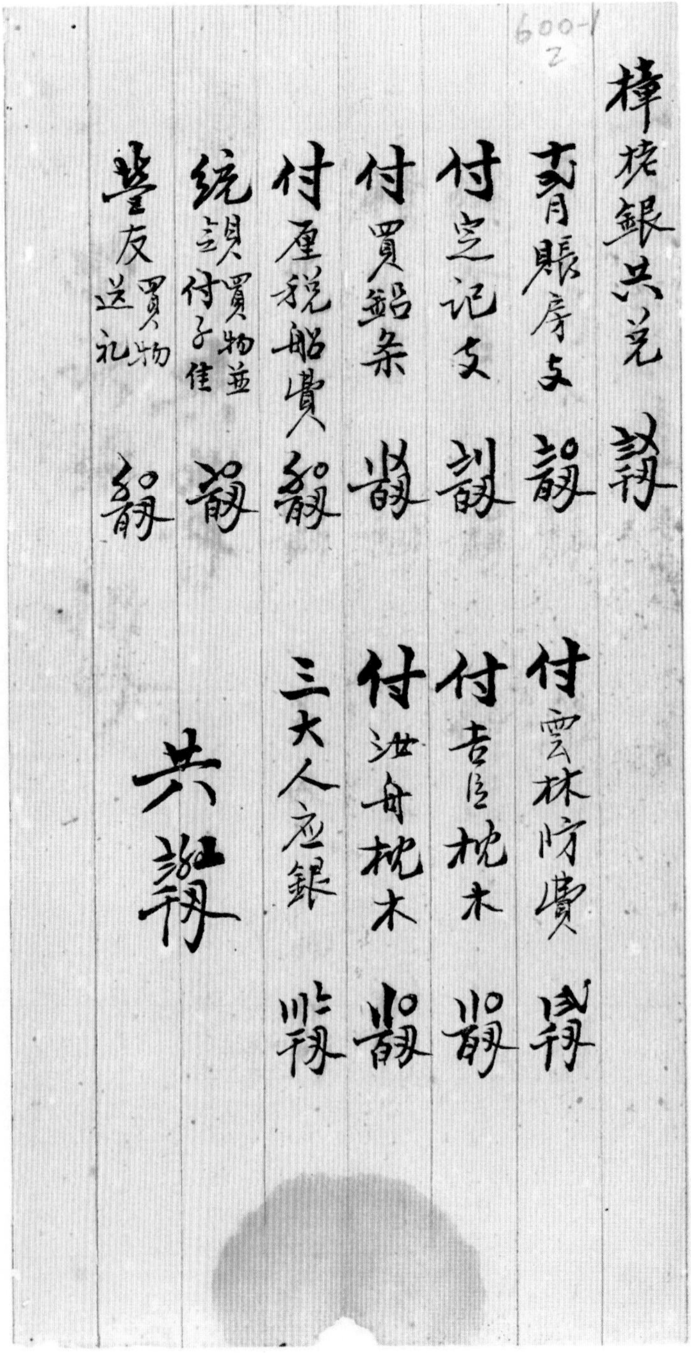

6

600-1
2

樟栳銀共若 [illegible]

去月賬房支 [illegible]

付定记支 [illegible]

付買鉛条 [illegible]

付厘税船費 [illegible]

统頭買物並付子佳 [illegible]

豐友送買物礼 [illegible]

付雲林防費 [illegible]

付吉邑枕木 [illegible]

付汕舟枕木 [illegible]

三大人应銀 [illegible]

共 [illegible]

樟栳銀共兌 8,400兩
十弍月賬房支 700兩
付定記支 720兩
付買鉛条 240兩
付厘稅船費 500兩
統領買物並付子佳 600兩
□友買物送礼 500兩

付雲林防費 1,200兩
付吉臣枕木 200兩
付汝舟枕木 200兩
三大人应銀 3,700兩
共 8,560兩

（九）其他

98．對帳單(2)

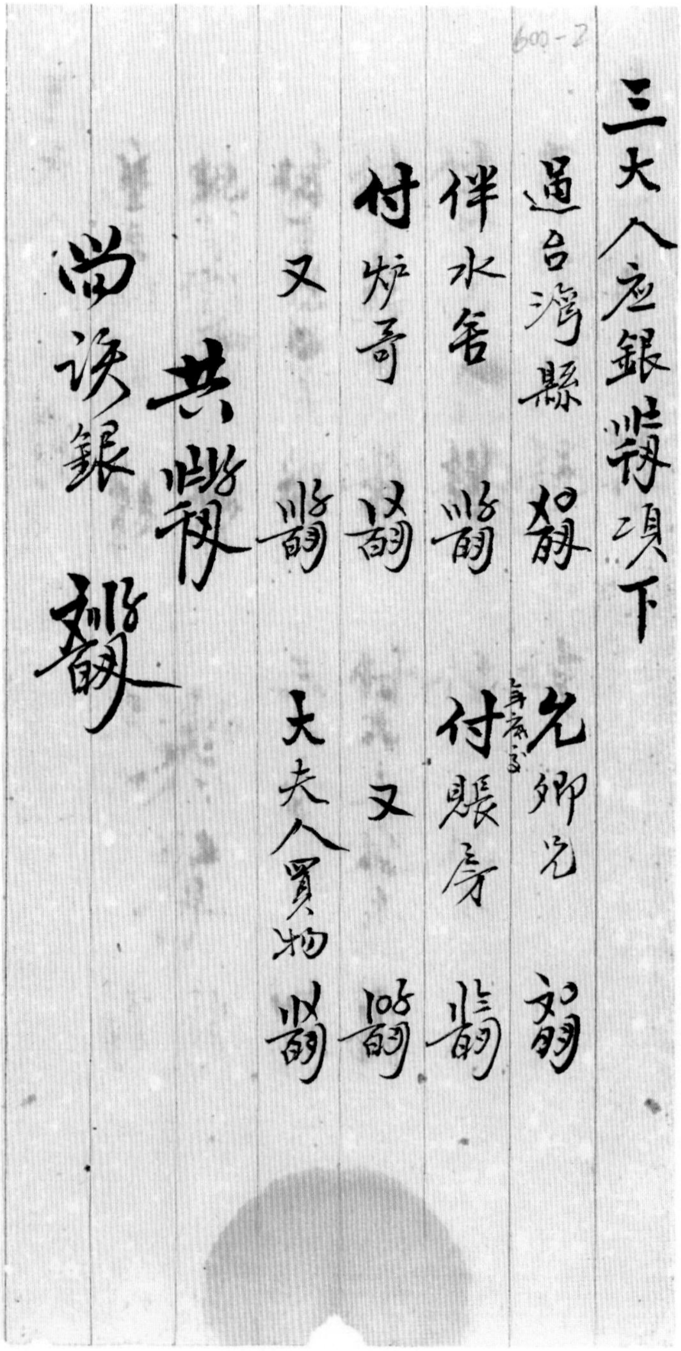
600-2
三大人應銀[illegible]項下
通台灣縣[illegible]
伴水舍[illegible]
付炉哥[illegible]
又[illegible]
共[illegible]
尚該銀[illegible]
先卿兄[illegible]
付脹房[illegible]
又[illegible]
大夫人買物[illegible]

三大人应銀3,700兩項下
過台灣縣 400兩
伴水舍 350兩
付炉哥 140兩
又 350兩
共 2,765兩
尚該銀 935兩

允卿兄 900兩
年底交付賬房 280兩
又 105兩
大夫人買物 240兩

參、林務

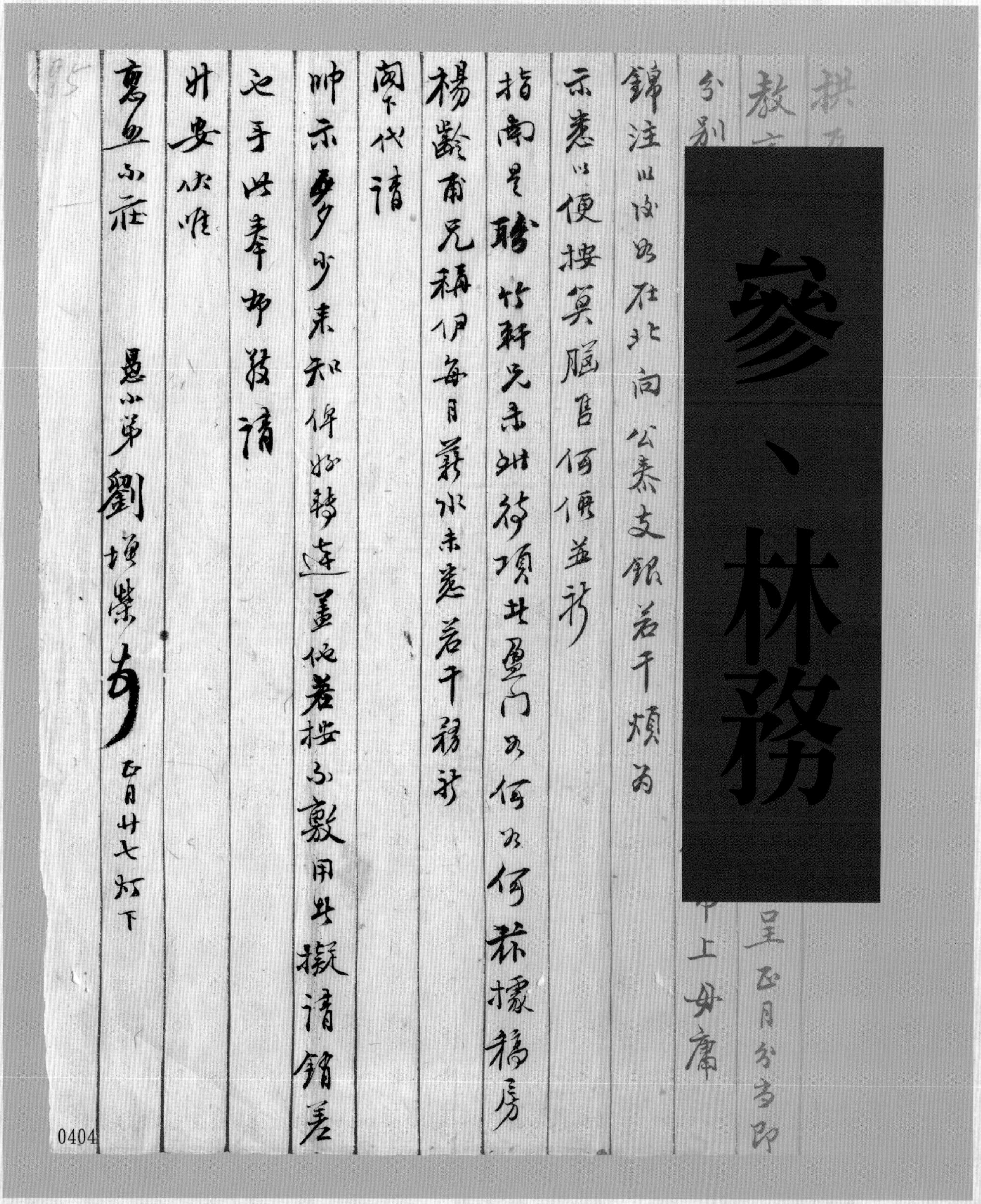
錦注以役民在北向公泰支銀若干頃為
示意以便按冀腦局何便並祈
指南是聽竹軒兄未出符項並無門以何以何辭據稿房
楊齡甫兄稱伊每月薪水未處若干移祈
閣下代請
帥示多少未知俟將轉達蓋伊若按不敷用並擬請銷差
之手此奉布敬請
升安伏惟
惠鑒不莊
愚小弟劉培業頓首 正月廿七燈下

0404

參、林務

（一）蔡燦雲發信 446

（一）蔡燦雲發信〈信函內容簡介〉

蔡燦雲，名振聲，乳名鐵牛，字燦雲，臺中葫蘆墩人，於汴仔頭（臺中市大肚區）開設「勝記」商號。一八九四年臺灣割日前夕，蔡燦雲與曾君定、林朝棟合資設「福裕源」號栳館，初設於集集，後遷汴仔頭，[1]將樟腦配運香港自賣，[2]翌年林朝棟退股，挈眷回清。日本統治伊始，蔡即任汴仔頭區街庄長，後因香港腦價連年大漲，獲利頗豐。[3]一八九九年《臺灣日日新報》謂蔡「以樟栳營業，並採運清國及外洋各貨發兌，生意大興，數年來獲金十餘萬」，為臺灣中部之樟腦巨商，自有汽船盛鴻丸往來臺北與臺中，攬載貨物。[4]一九〇一年前後根據日人調查，蔡為臺中重要資產家，與吳鸞旂、林允卿、蔡蓮舫、楊澄若等同列擁十萬元以上資產之豪紳。[5]

本書所收錄之蔡燦雲或以「勝記」為名發出的信函，共二十五件，對象主要為林拱辰、林如松兩人，時間集中於光緒十五年至光緒十七年（一八八九—一八九一）年間。文件中常見鈐蓋「勝記棧　住辨採兑粮穀」等印記，由書信往來可一窺勝記在經營腦業大發利市前的營業情況。勝記受林家之託，從事採買與委配，如林朝棟即委勝記棧代為發兑元寶庄、潭仔墘館、烏日等地米穀，以及伐自東勢角等地的黃肉枋，將枋集中於梧棲、大安，配運淡水發售，為此勝記號亦在梧棲的上帝公宮設有枋棧。勝記棧在給林拱辰的信中，不時回報黃肉枋在臺北、臺南、泉州、香港等地價格，視枋價與品質高低，「另覓別消」；此外，蔡燦雲亦會留意枋木庫存多寡，以免「終來餘存之枋剋本」，對市場行情變化反應敏銳。

另外，勝記還代林家採買米穀、腦缸、烏麻、絲煙等物，鴉片亦是重要採買物件。蔡燦雲與霧峰林家關係密切，足見一八九四年蔡與林朝棟等合資成立「福裕源」，可說其來有自，並非突然之舉。據曾受雇於蔡燦雲，擔任福裕源賬櫃的蔡青筠自述其工作情形說道：「當未作栳時，米為大宗，每早如五張犁、田中央、烏日庄之米船麕至，及午米客會賬後，再料理配船，晚飯後整理賬條，並泉、獺、淡、廈諸處之書信，且有布帛、藥材、雜貨、鴉片等，各埠採客到易……」[6]此段關於福裕源的經營記述，可與上述勝記代辦林拱辰等囑咐之各項採買與發兑，互為參照。

1 汴仔頭位於臺中大肚車站以西約三公里處，面臨大肚溪，清末時為貨物集散地，可利用船舶往來沿海各處。參見蔡懋棠，〈簡介清季臺灣樟腦業概況〉，《臺灣風物》第三〇卷第二期（一九八〇年六月），頁七四。

2 鄭喜夫，〈蔡青筠先生年譜〉，《臺灣文獻》第二六卷第四期．第二七卷第一期合刊（一九七六年三月），頁三二二。按一八九四年（光緒二〇年）蔡青筠受雇於蔡燦雲擔任腦棧賬櫃，頗受蔡燦雲重用。參見鄭喜夫，《林朝棟傳》，頁七六。

3 以一八九五年為例，香港腦價連番上漲，臺灣行情也從每箱二十二、三元升至四十七、八元。參見鄭喜夫，〈蔡青筠先生年譜〉，頁三二六。

4 〈回祿為災〉，《臺灣日日新報》，一八九八年五月十日，版四；〈腦商滯留〉，《臺灣日日新報》，一九〇〇年一月十三日，版四；〈利心爭競〉，《臺灣日日新報》，一八九八年六月二十九日，版五。

5 株式會社臺灣銀行，《第一次臺灣金融事項參考書附錄》（臺北：株式會社臺灣銀行，出版年不詳），頁二二〇。

6 蔡青筠，〈鹿港綠香居主人自述——菜耕紀事〉，《臺灣風物》第三十卷第二期（一九八〇年六月），頁八九。

（一）蔡燦雲發信

99・己元月廿日蔡燦雲致林拱辰信函

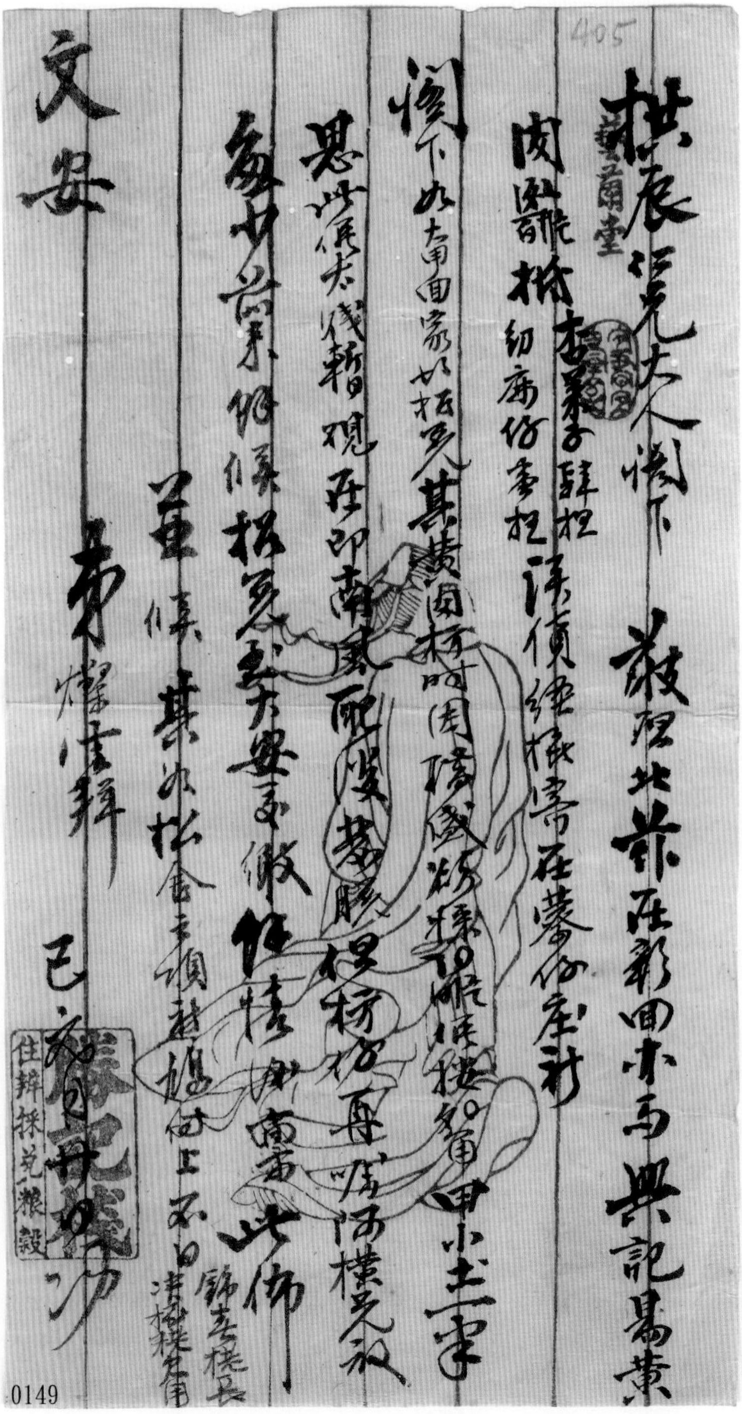

拱辰仁兄大人閣下，　敬啓者：茲在彰回办[7]，与興記易黃肉196片，抵杏菜子肆担 幼麻仔壹担，該貨経挑寄在藔仔庄[8]，祈

閣下如大甲[9]回家，切抵兑。其黃肉枋時因瑞盛欲採100片，価按9角，甲[10]小土[11]一半，思此価太賤，暫覌在即南風配淡[12]發脫。但枋仔再囑阿横兄放多少前來，餘候招兑至大安[13]交繳，餘情後稟。此佈

並候

文安。

弟燦雲拜　己[14]元月廿日泐【印】[15]

其如松舍[16]之項，祈鳩付上，不日。錦春栳長 决挑栳欠用

---

7 办：汴子頭，今臺中大肚一帶。

8 藔仔庄：今臺中市大肚區成功里寮仔。其地位於大肚市區西北側二公里；汴仔頭北側一．五公里。

9 大甲：今臺中市大甲區大甲，舊屬大甲街。

10 甲：閩南語音，「配搭」之意。

11 小土：鴉片的一種，產於中國。

12 淡：淡水港，今新北市淡水區。

13 大安：大安港，今臺中市大安區。

14 己：己丑年，即光緒十五年（一八八九）。

15 印記內文：「勝記棧／住辨採兑粮穀」。

16 如松舍：指林如松。

（一）蔡燦雲發信

100・己丑叁月初九日午勝記棧致林拱辰信函

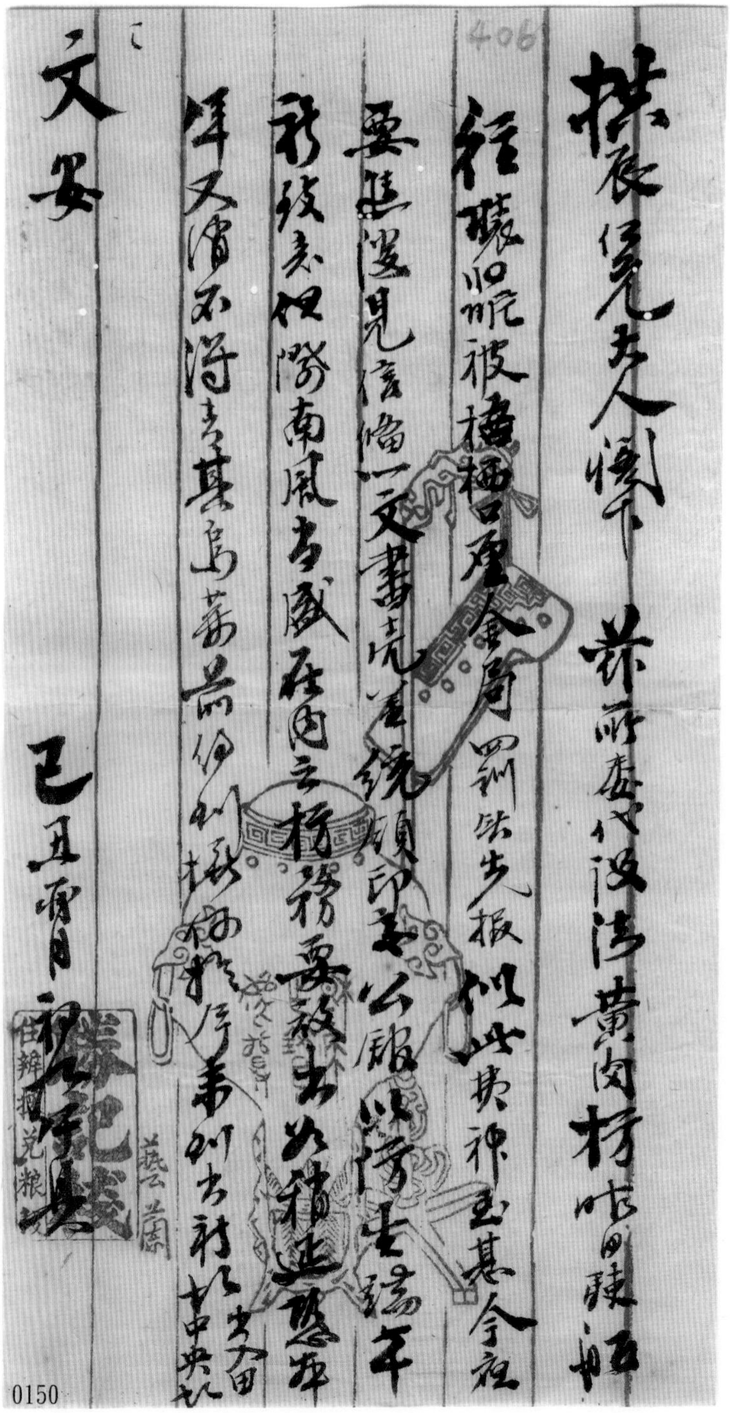

拱辰仁兄大人閣下 茲啟者 代設法黃肉材 昨日經
經張昭被擒 櫃口屋金司 四月然出 乞根 但此契神至甚 今在
要進退兒信倫一文書 兌名 統領印去公館 以待上諸年
我後來但聞南風吉盛在因六材務要救出 爲稍延懸擔
得又清不得去 其鳥華兩俗例擬將待事得出材 從中央私出大田
文安
己丑參月初九日午勝記具

勝記棧
住辨振兌糧

0150

拱辰仁兄大人閣下：　茲所委代設法黃肉枋，昨日駛船往裝200片，被梧棲口厘金局罰無先报，似此費神至甚。今夜要進淡，見信偹一文書，売蓋統領印，交公舘以防生端，幸祈致意。但際南風当盛，在內之枋，務要放出，如稍延，恐本年又消不得去。其烏蘇前約到挑，何於今未到，出祈切，出入田中央切

上

文安。

己丑叁月初九日午具【印】[17]

17 印記內文：「勝記棧／住辨採兑粮穀」。

（一）蔡燦雲發信

101・己丑年四月初七日蔡燦雲致林如松、林拱辰信函

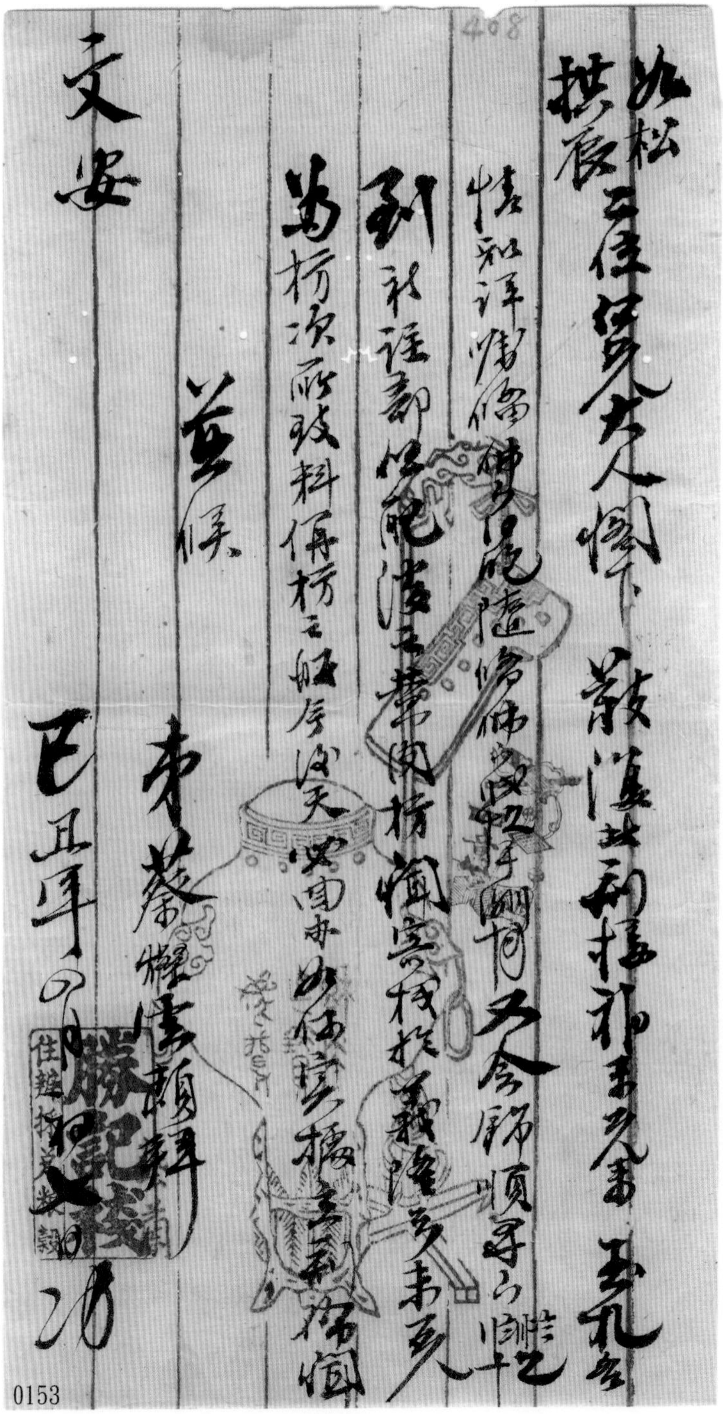

如松
拱辰二位賢大人閣下
……
文安
弟蔡燦雲頓拜
己丑年四月初七日

0153

如松
拱辰二位仁兄大人閣下：敬復者，刻接福來兄來　玉札，各情知詳。囑傜佛艮100元，隨傜佛艮22元，平15.3兩。又会錦順单，艮28.328元，到祈註部〔簿〕。但配淡之黃肉枋，聞寄棧於義隆号未兑，爲枋次所致，料俩枋之船今、後天必回办，如何实據，立刻佈聞。
並候
文安。

弟蔡燦雲頓
己丑年四月初七日泐【印】[18]

18 印記內文：「勝記棧／住辨採兑粮穀」。

（一）蔡燦雲發信

102・己四月十三日勝記棧致林拱辰信函(1)

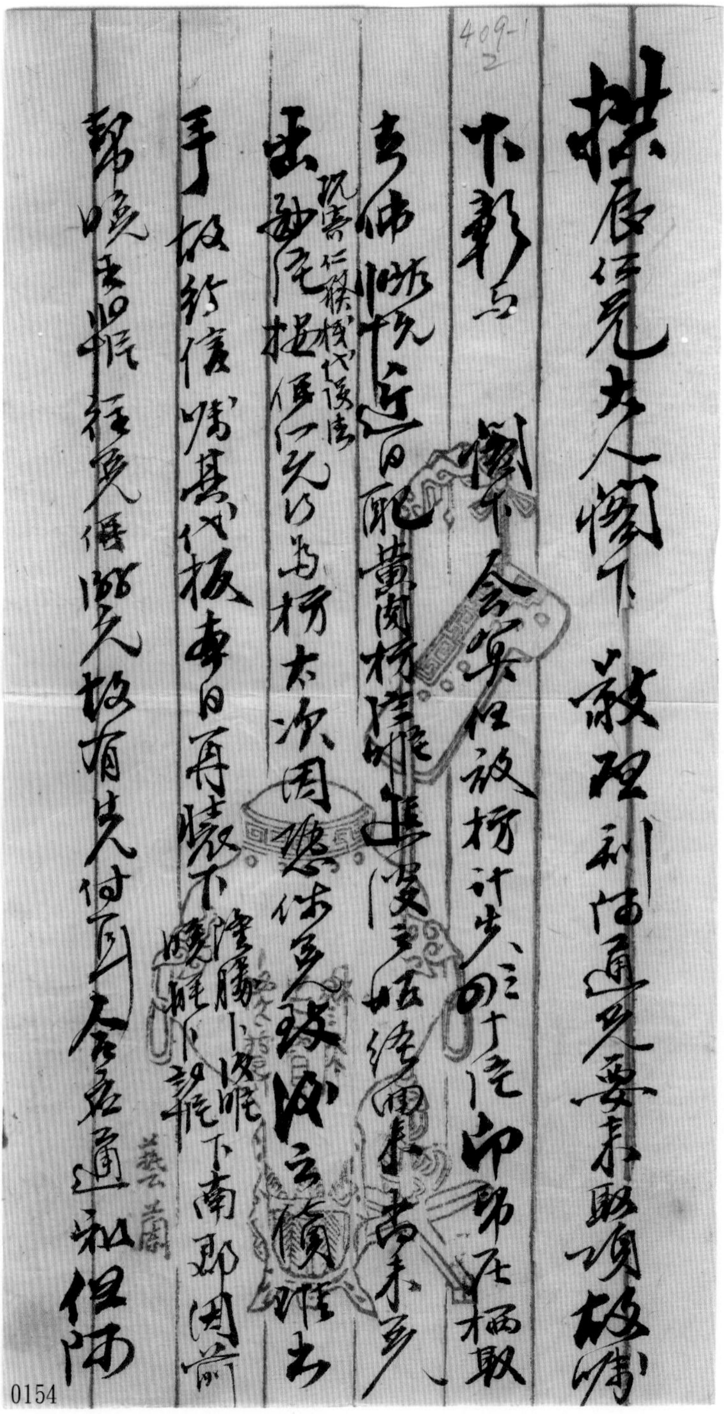

0154

拱辰仁兄大人閣下敬啓：刻阿通兄要來取項，故囑

下彰与　閣下会算。但放枋計先三四十片，即幇[19]在栖取

去佛20.7左元。近日配黃肉枋180片，進淡之船経回來，尚未兌

出，現寄仁發棧代設法。每片按価1.1元，乃為枋太次，因恐儘兌，致後之貨难出

手，故行信囑其代扳。本日再裝下隆勝卜190片 □舵卜80片 下南郡，因前

幇晚出20片，往兌価1.55元，故有先付耳。合应通知，但阿

19 即幇：閩南語音，同「這幇」，指「這次」之意。

（一）蔡燦雲發信

102・己四月十三日勝記棧致林拱辰信函(2)

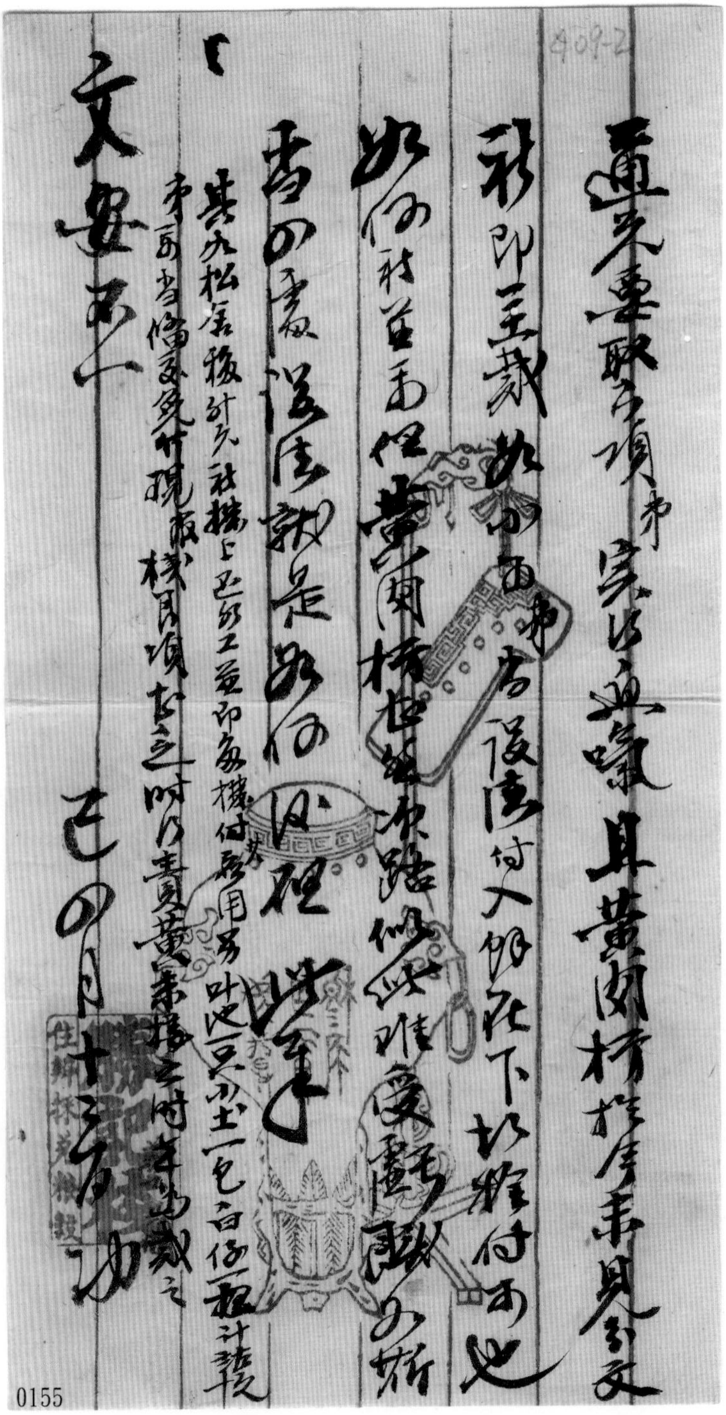

通兄要取艮項，弟実得迫嗔，且黃內枋於今未見分文，
祈即主裁。如小〔稍〕可，弟当設法付入，餘在下切拴付可也，
如何，祈並示。但黃內枋甚然次路，似此难受虧，既如斯，
当四處設法就是。如何？後啓。　此稟
文安，不一。
己[20]四月十三日泐【印】[21]

其如松舍移50元，祈撥上还水工，並即多撥付其应用。另叶池一只、小土一包、白仔一担，計80左元，
弟亦当傗交免介。現敝棧艮項甚乏，时乃責〔青〕黃未接之時，幸爲裁之。

20 己：己丑年，光緒十五年（一八八九）。
21 印記內文：「勝記棧／住辨採兑粮穀」。

（一）蔡燦雲發信

103・己四月二十二日蔡燦雲致林如松、林拱辰信函(1)

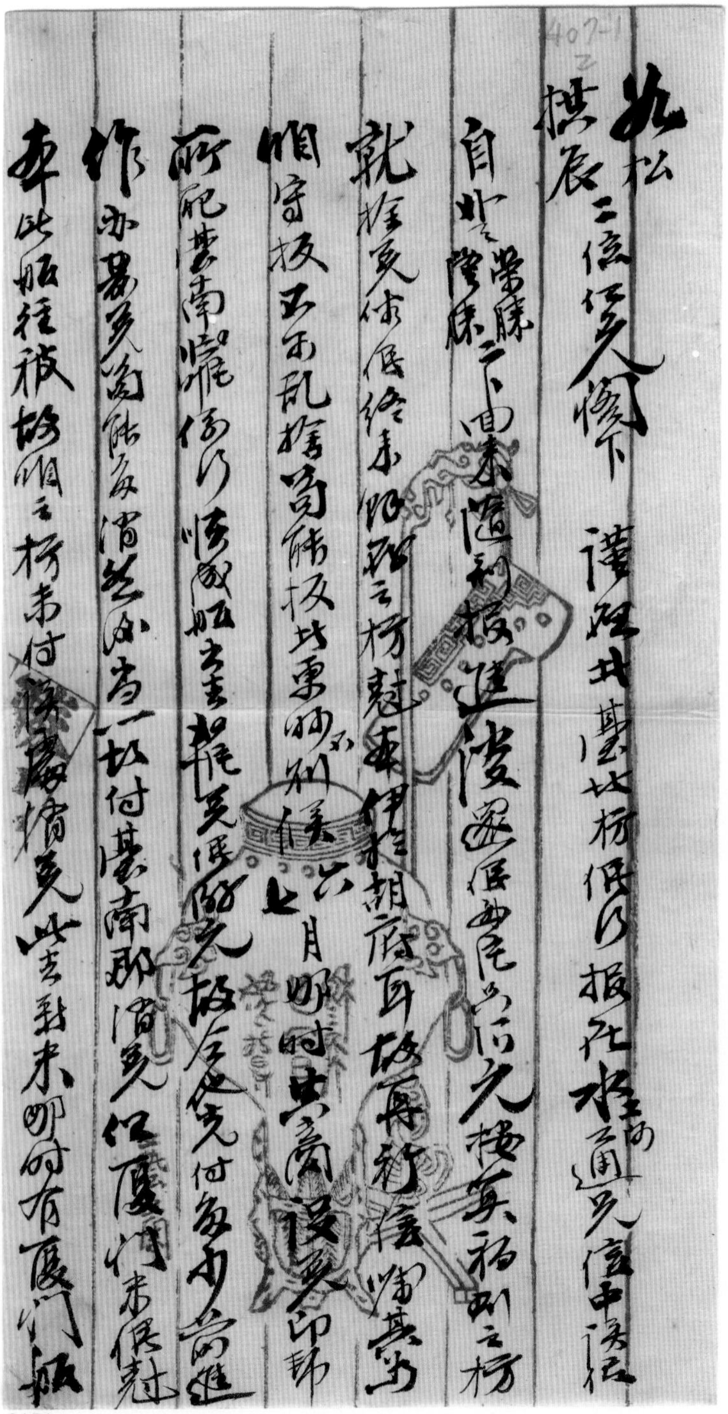

0151

如松/拱辰二位仁兄閣下：　謹啓者，臺北枋価得报在水工阿通兄信中。該信自四月十一日榮勝/隆勝二卜回來，隨刻报進淡，還価每片只1.12?元，按筫移到之枋就拴兑儘価，終來[22]餘存之枋尅本，伊於胡底耳。故再行信囑其爲咱守扳，不可乱捨，苟能扳者更妙，不則候六/七月那时共商設兑。即幇所配臺南270片，係行順成船出去40片，兑価1.55元，故仝他先付多少，前進作办發兑，苟能多消，然後当一切付臺南郡消兑。但廈門米価尅本，無船往彼，故咱之枋未付該處消兑。此去新米，那时有廈門船

22 終來：閩南語音同「將來」。

（一）蔡燦雲發信

103・己四月二十二日蔡燦雲致林如松、林拱辰信函(2)

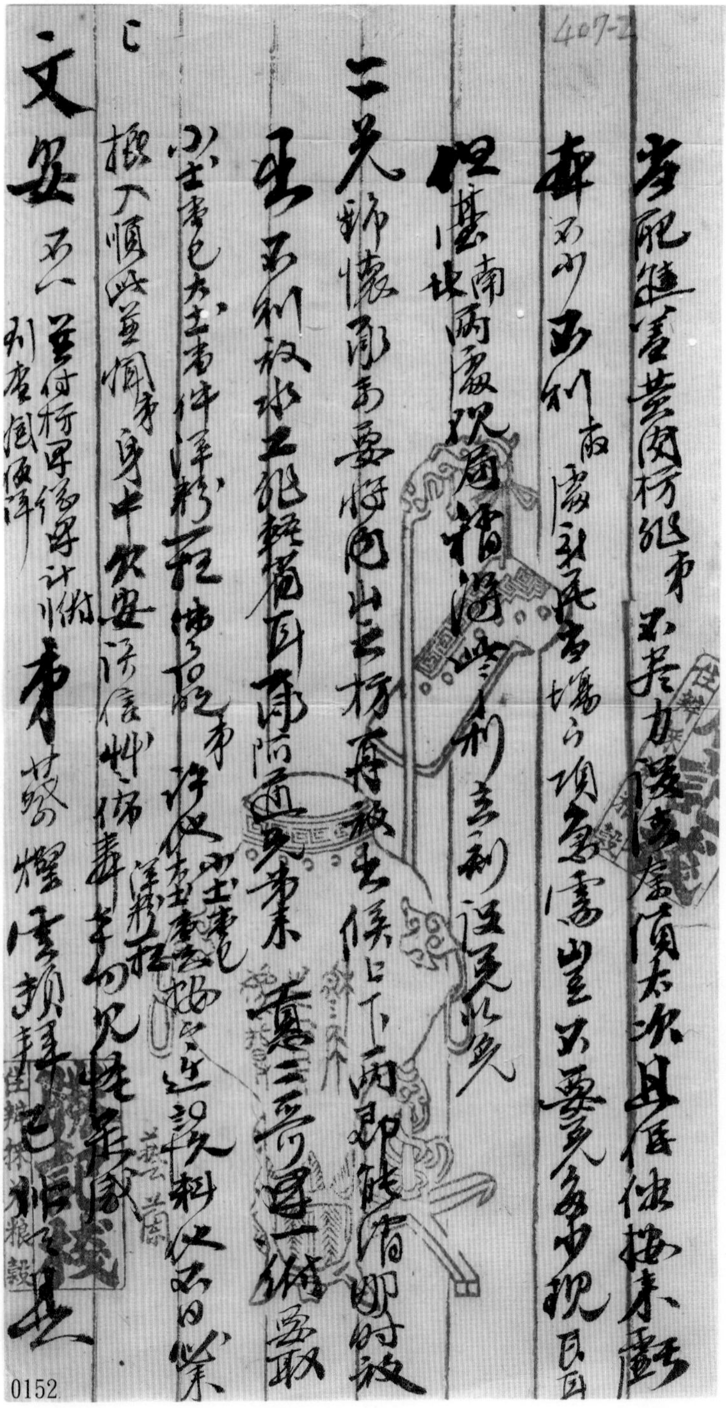

当配進。蓋黃內枋非弟不尽力設法，奈貨太次，且価儘，按來虧本不少，不利敝處，新片当場艮項急需，豈不要兑多少現艮耳。但臺南北兩處，觀局稍得些艮利，立刻設兑以免二兄錦懷。承示要將內山之枋再放出，候上、下兩郡能消那时放出，不則放水工，非輕省耳。承阿通兄帶來 憙二哥单一紙，要取小土壹包、大土壹件、洋粉一担、佛艮100元，弟許他大土壹項(小土壹包 洋粉一担)?，按艮近80元，料他不日必來挑入。順此。並聞

上

文安，不一。

弟蔡燦雲頓拜　己四月二十二日具【印】[23]

弟身中欠安，該信艸佈奉，幸勿見怪是感。並付枋单、総单計2紙，到查閱便詳。

---

23 印記內文：「勝記棧／住辨採兑粮穀」。

（一）蔡燦雲發信

104・己五月廿一日勝記棧致林拱辰信函

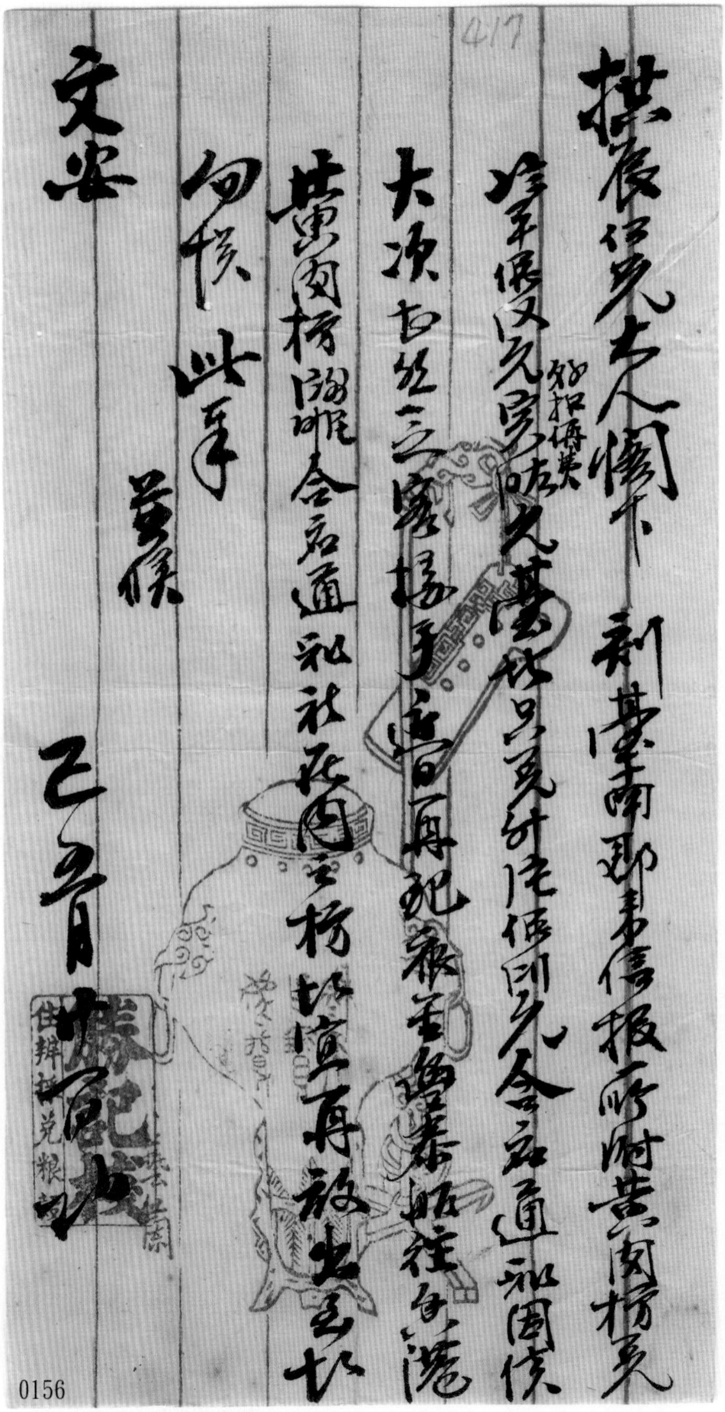
417

拱辰仁兄大人閣下　新基臺南郵來信報所附黃肉栲兄
昨年很又兄多咕外加佛類之基臺代只兒計紀似同兄合名通知困俟
大凡已然之處據手續再祀根至魯春振往台灣
黃肉栲湖尾合名通知社在內之栲怕宜再設出去也
旬候　此年
並候
文安
己五月廿一日勝記棧

0156

拱辰仁兄大人閣下：刻臺南郡來信，報所附黃內枋兑6.8平，価1.4元，外扣佣費，実1.0左元。臺北只兑50片，価1.22元，合应通知。因貨大次甚然，乏客接手。近日再配鹿金豐泰船往香港黃內枋180外片，[24]合应通知。祈在內之枋，切宜再放出，至切勿悮。此奉。

並候

文安。

己[25]五月廿一日泐【印】[26]

24 即一八〇餘片之意。

25 己：己丑年，光緒十五年（一八八九）。

26 印記內文：「勝記棧／住辨採兑粮穀」。

（一）蔡燦雲發信

105・己六月廿六日勝記棧致林拱辰信函

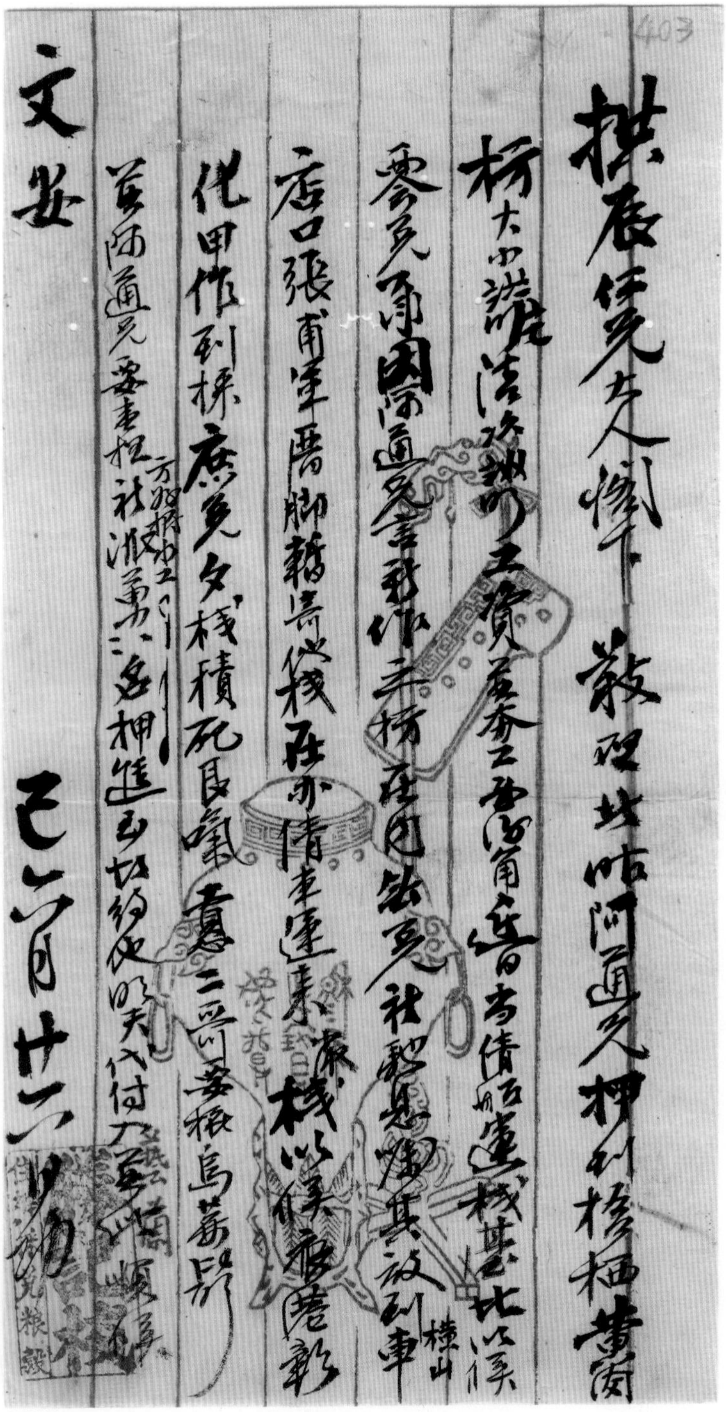

0157

拱辰仁兄大人閣下：敬啓者，昨阿通兄押到梧栖黄肉枋大小877片，清次844斤，工資並夯工□1.5角。近日当倩船運棧臺北，以候零兑。承因阿通兄言，新作之枋在內無兑，祈馳息囑其放到横山車店口[27]張甫軍厝脚暫寄他棧，在办倩車運來敝棧，以候鹿港、彰化甲作到採，庶免夕棧積死艮[口+氣]。悳二哥要挑烏蘇120斤，並阿通兄要壹担，方好抵水工，祈派勇一二名押進，至切。約他明天代付入，專此。順候

文安。

己六月廿六日泐【印】[28]

---

27 横山車店口：今臺中市大雅區横山里下横山。下横山舊稱為車店口或横山店仔，為清朝大雅庄最早開發之處，亦為交通要衝，經横山店仔可至西大墩（今臺中市西屯區）、犁頭店（今臺中市南屯區），為鹽、米等運輸必經之道。

28 印記內文：「勝記棧／住辨採兑粮穀」。

（一）蔡燦雲發信

106・己桂月初四日勝記棧致林拱辰信函

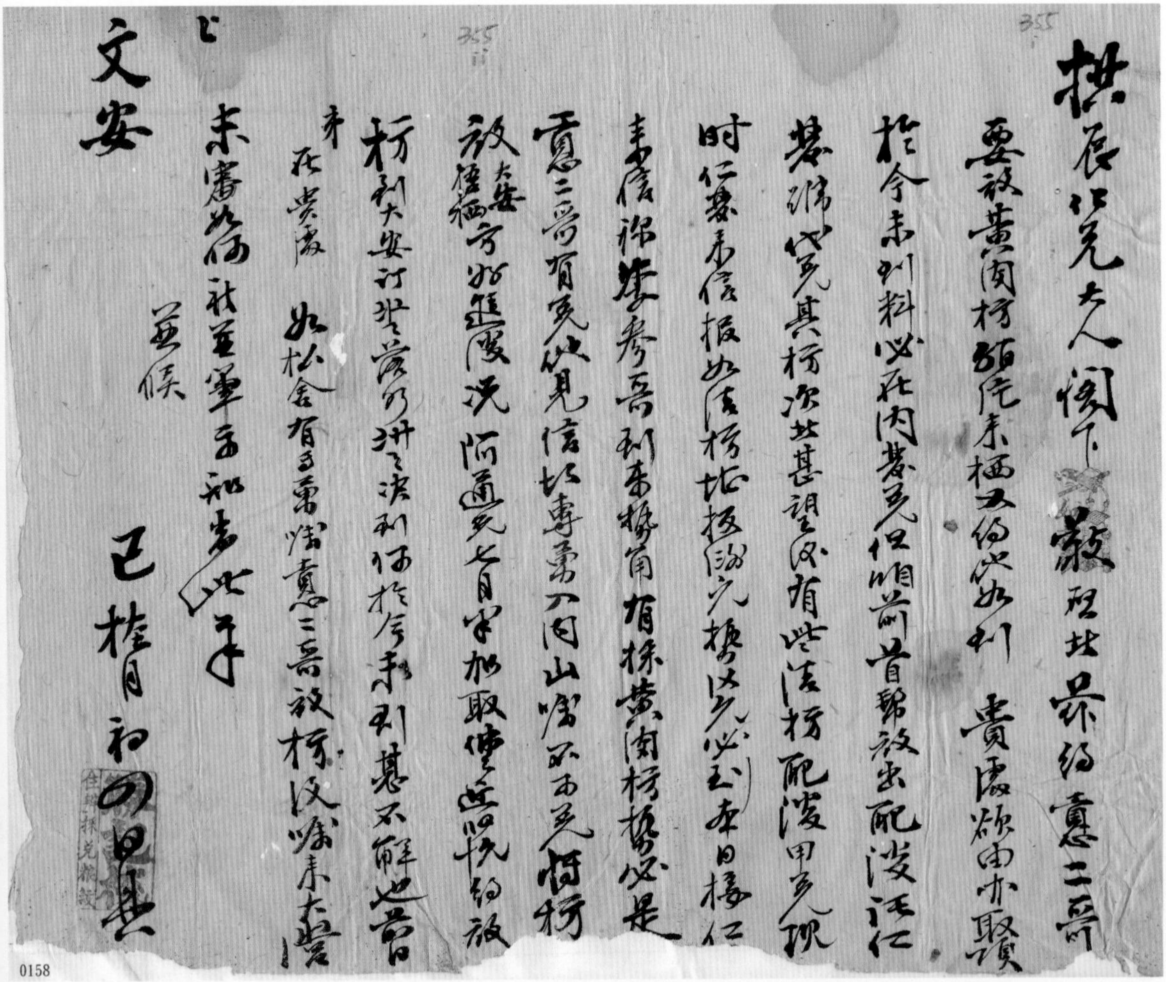

0158

拱辰仁兄大人閣下：　敬啓者，茲約悥二哥
要放黃肉枋[29]500片來栖，又約他如到　貴處，欲由办取項。
於今未到，料必在內發兑。但咱前首幇放出配淡，託仁
發號代兑其枋，次者甚望後有些清枋配淡甲兑[30]。現
时仁發來信报，如清枋堪扳1.3外元，势1.4元必到。本日接仁發
來信，称李参哥到東势角，有採黃肉枋，势必是□
悥二哥有兑他。見信切專勇入內山，囑不可兑，將枋□
放大安梧栖，方好進淡。況阿通兄七月半加取佛艮近20元，約放
枋到大安，訂7月16日落水，7月20日決到，何扵今未到，甚不鮮也。前日
弟在貴處　如松舍有專勇囑悥二哥放枋，後囑來大營，
未審如何，祈並筆示知。耑此。奉

並候

上

文安。

己桂月[31]初四日具【印】[32]

---

29 黃肉枋：指黃肉樹裁切而成之枋（方形的木柱）。黃肉樹，即小梗木薑子（*Litsea hypophaea* Hayata）之別稱，亦稱為黃肉楠，屬於樟科，生長於臺灣全島低至中海拔山地。木材呈現黃色，質地緻密、堅韌，可做小型器具用材。

30 甲兑：屆時再兑售之意。

31 桂月：農曆八月。

32 印記內文：「勝記棧／住辨採兑粮穀」。

（一）蔡燦雲發信

107．己丑年桂月廿日早勝記棧致林拱辰、林如松信函(1)

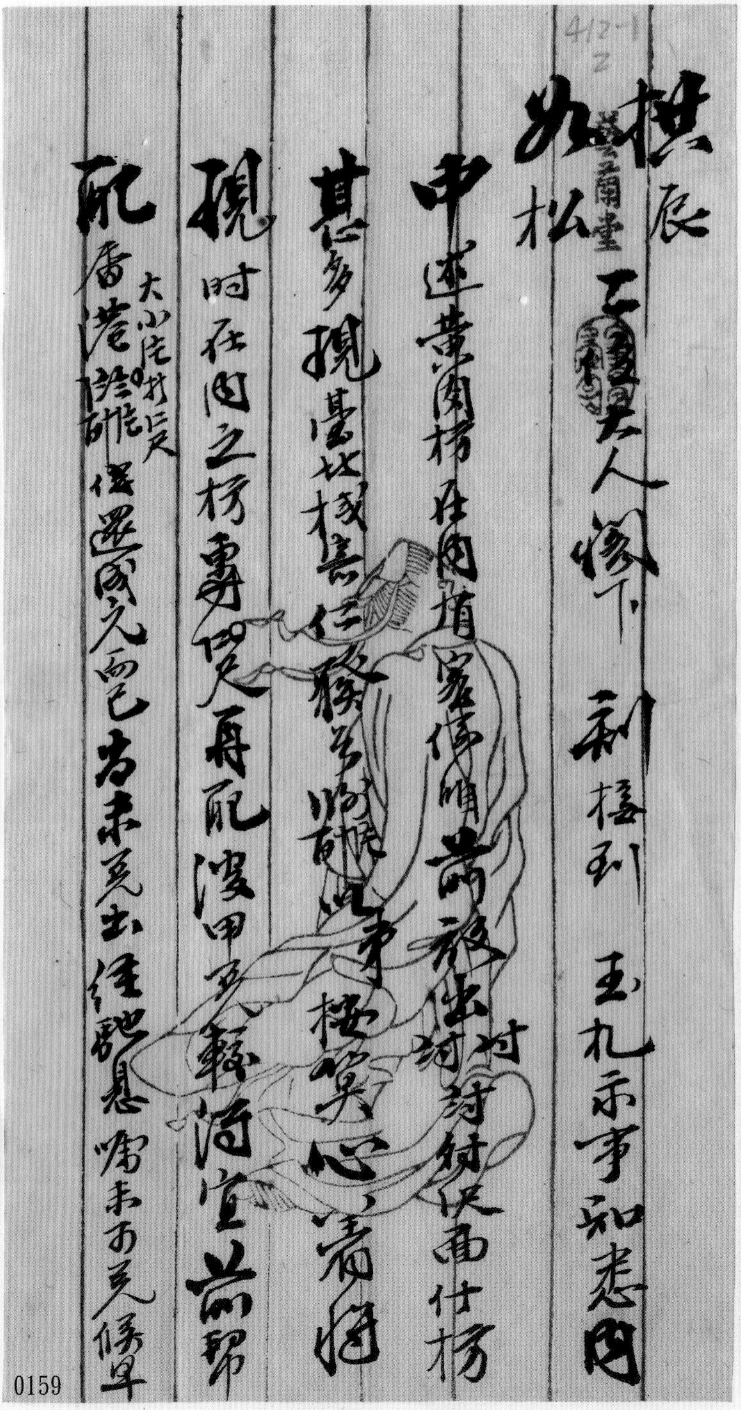

拱辰
如松二位大人閣下：　刻接到　玉札，示事知悉。內
中述黃肉枋，在內有客係咱前放出6寸、7寸、8寸、9寸、1尺面什枋
甚多，現臺北棧寄仁發号200外片。以弟按算，心着將
現时在內之枋，專1.2尺，再配淡甲兑較得宜。前幇
配香港188片，大小片折1.2尺，価還成元而已，尚未兑出。経馳息囑未可兑，候早

（一）蔡燦雲發信

107・己丑年桂月廿日早勝記棧致林拱辰、林如松信函(2)

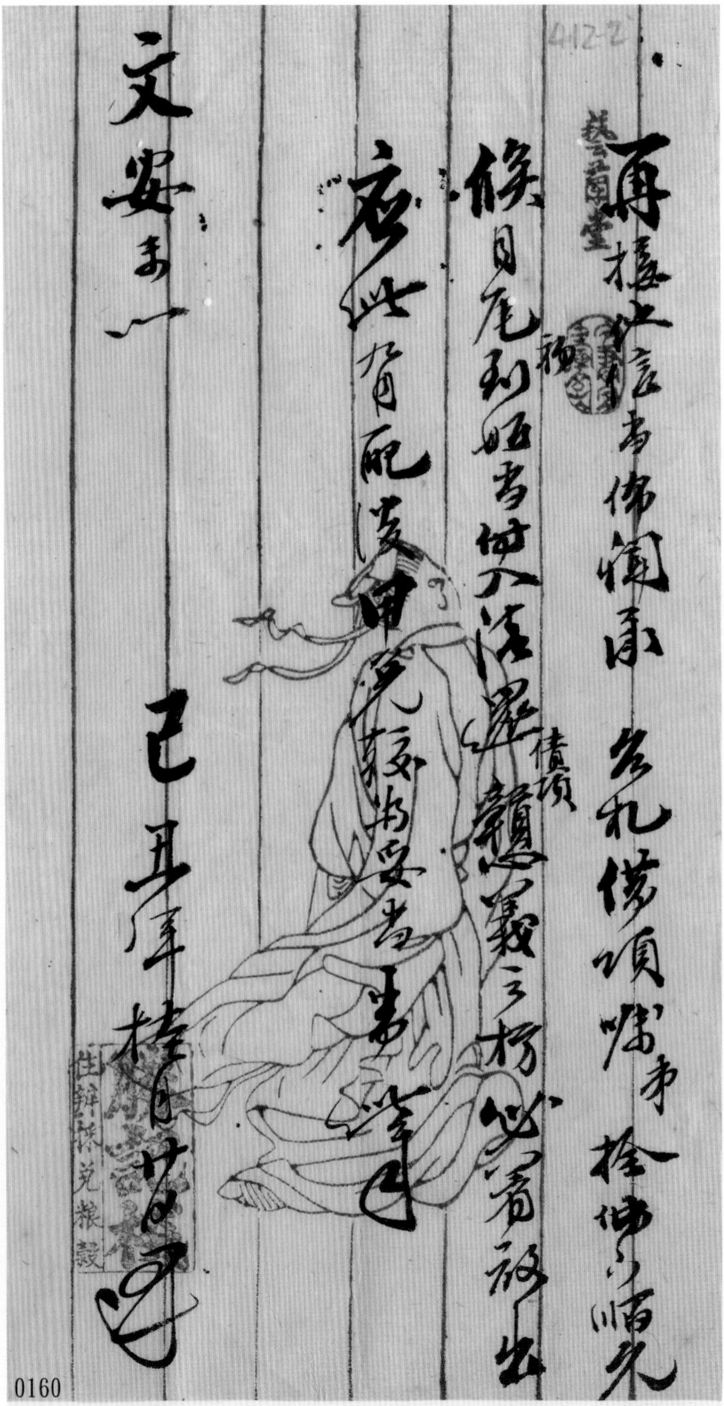

再接他信，当佈聞。承　台札借項，囑弟拴佛銀300元，
俟月尾福到船，当付入清還債項。戇義之枋必着放出，
应此九月配淡甲兑較爲妥当。耑此奉
文安，未一。
己丑年桂月廿日早【印】[33]

33 印記內文：「勝記棧／住辦採兑糧穀」。

（一）蔡燦雲發信

108．庚寅花月十八日勝記棧致林拱辰信函

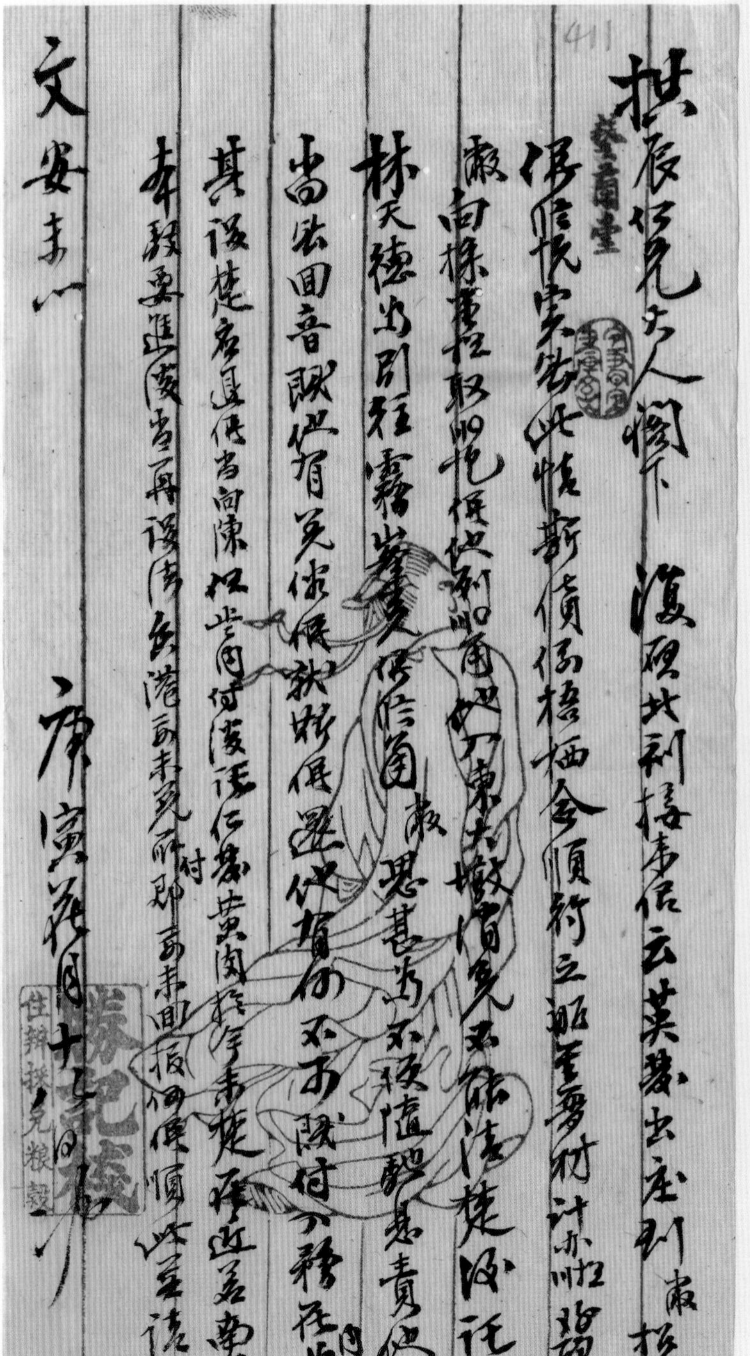
拱辰仁兄大人閣下
文安
庚寅花月十八日
0161

拱辰仁兄大人閣下：　復啓者，刻接來信云，英發出庄到敝，報他価28元，実無此情。斯貨係梧栖合順行之船金晋財，計办3担450包，敝向採壹担，取30包，価他列3.0角。他入東大墩消兑，不能清楚，後託林天德爲引，往霧峯兑価2.8角。敝思甚爲不便，隨馳息責他，尚無回音。既他有兑儘価，就斯価還他有何不可。既付入，務在內爲其設楚，应退価当向陳。但𠀌內付淡，託仁發黃肉，於今未楚，在近若南凮，本駁要進淡，当再設法。香港亦未兑所付，郡亦未回报何価。順此，並請
文安，未一。

庚寅[34]花月[35]十八日泐【印】[36]

---

34 庚寅：光緒十六年（一八九〇）。
35 花月：農曆二月。
36 印記內文：「勝記棧／住辨採兑糧穀」。

（一）蔡燦雲發信

109・庚正月廿八日蔡燦雲致林拱辰信函

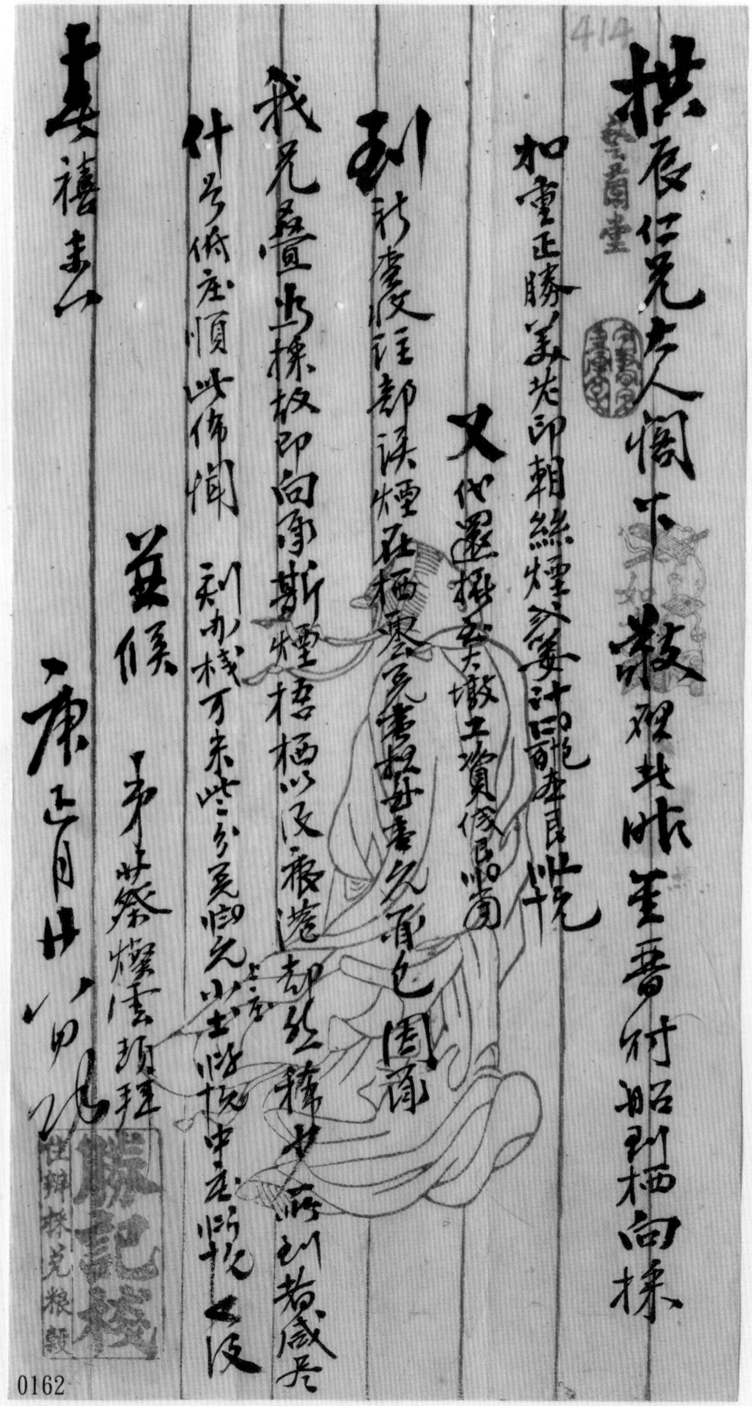
拱辰仁兄大人閣下 敬啓者 昨早番付船到梧棲向棟
如重正勝美花印粗絲煙叄簍計一百五十包查收是荷
又代還[illegible]大墩土資[illegible]
到新庄[illegible]誤煙在梧棲[illegible]兄書[illegible]色[illegible]
我兄[illegible]採收即向[illegible]斯煙梧棲以及[illegible]港[illegible]
什物[illegible]順此佈聞 [illegible]
並候
弟蔡燦雲頓拜
大安
禧[illegible]
庚正月廿八日[illegible]
勝記棧
0162

拱辰仁兄大人閣下：　敬啓者，昨金晋財船到栖，向採加重正勝美老印朝絲煙[37]弍簍，計120包，本艮36元。又代還挑至大墩工資伐艮3.0角，到祈查收註部〔簿〕。該煙在栖零兑壹担，每壹元叁包，因承我兄叠爲採，故即向承斯煙。梧栖以及鹿港却然稀少，所到者咸尽什号低庄。順此佈聞。刻办棧万米[38]，此二分兑2.80元、上庄小土22.5元、中庄22艮?元，又及。

並候

春禧，未一。

弟蔡燦雲頓拜　庚正月廿八日泐【印】[39]

37 朝絲煙：煙之一種，待查。

38 万米：同「晚米」。臺灣當時稻作一年有兩季，晚米為後季所產之米。

39 印記內文：「勝記棧／住辨採兑糧穀」。

（一）蔡燦雲發信

110・庚桐月廿七日勝記棧致林拱辰信函

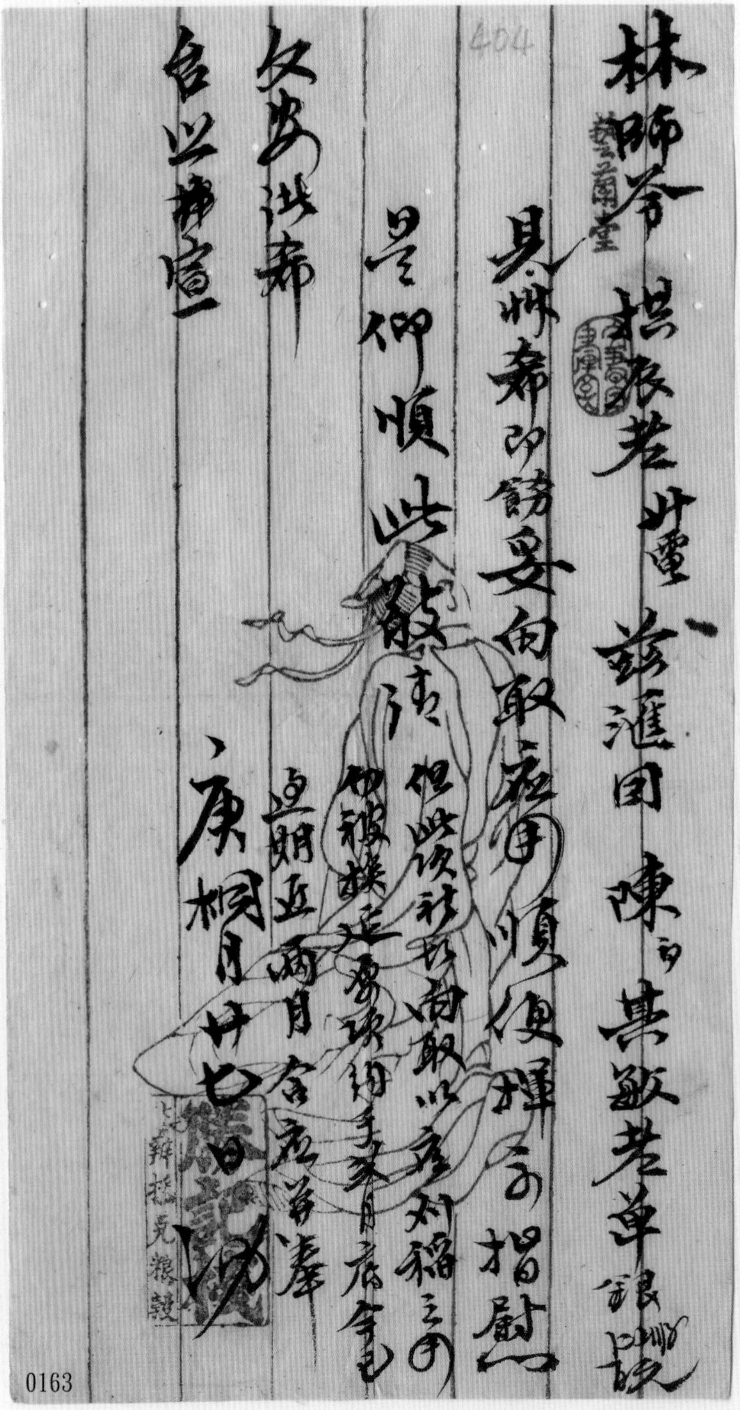
林師爺拱辰老升電：茲滙回陳其敏老草銀卅八員，將希即飭妥向取[illegible]順便揮子指[illegible]，是仰順此敬請
但此項利息向取以庄對稻三甲，[illegible]
是期至兩月合庄莫奉
文安
洪希
台照
庚桐月廿七日 勝記
0163

林師爺　拱辰老升電：茲滙回　陳印?其敏老单，銀126.35元，

見艸希即飭妥向取应用，順便揮示指慰

是仰。順此敬請

文安。諸希

台照弗宣。

庚[40]桐月[41]廿七日　泐【印】[42]

但此項祈切向取以应刈稻之用，

勿被挨延。原項約于弍月底，今已

過期近兩月，合应并奉。

40 庚：庚寅年，光緒十六年（一八九〇）。

41 桐月：農曆三月。

42 印記內文：「勝記棧／住辦採兑粮穀」。

（一）蔡燦雲發信

111．庚寅陽月拾八日勝記棧致林拱辰、林如松信函

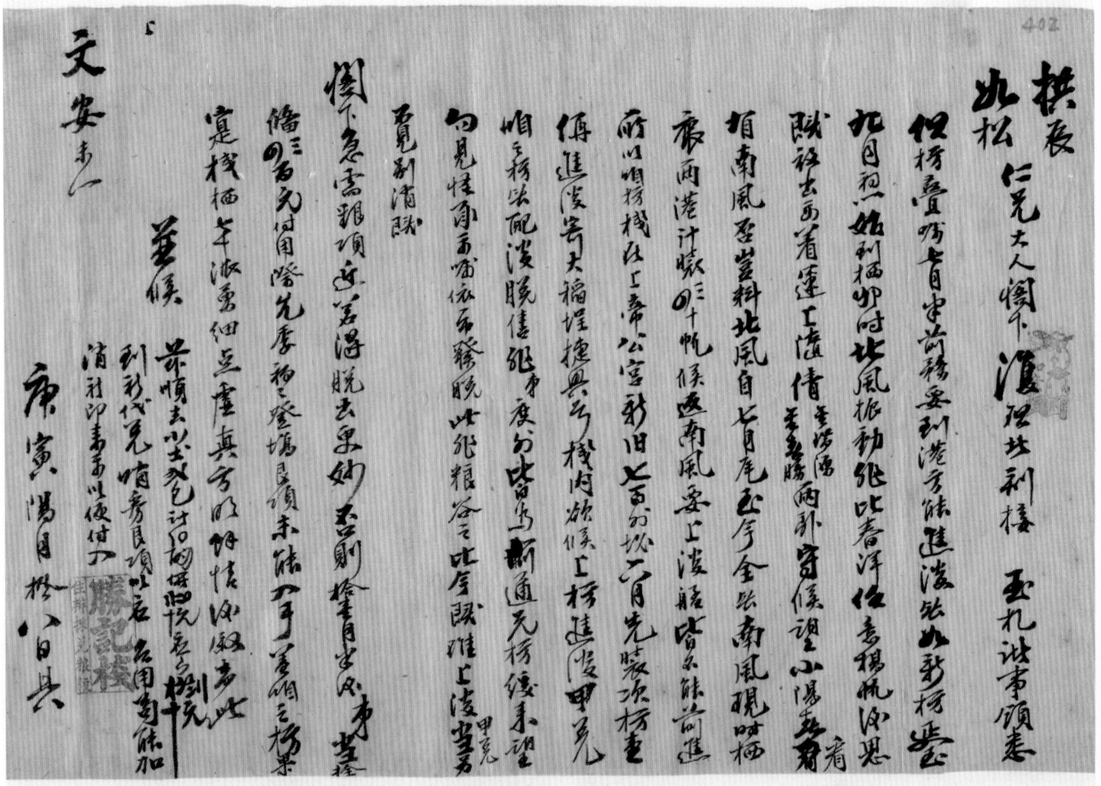

拱辰
如松仁兄大人閣下：復啓者，刻接　玉札，諸事頌悉，
但枋叠囑七月半前務要到港，方能進淡。無如新枋，延至
九月初一始到栖，那时北風振動，非比春洋任意揚帆。後思
既放出，亦着運上，隨倩金瑞源金春勝兩駁守候，望小陽春[43]看
有南風否。豈料北風自七月尾至今全無南風，現时栖、
鹿兩港計裝三、四十帆候返，南風要上淡，艋皆不能前進。
所以咱枋棧在上帝公宮[44]，新、旧七百外塊，六月先裝，次枋壹
俩進淡，寄大稻埕捷興号棧內，欲候上枋進淡甲兑。
咱之枋無配淡脱售，非弟度外，皆爲阿通兄枋緩來，望
勿見怪。承示囑依市發脱，此非粮谷之比，今既难上淡甲兑，当另
覔別消。既
閣下急需艮項，近若得脱出更妙，否則拾壹月半後，弟当拴
倫三四百元付用，際允季初初登場，艮項未能入手，盖咱之枋果
寔棧栖，幸派勇細点虛眞方明，餘情後敘。耑此
　　並候
文安，未一。
　　　　庚寅陽月[45]拾八日具
　　茲順去小土弍包，計100兩，価22元，应艮47.82元，
　　到祈代兑哨房艮項，以应急用。苟能加
　　消，祈即來示，以便付入。【印】[46]

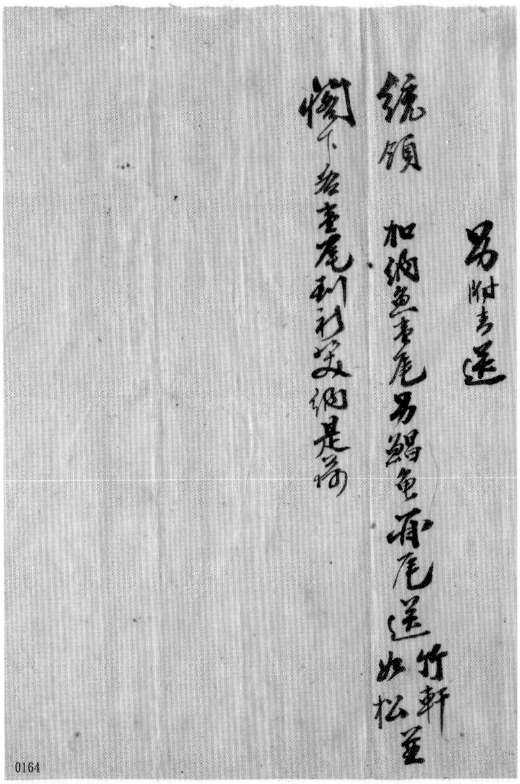

0164

另附去送

統領　加納魚壹尾，另鯧魚叁尾，送竹軒如松並

閣下各壹尾，到祈笑納是荷。

43 小陽春：農曆十月。

44 上帝公宮：疑今梧棲之「真武宮」，主祀玄天上帝，位於臺中市梧棲區西建路一〇四號。

45 陽月：農曆十月。

46 印記內文：「勝記棧／住辦採兑粮穀」。

（一）蔡燦雲發信

112・庚寅陽月廿七日勝記棧致林拱辰信函

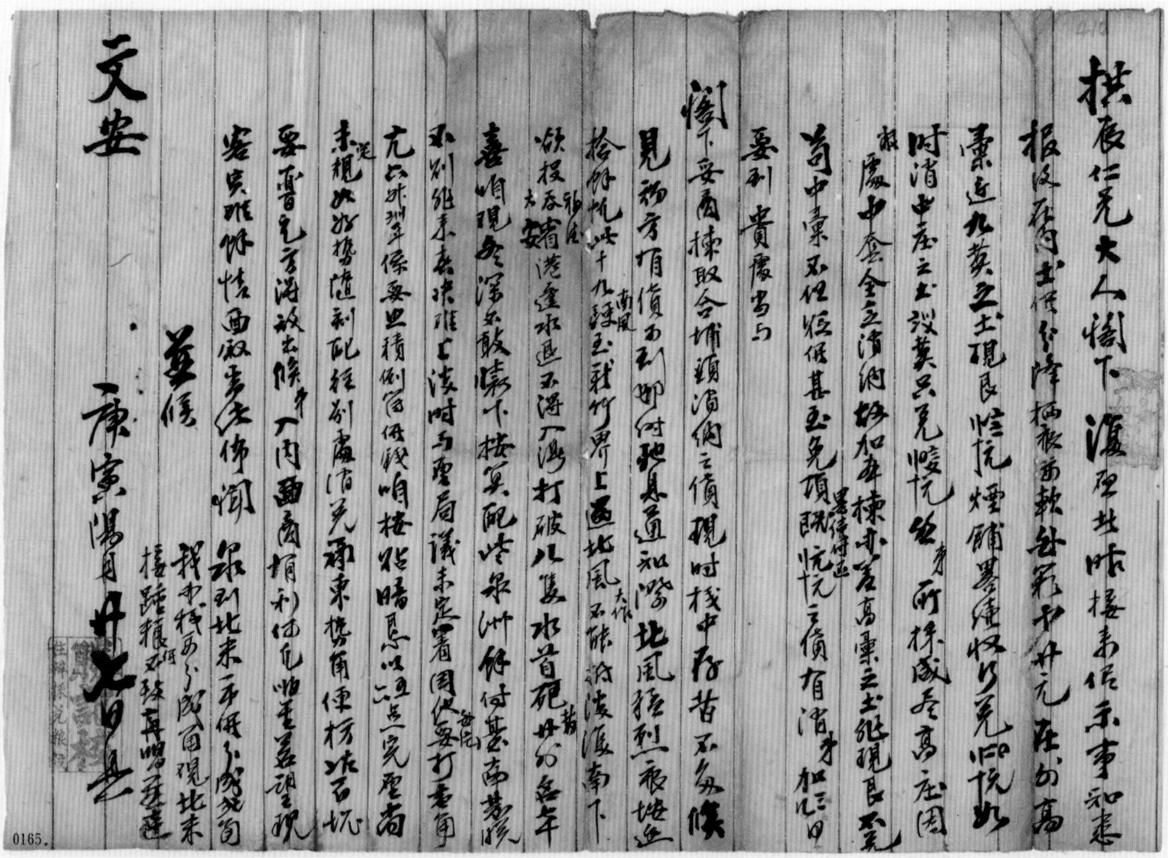

拱辰仁兄大人閣下：【印】[47]復啓者，昨接來信示事，知悉
報後。在內，土価分〔紛〕降，栖、鹿亦軟，每箱少廿元。在外，高
彙[48]近九煑之土[49]，現艮21.6、21.7元，煙舖畧續[51]收，得兑22.0元。如
时消中庄[50]之土八三、八四煑，只兑20.8、20.9元。然弟所採咸尽高庄，因
敝處中套全乏消納，故加本揀办。盖高彙之土非現艮不兑，
苟中彙不但貶価，甚至免項畧續付还。既20亢元[52]之貨有消[53]，弟加二、三日
要到　貴處，当与
閣下妥商，揀取合埔頭[54]消納之貨。現时棧中存者不多，候
見福方有貨可到，那时馳息通知。際北風猛烈，鹿垵辺
拾餘帆，此十九南風駛至新竹界上，遇北風大作，不能抵淡，復南下
欲投福德[55]大安吞宵[56]港，逢水退不得入澳，打破八隻，水首死者廿外名[57]。幸
喜咱覌冬深不敢裝下，按筫[58]配此泉洲〔州〕，餘付臺南發脫，
不則非來春决难上淡。時与厘局議未定着，因他每片要打壹角
亢六外，七三平，係要照積例簿価錢，咱按貼暗恳以五六点完厘，尚
未定規。如好势[59]，随刻配往別處消兑。承東势角便枋600左塊，
要叁百元方得放出。候弟入內面商，有利何几300金。若望現
客实难，餘情面敘。耑此佈聞。
並候
文安。
庚寅陽月廿七日具【印】[60]

泉到北米市価不成弍角，
我办棧亦不成角。覌北米
接踵，粮価不致再唱。並達。

---

47 印記內文不清。

48 高彙：高級之意，此處指品質較佳的鴉片。

49 九煮之土：土為煙土，指鴉片。清代李圭在《鴉片事略》中指出「康熙二十三年，海禁弛，南洋鴉片列入藥材，每斤徵稅銀三分。其時，沿海居民，得南洋吸食法而益精思之，煮土成膏，鑲竹為管，就燈吸食其煙。」即指鴉片分生鴉片、熟鴉片，生鴉片需經過燒煮、發酵等進一步處理，可製成條狀、板片狀或塊狀，表面光滑柔軟，有油膩感，呈棕色或金黃色的熟鴉片，方能供吸毒者搓成小丸狀於火上燒烤吸食。此處九煮，應係指其燒煮、發酵後的純度較高的熟鴉片，文後八三煮、八四煮、當指成分較次者。

50 中庄：閩南語讀音，意指中等品質。

51 略續：閩南語讀音，「陸續」。

50 二十亢元：閩南語讀音，「二十餘元」。

53 有消：閩南語讀音，意指銷路不錯。

54 埔頭：閩南語讀音，「埠頭」，係指港口、碼頭。

55 福德港：又被稱為「土地公港」，在今臺中縣大甲鎮福德里船頭埔。

56 吞宵：吞宵港，今苗栗縣通霄鎮通霄港。

57 廿外名：閩南語讀音，「二十餘名」。

58 按算：閩南語讀音，「打算」。

59 好勢：閩南語讀音，「妥當」之意。

60 印記內文：「勝記棧／住辨採兑糧穀」。

（一）蔡燦雲發信

113・庚寅十一月廿五日勝記棧致林如松信函

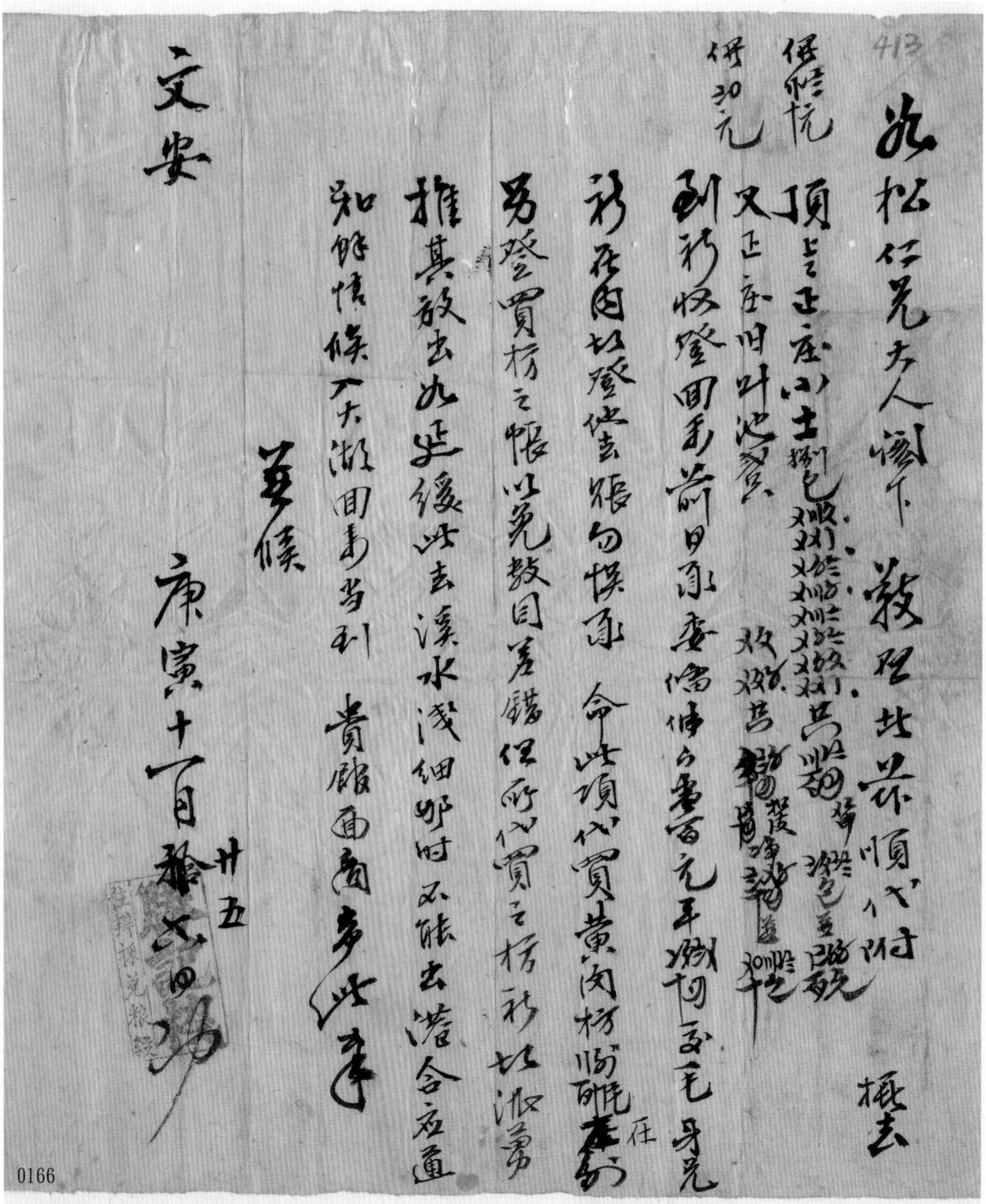

如松仁兄大人閣下：敬啓者，昨茶順代附抵去
項上正庄小土 [illegible] 共洋 [illegible]
又正庄旧叶池貨 [illegible] 共 [illegible]
到祈收登回示。前日承委儒仲 [illegible] 兄
祈在同收登代去張，句候承命。此項代買黃肉枋 [illegible] 在
另登買枋之帳，以免數目差錯。但所代買之枋祈收入帳，另
推其放去。如延緩，此去溪水淺細，那時不能出港，合應通
知。餘情候大潮回來當到貴館面商。勿延，專此。
並候
文安
庚寅十一月廿五日 勝記 [illegible]

0166

如松仁兄大人閣下：敬啓者，茲順代附　挑去

価21.8元

頂上上正庄小土捌包，439、441、458、435、437、457、459、441，共367兩。四六申?，

7.978包，並175.5元。

価7元

又正庄旧叶池弍只49、495，共98.5兩，扣1支14兩，淨84.5兩，並40.368元。

到祈收登回示。前日承委偹佛艮壹百元，平69.84兩，交毛牙兄，

祈在內切登他去賬，勿悞。承　命此項代買黃肉枋200外片，在外

另登買枋之帳，以免数目差錯。但所代買之枋，祈切派勇

摧〔催〕其放出。如延緩，此去溪水淺細，那时不能出港，合应通

知。餘情俟入大湖回來，当到　貴舘面商。耑此奉

並候

文安。

庚寅十一月廿五日泐【印】61

61印記內文：「勝記棧／住辨採兑糧穀」。

（一）蔡燦雲發信

114・庚十二月初七日勝記棧致林拱辰信函

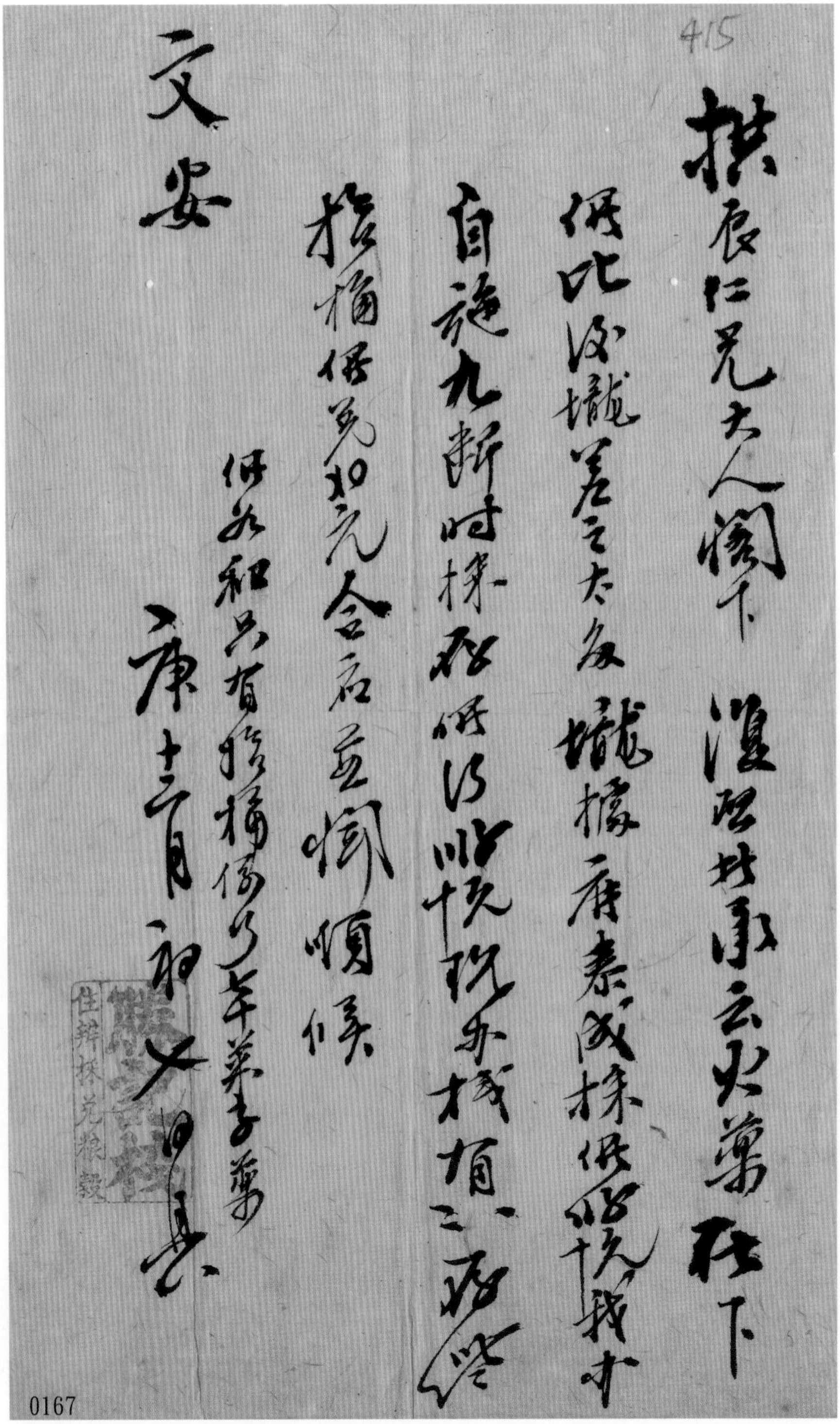

拱辰仁兄大人閣下 謹啟者，昨承云火藥 在下
弟此次墟差之太多 墟據庚泰成採弟代我
自從九軒時採了弟仍收十斤各棧有之
按桶弟兄和光合店並候順候
弟兄和光有按桶係乃年菜等
庚十二月初七日具
文安

拱辰仁兄大人閣下：　復啓者，承云火藥，在下価比後壠，差之太多。壠據廣泰成採価25元。我办自施九断〔緞〕[62]时，採存価得35元，現办棧有一二存些拾桶，価兑4元。合应並聞。順候

文安。

庚十二月初七日具【印】[63]

価如和，只有拾桶，係□幸茱子藥。

---

62 施九断：指施九緞。晚清福建臺灣巡撫劉銘傳為裕籌財源，自光緒十二年（一八八六）起辦理清賦，而彰化知縣李嘉棠因辦理不當，並欲以極刑威嚇，導致民心浮動。光緒十四年十月，彰化二林上保浸水莊的施九緞率眾數千圍彰化縣城，要求索焚丈單，而有「公道大王」之譽。後林朝棟率營兵來解彰化城圍，施九緞等四散逃逸，事件才告結束。參見許雪姬總策畫，《臺灣歷史辭典》，頁五七二。

63 印記內文：「勝記棧／住辦採兑糧穀」。

（一）蔡燦雲發信

115・庚寅十二月十三日勝記棧致林拱辰信函

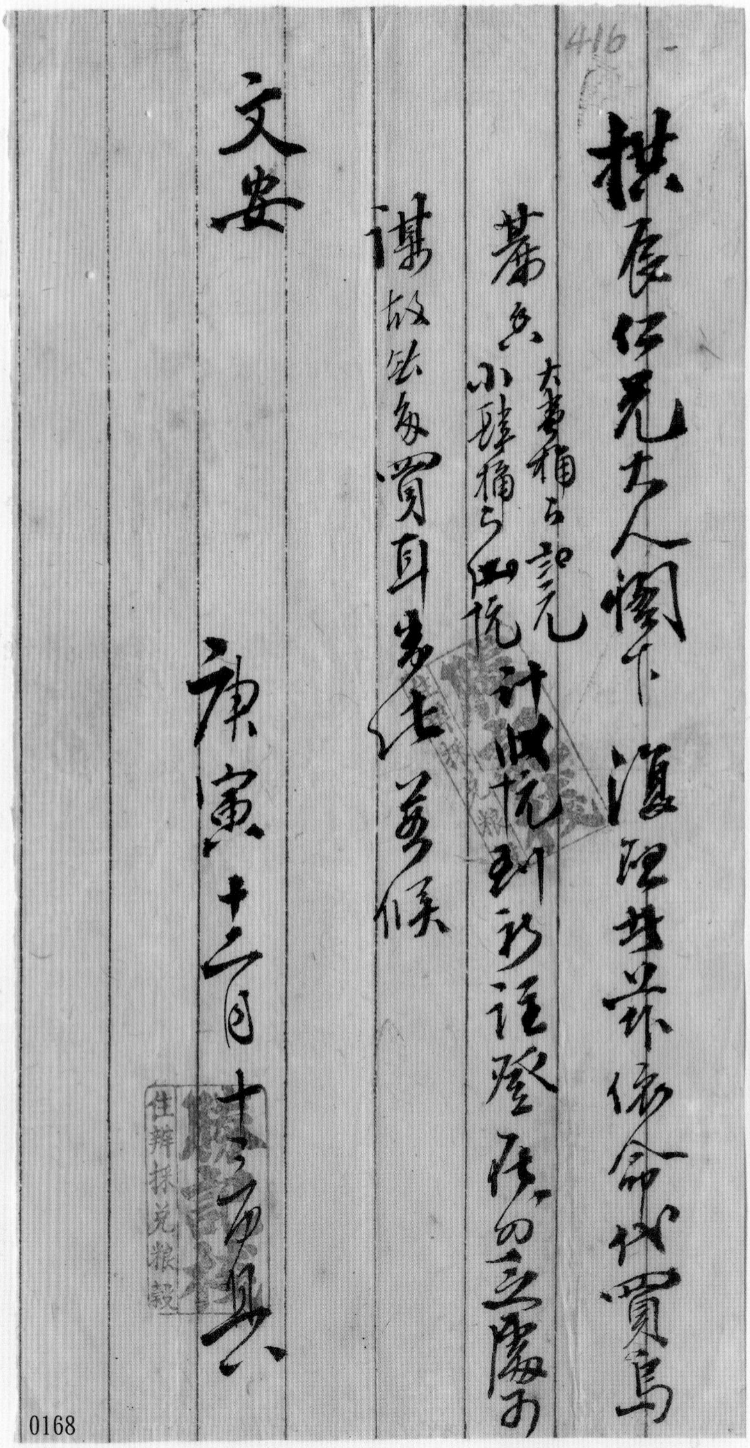
拱辰仁兄大人閣下：頃接(?)[illegible]，依命代買烏(?)
篛魚(?)大番桶五(?)記元，小番桶五(?)兩件(?)元，計伍件(?)到，祈(?)証登，至(?)祈(?)慶可
謹此(?)，故茲多買耳，專(?)此並候
文安
庚寅十二月十三日　勝記具

0168

拱辰仁兄大人閣下：復啓者，茲依命代買烏

蘇香，大壹桶，艮8.0元
小肆桶，艮16.0元，計24元，到祈註登。在外乏處可

謀，故無多買耳。耑此。並候

文安。

庚寅十二月十三日具【印】[64]

64 印記內文：「勝記棧／住辦採兑糧穀」。

（一）蔡燦雲發信

116・辛卯年蒲月初二勝記棧致林拱辰信函(1)

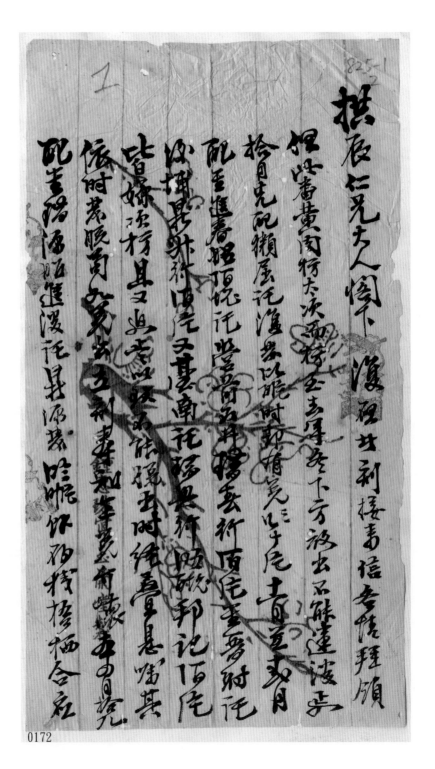

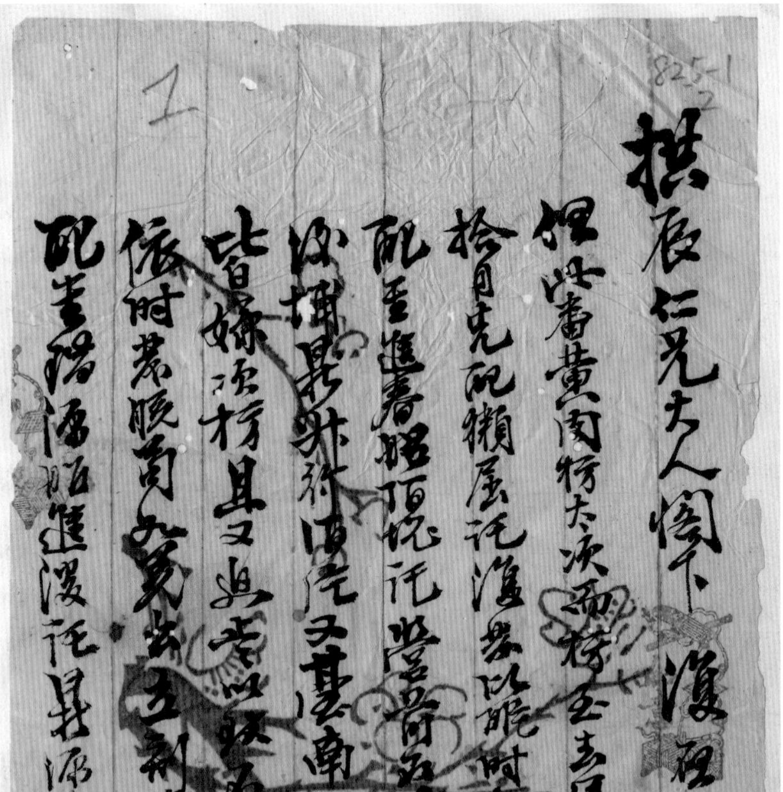

0172

拱辰仁兄大人閣下： 復啓者，刻接來信，各情拜領。

但此畨黃內枋太次，而枋至去年冬下方放出，不能運淡焉。拾月先配獺屈[65]，託復發126片時，却有兑三四十片。十一月並十弍月，配金進春船100塊，託營前石井瑞春行100片，金晉財託後埔鼎升行100片。又，臺南託瑞興行105塊，邦記100片，皆嫌次枋，且又迫些，以致不能脫出。时経叠悬，囑其依时發脫，苟如兑出，立刻奉知，幸免介懷。本四月拾九，配金瑞源船進淡，託鼎源發128片，餘存棧梧栖，合应

65 獺屈：清代泉州外港，位於惠安縣東南方。

（一）蔡燦雲發信

116・辛卯年蒲月初二勝記棧致林拱辰信函(2)

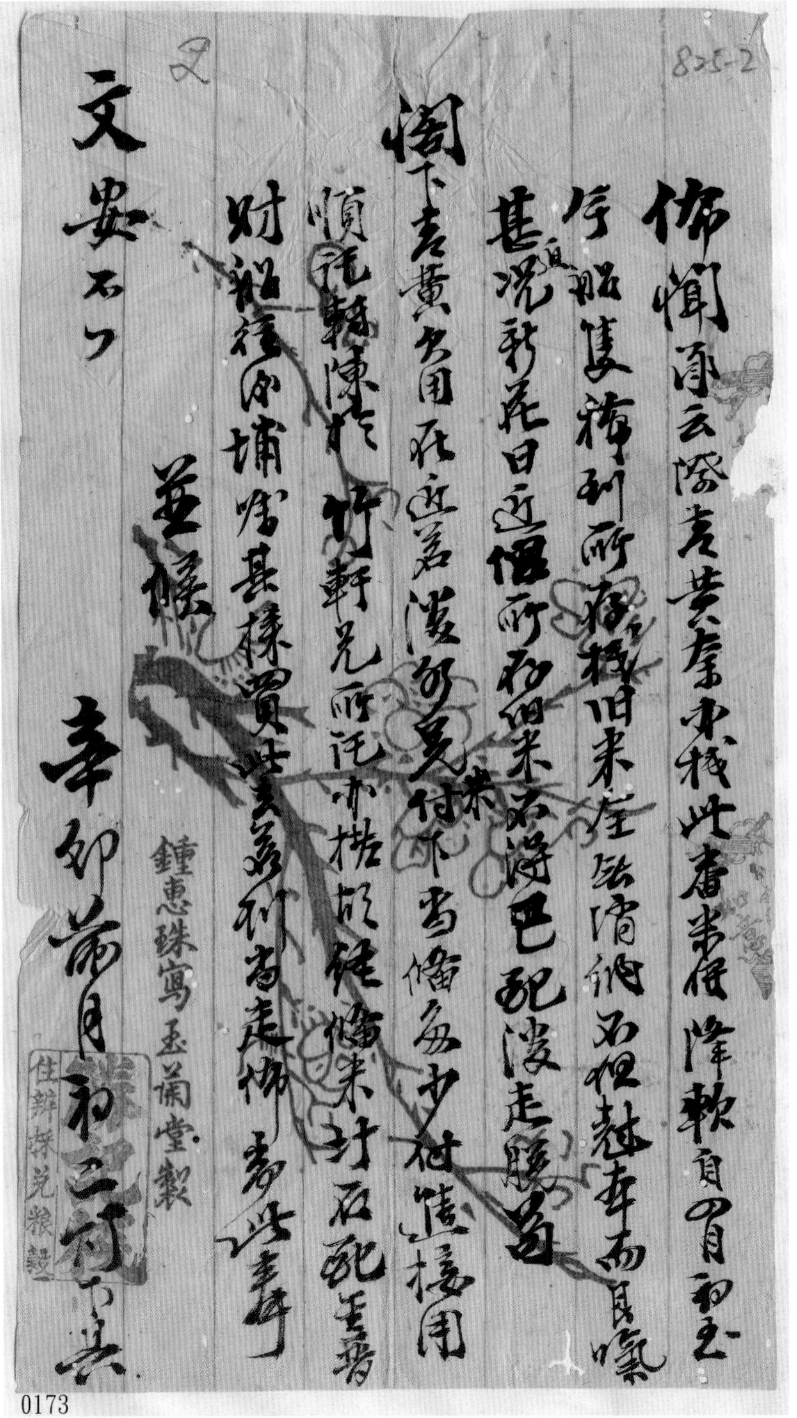

俯聞府云啓者：昨奉來札，此番米價降軟，自四月初五
停船，集福利所存舊米，在絞碾，不但越來而且嗅氣，
甚況新花日近，但所存舊米不得已配渡走販，茲
閣下告黃大目在近若渡，可見付來，高倫為中付信遞接用。
順託轉陳於竹軒兄，所託亦搭艇，倘米不可配去，
財祉，倘米埔現甚採買，此去[illegible]行尚走仰[illegible]
並候
文安 不一
辛卯蒲月初二 勝記[illegible]

鍾惠珠寫玉蘭堂製

佈聞。承云際青黃，奈办棧此畨米価降軟，自四月初至今船隻稀到，所存棧旧米全無消納，不但尅本，而艮嗅甚迫。況新花日近，但所存旧米不得已配淡走脱。苟閣下青黃欠用在近，若淡可兑米付下，当傜多少付進接用，順託轉陳於 竹軒兄所託办栳故経傜米70石配金晋財船往後埔，囑其採買，此去若到，当走佈。耑此奉

並候

文安，不一。

辛卯年[66]蒲月[67]初二灯下具【印】[68]

66 辛卯年：光緒十七年（一八九一）。
67 蒲月：農曆五月。
68 印記內文：「勝記棧／住辨採兑糧穀」。

（一）蔡燦雲發信

117・辛卯桂月初三日蔡鐵牛致林拱辰信函(1)

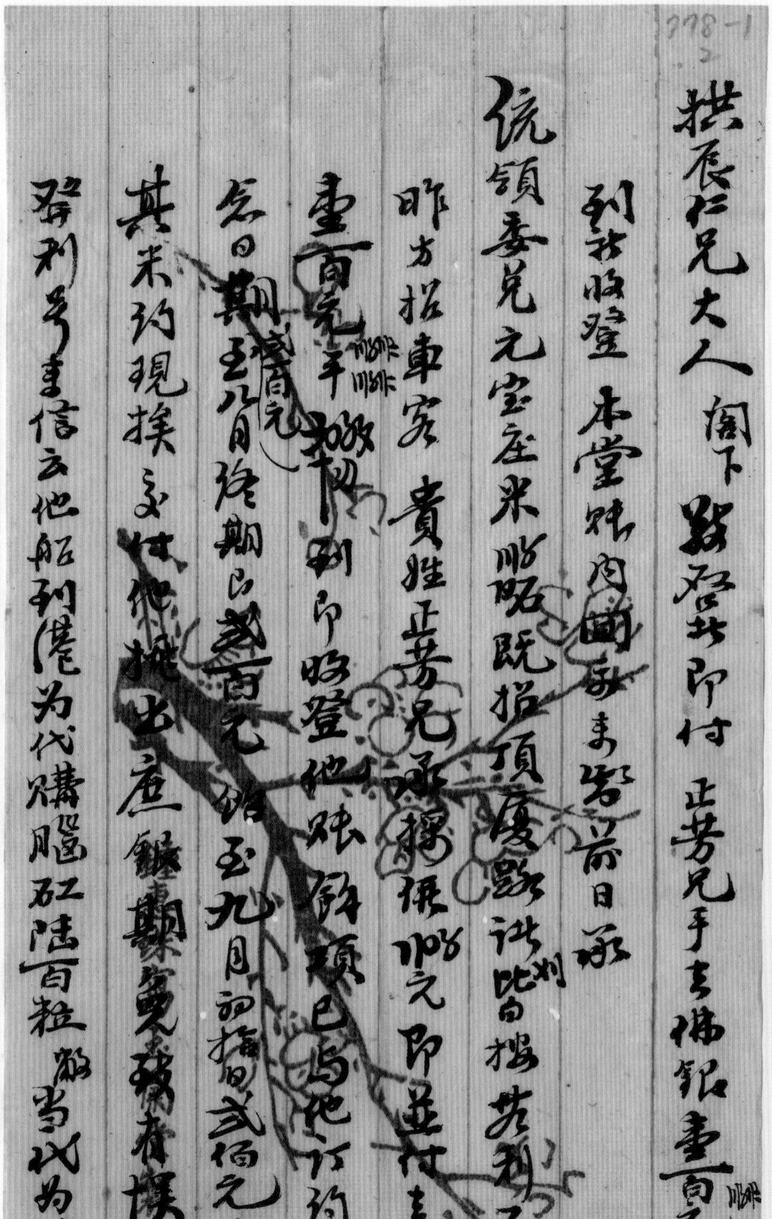

拱辰仁兄大人 閣下

敬啓者 即付 正芳兄手去佛銀壹百元 手祈收切

到祈收登 本堂號內圖多來字前日承

俯領委兄元宝庄米照既指頂履歷說比皆按其利不納玉

昨方招車家 貴姓正芳兄承採銀元即並付去佛銀

壹百元手收切到即收登他號銀項已為他行約按八月

念日期至八月後期已貳百元錯玉九月初指日貳佰元方凑楚

其米約現挨多付他棧出庄銀期贈有採刻承梱

發到多來信云他船到港為代購腦砿陸百粒 敝當代為情駁向

0169

拱辰仁兄大人閣下：敬啓者，即付　正芳兄手，去佛銀壹百元（3527、3575），平71.02兩，
到祈收登　本堂賬內，回示來知。前日承
統領委兑元宝庄米350石，既招頂、廈路諸刈[69]，皆按無利不納，至
昨方招車客　貴姓正芳兄承採，価2.05元，即並付去佛銀
壹百元（3537、3522），平70.59兩，到即收登他賬。餘項已与他訂約，按八月
念日期弍百元，至八月終期艮弍百元，餘至九月初拾日弍佰元方湊楚。
其米約現挨交付他挑出，庶銀期免致有悞。刻承栖
發利号來信云，他船到港爲代購腦矼陆百粒，敝当代爲倩駁向

69 刈：疑為刈店。

（一）蔡燦雲發信

117・辛卯桂月初三日蔡鐵牛致林拱辰信函(2)

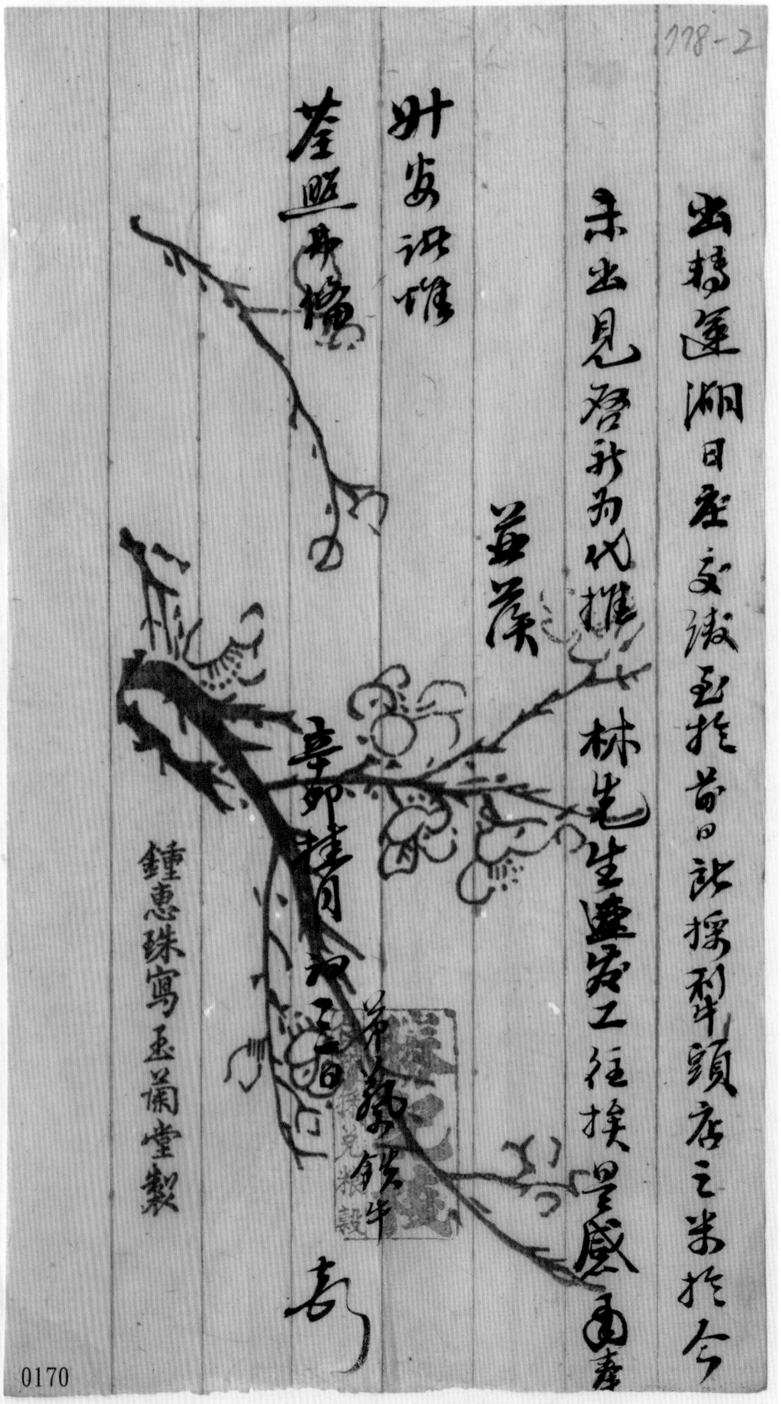

118-2

出耕運湖日屋交議至於前日訪探犁頭店之米於今
未出見啓升為代推
林先生遣宮工往換
星感函專
並候
升安諸維
荃照弗備
辛卯桂月初三日
弟蔡鐵牛 首

鍾惠珠寫 玉蘭堂製

0170

出，轉運湖日庄[70]交繳。至於前日所採犁頭店[71]之米，於今
未出，見啓祈爲代摧〔催〕　林先生速發工往挨是感。函奉
並候
升安，諸惟
荃照。弗備。
辛卯桂月初三日　弟蔡鐵牛頓【印】[72]

---

70 湖日庄：烏日庄，今臺中市烏日區烏日。
71 犁頭店：今臺中市南屯區，舊屬犁頭店街。
72 印記內文：「勝記棧／住辨採兑糧穀」。

（一）蔡燦雲發信

118．勝記棧致林拱辰信函附清單一

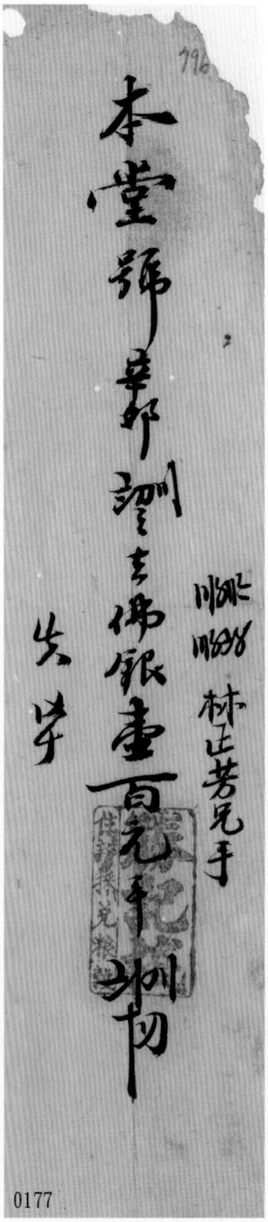

3527、3575林正芳兄手

本堂號辛卯8月初3日去佛銀壹百元，平71.02兩【印】[73]

先1.4錢

73 印記內文：「勝記棧／住辨採兑糧穀」。

119．勝記棧致林拱辰信函附清單二

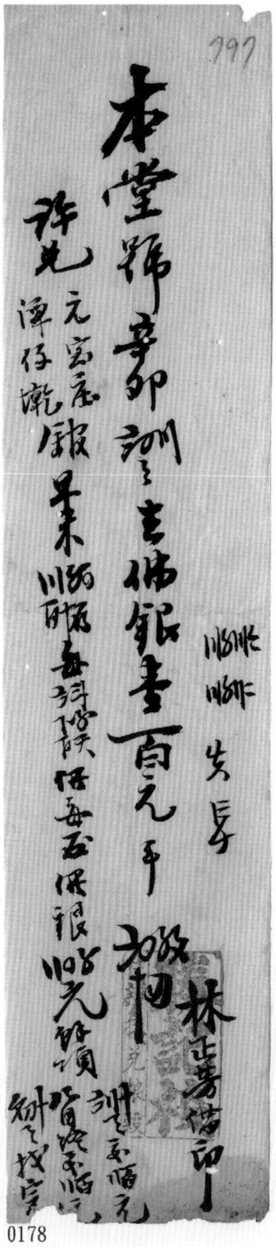

0178

3537、3522，先1.3錢　林正芳借印

本堂號辛卯8月初3日去佛銀壹百元，平70.59兩【印】[74]

許兑元宝庄潭仔墘館早米350石，每8斗115天，価每石価銀2.05元，餘項8月20日交200元

八月終交200元

9月初10日找完

74 印記內文：「勝記棧／住辦採兑糧穀」。

（一）蔡燦雲發信

120・辛桂月初四勝記棧致林拱辰信函

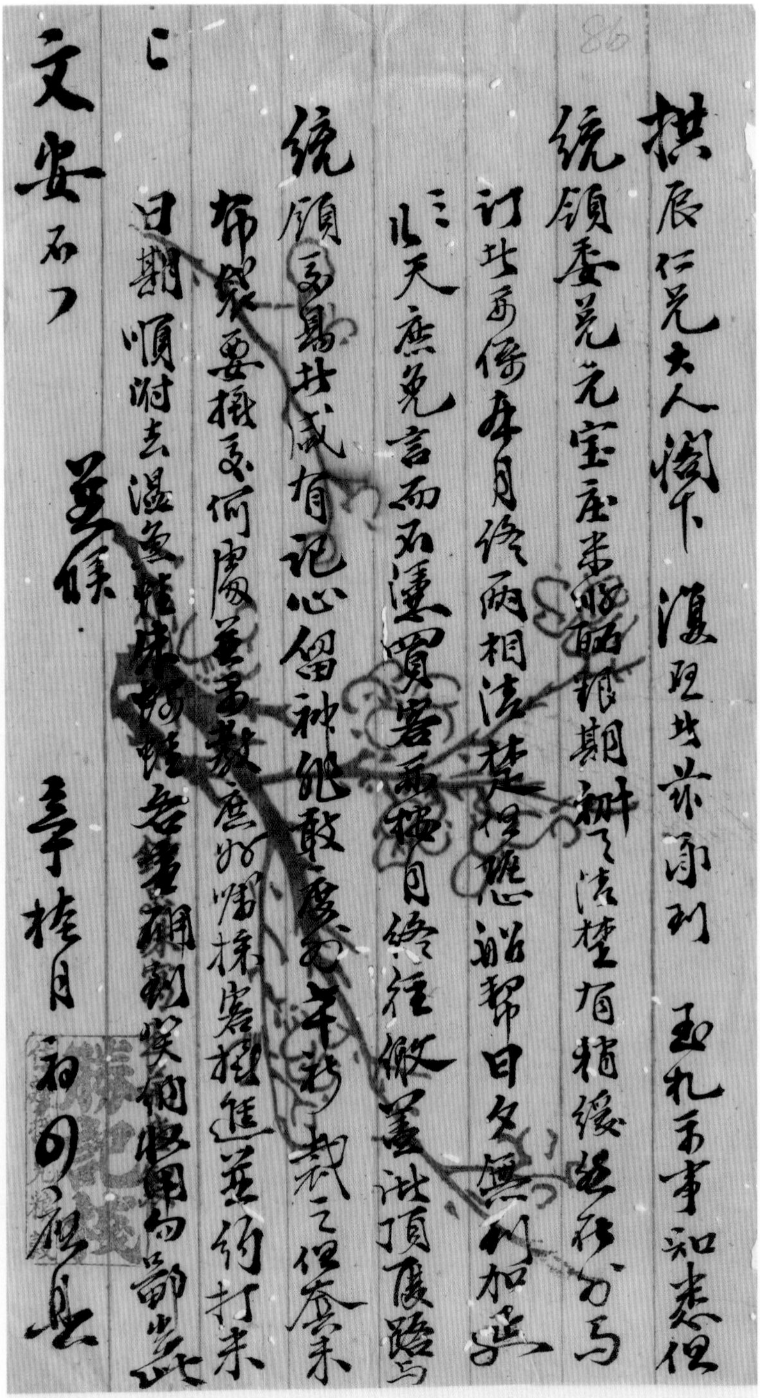

拱辰仁兄大人閣下　復理此茶承到　玉札示事知悉，但
統領委兌元寶庄來飭限期辦了清楚，有稍緩延移而為
討此項係本月終兩相清楚，但恐難幫日久無所加益
三兒天庶兄言而不運買客再稽月終往繳叢此項履踏写
統領另易其成有記心留神能敢遲延耳哉，但叅來
布袋要擬何處叢多數應用樣客擬進叢行打來
己
日期順附去濕兔桂床乾若鐘翻劉娛銅收用向節此
並候
文安不一
辛桂月初四日勝記棧具

0171

拱辰仁兄大人閣下：復啓者，玆承到　函札，示事知悉。但
統領委兑元寶宝[75]米350石，銀期十月初十日清楚，有稍緩。然在外与
訂者亦係本月終两相清楚，但恐船幇日夕無到，加延
三、四天，庶免言而不憑。買客亦按月終往繳，蓋諸頂、廈路与
統領交易者，咸有記心留神，非敢度外，幸祈裁之。但套[76]米
布袋要挑交何處，並示教，庶好囑採客挑進，並約打米
日期。順附去塭魚蛙、朱螺蛙各壹硐，到笑納收用勿鄙。耑此
上　　並候
文安，不一。　　辛[77]桂月[78]初四夜具【印】[79]

75 元寶庄：舊屬員寶庄，今為臺中市潭子區東寶里與大雅區西寶里之合稱。
76 套：音同閩南語「裝」之義。
77 辛：辛卯年，光緒十七年（一八九一）。
78 桂月：農曆八月。
79 印記內文：「勝記棧／住辨採兑粮穀」。

（一）蔡燦雲發信

121・癸巳桐月十三日勝記棧致林拱辰信函

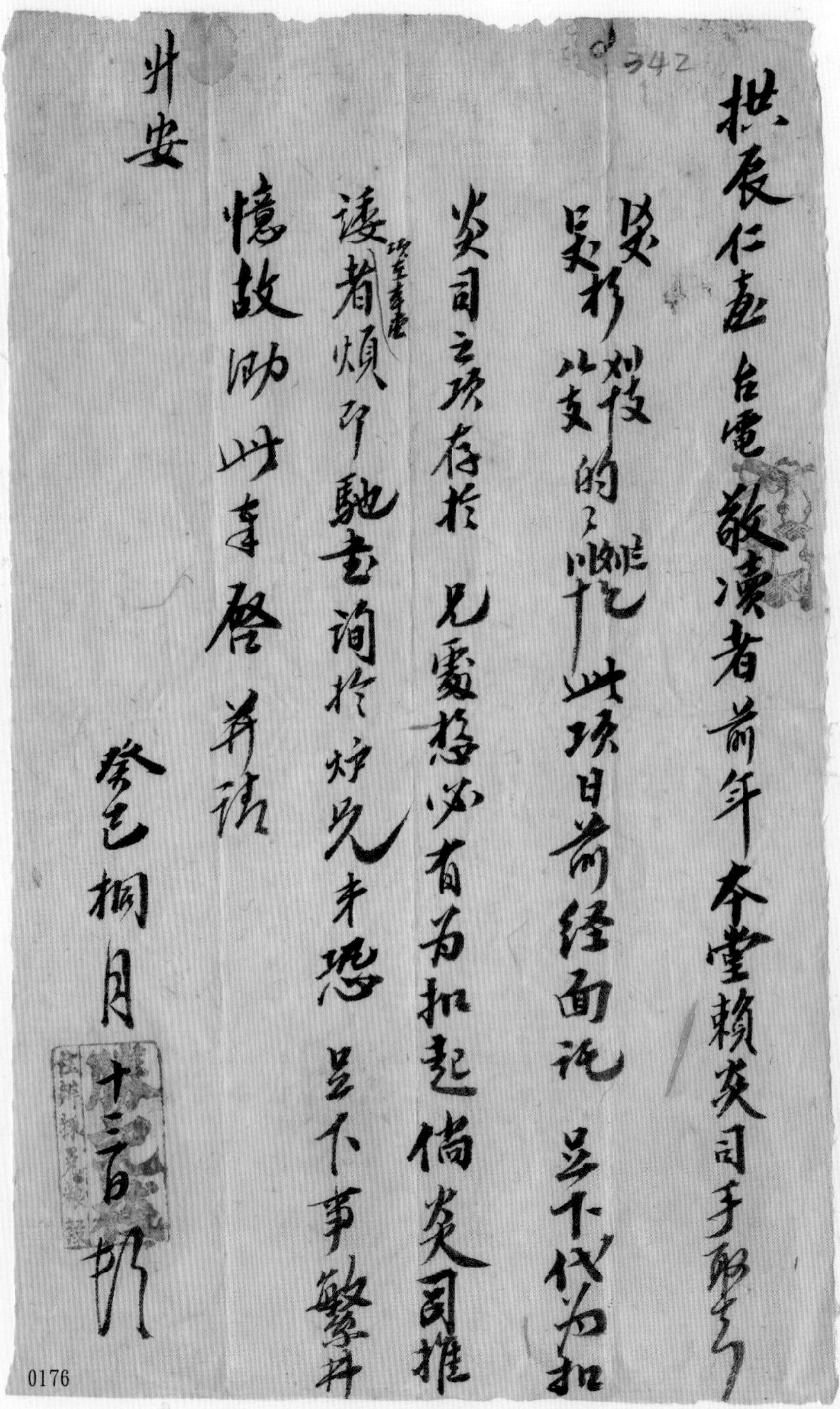

拱辰仁兄台電 敬懷者前年本堂賴英司手取去
吳杉料段八支的了此項日前經面託 足下代為扣
英司之項存於 兄處想必有為扣起備英司推
諉者煩即馳書詢於炉兄來恐 足下事繁并
憶故渺此奉啓 并請
升安
癸巳桐月十三日 拜

0176

拱辰仁臺台電：敬瀆者，前年本堂賴炎司手取去1.4丈杉42支 1.2丈八支，的艮39.28元。此項日前経面託　足下代爲扣炎司之項，存於　兄處，想必有爲扣起。倘炎司推諉項在本堂者，煩即馳書詢於炉兄，弟恐　足下事繁弗憶，故泐此奉啓，并請

升安。

癸巳[80]桐月[81]十三日頓【印】[82]

---

80 癸巳：光緒十九年（一八九三）。

81 桐月：農曆三月。

82 印記內文：「勝記棧／住辨採兑粮穀」。

（一）蔡燦雲發信

122・癸巳四月廿四日勝記棧致林拱辰信函

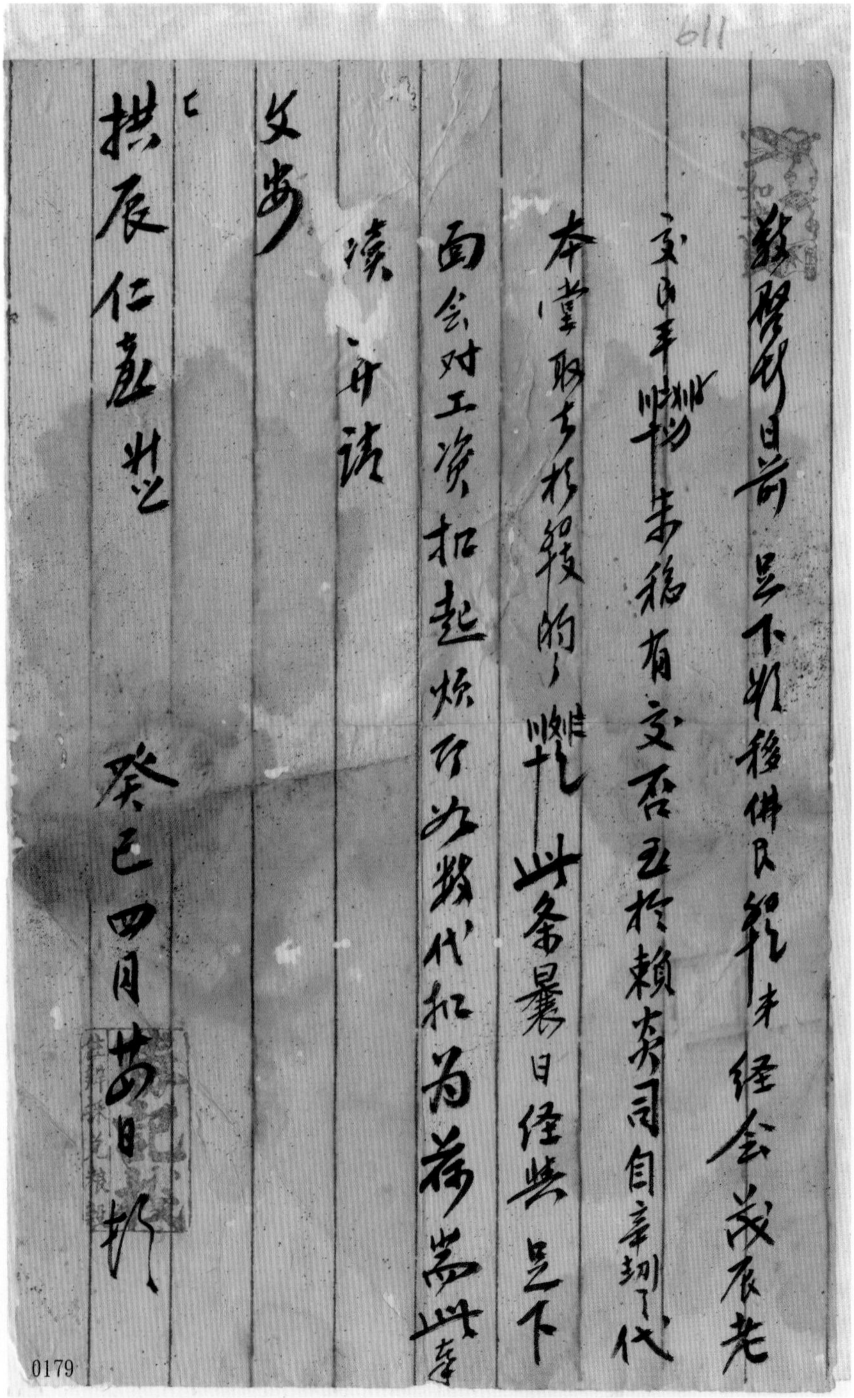

敬啟者日前 足下托移借艮[illegible]元未經会成辰老
交由羊[illegible]未稔有交否至於賴[illegible]司自辛卯了代
本棧取去杉料銀[illegible] 此条曩日經與 足下
面会对工資扣起煩爲如數代扣爲荷 專此奉
讀并請
文安
拱辰仁兄 照
癸巳四月廿四日 勝記[illegible]

0179

敬啓者：日前　足下欲移佛艮50元，弟経会茂辰老
交艮平37.425兩，未稔有交否。至於賴炎司自辛十二月初一日代
本堂取去杉50支，的艮39.28元，此条曩日経與　足下
面会対工資扣起，煩即如数代扣爲荷。耑此奉
瀆，并請
文安。
上
拱辰仁臺升照
癸巳四月廿四日頓【印】[83]

83 印記內文：「勝記棧／住辨採兑粮穀」。

（一）蔡燦雲發信

123・癸五月廿夜勝記棧致林拱辰信函

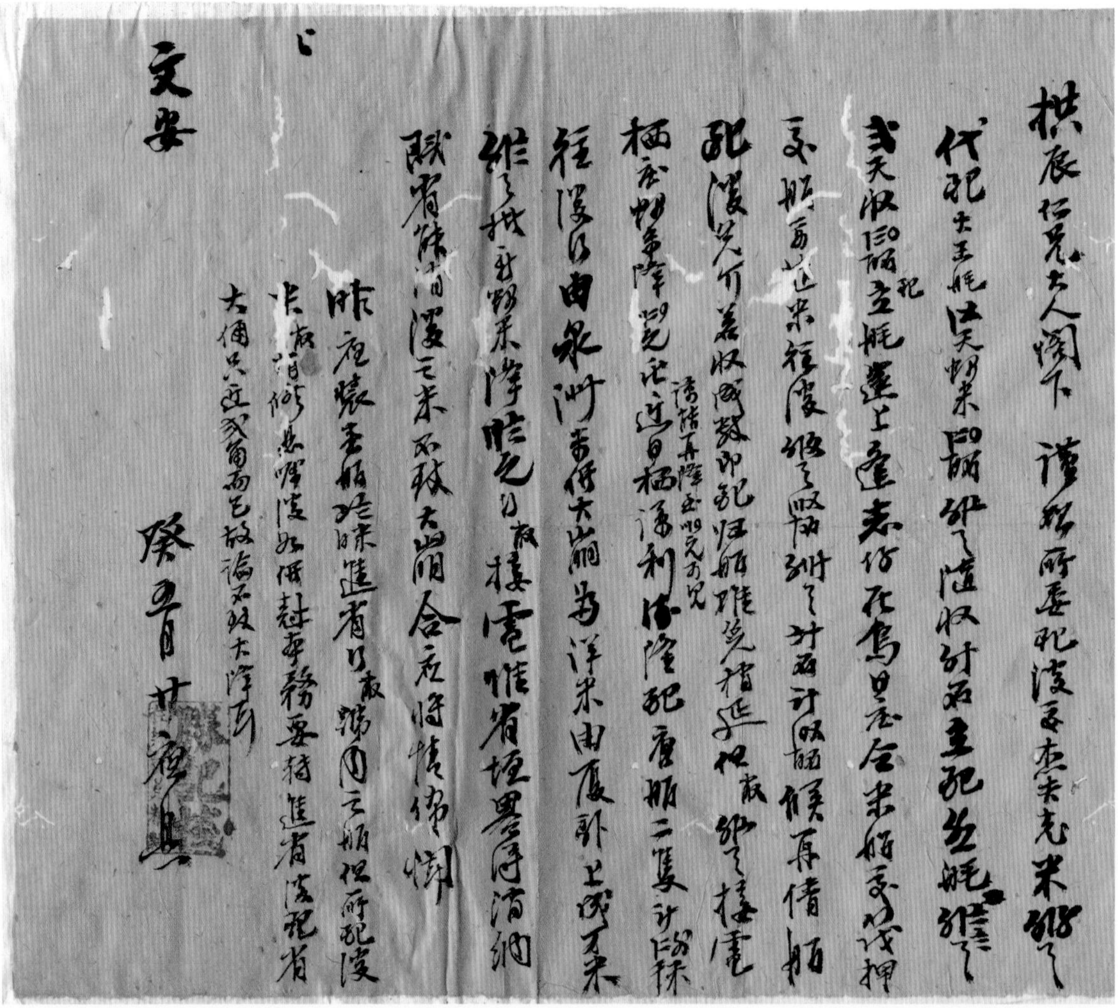

……煩至東大墩營呈交

林師爺甫拱辰升啓

信到祈□□□□□【印】

84

拱辰仁兄大人閣下：謹啓所委配淡交杰夫光米，5月15日

代配大王舵14天螺米120石。五月十六日隨收50石，立配各舵，5月17、18日

弍天，收130石，立配舵運上。逢志仔在烏日庄仝米船交筏押

交，船亦隨米往淡。五月十九日，34石，五月二十日，70石，計104石，候再倩船

配淡兑介。若收成数即配归船，难免稍延。但敝五月十六日接電，

栖庄螺米降3.2元，其諒能再降至3.0元可見。近日栖謙利、德隆配唐船二隻，計1,250米？

往淡，乃由泉洲〔州〕米価大崩，爲洋米由厦駁上成万米，

五月十八日批新螺米降2.8元□。敝接電惟省垣畧得消納，

既省能消，淡之米不致大崩，合应將情佈聞。

上

昨夜裝壹船680米進省，乃敝號內之船。但所配淡

米，敝有修恳囑淡如価尅本，務要轉進省。淡配省

大倆只近弍角而已，故論不致大降耳。

文安。

癸五月廿夜具【印】[85]

84 印記內文：「勝記棧」。

85 印記內文：「勝記棧」。

（二）楊淵卿發信〈信函內容簡介〉

楊淵卿，生平不詳。本書共收錄十六件其所發信函，魚雁往返對象，均為當時人在大墩的林拱辰，其中有兩件同時給王泰嵩與葛竹軒，林、王、葛三人均為棟軍重要幕僚。書信內容集中於枕木北運問題，時間為一八九二年（光緒十八年）。自劉銘傳主持臺政時，鐵路所需枕木，中路一帶即命林朝棟接辦。[86]從文書內容來看，楊淵卿主要於後壠海口僱請船隻，將自罩蘭、獅潭、汶水河、大湖等地枕木順今大安與後龍兩溪放流，交船户循海路配運大稻埕，[87]每回或用一、二船，裝載約千餘根，相關船費、放水工、枕木等款也由楊淵卿經手。從文書來看，本年由後壠、大安等港運至臺北枕木至少萬餘根之多。文書中提及在內山包辦枕木供應、督催水工放流的陳汝舟，葫蘆墩人，[88]即廣泰成墾號四大股夥之一的陳澄波。他不僅與黃南球、林紹堂等同包辦枕木供應，[89]同時也在大湖經營樟腦事業。[90]就文書時點來看，這批採自中部山區的枕木，係福建臺灣巡撫邵友濂主政時，用於修築臺北至新竹間鐵路之用。

楊淵卿信中不斷向林拱辰解釋，因北風使然，只能在港等候風信；加上內山溪水頻遭無水或暴漲所困，枕木未能及時放出，才讓枕木難以配運北上。舊曆七月時似又遭遇颱風，港內「狂浪滔天」，民房倒壞，大小商船遭殃，裝載枕木船隻被水沖壞，枕木漂流四散，以致於需僱請工人赴沿海四處收拾，被人撿走的，還得「向庄取贖」。但林朝棟與布政使唐景崧等急於將枕木解北，陳以公文連番催趕，唐則派靖海輪到後壠載運。楊淵卿只得對船户「再三推迫」，農曆十、十一月北風盛行時仍出海運送，結果發生船隻沉漏、被風吹回情況。楊同時向葛竹軒、林拱辰解釋枕木無法北運乃「天之困人」，而非外傳他剋扣船價，以致於船户辦理不力。

86〈赤嵌紀要〉，《申報》，一八八八年七月二十八日，版二。

87臺灣總督府鐵道部，《臺灣鐵道史上（未定稿）》，頁五四。

88王學新編譯，《日據時期竹苗地區原住民史料彙編與研究上》（南投：國史館臺灣文獻館，二〇〇三年），頁四四─四六。

89黃卓權，《跨時代的臺灣貨殖家：黃南球先生年譜（一八四〇─一九一九）》，頁二〇四─二〇五、二一三。

90〈樟腦業調查報告（二）〉，《臺灣新報》，一八九六年十月四日，版三。

（二）楊淵卿發信

124・壬元月十四日楊淵卿致林拱辰信函

658

拱辰仁兄大人閣下 敬啓者前所運新舊枕木一節自從
前所有運照一切繳交稿房王應昌爺收存符案
可就運照核算稟報茲又承接陳汝舟送上公事
一件係屬將數目錄交陳汝舟諒必另有稟報現
在港口枕木尚存無幾西山無水可放即如去年
九月初八裝配金順吉船、枕木壹仟肆佰根該船至今尚
未至台北皆因北風使然寔無奈何之勢候有着力
之處自當趕緊配運斷不敢挨延貽悞乞為將此情
形轉稟
統祈不勝幸甚順請
升安
小弟楊淵卿頓首 壬元月十四日泐

0538

拱辰仁兄大人閣下：敬啓者，前所運新旧枕木一节，自從
前所有運照一切繳交稿房王应舅爷收存符案，
可就運照核箕稟报。茲又承接陳汝舟送上公事
一件，亦再將数目錄交，陳汝舟諒必另有稟报。現
在港口枕木尚存無幾，內山無水可放。即如去年
九月初八，裝配金順吉船枕木壹仟肆佰根，該船至今尚
未至台北，皆因北風使然，实無奈何之势。候有着力
之處，自当趕緊配運，断不敢挨延貽悞。乞爲將此情
形轉稟
統帅，不勝幸甚。順請
升安。
小弟楊渊卿頓首 壬[91]元月十四日泐【印】[92]

91 壬：壬辰年，光緒十八年（一八九二）。
92 印記內文不明。

（二）楊淵卿發信

125・三月初六日楊淵卿致林拱辰信函

拱翁仁兄大人閣下：別後數月，時切馳思。就維
營務叶吉，
蓮幕延釐為頌。敬啟者，弟本擬是月欲趋謁
台階，但枋木尚未清，俟办後時當赴墩聆教。一切日前
家兄要項在墩無從可給，懇祈
仁兄將弟薪水項下撥交家兄芳田帶回家用，是所
至禱，有費
台神，容後謝謝。不盡矣，專此奉佈，敬請
升安

小弟楊淵卿頓 三月初六日泐

拱翁仁兄大人閣下：別後数月，时切馳思，就維
營務叶吉，
蓮幕延厘為頌。敬托者，弟本拟是月欲趋謁
台階，但枕木尚未清，俟办俊〔竣〕时，當赴墩聆教一切。日前
家出要項，在壠無從可給，狠〔懇〕祈
仁兄將弟薪水項下，撥交家弟芳田帶付家用，是切
至禱，有費
台神。容後謝謝不尽矣。專此奉佈，敬請
升安。
小弟楊渊卿頓　三月初六日泐

（一一）楊淵卿發信

126・三月十四早楊淵卿致林拱辰信函

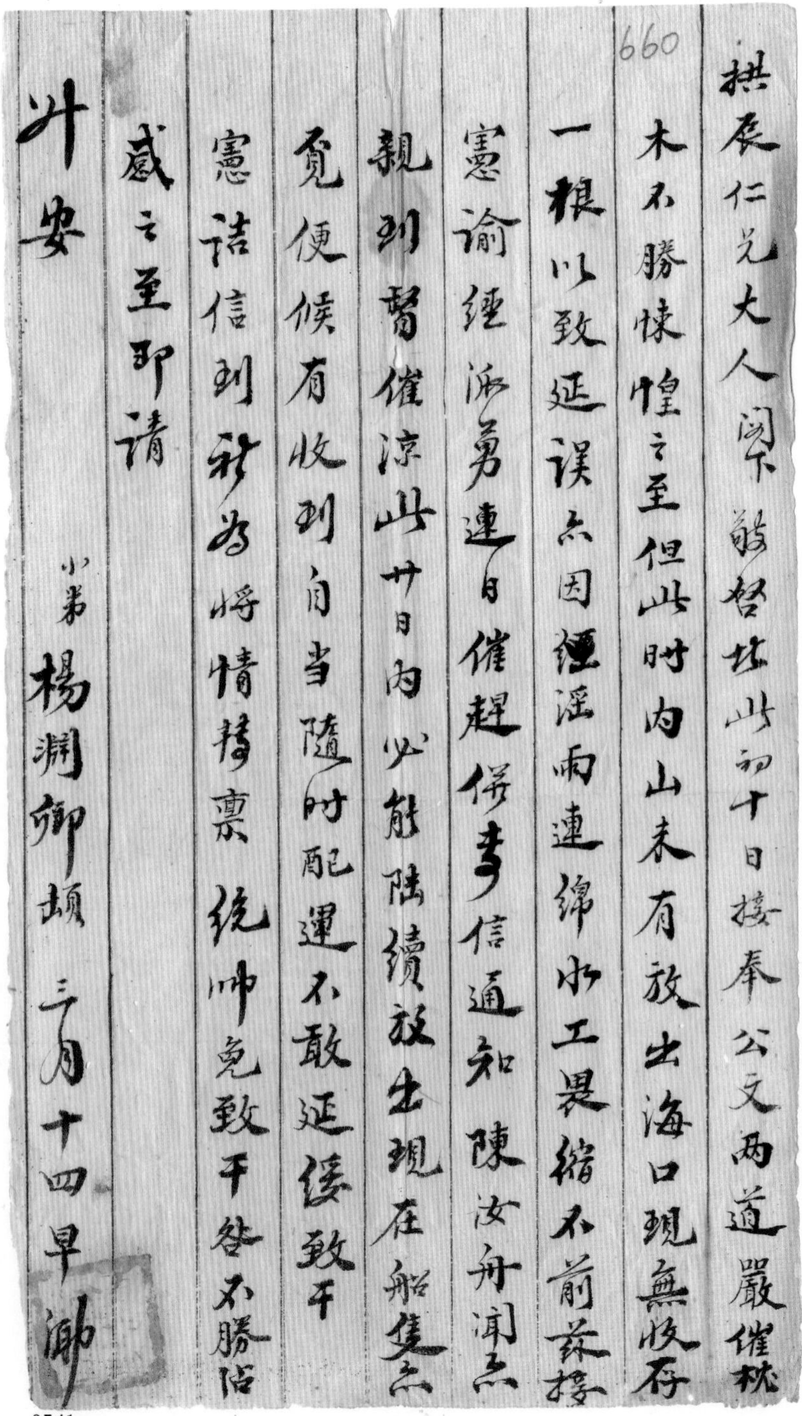

660

拱辰仁兄大人閣下 敬啓者此初十日接奉 公文兩道嚴催枕
木不勝悚惶之至但此時內山未有放出海口現無收存
一根以致延誤亦因經淫雨連綿水工畏縮不前茲接
憲諭經派勇連日催趕俟有信通知陳汝舟渊亦
親到督催諒此廿日內必能陸續放出現在船隻亦
覓便候有收到自當隨時配運不敢延緩致干
憲詰信到祈為將情稟 統帥免致干咎不勝佔
感之至即請
升安
小弟楊淵卿頓 三月十四早

0541

拱辰仁兄大人閣下：敬啓者，此初十日接奉公文兩道，嚴催枕木，不勝悚惶之至。但此时內山未有放出，海口現無收存一根，以致延誤，亦因淫雨連綿，水工畏縮不前。茲接憲諭，經派勇連日催趕併專信通知，陳汝舟聞亦親到督催，諒此廿日內必能陸續放出。現在船隻亦覔便，候有收到，自当隨时配運，不敢延緩，致干憲詰。信到祈爲將情轉稟統帥，免致干咎，不勝沾感之至。即請

升安。

小弟楊淵卿頓 三月十四早泐【印】93

93 印記內文不明。

（二）楊淵卿發信

127・壬桐月初四日楊淵卿致林拱辰信函

拱辰仁兄大人閣下 敬啓者客冬尚存大安枕木柒佰餘根及本
港現存肆佰餘根於弍月十五六日均已配船至廿日揚帆因
北風甚阻暫收泊中港內山現放至因自正月以來連天
淫雨迄今未有晴霽以致延緩經李勇叠次催趕該批
初旬枕木自能到港應當認真配運不敢稍誤現在配
運枕木回照缺用茲為轉向稿房領出拾數張繳上
統帥用印及李之章水之建忠勇餉（納）包為撿交原勇來成
山第下以便給發餘情後叙特此切懇 敬請
升安
小弟 楊淵卿頓 壬桐月初四日

0540

拱辰仁兄大人閣下：敬啓者，客冬尚存大安枕木柒佰餘根及本
港現存肆佰餘根，於弍月十五六日均已配船，至廿一日揚帆。因
北風中阻，暫收泊中港[94]。內山現放至因自正月以來，連天
淫雨，訖今未有晴霽，以致延緩。經專勇叠次催趕，諒此
初旬枕木自能到港，应当認眞配運，不敢挨誤。現在配
運枕木回照缺用，祈爲轉向稿房領出拾数張繳上
統帅用印，及弟之辛水及建忠勇餉，乞爲撿交原勇來成
帶下，以便給發。餘情後敘，特此。切恳。敬請
升安。

小弟楊淵卿頓　壬桐月[95]初四日泐【印】[96]

94 中港：港口名，今苗栗縣竹南鎮中港里，舊屬中港街。
95 桐月：農曆三月。
96 印記內文不明。

（二）楊淵卿發信

128・初三日楊淵卿致林拱辰信函

192

拱辰仁兄大人閣下　敬啟者弟因時運不佳自閏荔月十一日賤体染恙寒
热交作十分沉重綿延至今迨此月初身甫離床倚杖學行未嘗出於
户外至於枕木之事弟在病中不時专勇嚴催自閏荔月起約計至今
所收枕木廿三四千根轉運台北枕木共六千根應行開發佣資及水工項下俱係扯
借填補尚有不敷甚多現在十分支拙告借無門故特专差舍弟芳田
前來取領見字祈為撥出洋平叁佰两付芳田帶上以濟急需千祈勿悮
為荷閏六月廿四日風雨交作相連两日始得晴霽其枕木被洪水冲去弍佰
伍拾四片現在溪流已退在山尚有三千餘根不日放出合應順此附達
升安

弟楊淵卿頓　初三日　泐

0542

拱辰仁兄大人閣下：　敬啓者，弟因時運不佳，自閏荔月[97]十一日賤体染恙，寒热交作，十分沉重，綿延至今。迨此月初身甫離床，倚杖學行，未尝出扵戸外。至於枕木之事，虽在病中，不時専勇嚴催。自閏荔月起，約計至今所收枕木共1,876根，轉運台北枕木共1,620根，應行開發俩資及水工項下，俱係扯借填補，尚有不敷甚多。現在十分支拙〔絀〕，告借無門，故特專差舍弟芳田[98]前來取領，見字祈爲撥出洋平叁百兩，付芳田帶上，以濟急需，千祈勿悞爲荷。閏六月廿四日風雨交作，相連兩日始得晴霽，其枕木被洪水沖去弍佰伍拾四片，現在溪流已退，在山尚有三千餘根，不日放出。合應順此附達。

弟楊淵卿頓　初三日泐【印】[99]

升安。

---

97 荔月：農曆七月。

98 芳田：楊淵卿之弟楊芳填。

99 印記內文不清。

（二一）楊淵卿發信

129・七月十八午楊淵卿致林拱辰信函

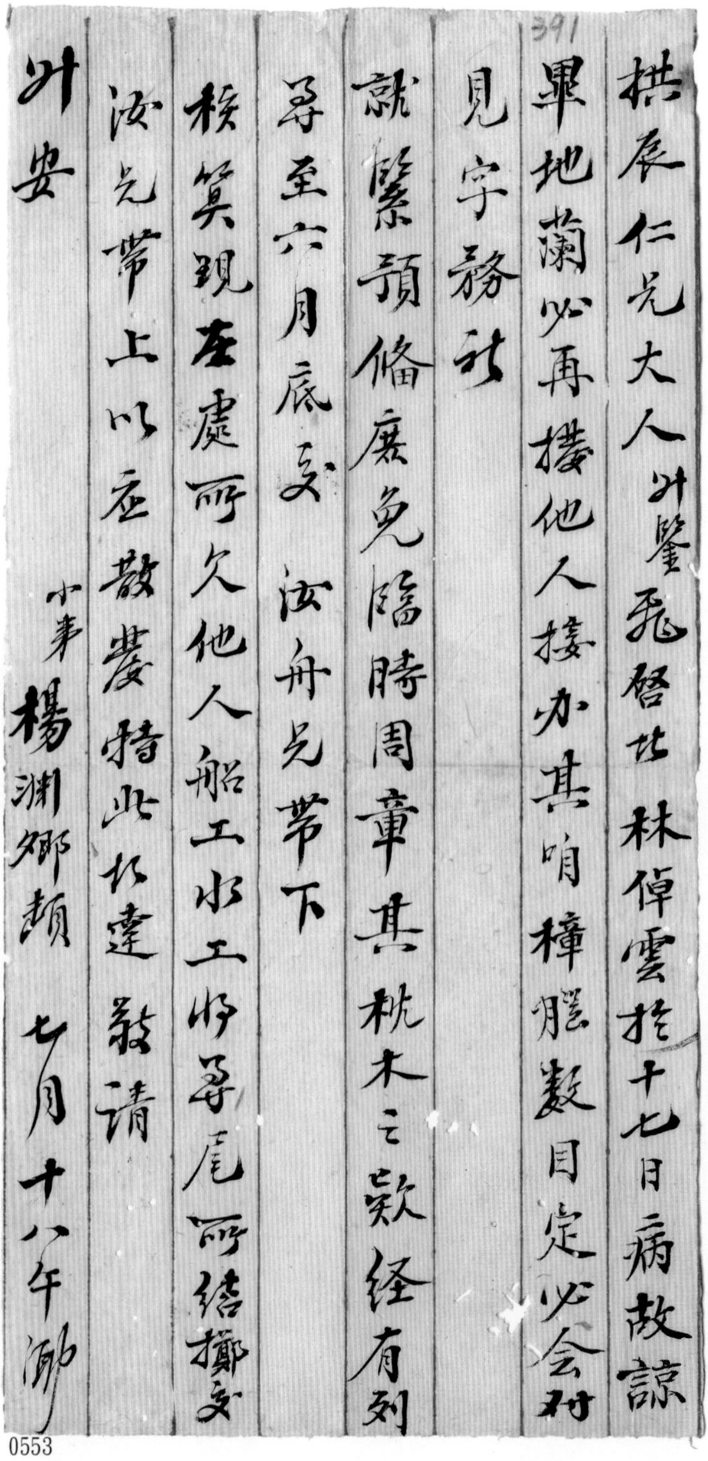

拱辰仁兄大人升鑒 兹啓者 林倬雲於十七日病故諒
畢地蘭必再樓他人接办其哨樟腦數目定必会对
見字務計
就緊預備庶免臨時周章其枕木之款經有列
單至六月底交 汝舟兄帶下
核算現在處所欠他人船工水工與單尾所結擲交
汝舟兄帶上以在數裏特此付達 敬請
升安
小弟 楊淵卿頓 七月十八午泐

0553

拱辰仁兄大人升鑒：飛啓者，林倬雲於十七日病故，諒
畢地蘭必再撥他人接办。其咱樟腦数目定必会対，
見字務祈
就緊預備，庶免臨時周章。其枕木之欵，経有列
単，至六月底交　汝舟兄帶下
核奠。現在處所欠他人船工、水工，將単尾所結擲交
汝兄帶上，以应散發，特此切達。敬請
升安。

小弟楊淵卿頓　七月十八午泐

（二）楊淵卿發信

130・壬辰七月廿二日楊淵卿致林拱辰信函

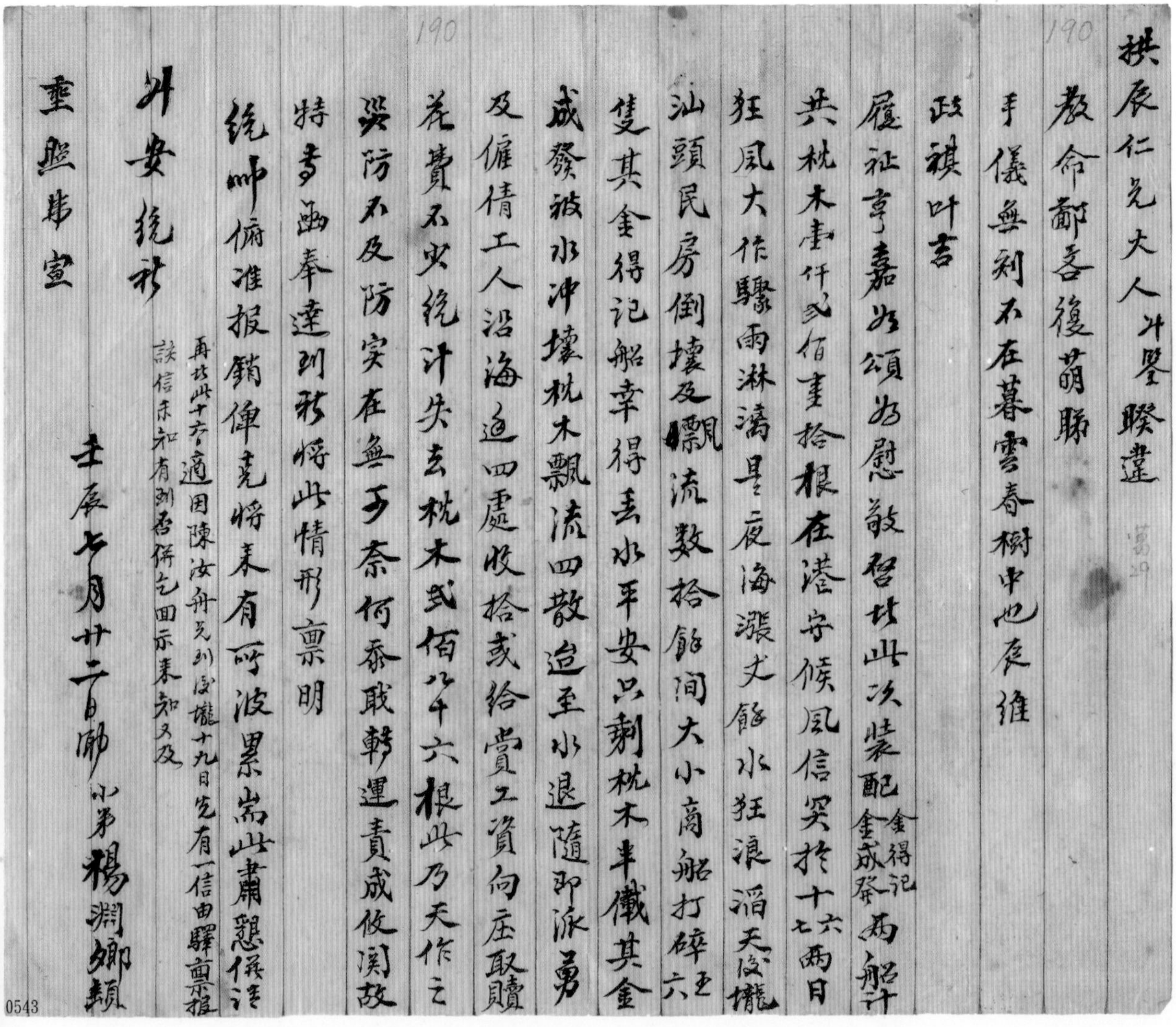
拱辰仁兄大人升堂 睽違
教命鄙吝復萌勝
手儀無刻不在暮雲春樹中也辰維
政祺叶吉
履祉亨嘉為頌為慰敬啓者此次裝配金得記、金成發兩船計
共枕木壹仟弍佰壹拾根在港安候風信奚於十六、七兩日
狂風大作驟雨淋漓是夜海漲丈餘水狂浪滔天後攏
汕頭民房倒壞及飄流數拾餘間大小商船打碎五六
隻其金得記船幸得丟水平安只剩枕木半儎其金
成發被水沖壞枕木飄流四散迨至水退隨即派勇
及僱倩工人沿海適四處收拾或給賞工資向庄取贖
花費不少總計失去枕木弍佰八十六根此乃天作之
災防不及防實在無可奈何忝職轉運責成攸關故
特專函奉達到祈將此情形稟明
統帥俯准報銷俾免將來有所波累耑此肅懇併請
升安統祈
垂照不宣
再於此十六日適因陳汝舟兄到後攏十九日先有一信由驛稟報
該信未知有到否併乞回示來知又及
壬辰七月廿二日郵 小弟楊淵卿頓

拱辰仁兄大人升鑒：睽違
教命，鄙吝復萌，[100]睇
手儀，無刻不在暮雲春樹[101]中也。辰維
政祺叶吉，
履祉亨嘉，爲頌爲慰。敬啓者，此次裝配金得記、金成發兩船計共枕木壹仟弍佰壹拾根，在港[102]守候凨信。突於十六、七兩日狂凨大作，驟雨淋漓，是夜海漲丈餘，水狂浪滔天，後壠汕頭[103]民房倒壞及飄流数拾餘間，大小商船打碎五、六隻，其金得記船幸得丢水平安，只剩枕木半儎，其金成發被水冲壞，枕木漂流四散。迨至水退，隨即派勇及僱倩工人沿海邊四處收拾，或給賞工資，向庄取贖，花費不少。統計失去枕木弍佰八十六根，此乃天作之災，防不及防，実在無可奈何。忝職轉運，責成攸関，故特專函奉達，到祈將此情形稟明
統帥，俯准报銷，俾克將來有所波累。耑此肅懇，併請
升安。統祈
垂照。弗宣。

壬辰[104]七月廿二日泐　小弟楊淵卿頓

再者，此十六日適因陳汝舟兄到後壠，十九日先有一信由驛稟报，該信未知有到否？併乞回示來知，又及。

100 睽違教命，鄙吝復萌：自謙之語，意為久未聽大人教誨訓令，粗鄙吝嗇之習氣又再度萌發。
101 暮雲春樹：意指黃昏的雲與春天的樹，喻朋友之間相互思念之語。
102 港：指後壠港。
103 汕頭：指港岸邊的沙丘。
104 壬辰：光緒十八年（一八九二）。

（二）楊淵卿發信

131・八月初十日楊淵卿致林拱辰信函

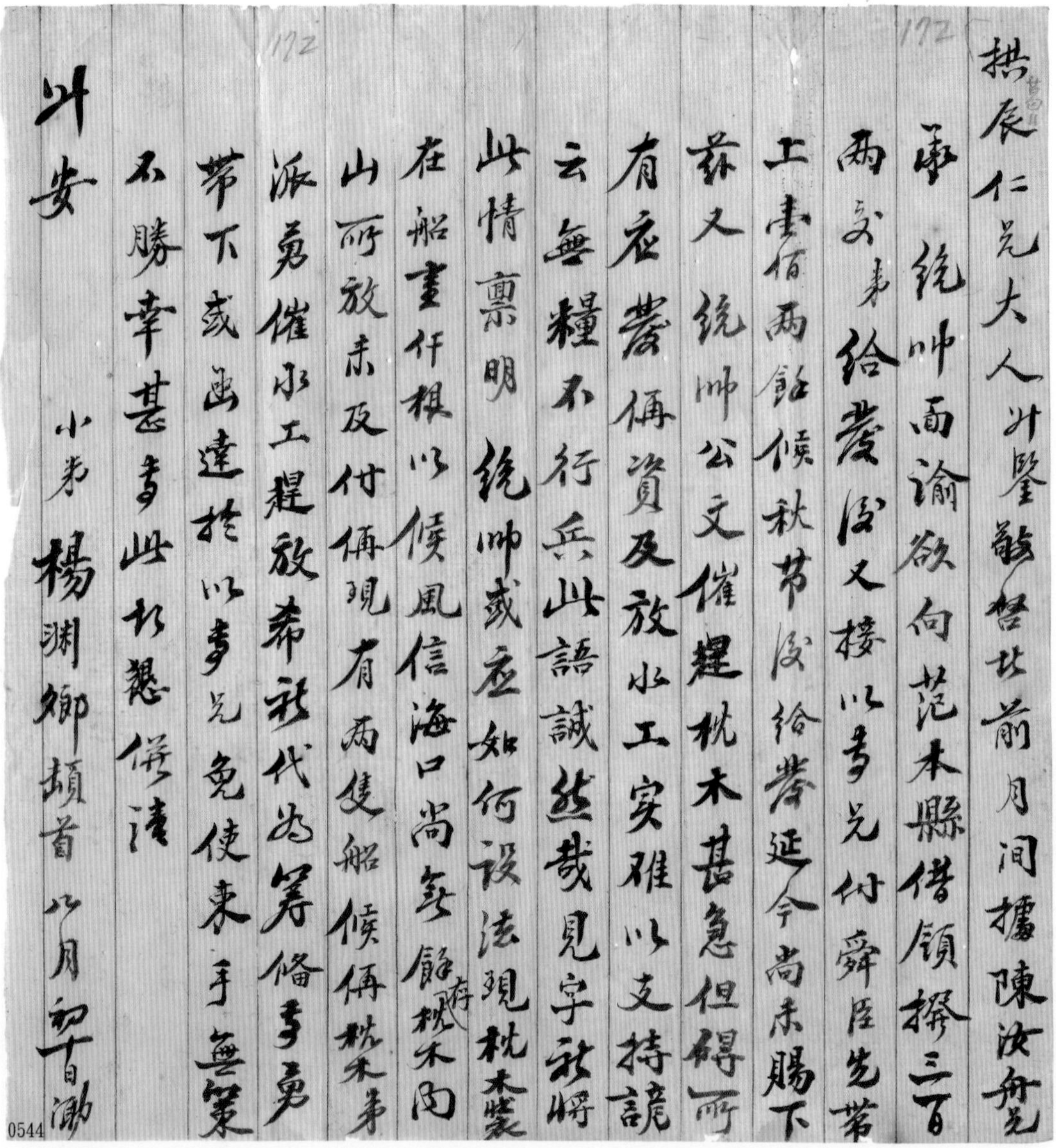
拱辰仁兄大人升鑒 敬啓者 前月間據陳汝舟兄
稟 統帥面諭欲向范本縣借領撥三百
兩交弟 給發後又撥以弟兄付舜臣先帶
工費佰兩餘 候秋節後給發延今尚未賜下
茲又 統帥公文催趕枕木甚急但碍所
有應發傭資及放水工實難以支持詎
云無糧不行兵此語誠然哉 見字祈將
此情稟明 統帥或應如何設法現枕木裝
在船尚什根以候風信 海口尚存餘枕木內
山所放未及付傭現有兩隻船候傭枕木弟
派勇催水工提放 希祈代爲籌備 弟勇
帶下 或無違於以弟兄免使束手無策
不勝幸甚 專此 祈懇 併請
升安 小弟 楊淵卿頓首 八月初十日泐

拱辰仁兄大人升鑒：敬啓者，前月間據陳汝舟兄
承　統帥面諭，欲向范本縣[105]借領撥三百
两交弟給發，後又接以專兄付舜臣先帶
上壹佰两，餘候秋节後給發，延今尚未賜下。
茲又　統帥公文催趕枕木甚急，但碍所
有应發俩資及放水工，实难以支持，諺
云無糧不行兵，此語誠然哉。見字祈將
此情稟明　統帥，或应如何設法。現枕木裝
在船壹仟根以候風信，海口尚無餘存枕木，內
山所放未及付俩，現有两隻船候俩枕木，弟
派勇催水工趕放，希祈代爲筹偹，專勇
帶下，或函達於以專兄，免使束手無策，
不勝幸甚。專此，切懇。併請
升安。　小弟楊淵卿頓首　八月初十日泐

105 范本縣：范克承。

（一一）楊淵卿發信

132・九月廿七日楊淵卿致林拱辰信函

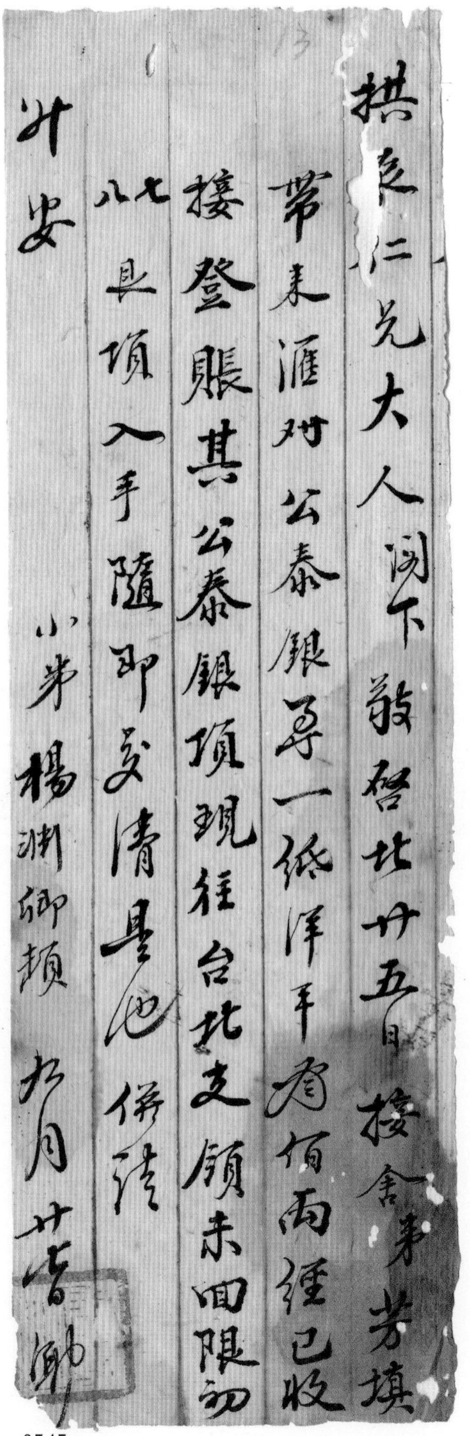

拱辰仁兄大人閣下　敬啓者廿五日接舍弟芳填
帶來滙对公泰銀單一紙洋平肆佰兩經已收
接登賬其公泰銀項現往台北支領未回限初
七八日項入手隨即交清是也　併請
升安　小弟楊淵卿頓　九月廿七日

0545

拱辰仁兄大人閣下：敬啓者，廿五日接舍弟芳填[106]帶來滙对公泰銀单一紙，洋平叁佰兩，經已收接登賬。其公泰銀項，現往台北支領未回，限初七八艮項入手，隨即交清是也。併請升安。

小弟 楊淵卿 頓 九月廿七日 泐 【印】[107]

106 芳填：楊芳填，生平不詳。
107 印記內文不清。

（二一）楊淵卿發信

133・九月廿八早楊淵卿致林拱辰、王太嵩信函

拱辰太嵩兩仁兄大人均鑒：頃接來函，內云承萬帥爺
鈞諭，欲列五月起至九月底報清單銷，但弟自二月
間經手，閣下函結算至六月底止，將回照繳稿
房存案可查。茲接來尊諭，合將本年伍月起至
九月止謄錄清單呈繳，列祈察核。其配運枕木
一節，自七月間僱倩接追船三隻，裝下滿俩，
因北風阻隔不能進發，迨九月初九日將三帆
接追船替配大船，牌名金盛吉，計裝下壹仟叁
佰根，在港安候風信。自彭劉兩委員動身以後
來，經歷催水工，至近日內山先有放出枕木壹
仟餘根，亦經趕覓接追船二帆，欲裝配運北，
但恐際此冬令，小船未易為力。其金盛吉一帆
經以廿八早揚帆。現據竹軒兄來信云：
藩憲經派靖海火輪船到攏，俩運此了，未見
閣下函示。但計後攏，自本年正月起至九月
止，約計配至台北枕木九千貳佰貳十五根，其
金盛吉裝下壹千叁佰根，總計萬餘根。且汕
頭[illegible]行戶全年包做枕木壹萬貳千根，結限至
十一月繳清，按算所存無幾，設輪船一到，不
滿所俩，此了未知若何，望乞裁奪。見字果
否輪船何時輪船可到後攏，或應派伍[illegible][illegible]
煩為就緊賜示來知，勿吝金玉為荷。專
此肅懇，敬請
升安

小弟楊淵卿頓 九月廿八早[illegible]

拱辰
太嵩[108]兩仁兄大人均鑒：傾接來函，內云承萬师爺[109]
鈞諭，欲列五月起至九月底清单报銷。但弟自六月
間，經与　閣下面結，算至六月底止，將回照交繳，稿
房存案可查。茲接來尊諭，合將本年伍月起至
九月止謄錄清单呈繳，到祈察核。其配運枕木
一节，自七月間僱倩按邊船三隻裝下滿倆，
因北凬阻隔，不能進發。迨九月初九日，將三帆
按邊船轉配大船，牌名金盛吉。計裝下壹仟叁
佰根，在港守候風信。自彭劉兩委員[110]動身以後，
弟經歷催水工，至近日內山先有放出枕木壹
仟餘根，亦經趕覓按邊船二帆，欲裝配運北。
但恐際此冬令，小船未易為力，其金盛吉一帆
經以廿八早揚帆。現據　竹軒兄來信云，
藩憲[111]經派靖海火輪船[112]到壠[113]倆運，此事未見
閣下函示。但計後壠自本年正月起至九月
止，約計配至台北枕木九千弍佰弍十五根，其
金盛吉裝下壹仟叁佰根，総計萬餘根。且汕
頭諸行戶全年包做枕木壹萬弍仟根，結限至
十一月繳清，按筫所存無幾。設輪船一到，不
滿所倆，此事未知若何，望乞裁奪。見字果
否輪船，何時輪船可到後壠，或应如何設法，
煩為就緊賜示來知，勿吝金玉為荷。專
此。肅懇。敬請
升安。

小弟楊渊卿　頓　九月廿八早　泐

---

108 太嵩：即王泰嵩，從本件文書可知應為林朝棟幕僚之一，生平不詳。
109 萬師爺：即萬鎰，萬逸翁。
110 彭、劉兩委員：不詳。
111 藩憲：下屬對布政使的尊稱，此應指唐景崧。
112 靖海火輪船：靖海輪，同治年間福建省辦理船政時所添購之輪船，馬力四十匹，吃水八尺，船旁配前膛小礮四尊。光緒十六年後因劉銘傳之請而調至臺灣應用。參見中央研究院近代史研究所，《海防檔》，〈酌議輪船出洋訓練章程十二條〉，同治十年二月二十二日，頁二八〇—二八四；中國第一歷史檔案館，《光緒朝硃批奏摺》，第六十五輯（北京：中華書局，一九九五年），頁一〇二一—一〇三。
113 壠：指後壠，今苗栗後龍鎮。為當時腦市之一。

（二）楊淵卿發信

134・壬十月廿日楊淵卿致林拱辰信函

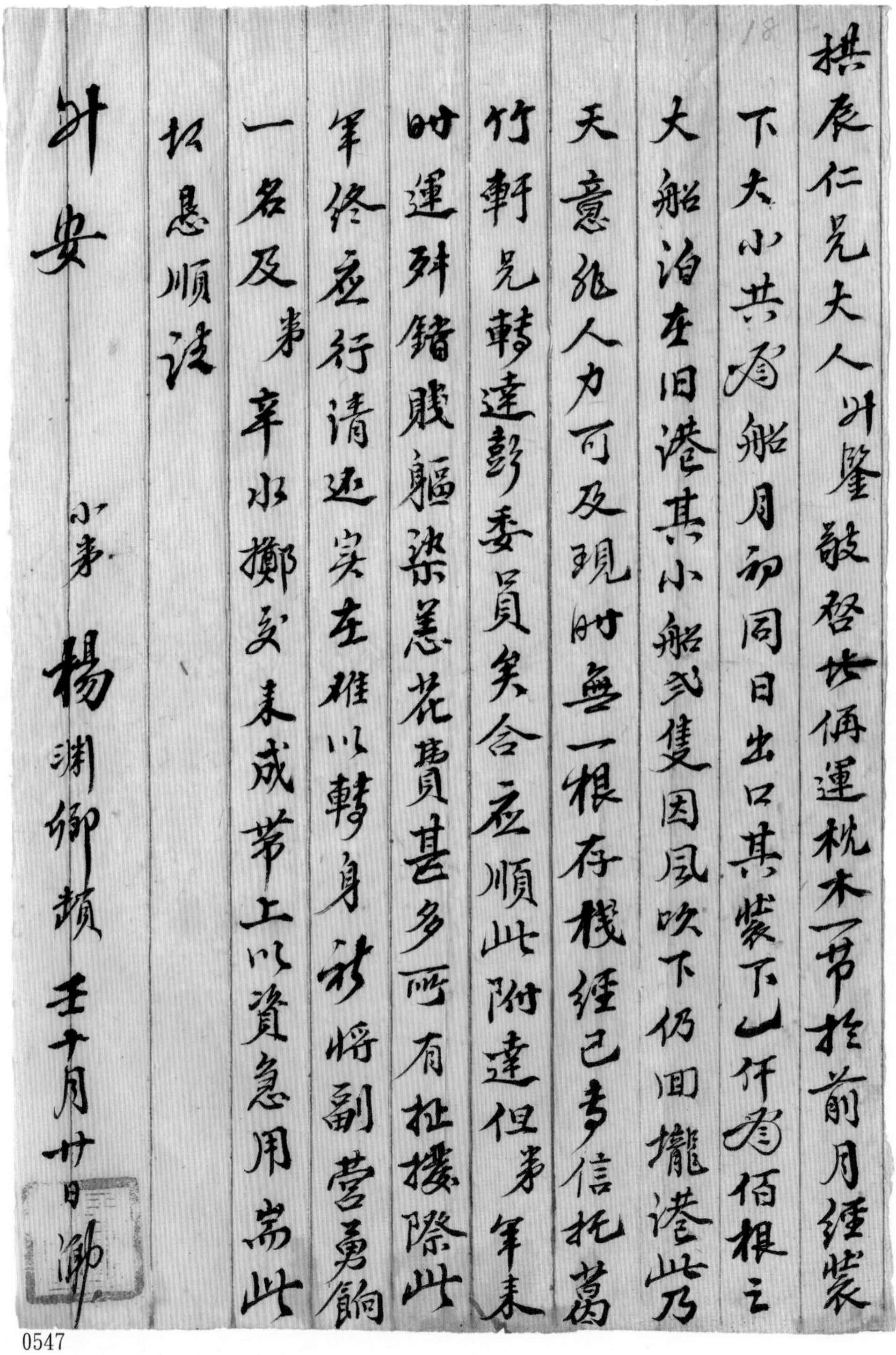

拱辰仁兄大人升鑒敬啓者俩運枕木一节於前月經裝
下大小共為船月初同日出口其裝下山仟為佰根之
大船泊在旧港其小船弍隻因風吹下仍回攏港此乃
天意非人力可及現時無一根存棧經已专信托葛
竹軒兄轉達彭委員矣合應順此附達但弟年来
時運殊錯賤軀染恙花費甚多所有扯撥際此
年終應行清还実在碓以轉身敢將副營勇餉
一名及弟辛水擲交来成帯上以資急用尚此
拜懇順請
升安
小弟楊淵卿頓 壬十月廿日

0547

拱辰仁兄大人升鑒：敬啓者，倆運枕木[114]一节，扵前月經裝
下大小共叁船，月初同日出口。其裝下乙仟叁佰根之
大船，泊在旧港[115]；其小船弍隻，因凨吹下，仍回壠港[116]。此乃
天意，非人力可及。現时無一根存棧，經已專信托葛
竹軒兄轉達彭委員矣，合应順此附達。但弟年來
时運舛錯，賤軀染恙，花費甚多，所有扯撥，際此
年終，应行清还，实在难以轉身。祈將副營勇餉
一名及弟辛水，擲交來成帶上，以資急用。耑此
切恳。順請
升安。

小弟　楊渊卿頓　壬十月廿日泐【印】[117]

---

114 枕木：指當時鋪設鐵軌所需之木材。

115 舊港：指新竹舊港，距竹塹城北十里，以新竹街為其貨物集散地。嘉慶十八年（一八一三）淤塞，港務移至頭前溪南岸的南寮，即竹塹新港，原竹塹港改稱舊港；嘉慶二十年（一八一五），新港復因洪水而淤塞，淡水同知薛志亮乃諭商民濬復舊港，港務再移舊港；咸豐四年（一八五四）以後，竹塹行郊多於此地設棧，船舶出入日多，港務日盛。咸豐七、八年（一八五七—一八五八）間，香山港興起，舊港發展始漸停滯。參見陳培桂，《淡水廳志》（文叢第一七二種），頁一八三；伊能嘉矩，《大日本地名辭書續篇（臺灣）》（東京：冨山房，一九〇九年），頁五二—五三。

116 壠港：指後壠港。

117 印記內文不清。

（二一）楊淵卿發信

135・壬辰十一月初二日楊淵卿致葛竹軒、林拱辰信函

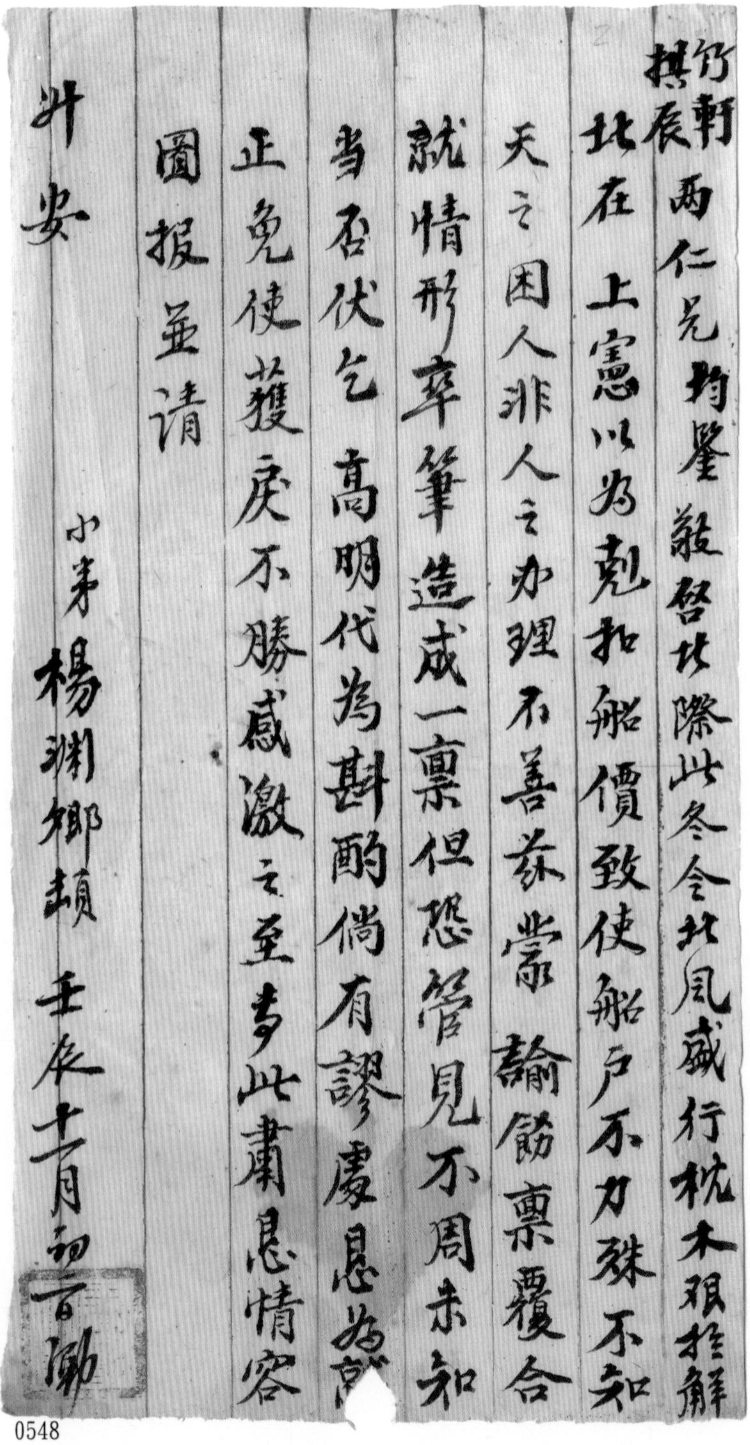

竹軒
拱辰兩仁兄均鑒　敬啓者　際此冬令北風盛行杭木艰於解
北　在　上憲以為剋扣船價致使船戶不力　殊不知
天之困人非人之办理不善　茲蒙　諭飭禀覆合
就情形率筆造成一禀　但恐管見不周　未知
当否　伏乞　高明代為斟酌　倘有謬處　懇為改
正　免使獲戾　不勝感激之至　专此肅懇　情容
圖報　並請
升安
小弟楊淵卿頓　壬辰十一月初二日

0548

竹軒
拱辰兩仁兄均鑒：敬啓者，際此冬令，北風盛行，枕木艱於解北[118]。在　上憲[119]以爲剋扣船價，致使船戶不力，殊不知天之困人，非人之办理不善。茲蒙　諭飭稟覆，合就情形卒筆，造成一稟，但恐管見不周，未知当否，伏乞　高明代爲斟酌。倘有謬處，懇爲就正，免使獲戾，不勝感激之至。專此肅懇，情容圖报。並請
升安。

小弟楊淵卿頓　壬辰十一月初二日泐【印】[120]

118 解北：運送到北部。
119 上憲：指臺灣巡撫邵友濂。
120 印記內文不清。

（一一）楊淵卿發信

136・十一月十六日楊淵卿致林拱辰信函

拱辰仁兄大人升鑒：兹啓者，前所稟報在港裝配杭木大小共四船，近因北風小静，被弟再三推廹，有金吉順船盡帆裝配杭木五百六十根，於此十二日出口，因北風吹下，沉漏在土地公港，將杭木僱工搬運上岸，每根工資銀弍点（查点並無遺失）。又有小船盡帆來及出港而發漏，此船實在朽腐，恐有蹤虞，經將杭木搬運上棧，候另僱妥船裝運。餘船未敢出口，瀾前泊在新竹舊港。金盛吉盡帆裝配杭木壹仟叁佰根，亦同日出口，因遭風仍收回在旧港。際此冬令北風盛行，實乃天數限人，非人力可致，誠恐責成攸關，合應声明，請將情形稟明統帥，懇乞察奪施行，不勝翹切之至。專此肅達，並請

升安

小弟楊淵卿頓 十一月十六日

0549

拱辰仁兄大人升鑒：飛啓者，前所稟报在港裝配枕木，大小共四船。近因北凬小静，被弟再三推迫，有金吉順船壹帆，裝配枕木五百六十根，扵此十二日出口，因北凬吹下，沉漏在土地公港[121]，將枕木僱工搬運上岸，查点並無遺失，每根工資銀弍点[122]。又有小船壹帆，未及出港而發漏，此船實在朽腐，恐有疎虞，經將枕木搬運上棧，候另僱妥船裝運，餘船未敢出口。聞前泊在新竹舊港金盛吉壹帆，裝配枕木壹仟叁佰根，亦同日出口，因遭凬，仍收回在旧港。際此冬令，北凬盛行，实乃天数限人，非人力可致，城〔誠〕恐責成攸関，合应声明，請將情形稟明
統帥，懇乞察奪施行，不勝翹切之至。專此肅達。並請
升安。

小弟楊淵卿頓　十一月十六日泐【印】[123]

121 土地公港：又稱為「福德港」，今臺中縣大甲鎮福德里船頭埔。

122 点：臺灣貨幣的價格單位，可分為元、角、辦、尖（又稱点）、分、釐、毫、文八種。參見《臺灣私法》，卷三上，頁二九一—二九二。

123 印記內文不清。

（一二）楊淵卿發信

137・壬辰年臘月初十早楊淵卿致林拱辰信函

拱辰仁兄大人升鑒：敬啓者，杉木一款，現該行戶所欠壹千餘根，
連日專勇催趕，據該行戶答應，此望後必能繳清。現
際年終，所有應給俩資、水工項下十分支拙，急如望歲，
特專勇許來成前去支領，見信祈撥下洋銀二百兩，付
交專勇帶上，以資應用。茲有金盛吉船裝下杉木壹
千三百根，又金順源船裝下杉木叁佰根，兩船俱到台
北交繳，完欵餘此。候有風信，俩運解此，順此附達，乞即
將情稟明
統帥為幸。專此肅達，並請
升安

小弟楊淵卿頓

壬辰年臘月初十早泐

0550

拱辰仁兄大人升鑒：敬啓者，枕木一欵現該行戶所欠壹千餘根，連日專勇催趕，據諸行戶答应此望[124]後必能繳清。現際年終，所有应給俌資、水工項下十分支拙〔絀〕，急如望歲[125]，特專勇許來成前去支領。見信祈撥下洋平一、二百両，付交去勇帶上，以資应用。茲有金盛吉船裝下枕木壹千三百根，又金順源船裝下枕木叁佰根，兩船俱到台北交繳完欵，餘者候有凬信俌運觧北。順此附達，乞即將情稟明統帥爲幸。專此肅達。並請升安。

小弟楊淵卿頓　壬辰年臘月[126]初十早泐【印】[127]

124 此望：指這次望月時候，即農曆十五日。
125 望歲：盼望年穀豐收的意思。
126 臘月：農曆十二月。
127 印記內文不清。

（二）楊淵卿發信

138．壬納月初十日楊淵卿致林拱辰信函

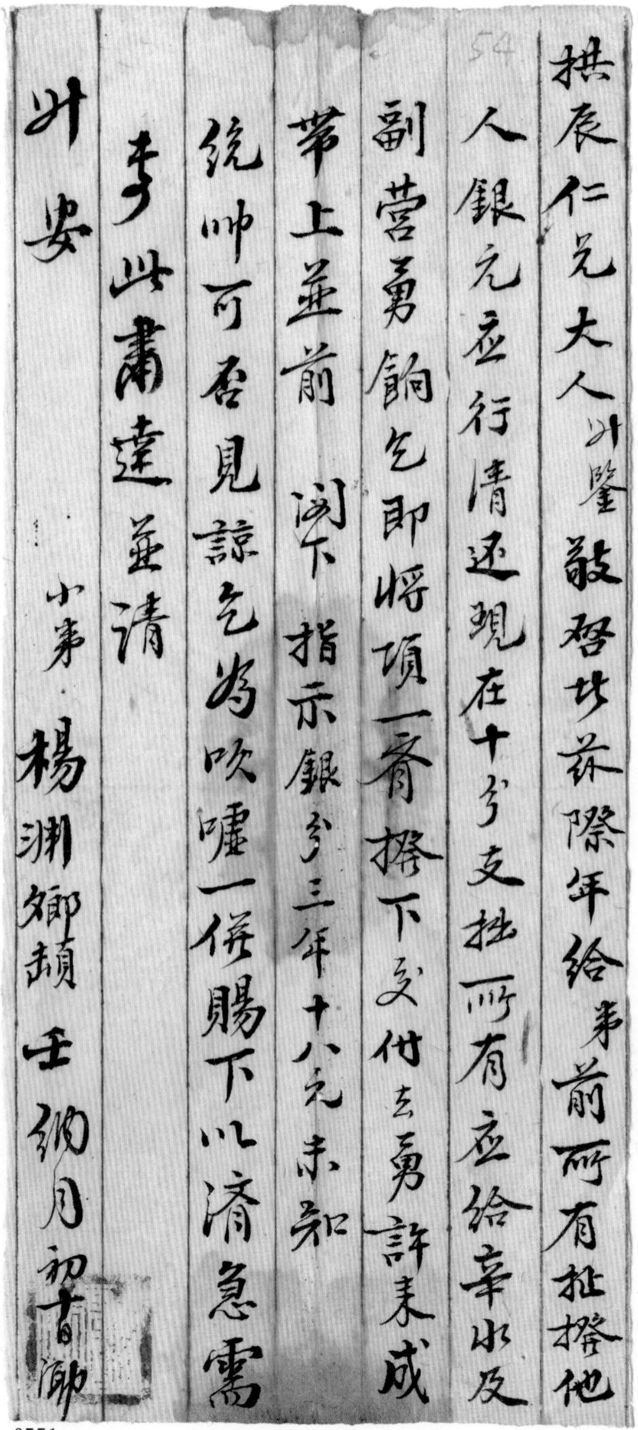

拱辰仁兄大人升鑒 敬啓者茲際年給弟前所有扯撥他
人銀元應行清還現在十分支拙所有應給辛水及
副營勇餉乞即將項一齊撥下交付去勇許未成
帶上並前 閣下 指示銀分三年十八元未知
統帥可否見諒乞為吹噓一併賜下以濟急需
專此肅達並請
升安 小弟 楊淵卿頓 壬納月初十日

0551

拱辰仁兄大人升鑒：敬啓者，茲際年給，弟前所有扯撥他人銀元，应行清还，現在十分支拙〔絀〕，所有应給辛水及副营勇餉，乞即將項一齐撥下，交付去勇許來成帶上。並前 閣下指示，銀分三年十八元，未知統帥可否見諒，乞爲吹噓，一併賜下，以濟急需。專此肅達。並請

升安。

小弟楊渊卿頓 壬納月[128]初十日泐【印】[129]

128 納月：臘月，即農曆十二月。

129 印記內文不清。

（二）楊淵卿發信

139．壬辰年納月廿七日楊淵卿致林拱辰信函

拱辰仁兄大人升鑒　敬啓者此廿七日接來成苐到
瑤函內銀單壹紙併洋銀貳拾六両三錢八分又來成支銀
一元〣〡〨分均已收楚領悉云云下立向公泰支取據云際此
年終恐難措備候一二日設法尚未定規現有南通輪船
來瀧運俩杭木裝下僅四百根尚在港內無風可出夯工駁
貴比之商船更多又另倩艇公幫引出口併此奉達並請
年禧大喜

小弟楊淵卿頓

壬辰年納月廿七日泐

0552

拱辰仁兄大人升鑒：敬啓者，此廿七日接來成帶到
瑤函[130]，內銀单壹紙，併洋銀叁拾六兩三錢八分。又來成支銀
乙元7.25錢，均已收楚。領悉之下，立向公泰支取。據云際此
年終，恐難措備，候一、二日設法，尚未定規。現有南通輪船
來壠[131]運俩枕木裝下，僅四百根尚在港內，無凨可出，夯工駁
費比之商船更多。又另倩舵公幇引出口，併此奉達，並請
年禧大喜。

小弟楊淵卿頓　壬辰年納月廿七日泐【印】[132]

130 瑤函：亦作瑤箋，指他人信件。
131 壠：後壠，苗栗縣後龍鎮。
132 印記內文不清。

（三）楊吉臣發信〈信函內容簡介〉

楊吉臣（一八五四—一九三〇），彰化人，為開拓彰化平原墾首楊志申後裔。光緒十年（一八八四）法軍犯臺之際，奮勇從軍，[133]楊在日治初期為授勳提交的履歷書自敘「前清法失和，開戰臨台，吉臣保固地方，蒙臺灣巡撫劉銘傳保舉五品藍翎」。[134]此外，楊吉臣與林朝棟亦有姻戚關係，他是林朝棟夫人楊水萍之弟，頗受林照顧。[135]乙未之役，楊協助日人設保良局，招撫臺民，後以助日人統治臺灣有功，敘勳六等，授瑞寶章，歷任參事、區長，一八九七年得授紳章，並投資實業，為彰化一帶商紳。[136]本書收錄楊吉臣所發六件信函，五件給林拱辰，當中一件劉以專並列為收信人；一件為張舜臣，至於信件主要內容與楊淵卿相似，同為說明有關枕木起運以及銀項告急等事，發信年分約莫在一八九三年前後。

由文書內容可知，楊吉臣身體狀況欠佳，因風「染痰喘之症」（編號一四五），又逢家人過世，須向林朝棟告假料理喪務。當時楊吉臣往來於彰化、臺中之間，主持枕木局，負責籌措交給內山料長、放水工之砍伐、搬運、船運等費，並向林拱辰回報集中於大安港之枕木起運情形。因枕木以帆船配運，秋令時受限於西北風，船隻出港風險大，枕木常無法及時解北；就載運數量而言，根據編號一四三文書可知，自南風一起，運抵臺北枕木，已達二萬四千九百餘根；暫存在大安者，亦有一萬五千餘根之多。枕木來源，與楊淵卿相同，也是由包辦近十四萬隻枕木的陳澄波（陳汝舟）供應。[137]

133 賴熾昌主修，《彰化縣志稿．人物志》（彰化：彰化縣文獻委員會，一九六一年），頁三九。

134 〈林紹堂、吳鸞旂、楊吉臣、林榮泰敘勳ニ關スル件〉，國史館臺灣文獻館藏，《臺灣總督府公文類纂》，第一二五冊三三件，頁三四。

135 楊吉臣於〈祭林朝棟文〉曾如此回憶與林朝棟的關係，其言「念當年之相與，受照拂之風光，托葭莩之戚誼，依玉樹以倘徉，彼時何親今何遠，一別千秋更斷腸」。參見楊吉臣，〈雜錄．祭林朝棟文〉，《臺灣日日新報》，一九〇三年六月三日，版四。

136 許雪姬總策劃，《臺灣歷史辭典》，頁九六六。

137 據《臺灣鐵道史》記載，陳澄波（陳瑞昌）在光緒十六、十七年間每月供應五千支鐵路枕木。參見臺灣總督府鐵道部，《臺灣鐵道史 上（未定稿）》，頁五四。

（三）楊吉臣發信

140・桐月初三日楊吉臣致劉以專、林拱辰信函(1)

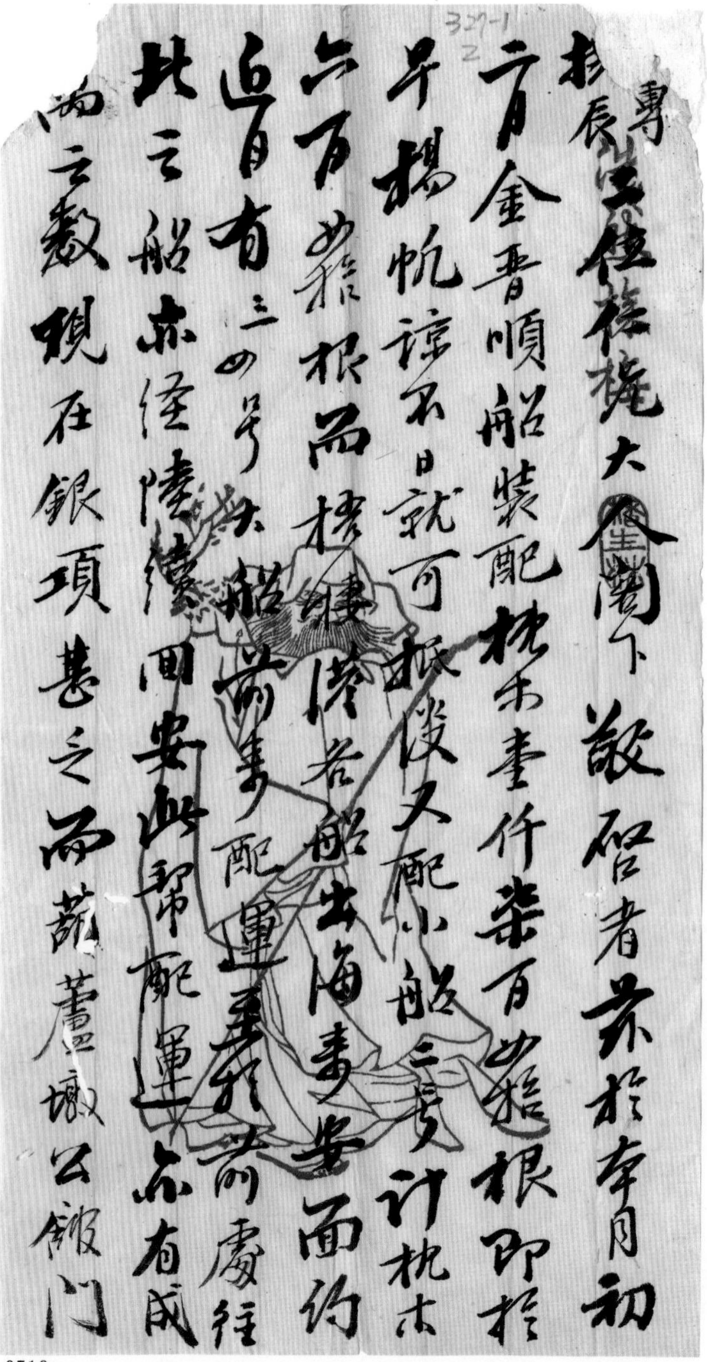
專
拱辰二位梓棧大人閣下 敬啓者茲於本月初
六日金晉順船裝配枋木壹仟柒百叁拾根即於
廿日揚帆諒不日就可抵滬又配小船二隻計枋木
六百叁拾根而樣[illegible]若船出海未妥面約
過日有三四号大船而未配運至該處往
北之船亦經陸續回安此帮配運亦有成
而之數現在銀項甚乏而葫蘆墩公館門

0519

以專

拱辰二位仁兄大人閣下：敬啓者，茲扵本月初二日，金晉順船裝配枕木壹仟柒百四拾根，即扵早揚帆，諒不日就可抵淡。又配小船二号，計枕木六百四拾根。而梧棲港各船出海[138]來安[139]，面約近日有三、四号大船前來配運，至於前處往北之船，亦経陸續回安。此幇配運亦有成萬之数，現在銀項甚乏，而葫蘆墩公館門

138 出海：船隻的船長。
139 安：大安港。

（三） 楊吉臣發信

140・桐月初三日楊吉臣致劉以專、林拱辰信函(2)

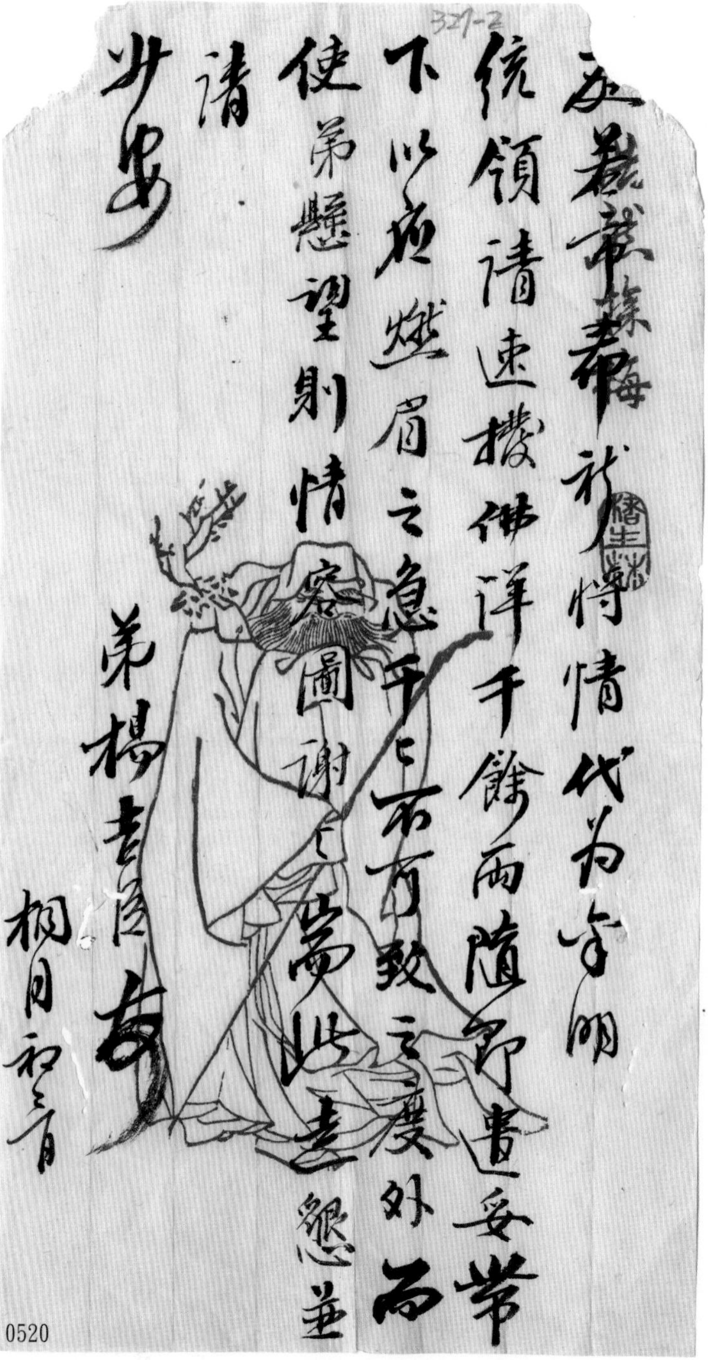

以[illegible]拱辰[illegible]尊兄[illegible]祈恃情代為[illegible]明
統領請速撥佛洋千餘兩隨即書遞妥帶
下以應燃眉之急千[illegible]不可致之[illegible]外而
使弟懸望則情容圖謝謝尚此走懇並
請
升安
弟楊吉臣[illegible]
桐月初三日

0520

庭若市，希祈將情代爲稟明
統領，請速撥佛洋千餘両，隨即遣妥帶
下，以应燃眉之急。千千不可致〔置〕之度外，而
使弟懸望，則情容圖謝謝。耑此。走懇並
請
升安。

弟楊吉臣頓

桐月[140]初三日

140 桐月：農曆三月。

（三）楊吉臣發信

141・癸桐月初十夜楊吉臣致林拱辰信函

拱辰仁兄大人閣下敬啓者是午回彰即就公文投入府署所
移撥領薪水之項未得義務據云此款必待公事備好方領同
撥大約近於月半底弟在外向諸友暫撥祇壹佰餘元區區之
數實不濟事聞
尊駕是日請到臺北餉項希撥出壹仟多兩付猪徑帶去
以便開撥應費若干員弟已持籌握數定款此十五日家芝長
煌出殯弟備料理喪務敢須代守
統憲告假數天則感激豈特身受之也專此切禱即請
近安
弟楊吉臣頓首 癸桐月初十夜

0525

拱辰仁兄大人閣下：敬啓者，是午回彰，即就公文投入府署，所移領薪水之項，未淂着落。據云此欵必待公事偹好，方欲同發，大約近於月半底。弟在外向諸友暫撥祇壹佰餘元，區區之数，實不濟事。聞
尊處是日請到臺北餉項，希撥出壹仟多両付猪狃帶去，以便開發。应費若干員，弟已持籌握数定欵。此十五日家兄長煌[141]出殯，弟當料理喪務，敢煩代稟
統憲告假数天，則感激豈特身受之也。專此切禱。即請
近安。

弟楊吉臣頓首　癸[142]桐月初十夜

141 楊長煌：楊吉臣堂兄。
142 癸：癸巳年，光緒十九年（一八九三）。

（三）楊吉臣發信

142・十七日楊吉臣致林拱辰信函(1)

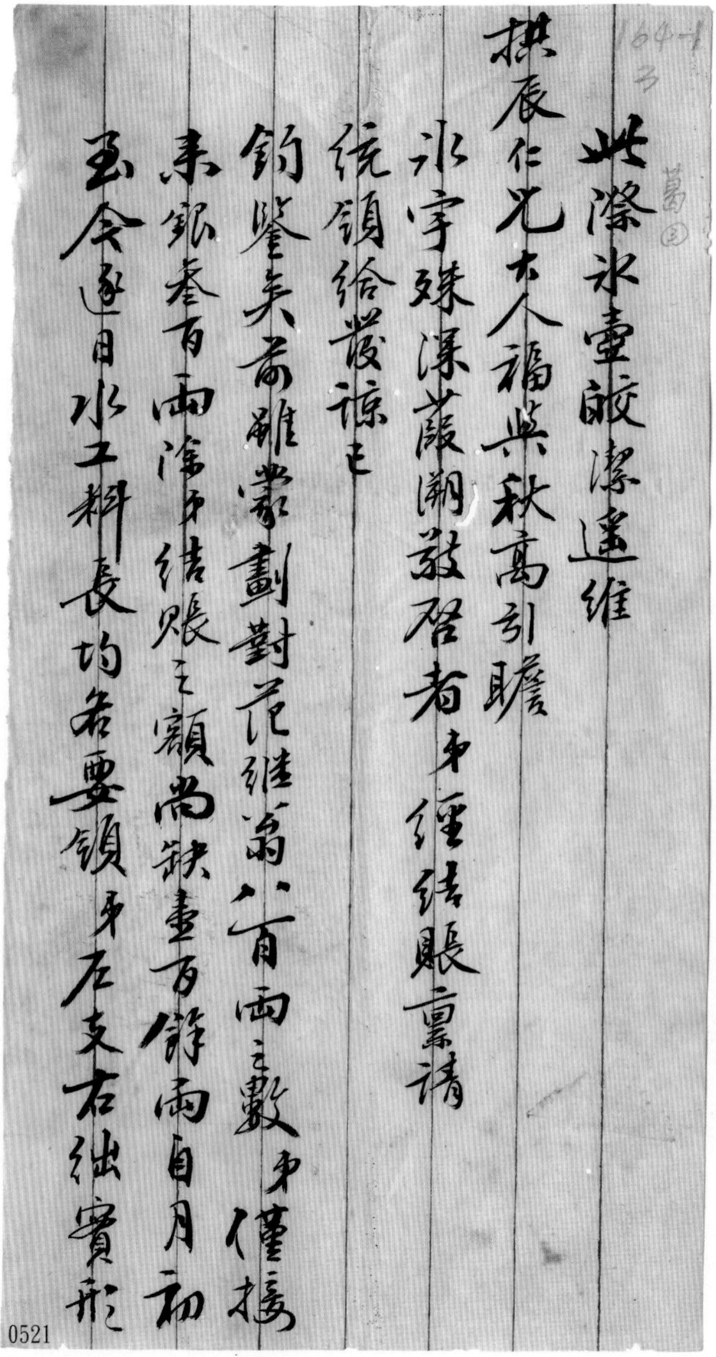

164-1
3

此際冰壺皎潔遙維
拱辰仁兄大人福與秋高引瞻
冰宇殊深葭溯敬啓者弟經結賬稟請
統領給發諒已
鈞鑒矣前雖蒙劃對花維翁六百兩之數弟僅接
來銀叁百兩除弟結賬之額尚缺壹百餘兩自月初
至今逐日水工料長均要領弟左支右絀實形

0521

此際氷壺皎潔，遙維

拱辰仁兄大人福與秋高，引瞻

氷宇，殊深葭溯。敬啓者，弟經結賬稟請

統領給發，諒已

鈞鑒矣。前雖蒙劃對范繼翁[143]八百兩之數，弟僅接來銀叁百兩，除弟結賬之額，尚缺壹百餘兩。自月初至今，逐日水工、料長均各要領，弟左支右絀，實形

143 范繼翁：范克承，字繼庭，光緒十八年（一八九二）到任臺灣縣知縣。

（三）楊吉臣發信

142・十七日楊吉臣致林拱辰信函(2)

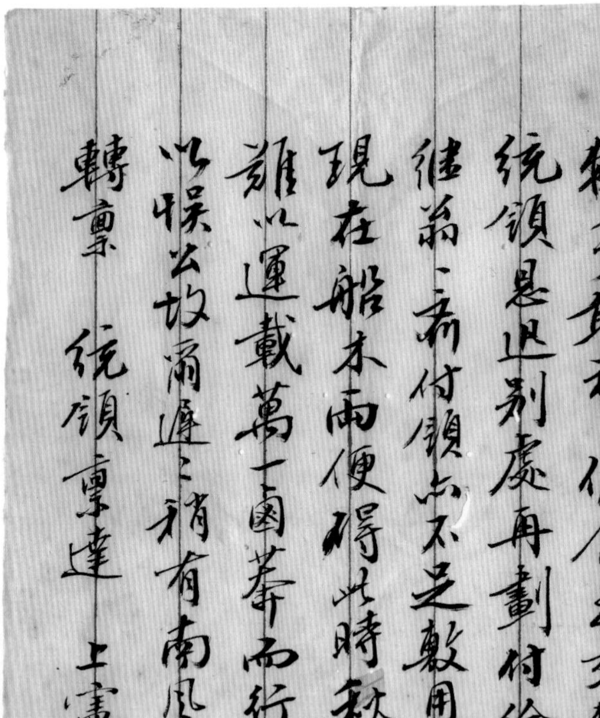
164-2

棘手敢祈　俯念急交轉稟
統領思退別處再劃付給以資給發此一百兩即飭
繼翁〻〻再付領亦不足敷用況弟僅接三百兩之數手
現在船木兩便得此時秋令西北風大利南風俱無
雖以運載萬一冒暮而行誠恐波濤不測欲以急公反
以悞公故爾遲〻稍有南風或有東風即刻運上敢祈
轉稟　統領稟達　上憲俾知海面情形並請

0522

棘手，敢祈　俯念至交，轉稟
統領，恩迅別處再劃付給，以資給發。此八百両即范
繼翁一斉付領，亦不足敷用，況弟僅接三百兩之数乎。
現在船、木両便，碍此時秋令西北風大利〔厲〕，南風俱無，
難以運載，萬一鹵莽而行，誠恐波濤不測，欲以急公反
以悞公，故爾遲遲。稍有南風，或有東風，即刻運上，敢祈
轉稟　統領，稟達　上憲，俾知海面情形。並請

（三）楊吉臣發信

142・十七日楊吉臣致林拱辰信函(3)

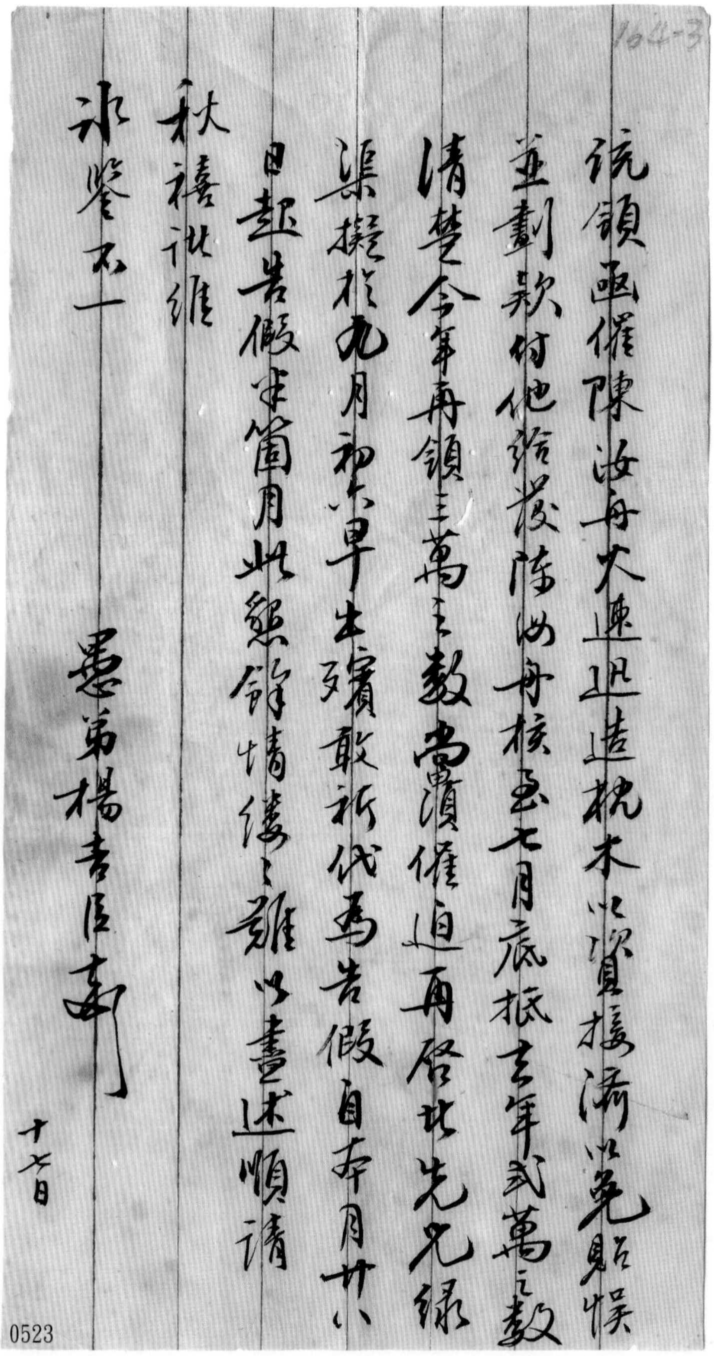

164-3

沆領函催陳汝舟大速迅造枕木以資援濟以免貽悮
並劃款付他給發陳汝舟核至七月底抵去年貳萬元數
清楚今年再領三萬元數尚須催追再啓此先兄緣
渠擬於九月初六早出殯敢祈代為告假自本月廿八
日起告假半箇月此懇饒情僕僕雖以盡述順請
秋禧祉維
冰鑒不一
愚弟楊吉臣頓
十七日

0523

統領函催陳汝舟火速迅造枕木，以資接濟，以免貽悞。
並劃欵付他，給發陳汝舟核至七月底，抵去年弍萬之数
清楚，今年再領三萬之数，當須催迫。再啓者，先兄綠
渠擬於九月初六早出殯，敢祈代爲告假，自本月廿八
日起告假半箇月，此懇。餘情縷縷，難以盡述，順請
秋禧，諸維
氷鑒。不一。　　愚弟楊吉臣頓
十七日

（三二）楊吉臣發信

143・梅月念二夜楊吉臣致林拱辰信函(1)

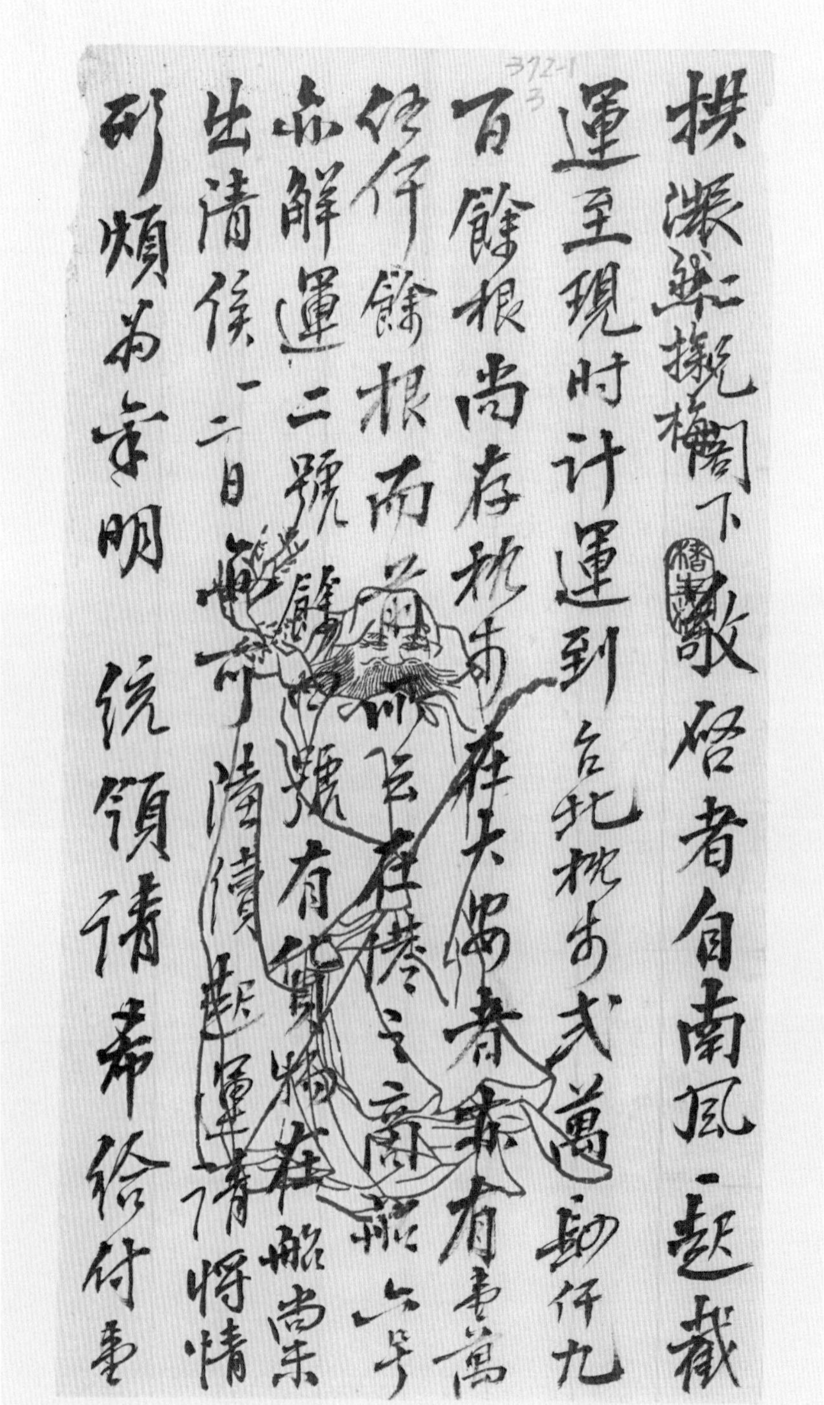

拱辰仁兄閣下：敬啓者，自南風一起，截運至現时，計運到台北枕木弍萬肆仟九百餘根，尚存枕木在大安者，亦有壹萬伍仟餘根；而前所云在港之商船六号，亦鮮運二號，餘四號有貨物在船，尚未出清，俟一、二日亦可陸續起運。請將情形，煩爲稟明　統領，請希給付壹

（三）楊吉臣發信

143・梅月念二夜楊吉臣致林拱辰信函(2)

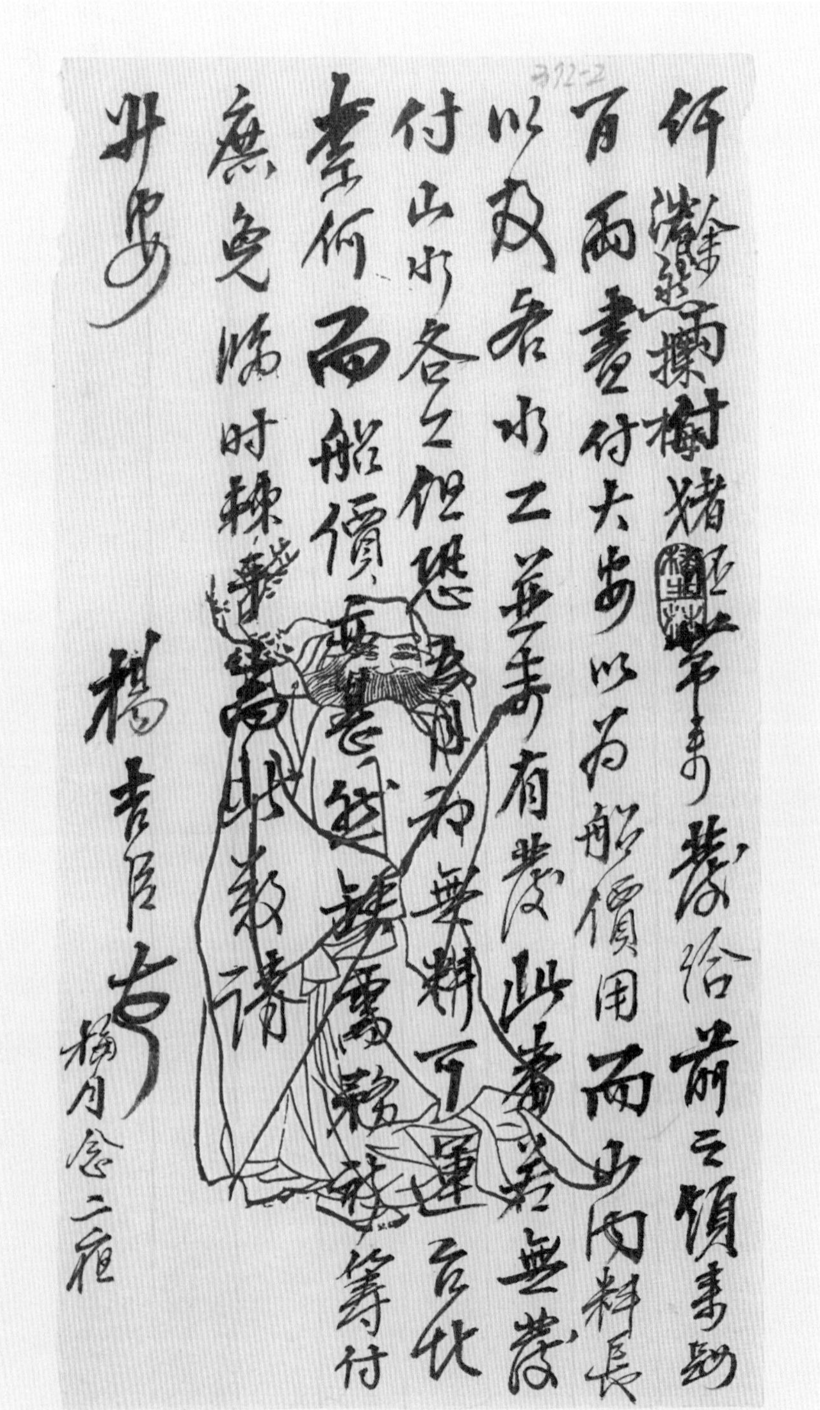

仟餘両，付猪胚帶來發給。前之領來肆百両，盡付大安，以爲船價用，而山內料長以及各水工並未有發。此畨若無發付山、水各工，但恐五月初無料可運台北，奈何。而船價亦甚然缺需，務祈籌付，庶免臨时棘手。耑此。敬請

升安。

楊吉臣頓 梅月[144]念二夜

144 梅月：農曆四月。

（三）楊吉臣發信

143・梅月念二夜楊吉臣致林拱辰信函(3)

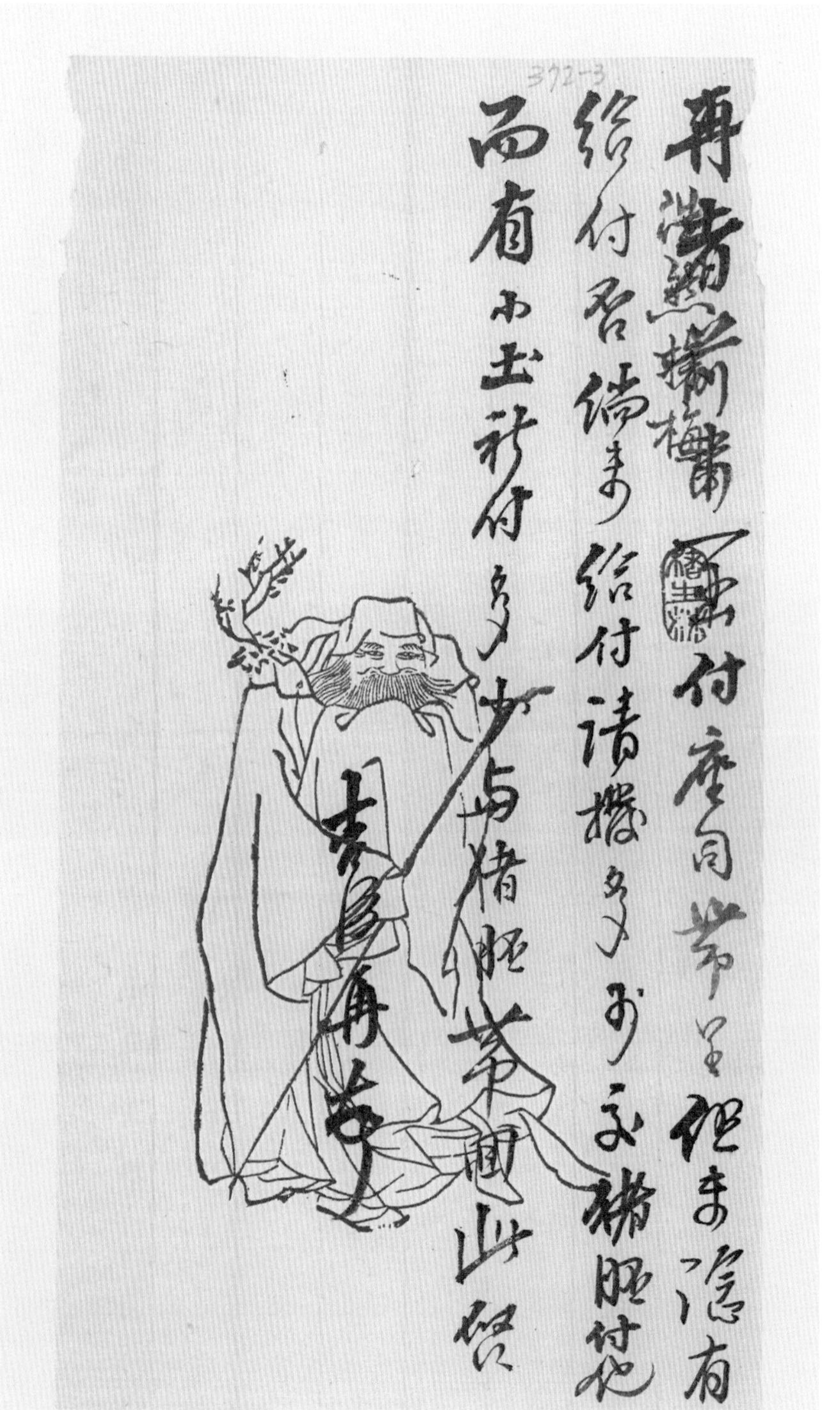

再者，前肅一函付座司帶呈，但未諗有給付否。倘未給付，請撥多少交猪胚付他。而有小土，祈付多少与猪胚帶回。此啓。

吉臣再頓

（三）楊吉臣發信

144・楊吉臣致□□□、林拱辰信函

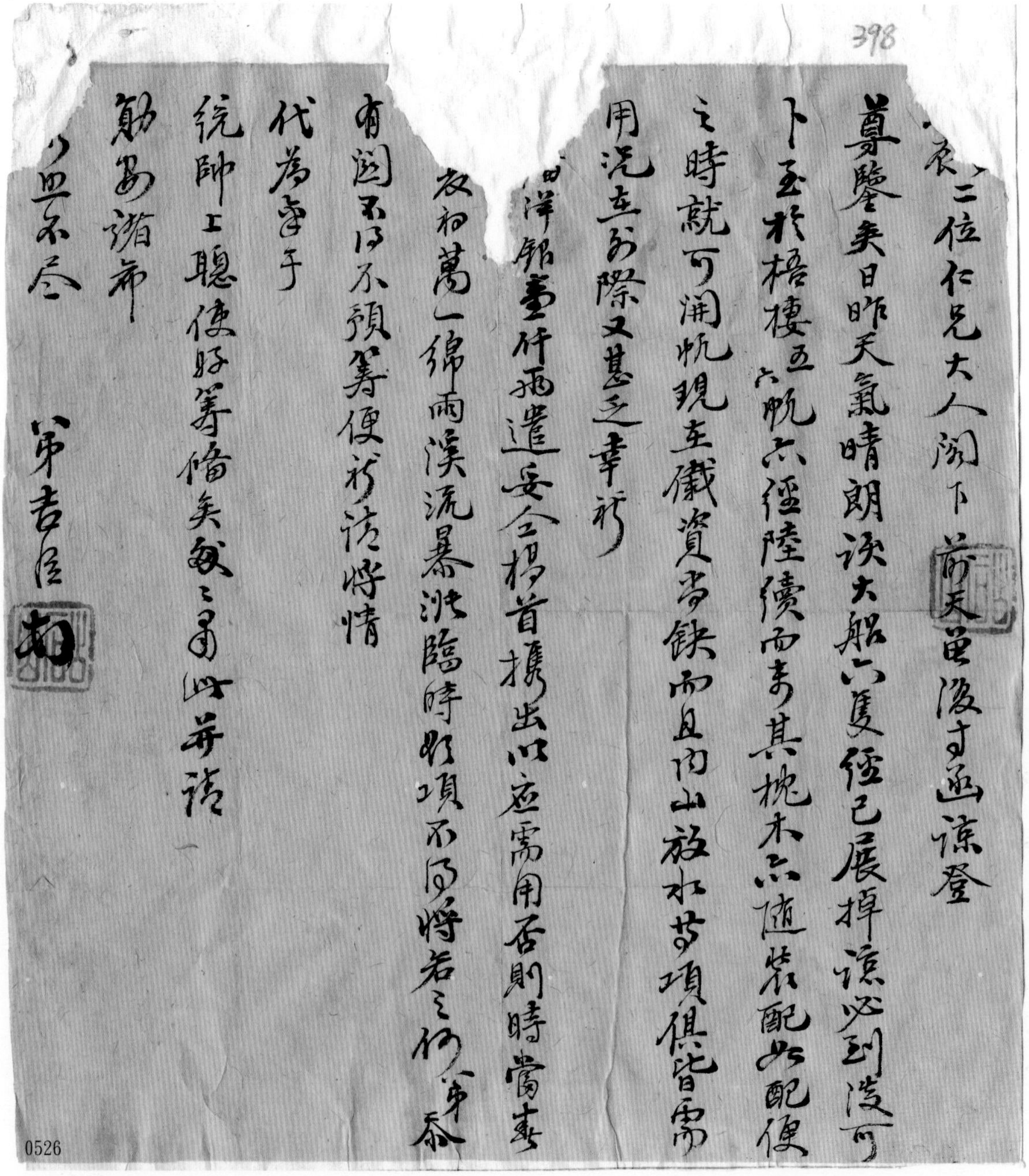
398

□哀二位仁兄大人閣下 前天由後寸函諒登
尊鑒矣日昨天氣晴朗該大船六隻經已展棹諒必到後可
卜至於梧棲五六帆六經陸續而來其枕木亦隨裝配如配便
之時就可開帆現在儀資均缺而且內山放水等項俱皆需
用況在此際又甚乏之幸祈
□洋銀壹仟兩遣安全楊首携出以應需用否則時當專
差往萬一錦雨溪流暴漲臨時此項不及將若之何弟恭
有函不得不預籌便於請將情
代為拿手
統師上聽使得籌備矣敏之弟此并請
勛安諸希
□照不恭
弟吉臣

0526

□□拱辰二位仁兄大人閣下：前天【印】[145]曾復寸函，諒登
尊鑒矣。日昨天氣晴朗，該大船六隻，經已展掉（棹），諒必到淡可
卜。至於梧棲五六帆，亦經陸續而來，其枕木亦隨裝配，如配便
之時，就可開帆。現在儎資尚缺，而且內山放水等項，俱皆需
用，況在外際又甚乏，幸祈
□傜洋銀壹仟兩，遣妥仝楊首携出以应需用。否則時當春
□□初，萬一綿雨溪流暴漲，臨時欲項不得，將若之何。弟忝
有關，不得不預籌便，祈請將情
代爲稟于
統帥上聰，使好籌傜矣。匆匆。肅此。并請
勛安。諸希
愛照。不尽。　弟吉臣頓【印】[146]

145 印記內文不詳。
146 印記內文不詳。

（三）楊吉臣發信

145．初八日楊吉臣致舜臣信函

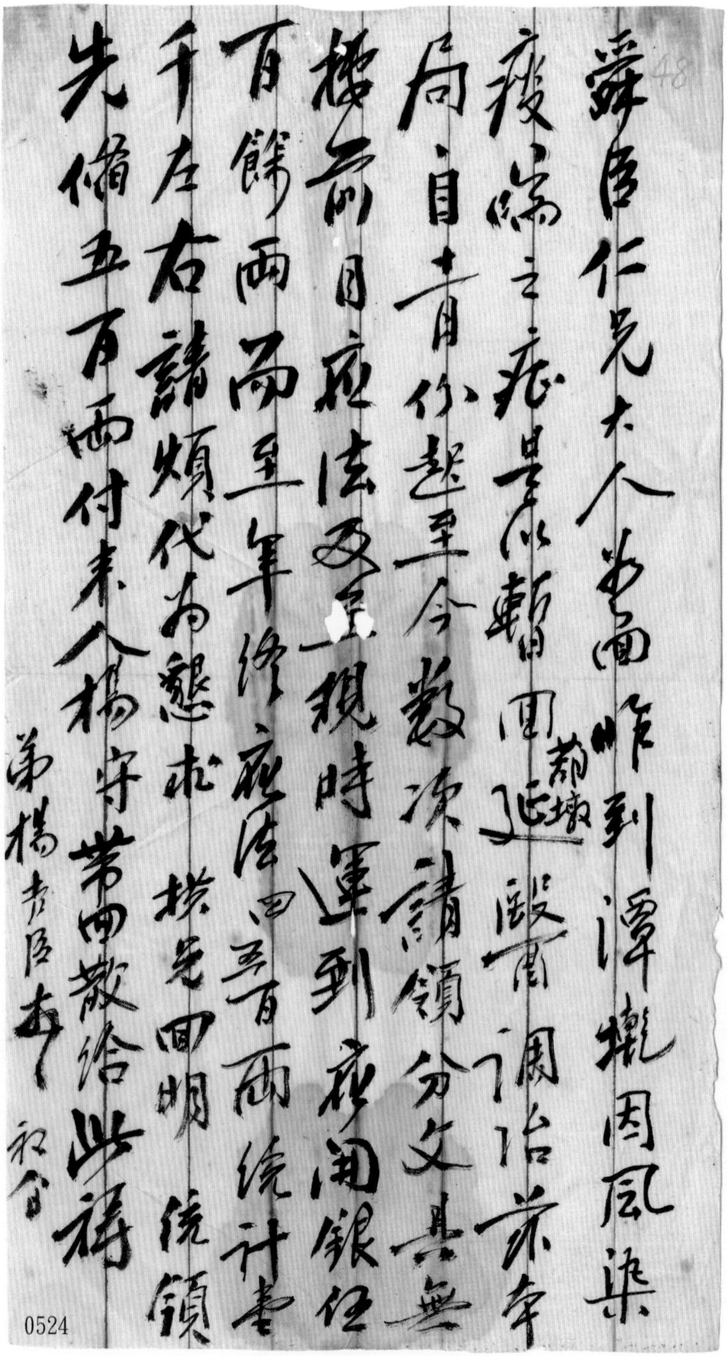
舜臣仁兄大人如晤：昨到潭樹困風染
疾，歸之就是床，暫困郡城延醫調治。前年
局自十一月以起至今，數次請領，分文具無。
樟前日經法交呈，現時運到經用銀伍
百餘兩，而至年終經法四五百兩，統計壹
千左右。請煩代為懇求，撥先回明統領，
先備五百兩付來人楊守常回嚴給。此請
弟楊吉臣拜　初八

0524

舜臣仁兄大人如面：昨到潭墘[147]，因凬染
痰喘之症，是以暫回葫墩，延醫調治。茲本
局自十一月份起至今，数次請領，分文具無。
按前月应清及至現時運到，应開銀伍
百餘両，而至年終应清四、五百両，統計壹
千左右。請煩代爲懇求　拱兄回明　統領，
先偹五百両，付來人楊守帶回散給。此禱。
弟　楊吉臣頓　初八日

147 潭墘：潭仔墘，今臺中市潭子區。

（四）陳騰龍發信〈信函內容簡介〉

陳騰龍，清法戰爭時曾參與北臺基、滬一帶戰役，[148]後升至都司，負責督率山區防務。本書共收錄三件陳騰龍所發書信，對象為林拱辰，時間尚無法確認。從文書可知陳騰龍奉林朝棟之命，駐紮大嵙崁督辦橋料，負責將木料解運至北，負責督催內山料長作料，交林朝棟主辦、隸屬臺北機器局的伐木局，[149]因採料與驗收均由中路大員林朝棟負責，陳騰龍遂有言「該局等與我中路尤屬一体」。只不過當時陳騰龍因橋料無填中路字樣，遭伐木局刁難不肯驗收，盼林朝棟協助解決。

至於伐木資本則由陳騰龍向陳傑夫請領，籌交料長。然因木料產地接近番地，伐樟做料，入侵原住民生活領域，衝突頻生，工匠奔逃，時有所聞，陳亦言及必須準備豬、牛餽番，維持較為穩定的關係，故陳有言「與番私和，方敢上山做料」。由於林拱辰需料甚急，加之陳騰龍發現大嵙崁料長疊因颱風虧本，辦事殊不得力，於是將橋料分至三角湧，加派工匠，幫同趕做。然撫墾總局下轄之三角湧分局，從位置來看，屬北路，由板橋林維源家族總其成，非霧峰林家勢力範圍。為此，陳騰龍還特別向林拱辰敘明進入三角湧伐木後，「事事依法而行，去後毫無異議」。不過因出料之際，適逢年終，料長頻來要求接濟，銀項吃緊，使得陳不斷去信林拱辰，盼「銀力務宜緊付前來轉給」，加上如要「料長先出資本寔屬萬难」，故免巧婦難為無米之炊，盼能儘速撥付銀項，以濟燃眉之急。

另外，林務類文書，另收二件文書，歸入「其他」類，分別是楊春致林拱辰書信一件，以及記載橋枋等費開支之單據一件，惟時間均不明。就內容而言，楊春書信中提及其向林拱辰報告船隻起運數目與進港現況，並欲先領用五十張船照備用，惟所載貨物為何，無法確定。

148 光緒十一年陳騰龍名列基滬獲勝立功將士并歷次戰守及援軍轉運尤為出文武各官紳清單中，議敘「擬請免補千總以守備儘先補用」，並請賞戴藍翎。參見國立臺灣大學，《臺灣歷史數位圖書館》，檔名：〈ntu-GCM0022-0021100258-000663-a001.txt〉。

149 王珊珊，《近代臺灣縱貫鐵路與貨物運輸之研究（一八八七—一九三五）》（新竹：新竹縣文化局，二〇〇四年），頁五一。

（四）陳騰龍發信

146・十一月初五日陳騰龍致林拱辰信函(1)

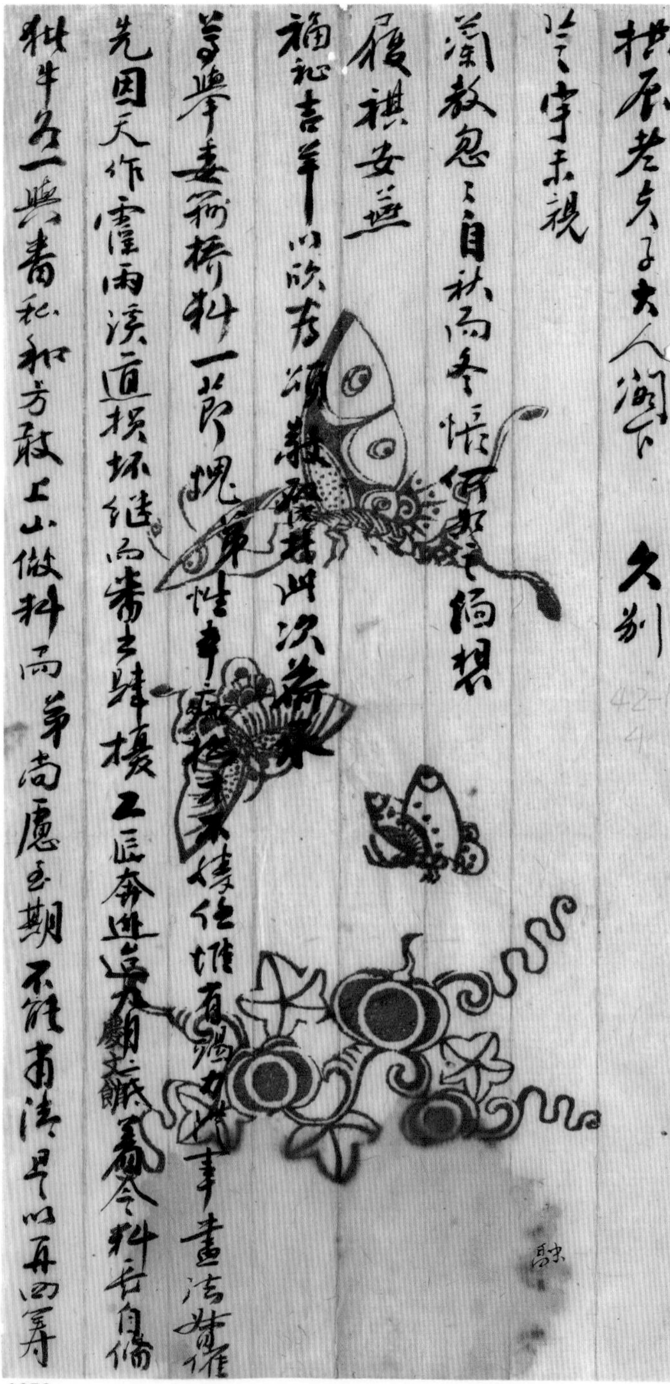
拱辰老夫子大人閣下 久別
芝宇未覩
蘭教忽忽自秋而冬悵何如之徧想
履祺安適
福祉吉祥以欣爲頌敬啟者此次爲承
籌辦大橋料一節愧弟性本拙才不逮任雖有竭力然事盡法難作
先因天作霪雨溪道損壞繼而番害肆擾工匠奔逃是以艱之餘今料自備
料卒各一與番私和方敢上山做料而弟尚慮至期不能甫清是以再四寫

0353

拱辰老夫子大人閣下：　久別
芝宇[150]，未親
蘭教，忽忽自秋而冬，悵何如之。緬想
履祺安燕，
福祉吉羊，以欣爲頌。敬啓者，此次荷承
尊舉，委辦橋料一節，愧弟性本痴拙，才不勝任，惟有竭力從事，盡法督催。
先因天作霪雨，溪道損坏，継而番出肆擾，工匠奔逃。迨九月底着令料長自偹
猪牛各一，與番私和，方敢上山做料。而弟尚慮至期不能肅清，是以再四籌

150 芝宇：稱人容顏的敬詞，常用於書信中。

（四）陳騰龍發信

146・十一月初五日陳騰龍致林拱辰信函（2）

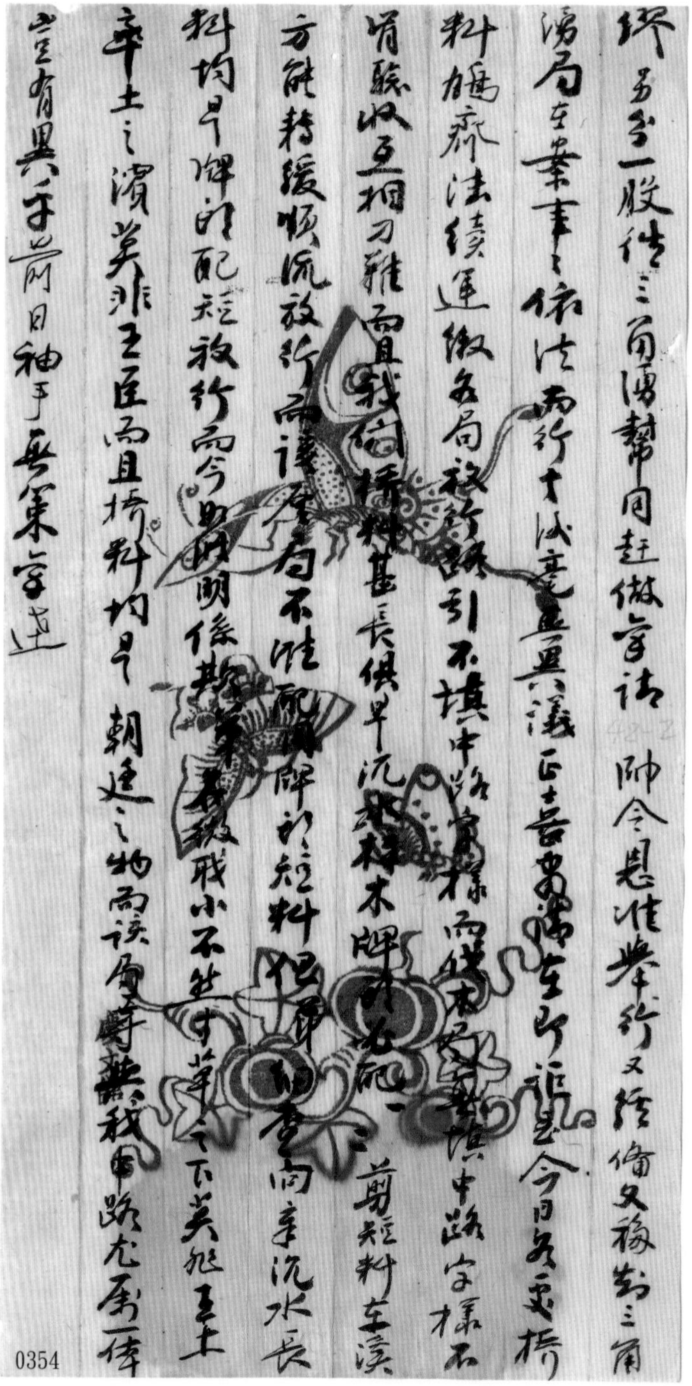

珍。另有一股係三角湧幫同赴做字請 帥令恳准舉行，又經備文稟知三角
湧局在案，事事依法而行，十試毫無異議，正吉喜[illegible]在所，詎意今日忽要橋
料施齋法續運，繳交局稅，行旅路引不填中路字樣，而將木料填中路字樣不
肯驗收，互相刁難。而且我們橋料甚長，俱是沉水樹木，牌放流下，一剪短料在溪
方能轉緩順流放行，而議[illegible]局不准配牌，許短料[illegible]，而未沉水長
料均是牌的配短放行，而今如此明係欺我小不能寸草。天下莫非王土，
率土之濱，莫非王臣，而且橋料均是 朝廷之物，而該局等無我中路尤屬一律，
豈有異乎？手前日袖手無策，寧[illegible]述

0354

繆，另分一股往三角湧[151]幇同赶做，稟請　帥令恩准舉行。又經偹文移封三角湧局在案，事事依法而行，去後毫無異議。正喜肅清在即，詎至今日，各處橋料鳩齊，陆續運繳，各局放行路引不塡中路字樣，而伐木局無塡中路字樣不肯驗收，互相刁難。而且我們橋料甚長，俱早沈水，樟木牌頭必配一、二剪短料在溪，方能轉綏順流放行。而該厘局不准配用牌頭短料。但弟細查，向奉沉水長料，均是牌頭配短放行，而今如此，明係欺弟名微眇小。不然寸草之下，莫非王土，率土之濱，莫非王臣，而且橋料均是朝廷之物，而該局等與我中路尤屬一体，豈有異乎。前日袖手無策，稟達

151 三角湧：今新北市三峽區一帶。

(四) 陳騰龍發信

146・十一月初五日陳騰龍致林拱辰信函(3)

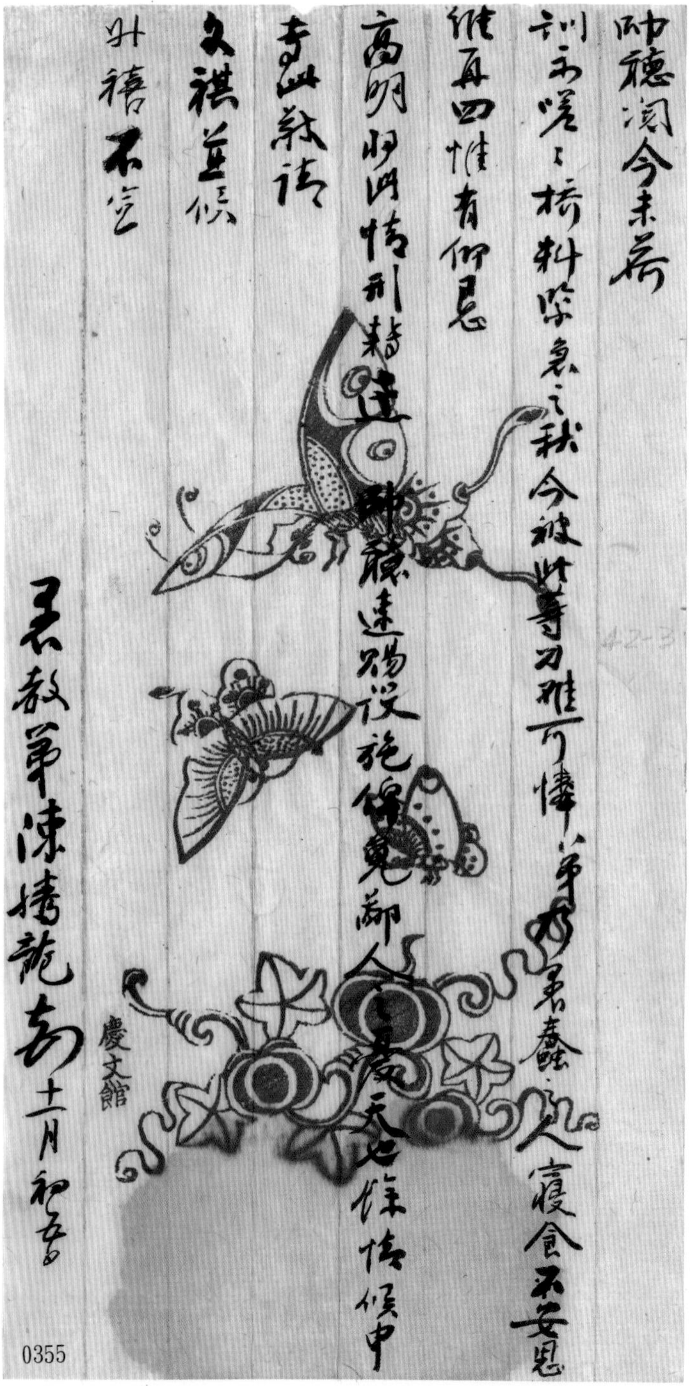

帥聽閱今來函
訓示屢屢樟料緊急之秋今被此等刁難可憐小弟於君叅之人寢食不安思
維再四惟有仰懇
高明即將情形轉達帥聽速速賜設施俾免鄰人之憂天也餘情候申
專此敬請
文祺並候
升禧不宣
君教弟陳騰龍啟 十一月初五

慶文館

0355

帥聽，閱今未荷
訓示。嗟嗟，橋料緊急之秋，今被此等刁难，可憐弟乃愚蠢之人，寢食不安，思
維再四，惟有仰懇
高明，將此情形轉達　帥聽，速賜設施，俾免鄙人之憂天也。餘情候申。
專此。敬請
文祺。並候
升禧。不宣。

愚教弟陳騰龍頓十一月初五日

（四）陳騰龍發信

146・十一月初五日陳騰龍致林拱辰信函(4)

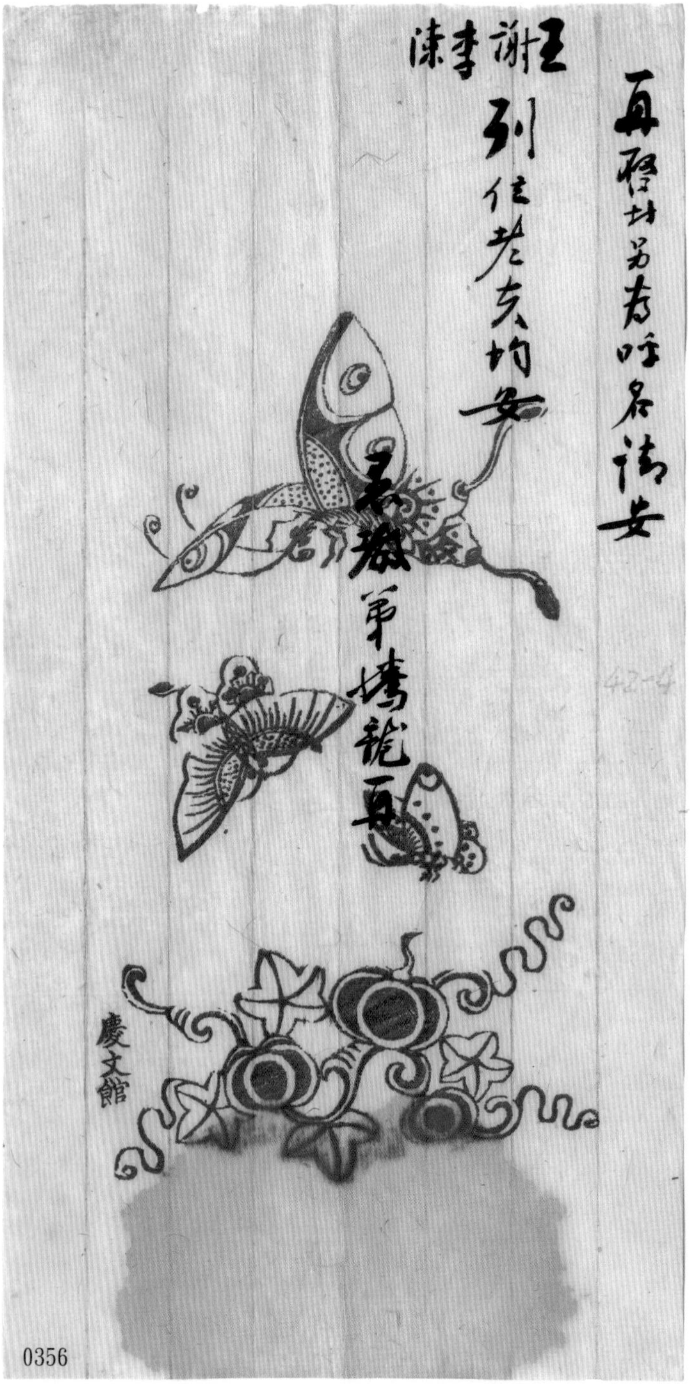

再啓：封另有呼名請安

王謝李陳列位老友均安

君叔 弟騰龍再

慶文館

42-4

0356

再啓者，另爲呼名請安

王
謝
李
陳 列位老夫均安。

愚教弟騰龍再

（四）陳騰龍發信

147・十二月十三日陳騰龍致林拱辰信函(1)

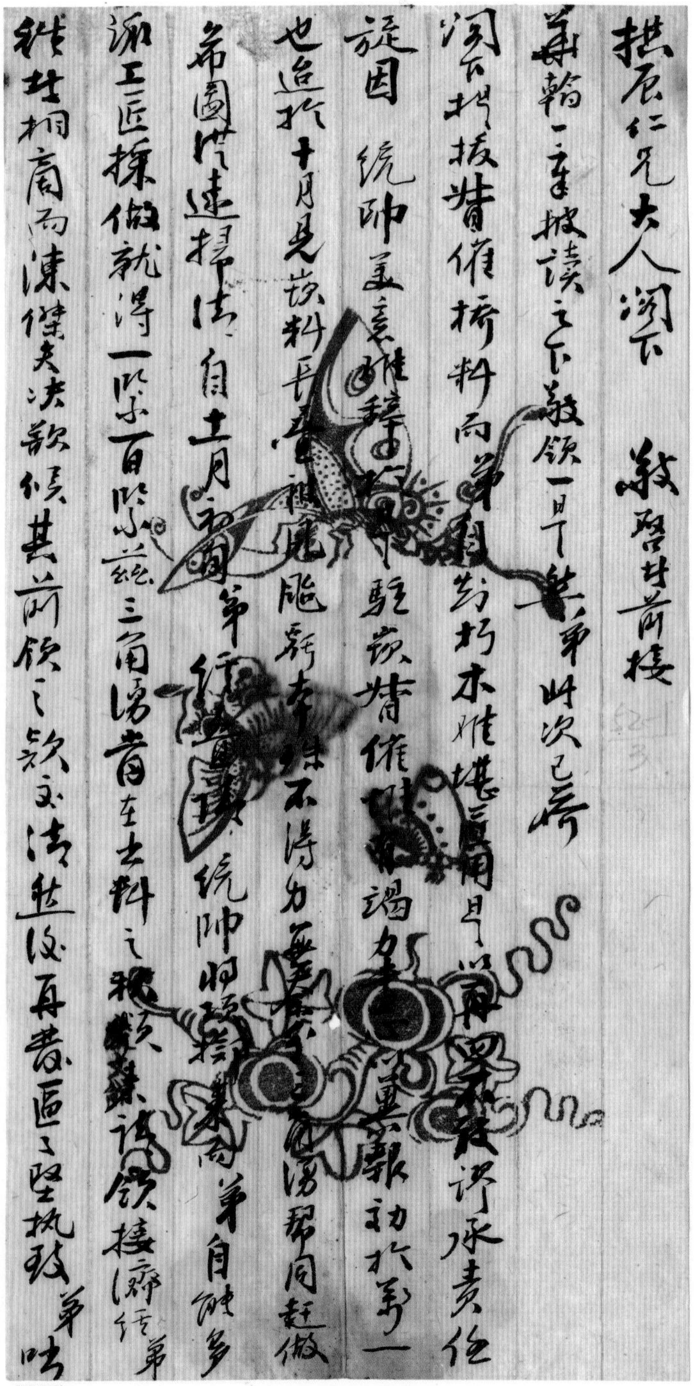
拱辰仁兄大人閣下 敬啓者前接
華翰一一拜讀之下，敬領一是。弟此次已蒙
閣下拱拔，背備樟料，而弟[illegible]對打木雅堪[illegible]用，是以[illegible]承責任
旋因統帥差[illegible]驻嵌，背備[illegible]竭力，[illegible]動於第一
也，迨於十月見嵌料長[illegible]能，[illegible]不得力[illegible]湯幫同趕做
弟圖速歸法，自十一月初旬弟[illegible]統帥[illegible]而弟自備多
派工匠採做，就得一[illegible]百[illegible]三角湯，首在去料之[illegible]請領，接濟，弟
維拱桐商而凍傑夫決款，候其前領之款，交清然後再發匠之堅執，致弟咕

0357

拱辰仁兄大人閣下：敬啓者，前接
華翰一奉，披讀之下，敬領一是。然弟此次已荷
閣下提拔督催橋料，而弟自知朽木难堪匠用，是以再四不敢謬承責任。
旋因　統帥美意难辞，於是駐崁[152]督催，惟有竭力盡心，以冀報効於萬一
也。迨於十月見崁料長，叠被凨颱虧本，殊不得力，無奈分三角湧[153]帮同赶做，
希圖從速掃清。自十一月初旬，弟經叠請　統帥將項擲來，而弟自能多
派工匠採做，就得一緊百緊。茲三角湧當在出料之秋，頻來請領接濟，經弟
往北相商，而陳傑夫決欲候其前領之欵交清，然後再發，區區堅执，致弟咄

152 崁：大料崁，即今桃園縣大溪鎮一帶。
153 三角湧：即今新北市三峽區一帶。

（四）陳騰龍發信

147・十二月十三日陳騰龍致林拱辰信函(2)

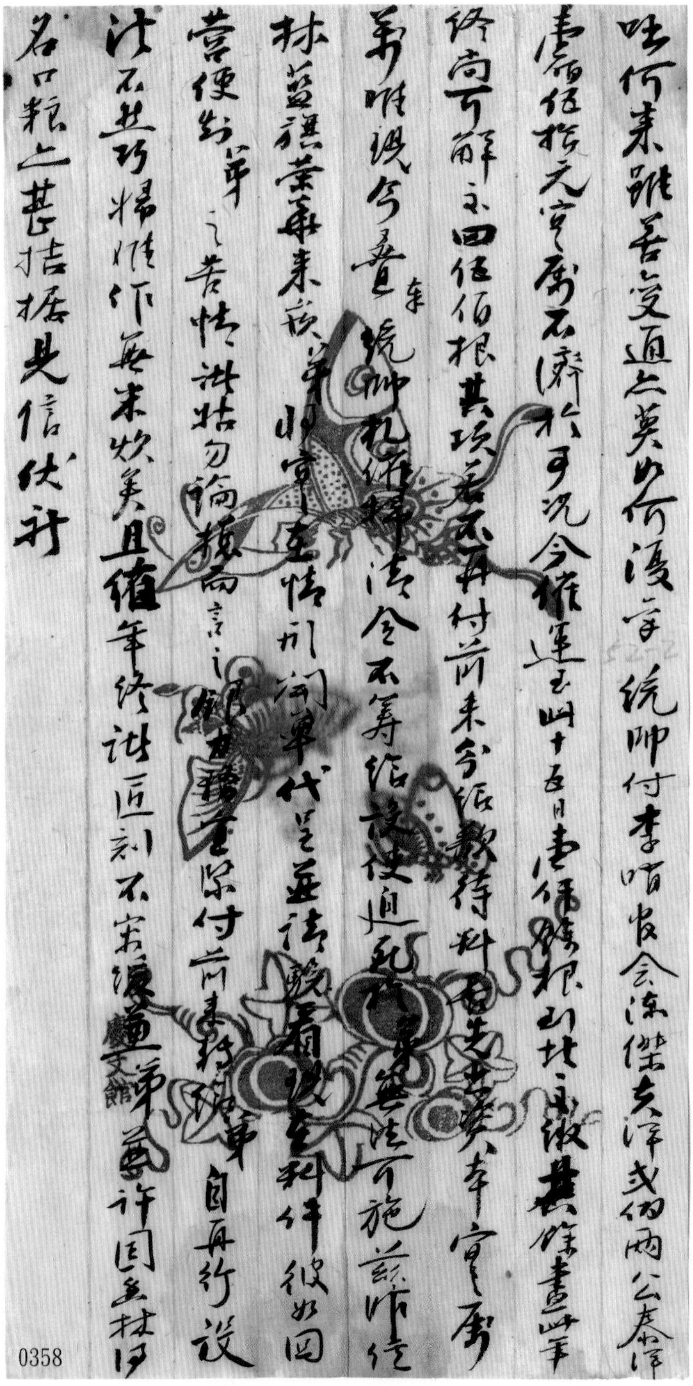

0358

咄何來，雖善変通，亦莫如何。復稟　統帥，付李哨官会陳傑夫洋弍佰両、公泰洋壹佰伍拾元，寔屬不濟於事。況今催運至此十五日壹仟餘根到北交繳，其餘盡此年終尚可解交四伍佰根。其項若不再付前來分派款待，料長先出資本寔屬萬难。現今疊奉統帅札催掃清，令不籌給，設使迫死，於弟無法可施。茲昨經林藍旗、榮華[154]來崁，弟將寔在情形開単代呈，並請驗看現在料件，彼如回營便知弟之苦情，諸姑勿論。摠而言之，銀力務宜緊付前來轉給，弟自再行設法，不然巧婦难作無米炊矣。且值年終，諸匠刻不容緩，兼弟並許国香、林得名口粮亦甚拮据。是信伏祈

154 榮華：劉榮華，棟軍把總。

（四）陳騰龍發信

147・十二月十三日陳騰龍致林拱辰信函(3)

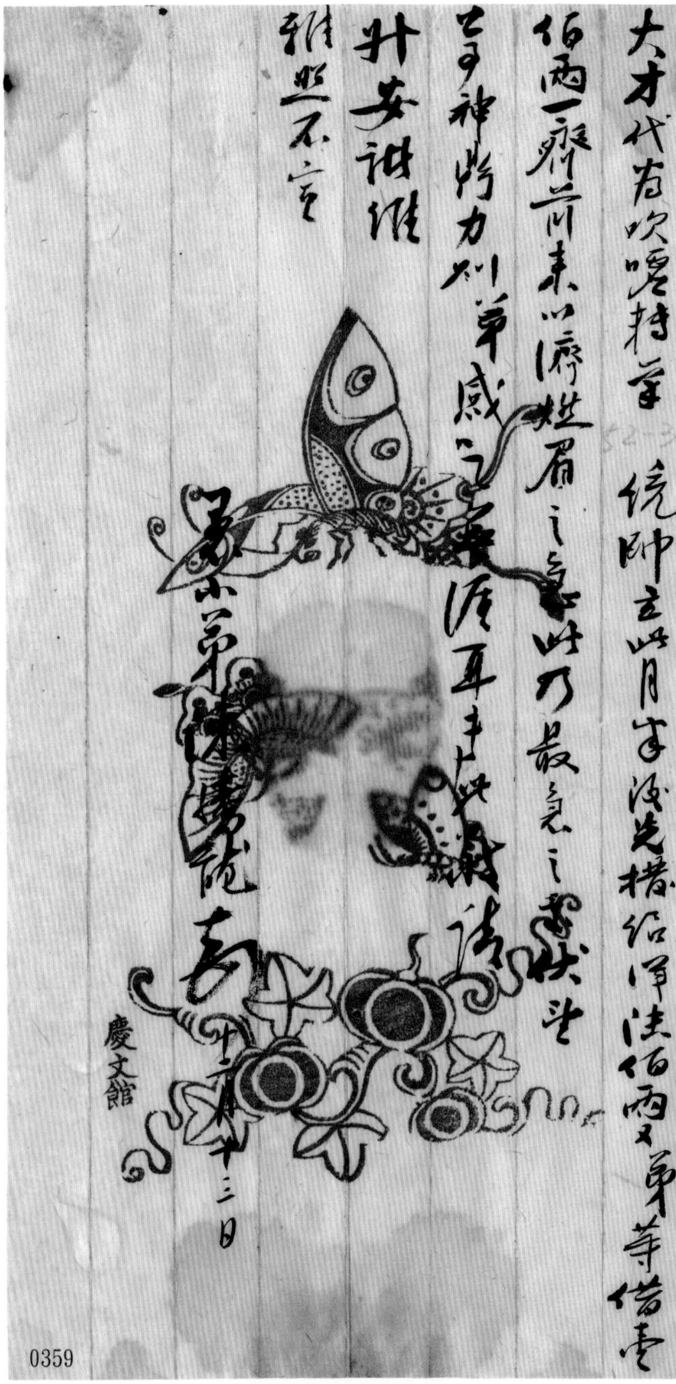
大才代為吹噓特望 統帥立此月[illegible]先措給伊法佰兩又弟等借壹
佰兩一齊前來以濟燃眉之急 此乃最急之[illegible]望
台乎神明力則弟感之[illegible]須耳[illegible]請
升安 諸維
雅照不宣
眷弟陳騰龍[illegible]
十二月十三日
慶文館
0359

大才，代為吹噓，轉稟　統帥，立此月半後先撥給洋陸佰兩，又弟等借壹佰兩一齊前來，以濟燃眉之急。此乃最急之處，伏望
尊神鼎力，則弟感之無涯耳。專此。敬請
升安。諸維
雅照。不宣。

愚小弟陳騰龍頓十二月十三日

（四）陳騰龍發信

148・十二月廿四日陳騰龍致林拱辰信函

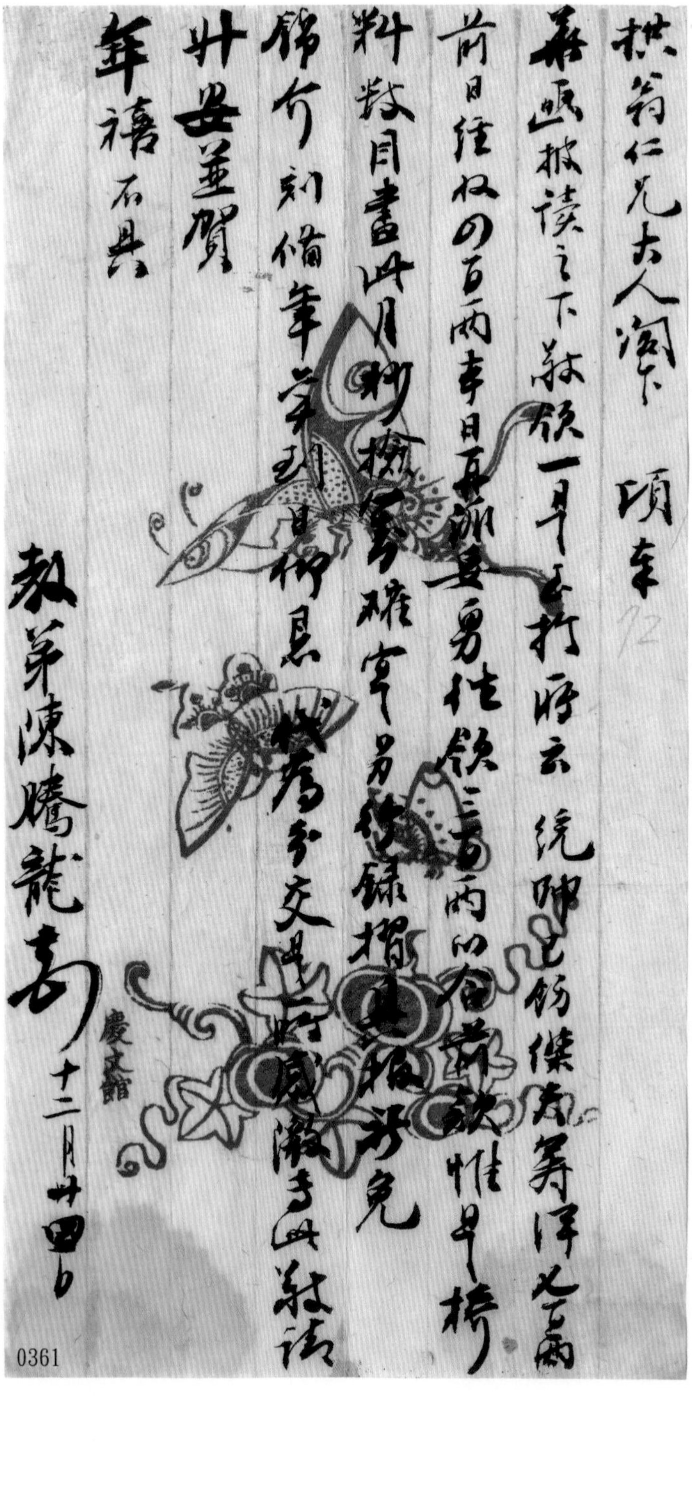
拱翁仁兄大人閣下 頃奉
華函披讀之下，藉欲一千五[illegible]云，統仰已飭傑卿籌洋七百兩
前日經收四百兩，本日再添壹百兩，[illegible]欲二百兩以合前款，惟早[illegible]
料越月盡此月抄[illegible]，雖寬一月，[illegible]錄擱[illegible]報[illegible]免
錦介[illegible]備年節到日仰見，[illegible]交[illegible]時[illegible]撥[illegible]款請
廿安並賀
年禧 不具
教弟陳騰龍頓
十二月廿四日
慶文館
0361

拱翁仁兄大人閣下：　頃奉
華函，披讀之下，敬領一是。至扵所云　統帥已飭傑夫籌洋七百两，
前日経收四百两，本日再派妥勇往領三百两，以合前欵。惟是橋
料数目盡此，月杪撿籌確寔，另行錄摺具报，祈免
錦介。刻偹年賞，到日仰恳代爲分交，是所感激。專此。敬請
升安。並賀
年禧。不具。

教弟陳騰龍頓　十二月廿四日

（五）其他

149・楊春致林拱辰信函 (1)

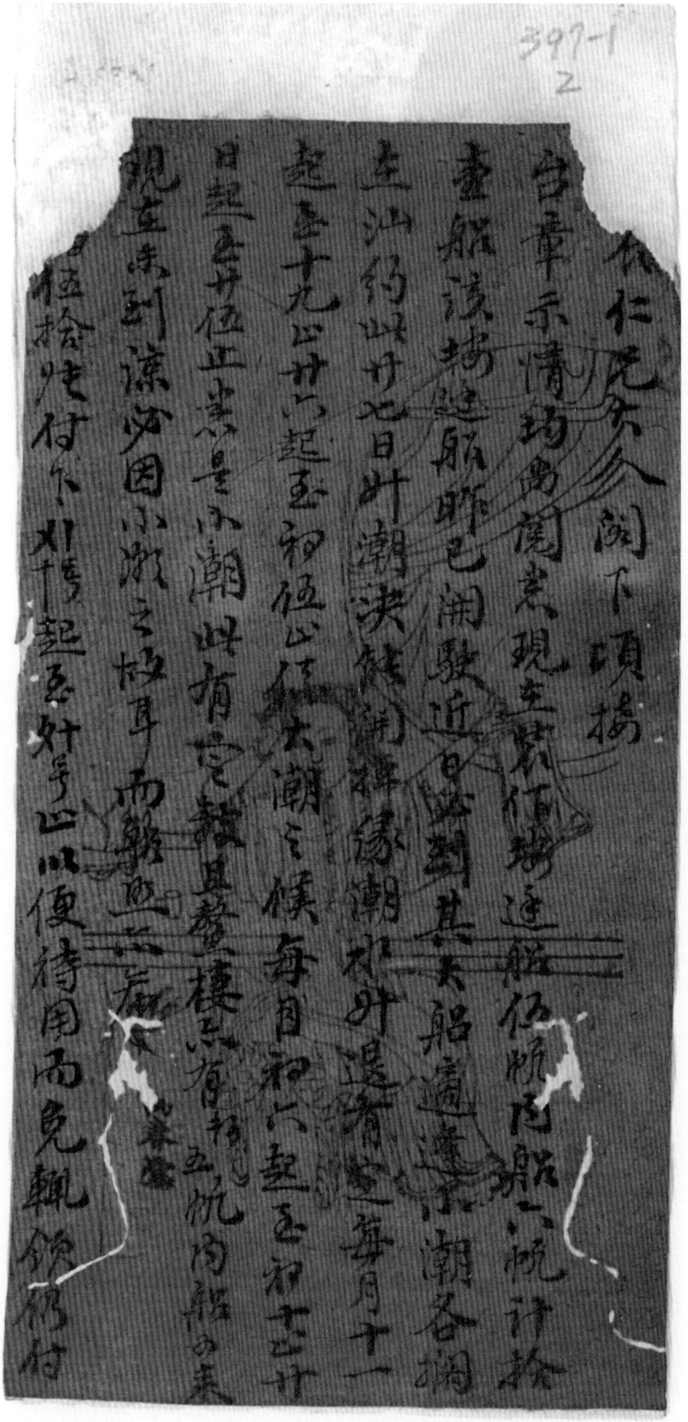

拱仁兄大人閣下頃接
台華示情均閱悉現在我伍揚運船伍帆內船六帆計拾
壹船該揚運船昨已開駛近日必到其大船適逢小潮各擱
在汕約此廿七日此潮決能開棹緣潮水此退每月十一
起至十九止廿六起至初伍止係大潮之候每月初六起至初十止廿
日起至廿伍止是小潮此有空盤且疊棧亦有拾五帆內船口未
現在未到諒必因小潮之故耳而船無遲
伍拾忙付下刈傳起至廿五止以便待用而免輒須領付

拱辰仁兄大人閣下：頃接
台章示情，均尚閱悉。現在裝載垵邊船[155]伍帆、內船六帆，計拾壹船，該垵邊船昨已開駛，近日必到。其大船適逢小潮，各擱在汕，約此廿七日升潮，決能開掉（棹）。緣潮水升退有定，每月十一起至十九止，廿六起至初伍止，係大潮之候；每月初六起至初十止，廿日起至廿伍止，悉是小潮。此有定数，且鰲棲[156]亦有肆、五帆內船可來，現在未到，諒必因小潮之故耳。而船照亦希
□□伍拾張付下，41號起至90號止，以便待用而免輒領。仍付

155 垵邊船：又稱「按邊船」，臺灣南部也有稱為倚邊船。此種船隻，底肚較寬，入水較深，行駛相對平穩，載重約二百至五百餘石不等，主要行駛於南北沿岸，水道沙汕間錯的港口之間。參見林玉茹，《清代臺灣港口的空間結構》（臺北：知書房，一九九六年），頁八七；陳淑均總纂，《噶瑪蘭廳志》（文叢第一六〇種），頁一九六；林豪，《澎湖廳志》（文叢第一六四種），頁三六。

156 鰲棲：即梧棲，今臺中市梧棲區。

（五）其他

149・楊春致林拱辰信函(2)

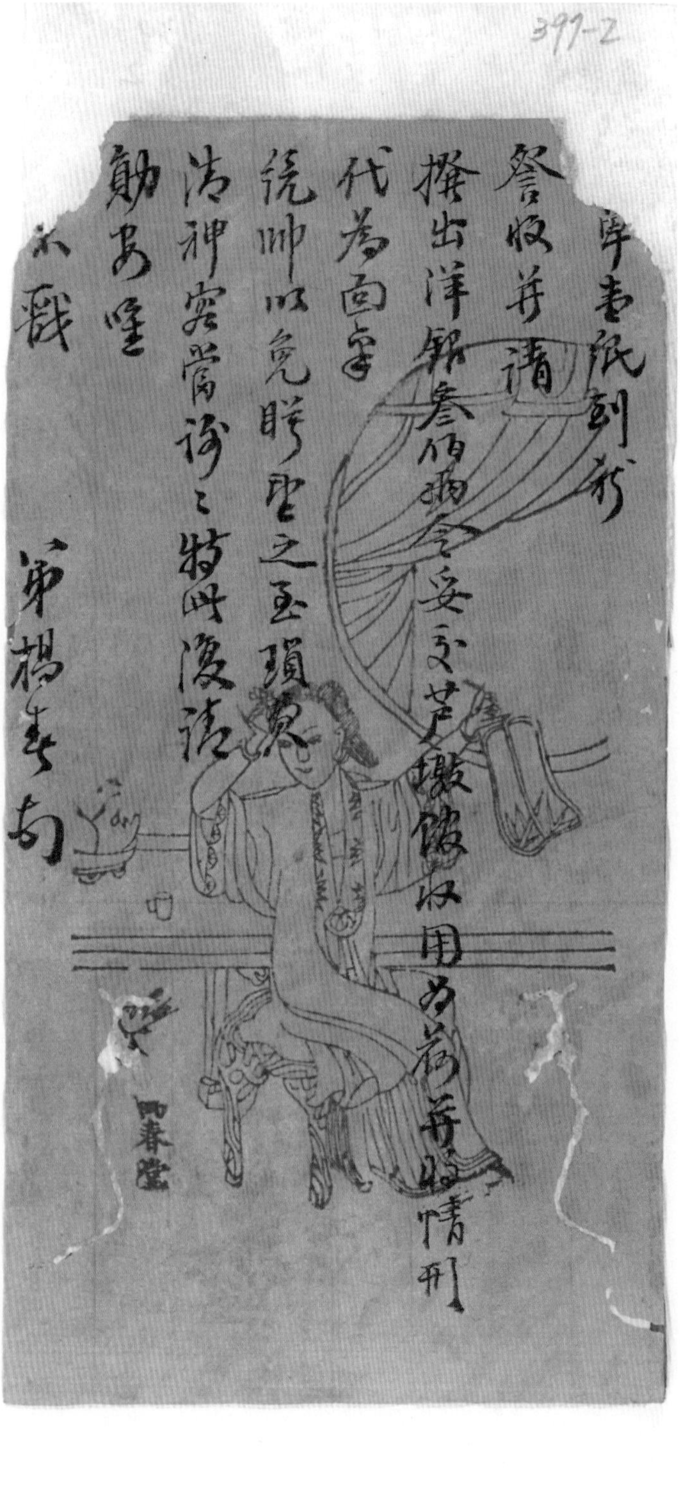
寧書既到祈
詧收并請
撥出洋銀叁佰兩令妥交芦墩館收用爲荷并將情形
代爲面稟
統帥以免聯璧之互瑣費
清神賓賞識之特再復請
勛安望
亮戢
弟楊春頓

□单壹紙，到祈
詧收，并請
撥出洋銀叁佰兩，令妥交芦墩館[157]收用爲荷。并將情形
代爲面稟
統帅，以免盼望之至。瑣費
清神，容當謝謝。特此。復請
勛安。望
□不戩。　　弟楊春頓

157 蘆墩館：葫蘆墩公館。

（五）其他

150・對賬單

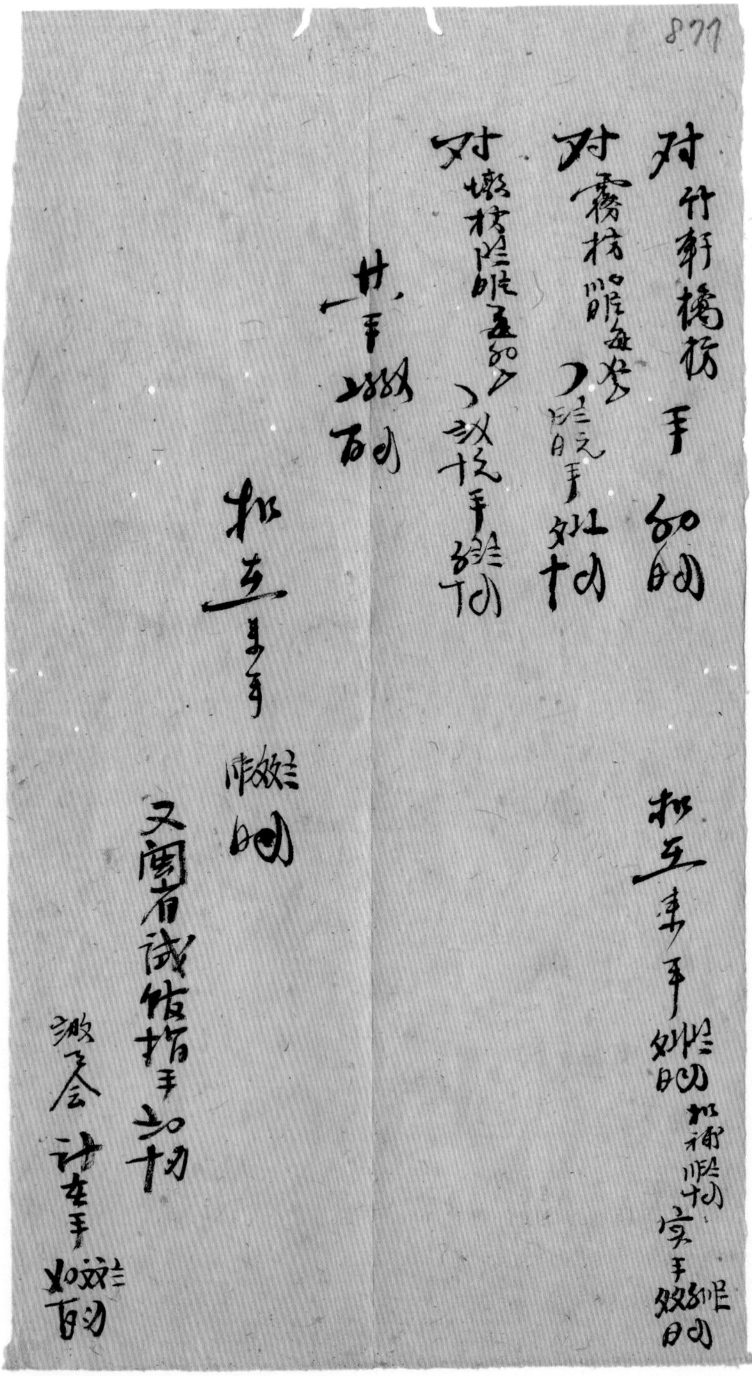
877

对竹轩桥坊 [illegible]

对霧坊 [illegible]

对墩坊 [illegible]

共 [illegible]

松立 [illegible]

又園有識佐指 [illegible]

激会 计本 [illegible]

松立 [illegible]

0967

對竹軒橋枋，平500兩。

對霧枋300片，每4.6角，艮138元，平96.6兩。

對墩枋168片，每5.0角，艮84元，平58.8兩。

共平655.4兩。

扣在來平961.68兩，扣補33.7兩，実平995.38兩。

扣在來平339.98兩。

又閩省試館捐，平70兩。

八月初九日会，計実平409.98兩。

內容索引表

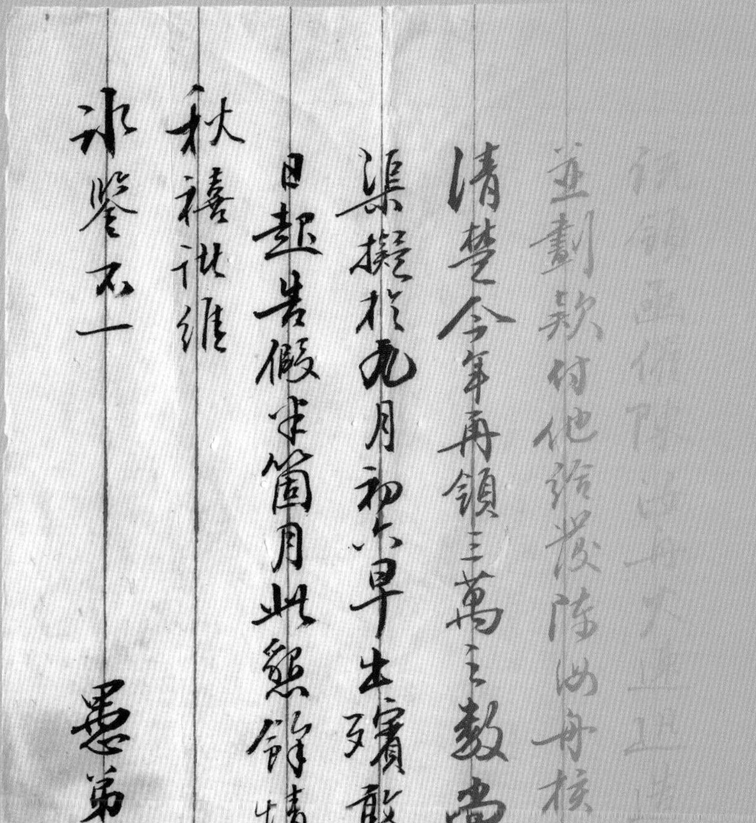

並劃款付他銷發陸兩再核至七月底抵去年弍萬之數
清楚今年再領三萬之數當須催迫再啓北先兄緣
渠擬於九月初六早出殯敢祈代為告假自本月廿八
日起告假半箇月此懇銷情俟之離以盡述順請
秋禧祗維
求鑒不一
愚弟楊吉臣頓
十七日

0523

編號	題名	類別	時間	相關地點	相關人物、商號等	原編號	掃描號	備註	本書頁數
17	十月十八日申葛松齡致萬鎰、林拱辰信函	信函	光緒18年10月18日	新庄、雲林（林圯埔）、福州、上海、臺灣縣、基隆、大湖、八卦力、猫粟（苗栗）、集集、大料崁	萬鎰（萬逸翁）、拱翁（林拱辰）、藩憲（唐景崧）、撫憲（邵友濂）、藩憲少爺、陳太尊（陳紋路）、譚制憲（譚鍾麟）、任君（任幼笙）、公泰（洋行）、楊淵卿、畢第蘭、吉甫、范繼翁（范克承）、傑夫（陳傑夫）、黃瑞典、黃芝翁（黃承乙）、翁提調（翁子文）、溫軒（黃南球）、林靜雲、李尚行、葛那挪、方太尊（方祖蔭）、仲廉、陳雲從、以專（劉以專）、葛松齡、統帥（林朝棟）、梅雪翁（梅啓煦）	0091	0108-0112	共5件；與編號16、120相關。	64-73
18	初七日葛松齡致林拱辰信函	信函	光緒18年？月7日	大墩	拱辰（林拱辰）、靜雲（林靜雲）、統帥（林朝棟）、黃芝翁（黃承乙）、松齡（葛松齡）	0005	0118	與編號20相關	74-75
19	初六午葛松齡致林拱辰信函	信函	光緒18年？月6日	霧峰、大墩、彰化	拱辰（林拱辰）、統憲（林朝棟）、三大人（林朝選）、本堂、公泰、炉哥（陳爐）、五大人（林朝宗）、齡（葛松齡）	0049	0137-0138	共2件	76-79
20	廿五夕葛松齡致林拱辰信函	信函	光緒18年(?)？月25日	臺灣縣、雲林縣、臺北、集集、滬尾、淡水縣、新竹、宜蘭、彰化、大料崁、石門、三角湧	拱辰（林拱辰）、林靜雲、協順昌、郭賓翁（郭賓實）、幫辦（林維源）、謙裕、我帥（林朝棟）、公太（公泰）、任君（任幼笙）、邵文彬、程森、翁秉鈞、葉意深、沈繼曾、俞秉焜、李栓、謝澍翁（謝壽昌）、陳雲從、林子宣、齡（葛松齡）、萬師爺（萬鎰）	0105	0113-0117	共5件；與編號17相關。	80-89
21	廿七午葛松齡致林拱辰信函	信函	光緒18年(?)？月27日	大墩、霧峰、彰化、大湖	拱辰（林拱辰）、燕卿（林燕卿）、黃老師、統憲（林朝棟）、四大人（林朝雍）、林粥翁、吳汝翁（吳汝祥或吳德功）、十大人（林朝崧）、魏禹臣、懋臣（林懋臣）、齡（葛松齡）	0076	0128-0129	共2件；與編號88、原編號65、68相關。	90-93
22	廿九日葛松齡致林拱辰信函	信函	光緒18年(?)？月29日	香港、彰化、大墩、雲林（林圯埔）、集集、後壠	拱辰（林拱辰）、逸翁（萬鎰）、三大人（林朝選）、春成、公泰（洋行）、總統（林朝棟）、葛松齡、玉泉（易玉泉）、威如（江威如）	0017	0131-0133	共3件	94-99
23	十六夜葛松齡致林如松、林拱辰信函	信函	光緒18年(?)？月16日	香港、大墩、臺南、安平、大湖	如松（林如松）、拱辰（林拱辰）、總領（林朝棟）、瑞記棧、松生兄、亦松（謝亦松）、以專（劉以專）、泰嵩（王泰嵩）、葛松齡	0094	0120-0121	共2件	100-103
24	葛松齡致林朝棟信函	信函	光緒18年(?)？月？日	彰化、臺灣縣、阿罩霧（霧峰）、合興五厝庄、雲林（林圯埔）、集集	統帥（林朝棟）、部爺（林允卿）、發司、炎司、雪兄、三大人（林朝選）、通仔、燕卿（林燕卿）、公泰（洋行）、萬逸、葛松齡	0554	0094-0097	有4件；與原編號652相關。	104-111
25	十七日葛松齡致林拱辰、劉以專信函	信函	？年？月17日	大湖、大墩	拱辰（林拱辰）、以專（劉以專）、公泰、汝舟（陳汝舟）、裕豐、統帥（林朝棟）、夢梅（李夢梅）、禹臣（魏禹臣）、瑞麟（林瑞麟）、祝豐館、齡（葛松齡）	0343	0144-0146	共3件；與編號46、原編號348相關。	112-117
26	葛松齡致林拱辰信函	信函		霧峰	拱辰（林拱辰）、瑞麟（林瑞麟）、祝豐館、黃先生、禹臣（魏禹臣）、齡（葛松齡）、以專（劉以專）	0399			118-119
27	十八夕葛松齡致林拱辰信函	信函	？年？月18日	西螺	拱辰（林拱辰）、英仔、齡（葛松齡）、輝舍、鏡哥	0107	0122		120-121
28	初九早葛松齡致林拱辰、劉以專信函	信函	？年？月9日	大湖	拱辰（林拱辰）、以專（劉以專）、盈豐、裕豐、公泰（洋行）、統領（林朝棟）、瑞麟（林瑞麟）、允卿（林文欽）、齡（葛松齡）	0348	0141-0143	共3件；與編號25相關。	122-127

編號	題名	類別	時間	相關地點	相關人物、商號等	原編號	掃描號	備註	本書頁數
壹、墾務									
1	正月二十九日梁成枏致林拱辰信函	信函	光緒18年1月29日	水底藔、大湖、頭櫃、抽藤坑、矮山	林拱辰、茂公（林懋臣）、汝秋（鄭汝秋）、帥（林朝棟）、傅德生、林鳳（林良鳳）、林合、欉林、林秀巧、如松（林如松）、梁成枏	0596	0245-0247		6-11
2	梁成枏致林朝棟信函	信函	？年？月？日	霧峰、水底藔、大湖、墪子脚（墩子腳）	張寶琳、幫辦（林維源）、我帥（林朝棟）、弟（梁成枏）	0264	0232		12-13
3	初六日梁成枏致劉以專、林拱辰信函	信函	？年3或4月6日	白毛社、內險坑、小中坑、大中坑、頭班（頭櫃）、南市、馬安館、裡冷社	劉以專、林拱辰、葛竹軒、帥（林朝棟）、梁成枏	0350	0218-0221		14-21
4	廿八午梁成枏致林拱辰信函	信函	光緒18年(?)？月28日	大湖	林拱辰、葛竹軒、梁成枏	0009			22-23
5	廿六梁成枏致林拱辰	信函	？年？月26日	霧（霧峰）、臺北、臺灣府、彰化	拱辰（林拱辰）、汝舟（陳汝舟、陳澄波）、公泰（洋行）、梁成枏	0067	0490		24-25
6	廿八下午梁成枏信函	信函	？年？月28日	龍眼林	茂臣（林懋臣）、竹軒（葛竹軒、葛松齡）、梁成枏	0265	0486		26-27
7	廿七早梁成枏致劉以專信函	信函	？年12月27日	大墩	盈豐館、逸翁（萬鎰）、本堂（林本堂）、賴經、大茂、樑（梁成枏）、以兄（劉以專）	0262	0485		28-29
8	梁成枏致文弟信函	信函							30-31
9	四月初三日林超拔致林拱辰信函	信函	？年4月初3日	圭子頭（龜仔頭）	拱辰（林拱辰）、帥（林朝棟）、黃養(?)、林超拔	0339	0312		34-35
10	八月十五日申林超拔致林朝棟信函	信函	光緒18年(?)8月15日	圭仔頭（龜仔頭）、南港、打鐔	黃兄、恩憲（林朝棟）、林超拔、光華（傅德生）、林冠章、王金興	0182	0306-0308	3件	36-41
11	葭月十四日林超拔致林拱辰信函	信函	光緒18年(?)11月14日		拱辰（林拱辰）、林合（墾號）、阿桶、傅水司、統帥（林朝棟）、步仁、超拔（林超拔）	0028			42-43
12	八月初九日林超拔致林拱辰、葛竹軒信函	信函	光緒18年8月9日	龜仔頭（圭仔頭）、新竹	拱辰（林拱辰）、竹軒（葛竹軒）、林如松、邱君、統帥（林朝棟）、好仁、以專（劉以專）、林超拔	0171	0313-0314	2件	44-47
13	葭月十六日林超拔致林拱辰信函	信函	光緒18年11月16日	墩（大墩）	拱辰（林拱辰）、如松（林如松）、超拔（林超拔）	0030	0316		48-49
14	十七夕書函	信函	？年？月17日	大坪輋		0034	0234		50-51
貳、腦務									
15	廿九日葛松齡致劉以專信函	信函	？年？月29日	峰（霧峰）	以專（劉以專）、統帥（林朝棟）、梅雪翁（梅啓煦）、齡（葛松齡）	0073	0127		60-61
16	貳月初一日收到葛竹軒致林拱辰信函	信函	光緒18年(?)2月1日		拱辰（林拱辰）、公泰行、竹軒（葛竹軒）	0092B	0450	與編號17、20相關。	62-63

編號	題名	類別	時間	相關地點	相關人物、商號等	原編號	掃描號	備註	本書頁數
				坑、蓁薰山、草坪、獅潭、麻竹湖、大東勢、哨高下、八卦力、鹿湖山、樟樹林、桂竹林、牽牛坑	盧阿壘、詹阿鎮、蘇江落、李阿亮、何阿崁、楊阿進、陳阿煙、劉阿惡、賴阿獅、謝阿月、謝阿昂、張山淋、江阿亂、黃阿保、潘阿旺、詹和春、盧阿義、羅盛秀、徐天生、詹阿苟、莊乞食、詹猪胚、詹阿鑾、葉瓊英、陳查某、張水生、張澄妹、張細妹、張阿松、王阿合、王阿珠、何仁壽、何仁盛、陳阿福、陳阿傳、詹阿秀、郭阿田、陳阿來、張阿兆、林富旺、戴阿義、游阿昂、賴阿春、詹阿路、湯阿六、詹萬德、張阿松、劉細保、何阿扁、黃天任、陳阿秀、劉阿妹、邱阿石、邱阿旺、陳阿養、黃來興、林庚成、陳阿昂、劉阿鎮、劉阿昌、陳阿嬰、謝德安、詹源順、謝阿傳、蘇阿林、潘阿祿、詹接丁、江永順、詹廣隆、林坤海、張阿旺、鍾阿呆、賴阿喜、林李秀、張德昌、鄭生福、黃阿惡、劉成旺、姜阿乾、李阿傳、張進日、呂阿獅、黃傳壽、賴阿富、陳才德、賴惡古、黃水清、黃阿意、徐細苟、吳乞食、吳來發、何進寶、劉永來、張德枝、張阿昂、吳阿玉、涂有福、詹阿青、沈阿嬰、劉旺先、劉阿則、詹阿美、賴阿福、劉阿讚、黃新發、黃阿猫、楊阿石、劉春福、劉阿雲、劉阿德、張阿滿、詹讚福、詹阿慶、夏阿禮、劉阿成、詹阿保、陳春秀、陳乞食、詹順金、彭阿尼、徐永發、賴阿遼、陳阿玉、邱阿康、江阿傳、涂阿福、范和清、劉桂秀、傅阿祿、傅細尼、吳阿盛、劉阿木、吳枝來、詹和順、林庚成、劉阿德、劉阿宗、蘇石蟳、徐阿文、黃阿貴、黃順丁、黃阿成、黃振興、葉阿山、江阿旺、陳阿才、詹阿隆、賴阿悉、徐阿珠、林阿立、劉德興、陳阿昂、魏阿旺、徐沙連、陳阿傳、東順號、張天送、陳新來、廖阿雙、楊木來、吳阿榮、鍾德春、張天貴、賴必貴、羅添和、葉阿玉、葉阿土、葉阿苟、朱阿亮、巫阿乾、傅阿接、詹李亮、吳庚來、謝乞食、傅阿春、邱天養、曾連興、傅阿德、黃阿華、葉昌霖、賴阿立、彭阿來、謝阿新、范阿癸、涂阿添、涂阿石、黃運興、劉阿田、鍾立水、陳清旺、謝立華、謝阿安、謝德金、陳阿苟、范傅福、葉阿才、葉金水、謝阿路、張阿石、徐阿生、徐阿滿、張金盛、林阿海、傅阿志、謝阿蔭、邱阿慶、劉阿明、羅阿達、吳永康、劉阿興、林阿君、林阿榮、林阿來、林阿滿、徐運貴、徐阿添、邱阿煌、羅阿平、邱阿盛、黃賢風、黃阿發、林阿秀、古阿傳、林阿妹、吳阿金、謝阿盛、陳阿義、吳阿辰、鍾才古、賴阿班、黃阿獅、黃保反、呂順興、李阿建、賴阿傳、曾阿龍、裕豐棧、葉仕添、溫傳福、邱宜帶、謝阿六、賴阿桶、張阿貴、范阿滿、蕭阿秀、陳阿雅、劉阿古、張阿古、劉阿保、張阿金、劉德進、范阿鼎、謝蘭清、謝阿乾、謝阿眞、謝阿水、何阿祿、傅阿親、東順號、江阿泉、吳阿梅、張阿良、陳阿進、鄒阿進、鄒水旺、陳李				

編號	題名	類別	時間	相關地點	相關人物、商號等	原編號	掃描號	備註	本書頁數
29	十五日葛松齡致林拱辰、劉以專信函	信函	？年？月15日		拱辰（林拱辰）、以專（劉以專）、齡（葛松齡）	0364	0124		128-129
30	初五日葛竹軒致林拱辰信函	信函	？年？月5日	大湖、彰化、清水坑、薛都厝、大墩	拱辰（林拱辰）、魯林（魯麟洋行）、懋臣（林懋臣）、汝秋（鄭汝秋）、竹軒（葛竹軒）	0352	0452	與編號48相關。	130-131
31	廿三日葛松齡致林拱辰信函	信函	？年？月23日	嘉義、集集、埔社（埔里）、大墩	拱辰（林拱辰）、孫大老、帥（林朝棟）、何總辦、陳太尊、英仔、齡（葛松齡）	0379	0148		132-133
32	十七日劉以專致林拱辰信函	信函	光緒18年(?)？月17日	臺灣縣、集集、墩	拱辰（林拱辰）、蕭孝廉、梁子翁（梁成枘）、竹兄（葛竹軒）、黃公（黃承乙）、傑夫（陳傑夫）、總帥（林朝棟）、逸翁（萬鎰）、定記、劉以專	0619	0394		136-137
33	上巳前一夜劉以專致林拱辰信函	信函	光緒18年3月2日	集集、雲林（林圯埔）、霧峰、鹿港、梧棲、後壠	拱辰（林拱辰）、桂生、老五、英仔、子嘉（梁成枘）、懋臣（林懋臣）、王桐、謝公（謝壽昌）、定記、竹軒（葛松齡）、三大人（林朝選）、楊淵卿、公太棧、炉兄（陳爐）、阿閃、統帥（林朝棟）、如松（林如松）、逸翁（萬鎰）、傑夫（陳傑夫）、趙師爺（趙又新）、大夫人（楊水萍）、李宗成、亦松（謝亦松）、余英、黃公（黃承乙）、劉以專、泰嵩（王泰嵩）	0650	0398		138-141
34	初四日劉以專致林拱辰信函	信函	？年？月4日	墩	拱辰（林拱辰）、老三（林朝選）、黃公（黃承乙）、余英、統帥（林朝棟）、劉以專	0651	0399		142-143
35	八月初六日劉以專致林拱辰信函	信函	光緒18年8月6日	梧棲、後壠	拱辰（林拱辰）、舜臣、帥（林朝棟）、逸翁（萬鎰）、公泰（洋行）、范公（范克承）、楊（楊淵卿）、陳（陳汝舟）、人憲、劉以專、泰嵩（王泰嵩）、亦松（謝亦松）	0187	0395-0397		144-149
36	八月十貳日劉以專致林拱辰信函	信函	光緒18年8月12日	臺灣縣	拱辰（林拱辰）、劉以專	0181	393	與編號37相關。	150-151
37	八月廿日劉以專致林拱辰信函	信函	光緒18年8月20日	臺灣縣、雲林縣、集集	拱辰（林拱辰）、逸翁（萬鎰）、李老（李烇）、定記、君定（曾君定）、公泰（洋行）、統帥（林朝棟）、劉以專	0162	0415	與編號36、58相關。	152-153
38	鄭以金造報光緒十七年十月份罩蘭等處腦灶份數、鍋數、發腦長姓名、出腦觔數清冊	公文書（清冊）	光緒17年11月	罩蘭、反水山、竹轎頭、番仔寮、汶水河、大窩山、坑尾寮、拖山尾、內拖山尾、馬那邦、加納林、烏容國、水流東、鷄琴山、烏容山、鹿湖山、踏底寮、七份坑、九芎坪、石門山、大湖、南湖山、水頭寮、馬那邦坑、雞婆易山、橫坑底、吊樑仔、新百二份、鹿湖大窩、白石下、姜母園、九份仔山、九芎坪、大坑口、大南勢、社寮角、小南勢、大寮	鄭以金、鄭朝成、盈豐棧、合盛號、邱阿興、邱貴龍、傅阿石、詹阿淺、邱阿昌、邱阿水、劉阿斗、阮阿秀、饒阿榮、詹阿月、王成枝、詹朝旺、楊阿僯、劉阿輝、廖阿秋、江永順、傅阿木、劉阿養、詹阿嬰、李阿送、黃阿禮、黃阿鎖、黃阿興、林接生、蔡阿傳、湯阿石、張尹修、劉阿鳳、劉壬癸、劉壬古、何淋傳、鄧石生、曾金傳、曾習古、徐滿番、徐阿運、李阿興、李阿安、傅來旺、李佐記、吳金來、高番庚、黃大滿、劉阿仁、林阿保、陳阿文、曾連興、邱貴泉、徐恩和、劉阿庚、陳阿添、陳滿苟、陳阿養、陳開文、吳石妹、徐傳登、羅阿生、詹其石、陳阿傳、黃阿養、謝阿添、劉阿旺、胡立傳、潘阿旺、江阿蘭、謝阿傳、盧番義、羅立傳、謝阿三、謝阿苟、徐天生、徐阿尾、羅運來、劉阿祿、劉秦樣、李阿石、劉阿井、	0700		共50件	156-203

編號	題名	類別	時間	相關地點	相關人物、商號等	原編號	掃描號	備註	本書頁數
				坑	鑾、詹豬胚、葉瓊英、陳查某、張水生、張澄妹、張細妹、張阿松、王阿合、王阿珠、何阿壽、劉阿芳、陳阿福、陳阿傳、詹阿秀、郭阿田、陳阿來、張阿兆、林富旺、戴阿義、林阿和、賴阿春、詹阿路、湯阿六、張阿松、劉細保、何阿扁、黃天任、陳阿秀、劉阿妹、邱阿石、邱阿旺、陳阿養、馮阿元、林庚成、陳阿昂、劉阿鎮、劉阿昌、陳阿嬰、謝德安、詹成好、傅阿盛、徐阿福、謝德來、詹阿樹、吳運生、劉阿石、詹源順、謝阿傳、蘇阿林、潘阿祿、詹接丁、江永順、詹廣隆、林坤海、張阿旺、鍾阿呆、賴阿喜、林李秀、張德昌、鄭生福、黃阿惡、劉成旺、嚴阿本、李阿傳、張進日、呂阿獅、黃傳壽、賴阿富、陳才德、賴惡古、黃水清、徐細苟、黃阿意、吳乞食、吳來發、何進寶、劉永來、張德枝、張阿昂、吳阿玉、涂有福、詹阿青、沈阿嬰、劉旺先、劉阿則、詹阿姜、賴阿福、劉阿讚、黃新發、黃阿貓、楊阿石、劉春福、劉阿雲、劉阿德、張阿滿、詹讚福、潘阿興、夏阿禮、劉阿成、詹阿保、陳春秀、陳乞食、詹順金、彭阿尾、吳福、賴阿遼、陳阿玉、邱阿康、江阿傳、涂阿福、范和清、劉桂秀、傅阿祿、傅細尾、吳阿盛、詹番薯、吳枝來、詹和順、林庚成、劉阿德、劉阿宗、蘇石蟳、徐阿文、黃阿貴、黃順丁、黃阿成、彭阿盛、葉阿山、江阿旺、陳阿才、詹阿隆、賴阿昂、徐阿珠、林阿立、陳運隆、陳阿傳、劉德興、徐沙連、魏阿旺、東順號、張天送、陳新來、廖阿雙、楊木來、吳阿榮、鍾德春、張添貴、賴必貴、羅添和、葉阿玉、葉阿土、葉阿苟、朱阿亮、巫阿乾、巫阿祿、詹李亮、吳庚來、謝乞食、傅阿春、邱天養、曾連興、傅阿德、黃阿華、葉昌霖、賴阿立、彭阿來、謝阿新、范阿癸、涂阿添、涂阿石、黃運興、劉阿田、鍾立水、陳清旺、謝立華、葉阿貴、謝阿安、陳阿苟、范傳福、葉阿才、葉金水、謝阿路、張阿石、徐阿生、徐阿滿、張金盛、林阿海、傅阿志、謝阿蔭、邱阿慶、劉阿明、羅阿達、吳永康、劉阿興、林阿君、林阿榮、林阿來、林阿滿、徐運貴、徐阿添、邱阿煌、羅阿平、邱阿盛、黃賢風、黃阿發、林阿秀、古阿傳、林阿妹、吳阿金、謝阿盛、陳阿義、吳戇古、鍾阿來、吳阿辰、鍾才古、賴阿班、黃阿獅、黃保反、呂順興、李阿建、賴阿傳、曾阿龍、裕豐棧、葉仕添、溫傳福、邱宜帶、謝阿六、賴阿桶、張阿貴、范阿滿、蕭長壽、陳阿雅、劉阿古、張阿古、劉阿保、張阿金、劉德進、范阿鼎、謝蘭清、謝阿乾、謝阿眞、謝阿水、謝阿春、何阿祿、東順號、李接成、吳阿梅、張阿良、陳阿進、鄒阿進、陳李福、徐德盛、陳阿立、賴阿昂、葉成興、李阿昂、邱烏皮、湯火生、鍾阿煌、徐阿番、呂流球、蕭阿進、蕭阿桶、陳阿德、李阿來、				

編號	題名	類別	時間	相關地點	相關人物、商號等	原編號	掃描號	備註	本書頁數
					福、徐德盛、陳阿立、賴阿昂、黃成興、李阿昂、邱烏皮、張阿惡、鍾阿煌、徐阿番、呂流球、蕭阿進、蕭阿桶、陳阿德、李阿來、邱新才、李阿水、邱阿輝、彭阿德、黃阿習、陳阿勝、呂阿保、李鼎傳、江阿臨、潘阿發、賴阿明、李雙興、彭乞食、彭石隆、劉春福、林阿木、賴阿亮、賴阿石、邱火好、吳阿乾、吳阿雙、林阿端、林阿德、吳阿福、徐阿富、余阿松、彭連玉、吳阿尾、東益號、顏阿尹、張天送、蘇阿某、徐阿添、羅阿華、許阿木、徐旺、彭金生、邱阿理、高阿滿、曾阿清、張阿發、李阿柴、張阿番、詹阿傳、黃阿溪、曾阿泉、盧傳、徐阿傳、古阿貴、邱砌古、徐砌二、連阿寔、徐淋傳，楊阿盛、張阿興、張阿榮、涂阿旺、魏阿槌、吳阿坤、黃南球、黃阿連、龍阿義、盧武隆、陳阿妹、陳阿茂、李阿冉、黃傳玉、邱來興、羅興祿、曾阿六、曾阿湧、曾阿郎、張阿蘭、黃阿連、黃天送、劉阿旺、劉阿開、蔡阿秋、鄧石生、田阿興、張𠮩妹、張猪尾、彭阿華、劉阿貴、李秀發、鍾阿妹、黃阿各、黎阿才、莊阿玉、金阿振、鍾細滿、甘阿旺、黃細滿、張阿漢、馮文廣、李和順、洪阿興、林陳華、劉阿三、謝阿妹、徐阿發、邱木德、邱秀古、詹鼎房、劉盛傳、馮阿丁、黃長德、劉阿番、馮阿祿、張慶秀、宋庚順、李乞食、劉運生、劉阿進、張阿傳、范阿丁、張阿番、賴阿潮、張而萬、吳日升、陳開文、陳阿添、徐恩成、陳華文、詹阿水、陳阿文、吳阿貴、吳澄妹、傅李保、吳阿盛、連阿盛、黃東貴、吳阿壽、鍾阿生、劉阿新、林阿年、劉阿祿、賴阿華、姚阿興、蕭天來、黃來旺、邱阿淮、邱阿祥、陳阿林				
39	鄭以金造送光緒十八年二月份罩蘭等處腦灶份數、鍋數、發腦長姓名、出腦觔數清冊	腦單	光緒18年3月	罩蘭、反水山、竹轎頭、番仔寮、汶水河、大窩山、坑尾寮、拖山尾、內拖山尾、馬那邦、校納林、烏容國、水流東、雞琴山、烏容山、鹿湖山、踏底寮、七份坑、九芎坪、石門山、大湖、南湖山、水頭寮、哨官坪、雞婆易山、橫坑底、吊樑仔、新百二份、鹿湖大窩、白石下、姜母園、九份山、大坑口、遼黨山、社寮角、大南勢、小南勢、大寮坑、烏蓉山、草坪、獅潭、麻竹湖、大東勢、哨高下、八卦力、鹿湖山、鹿湖樟樹林、桂竹林、牽牛	鄭以金、鄭朝成、盈豐棧、合盛號、邱阿興、邱貴龍、傅阿石、詹阿淺、邱阿昌、邱阿水、阮阿秀、阮阿和、陳養、詹阿月、王成枝、詹朝旺、楊阿僯、劉阿輝、廖阿秋、劉對鼎、江永順、傅阿木、劉阿養、詹阿嬰、李阿送、黃阿禮、黃阿鎮、黃阿興、林接生、蔡阿傳、湯阿石、張尹修、劉阿鳳、劉壬癸、劉壬古、林阿保、李阿興、傅來旺、曾阿傳、曾習古、劉阿仁、徐阿運、何林傳、鄧石生、曾連興、陳阿添、高番庚、徐滿番、吳金來、黃大滿、黃榮遠、李佐記、邱貴泉、徐恩和、劉阿庚、劉立富、陳阿添、陳滿苟、陳阿養、徐傳丁、林阿斗、林阿辛、詹其石、蘇阿任、黃阿養、謝阿添、胡立傳、潘阿旺、江阿蘭、謝阿傳、盧番義、羅立傳、謝阿三、劉阿旺、謝阿苟、徐天生、徐阿尾、羅運來、劉阿祿、潘阿祿、徐阿妹、黃阿番、陳阿養、詹阿鎮、蘇阿落、李阿亮、黃阿福、楊阿進、陳阿煙、劉阿惡、謝阿月、謝阿昂、張山林、江阿亂、黃阿保、林阿乾、潘阿旺、詹和春、盧阿壘、羅阿秀、徐天生、徐阿興、莊乞食、詹阿	0699	0751-0777	共52件	204-253

編號	題名	類別	時間	相關地點	相關人物、商號等	原編號	掃描號	備註	本書頁數
46	四月初二日鄭以金致林拱辰信函	信函	？年4月2日		拱兄（林拱辰）、盈豐、裕豐、公泰（洋行）、帥（林朝棟）、鄭以金	0338	0301	印記1枚，印文不明。	270-271
47	小春十九日鄭以金致林拱辰信函	信函	？年10月19日		拱宸（林拱辰）、竹軒（葛竹軒）、易玉泉、鄭以金	0015	0295		272-273
48	廿九日陳澄波致林拱辰信函	信函	？年？月29日	後壠、大湖、清水坑	拱辰（林拱辰）、盈豐、琴軒、吳阿康、朱阿淵、汝秋（鄭以金）、統帥（林朝棟）、魏羽臣（魏禹臣）、公泰行（洋行）、雪都翁、魯林、陳澄波	0334	0531-0532	共2件	276-279
49	十四早陳澄波致林拱辰信函	信函	？年？月14日	大湖	拱辰（林拱辰）、公泰（洋行）、林卓雲、統帥（林朝棟）、竹軒（葛竹軒）、鄭協台（鄭以金）、周漢秋、鄭汝秋（鄭以金）、陳澄波	0384	0530	印記：裕豐棧	280-281
50	初六夜陳澄波致林拱辰信函	信函	？年？月6日	大料崁、大湖、水長流	拱辰（林拱辰）、以專（劉以專）、梁子翁（梁成枬）、周漢秋、吳德齋、統帥（林朝棟）、公泰（洋行）、太嵩（王泰嵩）、杰夫（陳傑夫）、陳澄波	0622	0528-0529	共2件。印記1枚：報平安	282-285
51	卅夜陳澄波致林拱辰、劉以專信函	信函	？年？月30日	墩（葫蘆墩）、後壠	拱辰（林拱辰）、以專（劉以專）、帥（林朝棟）、陳澄波	0336	0534	印記1枚：報平安	286-287
52	桂月初二陳澄波致林拱辰信函	信函	光緒18年8月2日	後壠、葫墩街（葫蘆墩）、阿母坪、大湖	拱辰（林拱辰）、以專（劉以專）、劉阿英、統帥（林朝棟）、陳澄波	0189			288-289
53	十四（日）二鼓陳澄波致林拱辰信函	信函	光緒18年(?)？月14日	三叉河（三義）、苗栗、後壠、大湖	拱辰（林拱辰）、帥（林朝棟）、沈大老（沈茂蔭）、淵卿（楊淵卿）、陳澄波	0083	0527	印記2枚，印文不明。	290-291
54	廿九夜陳澄波致林拱辰信函	信函	？年？月29日		拱辰（林拱辰）、阿惡、陳澄波	0335	533	印記1枚：報平安	292-295
55	正月廿七劉增榮致林拱辰信函	信函	光緒18年(?)1月27日		拱辰（林拱辰）、老生、公泰（洋行）、竹軒（葛竹軒）、楊齡甫、帥（林朝棟）、劉增榮	0095	0404	與編號56、57、58相關。	296-297
56	初四劉增榮致林拱辰信函	信函	光緒18年(?)？月4日	後壠、大甲溪、集集、雲林（林圯埔）	拱辰（林拱辰）、如梅、公泰、逸翁（萬鎰）、紹公、竹軒（葛竹軒）、劉增榮	0645	0405-0406		298-301
57	花月十八日劉增榮致林拱辰信函	信函	光緒18年(?)2月18日	彰化	拱辰（林拱辰）、陳德卿、統帥（林朝棟）、徐子翁、林樹、魏禹臣、如松（林如松）、劉增榮、泰嵩（王泰嵩）、亦松（謝亦松）	0670	0884-0885	共2件；與編號55相關。	302-305
58	上巳後一日酉刻劉增榮致林朝棟信函	信函	？年3月3日	梧棲、後壠、雲林（林圯埔）、集集	統帥（林朝棟）、公泰、定記、君定（曾君定）、劉增榮	0096	0400-0401		306-309
59	七月十二日劉增榮致林拱辰信函	信函	光緒18年7月12日		拱辰（林拱辰）、統帥（林朝棟 ）、范公（范克承）、劉增榮、泰（王泰嵩）、亦（謝亦松）	0170	0408-0409		310-313
60	七月廿九日劉增榮致林拱辰信函	信函	光緒18年(?)7月29日	臺灣縣	拱辰（林拱辰）、帥（林朝棟）、佘初翁（佘初開）、竹軒（葛竹軒）、泰嵩（王泰嵩）、大夫人（楊水萍）、亦松（謝亦松）、劉增榮	0201	0410		314-315
61	八月初十日劉增榮致林拱辰	信函	光緒18年(?)8月10日	臺灣縣	拱辰（林拱辰）、梁子佳（梁成枬）、建升、老和舍、老錫兄、劉增榮	0178	0402-0403	共2件	316-319
62	劉增榮致林拱辰信函	信函			拱辰（林拱辰）、黃公（黃承乙）、總統（林朝棟）、劉增榮	0674	0414		320-321

編號	題名	類別	時間	相關地點	相關人物、商號等	原編號	掃描號	備註	本書頁數
					邱新才、李阿水、邱阿輝、彭阿德、黃阿習、彭振昌、呂阿保、李鼎傳、江阿靈、潘阿發、賴阿明、李雙興、彭乞食、李勝乾、鍾阿德、彭石龍、林阿水、劉春福、賴阿亮、賴阿石、邱火妹、吳阿乾、吳阿雙、林阿端、林阿德、吳阿福、徐阿富、余阿松、彭連玉、吳阿尾、東益號、顏阿尹、劉天送、蘇阿某、曾添福、羅阿華、許阿木、彭金生、邱阿理、高阿滿、曾阿清、張阿發、李阿柴、張阿番、鄧阿秋、黃阿溪、曾阿泉、劉阿義、盧傳、徐阿傳、古阿貴、邱砌古、徐砌二、連阿寔、徐林傳、楊阿盛、張阿典、張阿榮、涂阿旺、魏天送、吳阿坤、黃南球、黃阿連、龍阿義、盧武隆、陳阿妹、陳阿茂、李阿冉、黃傳玉、邱來興、羅興祿、曾阿六、曾阿勇、張阿蘭、曾阿郎、黃阿連、黃天送、邱阿羣、劉阿開、曾阿四、丁阿秋、鄧石生、田阿興、張吽妹、張豬尾、李吽嘴、彭阿華、劉阿貴、李秀發、鍾阿妹、黃阿各、黎阿才、彭阿炳、金阿振、鍾細滿、甘阿旺、黃細滿、張阿漢、馮文廣、李和順、洪阿興、林陳華、謝阿妹、徐阿發、邱木德、邱秀古、詹鼎房、吳金來、馮阿丁、顏阿和、王長德、李乞食、馮阿祿、江阿麻、張慶秀、宋庚順、李乞食、劉運生、劉阿進、張阿傳、范阿丁、張阿番、賴阿湖、張而萬、吳日升、陳開文、徐恩成、陳華文、詹阿水、陳阿文、陳阿添、吳阿貴、吳澄妹、傅李保、吳阿盛、湩阿盛、黃東貴、吳阿壽、鍾阿生、劉阿新、劉阿丁、林阿年、劉阿祿、賴阿華、姚阿興、邱阿秋、黃東旺、邱阿淮、邱阿祥、陳阿林、黃榮遠、徐添德、黃大滿、張阿桶、魏立來				
40	初七日鄭以金致林拱辰信函	信函	光緒18年(?)9月(?)7日		拱辰（林拱辰）、帥（林朝棟）、鄭以金	0079	0290	與編號41、42、45相關。	254-255
41	八日鄭以金致林拱辰、葛竹軒信函	信函	光緒18年(?)？月8日	彰化	竹軒（葛竹軒）、拱辰（林拱辰）、帥座（林朝棟）、鄭以金、贊臣	0116	0302		256-257
42	菊十七日鄭以金致林拱辰信函	信函	光緒18年(?)9月17日		拱辰（林拱辰）、帥（林朝棟）、鄭以金	0380	0284-0285	2件；與編號42、44、45相關。	258-261
43	小春二十夕鄭以金致林拱辰信函	信函	光緒18年(?)10月20日		拱宸（林拱辰）、帥（林朝棟）、鄭以金	0044	0283		262-263
44	廿一早鄭以金致林拱辰信函	信函	光緒18年(?)10(?)11(?)月21日	八卦力	拱宸（林拱辰）、帥（林朝棟）、李湘衡、鄭以金	0039	0304-0305	共2件；與編號45相關。	264-267
45	廿八日鄭以金致葛竹軒、林拱辰信函	信函	光緒18年(?)？月28日	勞水溪（濁水溪）、清水溪、東勢角、罩蘭	竹軒（葛竹軒）、拱辰（林拱辰）、李湘衡、撫憲（邵友濂）、梁子嘉（梁成枏）、憲（林朝棟）、鄭以金	0078	0291	與編號44相關。	268-269

編號	題名	類別	時間	相關地點	相關人物、商號等	原編號	掃描號	備註	本書頁數
76	九月初九日林良鳳致林拱辰信函	信函	光緒18年(?)9月9日	加東蓁（茄冬 ）	拱辰（林拱辰）、鳳鳴（林鳳鳴）、統帥（林朝棟）、良鳳（林良鳳）	0395	0185		384-385
77	壬拾月初貳林良鳳致林拱辰信函	信函	光緒18年10月2日		拱辰（林拱辰）、統帥（林朝棟）、林良鳳	0392	0184	印記2枚：振裕	386-387
78	壬十月廿林良鳳致林拱辰信函	信函	光緒18年10月20日		拱辰（林拱辰）、統帥（林朝棟）、劉師爺（劉以專）、林良鳳	0093	0181	印記2枚：振裕	388-389
79	壬十二月廿二振裕號致林拱辰信函	信函	光緒18年12月22日		向哥、拱辰（林拱辰）	0108	0180	印記2枚：振裕	390-391
80	癸三月初七林良鳳致林拱辰信函	信函	光緒19年3月7日		拱辰（林拱辰）、阿向、林良鳳	0346	0183	與編號81相關。印記2枚，1枚內文不明，1枚內文爲：東勢/振裕/兌貨	392-393
81	三月十一日林良鳳致林拱辰信函	信函	光緒19年3月11日	水底蓁	拱辰（林拱辰）、阿向、林良鳳	0345	0187	印記2枚，1枚內文不明，1枚內文爲：東勢/振裕/兌貨	394-395
82	林良鳳致林拱辰信函	信函		大湖	拱辰（林拱辰）、江大老（江威如）、林良鳳	0383B	0186		396-397
83	十一月廿八日午刻林良鳳致林拱辰信函	信函	光緒19年(?)11月28日	東勢角上辛庄	拱辰（林拱辰）、陳大清、大人（林朝棟）、林良鳳	0045	0182		398-399
84	十月廿日陳傑夫致葛竹軒收條	收條	？年10月20日		李夢梅、泰和號、葛竹軒、陳傑夫	0319			404
85	二月廿七日棟軍後路轉運局致葛竹軒支銀單	支銀單	？年2月27日	罩蘭	李夢梅、葛竹軒	0311		印記：棟軍後路轉運局	405
86	光緒十九年九月初二日辦理罩蘭等處腦務委員江威如諭陳裕豐、黃南球	公文書	光緒19年9月2日	罩蘭、新竹縣、雲林（林圯埔）、埔里	黃南球、陳裕豐（陳澄波）、黃龍章、陳阿連、撫憲劉（劉銘傳）、江威如、葛前委員（葛竹軒）	0751	0838-0839	共2件	406-409
87	桃春初八日謝壽昌致林拱辰信函	信函	？年3月8日	臺北、雲林（林圯埔）	拱辰（林拱辰）、蔭公（林朝棟）、傑夫（陳傑夫）、謝壽昌	0553	0554-0555	共2件	410-413
88	初十日黃勷致林拱辰信函	信函	？年？日10日	葫蘆墩	拱辰（林拱辰）、汝秋（鄭以金）、帥（林朝棟）、禹臣（魏禹臣）、黃勷	0025	0457		414-415
89	蔣士栢致潘雪仁信函	信函		大湖、新竹	吳定連、寶珍公司、林統領（林朝棟）、公泰洋行、魯仁洋行（魯麟洋行）、陳亞猷、雪仁（潘雪仁）、蔣士栢、陳傑夫、竹翁（葛竹軒）	0418		印記1枚，內文不明	416-417

編號	題名	類別	時間	相關地點	相關人物、商號等	原編號	掃描號	備註	本書頁數
63	拾貳早劉增榮致林拱辰信函	信函		臺北、臺灣縣、彰化、墩（大墩或葫蘆墩）	公泰、傑夫（陳傑夫）、拱辰（林拱辰）、黃公（黃承乙）、逸翁（萬鎰）、楊、胡、林文光、竹軒（葛竹軒）、汝舟（陳汝舟）、如山、老王、總統（林朝棟）、劉增榮、亦兄（謝亦松）、泰兄（王泰嵩）、十少爺（林朝崧）、部爺（林允卿）	0595	0407		322-325
64	念一劉增榮致林拱辰信函	信函	光緒18年(?)？月21日	縣（臺灣縣，今臺中）	拱辰（林拱辰）、錫（林錫侯）、大夫人（楊水萍）、林毓奇、劉增榮、泰嵩（王泰嵩）、亦松（謝亦松）、懋臣（林懋臣）	0675	0887		326-327
65	初四日萬鎰致林朝棟信函	信函	光緒18年(?)2月4日	香港、北（臺北）	蔭公（林朝棟）、芝翁（黃承乙）、本堂、三先生（林朝選）、拱辰（林拱辰）、傑夫（陳傑夫）、萬鎰	0209	0373-0374	共2件	330-333
66	十八日萬鎰致林拱辰信函	信函	？年？月18日	後壠、臺北、墩、雲林（林圯埔）、集集	拱宸（林拱辰）、如松兄（林如松）、公泰、天生、帥（林朝棟）、澍翁（謝壽昌）、以專（劉以專）、芝翁（黃承乙）、君定（曾君定）、王桐、蔡君、鎰（萬鎰）	0614	0386-0388		334-339
67	二十九夕萬鎰致林拱辰信函	信函	光緒18年(?)？月12日	大安、埔里、臺北、彰化	拱宸（林拱辰）、統帥（林朝棟）、安舍、竹軒（葛竹軒）、定記、范公（范克承）、芝公（黃承乙）、羅公（羅東之）、趙又新、以專（劉以專）、傑夫（陳傑夫）、君定（曾君定）、如松（林如松）、萬鎰	0649	0375-0377	共3件	340-341
68	十二日萬鎰致林拱辰信函	信函	？年？月29日		拱兄（林拱辰）、鎰（萬鎰）	0141	0382		342-347
69	十二月初九萬鎰信函	信函	？年12月9日	臺邑（臺灣縣）、霧峰	夫人、五先生、如松（林如松）、萬鎰	0609	0392		348-349
70	三月初五日陳鴻英致林拱辰信函	信函	光緒18年(?)3月5日		拱宸（林拱辰）、統帥（林朝棟）、黃公（黃承乙）、芝翁（黃承乙）、公泰（洋行）、陳石翁（陳長慶）、陳鴻英、林仲廉	0642	0020-0021		352-355
71	三月十六夕四鼓陳鴻英致林拱辰信函	信函	光緒18年(?)3月16日	香港、雲林（林圯埔）、集集、枋橋（板橋）、廈門	拱辰（林拱辰）、胡玉堂、唐方伯（唐景崧）、竹兄（葛竹軒）、余英、瑞記（洋行）、蔣士栢、陸自牧、帥（林朝棟）、陳鴻英、陳水柳	0114	0039-0041	共3件；與編號72相關。	356-361
72	三月十七夕陳鴻英致林拱辰信函	信函	光緒18年(?)3月17日	雲林（林圯埔）、集集、香港、枋橋（板橋）、大料崁	拱辰（林拱辰）、胡玉堂、陳水柳、瑞記、蔣士栢、陳鴻英	0666	0042-0043	共2件	362-365
73	八月廿四夕陳鴻英致林拱辰、王泰嵩信函	信函	光緒18年8月24日	臺灣府、崁（大料崁）、臺北、基隆	拱辰（林拱辰）、泰嵩（王泰嵩）、竹兄（葛竹軒）、統帥（林朝棟）、任幼笙、上憲（邵友濂）、唐方伯（唐景崧）、陳（陳澄波）、楊（楊淵卿）、萬鎰、陶廷樑、思盛（劉思盛）、中丞（邵友濂）、名心（陳鴻英）	0616	0437-0438、0441-0442	共4件	366-373
74	十二月十六夕陳鴻英致林拱辰信函	信函	？年12月16日	臺灣縣、雲林（林圯埔）、滬尾	拱辰（林拱辰）、老生、公泰（洋行）、林玉亭、竹軒（葛竹軒）、萬逸翁（萬鎰）、陳雲從、梅雪樵、許竹南、李餘慶、四先生（林朝雍）、謝政賢、陳鴻英、統帥（林朝棟）	0103	0067-0068	共2件；與95、102號有關	374-377
75	四月初五日陳鴻英致林拱辰、劉以專信函	信函	光緒18年(?)4月5日		拱辰（林拱辰）、以專（劉以專）、謝澍翁（謝壽昌）、陳雲從、萬逸（萬鎰）、統帥（林朝棟）、老生、上憲（邵友濂）、孫蓍齋、陳鴻英	0360	0044-0045	共2件	378-381

編號	題名	類別	時間	相關地點	相關人物、商號等	原編號	掃描號	備註	本書頁數
105	己六月廿六日勝記棧致林拱辰信函	信函	光緒15年6月26日	梧棲、臺北、橫山車店口、鹿港、彰化	拱辰（林拱辰）、阿通、張甫軍、扆二哥、勝記棧	0403	0157	印記：勝記棧/住辨採兑粮穀	464-465
106	己桂月初四日勝記棧致林拱辰信函	信函	光緒15年8月4日	梧棲、巿（汴子頭）、淡水、東勢角、大安	拱辰（林拱辰）、扆二哥、仁發號、李參哥、阿通、如松（林如松）、勝記棧	0355	0158	印記：勝記棧/住辨採兑粮穀	466-467
107	己丑年桂月廿日早勝記棧致林拱辰、林如松信函	信函	光緒15年8月20日	臺北、淡水、香港、福州	拱辰（林拱辰）、如松（林如松）、仁發號、成元、戇義、勝記棧	0412	0159-0160	共2件；印記：勝記棧/住辨採兑粮穀	468-471
108	庚寅花月十八日勝記棧致林拱辰信函	信函	光緒16年2月18日	梧棲、東大墩、霧峰、淡水、香港、郡（臺灣府，今臺中）	拱辰（林拱辰）、英發、合順行、金晉財、林天德、仁發號、勝記棧	0411	0161	印記：勝記棧/住辨採兑粮穀	472-473
109	庚正月廿八日蔡燦雲致林拱辰信函	信函	光緒16年1月28日	梧棲、大墩、鹿港、巿（汴子頭）	拱辰（林拱辰）、金晉財、蔡燦雲、勝記棧	0414	0162	印記：勝記棧/住辨採兑粮穀	474-475
110	庚桐月廿七日勝記棧致林拱辰信函	信函	光緒16年3月27日		林師爺（林拱辰）、陳其敏、勝記棧	0404	0163	印記：勝記棧/住辨採兑粮穀	476-477
111	庚寅陽月拾八日勝記棧致林拱辰、林如松信函	信函	光緒16年10月18日	淡水、梧棲、鹿港、艋舺、上帝公宮、大稻埕	拱辰（林拱辰）、如松（林如松）、金瑞源、金春勝、捷興號、阿通、勝記棧、統領（林朝棟）、竹軒（葛竹軒）	0402	0164	印記：勝記棧/住辨採兑粮穀	478-479
112	庚寅陽月廿七日勝記棧致林拱辰信函	信函	光緒16年10月27日	梧棲、鹿港、福州、新竹、淡水、福德港、呑宵港（通霄港）、大安港、泉州、臺南、東勢角、巿（汴子頭）	拱辰（林拱辰）、勝記棧	0410	0165	印記：勝記棧/住辨採兑粮穀	480-481
113	庚寅十一月廿五日勝記棧致林如松信函	信函	光緒16年11月25日	大湖	如松（林如松）、毛牙、勝記棧	0413	0166	印記：勝記棧/住辨採兑粮穀	482-483
114	庚十二月初七日勝記棧致林拱辰信函	信函	光緒16年12月7日	後壠、巿（汴子頭）	拱辰（林拱辰）、廣泰成、施九緞、勝記棧	0415	0167	印記：勝記棧/住辨採兑粮穀	484-485
115	庚寅十二月十三日勝記棧致林拱辰信函	信函	光緒16年12月13日		拱辰（林拱辰）、勝記棧	0416	0168	印記2枚：勝記棧/住辨採兑粮穀	486-487
116	辛卯年蒲月初二勝記棧致林拱辰信函	信函	光緒17年5月2日	淡水、獺屈、石井、後埔、臺南、梧棲、巿（汴子頭）	拱辰（林拱辰）、復發、金進春、瑞春行、金晉財、鼎升行、瑞興行、邦記、金瑞源、鼎源發、竹軒（葛竹軒）、勝記棧	0825	0172-0173	印記：勝記棧/住辨採兑粮穀	488-491
117	辛卯桂月初三日蔡鐵牛致林拱辰信函	信函	光緒17年8月3日	元寶庄、湖日庄、犁頭店、梧棲	拱辰（林拱辰）、正芳（林正芳）、本堂、發利號、林先生、蔡鐵牛（蔡燦雲）、勝記棧	0778	0169-0170	共2件；印記：勝記棧/住辨採兑粮穀	492-495

編號	題名	類別	時間	相關地點	相關人物、商號等	原編號	掃描號	備註	本書頁數
90	初十日曾洪森致林拱辰、劉以專信函	信函	？年？月10日	雲林（林圯埔）、集集	拱辰（林拱辰）、以專（劉以專）、阿掌、竹軒（葛竹軒）、燕卿（林燕卿）、銀福、曾洪森	0126	0458		418-419
91	元月十八日致林拱辰信函	信函	？年1月18日	臺北、東勢、罩蘭	拱翁（林拱辰）、統領（林朝棟）	0090	0454		420-421
92	致林拱辰信函	信函		梧棲、後壠、雲林（林圯埔）、集集	拱翁（林拱辰）、秦諸叔、德和堂、老和舍、剛愍公（林文察）、大夫人（楊水萍）、公泰	0112			422-423
93	信函	信函			剛愍公（林文察）、廖基彩、徐先生	0608			424-425
94	收盈豐等棧腦單一	腦單	光緒18年12月8日	後壠、梧棲、臺北	盈豐、裕豐、錦輝、恒豐、如山、林鳳、元記、如玉、新試、輝舍、公泰、楊添、汝舟（陳澄波）、杰夫（陳傑夫）	0109			426-429
95	十一月份樟腦清單	腦單	？年11月？日	後壠、梧棲	盈豐、裕豐、錦輝、恒豐、如山、振裕、元記、如玉、錦順、碧峰	0594			430-431
96	收盈豐等棧腦單二	腦單	光緒18年12月	梧棲、後壠	盈豐、錦輝、裕豐、恒豐、如山、振裕、如玉、碧峰、錦順、元記	0110		此件爲編號55之附件。	432-433
97	四月十一日領銀單	領銀單	？年4月11日	後壠、罩蘭、臺灣縣	陳汝舟（陳澄波）、楊吉臣、楊添、賴炎、阿火、泰兄（王泰嵩）	0766			434-435
98	對帳單	對帳單		雲林（林圯埔）、臺灣縣	定記、吉臣（楊吉臣）、汝舟（陳澄波）、三大人（林朝選）、統領（林朝棟）、子佳（梁成枏）、允卿（林允卿）、伴水舍（吳泮水）、爐哥（陳爐）、大夫人（楊水萍）	0600		共2件	436-439
參、林務									
99	己元月廿日蔡燦雲致林拱辰信函	信函	光緒15年1月20日	彰化、办（汴子頭）、寮仔庄、大甲、淡水、大安	拱辰（林拱辰）、興記、瑞盛、阿檑、蔡燦雲、勝記棧、如松（林如松）、錦春	0405	0149	印記：勝記棧/住辨採兑粮穀	448-449
100	己丑叁月初九日午勝記棧致林拱辰信函	信函	光緒15年3月9日	梧棲、淡水、田中央	拱辰（林拱辰）、勝記棧	0406	0150	印記：勝記棧/住辨採兑粮穀	450-451
101	己丑年四月初七日蔡燦雲致林如松、林拱辰信函	信函	光緒15年4月7日	淡水、办（汴子頭）	如松（林如松）、拱辰（林拱辰）、福來兄、錦順、義隆號、蔡燦雲、勝記棧	0408	0153	印記：勝記棧/住辨採兑粮穀	452-453
102	己四月十三日勝記棧致林拱辰信函	信函	光緒15年4月13日	彰化、梧棲、淡水、南郡（臺南）	拱辰（林拱辰）、阿通、仁發棧、隆勝、勝記棧、如松（林如松）	0409	0154-0155	共2件；印記：勝記棧/住辨採兑粮穀	454-457
103	己四月二十二日蔡燦雲致林如松、林拱辰信函	信函	光緒15年4月22日	臺北、淡水、臺南、廈門	如松（林如松）、拱辰（林拱辰）、阿通、榮勝、隆勝、順成、憲二哥、蔡燦雲、勝記棧	0407	0151-0152	共2件；印記：勝記棧/住辨採兑粮穀	458-461
104	己五月廿一日勝記棧致林拱辰信函	信函	光緒15年5月21日	臺南、臺北、鹿港、香港	拱辰（林拱辰）、金豐泰、勝記棧	0417	0156	印記：勝記棧/住辨採兑粮穀	462-463

編號	題名	類別	時間	相關地點	相關人物、商號等	原編號	掃描號	備註	本書頁數
134	壬十月廿日楊淵卿致林拱辰信函	信函	光緒18年10月20日	舊港、後壠	拱辰（林拱辰）、竹軒（葛竹軒）、彭委員、來成（許來成）、楊淵卿	0018	0547	與編號135、138、139、147相關。印記1枚，印文不明。	528-529
135	壬辰十一月初二日楊淵卿致葛竹軒、林拱辰信函	信函	光緒18年11月2日	北（臺北）	竹軒（葛竹軒）、拱辰（林拱辰）、上憲（邵友濂）、楊淵卿	0021	0548	與編號134、136相關。印記1枚，印文不明。	530-531
136	十一月十六日楊淵卿致林拱辰信函	信函	光緒18年(?)11月16日	土地公港、新竹舊港	拱辰（林拱辰）、金吉順、金盛吉、統帥（林朝棟）、楊淵卿	0040	0549	疑與編號135相關。印記1枚，印文不明。	532-533
137	壬辰臘月初十早楊淵卿致林拱辰信函	信函	光緒18年12月10日	臺北	拱辰（林拱辰）、許來成、金盛吉、金順源、統帥（林朝棟）、楊淵卿	0053	0550	與編號136相關。印記1枚，印文不明。	534-535
138	壬納月初十日楊淵卿致林拱辰信函	信函	光緒18年12月10日		拱辰（林拱辰）、許來成、統帥（林朝棟）、楊淵卿	0054	0551	與編號134相關。印記1枚，印文不明。	536-537
139	壬辰年納月廿七日楊淵卿致林拱辰信函	信函	光緒18年12月27日	後壠	林拱辰、來成（許來成）、公泰、南通輪船、楊淵卿	0077	0552	與134、136、137相關。印記1枚，印文不明。	538-539
140	桐月初三日楊吉臣致劉以專、林拱辰信函	信函	光緒18年(?)3月3日	淡水、梧棲、大安、葫蘆墩	以專（劉以專）、拱辰（林拱辰）、金晉順、統領（林朝棟）、楊吉臣	0327	0519-0520	共2件	542-545
141	癸桐月初十夜楊吉臣致林拱辰信函	信函	光緒19年3月10日	彰化、臺北	拱辰（林拱辰）、豬狉、長煌（楊長煌）、統憲（林朝棟）、楊吉臣	0344	0525		546-547
142	十七日楊吉臣致林拱辰信函	信函	光緒18年3月(?)17日		拱辰（林拱辰）、統領（林朝棟）、范繼翁（范克承）、上憲、陳汝舟、綠渠（楊綠渠）、楊吉臣	0164	0521-0523	共3件	548-553
143	梅月念二夜楊吉臣致林拱辰信函	信函	光緒18年4月22日	臺北、大安	林拱辰、統領（林朝棟）、楊吉臣、豬胚	0372		共3件	554-559
144	楊吉臣致□□□、林拱辰信函	信函	光緒18年(?)		拱辰（林拱辰）、楊首、統帥（林朝棟）、楊吉臣	0398	0526	印記2枚，印文不明。	560-561
145	初八日楊吉臣致舜臣信函	信函	光緒18年(?)？月8日	潭仔墘、葫蘆墩	舜臣、拱兄（林拱辰）、統領（林朝棟）、楊守、楊吉臣	0048	0524		562-563
146	十一月初五日陳騰龍致林拱辰信函	信函	光緒18年(?)11月5日	三角湧	拱辰（林拱辰）、帥（林朝棟）、陳騰龍、王（王泰嵩）、謝（謝亦松）、李□□、陳□□	0042	0353-0356	共2件；與編號147、148相關。	566-573

編號	題名	類別	時間	相關地點	相關人物、商號等	原編號	掃描號	備註	本書頁數
118	勝記棧致林拱辰信函附清單一	清單	光緒17年8月3日		本堂、林正芳、勝記棧	0796	0177	印記：勝記棧/住辨採兑粮穀	496
119	勝記棧致林拱辰信函附清單二	清單	光緒17年8月3日	元寶庄、潭仔墘	本堂、林正芳、勝記棧	0797	0178	印記：勝記棧/住辨採兑粮穀	497
120	辛桂月初四勝記棧致林拱辰信函	信函	光緒17年8月4日	元寶庄	拱辰（林拱辰）、統帥（林朝棟）、勝記棧	0086	0171	印記：勝記棧/住辨採兑粮穀	498-499
121	癸巳桐月十三日勝記棧致林拱辰信函	信函	光緒19年3月13日		拱辰（林拱辰）、本堂、賴炎、爐兄（陳爐）、勝記棧	0342	0176	印記：勝記棧/住辨採兑粮穀	500-501
122	癸巳四月廿四日勝記棧致林拱辰信函	信函	光緒19年4月24日		茂辰、賴炎、本堂、拱辰（林拱辰）、勝記棧	0611	0179	印記：勝記棧/住辨採兑粮穀	502-503
123	癸五月廿夜勝記棧致林拱辰信函	信函	光緒19年5月20日	淡水、烏日庄、梧棲、泉州、廈門、臺北	拱辰（林拱辰）、杰夫（陳傑夫）、志仔、謙利、德隆	0308	0703	印記2枚，內文爲勝記棧	504-505
124	壬元月十四日楊淵卿致林拱辰信函	信函	光緒18年1月14日	臺北	拱辰（林拱辰）、王應、陳汝舟、金順吉、統帥（林朝棟）、楊淵卿	0658	0538	印記1枚，印文不明	508-509
125	三月初六日楊淵卿致林拱辰信函	信函	光緒18年(?)3月6日	墩、後壠	拱翁（林拱辰）、芳田（楊芳田）、楊淵卿	0347	0539	與編號140相關。	510-511
126	三月十四早楊淵卿致林拱辰信函	信函	光緒18年(?)3月14日		拱辰（林拱辰）、陳汝舟、統帥（林朝棟）、楊淵卿	0660	0541	印記1枚，印文不明	512-513
127	壬桐月初四日楊淵卿致林拱辰信函	信函	光緒18年4月4日	大安、本港（後壠）、中港	拱辰（林拱辰）、統帥（林朝棟）、建忠、來成（許來成）、楊淵卿	0644	0540	印記1枚，印文不明	514-515
128	初三日楊淵卿致林拱辰信函	信函	光緒18年7月3日	臺北	拱辰（林拱辰）、芳田（楊芳田）、楊淵卿	0192	0542	與編號130相關。印記，印文不明	516-517
129	七月十八午楊淵卿致林拱辰信函	信函	光緒18年(?)7月18日		拱辰（林拱辰）、林倬雲、畢地蘭、汝舟（陳汝舟）、楊淵卿	0391	0553	根據編號130推測爲1892年。	518-519
130	壬辰七月廿二日楊淵卿致林拱辰信函	信函	光緒18年7月22日	後壠	拱辰（林拱辰）、金得記、金成發、統帥（林朝棟）、楊淵卿、陳汝舟	0190	0543		520-521
131	八月初十日楊淵卿致林拱辰信函	信函	光緒18年8月10日		拱辰（林拱辰）、陳汝舟、統帥（林朝棟）、范本縣（范克承）、以専（劉以専）、舜臣、楊淵卿	0172	0544		522-523
132	九月廿七日楊淵卿致林拱辰信函	信函	光緒18年(?)9月27日	臺北	拱辰（林拱辰）、芳塤（楊芳塤）、公泰（洋行）、楊淵卿	0013	0545	印記，印文不明。	524-525
133	九月廿八早楊淵卿致林拱辰、王太嵩信函	信函	光緒18年(?)9月28日	後壠、臺北	拱辰（林拱辰）、太嵩（王泰嵩）、萬師爺（萬鎰）、金盛吉、彭委員、劉委員、竹軒（葛竹軒）、藩憲（唐景崧）、靖海輪、楊淵卿	0084	0546		526-527

編號	題名	類別	時間	相關地點	相關人物、商號等	原編號	掃描號	備註	本書頁數
147	十二月十三日陳騰龍致林拱辰信函	信函	光緒18年(?)12月13日	大嵙崁（大溪）、三角湧	拱辰（林拱辰）、統帥（林朝棟）、陳傑夫、李哨官、公泰、林藍旗、榮華（劉榮華）、許國香、林得名、陳騰龍	0052	0357-0359	共3件；與編號146、148相關。	574-579
148	十二月廿四日陳騰龍致林拱辰信函	信函	？年12月24日		拱翁（林拱辰）、統帥（林朝棟）、傑夫（陳傑夫）、陳騰龍	0072	0361	與編號146、147相關。	580-581
149	楊春致林拱辰信函	信函	光緒18年	葫蘆墩、鰲棲（梧棲）	林拱辰、統帥（林朝棟）、楊春	0397		共2件	582-585
150	對賬單	對賬單	？年8月9日	霧峰、大墩	竹軒（葛竹軒）	0877			586-587

欄位說明：

一、編　號：該件文書於本書之序號。

二、原編號：黃富三教授研究團隊過去整理時所賦予之編號。

三、掃描號：國史館掃描作業編定號碼。

附圖

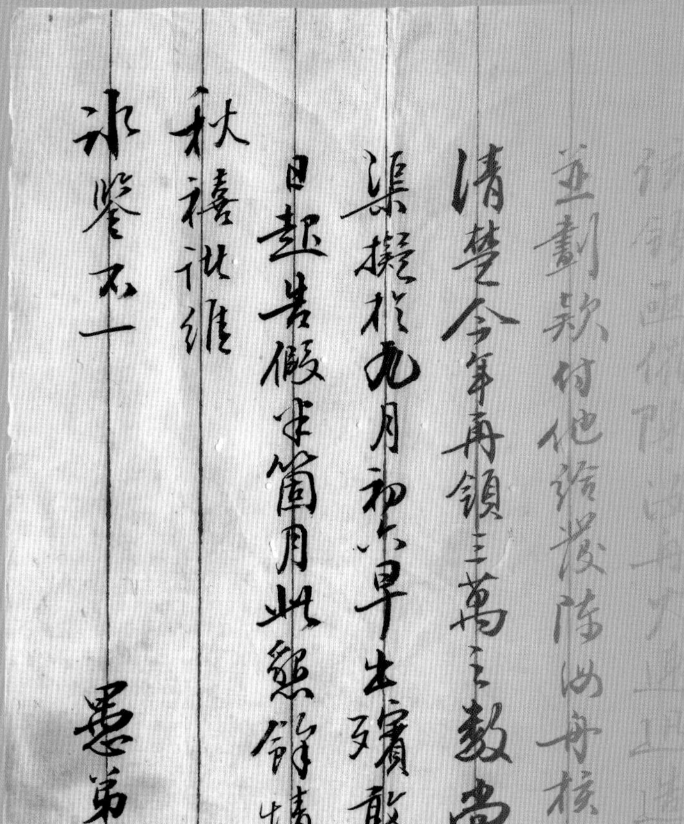
並劃款付他給撥除以每核至七月底抵去年貳萬之數
清楚今年再領三萬之數當須催追再啓北先兄緣
渠擬於九月初六日早出殯敢祈代為告假自本月廿八
日起告假半箇月此懇餘情縷縷難以盡述順請
秋禧祇維
泳鑒不一　愚弟楊吉臣頓
十七日

0523

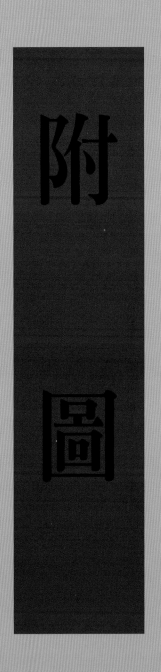

（一）文書相關地點

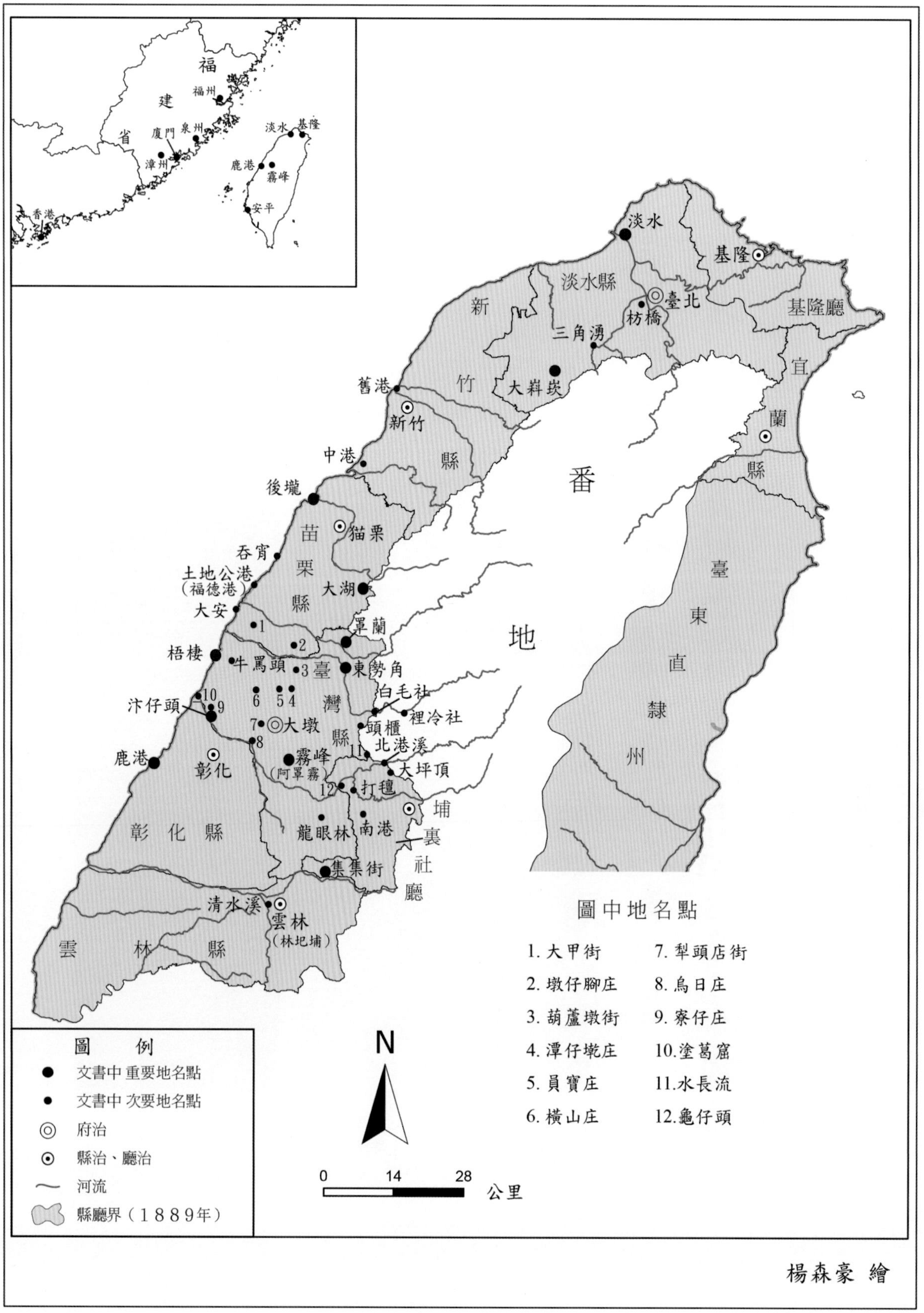
福建省
福州
泉州
廈門
漳州
香港
淡水
基隆
鹿港
霧峰
安平
淡水
基隆
淡水縣
臺北
枋橋
基隆廳
新竹縣
三角湧
大嵙崁
宜蘭縣
舊港
新竹
中港
番地
後壠
苗栗縣
猫栗
吞宵
土地公港
（福德港）
大湖
大安
罩蘭
梧棲
牛罵頭
東勢角
臺灣縣
白毛社
沙仔頭
裡冷社
大墩
頭櫃
北港溪
鹿港
彰化
霧峰
（阿罩霧）
大坪頂
打鞭
埔裏社廳
彰化縣
龍眼林
南港
集集街
臺東直隸州
清水溪
雲林
（林圯埔）
雲林縣
圖中地名點
1. 大甲街
2. 墩仔腳庄
3. 葫蘆墩街
4. 潭仔墘庄
5. 員寶庄
6. 橫山庄
7. 犁頭店街
8. 烏日庄
9. 寮仔庄
10.塗葛窟
11.水長流
12.龜仔頭
圖例
文書中重要地名點
文書中次要地名點
府治
縣治、廳治
河流
縣廳界（1889年）
N
0
14
28
公里
楊森豪 繪

（二）大湖地區相關地點

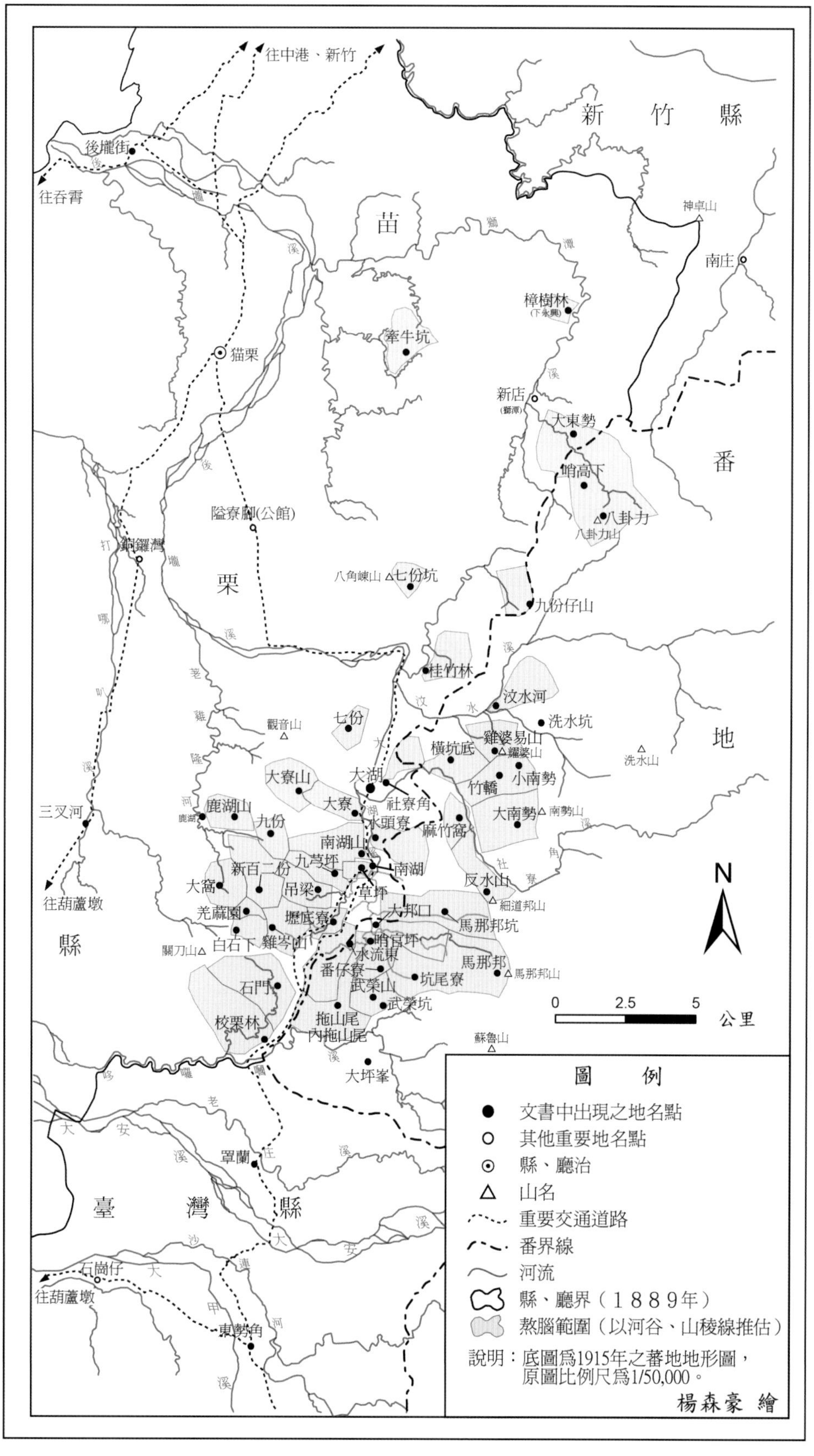
往中港、新竹
新竹縣
後壠街
往吞霄
苗
神卓山
南庄
樟樹林
(下永興)
牽牛坑
猫栗
新店
(獅潭)
大東勢
番
蛸高下
八卦力
八卦力山
隘寮脚(公館)
銅鑼灣
栗
八角崠山
七份坑
九份仔山
桂竹林
汶水河
洗水坑
觀音山
七份
雞婆易山
橫坑底
雞婆山
地
洗水山
大寮山
大湖
竹輪
小南勢
三叉河
鹿湖山
大寮
社寮角
大南勢
南勢山
鹿湖
九份
水頭寮
蔴竹窩
南湖山
新百二份
九芎坪
南湖
往葫蘆墩
大窩
吊梁
草坪
反水山
細道邦山
羌蔴園
壢底寮
大邦口
馬那邦坑
縣
白石下
雞寮山
蛸宮坪
關刀山
水流東
馬那邦
馬那邦山
番仔寮
石門
武榮山
坑尾寮
武榮坑
N
0
2.5
5
公里
校栗林
拖山尾
內拖山尾
蘇魯山
大坪峯
罩蘭
臺灣縣
石崗仔
往葫蘆墩
東勢角
圖例
文書中出現之地名點
其他重要地名點
縣、廳治
山名
重要交通道路
番界線
河流
縣、廳界（1889年）
熬腦範圍（以河谷、山稜線推估）
說明：底圖爲1915年之蕃地地形圖，
原圖比例尺爲1/50,000。
楊森豪 繪

（三）東勢角至林圯埔一帶相關地點

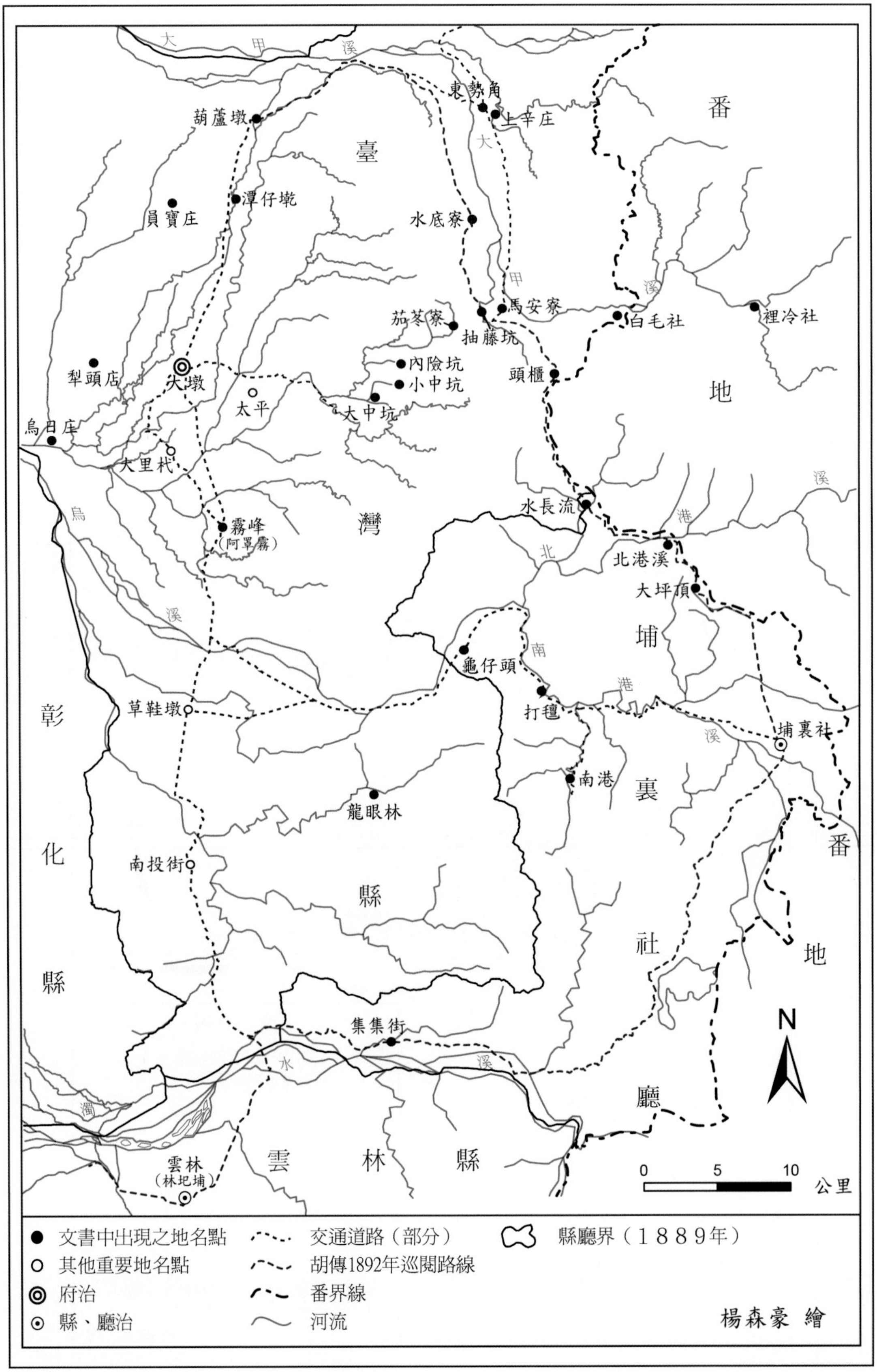

霧峰林家文書集
墾務｜腦務｜林務

國家圖書館出版品預行編目資料

霧峰林家文書集：墾務 腦務 林務 / 黃富三等解讀；何鳳嬌, 林正慧, 吳俊瑩編輯. - - 初版. - - 臺北市：國史館, 民102.01
面；　公分
ISBN 978-986-03-5516-1(精裝)

1.古文書 2.史料 3.臺灣開發史 4.臺中市

733.73　　101026658

發 行 人：呂芳上
資料提供：林光輝
解　　讀：黃富三
王偉筑 王雲洲 吳玉芳 吳玲青
李季樺 李冠廷 李虹薇 周兆良
林玉茹 林廷叡 邱柏翔 洪偉傑
翁佳音 莊景雅 許雅玲 許雅婷
郭文夫 陳中禹 陳志豪 陳冠妃
陳慶立 曾品滄 曾獻緯 黃仁姿
黃紹恆 黃頌文 黃福得 楊承淑
楊森豪 葉銘勳 詹憬佳 劉曉芬
歐怡涵 蔡思薇 鄭螢憶 蕭世偉
鍾淑敏 嚴　芳
編　　輯：何鳳嬌 林正慧 吳俊瑩
出版機關：國史館
地　　址：臺北市中正區長沙街一段2號
電　　話：(02) 2316-1000
網　　址：http://www.drnh.gov.tw
郵撥帳號：15195213

視覺設計：陳立君
排版印刷：長達印刷有限公司
地　　址：臺北市西園路二段50巷4弄21號
電　　話：(02) 2304-0488

初版一刷：中華民國102年1月
定　　價：新臺幣1500元
ISBN：978-986-03-5516-1(精裝)
GPN：1010200023

展售處：國史館
地　址：臺北市中正區長沙街一段2號
電　話：(02) 2316-1000
網　址：http://www.drnh.gov.tw

國家書店松江門市
地　址：臺北市松江路209號1樓
電　話：(02) 2518-0207
網　址：http://www.govbooks.com.tw

五南文化廣場（發行中心）
地　址：臺中市中山路6號
電　話：(04) 2226-0330
網　址：http://www.wunan.com.tw